LEWO

Lebensqualität in Wohnstätten

Norbert Schwarte · Ralf Oberste-Ufer

LEWO

Lebensqualität in **Wo**hnstätten
für erwachsene Menschen mit geistiger Behinderung

Ein Instrument zur Qualitätsentwicklung

Herausgegeben von der
Bundesvereinigung Lebenshilfe
für Menschen
mit geistiger Behinderung e.V.

Lebenshilfe-Verlag Marburg 1997

Die Deutsche Bibliothek – CIP-Einheitsaufnahme

Schwarte, Norbert:
LEWO : Lebensqualität in Wohnstätten für erwachsene Menschen mit geistiger Behinderung ; ein Instrument zur Qualitätsentwicklung ; ein Handbuch der Bundesvereinigung Lebenshilfe / Norbert Schwarte ; Ralf Oberste-Ufer. [Hrsg.: Bundesvereinigung Lebenshilfe für Menschen mit Geistiger Behinderung e. V.]. – 1. Aufl. – Marburg : Lebenshilfe-Verl., 1997
ISBN 3-88617-400-X

Herausgeber:
Bundesvereinigung Lebenshilfe für Menschen mit geistiger Behinderung e.V.
Raiffeisenstraße 18, 35043 Marburg
Tel.: (0 64 21) 4 91-0
Fax: (0 64 21) 4 91-1 67
e-mail: bvlh-bz@t-online.de
Internet: http://www.lebenshilfe.de

Lektorat: Barbara Seeber
Gestaltung: Heike Hallenberger, Christel Stolp
Titelbild: Reinhard Dittrich (Auftragsarbeit)

Druck: Ostfriesische Beschützende Werkstätten, Emden

© Lebenshilfe-Verlag Marburg 1997

Inhalt

Vorwort 8

1. **Ansatz, Ziele und Einsatzmöglichkeiten von LEWO** 10

2. **Methodische Ansätze der Qualitätsprüfung** 17
   - 2.1 Aktuelle Orientierungen und Kontroversen 17
   - 2.2 Dimensionen der Qualitätsprüfung mit LEWO 19
   - 2.3 Perspektiven der Qualitätsprüfung mit LEWO 21
   - 2.4 Soziale Beziehungen – zentral für Qualität 23

3. **Entwicklung des Instruments** 24
   - 3.1 Vorarbeiten 24
   - 3.2 Leitlinien, Aufgabenfelder, Gegenstandsbereiche, Indikatoren – ein Überblick 26
   - 3.3 Validierung der Gegenstandsbereiche und Indikatoren 31

4. **Theoretische Grundlagen und Leitlinien der sozialen Rehabilitation** 38
   - 4.1 Bedürfnisorientierung statt Kompetenzorientierung 38
   - 4.2 Leitlinien der sozialen Rehabilitation 44

5. **Vorbereitung und Durchführung einer Qualitätsprüfung mit LEWO** 55
   - 5.1 Idealtypischer Verlauf einer Evaluation 55
   - 5.2 Einrichtung und Aufgaben einer Steuergruppe 56
   - 5.3 Erfassung und Aufbereitung von Strukturdaten 57
   - 5.4 Aufgaben des Evaluationsteams 58
   - 5.5 Systematische Informationssammlung 60
   - 5.6 Bewertung der Gegenstandsbereiche und Indikatoren 68
   - 5.7 Bestimmung des vorrangigen Unterstützungs- und Veränderungsbedarfs 69
   - 5.8 Erstellung eines Qualitätsberichts 71
   - 5.9 Handlungsplanung 71
   - 5.10 Überprüfung und Kontrolle 71

6. **Aufgabenfelder, Gegenstandsbereiche und Indikatoren** 73
   - 6.1 Aufgabenfeld: Wohnort, Einrichtung und Gestaltung der Wohnung und des Hauses 75
     - Gegenstandsbereich: Wahlfreiheit und Kontinuität des Wohnortes und der Wohnform 79
     - Gegenstandsbereich: Standort 87
     - Gegenstandsbereich: Individuelle Gestaltung und Privateigentum 95
     - Gegenstandsbereich: Ästhetik und Komfort 109
     - Gegenstandsbereich: Alters- und Kulturangemessenheit 118

6.2 Aufgabenfeld: Alltagsstrukturen, Routinen, Angebote, Tätigkeiten 126

 Gegenstandsbereich: Selbstversorgung und Alltagshandeln 130
 Gegenstandsbereich: Regelmäßige Tätigkeit außerhalb des Wohnbereichs 140
 Gegenstandsbereich: Freizeitaktivitäten und Erwachsenenbildung 153
 Gegenstandsbereich: Zeitstrukturen 165
 Gegenstandsbereich: Religiöse Praxis und Spiritualität 173

6.3 Aufgabenfeld: Zusammenleben 179

 Gegenstandsbereich: Wahl der Mitbewohner und Kontinuität des Zusammenlebens 184
 Gegenstandsbereich: Gruppengröße und Gruppenzusammensetzung 190
 Gegenstandsbereich: Beziehungsgestaltung zwischen Mitarbeiterinnen und Nutzern 197
 Gegenstandsbereich: Privatheit und Individualisierung 207
 Gegenstandsbereich: Umgang mit Krisen 215

6.4 Aufgabenfeld: Nichtprofessionelle Beziehungen und Netzwerke 225

 Gegenstandsbereich: Beziehungen zwischen den Nutzern 229
 Gegenstandsbereich: Soziale Netzwerke, bedeutsame Beziehungen und Freundschaften ... 235
 Gegenstandsbereich: Fürsprecher(innen) und Selbsthilfegruppen 244
 Gegenstandsbereich: Geschlechtliche Identität, Sexualität und Partnerschaft 250

6.5 Aufgabenfeld: Rechte/Schutz 259

 Gegenstandsbereich: Schutz vor Zwangsmaßnahmen und Mißhandlungen 262
 Gegenstandsbereich: Bürgerliche Rechte 271
 Gegenstandsbereich: Gesundheitsfürsorge 278
 Gegenstandsbereich: Transparenz und Datenschutz 286
 Gegenstandsbereich: Sprachliche Darstellung 292
 Gegenstandsbereich: Formelle Nutzer- und Angehörigenmitwirkung 297

6.6 Aufgabenfeld: Mitarbeiterinnenführung 304

 Gegenstandsbereich: Qualifikation, Auswahl und Einarbeitung 309
 Gegenstandsbereich: Führung und Zusammenarbeit 317
 Gegenstandsbereich: Arbeitszufriedenheit 327
 Gegenstandsbereich: Personale Kontinuität 334

6.7 Aufgabenfeld: Organisationsentwicklung 339

 Gegenstandsbereich: Konzeptualisierung und Evaluation 342
 Gegenstandsbereich: Fortbildung und Supervision 353
 Gegenstandsbereich: Öffentlichkeitsarbeit 360
 Gegenstandsbereich: Aktive Teilnahme an der regionalen Sozialplanung
  und der Sozialpolitik 366

Arbeitsmaterialien LEWO 370

    Strukturfragebogen I: Wohnbezogener Dienst/Wohneinheit 372

    Strukturfragebogen II: Nutzerbezogene Informationen 389

    Instrumentarium zur Ersteinschätzung wohnbezogener Dienste 398

    Vergleich zwischen Angebotsprofil und Nutzerprofil – Individuelle Einschätzung 412

    Vergleich zwischen Angebotsprofil und Nutzerprofil – Einschätzung des Evaluationsteams 413

    Bestimmung des vorrangigen Unterstützungs- und Veränderungsbedarfs 414

    Leitfragen zur individuellen Entwicklungsplanung 415

    Leitfragen zur Organisationsentwicklung 416

Vorwort

Nach mehr als zweijähriger Forschungs- und Entwicklungsarbeit legen wir mit LEWO ein Instrument zur Beurteilung und Entwicklung von Lebensqualität in wohnbezogenen Diensten für erwachsene Menschen mit geistiger Behinderung vor, von dem wir hoffen, daß es die Praxis der sozialen Rehabilitation voranbringt. Weil dieses Instrument nicht am „grünen Tisch", sondern gemeinsam mit Praktikern entwickelt worden ist, bestehen dafür – wie wir meinen – gute Voraussetzungen.

LEWO ist ein mehrdimensional und multiperspektivisch angelegtes Instrument zur extern begleiteten Selbstevaluation (Selbstbewertung und -kontrolle). Es entstand im Rahmen des Forschungsprojekts „Konstruktion, Validierung und Implementation eines Instrumentariums zur Beurteilung und Entwicklung von Lebensqualität in gemeindenahen Wohnstätten für erwachsene Menschen mit geistiger Behinderung" und wurde vom Bundesministerium für Gesundheit, vom Ministerium für Wissenschaft und Forschung des Landes Nordrhein-Westfalen und von der Bundesvereinigung Lebenshilfe für Menschen mit geistiger Behinderung e. V. gefördert.

Die Bundesvereinigung Lebenshilfe, vertreten durch Theo Frühauf und Klaus Kräling, war in der Vorlaufphase und während der eigentlichen Laufzeit des Projekts – Juni 1994 bis Mai 1996 – ein verläßlicher Kooperationspartner. Sie hat uns den Zugang zur Praxis ihrer Einrichtungen erschlossen, den notwendigen Vertrauensvorschuß verschafft und den Weg dafür geebnet, daß wir insbesondere in der Phase der Validierung des Instruments Mitarbeiter(innen) von Wohnstätten und Angehörige behinderter Menschen in einen komplexen Mitwirkungsprozeß einbinden konnten, der weit über das übliche Maß von Befragungen hinausging. Dafür haben wir an dieser Stelle zu danken.

Die Projektleitung lag in den Händen von Norbert Schwarte, die Durchführung weitestgehend in den Händen von Ralf Oberste-Ufer, wobei anzumerken ist, daß Leitungs- und Durchführungsaufgaben in einem Projekt mit minimaler personaler Ausstattung allenfalls abstrakt und theoretisch voneinander zu trennen sind. Christof Weller verdanken wir wichtige Beiträge zur Einbeziehung der Nutzerperspektive in das Instrument und zur Aufbereitung des statistischen Materials. Johannes Schädler hat wesentlich zur Konturierung des Aufgabenfeldes „Nichtprofessionelle Beziehungen und Netzwerke" und zum „Instrumentarium zur Ersteinschätzung wohnbezogener Dienste" beigetragen. Für die statistische Auswertung war Arnd Gürtler verantwortlich. Korrekturarbeiten zur Herstellung eines lesefreundlichen Textes übernahm Claudia Brosowski, und Alexandra Lillpopp unterstützte uns bei der Zusammenstellung von Literatur und Arbeitsmaterialien.

In der Forschungsgruppe „Qualität sozialer Dienste" haben wir uns darum bemüht, alle inhaltlichen Entscheidungen der Projektentwicklung einvernehmlich zu treffen. Alle Einzelbeiträge wurden gemeinsam diskutiert und mehrfach überarbeitet. Die Schlußredaktion haben Ralf Oberste-Ufer und Norbert Schwarte übernommen; sie verantworten den Text in der vorliegenden Form.

Das Instrument LEWO ist nicht allein auf die Lebens- und Wohnbedingungen in Wohnheimen und gemeindenahen Wohnstätten, sondern auf die Vielfalt *aller* Wohnformen für Erwachsene mit geistiger Behinderung bezogen, die mit professionellen Dienstleistungen verbunden sind. Wir sprechen deshalb in der Regel nicht von einzelnen Wohnformen, sondern verwenden die neutraleren Begriffe *wohnbezogener Dienst* und *begleitetes Wohnen*.

Um hervorzuheben, daß Menschen mit geistiger Behinderung dabei nicht die passive Rolle der „Betreuten" oder „Pflegebefohlenen" einnehmen, sondern aktiv an allen Prozessen bei der Erbringung psychosozialer Dienstleistungen beteiligt sind, bezeichnen wir sie in diesem Zusammenhang nicht als Bewohner, sondern als *Nutzer* von Angeboten und Dienstleistungen im Bereich des Wohnens.

Wir sind uns bewußt, daß dieser Begriff bei der Akademie für Sprache und Dichtung wenig Gefallen finden würde. Uns ging es aber darum, jede begriffliche Stigmatisierung ebenso zu vermeiden wie den in der sozialen Arbeit neuerdings favorisierten Begriff „Kunde", der sich bei näherem Hinsehen als falsche Analogie erweist.

Bei der Abfassung der Texte haben wir uns um einen Sprachstil bemüht, der die fachlichen Grundlagen der sozialen Rehabilitation geistig behinderter Menschen möglichst verständlich und praxisnah vermittelt. Sicherlich ist uns dies nicht immer gelungen. Wir bitten deshalb den Leser um Nachsicht und Verbesserungsvorschläge.

Zur besseren Lesbarkeit der Texte haben wir die weibliche und männliche Form nicht jeweils nebeneinandergestellt (Nutzerinnen und Nutzer, Mitarbeiterinnen und Mitarbeiter ...), sondern eine andere, zweifellos etwas ungewöhnliche Form gewählt: In Anbetracht der Tatsache, daß der größte Teil der Fachkräfte in wohnbezogenen Diensten (mit Ausnahme der Leitungsebene) weiblichen

Geschlechts ist, verwenden wir ausschließlich die weibliche Form wie *Mitarbeiterin* bzw. auch „Leiterin", „Kollegin" usw. Quasi zum Ausgleich dafür verwenden wir bei den „Nutzern" jeweils die männliche Form.

Wir möchten uns bei all denen bedanken, die uns mit Ideen, Anregungen, kritischen Einschätzungen und Erfahrungen unterstützt haben. Insbesondere bedanken wir uns bei den Mitgliedern des Projektbeirats Prof. Dr. Iris Beck, Prof. Dr. Rolf Depner, Dr. Horst Eckmann, Maren Müller-Erichsen, Prof. Dr. Michael Regus, Dr. Monika Seifert, Gerhard Thrun, Prof. Dr. Elisabeth Wacker sowie Frau Ministerialrätin Elke Vogel vom Bundesministerium für Gesundheit.

Ferner möchten wir den Mitgliedern des Ausschusses „Wohnen" der Bundesvereinigung Lebenshilfe sowie allen Fachkräften und Angehörigen, die sich an der Konstruktion und Validierung des Instruments beteiligt haben, herzlich danken.

Unsere Forschungsaktivitäten waren eng mit dem Studienangebot an der Universität-Gesamthochschule Siegen verzahnt. So wurde mit Beginn des Sommersemesters 1995 ein projektbegleitendes Forschungskolloquium für Studierende des Modellstudiengangs „Außerschulisches Erziehungs- und Sozialwesen" eingerichtet. Die von R. Dietl-Hünermann, M. Giffhorn und K. G. Schreiner zugelieferten Beiträge gingen hinsichtlich Umfang und Gehalt weit über das hinaus, was im Rahmen von Seminararbeiten üblich ist.

Wertvolle Anregungen und Hinweise für die Erarbeitung des Instruments erhielten wir auch durch die Präsentation des Projekts auf Fachtagungen und Kongressen, unter anderem in Duisburg, Bremen, Berlin, Münster, Marburg, Erlangen und Linz (Österreich).

Es bedarf wenig Phantasie, um zu prognostizieren, daß Fragen der Qualitätssicherung und Qualitätsentwicklung in der Rehabilitation wie in der sozialen Arbeit im kommenden Jahrzehnt in Theorie und Praxis einen hohen Stellenwert einnehmen werden. Im Grunde stehen wir trotz beachtlicher Initiativen des Gesetzgebers, intensiver Bemühungen der Verbände und erheblicher publizistischer Wellenschläge in der Qualitätsfrage erst am Anfang eines langen und gewiß auch beschwerlichen Weges zu konsensfähigen Standards und Normen. Wir hoffen, daß sich LEWO dabei entweder als Wegweiser oder aber zumindest als Steinbruch, aus dem tragfähiges Material gewonnen werden kann, bewährt.

Siegen, im Mai 1997

Norbert Schwarte, Ralf Oberste-Ufer

1. Ansatz, Ziele und Einsatzmöglichkeiten von LEWO

Mitarbeiterinnen wohnbezogener Dienste sind es gewohnt, über ihre Arbeit nachzudenken und sich darüber mit Teamkolleginnen, anderen Mitarbeiterinnen, vielleicht auch mit Freunden und Bekannten zu besprechen. Die Tätigkeit in diesem Berufsfeld ist oftmals schwierig und ohne fachlichen Austausch, ohne den Rat und die Hilfe von anderen Personen kaum zu bewältigen. Durch Schichtdienst, Einzelarbeit und eine Reihe weiterer Belastungsfaktoren sind kontinuierliche, problemorientierte Gespräche in vielen wohnbezogenen Diensten jedoch eher die Ausnahme. Was erfahrungsgemäß im Arbeitsalltag immer zu kurz kommt, ist eine *systematische und regelmäßige Reflexion* der eigenen Tätigkeit. Es besteht in sozialen Diensten insgesamt eine Tendenz, die Elemente des gemeinsamen Nachdenkens, Planens und Überprüfens aus den täglichen Arbeitsabläufen „auszulagern" und sich ihnen für eine genau festgelegte Zeit zu widmen, etwa in der Supervision, in Klausurtagungen oder im Rahmen von Fortbildungsveranstaltungen, um sich danach wieder den „eigentlichen Aufgaben" zuzuwenden.

LEWO ist ein Instrument, mit dem das systematische und kontinuierliche Planen und Überprüfen pädagogischen Handelns stärker in den Arbeitsalltag integriert werden soll. Es ermöglicht die Dokumentation, Beurteilung und Entwicklung der Angebote und Hilfen wohnbezogener Dienste und ihrer Fachkräfte sowie der Lebens- und Wohnqualität erwachsener Menschen mit geistiger Behinderung. Die Anwendung von LEWO kann u. a. dazu beitragen, daß die Mitarbeiterinnen in Enrichtungen des begleiteten Wohnens ihre Arbeit kritisch prüfen, systematisch weiterentwickeln und nach außen transparent darzustellen vermögen. Auf diese Weise lassen sich auch einige typische Probleme der Beschäftigten wohnbezogener Dienste – übermäßige Routine, Verlust der individuellen beruflichen Perspektive, resignative Anpassung an die vorgegebenen Strukturen oder das vielzitierte „Ausbrennen" – besser verstehen und aus eigener Kraft bearbeiten.

Für welche Wohnformen eignet sich LEWO?

Wir haben uns bemüht, ein Instrumentarium zu entwickeln, das grundsätzlich für *alle wohnbezogenen Dienste für Erwachsene mit geistiger Behinderung*, also z. B. auch für Dienste mit alten, schwer- und mehrfachbehinderten oder sogenannten verhaltensauffälligen Menschen, verwendbar ist. LEWO kann angewendet werden in Diensten des betreuten Wohnens, im betreuten Einzel- und Paarwohnen, im sogenannten gruppenbetreuten Wohnen in einzelnen Gruppen gemeindenaher Wohnstätten, in den Wohngruppen kleiner oder größerer Heime sowie in psychiatrischen Institutionen, in denen Menschen mit geistiger Behinderung leben. Allerdings haben wir den Schwerpunkt des Instruments eindeutig auf die Formen des gruppengegliederten Wohnens in speziellen Wohnstätten gelegt. Beim Einsatz von LEWO im ambulant betreuten Wohnen wird man manche inhaltlichen Aspekte des Instruments vernachlässigen können, andere auf die Besonderheiten ambulanter Dienste abstimmen und manches sicher auch ergänzen müssen.

Da die Ebene der Arbeit mit LEWO der Haushalt der zusammenlebenden Menschen mit geistiger Behinderung, also im Regelfall eine bestimmte Wohneinheit (z. B. eine Wohngruppe) und nicht etwa der gesamte wohnbezogene Dienst sein sollte, ist die Größe einer Einrichtung für die Anwendung von LEWO nicht von Bedeutung.

Die fachlichen Grundlagen des Instruments LEWO sind die Leitlinien der sozialen Rehabilitation geistig behinderter Menschen, wie sie seit längerem in der Behindertenhilfe diskutiert werden. Diese Leitlinien – etwa gesellschaftliche Integration, Normalisierung der Lebensbedingungen und Individualisierung der Hilfen – sind als übergeordnete Ziele für die Arbeit in Wohnheimen, Tagesstätten oder Werkstätten mittlerweile weitgehend unumstritten. Man findet sie in offiziellen Verlautbarungen, Grundsatzprogrammen und Forderungskatalogen. Sie sind allerdings so allgemein gehalten, daß jeder soziale Dienst sie fast beliebig mit eigenen Vorstellungen und Schwerpunktsetzungen „füllen" kann. Überaus kontrovers werden dagegen folgende Fragen diskutiert:

- Wie sollen diese Leitlinien im Alltag des Wohnens behinderter Menschen konkret umgesetzt werden?
- Welche Maßstäbe sind dafür heranzuziehen, um zu prüfen, ob ein Dienst tatsächlich eine qualifizierte Arbeit leistet?

Allzuviel wird in der Konkretisierung fachlicher Standards gegenwärtig noch subjektiver Beliebigkeit überantwortet. Mit dem Instrument LEWO versuchen wir, eine Antwort auf die oben genannten Fragen zu geben. Untersucht *(evaluiert)* wird die Qualität der Angebote des wohnbezogenen Dienstes und die davon abhängige Lebens- und Wohnqualität der Nutzer.

Finanzielle Rahmenbedingungen und Qualität der Hilfen

Nach § 93 Abs. 2 BSHG sind die Kostenträger der Sozialhilfe zur Finanzierung von Hilfen in einer Einrichtung nur dann verpflichtet, „... wenn mit dem Träger einer Einrichtung oder seinem Verband eine Vereinbarung über Inhalt, Umfang und Qualität der Leistungen sowie über die dafür zu entrichtenden Entgelte besteht ... In den Vereinbarungen sind auch Regelungen zu treffen, die dem Träger der Sozialhilfe eine Prüfung der Wirtschaftlichkeit und Qualität der Leistungen ermöglichen." Als Folge des zunehmenden sozialpolitischen Verteilungskampfes stehen die verschiedenen Träger der Behindertenhilfe zunehmend im Wettbewerb miteinander. Auf Dauer wird sich der erreichte Standard der Hilfeangebote bei weitergehenden Einsparungen kaum aufrechterhalten lassen. Unter den veränderten sozialrechtlichen Bestimmungen (neben § 93 Abs. 2 BSHG wirken sich künftig Budgetierung, prospektiver Pflegesatz und Mischfinanzierung durch Sozialhilfeträger und Pflegekassen auf die Arbeit wohnbezogener Dienste aus) sind die Träger von Angeboten der sozialen Rehabilitation für Menschen mit geistiger Behinderung in der Pflicht, die *Qualität ihrer Angebote und Leistungen* in Zukunft möglichst transparent und offensiv darzustellen.

Spätestens seit Beginn der 90er Jahre bleibt den Trägern der Behindertenhilfe infolge der gravierenden Einsparungen im sozialen Bereich offenkundig kaum etwas anderes übrig, als das gegenwärtige Niveau der Leistungen mit knapper Not zu halten. Der Gedanke an eine konsequente Weiterentwicklung individualisierter und bedürfnisgerechter Formen der Hilfe für Menschen mit geistiger Behinderung erscheint vor diesem Hintergrund zunehmend wieder akademisch und realitätsfern. Unter dem Druck veränderter finanzieller Rahmenbedingungen besteht die Gefahr, daß auch im Kontext des institutionellen Wohnens behinderter Menschen jede Diskussion um mögliche Veränderungen nahezu ausschließlich unter dem Gesichtspunkt der Kostendämpfung geführt wird und fachliche Standards sowie Aspekte der Lebensqualität der Betroffenen dabei völlig in den Hintergrund geraten.

Es ist daher unverzichtbar, daß sich an der zumindest teilweise noch immer offenen Diskussion um die Bestimmung von Qualitätsstandards in der Behindertenhilfe nicht nur Trägervertreter, sondern auch die Fachkräfte der wohnbezogenen Dienste sowie die Nutzer dieser Dienste und deren Angehörige aktiv beteiligen.

Notwendigkeit praxisbezogener Qualitätsstandards

In diesem Zusammenhang kommt der Entwicklung eigener Qualitätsstandards eine besondere Bedeutung zu, wenn man sich nicht auf Vorgaben einlassen will, die ursprünglich zur Beurteilung der Qualität industriell gefertigter Güter und weitgehend technisch bestimmter Dienstleistungen entwickelt wurden. Dazu aber müssen sich die Träger von Leistungen und Hilfen darüber verständigen, was als Qualität gelten und wie die Einhaltung von Standards überprüft werden soll. Daneben bedarf es praxisorientierter Instrumentarien, um wohnbezogene Dienste zu befähigen, die Qualität ihrer Angebote und damit mittelbar die Lebensqualität der Nutzer regelmäßig und verläßlich zu überprüfen, gezielt zu verbessern und offensiv zu vertreten.

Dieser Prozeß wird heute besonders dringlich, weil sich die traditionellen Formen der Behindertenhilfe in den letzten Jahren auch einer zunehmenden fachlichen Kritik ausgesetzt sehen. Angesichts der Bemühungen der Freien Träger um eine flächendeckende Versorgung traten konzeptionelle Überlegungen lange in den Hintergrund.

So ist das klassische „Versorgungsmodell" für die Planung und Ausgestaltung von Wohnangeboten für Menschen mit geistiger Behinderung immer noch vorherrschend; trotz einzelner Bemühungen um eine individualisiertere Gestaltung der Hilfen prägt das Wohnheim nach wie vor das Bild der Versorgung. Bemängelt wird darüber hinaus, daß das System der bestehenden Angebote und Hilfeformen ebenso wie die Zuständigkeiten der verschiedenen Leistungsträger für Menschen mit Behinderung und ihre Angehörigen oft kaum durchschaubar sind und die mangelnde Zusammenarbeit unter den Einrichtungsträgern die Entwicklung einer nutzerorientierten Angebotsstruktur verhindert. Meist ziehen sich die Freien Träger bei der Definition, Entwicklung und Kontrolle von inhaltlichen und qualitativen Standards professioneller Hilfen auf ihre sozialrechtlich garantierte Gestaltungsfreiheit zurück, wodurch sich die einzelnen Einrichtungen bei prinzipiell gleichen Rahmenbedingungen auf zum Teil sehr unterschiedlichen Entwicklungsniveaus befinden. Das wäre leichter hinzunehmen, wenn für die Nutzer und ihre Angehörigen tatsächlich Wahlfreiheit hinsichtlich der Hilfeangebote bestünde. Davon kann aber angesichts des gravierenden Mangels an geeignetem Wohnraum für Menschen mit Behinderung nicht die Rede sein.

Mittlerweile sind auf regionaler Ebene einige kleine, ambulante Hilfedienste entstanden, die in vielerlei Hinsicht flexibler sind als große Träger und Einrichtungen und eben dadurch oft wichtige konzeptionelle Entwicklungsarbeit für neue Formen individualisierter Hilfe und Unterstützung leisten. Der besondere Stellenwert der Qualitätssicherung in der Arbeit von Diensten der Behindertenhilfe ergibt sich aber nicht allein aus ökonomischen und strukturpolitischen Überlegungen, sondern bereits aus ihrer Aufgabenstellung. So will die Lebenshilfe laut Grundsatzprogramm „geistig behinderten Menschen und ihren Anhgörigen lebenslang und umfassend die bestmögliche Lebensqualität sichern" (Bundesvereinigung Lebenshilfe 1991, 5).

Die Nutzer wohnbezogener Dienste haben ein Recht darauf, daß professionelle Hilfen für sie transparent gemacht werden, daß dem Grundsatz der Selbstbestimmung Rechnung getragen wird und bei der Auswahl und Inanspruchnahme von Wohnangeboten Wahlmöglichkeiten bestehen. Auch aus fachlichen Gründen wird es also in den kommenden Jahren verstärkt darauf ankommen, daß die Einrichtungen der Behindertenhilfe imstande sind, die Qualität ihrer Leistungen zuverlässig zu beurteilen und kontinuierlich weiterzuentwickeln. Dabei ist es wünschenswert, daß sich wohnbezogene Dienste in eine Diskussion über die Standards ihrer Arbeit begeben, aber gleichzeitig darf es auch nicht allein den einzelnen Einrichtungen überlassen werden, diese Standards festzulegen:

- Die Nutzer und ihre Angehörigen haben einen Anspruch auf Verbindlichkeit und Transparenz der Angebote;
- die Fachkräfte haben ein subjektives und berufsständisches Interesse an der Definition von Standards für die Qualität ihrer Arbeit;
- die Kostenträger haben ein gesetzlich festgelegtes Recht, die qualitätsbewußte Verwendung öffentlicher Gelder zu überprüfen;
- aus fachwissenschaftlicher Perspektive sind für die soziale Rehabilitation eine Reihe empirisch begründeter und normativer Leitlinien entwickelt worden, die mittlerweile eine breite Akzeptanz erreicht haben und nicht willkürlich außer acht gelassen oder unterlaufen werden können.

Neben diesen inhaltlichen Gründen sprechen auch methodische Argumente gegen eine ausschließlich einrichtungsinterne Festlegung von Qualitätsstandards: Sachgemäß ist die Untersuchung und Bewertung der Qualität psychosozialer Dienstleistungsangebote nur als komplexe Aufgabe zu bewältigen, die sich nicht „auf die Schnelle" oder als beiläufige Zusatzaufgabe – etwa durch die Ernennung eines „Qualitätsbeauftragten" – erledigen läßt.

Das Instrument LEWO

Mit LEWO liegt nun ein praxisbezogenes Instrument vor, das fachliche Standards für die Qualität sozialer Dienstleistungen im wohnbezogenen Kontext definiert und konkrete Kriterien (Indikatoren) benennt, nach denen die Einhaltung dieser Standards zu bewerten ist. Zudem ermöglicht das Instrument eine Vermittlung zwischen den unterschiedlichen Vorstellungen und Interessen der verschiedenen Gruppen, die an der Erbringung von Leistungen im begleiteten Wohnen behinderter Menschen beteiligt sind.

Die Debatte um Qualitätsstandards in der sozialen Arbeit steht gegenwärtig, ungeachtet ihrer sozialpolitischen Aktualität, noch immer am Anfang. So steht auch LEWO nicht am Ende, sondern vielmehr am Anfang der Bemühungen, für die fachliche Arbeit wohnbezogener Dienste zuverlässige und nachprüfbare Kriterien zu bestimmen. Es ist uns bewußt, daß jeder neue Schritt in diese Richtung diskussionswürdig ist und stets auch anfechtbar sein muß.

Möglicherweise werden die Anwender(innen) des Instruments LEWO nicht all dem zustimmen können, was wir zusammengestellt und aufbereitet haben, um die Lebens- und Wohnqualität von erwachsenen Menschen mit geistiger Behinderung verläßlich einschätzen und verbessern zu können. Vielleicht wird einigen der „Leitlinien der sozialen Rehabilitation", die dem Instrument vorangestellt sind (siehe S. 44 ff.), mal eine zentralere, mal eine geringere Bedeutung zugemessen, vielleicht erscheinen einzelne Gegenstandsbereiche weniger bedeutsam, während an anderer Stelle möglicherweise ein wichtiger Gesichtspunkt fehlt. Die Fragen, über die wir versucht haben, die Wohn- und Lebensqualität behinderter Menschen zu erschließen, sind nicht die einzig gültigen, aber sie sind auch nicht beliebig gegriffen. Sie sind – wie im Kapitel „Entwicklung des Instruments" (siehe S. 24 ff.) näher erläutert – durch Expert(inn)en validiert worden.

Wir haben uns darum bemüht, grundsätzlich *alle* Aspekte, die mit dem Wohnen erwachsener Menschen mit geistiger Behinderung zusammenhängen, zu berücksichtigen. Das war schwierig, denn der Bereich des Wohnens läßt sich aufgrund seiner Alltagsbezogenheit längst nicht so eindeutig bestimmen und abgrenzen wie andere Bereiche der Rehabilitation, so z. B. der medizinische Bereich und der Arbeitssektor. Aus diesem Grund darf es nicht verwundern, daß mit LEWO schließlich ein recht komplexes und differenziertes Instrumentarium entstanden ist. Aber komplexe Zusammenhänge lassen sich nicht in einfachen Modellen hinreichend differenziert abbilden. Die Praxistauglichkeit entscheidet sich nicht an der Einfachheit, sondern an der Flexibilität des Instruments für unterschiedliche Anwendungen.

Dabei sind wir uns darüber im klaren, daß LEWO nicht das einzig denkbare Instrument darstellt, um die Wohn- und Lebensqualität behinderter Menschen zuverlässig zu beurteilen und zu verbessern. Auch die von uns gewählte Art der Konstruktion des Instruments und die Aufbereitung der fachlichen Inhalte ist sicherlich nicht die einzig mögliche. Insofern betrachten wir die Konzeption von LEWO auch keineswegs als ein für alle Mal abgeschlossen, sondern sind vielmehr sogar der Auffassung, daß das Instrument von den „Praktikerinnen vor Ort" – und zwar parallel zu seiner Anwendung – ständig weiterentwickelt und verbessert werden sollte.

Wir sind davon überzeugt, daß LEWO – nicht trotz, sondern gerade aufgrund seiner Differenziertheit und Offenheit gegenüber weiterführender Anregung und Veränderung – auf unterschiedliche Weise eine wertvolle Hilfe sein kann:

- für Mitarbeiterinnen in einem Wohnheim oder einer Wohngruppe oder in einer Tätigkeit im begleiteten Wohnen (z. B. betreutes Wohnen) für Erwachsene mit geistiger Behinderung;
- für leitende Mitarbeiterinnen oder Geschäftsführerinnen eines Wohnheims oder Wohnverbundsystems für Erwachsene mit geistiger Behinderung;
- für Angehörige eines Menschen mit geistiger Behinderung, der in einem Wohnheim oder einer Wohngruppe lebt oder in absehbarer Zeit dorthin ziehen wird;
- für Freunde/Freundinnen, Fürsprecher(innen) oder Betreuer(innen) nach dem Betreuungsgesetz eines Erwachsenen mit geistiger Behinderung;
- für Bewohner eines Wohnheims oder einer Wohngruppe (Nutzer).

Mitarbeiterinnen eines wohnbezogenen Dienstes können mit Unterstützung von LEWO gemeinsam mit ihren Kolleginnen folgende Fragen systematisch und anhand eindeutiger Kriterien klären:

- Wo stehen wir mit unserer Arbeit?
- Welche fachlichen Standards sind für unsere Arbeit maßgeblich?
- Wo sind die Stärken unserer Arbeit und wo die vorrangigen Schwachstellen?
- Wo sind Ansatzpunkte zur weiteren Qualifizierung unserer Arbeit?
- Wohin können wir unsere Arbeit entwickeln?

LEWO ist also nicht nur ein Erhebungs-, sondern insbesondere auch ein Entwicklungsinstrument. Dadurch ergeben sich u. a. folgende Möglichkeiten:

- Die Qualität der Arbeit kann verläßlich eingeschätzt und gezielt verbessert werden;
- für die eigene Arbeit und für die Zusammenarbeit mit den Kolleginnen lassen sich konkrete Arbeitsziele bestimmen und die Wege festlegen, auf denen diese Ziele zu erreichen sind;
- mit Hilfe des Instruments kann man zum einen den aktuellen Stand – gemessen an den Zielen der Arbeit – ermitteln; zum anderen erhält man durch den Vergleich mehrerer Messungen in zeitlichen Abständen einen Einblick in die Entwicklung der Arbeit;
- das Instrument enthält eine Fülle von Anregungen und konkreten Hinweisen dazu, wie die Zusammenarbeit mit den Kolleginnen im Team sowie teamübergreifend konstruktiver und effektiver gestaltet werden kann;
- mit Hilfe des Instruments läßt sich die Qualität und Effektivität der eigenen Tätigkeit sowohl nach innen (dienstintern) als auch nach außen (gegenüber der Öffentlichkeit, den Angehörigen der Nutzer, dem Kostenträger) offensiv darstellen;
- durch die Anwendung von LEWO ergibt sich die Möglichkeit, das eigene berufliche Arbeitsfeld eigenständig zu erkunden und die Handlungskompetenz zu erweitern;
- das Instrument bietet Fachkräften im begleiteten Wohnen die Gelegenheit, die eigene berufliche Rolle systematisch zu klären. Durch LEWO können die Potentiale und Grenzen der Tätigkeit gegenüber den Interessen und Aufgaben der Menschen mit geistiger Behinderung, deren Angehörigen, den Vertretern des Trägers und anderen Gruppen deutlich abgegrenzt und kritisch beurteilt werden.

Die kontinuierliche Arbeit mit dem Instrument LEWO stellt speziell für die Mitarbeiterinnen wohnbezogener Dienste eine gute Gelegenheit dar, nicht nur die Strukturen und Inhalte ihrer Tätigkeit besser kennenzulernen und systematisch zu optimieren, sondern auch ihr fachbezogenes Wissen zu aktualisieren bzw. zu erweitern. Insofern eignet sich LEWO auch als Methode *interner Qualifizierung und aufgabenorientierter Fortbildung* für die Beschäftigten aller Berufsgruppen innerhalb wohnbezogener Dienste. Eine Untersuchung mit dem Instrument LEWO könnte aus diesem Grund z. B. über den Fortbildungsetat einer Einrichtung finanziert werden.

Leiterinnen oder Mitglieder der Geschäftsführung eines Wohnheims oder eines Wohnverbundsystems erhalten mit LEWO ein fachlich fundiertes Verfahren, mit dem die Qualität der Angebote und Leistungen des wohnbezogenen Dienstes gesichert und weiterentwickelt werden kann. Nicht jede Qualitätsverbesserung der Hilfen muß automatisch mit Kostensteigerungen verbunden sein. Daher kann das Instrument auch dazu dienen, die vorhandenen Ressourcen einer Einrichtung im Sinne einer Strukturoptimierung besser auszuschöpfen. Die kontinuierliche Anwendung des Instruments bietet zudem die methodische Grundlage für eine systematische und stringent aufgabenbezogene Weiterqualifizierung der hauptamtlichen Mitarbeiterinnen. Schließlich enthält LEWO eine Reihe von Hinweisen dazu, wie Führungs- und Personalentwicklungsaufgaben effektiver wahrgenommen werden können.

Eltern oder Angehörige (oder Freunde/Freundinnen, Fürsprecher[innen], Betreuer[innen] nach dem Betreuungsgesetz) eines Menschen mit geistiger Behinderung erhalten durch ihre Mitwirkung beim Einsatz des Instruments LEWO ein zuverlässiges Bild über die Qualität eines wohnbezogenen Dienstes und seiner Angebote. Sie werden darüber hinaus zahlreiche Anregungen bekommen, wie sie in ihrer Rolle als Angehörige(r) (oder Freund[in] usw.) in Zusammenarbeit mit den Fachkräften und den Nutzern eines wohnbezogenen Dienstes einen Beitrag zur Verbesserung dieser Angebote leisten können.

Nutzer wohnbezogener Dienste sollten in die Anwendung von LEWO grundsätzlich so weit wie nur möglich einbezogen werden. Bei entsprechender Anleitung erhalten sie so die Gelegenheit, ihre Vorstellungen, Bedürfnisse und Wünsche besser einbringen und ihren Alltag selbstbestimmter gestalten zu können.

Möglichkeiten zur Umsetzung von LEWO

Ob ein Instrument wie LEWO, das primär den fachlichen Standards der sozialen Rehabilitation verpflichtet ist, als Verfahren der einrichtungsinternen Selbstkontrolle unter Einbeziehung feldkundiger, aber institutionsunabhängiger Expert(inn)en eine weitgehend fachfremde und erheblich pauschalere Kontrolle durch die Kostenträger oder auch die Heimaufsicht in Zukunft ersetzen kann, ist gegenwärtig noch nicht absehbar. Eine Voraussetzung dazu ist, daß sich die Träger von Wohnangeboten für Menschen mit geistiger Behinderung so weit wie möglich auf *gemeinsame Standards* für Leistungs- und Prüfvereinbarungen verständigen und darüber hinaus zunächst für sich festlegen, mit welchen Instrumenten und Verfahren die Qualität ihrer Angebote evaluiert werden soll und welche Wege dabei beschritten werden sollen. Für den praktischen Einsatz von LEWO ergeben sich dabei aus unserer Sicht grundsätzlich drei Varianten.

1. Variante: Interessierte Mitarbeiterinnen aus wohnbezogenen Diensten für Menschen mit geistiger Behinderung werden in externen, ca. einwöchigen Schulungen mit den Inhalten und der Anwendung des Instruments LEWO vertraut gemacht. Dies könnte im Rahmen der regulären Fortbildungsprogramme der Träger der Behindertenhilfe geschehen. Die geschulten Mitarbeiterinnen wirken zunächst in ihren eigenen Einrichtungen als Multiplikatorinnen bei der Einführung und Anwendung des Instruments, indem sie ihre Kolleginnen sowie interessierte Nutzer und deren Angehörige anleiten. Die inhaltlichen und didaktischen Voraussetzungen für diese Einführung werden im Rahmen des Schulungskurses vermittelt. Die nicht extern geschulten Mitarbeiterinnen der beteiligten wohnbezogenen Dienste erhalten das LEWO-Handbuch und somit die Möglichkeit zur autodidaktischen Aneignung der Grundlagen des Instruments. Erfahrungsgemäß wird jedoch nur eine Minderheit der Mitarbeiterinnen von dieser Gelegenheit Gebrauch machen.

Um die Lücke zwischen den extern geschulten und denjenigen Mitarbeiterinnen zu schließen, die nur das Handbuch zur Verfügung haben, bieten die Multiplikatorinnen eine interne Einführung an. Dabei können Grundlagen für den Umgang mit dem Instrument vermittelt und Interessent(inn)en für die externen Schulungen geworben werden. Im Anschluß daran erfolgt die eigentliche Anwendung von LEWO in einzelnen, ausgewählten Wohneinheiten bzw. Wohngruppen nach dem eingangs beschriebenen Ablaufplan.

Wesentliche Voraussetzungen für diese Variante sind:

- Organisation regelmäßiger, externer Einführungskurse durch die Träger der Behindertenhilfe;
- Unterstützung der Einführung und Anwendung des Instruments durch die Geschäftsführungs- und Leitungsebenen wohnbezogener Dienste.

Vorteile wären:

- die vergleichsweise unproblematische Organisation im Rahmen der bestehenden Fortbildungsprogramme der Träger;
- die überschaubaren Kosten der Schulungen;
- die grundsätzliche Möglichkeit der selbstevaluativen Anwendung des Instruments.

Folgende Probleme können sich ergeben:

- die Unverbindlichkeit der Anwendung: Der Einsatz von LEWO wäre nicht nur von der Bedürfnislage und Motivation der Mitarbeiterinnen abhängig, sondern vor allem auch von der Unterstützung durch die Geschäftsführungs- und Leitungsebenen der Einrichtungen, d. h., institutionsbezogene Erfordernisse und Interessen („kein Geld, keine Zeit") würden eine Anwendung in den meisten wohnbezogenen Diensten zum seltenen „Luxus" machen;
- die geringe Reichweite des Instruments: Externe Schulungen erfassen erfahrungsgemäß nur eine interessierte Minderheit von Mitarbeiterinnen (Elite). In wohnbezogenen Diensten, die eine Anwendung von LEWO fördern, würden die meisten Fachkräfte erst durch ihre geschulten Kolleginnen mit dem Instrument vertraut gemacht werden. Die überwiegende Mehrheit der in der Behindertenhilfe Beschäftigten würde durch das Instrument somit nicht direkt erreicht;
- der Einsatz von LEWO als Qualitätsentwicklungsinstrument (Zeitreihenvergleiche durch eine regelmäßige Anwendung) wäre aufgrund der zuvor beschriebenen Probleme nur in Ausnahmefällen möglich.

2. Variante: Zunächst erfolgt eine ca. einwöchige, externe Schulung interessierter Fachkräfte nach dem oben geschilderten Modell. In unmittelbarer zeitlicher Abfolge schließt sich daran eine (Fremd-)Evaluation in regional ausgewählten Wohneinrichtungen für Menschen mit geistiger Behinderung als fester Bestandteil der Fortbildung an, die durch externe Moderator(inn)en – mit dem Instrument vertraute Mitarbeiterinnen der Verbände und/oder externe Wissenschaftler(innen) – begleitet wird. Die Ergebnisse dieser Qualitätsprüfungen werden im dritten Teil der Schulung gemeinsam ausgewertet und analysiert. Dieses Verfahren entspricht im wesentlichen der Durchführung von Evaluationen nach dem PASSING-Modell, wie es in den USA und Kanada zum Einsatz kommt. Die Mitarbeiterinnen in den Einrichtungen erhalten zudem das LEWO-Handbuch.

Wesentliche Voraussetzungen für diese Variante sind:

- Organisation einer entsprechenden Fortbildungsreihe durch die Träger der Behindertenhilfe;
- Bereitschaft der Leitungen und Fachkräfte ausgewählter wohnbezogener Dienste, sich in festgelegten Zeitabschnitten prüfen zu lassen.

Vorteile wären:

- eine intensive Schulung der als Evaluatorinnen tätigen Fachkräfte;
- eine verbindliche, nach einem einheitlichen Verfahren durchgeführte Anwendung;
- die Funktion von LEWO als fortlaufendes Instrument zur Qualitätsentwicklung für interessierte wohnbezogene Dienste;
- die erfahrungsgestützte, kontinuierliche Weiterentwicklung des Instruments im regelmäßigen Praxiseinsatz.

Folgende Probleme können sich ergeben:

- relativ hoher organisatorischer und zeitlicher Aufwand;
- insgesamt höhere Kosten im Vergleich zu Variante 1;
- keine selbstevaluative Anwendung im engeren Sinne und damit auch nur sehr eingeschränkte Möglichkeiten der Mitarbeiterinnen und Nutzer wohnbezogener Dienste, auf die Inhalte und den Verlauf der Qualitätsprüfung Einfluß zu nehmen.

3. Variante: Das Instrument LEWO wird eingebunden in bestehende Fort- und Weiterbildungskonzepte der in der Behindertenhilfe engagierten Wohlfahrts- und Fachverbände. Die Teilnahme an einer Schulung entsprechend der Variante 1 wird für alle hauptamtlichen Fachkräfte wohnbezogener Dienste innerhalb eines bestimmten Zeitraums (etwa zwei Jahre) verbindlich. Der kontinuierliche, selbstevaluative Einsatz des Instruments wird langfristig in allen wohnbezogenen Diensten eines Verbandes als interner Qualitätsstandard verankert. Bei der internen, d. h. selbstevaluativen Durchführung der Qualitätsprüfung (ca. einmal jährlich) werden die wohnbezogenen Dienste gemäß der Variante 2 durch besonders geschulte Mitarbeiterinnen des Verbandes und/oder durch externe, einrichtungsunabhängige Fachleute – z. B. Wissenschaftler(innen) mit Moderator(inn)en- und Berater(innen)funktion – begleitet. Die Durchführung einer regelmäßigen Qualitätskontrolle und -entwicklung wird durch den Verband mit der Vergabe eines „Gütesiegels" für die beteiligten Wohneinrichtungen gewürdigt. Eine entsprechende Einigung in den Verhandlungen zwischen den Trägern der Behindertenhilfe und den Kostenträgern vorausgesetzt, dient die kontinuierliche Evaluation mit dem Instrument LEWO gleichzeitig als Qualitätsnachweis nach § 93 Abs. 2 BSHG und ersetzt die Option der Kostenträger auf eine externe Qualitätsprüfung.

Wesentliche Voraussetzungen für diese Variante sind:

- die Bereitschaft auf Verbandsebene und in den wohnbezogenen Diensten, sich auf ein umfassendes, zukunftweisendes Programm zur fortlaufenden Qualitätsentwicklung der Arbeit und Weiterqualifizierung der Fachkräfte einzulassen;
- die Bereitstellung entsprechender personeller und materieller Ressourcen zur Durchführung des Programms.

Vorteile wären:

- die große „Reichweite" des Instruments und damit die Eignung der regelmäßigen Anwendung von LEWO als grundlegende, interne Qualitätsentwicklungs- und Qualifizierungsmaßnahme;
- die mittelfristige Erhöhung der fachlichen Kompetenzen aller hauptamtlichen Mitarbeiterinnen durch eine feldspezifische und stringent aufgabenbezogene Qualifizierung;
- die hohe Verbindlichkeit und Kontinuität der Anwendung des Instruments durch die Verankerung als verpflichtende Qualitätsentwicklungsmaßnahme;
- die sinnvolle Kombination von selbst- und fremdevaluativem Zugang;
- die Verbesserung der internen und externen Darstellung der Arbeit wohnbezogener Dienste;
- die systematische Entwicklung transparenter und einrichtungsübergreifender Qualitätsstandards für die sozialrehabilitativen Aufgaben wohnbezogener Dienste.

Folgende Probleme können sich ergeben:

- vergleichsweise hoher personeller und materieller Aufwand;
- Notwendigkeit umfangreicher „Überzeugungsarbeit" auf verbandlicher und einrichtungsbezogener Ebene;
- längerer Zeitraum für die Etablierung des Instruments.

Anhand der idealtypisch skizzierten Einsatzmöglichkeiten läßt sich nur sehr unzureichend abschätzen, welche Chancen und Probleme, Wirkungen und Nebenwirkungen eine Anwendung des Instruments LEWO zur Folge haben würde. Hier könnte nur die systematische Auswertung exemplarischer Anwendungen des Instruments verläßlich Auskunft geben.

Die Begleitforschung zur Praxisanwendung eines komplexen selbstevaluativen Instruments mit dem Ziel der Qualitätssicherung und Organisationsentwicklung in verschiedenen sozialen Diensten würde Neuland erschließen, denn dergleichen ist in Deutschland in der Behindertenhilfe bisher noch nicht versucht worden. Der Einsatz des Instruments könnte zum einen praxisbezogen geprüft und das Instrument schrittweise weiterentwickelt und verbessert werden; zum anderen würde man allgemeine Einsichten in das komplexe Bedingungsgefüge institutionalisierter psychosozialer Hilfen gewinnen, die zur Formulierung von Empfehlungen und Richtlinien zur Qualitäts- und Organisationsentwicklung für soziale Dienste führen könnten. Auf diese Weise würde ein grundlegender Beitrag zur Präzisierung des bislang eher unscharf und relativ beliebig definierten Bereichs der sozialen Rehabilitation geleistet.

LEWO ist als Basisinstrument zur fachlichen Qualitätsentwicklung zu verstehen. Die Beschreibung organisationsinterner Abläufe von Information und Kommunikation, die Dokumentation von Entscheidungen und Maßnahmen sowie das Aufzeigen von Rückkoppelungen sind hiermit noch nicht geleistet. Da der Entwicklungsstand wohnbezogener Dienste überaus unterschiedlich ist, sollten solche Elemente des Qualitätsmanagements nicht vorab am Schreibtisch entstehen, sondern sukzessive während der Anwendung von LEWO entwickelt werden.

2. Methodische Ansätze der Qualitätsprüfung

2.1 Aktuelle Orientierungen und Kontroversen

In der Evaluationsforschung hat sich die Unterscheidung zwischen folgenden vier Prüfverfahren etabliert, die sich der Untersuchung der Qualität sozialer Dienste mit jeweils spezifischer Zielstellung widmen:

1. *Effektivitätsstudien:* Sie überprüfen, ob bestimmte Ziele eines sozialen Dienstes erreicht werden. In der sozialen Rehabilitation können u. a. die von uns zusammengestellten Leitlinien (z. B. Bedürfnisorientierung, Selbstbestimmung, Individualisierung) als übergeordnete Ziele betrachtet werden.
2. *Effizienzanalysen:* Sie ermöglichen eine Gegenüberstellung der Kosten und des Nutzens vergleichbarer Maßnahmen und Angebote. Effizienzanalysen sind das primäre Ziel der auch in der Behindertenhilfe eingesetzten Verfahren zur Personalbemessung anhand objektivierter Kriterien.
3. *Verträglichkeitsstudien:* Sie untersuchen mögliche Nebeneffekte und Spätfolgen einzelner Hilfeangebote, Maßnahmen und Interventionen für das ökologische Gleichgewicht verschiedener sozialer Systeme (z. B. wohnbezogener Dienst, Familie eines Nutzers, Nachbarschaft, andere soziale Dienste).
4. *Qualitätsanalysen:* Sie zielen auf die Überprüfung der Einhaltung fachlicher Standards in der Erbringung von Angeboten und Leistungen und darüber hinaus auf die Bestimmung von Ansatzpunkten zu ihrer Entwicklung (vgl. HEINER 1986).

Mit Hilfe des Instruments LEWO lassen sich insbesondere *Effektivitäts- und Qualitätsanalysen* durchführen.

Zum Begriff Qualität

Der Begriff der Qualiät ist mittlerweile auch in der sozialen Arbeit allgegenwärtig. Nach der DIN Norm ISO 9004/8402 ist Qualität „ ... die Gesamtheit von Eigenschaften und Merkmalen eines Produktes oder einer Dienstleistung, die sich auf deren Eignung zur Erfüllung festgelegter oder vorausgesetzter Erfordernisse beziehen". Wesentlich ist demnach der Bezug zwischen den Eigenschaften einer Dienstleistung und den Anforderungen, die an diese Leistung gestellt werden. Je mehr sie den zuvor definierten Maßstäben entspricht, desto eher kann von Qualität gesprochen werden. Dazu ist es unabdingbar, zunächst eine konkrete Vorstellung davon zu gewinnen, welche Maßstäbe als verbindlich gelten sollen. Erst dann, wenn präzise Maßstäbe oder Standards definiert sind, die bei der Evaluation eines wohnbezogenen Dienstes zugrunde gelegt werden können, ist es sinnvoll, sich mit Verfahren der Qualitätskontrolle und -entwicklung zu beschäftigen.

Ausgehend von Analysen des medizinischen Versorgungssystems wird in der gegenwärtigen Qualitätsdebatte im Anschluß an DONABEDIAN (1982) allgemein zwischen Struktur-, Prozeß- und Ergebnisqualität unterschieden. Für die Lebens- und Wohnbedingungen von Menschen mit geistiger Behinderung ist es ohne Frage von großer Bedeutung, wie eine Wohngruppe oder ein Wohnheim materiell ausgestattet ist und welche personellen Voraussetzungen dort bestehen, d. h., wie die materiellen und personellen „Strukturen" der Angebote und Hilfen beschaffen sind. Diese Aspekte werden seit einiger Zeit auch in der sozialen Arbeit unter dem Stichwort *„Strukturqualität"* diskutiert. Zur Strukturqualität sind u. a. zu zählen:

- die materielle, finanzielle und technische Ausstattung einschließlich der Größe und Aufteilung der Räumlichkeiten, der Güte und Bequemlichkeit der Ausstattung;
- die organisatorischen und verwaltungstechnischen Regelungen und Abläufe eines wohnbezogenen Dienstes;
- die Einbindung des Dienstes in die Infrastruktur der Region;
- die Lage des Dienstes, die Größe des Grundstücks, die Sicherheit des Standorts, Schutz vor Lärm usw.;
- die personellen Ressourcen einschließlich der Personalstruktur, der Qualifikation der Mitarbeiterinnen und deren Fluktuation.

Lebensqualität und Wohlbefinden im Wohnbereich sind aber nicht nur abhängig von der materiellen und personellen Ausstattung. Wenn beispielsweise die zwischenmenschliche Beziehung zwischen einem Nutzer eines wohnbezogenen Dienstes und den Mitarbeiterinnen nicht stimmt oder die „Atmosphäre" in einer Wohngruppe ganz allgemein schlecht ist, wird sich der betreffende Nutzer wahrscheinlich sehr unwohl fühlen – trotz Einzelzimmer, gehobener Möblierung und regelmäßiger Freizeitangebote. LEWO geht daher über die Erhebung der personellen und materiellen Bedingungen eines wohnbezogenen Dienstes, wie sie etwa von Personalbemessungsinstrumenten vorgenommen werden, hinaus. Im Unterschied dazu geht es uns nicht darum, möglichst genau festzuhalten, welche Hilfen Menschen mit geistiger Behinderung im einzelnen benötigen und welche Zeit das Personal eines wohnbezogenen Dienstes für bestimmte Hilfeleistungen aufwenden muß. Durch die Anwendung von LEWO werden also keine Personalmeßzahlen ermittelt.

Die Qualität der Arbeit eines wohnbezogenen Dienstes ist stets wesentlich von einer ganzen Anzahl nichtmaterieller Aspekte bestimmt. So müssen bei einer Qualitätsprüfung vor allem die Prozesse der Lebens- bzw. Arbeitssituation der beteiligten Menschen zum „Gegenstand" der Evaluation gemacht werden – nicht nur, um sie zu beschreiben, sondern auch, um sie aktiv und gezielt zu verbessern (formative Evaluation). Das Instrument LEWO prüft demnach nicht nur, was z. B. in einer Wohneinheit/Wohngruppe an materieller und personeller Ausstattung vorhanden ist und welche Hilfeleistungen gegeben werden, sondern vor allem, wie diese Hilfen erbracht werden. Mit anderen Worten: Im Vordergrund steht die sogenannte *Prozeßqualität*. Mit Prozeßqualität soll die Art der Erbringung von Dienstleistungen anhand zu bestimmender Standards (z. B. Leitlinien sozialer Rehabilitation) bezeichnet werden.

LEWO und andere Verfahren zur Qualitätsprüfung und -entwicklung

Die *Leistungsvereinbarungen* zwischen Kosten- und Leistungsträgern der Behindertenhilfe enthalten gegenwärtig lediglich einen Mindestkonsens über einige wenige Elemente von Strukturqualität, während zentrale Aspekte von Prozeßqualität eher abstrakt und allgemein verhandelt werden. Klar ist, daß auch die inhaltlich noch offenen, voraussichtlich erst ab 1999 in Kraft tretenden *Prüfvereinbarungen* bestenfalls die Kontrolle eines kleinen Ausschnitts der Strukturqualität vorsehen werden. Wir vertreten die Auffassung, daß ein solchermaßen reduzierter Qualitätsbegriff für eine Überprüfung und Entwicklung von Leistungen und Angeboten wohnbezogener Dienste aus fachlicher Perspektive völlig unzureichend ist, da z. B. zentrale Aspekte fachlichen Handelns und der fachlichen Zusammenarbeit zwischen Mitarbeiterinnen und Nutzern, die die Lebensqualität behinderter Menschen maßgeblich beeinflussen, auf diese Weise nicht geprüft werden können.

Um klarzustellen, was Qualität im Zusammenhang mit den Aufgaben wohnbezogener Dienste bedeuten kann, ist es notwendig, die Methode der Qualitätsprüfung und -entwicklung des Instruments LEWO von anderen diskutierten Verfahren abzugrenzen.

Schon seit einiger Zeit zeichnet sich ab, daß die bestehenden verbands- und einrichtungsinternen Bemühungen um eine von fachlichen Standards bestimmte Qualitätsentwicklung von fachfremden Verfahren ins Abseits gedrängt werden. So werden verstärkt Qualitätsmanagementsysteme nach DIN ISO 9000 ff. auch für den Bereich der sozialen Rehabilitation ins Gespräch gebracht (BAUDER 1995). Dabei muß bedacht werden, daß auf DIN ISO begründete Ansätze des Qualitätsmanagements überwiegend auf *formale Verfahrensregelungen* abgestellt sind, um Dienstleistungsbetrieben mehr Marktchancen und eine größere Kundenorientierung zu ermöglichen. Fragen der fachlichen Standards für die Arbeit eines sozialen Dienstes werden von der DIN ISO nicht beantwortet, sondern zur Entscheidung und Festlegung weiterhin der jeweiligen Einrichtung überlassen. Geprüft und zertifiziert (beglaubigt) wird nicht die fachliche Stimmigkeit der Qualitätsziele, sondern nur, inwieweit die intern definierten Ziele einer Einrichtung verfahrenstechnisch einwandfrei umgesetzt werden. Überspitzt formuliert ließe sich ein wohnbezogener Dienst nach DIN ISO 9000 ff. auch dann zertifizieren, wenn er einen extrem integrationshemmenden Zielekatalog in verfahrenstechnisch einwandfreier Operationalisierung zur externen Qualitätskontrolle vorlegen würde.

LEWO bietet demgegenüber fachlich und inhaltlich bestimmte Kriterien der Qualitätsbeurteilung und -entwicklung. Mit dem LEWO-Konzept sprechen wir uns somit gegen eine reine „Zertifizierungsmentalität" aus, die nicht den Prozeß sozialrehabilitativen Handelns auf der Grundlage fachlicher Standards in den Mittelpunkt eines Qualitätsmanagements stellt, sondern die Erlangung des Zertifikats mit möglichst geringem Aufwand.

Aus unserer Sicht ist es dringend geboten, anstelle der gegenwärtig vorherrschenden Qualitäts*verfahrens*debatte den Austausch über Lebens- und Wohnqualität und die darauf bezogene Qualität der Angebote und Hilfen wohnbezogener Dienste *inhaltlich* zu suchen. Dabei sind betriebswirtschaftliche Konzepte allein nicht ausreichend, denn wohnbezogene Dienste für Menschen mit geistiger Behinderung sind kein Markt, zumindest solange ca. 50.000 gemeindeintegrierte Wohnplätze fehlen (KRÄLING 1995, 24). Auch sind Erwachsene mit geistiger Behinderung als Sozialhilfeempfänger keine Kunden, da sie über die Art und den Umfang der Leistungen, die sie in Anspruch nehmen, nur sehr eingeschränkt verfügen können. Wenn der Kundenbegriff hingegen lediglich die Zielperspektive einer größeren Nutzerorientierung der Angebote signalisieren soll, so läßt sich dies auch zum Ausdruck bringen, ohne dafür auf marktwirtschaftliche Begriffe zurückzugreifen, die die Ökonomisierung aller Lebensverhältnisse und zwischenmenschlichen Beziehungen unterstellen.

2.2 Dimensionen der Qualitätsprüfung mit LEWO

Zur Sicherung und Entwicklung von Qualität in wohnbezogenen Diensten müssen nach unserer Auffassung nicht nur formal-verfahrenstechnische, sondern vor allem *inhaltliche Maßstäbe und Ziele* festgelegt werden. Aus diesem Grund ist LEWO mehrdimensional angelegt: Das Instrument bezieht sich auf die Strukturen und auf die Prozesse der Erbringung von Dienstleistungen und Angeboten. Es untersucht die bestehenden personalen Voraussetzungen und formalen Qualifikationen der Fachkräfte im begleiteten Wohnen ebenso wie die wohnbezogenen Bedürfnisse und Hilfebedarfe der Nutzer sowie die Interaktionen aller beteiligten Personen. Dabei werden neben fachlich begründeten Zielvorgaben für alle Aufgabenfelder wohnbezogener Dienste auch zahlreiche Hinweise zu einer effektiven Organisation der Arbeit gegeben. Sie ermöglichen eine zuverlässige Einschätzung, inwieweit die von einer Einrichtung erbrachten Leistungen und Hilfeangebote

1. zur Entwicklung alters- und kulturangemessener, individuell bestimmter Wohnstandards und Lebensstile der Nutzer beitragen;
2. die zur Bewältigung des Alltags erforderlichen Kompetenzen der Nutzer fördern und Abhängigkeiten von fremder Hilfe abbauen;
3. die Nutzer dabei unterstützen, Wahlmöglichkeiten zu entwickeln und mehr Verfügungskontrolle über die Hilfen zu erlangen;
4. zur Überwindung von Isolations- und Vereinsamungstendenzen beitragen sowie für die Nutzer eine Teilhabe an den allgemeinen sozialen, kulturellen und infrastrukturellen Angeboten des Gemeinwesens gegeben ist, insbesondere unter Einbeziehung nichtprofessioneller Hilfen.

Unter diesen Fragestellungen ermöglicht LEWO die systematische Evaluation

- der materiellen Gegebenheiten eines wohnbezogenen Dienstes und seines sozialökologischen Umfeldes (Aufgabenfeld „Wohnort, Einrichtung und Gestaltung der Wohnung und des Hauses", siehe S. 75 ff.);
- der formalen und informellen Strukturen des Alltags, einschließlich der auf die Entwicklung von Selbstversorgungskompetenzen, Autonomie, Kommunikation und sozialkulturelle Teilhabe bezogenen Aktivitäten und Förderangebote (Aufgabenfeld „Alltagsstrukturen, Routinen, Angebote, Tätigkeiten", siehe S. 126 ff.);
- der Beziehungen und Handlungsmuster zwischen Nutzern, Mitarbeiterinnen und anderen Personen (Aufgabenfeld „Zusammenleben", siehe S. 179 ff.);
- der sozialen Netzwerke von Nutzern innerhalb und außerhalb des Wohnbereichs (Aufgabenfeld „Nichtprofessionelle Beziehungen und Netzwerke", siehe S. 225 ff.);
- der Durchsetzung von Rechten, Ansprüchen und besonderen Schutzbedürfnissen der Nutzer (Aufgabenfeld „Rechte/Schutz", siehe S. 259 ff.);
- der Voraussetzungen und Bedingungen für eine effektive Personalentwicklung zur Sicherung qualifizierter Arbeit (Aufgabenfeld „Mitarbeiterinnenführung", siehe S. 304 ff.);
- der organisatorischen Strukturen und Ablaufprozesse (Aufgabenfeld „Organisationsentwicklung", siehe S. 339 ff.).

Da die Ergebnisse der Arbeit eines wohnbezogenen Dienstes bzw. seiner Mitarbeiterinnen nur auf einzelne Menschen bezogen beschrieben werden können, erscheint es uns wenig sinnvoll, in der sozialen Rehabilitation behinderter Menschen neben Standards für die Struktur- und Prozeßqualität auch solche für die Qualität von Ergebnissen *(Ergebnisqualität)* zu entwickeln.

Jede soziale Arbeit ist ein „transaktionaler Prozeß". Das bedeutet, der Nutzer eines sozialen Dienstes ist nicht nur passiver Konsument, sondern auch Mitproduzent der Dienstleistungen und Hilfen, die ihm gegeben werden. Daher ist es auch unmöglich, für ein psychosoziales Dienstleistungsangebot allgemeine Erfolgskriterien zu definieren oder umgekehrt aus einem Erfolg oder Mißerfolg unmittelbar auf die Qualität der erbrachten Leistung zu schließen.

Die fachliche Qualität ist insofern eine notwendige, nicht aber zugleich auch hinreichende Bedingung für den Erfolg bestimmter Angebote oder Leistungen (BADURA, GROSS 1976). Immer wird es darauf ankommen, daß die Fachkräfte wohnbezogener Dienste in Absprache mit den Nutzern und anderen betroffenen Personen (Angehörige, Fürsprecher[innen], Betreuer[innen] nach dem Betreuungsgesetz usw.) bei der Planung einer bestimmten Hilfeleistung im vorhinein konkret vereinbaren, welche Ziele sie sich setzen, unter welchen Kriterien und mit welchen Methoden beurteilt werden soll, ob und in welchem Ausmaß diese Ziele erreicht worden sind.

Das Leben in sozialen Institutionen findet bildlich gesprochen immer auf einer „Vorderbühne" und einer „Hinterbühne" statt (GOFFMAN 1973). Auf der Vorderbühne wird das dargestellt, was für die Öffentlichkeit bestimmt ist; auf der Hinterbühne vollzieht sich das Leben nach internen, oft unausgesprochenen Regeln. Für die Beurteilung und Weiterentwicklung der Qualität von Hilfen und Leistungen in wohnbezogenen Diensten sind beide Bühnen gleichermaßen bedeutsam. Praxisorientierte Untersuchungsinstrumente sollten daher nicht nur die offiziellen Programm- und Angebotsstrukturen erfassen (Betreuerschlüssel, Konzepte, Entwicklungspläne, Dienstzeiten, Freizeitangebote usw.), sondern auch über die alltagsbestimmenden Routinen und Handlungsweisen Auskunft geben. Mit der Anwendung von LEWO lassen sich neben den Bedürfnissen der Nutzer und den organisatorischen und materiellen Strukturen des Dienstes vor allem auch die Routinen der praktischen Arbeit sowie die formalen und informellen Interaktionen zwischen den beteiligten Personen in den Blick nehmen.

Das Instrument LEWO ermöglicht neben einer systematischen Bestandsaufnahme auch einen Vergleich des Entwicklungsstands der Dienstleistungen und Hilfen zu verschiedenen Zeitpunkten (Zeitreihenvergleich). Werden Untersuchungen mit dem Instrument kontinuierlich und in angemessenen Zeitabständen durchgeführt, läßt sich die Entfernung eines in einer früheren Untersuchung als entwicklungsbedürftig definierten Ausgangspunktes als zurückgelegte Wegstrecke verläßlich angeben. Auf diese Weise werden sowohl positive als auch negative Entwicklungen deutlich nachvollziehbar.

Zwei Zugänge: Angebote und Bedürfnisse

Denkbar ist darüber hinaus, mit LEWO die Arbeit in verschiedenen Wohneinheiten/Wohngruppen eines Dienstes (oder die Arbeit in verschiedenen wohnbezogenen Diensten) zu vergleichen. Von einer solchen Gegenüberstellung verschiedener Wohneinheiten oder Einrichtungen lassen sich vor allem Aufschlüsse über die Verbesserung der Struktur und die Ausschöpfung der verfügbaren materiellen und personellen Ressourcen gewinnen. Die Möglichkeiten, Aspekte der Prozeßqualität verschiedener Gruppen oder Einrichtungen miteinander zu vergleichen, sind dagegen begrenzt. Die Qualität sozialer Beziehungen oder eine freundliche Wohnatmosphäre lassen sich – im Gegensatz zu Raumgrößen oder Personalschlüssel – nicht objektiv gegeneinander aufrechnen. Wir haben aus diesem Grund auch darauf verzichtet, für die Erfüllung einzelner Qualitätsmerkmale Punkte zu vergeben. Mitarbeiterinnen wohnbezogener Dienste müssen bei der Arbeit mit LEWO also nicht befürchten, „schlecht abzuschneiden": Als Ergebnis einer Evaluation erhalten sie keine abstrakten Punktwerte, sondern konkrete Ansatzpunkte für eine Weiterentwicklung ihrer Arbeit.

Unser Denken ist stark von Institutionen und Einrichtungen geprägt – erst recht dann, wenn wir z. B. als Fachkraft in einem wohnbezogenen Dienst tätig sind. Auch wenn uns dies im Grunde bewußt ist, sind wir ständig in Gefahr, bei der Beurteilung von Problemen und der Planung von Handlungsmöglichkeiten zunächst den Standpunkt der Einrichtung einzunehmen und erst in zweiter Linie die Bedürfnisse der Menschen zu berücksichtigen, die dort wohnen und den größten Teil ihres Lebens verbringen. Jedes Wohnangebot für Menschen mit geistiger Behinderung legitimiert sich aber vor allem durch den Anspruch, die individuelle Lebenssituation seiner Nutzer verbessern zu können.

Der Versuch, Zielkriterien für die Praxis der Arbeit in wohnbezogenen Diensten zu entwickeln, darf sich daher nicht darauf beschränken, ausschließlich die Perspektive des wohnbezogenen Dienstes einzunehmen. Nicht die Organisationsabläufe und Sachzwänge der Institution, sondern vielmehr der einzelne Nutzer mit seinen subjektiven Wünschen, Bedürfnissen und Interessen muß in den Mittelpunkt einer Beurteilung der Qualität von Angeboten und Leistungen gestellt werden.

Hilfeleistungen sind nicht an und für sich gut, sondern nur in bezug darauf, ob sie für einen einzelnen Menschen in einer konkreten Situation oder Lebenslage individuell sinnvoll sind. Jeder Versuch, die Effektivität und Qualität institutionsbezogener Dienstleistungen zu erfassen, hat aus diesem Grund seinen Ausgang von der Frage nach der Lebenslage, den individuellen Bedürfnissen und dem Hilfebedarf der Nutzer wohnbezogener Dienste, unabhängig von Art und Schwere einer Behinderung, zu nehmen. Mit dem Instrument LEWO werden daher die Angebote und Leistungen des wohnbezogenen Dienstes und die Bedürfnisse und Hilfebedarfe der einzelnen Nutzer anhand konkreter Indikatoren getrennt voneinander untersucht.

Versorgungsstrategische Überlegungen spielen bei der Arbeit mit LEWO hingegen so gut wie keine Rolle. LEWO nimmt nicht die Versorgungsperspektive ein, sondern setzt an den subjektiven Wahrnehmungen der beteiligten Personen und an den Bedingungen ihrer Lebens- bzw. Arbeitssituation an, d. h., daß auch die angebotsbezogenen Indikatoren aus der Perspektive der Nutzer entwickelt worden sind.

Im ersten Schritt sieht das Instrument eine Erkundung der Lebenslage, der Bedürfnisse und des Unterstützungsbedarfs der Nutzer anhand spezifischer Fragestellungen vor, die eine individuelle Einschätzung für jeden Nutzer ermöglichen. Im zweiten Schritt wird das Angebots- und Leistungsspektrum des wohnbezogenen Dienstes evaluiert. Der Vergleich zwischen dem individuellen Unterstützungsbedarf eines Nutzers und der jeweiligen Angebotsstruktur des wohnbezogenen Dienstes ermöglicht dann eine differenzierte Beurteilung, inwieweit es dem wohnbezogenen Dienst gelingt, seine Hilfen wirklich individualisiert und bedürfnisorientiert anzubieten. Aus der Perspektive des Nutzers läßt sich genau bestimmen, in welcher Weise fachliche Leitlinien und Standards (z. B. Individualisierung oder Selbstbestimmung) praktisch umgesetzt werden und in welchem Maße die Angebote und Leistungen des wohnbezogenen Dienstes den nutzerbezogenen Bedürfnissen und Wünschen entsprechen und für die gegenwärtige Lebenssituation sinnvoll und förderlich sind.

2.3 Perspektiven der Qualitätsprüfung mit LEWO

In der Evaluationsforschung wird im allgemeinen zwischen Fremd- und Selbstevaluation unterschieden. Fast alle bislang bekannten Instrumente zur Qualitätssicherung im sozialen Bereich sind Verfahren der Fremdevaluation, d. h., die Untersuchung wird von Wissenschaftler(inne)n oder anderen Personen vorgenommen, die „von außen" in eine soziale Einrichtung kommen, ohne zuvor nähere Kenntnisse von den Organisationsformen und Strukturen des betreffenden Dienstes sowie der Handlungen, Probleme, Sinndeutungen und Motive der dort arbeitenden und lebenden Personen erworben zu haben. Daher ist es auch verständlich, wenn die Praktikerinnen „vor Ort" oft skeptisch gegen die externe Untersuchung und Prüfung ihrer Arbeit sind. Sie mutmaßen negative Ergebnisse, die bis zum Verlust des Arbeitsplatzes führen können, eine Verzerrung ihres Arbeitsalltags und nicht zuletzt natürlich Kontrolle. Häufig werden auch Ängste deutlich, es würden bislang verborgene Motive, Bedürfnisse und Interessen aufgedeckt oder Kompetenzen grundsätzlich in Frage gestellt. Gelegentlich wird externen Wissenschaftler(inne)n oder Berater(inne)n sogar von vornherein abgesprochen, die Qualität der Arbeit sozialer Dienste wirklich angemessenen beurteilen zu können.

LEWO – ein Instrument zur Selbstevaluation

Bei der Untersuchung der Qualität psychosozialer Arbeit ist es unserer Auffassung nach weder angemessen noch zulässig, die betroffenen Menschen auf „Untersuchungsgegenstände" zu reduzieren. Im Gegenteil: Wir halten es für unumgänglich, daß sie den Evaluationsprozeß als „Expert(inn)en in eigener Sache" maßgeblich selbst planen, durchführen und auswerten. Daraus ergab sich für uns die Notwendigkeit, LEWO als Instrument zur strukturierten, extern begleiteten Selbstevaluation anzulegen. Eine Bedingung für die selbstevaluative Anwendung von LEWO ist allerdings, daß die Fachkräfte im begleiteten Wohnen über ihren Alltag, über ihre Erwartungen und Ziele, Probleme und Ängste offen sprechen können, ohne Sanktionen befürchten zu müssen. Sie sollten die Voraussetzungen dazu vorfinden, um sich auf einen langfristigen, zielgeleiteten Austauschprozeß einlassen zu können.

Wenn Mitarbeiterinnen individualisierend und bedürfnisorientiert arbeiten sollen, dann brauchen sie dazu ausreichende Entscheidungs- und Mitbestimmungsmöglichkeiten. Die Förderung der Selbstbestimmung von Nutzern kann glaubhaft nur von Fachkräften vertreten werden, die selbstbestimmt auftreten und handeln. Daher betrachten wir eine weitreichende Selbstbestimmung und Autonomie der Mitarbeiterinnen als wichtige Voraussetzung für eine fachlich angemessene Gestaltung und Durchführung ihrer Aufgaben. Dafür brauchen sie aber Rückhalt auch bei denen, die nicht unmittelbar an der Durchführung der Evaluation mit dem Instrument LEWO beteiligt sind. Aus diesem Grund sollte nicht nur bei den Mitarbeiterinnen im Gruppendienst, sondern bei allen Funktionsgruppen und auf allen Hierarchiestufen des wohnbezogenen Dienstes um Unterstützung geworben werden. Der Erfolg der Evaluation wird nicht zuletzt davon abhängen, ob es gelingt, die Interessen der an der Evaluation direkt und indirekt beteiligten Personen – Nutzer, Angehörige, Mitarbeiterinnen, Trägervertreter(innen), Berater(innen) – mit denen der Gesamteinrichtung (z. B. nach einem geregelten Fortgang der notwendigen Arbeiten während der Evaluation) zu vermitteln.

Die Mitarbeiterinnen wohnbezogener Dienste leisten durch die Fachlichkeit ihres Handelns einen wesentlichen Beitrag zur Lebensqualität der Nutzer gemeindenaher Wohnangebote. Den Trägern der Hilfen fällt es jedoch zunehmend schwerer, ausreichend qualifizierte Fachkräfte für die umfangreichen und komplexen Aufgaben im Bereich der sozialen Rehabilitation zu gewinnen.

Eine Möglichkeit, die geringe fachliche Qualifizierung vieler Beschäftigter wohnbezogener Dienste zu erhöhen, sind Maßnahmen zur Fort- und Weiterbildung. Diese sind jedoch vielfach von Trends, Moden oder wechselhaften Schwerpunktsetzungen der Einrichtungsträger abhängig und laufen nicht selten neben den Alltagsaufgaben her, anstatt auf sie bezogen zu sein. Speziell auf die Behindertenhilfe ausgerichtete, methodisch stimmige und praxisbezogen aufbereitete Konzepte zur Weiterqualifizierung von Mitarbeiterinnen sind noch immer eine Seltenheit. Aus unserer Perspektive wäre dies jedoch eine entscheidende Voraussetzung für eine bedürfnisorientierte und individualisierte Entwicklung von Angeboten und Hilfen.

Das Instrument LEWO bietet den Rahmen für eine strukturierte und unmittelbar aufgabenbezogene interne Weiterqualifizierung von Fachkräften wohnbezogener Dienste, unter anderem durch Verfahren der Selbstevaluation, des gruppenbezogenen Lernens und der externen, feldkundigen Beratung und Begleitung. Voraussetzung dazu ist, daß den Fachkräften wohnbezogener Dienste ausreichend Spielräume für eine selbstverantwortliche Erkundung ihres Tätigkeitsfeldes zur Verfügung stehen.

Qualitätsbeurteilung durch alle Beteiligten

An allen Dienstleistungen, die im Kontext des begleiteten Wohnens erbracht werden, sind stets verschiedene Personen und Gruppen mit zum Teil sehr unterschiedlichen Interessen und Sichtweisen beteiligt. So sind z. B. die Interessen der Fachkräfte hinsichtlich angenehmer Arbeitszeiten und beruflicher Aufstiegsmöglichkeiten mit Nutzerbedürfnissen, die sich auf eine größtmögliche personale Kontinuität der Hilfen richten, nur schwer vereinbar. Wird also der Versuch unternommen, Aussagen über die Qualität sozialer Dienstleistungen zu treffen, wird das Urteil allein *einer Gruppe* (etwa der Leitung des Dienstes, der Mitarbeiterinnen im Gruppendienst oder der Nutzer) nicht ausreichen, um ein wirklich zuverlässiges Bild zu erhalten. Vielmehr muß jeder Personengruppe Gelegenheit gegeben werden, sich an der Untersuchung zu beteiligen und ihre jeweils spezifische Sichtweise in die Beurteilung einzubringen. Aus diesem Grund ist LEWO ein „multiperspektivisches" Instrument: Es soll von den Mitarbeiterinnen in Wohneinrichtungen, den Angehörigen geistig behinderter Menschen und – soweit möglich – auch von den Nutzern der Wohnangebote *zusammen* angewendet werden.

Aus den unterschiedlichen Perspektiven der beteiligten Gruppen ergeben sich bei der gemeinsamen Durchführung der Evaluation naturgemäß verschiedene Einschätzungen: Die Mitarbeiterinnen werden Entwicklungen und Angebote aus ihrer „Anbieterinnensicht" vermutlich anders wahrnehmen als die Nutzer als Adressaten dieser Angebote, und eine andere Perspektive werden wiederum die Angehörigen einnehmen.

Erst aus dem *kommunikativen Austausch* der individuellen Sichtweisen der an der Evaluation beteiligten Personen kann sich schließlich eine hinreichend zuverlässige, begründete und somit objektivierte Beurteilung der einzelnen Untersuchungspunkte ergeben. Dies gilt selbstverständlich auch für die angestrebte Weiterentwicklung der Angebote und Leistungen, die sich nur durch die kontinuierliche Zusammenarbeit der verschiedenen Personengruppen sichern läßt.

Der Stellenwert externer Beratung

Eine zusätzliche Qualität erhalten die Bemühungen um eine zuverlässige Einschätzung der Angebote eines wohnbezogenen Dienstes dann, wenn neben den erwähnten Gruppen auch dienstunabhängige, aber fachlich kundige Expert(inn)en in die Evaluation einbezogen werden. Was den Praktikerinnen meist fehlt, sind fundierte Kenntnisse in bezug auf die gesellschaftlichen, institutionellen und psychosozialen Voraussetzungen sowie die mittelbaren Wirkungen ihrer Tätigkeit. Hier geht es um den „blinden Fleck" in der eigenen Wahrnehmung. Unabhängige und feldkundige Berater(innen) setzen mit ihren Möglichkeiten an dieser Stelle ein. Vom unmittelbaren Praxisdruck entlastet, können sie die nötige Distanz zu den Arbeitsweisen der Fachkräfte herstellen, die eine Voraussetzung dafür ist, das Selbstverständliche des Alltags neu zu betrachten und Routinehandlungen wieder in Frage zu stellen. Überdies sind sie in der Regel auch in der Lage, Zusammenhänge theoretischer und wissenschaftlicher Art zu vermitteln und auf diese Weise mögliche Schwerpunkte der künftigen konzeptionellen Entwicklung eines wohnbezogenen Dienstes aufzuzeigen.

Natürlich ist auch hier ein produktiver Austausch der unterschiedlichen Perspektiven gefordert. Einfach gesagt, sind die Praktikerinnen an ihrer Arbeitsrealität „zu nah dran", während die Berater(innen) zunächst „zu weit davon entfernt" sind. Im Laufe der Selbstevaluation wird es demnach darauf ankommen, daß beide Gruppen im Gespräch voneinander lernen und dadurch ein Perspektivenwechsel der Beteiligten möglich wird: Die Fachkräfte sollten dazu angeleitet werden, für eine begrenzte Zeit die „Fernsicht" der Berater(innen) zu übernehmen, während diese im Verlauf der Evaluation lernen, sich näher an die tägliche Arbeitspraxis der Mitarbeiterinnen heranzubegeben. Externe Berater(innen) eignen sich aufgrund ihrer Unabhängigkeit von dienstinternen Verpflichtungen darüber hinaus auch für die Moderator(inn)enrolle innerhalb des Evaluationsteams. Dabei fallen ihnen u. a. folgende Aufgaben zu:

- mögliche Ziele der Evaluation herausarbeiten und gewünschte ebenso wie nicht gewünschte Wirkungen abschätzen;
- die Einschätzungen einzelner Evaluator(inn)en und des Teams daraufhin überprüfen, ob sie auf einer einvernehmlichen Interpretation der Vorgaben des Instruments beruhen und offenbare Unterschiede zur Diskussion stellen;
- Vorbehalte und Kritik innerhalb des Teams gegenüber der Evaluation aufgreifen und bearbeiten;
- eine anwaltschaftliche Funktion für die beteiligten Nutzer und gegebenenfalls auch für die Angehörigen wahrnehmen und dafür sorgen, daß ihre Sicht im Evaluationsprozeß tatsächlich angemessen berücksichtigt wird.

Versteht man unter Selbstevaluation nur solche Verfahren, in denen ausschließlich die Erbringer(innen) einer Leistung – also primär die Fachkräfte eines wohnbezogenen Dienstes – die Qualitätsstandards definieren und deren Einhaltung im Sinne von Selbstkontrolle überprüfen, während bei einer externen Evaluation die Erbringer(innen) der Leistungen auf die Inhalte und Verfahren der Qualitätskontrolle keinen Einfluß haben, sollte LEWO in einer aus beiden Varianten kombinierten Form angewendet werden.

2.4 Soziale Beziehungen – zentral für Qualität

Menschen handeln nicht starr nach erworbenen Regeln, sondern beeinflussen sich ständig gegenseitig und damit rückwirkend auch sich selbst (Selbstreferentialität). Daher sind sie immer in einer Entwicklung begriffen, und ebenso entwickeln sich auch ihre Beziehungen zu anderen Personen ständig weiter.

Will man die Qualität sozialer Dienstleistungen verbessern, müssen vor allem *Beziehungsprozesse* untersucht und gestaltet werden. Um dabei auch den sozialen Kontext, die Interaktionsstrukturen und die individuellen Motive und Sichtweisen des subjektiven Handelns der Beteiligten erfassen zu können, sollten die eingesetzten Untersuchungsmethoden in erster Linie auf Kommunikation und Interpretation aufgebaut sein. Daher kommen bei einer Evaluation mit LEWO vorrangig qualitative Verfahren zur Anwendung. Solche Verfahren sind unter anderem: Befragung, teilnehmende Beobachtung, deutende Auswertung von schriftlichen Quellen usw. Quantitative Methoden (Meßverfahren, Auszählungen, statistische Auswertungen) können dagegen soziales Handeln nur sehr oberflächlich erfassen. Da sie die Komplexität sozialer Prozesse stark vereinfacht abbilden und in einzelne Faktoren zerlegen, gehen zahlreiche Aspekte und Informationen verloren, die für das Verständnis der Abläufe, Beziehungen, Tätigkeiten und Sichtweisen der betroffenen Personen wesentlich sind.

Soziales Handeln ist ein Prozeß, der erst durch die Interpretation der beteiligten Personen verständlich wird. Die Evaluation mit dem Instrument LEWO geht daher über eine bloße Erfassung objektiver Daten (z. B. Personalschlüssel, Fluktuationsrate, Raumgrößen, Anzahl der Freizeitangebote) hinaus und führt zu einer objektivierten, gemeinsam konstruierten und „ausgehandelten" Sicht der Realität eines wohnbezogenen Dienstes durch die verschiedenen, an der Evaluation beteiligten Gruppen. Allerdings wird auf quantitative Erhebungen (Zählen bzw. Messen) keineswegs völlig verzichtet. So werden im Vorfeld der Evaluation dienst- und nutzerbezogene Strukturdaten erhoben, mit deren Hilfe sich die von LEWO vorgegebenen Qualitätskriterien zuverlässiger einschätzen lassen. Das Instrument enthält zu diesem Zweck zwei differenzierte Fragebögen zu den Strukturen des wohnbezogenen Dienstes und der untersuchten Wohneinheit bzw. Wohngruppe (Strukturfragebogen I, siehe S. 372 ff.) und zu den Lebensumständen einzelner Nutzer (Strukturfragebogen II, siehe S. 389 ff.).

Dienstleistungen, die vorrangig durch zwischenmenschliche Kontakte (die sogenannte mikrosoziale Ebene) und im Rahmen institutioneller Strukturen und Handlungsvorgaben (die mesosoziale Ebene) erbracht werden, müssen durch Verfahren evaluiert werden, die in erster Linie diese beiden Ebenen untersuchen. Gleichwohl wird jede Form sozialen Handelns auch immer von gesellschaftlichen (makrostrukturellen) Bedingungen bestimmt (z. B. rechtliche Vorgaben, sozialpolitische Tendenzen). Die gesellschaftliche Dimension sozialer Probleme läßt sich von Mitarbeiterinnen und Nutzern wohnbezogener Dienste meist nur sehr indirekt beeinflussen. Aus diesem Grund wird die gesellschafts- und sozialpolitische Ebene der Aufgabenstellung wohnbezogener Dienste auf der Ebene handlungsbezogener Kriterien nur dort thematisiert, wo sie für die Lebens- und Wohnqualität der Nutzer unmittelbar bedeutsam ist und wo für Mitarbeiterinnen, Nutzer oder deren Angehörige reale Einflußmöglichkeiten bestehen.

3. Entwicklung des Instruments

3.1 Vorarbeiten

Zur Einschätzung der Lebens- und Wohnqualität erwachsener Menschen mit geistiger Behinderung sollten prinzipiell keine anderen Standards herangezogen werden als für Nichtbehinderte. Daher schließt das Vorhaben, Indikatoren zur Bestimmung von Lebensqualität in wohnbezogenen Diensten für Menschen mit geistiger Behinderung zu entwickeln, forschungstheoretisch und -methodisch an die einschlägigen Forschungsbemühungen an, die als „Sozialindikatorenbewegung" in der internationalen Wohlfahrtsforschung bekannt geworden sind (OECD 1973). Grundlegend waren in diesem Zusammenhang u. a. die Untersuchungen von GLATZER und ZAPF (1984), FLADE (1987) und SILBERMANN (1991), die über Lebensqualität und Wohnstandards für die Bundesrepublik Deutschland auf empirischer Basis Auskunft geben. Ebenso einbezogen wurden Studien zu den Wohnbedingungen in der Bundesrepublik Deutschland im allgemeinen (SILBERMANN 1966 und 1991; FLADE 1987) sowie zu den Wohnbedingungen behinderter Menschen im besonderen (MAHLKE, SCHWARTE 1985; BETTELHEIM 1989; METZLER 1995).

Um neben der Erfassung der objektiven Lebensbedingungen von Menschen mit geistiger Behinderung in wohnbezogenen Diensten auch die subjektive Dimension der individuellen Bedürfnisstrukturen und des Wohlbefindens mit in den Blick nehmen zu können, haben wir die in der angloamerikanischen Forschungstradition stehenden „Quality of life"-Studien (CAMPBELL, CONVERSE 1976) ebenso herangezogen wie den Versuch ALLARDTs (1973), objektive und subjektive Wohlfahrtsindikatoren zu vermitteln. Als Vorarbeit für die Erstellung des Instruments wurde die einschlägige Fachliteratur einschließlich verfügbarer Konzeptionen, Richtlinien, Empfehlungen usw. gesichtet und systematisch ausgewertet. Dabei wurden u. a. auf Verwendbarkeit geprüft:

- Studien und theoretische Konzepte, die für den Bereich des Wohnens relevant sind, z. B. im Bereich der Netzwerkforschung, Sozialplanung, Organisationsentwicklung (NESTMANN 1989; KEUPP 1987; Bundesvereinigung Lebenshilfe 1992 a);
- die Literatur zum Thema Evaluationsforschung mit dem Schwerpunkt Qualitätsentwicklung und -kontrolle in sozialen Diensten (HEINER 1986; 1988; von SPIEGEL 1993);
- Erfahrungsberichte mit dem Einsatz von Instrumenten, z. B. die aufgrund von PASSING-Untersuchungen (KÖNIG 1992) und dokumentierte Erfahrungen über Grundhaltungen und Arbeitsweisen im Kontext sozialer Rehabilitation (u. a. MOSHER, BURTI 1992; LUGER 1989; DÖRNER 1991 a);
- die bestehenden rechtlichen Rahmenbedingungen im Kontext des begleiteten Wohnens (z. B. § 39 BSHG, § 93 Abs. 2 BSHG, BtG, HeimG, PflegeVG);
- die nationalen und internationalen Richtlinien und Empfehlungen zur Qualitätsentwicklung und -kontrolle (DIN ISO 9000 ff., interne Empfehlungen der Freien Träger der Behindertenhilfe usw.);
- die fachtheoretischen Grundlagen sozialer Rehabilitation im Bereich des Wohnens wie das Normalisierungsprinzip, die Theorie der Valorisation (Aufwertung) sozialer Rollen, die Integration, die Theorien der Behinderung, das Vulnerabilitätskonzept (die Theorie der „besonderen Verletztlichkeit") usw. (BECK 1994; BLEIDICK 1977; Bundesvereinigung Lebenshilfe 1986; THIMM u. a. 1985; WOLFENSBERGER, THOMAS 1983).

Anregungen aus dem Bereich der Sozialpsychiatrie

Für die Erstellung einiger Einführungstexte zu den einzelnen Gegenstandsbereichen wurde u. a. auch Literatur aus dem Bereich der Sozialpsychiatrie herangezogen. Um Mißverständnissen vorzubeugen, möchten wir darauf hinweisen, daß dies nicht etwa in der Absicht geschehen ist, psychiatrisches Denken und Handeln wieder in das Arbeitsfeld der sozialen Rehabilitation geistig behinderter Menschen einzuführen. Die Texte lassen hoffentlich keinen Zweifel daran, daß uns nichts ferner liegt. Bei der Auswertung der einschlägigen Fachliteratur haben wir allerdings den Eindruck gewonnen, daß Vertreter(innen) der Sozialpsychiatrie eine Reihe der für uns bedeutsamen Fragestellungen, etwa in bezug auf den Umgang zwischen Mitarbeiterinnen und Nutzern sozialer Dienste oder die Gestaltung des Milieus in den Wohngruppen, insgesamt stärker berücksichtigen und vor allem praxisorientierter behandeln, als dies gegenwärtig in der Heil- und Sonderpädagogik der Fall ist.

So erscheint uns der Artikel „Wie gehe ich mit Bewohnern um?" von Klaus DÖRNER (1991 a, 32 – 58) in dieser Hinsicht beispielhaft und auch für Mitarbeiterinnen in wohnbezogenen Diensten für Erwachsene mit geistiger Behinderung besonders empfehlenswert. Sicherlich auch begründet durch die grundsätzlich anderen Möglichkeiten psychisch kranker Menschen bei der Artikulation eigener Wünsche und Bedürfnisse, haben sich bei ihnen in den letzten Jahren Formen der Selbsthilfe und Interessenvertretung herausgebildet und institutionalisiert (etwa der Bundesverband der Psychiatrieerfahrenen), die zwar nicht ohne weiteres auf den Kontext der sozialen Rehabilitation geistig behinderter Menschen übertragbar sind, aber zahlreiche Hinweise und Anregungen enthalten, um die Arbeit in wohnbezogenen Diensten in Richtung auf eine größere Nutzerbeteiligung und -selbstbestimmung weiterentwickeln zu können.

Anregungen aus der Rehabilitationsforschung

Naheliegend war natürlich, die vorliegenden Ansätze zur Qualitätssicherung und -entwicklung – insbesondere aus dem englischsprachigen Raum, z. B. PASSING (WOLFENSBERGER, THOMAS 1983), LOCO (GÜNZBURG, GÜNZBURG 1989), Accreditation Council, Cummins, Schalock usw. – auf übertragbare inhaltliche und methodische Elemente hin zu überprüfen. Auch die gegenwärtig im Einsatz befindlichen, allerdings nur teilweise vergleichbaren Verfahren der Personalbemessung und/oder Ermittlung individuellen Hilfebedarfs FILM (Bundesvereinigung Lebenshilfe 1995 b), SYLQUE/EHB (BICHLER u. a. 1995) und GBM (Manuskript auf der Grundlage der Konzepte von HAISCH 1995) und Kompetenzbeschreibung wie P-A-C (GÜNZBURG 1977) wurden in diesem Zusammenhang berücksichtigt.

Ebenfalls gesichtet wurden die in den letzten Jahren vor allem im englischsprachigen Ausland entwickelten Beurteilungsverfahren, die sich primär der Einschätzung von Lebensqualität in Wohnangeboten widmen. Dabei orientieren sich einige Instrumente vorrangig an der individuellen Zufriedenheit der Bewohner (z. B. SCHALOCK u. a. 1990), während andere die Beziehung zwischen der Zufriedenheit der Nutzer und der Angebotsstruktur der Einrichtung untersuchen (z. B. STENFERT-KROESE, FLEMING 1990).

Eine dritte Gruppe von Instrumenten versucht die Qualität des Angebots von Einrichtungen nach allgemeinen Kriterien der Lebensqualität zu erfassen, ohne dabei auf die Lebenszufriedenheit als subjektive Qualitätsdimension explizit einzugehen (GÜNZBURG, GÜNZBURG 1989: LOCO; KRÄLING, SCHÄDLER 1992; Systematisierung nach BECK 1994, 296 ff.).

Bei der Analyse der verfügbaren Instrumente erwiesen sich einige Verfahren für unsere Zwecke als besonders fruchtbar und anregend, so z. B. das Evaluationsmodell „Sicherung von Qualität" der Lebenshilfe Wien (1993) und die in Neuseeland eingesetzten Verfahren zur Evaluation wohnbezogener Dienste PREM (CAPIE, CRAIG, HARTNETT 1992) und Key Points (CAPIE, ROCCO 1992).

PASSING

Neben den genannten Instrumentarien war vor allem auch das von W. WOLFENSBERGER und S. THOMAS (1983) bereits Anfang der 80er Jahre in den USA entwickelte PASSING (Program Analysis of Service Systems Implementation of Normalization Goals) zu berücksichtigen. Es stellt das bislang umfassendste Bewertungsinstrument zur Evaluation der Qualität sozialer Dienste dar. Sein theoriegeleiteter Ansatz (nach zentralen Kategorien des Images und der Kompetenz), die implizite sozialwissenschaftliche Fundierung, seine stringente Systematik und Ausdifferenzierung sowie die vorliegenden Erfahrungen aus den USA und Kanada über Möglichkeiten und Grenzen seiner Anwendung machen PASSING zu einem wichtigen Prüfstein für den Anspruch, die Grundsätze des Normalisierungsprinzips für die Praxis konkret werden zu lassen.

Neben diesen Vorteilen weist PASSING aber auch einige Nachteile auf, die seine bloße Übertragung auf die Voraussetzungen und Bedingungen deutscher sozialer Dienste und Einrichtungen verbieten, etwa der einseitige Angebotsbezug ohne explizite Berücksichtigung der individuellen Nutzerperspektive. Auch die eingeschränkte Eignung des Verfahrens zur selbstevaluativen Anwendung spricht nach unserer Überzeugung gegen eine einfache Übertragung. Zudem ergeben sich aus dem Verfahren keine praktikablen Hinweise für die Einrichtungen, wie sie die Qualität ihrer Arbeit gezielt verbessern können. So blieb den Beschäftigten der in den USA und Kanada mit PASS (Vorläufer von PASSING) untersuchten Dienste nur die deprimierende Erfahrung, im Urteil auswärtiger Prüfer fast ausnahmslos „schlechte" Arbeit zu leisten, ohne gleichzeitig Ansatzpunkte für künftige Entwicklungsmöglichkeiten zu erhalten (KÖNIG 1986, 167).

LOCO

Ein Beispiel für ein sehr viel praxisorientierteres, dafür aber inhaltlich unvollständiges Instrument ist das von H. GÜNZBURG und A. L. GÜNZBURG

(1989) entwickelte LOCO (Learning Opportunities Coordination), das aufzeigen soll, in welchem Grad eine Wohneinheit zur persönlichen und sozialen Entwicklung sowie zur Erhaltung eines gewissen Standards an Selbständigkeit geistig behinderter Menschen beiträgt. Das Instrument benennt dazu auf der Grundlage der allgemeinen Leitlinien „Normalisierung" und „Integration" eine Reihe von notwendigen und zusätzlich förderlichen materiellen Voraussetzungen. Diese sind sehr konkret, aber auch mit einer gewissen Willkür zusammengestellt (so werden u. a. Inventarlisten für den Inhalt von Putzmittelschränken und Werkschuppen aufgeführt). Auf Hinweise zur Individualisierung der Hilfen wird ebenso verzichtet wie auf die Ermittlung der Bedürfnisse einzelner Nutzer.

Zusammenführung von Theorie und Praxis

Bei einer kritischen Betrachtung der bisher vorliegenden Verfahren wurde uns rasch deutlich, daß ein Instrument, das qualitative Standards der Hilfen wohnbezogener Dienste zuverlässig erfassen und bewerten und darüber hinaus auch Schwerpunkte der konzeptionellen Weiterentwicklung aufzeigen will, die oft so unterschiedlichen Standpunkte von Theorie und Praxis zusammenführen muß. Schon bei der Entwicklung von LEWO wurde daher der Versuch unternommen, beide Perspektiven zu ihrem Recht kommen zu lassen. So sind auch eine Reihe von praktischen Erfahrungen und Beobachtungen in wohnbezogenen Diensten in die Texte eingegangen. In vielen der angeführten Beispiele dokumentieren sich Erfahrungen aus dem Alltag von Projektmitarbeiter(inne)n in Wohngruppen und im begleitenden Dienst, aus Begegnungen und Gesprächen mit Nutzern, Angehörigen von Nutzern und Mitarbeiterinnen sowie aus Beratungs- und Evaluationsprozessen in wohnbezogenen Diensten.

3.2 Leitlinien, Aufgabenfelder, Gegenstandsbereiche, Indikatoren – ein Überblick

Auf der Grundlage der Vorarbeiten entstand schließlich eine umfangreiche Materialsammlung zur Qualitätsbeurteilung und -entwicklung wohnbezogener Dienste, aus der insgesamt *zwölf Leitlinien* der sozialen Rehabilitation abgeleitet wurden.

Die zwölf Leitlinien des Instruments LEWO

1. Bedürfnisorientierung
2. Selbstbestimmung
3. Förderung des Ansehens
4. Alters- und Kulturangemessenheit
5. Förderung von Integration
6. Partnerschaftlichkeit/Respekt
7. Individualisierung
8. Erweiterung des Rollenbildes
9. Förderung von Kompetenz
10. Entwicklungsorientierung
11. Rechte/Schutz
12. Berücksichtigung der besonderen Verletzlichkeit

Natürlich sind allgemeine Leitlinien in ihrer hohen Abstraktheit allein noch nicht dazu geeignet, die Qualität der Angebote und Leistungen eines wohnbezogenen Dienstes untersuchen zu können. Damit dies gelingt, müssen sie konkreter gefaßt (operationalisiert) und auf die verschiedenen Handlungsebenen im Kontext des begleiteten Wohnens bezogen werden. Wir haben insgesamt sieben solcher Handlungsebenen unterschieden. Sie bilden als *Aufgabenfelder* den äußeren Rahmen des Instruments LEWO.

Die sieben Aufgabenfelder des Instruments LEWO

1. Wohnort, Einrichtung und Gestaltung der Wohnung und des Hauses
2. Alltagsstrukturen, Routinen, Angebote, Tätigkeiten
3. Zusammenleben
4. Nichtprofessionelle Beziehungen und Netzwerke
5. Rechte/Schutz
6. Mitarbeiterinnenführung
7. Organisationsentwicklung

Um nach Möglichkeit alle Bereiche zu berücksichtigen, die im Zusammenhang mit dem institutionellen Wohnen behinderter Menschen bedeutsam sind, haben wir diesen Aufgabenfeldern insgesamt 33 sogenannte *Gegenstandsbereiche* zugeordnet, die jeweils einen bestimmten Ausschnitt aus dem breiten Spektrum der Aufgaben wohnbezogener Dienste darstellen. Ein Aufgabenfeld enthält vier bis sechs Gegenstandsbereiche. So sind z. B. dem Aufgabenfeld „Wohnort, Einrichtung und Gestaltung der Wohnung und des Hauses" fünf Gegenstandsbereiche zugeordnet:

Aufgabenfeld:

Wohnort, Einrichtung und Gestaltung der Wohnung und des Hauses

Gegenstandsbereiche:

- Wahlfreiheit und Kontinuität des Wohnortes und der Wohnform
- Standort
- Individuelle Gestaltung und Privateigentum
- Ästhetik und Komfort
- Alters- und Kulturangemessenheit

Jeder Gegenstandsbereich wird mit einem Text eingeleitet, der die Bedeutung dieses Aufgabenausschnitts herausstellt, den fachlichen Hintergrund umreißt und zusammenfassend darüber informiert, was ein wohnbezogener Dienst tun sollte, um die Qualität seiner Arbeit in diesem Bereich zu sichern und weiterzuentwickeln. Die Texte berücksichtigen den aktuellen Stand der einschlägigen fachwissenschaftlichen Diskussion.

Einen Überblick über alle Aufgabenfelder und Gegenstandsbereiche des Instruments LEWO gibt das nachfolgende Schaubild (S. 28).

Indikatoren als konkrete Merkmale

Es wäre jedoch immer noch zu abstrakt, würde man auf dieser Ebene stehenbleiben und etwa ganz allgemein fragen, ob ein wohnbezogener Dienst die „Wahlfreiheit und Kontinuität des Wohnortes und der Wohnform" sichert. Es würden konkrete Merkmale oder Kennzeichen fehlen, woran man festmachen könnte, ob diese Forderung tatsächlich erfüllt wird.

Aus diesem Grund haben wir uns darum bemüht, für jeden Gegenstandsbereich eine unterschiedliche Zahl solcher Merkmale, die wir Indikatoren nennen, zu bestimmen. Dabei enthalten die Gegenstandsbereiche in fortlaufender Numerierung sowohl nutzer- als auch angebotsbezogene Indikatoren, die einerseits Auskunft über die Bedürfnisse und den Hilfebedarf einzelner Nutzer und andererseits über die Qualität der Arbeit des wohnbezogenen Diensts geben sollen. Die Anzahl der Indikatoren hängt davon ab, wie komplex der jeweilige Gegenstandsbereich ist. So enthält ein relativ leicht zu prüfender Gegenstandsbereich wie „Sprachliche Darstellung" nur fünf, ein sehr facettenreicher Gegenstandsbereich wie „Selbstversorgung und Alltagshandeln" dagegen 14 angebotsbezogene Indikatoren.

Abschließende Gesamteinschätzung

Gelegentlich wird es vorkommen, daß die einzelnen Indikatoren eines Gegenstandsbereichs sehr unterschiedlich bewertet werden. Um zu verhindern, daß bei der Fülle der Einzelbewertungen aus dem Blickfeld gerät, wie der Gegenstandsbereich insgesamt zu beurteilen ist, soll für jeden Gegenstandsbereich eine abschließende Gesamteinschätzung vorgenommen werden. Auf der Grundlage dieser Gesamteinschätzungen ergibt sich ein Überblick über das Angebotsprofil eines wohnbezogenen Dienstes und über das Profil des individuellen Unterstützungsbedarfs jedes Nutzers. Das Instrument bietet zu diesem Zweck Übersichtstabellen, die einen exakten Vergleich zwischen beiden Profilen erlauben (siehe Arbeitsmaterialien, S. 412 f.).

Ein Beispiel

Für den Gegenstandsbereich „Wahlfreiheit und Kontinuität des Wohnorts und der Wohnform" haben wir insgesamt acht nutzerbezogene und neun angebotsbezogene Indikatoren formuliert, die anhand einer vierstufigen Skala einzeln eingeschätzt werden können.

Aufgabenfelder und Gegenstandsbereiche

1. Wohnort, Einrichtung und Gestaltung der Wohnung und des Hauses	2. Alltagsstrukturen, Routinen, Angebote und Tätigkeiten	3. Zusammenleben	4. Nichtprofessionelle Beziehungen und Netzwerke	5. Rechte/Schutz	6. Mitarbeiterinnenführung	7. Organisationsentwicklung
1.1 Wahlfreiheit und Kontinuität des Wohnorts und der Wohnform	2.1 Selbstversorgung und Alltagshandeln	3.1 Wahl der Mitbewohner und Kontinuität des Zusammenlebens	4.1 Beziehungen zwischen den Nutzern	5.1 Schutz vor Zwangsmaßnahmen und Mißhandlungen	6.1 Qualifikation, Auswahl und Einarbeitung	7.1 Konzeptualisierung und Evaluation
1.2 Standort	2.2 Regelmäßige Tätigkeit außerhalb des Wohnbereichs	3.2 Gruppengröße und Gruppenzusammensetzung	4.2 Soziale Netzwerke, bedeutsame Beziehungen und Freundschaften	5.2 Bürgerliche Rechte	6.2 Führung und Zusammenarbeit	7.2 Fortbildung und Supervision
1.3 Individuelle Gestaltung und Privateigentum	2.3 Freizeitaktivitäten und Erwachsenenbildung	3.3 Beziehungsgestaltung zwischen Mitarbeiterinnen und Nutzern	4.3 Fürsprecher(innen) und Selbsthilfegruppen	5.3 Gesundheitsfürsorge	6.3 Arbeitszufriedenheit	7.3 Öffentlichkeitsarbeit
1.4 Ästhetik und Komfort	2.4 Zeitstrukturen	3.4 Privatheit und Individualisierung	4.4 Geschlechtliche Identität, Sexualität und Partnerschaft	5.4 Transparenz und Datenschutz	6.4 Personale Kontinuität	7.4 Aktive Teilnahme an der regionalen Sozialplanung und der Sozialpolitik
1.5 Alters- und Kulturangemessenheit	2.5 Religiöse Praxis und Spiritualität	3.5 Umgang mit Krisen		5.5 Sprachliche Darstellung		
				5.6 Formelle Nutzer- und Angehörigenmitwirkung		

Nutzerbezogene Indikatoren:
Wahlfreiheit und Kontinuität des Wohnortes und der Wohnform

	trifft zu	trifft eher zu	trifft eher nicht zu	trifft nicht zu
1. Der Nutzer ist in einem Alter, in dem sich Menschen in der Regel eine besonders hohe Kontinuität ihres Wohnortes bzw. der Wohnform wünschen.	❏	❏	❏	❏
2. Der Nutzer befindet sich grundsätzlich oder gegenwärtig in einer Situation, in der er eine besonders große Verläßlichkeit des Wohnumfelds benötigt (z. B. Schwere der Behinderung, Arbeitsplatzwechsel, Veränderung sozialer Beziehungen).	❏	❏	❏	❏
3. Der Nutzer ist in seinem Leben mehrfach in verschiedene Gruppen oder Einrichtungen „verlegt" worden.	❏	❏	❏	❏
4. Der Nutzer äußert Wünsche bezüglich einer Alternative zum gegenwärtigen Wohnort und/oder zur gegenwärtigen Wohnform.	❏	❏	❏	❏
5. Der Nutzer hatte bei der Entscheidung über seinen Einzug in die gegenwärtige Wohnung bzw. Wohngruppe keine oder nur unzureichende Wahlmöglichkeiten zwischen verschiedenen Wohnorten und Wohnformen.	❏	❏	❏	❏
6. Der Nutzer, seine Angehörigen oder für ihn bedeutsame Personen waren am Entscheidungsfindungsprozeß über den gegenwärtigen Wohnort und die gegenwärtige Wohnform nicht beteiligt.	❏	❏	❏	❏
7. Der Nutzer erhielt im Entscheidungsfindungsprozeß über den gegenwärtigen Wohnort und die gegenwärtige Wohnform sowie beim Umzug keine oder nur wenig Unterstützung (z. B. Kennenlernen unterschiedlicher Wohnformen durch Besuche und/oder kurzzeitiges Probewohnen).	❏	❏	❏	❏
8. Der Nutzer ist vor „Verlegungen" nicht ausreichend geschützt. Er hat nicht die Garantie, am gegenwärtigen Wohnort und in der gegenwärtigen Wohnform so lange leben zu können, wie er es sich wünscht.	❏	❏	❏	❏

Gesamteinschätzung

	trifft zu	trifft eher zu	trifft eher nicht zu	trifft nicht zu
Aus den individuellen Bedürfnissen und den Erfahrungen des Nutzers ergibt sich ein besonderer Unterstützungsbedarf bei der Wahl und zur Sicherung der Kontinuität des Wohnortes und der Wohnform.	❏	❏	❏	❏

Angebotsbezogene Indikatoren:
Wahlfreiheit und Kontinuität des Wohnortes und der Wohnform

	trifft zu	trifft eher zu	trifft eher nicht zu	trifft nicht zu
1. Bevor über einen Einzug oder Umzug entschieden wird, werden die individuellen Wohnwünsche und -bedürfnisse des jeweiligen Nutzers sorgfältig erkundet und dokumentiert (z. B. durch Befragung, teilnehmende Beobachtung, obligatorisches Probewohnen).	❏	❏	❏	❏
2. Bei der Entscheidung über einen Einzug oder Umzug werden die Interessen und Wünsche des jeweiligen Nutzers vorrangig berücksichtigt. Eine Entscheidung gegen den ausdrücklichen Willen eines Nutzers ist ausgeschlossen.	❏	❏	❏	❏
3. Das Leistungsangebot des wohnbezogenen Dienstes liegt in differenzierter Form schriftlich vor und wird denen, die sich für einen Einzug interessieren (Nutzer und ihre Angehörigen, Fürsprecher[innen], Betreuer[innen] nach BtG usw.), zugänglich gemacht.	❏	❏	❏	❏
4. Im Hinblick auf verschiedenartige individuelle Wohnbedürfnisse werden verschiedene Wohnformen (betreutes Einzel- oder Paarwohnen, gruppengegliedertes Wohnen, ambulant betreutes Einzelwohnen usw.) ermöglicht.	❏	❏	❏	❏
5. In vereinbarten zeitlichen Abständen wird überprüft, ob das gegenwärtig genutzte Wohnangebot noch den individuellen Bedürfnissen und Wünschen der Nutzer entspricht. Die Ergebnisse gehen erkennbar in die Angebotsplanung des wohnbezogenen Dienstes ein.	❏	❏	❏	❏
6. Nutzer, denen der wohnbezogene Dienst kein bedürfnisgerechtes Wohnangebot machen kann, werden an andere, geeignetere Dienste weitervermittelt.	❏	❏	❏	❏
7. Hindernisse, die der Wahlfreiheit von Nutzern entgegenstehen oder die Wohndauer einschränken (z. B. Widmung einzelner Wohnangebote für spezielle Personenkreise wie Werkstattmitarbeiter, Ausschluß von schwer behinderten oder verhaltensauffälligen Nutzern) werden abgebaut.	❏	❏	❏	❏
8. Der Wohnungswechsel von Nutzern wird individuell begleitet, hinsichtlich seiner psychosozialen Wirkungen analysiert und durch geeignete Maßnahmen erleichtert (vor- und nachbereitende Gespräche, erhöhte Zuwendung usw.).	❏	❏	❏	❏

	trifft zu	trifft eher zu	trifft eher nicht zu	trifft nicht zu
9. Der wohnbezogene Dienst bemüht sich darum, Menschen mit geistiger Behinderung hinsichtlich ihrer Rechte im Bereich des Wohnens nichtbehinderten Menschen gleichzustellen (Mietvertrag statt Heimvertrag; alternative Finanzierungsformen, die dem Betroffenen mehr Einfluß auf die Verwendung der zur Verfügung stehenden Mittel einräumen usw.).	❏	❏	❏	❏

Gesamteinschätzung

Der wohnbezogene Dienst unternimmt alle erforderlichen Bemühungen, um die Wahlfreiheit und Kontinuität des Wohnortes und der Wohnform zu sichern.	❏	❏	❏	❏

3.3 Validierung der Gegenstandsbereiche und Indikatoren

Die konkrete Bestimmung von Standards und Kriterien, an denen sich festmachen läßt, ob und in welchem Ausmaß die allgemeinen und oft wenig verbindlichen fachlichen Leitlinien in der Praxis tatsächlich berücksichtigt werden, ist ein Grundproblem der Arbeit im Feld der sozialen Rehabilitation. Die Inhalte eines Instruments, das neben den materiellen und strukturellen Aspekten wohnbezogener Dienste (Raumgrößen, Ausstattung, Einhaltung von Bauvorschriften, Schutz- und Sicherheitsmaßnahmen, Personalschlüssel usw.) vor allem auch die Handlungen, Aktivitäten, Routinen und die formalen wie informellen Beziehungen der dort lebenden und arbeitenden Personen beschreiben will, lassen sich generell aus sozialwissenschaftlich begründeten Leitlinien und aus sozialpolitischen Vorgaben ableiten. Die Auswahl, Konkretisierung und Aufbereitung dieser Vorgaben war dagegen zunächst notwendigerweise auch von unseren subjektiven Wertungen bestimmt.

Mehrstufige Validierung durch Experten

Zur Prüfung, ob die von uns bestimmten Gegenstandsbereiche und Indikatoren auch von den verschiedenen, von der Aufgabenstellung von Diensten des begleiteten Wohnens unmittelbar betroffenen Personengruppen für wichtig gehalten werden, haben wir uns für das Verfahren der mehrstufigen, kommunikativen Expert(inn)envalidierung entschieden (KVALE 1991). Die von uns definierten und begründeten Gegenstandsbereiche und Indikatoren wurden verschiedenen Expert(inn)en, die an der sozialen Rehabilitation behinderter Menschen beteiligte Gruppen repräsentieren, unter der Fragestellung vorgelegt, ob sie für die Qualitätsprüfung in wohnbezogenen Diensten als relevant betrachtet werden können oder durch andere, für bedeutsamer erachtete Gegenstandsbereiche und Indikatoren zu ersetzen sind.

Zu diesem Zeitpunkt trat die Bundesvereinigung Lebenshilfe mit dem Wunsch an uns heran, aus den bis dahin insgesamt 46 erarbeiteten Gegenstandsbereichen einen kleineren „Kernbereich" auszuwählen, der das „Minimalprogramm" einer Evaluation beschreiben sollte. Um einen möglichst breiten Konsens über diesen Kernbereich zu erzielen, wurden die Mitglieder des Ausschusses „Wohnen" der Bundesvereinigung Lebenshilfe sowie des wissenschaftlichen Beirats zum Projekt LEWO darum gebeten, die Bedeutsamkeit der einzelnen Gegenstandsbereiche für eine Evaluation wohnbezogener Dienste zu beurteilen. Diese Einschätzung wurde auf einer vierstufigen Skala vorgenommen: sehr bedeutsam (4) – bedeutsam (3) – weniger bedeutsam (2) – nicht bedeutsam (1). Die Befragten sollten darüber hinaus diejenigen Gegenstandsbereiche benennen, die nach ihrer Ansicht bei einer Evaluation der Qualität eines wohnbezogenen Dienstes *auf jeden Fall* berücksichtigt werden sollten.

Die Ergebnisse der ersten Validierungsstufe offenbarten eine insgesamt hohe Zustimmung zu den Gegenstandsbereichen. Die mögliche Streuung hätte zwischen 4 als höchstem und 1 als niedrigstem Wert liegen können; tatsächlich lag sie aber zwischen 3,85 als höchstem und 2,38 als niedrigstem Durchschnittswert. Aufgrund dieser Resultate war es allerdings nicht möglich, einzelne Gegenstandsbereiche eindeutig als „weniger bedeutsam" oder gar als „nicht bedeutsam" zu klassifizieren. Auch wurde offenkundig, daß die Auffassungen, welche Gegenstandsbereiche im Rahmen eines Mindestprogramms der Qualitätsprüfung wohnbezogener Dienste unbedingt Berücksichtigung finden sollten, weit auseinandergingen. Somit ließ sich aus der statistischen Auswertung der ersten Validierungsstufe kein konsensfähiges Modell für ein „schlankes" Evaluationsprogramm ableiten.

Die in der aktuellen Qualitätssicherungsdebatte aus pragmatischen Gründen von verschiedener Seite immer wieder geforderte Bestimmung eines konsensfähigen „Mindestkatalogs" von Qualitätsstandards kann nach unserer Erfahrung also nicht begründet werden – weder theoriegeleitet durch Befunde der Rehabilitationsforschung, noch empirisch anhand der von uns vorgenommenen Expert(inn)envalidierung.

Die Aushandlung von Mindeststandards zwischen Kostenträgern und den Trägerverbänden der Behindertenhilfe zum Nachweis und zur Prüfung der Qualität der Leistungen bleibt letztlich eine sozialpolitische, d. h. offene und umstrittene, von Interessen, Definitions- und Durchsetzungsmacht abhängige Entscheidung. Unsere Befunde könnten hier als Argumentationshilfe dienen, um differenzierte inhaltliche Standards der Qualitätsbeurteilung einzufordern und sich nicht nur auf kostenaufwendige und inhaltsneutrale Prüfinstrumente wie z. B. nach DIN ISO 9000 ff. einzuschränken.

Im zweiten Schritt der Validierung wurden die einzelnen Indikatoren der Gegenstandsbereiche, die als hoch bedeutsam eingeschätzt worden waren, durch Angehörige der verschiedenen, mit dem Wohnen geistig behinderter Menschen befaßten Expert(inn)engruppen beurteilt und gewichtet. Beantwortet werden sollte die Frage, ob und inwieweit die von uns zusammengestellten Indikatoren tatsächlich die angesprochenen Gegenstandsbereiche repräsentieren. Sind z. B. die angebotsbezogenen Indikatoren des Gegenstandsbereichs „Wahlfreiheit und Kontinuität des Wohnorts und der Wohnform" wirklich dazu geeignet, den Gegenstandsbereich möglichst genau abzubilden oder gibt es andere Indikatoren, mit denen dies besser möglich wäre?

Als Expert(inn)en wurden folgende Gruppen einbezogen:

- Mitarbeiterinnen, Leitungskräfte und Eltern bzw. Angehörige von Nutzern anhand einer repräsentativen Stichprobe aller Wohneinrichtungen der Lebenshilfe in Deutschland;
- einschlägig ausgewiesene Wissenschaftler(innen);
- Vertreter(innen) von Kostenträgern;
- Menschen mit Behinderung, die in wohnbezogenen Diensten leben.

An der Validierung beteiligten sich insgesamt über 220 Personen, in ihrer Mehrzahl Mitarbeiterinnen aus den Wohnstätten der Lebenshilfe. Der Anteil der Angehörigen von Nutzern lag bei ca. 30 %, die Antwortquote der angeschriebenen Einrichtungen bei über 50 %.

Auch hier ergab sich aus den Einschätzungen der Expert(inn)engruppen eine außerordentlich hohe Zustimmung. Mehr als 40 % der Indikatoren wurden in mehr als der Hälfte der Antworten als „sehr bedeutsam" eingeschätzt. Von allen bewerteten Indikatoren erhielten lediglich 3 % einen Mittelwert von über 2,5 („weniger bedeutsam"). Der hohe Geltungsanspruch der von uns gesetzten Indikatoren läßt sich demnach auch statistisch ausweisen.

Einbeziehung der Nutzer

Um auch die Nutzer wohnbezogener Dienste in die Validierung des Instruments einzubeziehen, mußten wir einen anderen, indirekteren Weg gehen. Wir haben dazu ca. 350 Aussagen von Menschen mit geistiger Behinderung zusammengetragen, die auf verschiedenen Veranstaltungen im deutschsprachigen Raum zu den Themen „Wohnen", „Selbstbestimmung" und „Selbständigkeit" in den letzten Jahren dokumentiert wurden. Diese Aussagen sind als ein Katalog von Wünschen, Forderungen und Beschwerden zu verstehen. Sie wurden nach dem Verfahren der thematischen Inhaltsanalyse ausgewertet und den Gegenstandsbereichen von LEWO zugeordnet, um auf diese Weise ein Bild davon zu erhalten, was den Nutzern wohnbezogener Dienste hinsichtlich ihrer Wohn- und Lebensqualität besonders wichtig ist.

Ergebnisse der Validierung

Bei einem Vergleich der verschiedenen Expert(innen)gruppen wurde deutlich, daß Mitarbeiterinnen, Angehörige und Nutzer durchaus unterschiedliche Prioritäten in der Gewichtung einzelner Gegenstandsbereiche und Indikatoren setzten.

So stand für Mitarbeiterinnen und Angehörige die *Gesundheitsfürsorge* als Gegenstand sozialer Rehabilitation an erster Stelle einer Rangliste aller Gegenstandsbereiche. Für die Nutzer, also Erwachsene mit geistiger Behinderung, steht auf dem ersten Platz dagegen die *Beziehungsgestaltung*. Ebenfalls hohe Priorität haben für die Nutzer die Bemühungen eines wohnbezogenen Dienstes um den *Aufbau nichtprofessioneller sozialer Netzwerke*; bei den Fachkräften wohnbezogener Dienste kommt dieser Aspekt unter den zehn wichtigsten Gegenstandsbereichen gar nicht vor.

Wir interpretieren dies auch als Hinweis, daß die Mehrheit der befragten Mitarbeiterinnen den Schwerpunkt ihrer Tätigkeit noch immer in den „klassischen", einrichtungszentrierten Aufgaben der Betreuung und Versorgung sieht, während Bemühungen um soziale Integration und vermittelnde Tätigkeiten „in die Gemeinde hinein" nur am Rande eine Rolle spielen.

Aus der Fülle der statistischen Daten, die verdeutlichen, daß die verschiedenen Expert(inn)engruppen die Aufgaben und Schwerpunkte sozialer Rehabilitation durchaus unterschiedlich einschätzen, seien hier einige wenige Ergebnisse mitgeteilt, die sich auf die Einschätzungsunterschiede zwischen Mitarbeiterinnen in wohnbezogenen Diensten, Angehörigen der Nutzer und Nutzern beziehen:

Rangreihe der bedeutsamsten (< 1,5) bzw. am häufigsten genannten Gegenstandsbereiche

Mitarbeiterinnen	Angehörige	Nutzer
1. Gesundheitsfürsorge (5.3)	1. Gesundheitsfürsorge (5.3)	1. Beziehungsgestaltung (3.3)
2. Geschlechtliche Identität (4.4)	2. Wahl der Mitbewohner (3.1)	2. Selbstversorgung und Alltagshandeln (2.1)
3. Schutz vor Zwangsmaßnahmen (5.1)	3. Sprachliche Darstellung (5.5)	3. Soziale Netzwerke (4.2)
4. Privatheit und Individualisierung (3.4)	4. Schutz vor Zwangsmaßnahmen (5.1)	4. Geschlechtliche Identität (4.4)
5. Sprachliche Darstellung (5.5)	5. Beziehungsgestaltung (3.3)	5. Fürsprecher(innen) und Selbsthilfe (4.3)
6. Individuelle Gestaltung (1.3)	6. Individuelle Gestaltung (1.3)	6. Privatheit und Individualisierung (3.4)
7. Standort (1.2)	7. Personale Kontinuität (6.4)	7. Freizeitaktivitäten (2.3)

1. Für Angehörige und Mitarbeiterinnen hat die Gesundheitsfürsorge höchste Priorität; bei den Nutzern kommt dieser Aspekt unter den sieben am häufigsten genannten Gegenstandsbereichen nicht vor.
2. Für die Nutzer hat die Gestaltung der Beziehungen zwischen Mitarbeiterinnen und Nutzern höchste Priorität; bei den Angehörigen rangiert dieser Aspekt auf Platz fünf; bei den Mitarbeiterinnen wird er unter den sieben bedeutsamsten Gegenstandsbereichen nicht aufgeführt.
3. Der Aspekt „Geschlechtliche Identität, Sexualität und Partnerschaft" nimmt bei den Mitarbeiterinnen die zweite, bei den Nutzern die vierte Position ein. Bei den Angehörigen erscheint dieser Punkt unter den sieben bedeutsamsten Gegenstandsbereichen nicht.
4. Die „Wahl der Mitbewohner und die Kontinuität des Zusammenlebens" stellt sich aus der Perspektive der Angehörigen als sehr bedeutsam dar (Position zwei); bei den Nutzern und den Mitarbeiterinnen dagegen kommt dieser Aspekt unter den sieben bedeutsamsten Gegenstandsbereichen nicht vor.
5. „Soziale Netzwerke, bedeutsame (nichtprofessionelle) Beziehungen und Freundschaften" sind aus der Perspektive der Nutzer für die Lebens- und Wohnqualität maßgeblich (Position drei). Bei Angehörigen und Mitarbeiterinnen erscheint dieser Gesichtspunkt in der Rangreihe der sieben

wichtigsten Gegenstandsbereiche sozialer Rehabilitation nicht.
6. Ebensowenig wird der Aspekt „Fürsprecher(innen) und Selbsthilfegruppen" (bei den Nutzern auf Position fünf) bei den Angehörigen und Mitarbeiterinnen unter den sieben bedeutsamsten Gegenstandsbereichen aufgeführt.
7. Der „Schutz vor Zwangsmaßnahmen und Mißhandlungen" behauptet bei den Mitarbeiterinnen Position drei und bei den Angehörigen Position vier. Bei den Nutzern kommt er unter den sieben am häufigsten genannten Gegenstandsbereichen nicht vor.

Objektivierbarkeit statt „Objektivität"

Die geschilderte Form der Expert(inn)envalidierung hebt sich deutlich von den erprobten Verfahren der quantitativen Sozialforschung ab. Statt statistischer Repräsentativität ging es uns bei der Auswahl der Indikatoren vielmehr darum, das „Typische" der Aufgabenstellung wohnbezogener Dienste für Menschen mit geistiger Behinderung zu erfassen (Repräsentanz). So kam im Verlauf der Validierung des Instruments die interpretative Gültigkeit der gesetzten Indikatoren durch argumentative (Offenlegung der Vorannahmen), kommunikative (mehrfaches Befragen der Beteiligten) und praxisrelevante (an der sozialen Realität der Adressat(inn)en orientierte) Verfahren zustande. Dabei war uns Transparenz – durch Offenlegung des Forschungsprozesses gegenüber den Adressat(inn)en und intensive Kommunikation in jeder Phase der Projektentwicklung – wichtiger als die in der klassischen empirischen Sozialforschung durch Distanz zum Untersuchungsfeld hergestellte „Objektivität".

Wir sehen uns hier in Übereinstimmung mit der aktuellen methodologischen Diskussion der Evaluationsforschung, in der zunehmend deutlicher für eine gegenstandsbezogene Kombination quantitativer und qualitativer Elemente plädiert wird, weil sich die ältere, primär quantitativ orientierte Evaluationsforschung seit langem mit einer Reihe von Problemen konfrontiert sieht: Die Gültigkeit ihrer Ergebnisse ist – zumindest aus der Perspektive der untersuchten Praxisfelder – oft zweifelhaft, ihre normativen Vorgaben und Werturteile sind vielfach umstritten, und ihre nur selten genutzten Ergebnisse erweisen sich für die Organisationsentwicklung der beforschten Institutionen in den meisten Fällen als irrelevant (LEGGE 1984; KRAUS 1991).

Die Entwicklung des Instruments LEWO mit seinem diskursiven Ansatz und der Verbindung von Selbstevaluation und Organisationsentwicklung bei der praktischen Anwendung im Feld der sozialen Rehabilitation kann somit auch als ein Versuch verstanden werden, auf diese Probleme vorläufige Antworten zu finden.

Anhand der Ergebnisse der verschiedenen Validierungsstufen wurde das gesamte Indikatorenmodell nochmals überarbeitet. So erfolgt die Beurteilung der Qualität der Angebote und Hilfen wohnbezogener Dienste nunmehr auf der Basis von ca. 270 Indikatoren und die Einschätzung der wohnbezogenen Bedürfnisse und Hilfebedarfe einzelner Nutzer auf der Grundlage von ca. 200 Indikatoren.

LEWO stellt somit ein Instrument dar, dessen Gegenstandsbereiche und Indikatoren im Dialog zwischen Vertreter(inne)n aller an der sozialen Rehabilitation im Kontext wohnbezogener Dienste beteiligten Gruppen bestimmt wurden. Durch seine inhaltliche Differenzierung trägt das Instrument den unterschiedlichen Dimensionen des Alltags wohnbezogener Dienste so weit wie möglich Rechnung und bleibt damit für eine interne, praxisgemäße Anwendung handhabbar.

Literatur

Accreditation Council on Services for People with Disabilities (Hrsg.): Outcome Based Performance Measures. Landover 1993
Aktion Psychisch Kranke e.V. (Hrsg.): Personalbemessung im komplementären Bereich – von der institutions- zur personenbezogenen Behandlung und Rehabilitation. Bonn 1994
Aktion Psychisch Kranke e.V. (Hrsg.): Leitfaden zur Qualitätsbeurteilung in Psychiatrischen Kliniken. Bonn 1996
ALLARDT, E.: About Dimensions of Welfare. Research Group for Comparative Sociology. Research Report No. 1. University of Helsinki 1973
Arbeitskreis der Leiter der öffentlichen psychiatrischen Krankenhäuser in der BRD: Personalbedarf für nicht krankenhausbehandlungsbedürftige Menschen mit geistiger Behinderung, die noch in psychiatrischen Kliniken leben. (Ohne Ort) 1991
BADURA, B.; GROSS, P.: Sozialpolitische Perspektiven. München 1976
BAUDER, U.: Qualitätsmanagement und Organisationsentwicklung in Einrichtungen der Behindertenhilfe. Manuskriptdruck. Stuttgart 1995
BECK, I.: Neuorientierung in der Organisation pädagogisch-sozialer Dienstleistungen für Menschen mit Behinderung: Zielperspektiven und Bewertungsfragen. Frankfurt a. M. 1994
BELLEBAUM, A. (Hrsg.): Glück und Zufriedenheit: Ein Symposion. Opladen 1992
BELLEBAUM, A.; BARHEIER, K. (Hrsg.): Lebensqualität. Ein Konzept für Praxis und Forschung. Opladen 1994

BERGER, G.; GERNGROSS-HAAS, G.: SIESTA – ein Datenerhebungsinstrument zur systematischen Qualitätsbeurteilung von Einrichtungen der stationären Altenhilfe. In: Bundesministerium für Familien, Senioren, Frauen und Jugend (Hrsg.): Fachtagung „Betreutes Wohnen – Lebensqualität sichern". Dokumentation der Tagung des Bundesministeriums für Familie und Senioren am 15./16. März 1994 in Leipzig. Leipzig 1994, 21 – 29

BERSANI, H.A. Jr.; BRADLEY, V.J.: Quality Assurance for Individuals with Developmental Disabilities. New York 1990

BETTELHEIM, B.: Wege aus dem Labyrinth: Leben lernen als Therapie. München 1989

BICHLER, J.; FINK, F.; POHL, St.: Leistungsgerechtes Entgelt für ein Leben mit Behinderungen: Ein System der Leistungs- und Qualitätsbeschreibung sowie Entgeltberechnung (SYLQUE). Freiburg i. Br. 1995

BIGELOW, D.A. u.a.: Quality of life questionnaire. Portland 1991

BLEIDICK, U.: Pädagogische Theorien der Behinderung und ihre Verknüpfung. In: Zeitschrift für Heilpädagogik 4/1977, 207 – 229

BREDOW, U.; FISCHER, D.; HOIKER, H. u.a.: Qualitätsentwicklung in ambulanten Diensten – Anleitungen, Praxisberichte, Ideen. Hannover 1994

BRONFENBRENNER, U.: Die Ökologie der menschlichen Entwicklung: Natürliche und geplante Experimente. Frankfurt a.M. 1989

Bromsgrove and Redditch Health Authority: Evaluation Services for People with Learning Difficulties. Bromsgrove 1991

Bundesarbeitsgemeinschaft Werkstätten für Behinderte e.V. (Hrsg.): Qualitätssicherung. Checkliste zur DIN-Norm ISO 9000. Arbeitshilfen für die Werkstattleitungen. Manuskriptdruck

Bundesministerium für Familie, Senioren, Frauen und Jugend (Hrsg.): Möglichkeiten und Grenzen selbständiger Lebensführung in Einrichtungen. Dokumentation des 1. Symposiums vom 24. März 1995. Berlin 1995

Bundesvereinigung Lebenshilfe für geistig Behinderte e.V. (Hrsg.): Humanes Wohnen – seine Bedeutung für das Leben geistig behinderter Erwachsener. Marburg/Lahn 1982

Bundesvereinigung Lebenshilfe für geistig Behinderte e.V. (Hrsg.): Normalisierung – Eine Chance für Menschen mit geistiger Behinderung. Marburg/Lahn 1986

Bundesvereinigung Lebenshilfe für geistig Behinderte e.V. (Hrsg.): Grundsatzprogramm der Lebenshilfe. Marburg 1991

Bundesvereinigung Lebenshilfe für geistig Behinderte e.V. (Hrsg.): Drohender Betreuungsnotstand in der Behindertenhilfe. Ergebnisse einer 1991 durchgeführten Umfrage in Werkstätten und Wohnstätten für Behinderte. Marburg 1992a

Bundesvereinigung Lebenshilfe für geistig Behinderte e.V. (Hrsg.): Qualitätsbeurteilung und -entwicklung von Wohneinrichtungen für Menschen mit geistiger Behinderung. Marburg/Lahn 1992b

Bundesvereinigung Lebenshilfe für geistig Behinderte e.V. (Hrsg.): LIESA – Lebenshilfe Informationssystem Einrichtungen und Sonstige Angebote für Menschen mit geistiger Behinderung und ihre Angehörigen. Marburg 1993

Bundesvereinigung Lebenshilfe für geistig Behinderte e.V. (Hrsg.): Instrumentarium zur Qualitätssicherung und Qualitätsentwicklung in Werkstätten für Behinderte der Lebenshilfe (QS-WfB). Marburg 1995a

Bundesvereinigung Lebenshilfe für geistig Behinderte e.V. (Hrsg.): Leistungsvereinbarungen für Wohneinrichtungen. Leitfaden für Vereinbarungen zwischen Kostenträgern und Einrichtungsträgern nach § 93 BSHG. (Anhang: Fragebogen zur individuellen Lebensgestaltung von Menschen mit Behinderungen – FILM.) Marburg 1995b

Bundesvereinigung Lebenshilfe für geistig Behinderte e.V. Hrsg.): Wohnen heißt zu Hause sein. Handbuch für die Praxis gemeindenahen Wohnens von Menschen mit geistiger Behinderung. Marburg 1995c

CAMPBELL, A.; CONVERSE, P.E. (Hrsg.): The Human Meaning of Social Change. New York 1976

CAPIE, A.M.: Qualitätsbeurteilung und -entwicklung von Angeboten für Menschen mit geistiger Behinderung. Internationale Liga von Vereinigungen für Menschen mit geistiger Behinderung – ILSMH (Hrsg.). Brüssel 1993

CAPIE, A.; CRAIG, M.; HARTNETT, F.: PREM III Evaluation. Guidelines for external monitoring of services by parents, volunteers and people with an intellectual handicap. Wellington, New Zealand 1992

CAPIE, A.C.M.; HARNETT, F.; CRAIG, M.: PREM III. Checklist and Procedure, Standards and Monitoring Board. Wellington 1990

CAPIE, A.; ROCCO, B.: Key Points Monitoring. Guidelines for internal monitoring of services by parents, volunteers and people with an intellectual handicap. Wellington, New Zealand 1992

CUMMINS, R.A.: Comprehensive Quality of Life Scale Intellectual Disability (ComQol-ID4). Melbourne 1993

Department of Mental Retardation (DMR), Connecticut: A guide to program quality review of homes & residences. Field test edition. State of Connecticut 1989

Department of Social and Health Services, Washington: Residental Service Guidelines. Washington State 1988

DIN ISO 9004 – Qualitätsmanagement und Elemente eines Qualitätssicherungssystems. Leitfaden für Dienstleistungen, Teil 2 und Teil 4. Berlin 1992

DÖRNER, K.: Tödliches Mitleid – Zur Frage der Unerträglichkeit des Lebens oder: die Soziale Frage. Gütersloh 1988

DÖRNER, K. (Hrsg.): Aufbruch der Heime. Gütersloh 1991a

DÖRNER, K.: Mosaiksteine für ein Menschen- und Gesellschaftsbild – Zur Orientierung psychiatrischen Handelns. In: Bock, Th.; Weigand, H. (Hrsg.): Handwerks-buch Psychiatrie. Bonn 1991b, 38 – 46

DONABEDIAN, A.: An exploration of structure, process and outcome approaches to quality assessment. In: Selbmann, H. K.; Überla, K. (Hrsg.): Quality assessment of medical care. Beiträge zur Gesundheitsökonomie. Band 15. Gerlingen 1982

Eberhard-Karls-Universität Tübingen, Forschungsstelle Lebenswelten behinderter Menschen: Fragebogen zur Erhebung von Betreuungsstandards in Einrichtungen der Behindertenhilfe in der BRD. Manuskript. Tübingen 1994

ECKMANN, H.: Qualitätssicherung und Kostensatz – Die Bedeutung von Qualitätssicherung aus der Sicht der überörtlichen Träger der Sozialhilfe. In: Zink, K.J.; Schubert, H.-J. (Hrsg.): Werkstätten für Behinderte im Wandel: Organisatorische, personelle und technische Veränderungen in Behindertenwerkstätten. Neuwied 1994, 63 – 72

FENGLER, Ch.; FENGLER, Th.: Alltag in der Anstalt: Wenn Sozialpsychiatrie praktisch wird. Bonn 1994

FLADE, A.: Wohnen psychologisch betrachtet. Bern 1987

FLYNN, A.; WEIS, S.: A Normalization and Development Instrument (ANDI). Sacramento, California 1977

FLYNN, R.J.; NITSCH, K.E. (Hrsg.): Normalization, Social Integration and Community Services. Baltimore 1980

FRÜHAUF, Th.: Leistungsbeschreibung, Entgeltberechnung und Qualitätssicherung. Manuskriptdruck. Frankfurt a.M. 1995

GAEBEL, W. (Hrsg.): Qualitätssicherung im psychiatrischen Krankenhaus. Wien 1995

GLATZER, W.; ZAPF, W.: Lebensqualität in der Bundesrepublik. Frankfurt a. M. 1984

GOFFMAN, E.: Asyle. Frankfurt a.M. 1973

GOODE, D.: Discussing Quality of Life. The Process and Findings of the Workgroup on Quality of Life for Persons with Disabilities. Mental Retardation Institute, Westchester County Medical Center, New York Medical College. Valhalla, New York 1988a

GOODE, D.: Principles and Recommendations from the Quality of Life Project. Mental Retardation Institute, Westchester County Medical Center, New York Medical College. Valhalla, New York 1988b

GOODE, D.: Quality of Life for Persons with Disabilities. A Review and Synthesis of the Literature. Mental Retardation Institute, Westchester County Medical Center, New York Medical College. Valhalla, New York 1988c

GOODE, D.: The Proceedings of the National Conference on Quality of Life for Persons with Disabilities. Mental Retardation Institute, Westchester County Medical Center, New York Medical College. Valhalla, New York 1988d

GÜNZBURG, H.C.: 39 Schritte zur Normalisierung. In: Zur Orientierung 2/1977, 25 – 28

GÜNZBURG, H.C.: PAC – Pädagogische Analyse und Curriculum der sozialen und persönlichen Entwicklung des geistig behinderten Menschen (dt. Übersetzung). Stratford 1977

GÜNZBURG, H.; GÜNZBURG, A.L.: LOCO (Learning Opportunities Coordination). A scale for assessing living units for people with a handicap (dt. Übersetzung). Stratford 1989

HAISCH, W.; EIGNER, G.: Organisationsentwicklung und Beratung in der Betreuung behinderter Menschen. Anleitung zur qualitativen und quantitativen Auswertung des Fragebogens zur Arbeitsorganisation (FAO) und des Fragebogens zur Lebensform Behinderter (FLB). Manuskriptdruck. München 1990

HAISCH, W.; NACHTMANN, J.; TILK, U.: Fragebogen zur Lebensform betreuter Menschen – FLB. Manuskriptdruck. München 1994

HARRIS, R.; KLIE, Th.; RAMIN, E.: Heime zum Leben – Wege zur bewohnerorientierten Qualitätssicherung. Hannover 1995

HEINER, M.: Evaluation und Effektivität in der sozialen Arbeit. In: Oppl H.; Tomascheck, A. (Hrsg.): Soziale Arbeit 2000. Bd. 2. Freiburg i.Br. 1986, 71 – 105

HEINER, M.: Perspektiven der Praxisforschung. In: Heiner, M. (Hrsg.): Praxisforschung in der sozialen Arbeit. Freiburg i.Br. 1988, 7 – 16

HEINER, M.: Erfahrungen aus der Evaluationsberatung – Konsequenzen für ein Fortbildungs- und Qualifizierungskonzept. In: Heiner, M. (Hrsg.): Selbstevaluation als Qualifizierung in der sozialen Arbeit. Freiburg i.Br. 1994, 56 – 77

HEMMING, H. u. a.: Quality of Life of Mentally Retarded Adults Transfered from Large Institutions to New Small Units. In: American Journal of Mental Deficiency 86, 1981, 157 – 169

HERMER, M.; PITTRICH, W. u. a. (Hrsg.): Evaluation der psychiatrischen Versorgung in der Bundesrepublik – Zur Qualitätssicherung im Gesundheitswesen. Opladen 1995

HOLTZ, K.-L.; EBERLE, G.; HILLIG, A.; MARKER, K.R.: Heidelberger-Kompetenz-Inventar für geistig Behinderte (HKI). Heidelberg 1984

HORNUNG, C.; METZLER, H.; WACKER, E.; WETZLER, R.: Möglichkeiten und Grenzen selbständiger Lebensführungen in Einrichtungen. MUG II. Erster Zwischenbericht. Tübingen 1993

KALTENBACH, Th.: Qualitätsmanagement im Krankenhaus – Qualitäts- und Effizienzsteigerung auf der Grundlage des Total Quality Management. Melsungen 1993

KEUPP, H.: Psychosoziale Praxis im gesellschaftlichen Umbruch. Bonn 1987

KÖNIG, A.: Normalisierung und Bürgerrechte: Erwachsene mit geistiger Behinderung in den USA. Frankfurt a.M. 1986

KÖNIG, A.: „Normalisierung" Konkret – Wolfensbergers Verfahren PASSING. In: Bundesvereinigung Lebenshilfe für geistig Behinderte e.V. (Hrsg.): Qualitätsbeurteilung und -entwicklung von Wohneinrichtungen für Menschen mit geistiger Behinderung. Marburg/Lahn 1992, 37 – 84

KOENNING, K. (Hrsg.): Spät kommt ihr ... Gütersloher Wege mit Langzeitpatienten. Gütersloh 1986

KRÄLING, K.: Wohnen heißt zu Hause sein. Gemeindeintegriertes Wohnen erwachsener Menschen mit geistiger Behinderung in Deutschland. In: Bundesvereinigung Lebenshilfe für geistig Behinderte e.V. (Hrsg.): Wohnen heißt zu Hause sein. Handbuch für die Praxis gemeindenahen Wohnens von Menschen mit geistiger Behinderung. Marburg 1995, 21 – 28

KRÄLING, K.; SCHÄDLER, J.: Überlegungen zu einem Leitfaden zur Qualitätsbeurteilung und -entwicklung von Wohneinrichtungen. In: Bundesvereinigung Lebenshilfe für geistig Behinderte e.V. (Hrsg.): Qualitätsbeurteilung und -entwicklung von Wohneinrichtungen für Menschen mit geistiger Behinderung. Marburg/Lahn 1992, 101 – 126

KRAUS, W.: Qualitative Evaluationsforschung. In: Flick, U.; Kardorff, E. v.; Keupp, H. u. a. (Hrsg.): Handbuch qualitativer Sozialforschung. München 1991, 412 – 415

KVALE, St.: Validierung. In: Flick, U.; Kardorff, E. v.; Keupp, H. u. a. (Hrsg.): Handbuch qualitativer Sozialforschung. München 1991, 427 – 431

LANDESMAN-DWYER, S.: Living in the Community. In: American Journal of Mental Deficiency 86, 1981, 223 – 234

Landeswohlfahrtsverband Hessen (Hrsg.): Qualitätssicherung in der Gemeindepsychiatrie. Kassel 1995

Lebenshilfe Wien: Sicherung von Qualität. Manuskriptdruck. Wien 1993

LEGGE, K.: Evaluating Planned Organizational Change. London 1984

LUGER, H.: KommRum – Der andere Alltag mit Verrückten. Bonn 1989

MAHLKE, W; SCHWARTE, N.: Wohnen als Lebenshilfe. Weinheim, Basel 1985

MENZ, W.: Nicht der Mensch wird zertifiziert, sondern die Arbeit und der Arbeitsplatz. In: Schweizerische Zeitschrift für Heilpädagogik 3/96, 25

METZLER, H.: Wohnen behinderter Menschen in Einrichtungen – Strukturen und Standards. In: Bundesministerium für Familie, Senioren, Frauen und Jugend (Hrsg.): Möglichkeiten und Grenzen selbständiger Lebensführung in Einrichtungen. Dokumentation des 1. Symposiums vom 24. März 1995. Berlin 1995, 53 – 73

MOSHER, L.R.; BURTI, L.: Psychiatrie in der Gemeinde – Grundlagen und Praxis. Bonn 1992

NESTMANN, F.: Förderung sozialer Netzwerke – eine Perspektive pädagogischer Handlungskompetenz? In: Neue Praxis, Heft 19, 1989, 104ff.

New York State Office of Mental Retardation and Developmental Disabilities: Consumer Opinion Questionnaire (COQ) Handbook. Albany, o.J.

OECD: List of Social Concerns Common to Most OECD Countries. Paris 1973

POHL, St.: Erhebung zum individuellen Hilfebedarf von Personen mit Behinderung (EHB). Freiburg i.Br. 1995

ROCCO, B.; CAPIE, A.C.M.: Key Points. Checklist and Procedure, Standards and Monitoring Board. Wellington 1991

SCHALOCK, R.L.; KEITH, K.D.; HOFFMAN, K.; KARAN, O.C.: Quality of Life: Its Measurement and Use in Human Service Programs. In: Mental Retardation 27, 1989, 25 – 31

SCHALOCK, R.L.; KEITH, K.D.; HOFFMAN, K.: Quality of life Questionnaire Standardization Manual. Hastings 1990

SCHMIDT, A.; ZINK, K.J.: Zertifizierung von Qualitätsmanagementsysteme – (k)ein Erfolgsfaktor für WfB? In: Zink, K.J.; Schubert, H.-J. (Hrsg.): Werkstätten für Behinderte im Wandel: organisatorische, personelle und technische Veränderungen in Behindertenwerkstätten. Neuwied 1994, 73 – 83

SCHMIDT, C.: Die Erhebung des Betreuungsbedarfs in Einrichtungen der Behindertenhilfe – Erfahrungen mit einem Konzept von Prof. Haisch. Referat auf der Fachtagung der Bundesvereinigung Lebenshilfe vom 11. – 13.10.1993 in Marburg

SCHUBERT, H.-J.; PRACHT, A.: Qualitätsdimensionen und ihre Beurteilung in Werkstätten für Behinderte der Lebenshilfe für geistig Behinderte e.V. Marburg 1995

SCHUBERT, H.-J.; ZINK, K.J.: Qualität in Werkstätten für Behinderte. Ergebnisse und erste Konsequenzen einer Befragung von WfB's aus Rheinland-Pfalz. In: WfB-Handbuch, 2. Ergänzungslieferung 9/1994

SCHWARTE, N.: Selbstevaluation und fachliche Standards in der sozialen Rehabilitation Behinderter. In: Heiner, M. (Hrsg.): Qualitätsentwicklung durch Evaluation. Freiburg 1996, 197 – 214

SCHWARTE, N.; MAHLKE, W.: Wohnen als Lebenshilfe. Weinheim 1992

SCHWARTE, N.; OBERSTE-UFER, R.: Indikatoren für Lebensqualität in Wohnstätten für erwachsene Menschen mit geistiger Behinderung – Konturen eines Forschungsprojektes. In: Geistige Behinderung 4/1994, 282 – 296

SCHWARTE, N.; OBERSTE-UFER, R.: Qualitätssicherung und -entwicklung in der sozialen Rehabilitation Behinderter – Anforderungen an Prüfverfahren und Instrumente. In: Schubert, H.-J.; Zink, K.J. (Hrsg.): Qualitätsmanagement in sozialen Dienstleistungsunternehmen. Neuwied 1997, 56 – 82

SEIFERT, M.: Zur Wohnsituation von Menschen mit geistiger Behinderung in Berlin unter besonderer Berücksichtigung der Personen mit hohem Betreuungsbedarf. Bericht des Forschungsprojekts „Wohnen mit schwerer geistiger Behinderung in Berlin". Berlin 1993

SILBERMANN, A.: Vom Wohnen der Deutschen: Eine soziologische Studie über das Wohnerlebnis. Frankfurt a.M. 1966

SILBERMANN, A.: Neues vom Wohnen der Deutschen (West). Köln 1991

SPIEGEL, H. v.: Aus Erfahrung lernen: Qualifizierung durch Selbstevaluation. Münster 1993

STENFERT-KROESE, B.: Lebensqualität im Gemeinwesen – Bewertungsmethoden und -ergebnisse zweier Projekte in England. In: Bundesvereinigung Lebenshilfe für geistig Behinderte e.V. (Hrsg.): Qualitätsbeurteilung und -entwicklung von Wohneinrichtungen für Menschen mit geistiger Behinderung. Marburg/Lahn 1992, 85 – 99

STENFERT-KROESE, B.; FLEMING, I.: Evaluation of a Community Care Project for People with Learnung Disabilities. In: Journal of Mental Deficiency Research 34, 1990, 451 – 464

THEUNISSEN, G.: Wege aus der Hospitalisierung – Ästhetische Erziehung mit schwerstbehinderten Erwachsenen. Bonn 1989

THIMM, W.; FERBER, Chr. V.; SCHILLER, B.; WEDEKIND, R.: Ein Leben so normal wie möglich führen ... Zum Normalisierungskonzept in Deutschland und in Dänemark. Hrsg.: Bundesvereinigung Lebenshilfe für geistig Behinderte e.V. Große Schriftenreihe, Bd. 11. Marburg/Lahn 1985

TROGISCH, J.: Anleitung zum Verbessern der Lebensbedingungen von Menschen mit sehr schwerer geistiger Behinderung. In: Heilberufe 44 (1992), Heft 1, 22 – 31

Verband Evangelischer Einrichtungen für Menschen mit geistiger und seelischer Behinderung e. V. (Hrsg.): Die Sivus-Methode – Menschen mit geistiger Behinderung entwickeln sich durch gemeinschaftliches Handeln. Stuttgart 1989

Verband Kath. Einrichtungen für Lern- und Geistigbehinderte e.V. (Hrsg.): Anweisungsheft für die Erhebung zum individuellen Hilfebedarf 1994 von Personen mit Behinderungen (EHB '94). Freiburg 1994

WEDEKIND, R.; CONRADT, B.; MUTH, Th.: Wege der Eingliederung geistig behinderter Menschen aus Psychiatrischen Kliniken in ein Leben so normal wie möglich. Baden-Baden 1994

WEIGAND, H.: Alltagsbegleitung – Eigenes Leben sichern. In: Bock, Th.; Weigand, H. (Hrsg.): Handwerks-buch Psychiatrie. Bonn 1991, 259 – 285

WEINMANN, S.: MELBA – Ein Instrument zur Förderung der beruflichen Rehabilitation. Manuskriptdruck. Siegen 1991

WHO, Division of Mental Health (Hrsg.): Field Trial WHOQOL-100. The 100 questions with response scales. Genf 1995

WOLFENSBERGER, W.: Let's Hang Up „Quality of Life" as a Hopeless Term. In: Goode, D.: Quality of Life for Persons with Disabilities. Cambridge 1994

WOLFENSBERGER, W.; THOMAS, S.: PASSING. Programm Analysis of Service Systems Implementation of Normalization Goals: A method of evaluating the quality of human services according to the principle of normalization. Toronto 1983

WOTTAWA, H.; THIERAU, H.: Lehrbuch Evaluation. Bern, Stuttgart, Toronto 1990

Züricher Verband von Werken für Behinderte – ZVWB: Qualitätshandbuch für stationäre Einrichtungen für erwachsene Behinderte. Zürich 1995

4. Theoretische Grundlagen und Leitlinien der sozialen Rehabilitation

4.1 Bedürfnisorientierung statt Kompetenzorientierung

Den Ausgangspunkt konzeptioneller und pädagogisch-praktischer Überlegungen bilden in der Rehabilitation behinderter Menschen häufig mehr oder weniger umfangreiche und ausgefeilte, anhand alltagspraktischer Tätigkeitskataloge ermittelte *Kompetenzprofile*. Unter dem Aspekt gezielter Förderung sind Instrumente zur Diagnose individueller Kompetenzen (P-A-C, HKI – Heidelberger Kompetenz Inventar usw.) zur Bestimmung der „Zone der nächsten Entwicklung" von hohem Wert, ebenso für die Abstimmung von Fähigkeits- und Anforderungsprofilen in der beruflichen Rehabilitation (WEINMANN u. a. 1994).

Für die Ermittlung von Pflege- und Hilfebedarfen werden ebenfalls Kompetenzprofile zugrunde gelegt, obwohl sie hier eher problematisch sind, da sie individuelle und situationsabhängige Aspekte zu wenig berücksichtigen. Die aufgeführten Kompetenzen erscheinen in ihrer Auswahl oft willkürlich und beziehen sich zum größten Teil auf bestimmte kognitive und pragmatische Fertigkeiten, während z. B. die emotionale Befindlichkeit eines Menschen und der zentrale Bereich seiner sozialen Beziehungen zu anderen Personen meist nur ganz am Rande berücksichtigt werden. Überdies schränkt die Frage nach den Kompetenzen und Fähigkeiten den Blick auf einige wenige objektivierbare Merkmale ein, so daß der einzelne Mensch in seiner unverwechselbaren Individualität in den Hintergrund tritt.

Weitgehend ungeeignet sind Kompetenzprofile, wenn es um die Sicherung und Weiterentwicklung der Wohn- und Lebensqualität von Menschen mit Behinderung geht. Wir haben uns bei der Konstruktion von LEWO daher für einen anderen Weg entschieden und sind von den allgemeinen menschlichen Grundbedürfnissen ausgegangen.

Die menschlichen Grundbedürfnisse

Ein Bedürfnis läßt sich als Mangelgefühl beschreiben, verbunden mit dem Wunsch, diesen Mangel zu beseitigen (HONDRICH 1975). Der Mensch kann als „bedürftiges Wesen" ohne die Erfüllung bestimmter Bedürfnisse nicht existieren, weshalb solche Bedürfnisse auch als Grundbedürfnisse bezeichnet werden. Dazu gehören:

- physiologische Bedürfnisse (Nahrung, Sexualität);
- Sicherheitsbedürfnisse (Geborgenheit, Vertrautheit, Beständigkeit, Schutz vor Gefahren);
- Bedürfnisse nach Zugehörigkeit und Liebe (Kontakt, Kommunikation, lieben und geliebt werden);
- Bedürfnisse nach Achtung (Selbstachtung, Anerkennung und Bestätigung durch andere, Selbstvertrauen, Unabhängigkeit);
- Bedürfnisse nach Selbstverwirklichung (Aneignung, Entwicklung und Ausdruck von Fähigkeiten).

Der Zugang über die menschlichen Grundbedürfnisse bietet gegenüber kompetenzbezogenen Ansätzen zwei wesentliche Vorteile. Zum einen fordert er dazu auf, die individuelle Lebensgeschichte und Erfahrungswelt *jedes einzelnen Menschen* zu erkunden, zum anderen verweist er auf eine *grundlegende Gemeinsamkeit aller Menschen*, unabhängig davon ob behindert oder nicht, denn die gesamte Bandbreite der Grundbedürfnisse ist für jeden Menschen zu jeder Zeit gültig. Mit einer geistigen Behinderung verbindet sich zumeist ein erhöhter Hilfebedarf und eine größere soziale Abhängigkeit, aber keineswegs eine andere Bedürfnisstruktur.

Zudem sind *Grundbedürfnisse nicht durch kognitive Leistungen bestimmt* und daher auch nicht abhängig vom Denkvermögen eines Menschen und seinen lebenspraktischen Kompetenzen. Kompetenzen und Fähigkeiten sind also keine Grundlage zur Erfüllung von Bedürfnissen, eher im Gegenteil: Je mehr Bedürfnisse erfüllt sind, desto mehr Lerngelegenheiten zum Aufbau oder zur Weiterentwicklung von Kompetenzen ergeben sich.

Zwar sind die Grundbedürfnisse allen Menschen gemeinsam, in ihrer konkreten Ausprägung sind sie jedoch höchst verschieden und kulturell vermittelt. Da die konkrete Ausprägung von Bedürfnissen auch von der Entwicklung und den individuellen biographischen Erfahrungen einer Personen abhängt, wandeln sich Bedürfnisse in ihrer Bedeutung je nach Lebensalter und Lebenssituation. Dabei ist aber immer davon auszugehen, *daß jeder Mensch grundsätzlich zu jeder Zeit* über alle genannten Grundbedürfnisse verfügt. Der Umstand, daß ein Mensch mit geistiger Behinderung ein Bedürfnis nicht klar erkennbar äußert, darf nicht zu der Annahme verleiten, dieses Bedürfnis sei deshalb bei ihm auch nicht vorhanden.

Wohnbezogene Bedürfnisse

Für den Kontext wohnbezogener Dienste ist natürlich vor allem bedeutsam, welche Grundbedürfnisse im *Lebensbereich des Wohnens* erfüllt werden müssen. Dabei verbindet sich mit Wohnen einerseits die gebaute und gestaltete Umwelt, andererseits ein zentrales soziales Handlungsfeld des Menschen, in dem Sozialisation, Kommunikation, Erholung und Selbstverwirklichung geschieht. Wohnen bedeutet also nicht nur, dauerhaft an einem Ort zu sein, sondern bildet für beinahe jeden Menschen in unserer Gesellschaft den Mittelpunkt der Lebensgestaltung. Da die eigene Wohnung für jeden Menschen eine individuelle Bedeutung hat, ist Wohnen stets auch wertbezogen. Es schließt das Gefühl ein, an einem bestimmten Ort zu Hause, beheimatet zu sein.

Es gibt keine gruppenspezifischen Wohnbedürfnisse geistig behinderter Menschen. Wenn es anders scheint, dann deshalb, weil Menschen aufgrund der entindividualisierenden Zuschreibung „geistige Behinderung" uniformen Wohnbedingungen ausgesetzt werden. Ihre Wohnbedürfnisse leiten sich jedoch genauso aus individuellen Bedarfslagen ab wie die Wohnbedürfnisse nichtbehinderter Personen.

Das Wohnen behinderter Menschen ist daher nichts anderes als normales Wohnen, allerdings unter erschwerten Bedingungen. Die erschwerten Bedingungen gehen nicht nur aus der Schädigung und funktionellen Beeinträchtigung einer Person hervor, sondern vor allem auch aus den gesellschaftlichen Zuschreibungen und der verweigerten sozialen und kulturellen Teilhabe. Da eine Behinderung fast immer mit Einschränkungen der Mobilität verbunden ist, kommt dem Wohnen von Menschen mit Behinderung oft eine besondere Bedeutung zu. Daher hat die Qualität der Angebote und Leistungen wohnbezogener Dienste einen unmittelbaren Einfluß auf die Lebensqualität der Nutzer dieser Dienste.

Wohnen steht mit allen anderen menschlichen Lebensbereichen – Arbeit, Freizeit, soziale Beziehungen – in enger Verbindung. Der Kulturanthropologe *Marcel Mauss* hat das Wohnen deshalb als „soziales Totalphänomen" bezeichnet. Weil sich das Ganze schlechter erschließen läßt als der Ausschnitt, fehlt es bis heute an einer umfassenden Theorie des Wohnens. Die meisten Auseinandersetzungen im Wohnalltag betreffen die Wohnung als gebaute Umwelt oder die materielle Wohnungseinrichtung. Als sozialer Handlungsraum ist das Wohnen noch wenig erforscht.

Privatheit als Bedürfnis

Im Verhältnis zum Arbeitsbereich kommt dem Wohnen traditionell die Funktion zu, den Bedürfnissen des Menschen nach Erholung und Regeneration zu entsprechen. So wird das Wohnen heute im allgemeinen zusammen mit der Freizeit von der Erwerbsarbeit abgegrenzt. In diesem Zusammenhang muß man sich vergegenwärtigen, daß sich die heute übliche räumliche Trennung von Wohn- und Arbeitsort erst mit dem Beginn der Industrialisierung herausbildete. Die nach außen abgeschlossene Wohnung, die den privaten vom öffentlichen Bereich trennt, ist nicht viel älter als etwa 200 Jahre. Seitdem erhielt der private Raum, der einem Menschen zur Verfügung steht, der von ihm allein genutzt werden kann und der dem Zugriff anderer Personen entzogen ist, gegenüber dem öffentlichen Raum eine immer größere Bedeutung.

Mit dem Wandel der Wohnformen veränderten sich auch die auf das Wohnen bezogenen Bedürfnisse nach Privatheit und autonomer Verfügung über den Eigenraum. Gleichzeitig erweiterten sich die wohnbezogenen Wahlmöglichkeiten vom Wohnen im Umfeld traditioneller Familienstrukturen hin zu unterschiedlich zusammengesetzten Wohngemeinschaften, zum Paarwohnen und – zunehmend – zum Alleinwohnen im Single-Haushalt.

Welche Wohnform für einen Menschen mit geistiger Behinderung die beste ist, kann stets nur auf den Einzelfall bezogen und unter weitestgehender Beteiligung des Betroffenen entschieden werden. Dabei geht es zum einen darum, ob ein bestimmtes Wohnmodell den Anspruch erfüllt, solche materiellen und sozialen Standards zu bieten, wie sie in unserer Gesellschaft als üblich gelten (Gleichheitsgrundsatz). Zum anderen ist zu prüfen, inwieweit ein wohnbezogener Dienst den Bedürfnissen jedes einzelnen Nutzers nachkommt, seinen Schutz und seine Rechte sichert und ihn darin unterstützt, in allen Lebensbereichen umfassend am Leben in der Gemeinde teilnehmen zu können (Individualisierungsgrundsatz).

Von H. J. TEUTEBERG (1985, 3) stammt das folgende Schema, das die Komplexität des Wohnens verdeutlicht. Es bot für die Bestimmung der Aufgabenfelder und Gegenstandsbereiche des Instruments LEWO eine wichtige Orientierung.

Soziale Wohnverfassung

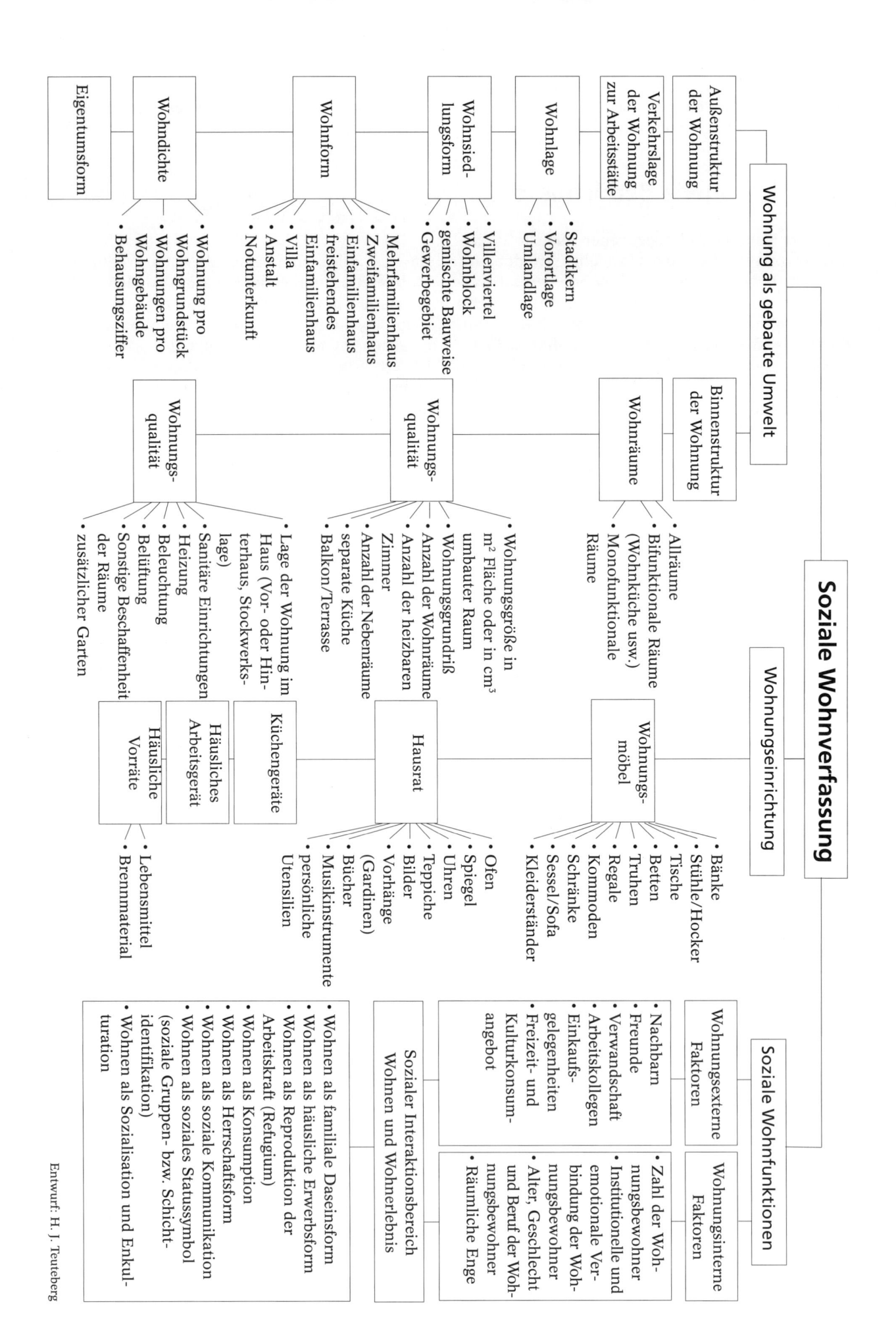

Wohnung als gebaute Umwelt

Außenstruktur der Wohnung

- **Verkehrslage der Wohnung zur Arbeitsstätte**
- **Wohnlage**
  - Stadtkern
  - Vorortlage
  - Umlandlage
- **Wohnsiedlungsform**
  - Villenviertel
  - Wohnblock
  - gemischte Bauweise
  - Gewerbegebiet
- **Wohnform**
  - Mehrfamilienhaus
  - Zweifamilienhaus
  - Einfamilienhaus
  - freistehendes Einfamilienhaus
  - Villa
  - Anstalt
  - Notunterkunft
- **Wohndichte**
  - Wohnung pro Wohngrundstück
  - Wohnungen pro Wohngebäude
  - Behausungsziffer
- **Eigentumsform**

Binnenstruktur der Wohnung

- **Wohnräume**
  - Allräume
  - Bifunktionale Räume (Wohnküche usw.)
  - Monofunktionale Räume
- **Wohnungsqualität**
  - Wohnungsgröße in m² Fläche oder in cm³ umbauter Raum
  - Wohnungsgrundriß
  - Anzahl der Wohnräume
  - Anzahl der heizbaren Zimmer
  - Anzahl der Nebenräume
  - separate Küche
  - Balkon/Terrasse
  - Lage der Wohnung im Haus (Vor- oder Hinterhaus, Stockwerkslage)
  - Sanitäre Einrichtungen
  - Heizung
  - Beleuchtung
  - Belüftung
  - Sonstige Beschaffenheit der Räume
  - zusätzlicher Garten

Wohnungseinrichtung

- **Wohnungsmöbel**
  - Bänke
  - Stühle/Hocker
  - Tische
  - Betten
  - Truhen
  - Regale
  - Kommoden
  - Schränke
  - Sessel/Sofa
  - Kleiderständer
  - Ofen
  - Spiegel
  - Uhren
  - Teppiche
  - Bilder
  - Vorhänge (Gardinen)
  - Bücher
  - Musikinstrumente
  - persönliche Utensilien
- **Küchengeräte**
- **Häusliches Arbeitsgerät**
- **Häusliche Vorräte**
  - Lebensmittel
  - Brennmaterial

Soziale Wohnfunktionen

- **Wohnungsexterne Faktoren**
  - Nachbarn
  - Freunde
  - Verwandtschaft
  - Arbeitskollegen
  - Einkaufsgelegenheiten
  - Freizeit- und Kulturkonsumangebot
- **Wohnungsinterne Faktoren**
  - Zahl der Wohnungsbewohner
  - Institutionelle und emotionale Verbindung der Wohnungsbewohner
  - Alter, Geschlecht und Beruf der Wohnungsbewohner
  - Räumliche Enge
- **Sozialer Interaktionsbereich Wohnen und Wohnerlebnis**
  - Wohnen als familiale Daseinsform
  - Wohnen als häusliche Erwerbsform
  - Wohnen als Reproduktion der Arbeitskraft (Refugium)
  - Wohnen als Konsumption
  - Wohnen als Herrschaftsform
  - Wohnen als soziale Kommunikation
  - Wohnen als soziales Statussymbol (soziale Gruppen- bzw. Schichtidentifikation)
  - Wohnen als Sozialisation und Enkulturation

Entwurf: H. J. Teuteberg

Wohnen und soziale Integration

Mobilität ist ein Kennzeichen der Moderne. Nur wenige Menschen wohnen heute noch zeit ihres Lebens an einem Ort. Der Übergang zwischen verschiedenen Lebensphasen ist häufig mit Umzügen verbunden. Auch berufliche Veränderungen erfordern immer öfter einen Wohnortwechsel. Das hat zur Folge, daß die meisten Menschen sich ständig neu auf soziale und materielle Veränderungen einstellen müssen und zunehmend mehr Kontakte mit fremden als mit gut bekannten Personen haben.

Obwohl auch Menschen mit Behinderung einem hohen Anpassungs- und Veränderungsdruck unterworfen sind, werden ihnen die gesellschaftlich üblichen Rechte und Wahlmöglichkeiten für Wohnformen bis heute vorenthalten. So können z. B. Menschen, die in einem Wohnheim leben, das Schutzrecht des Artikels 13 des Grundgesetzes („Die Wohnung ist unverletzlich") nicht in Anspruch nehmen, denn ein Heimplatz gilt nicht als Wohnung. Die autonome Verfügung über den grundrechtlich geschützten, individuellen Eigenwohnraum fehlt also oder ist zumindest stark eingeschränkt.

Die Forderungen nach einem Verzicht auf Sonderwohnformen und auf eine Trennung nach Behinderungsarten, nach gemeindeintegrierten Wohnformen wie betreutem Einzel- und Paarwohnen oder kleinen Wohngruppen, nach einer Dezentralisierung und Aufwertung ambulanter Hilfen sowie nach besseren Möglichkeiten des Kurzzeitwohnens und der Krisenintervention zur Stützung und Entlastung von Familien sind nicht neu, aber unverändert aktuell. Nach wie vor richtet sich die Planung und Gestaltung der überwiegenden Zahl wohnbezogener Dienste nach dem klassischen Wohnheimmodell. Dabei wird oft leichthin in Kauf genommen, daß diese Wohnform hinsichtlich ihrer Größe, Gemeindenähe sowie der Flexibilisierung und Individualisierung ihrer Angebote oft deutlich hinter fachlichen Standards zurückbleibt und eine über Information und Anhörung hinausgehende Mitbestimmung der Nutzer und ihrer Angehörigen eher selten praktiziert wird.

In Übereinstimmung mit den Grundsätzen der Bundesvereinigung Lebenshilfe sehen wir es demgegenüber als ein selbstverständliches Recht an, daß Menschen mit geistiger Behinderung so normal wie möglich leben können und dazu jede Hilfe bekommen, die sie brauchen (vgl. Bundesvereinigung Lebenshilfe 1991). Dabei sollte der einzelne Mensch mit Behinderung seine Wohnsituation so weit wie möglich selbst wählen und nach seinen Bedürfnissen und Wünschen mitgestalten können und zwar unabhängig von Art und Schwere der Behinderung. Obwohl diese Praxis den Bestimmungen des Bundessozialhilfegesetzes widerspricht, das ambulanten Hilfen grundsätzlich einen Vorrang vor einer stationären Unterbringung einräumt, führt ein bestimmter Umfang an pflegerischen und lebenspraktischen Hilfen, die eine Person benötigt, nach wie vor fast unweigerlich zu ihrer Heimeinweisung, weil sie dort umfassendere Hilfeleistungen erhalten kann.

Gerade beim Wohnen zeigt sich, in welchem Maße ein Mensch mit Behinderung in sein soziales Umfeld eingegliedert ist: Lebt er in einer Wohnung in einem attraktiven Wohngebiet inmitten seiner Gemeinde oder isoliert in einer Großeinrichtung weit draußen vor der Stadt? Wird sein Recht auf Privatheit und Intimität im Wohnbereich respektiert und geschützt oder lebt er auch im eigenen Zimmer wie in einem „öffentlichen Raum"? Verfügt er über einen festen Freundes- und Bekanntenkreis in der näheren Umgebung? Erhält er regelmäßig Besuch oder sind Fachkräfte sozialer Dienste seine einzigen Bezugspersonen?

Lebens- und Lernbedingungen für Menschen mit geistiger Behinderung

Seit den 60er Jahren wurden die Lebens- und Lernbedingungen für Menschen mit geistiger Behinderung, nicht zuletzt durch die Initiative der Bundesvereinigung Lebenshilfe für Menschen mit geistiger Behinderung kontinuierlich verbessert. Dazu gehört – unabhängig vom Schweregrad der Behinderung – die Anerkennung der Bildungsfähigkeit, der Aufbau eines flächendeckenden Frühfördersystems, die Durchsetzung der Schulpflicht, die Verbesserung der schulischen Förderung, der Ausbau von Werkstätten sowie die Einrichtung von Tagesförderstätten und Familienentlastenden Diensten.

Von diesen beachtlichen sozialstaatlichen Leistungen blieben allerdings diejenigen Personen mit geistiger Behinderung, die in psychiatrischen Kliniken und Anstalten lebten, lange weitgehend ausgenommen. In der Psychiatrie war das Bild vom Menschen mit geistiger Behinderung vor allem defektorientiert. Die Behinderung wurde auf die medizinisch nachweisbare Schädigung reduziert und als individuelles Phänomen, quasi als „Schicksal des Behinderten" behandelt. Die biographischen und gesellschaftlichen Anteile an einer geistigen Behinderung konnte ein solches Verständnis nicht erfassen. Therapiert wurden daher ausschließlich die Funktionsstörungen und das unerwünschte Verhalten eines behinderten Menschen. Die individuelle Lebensgeschichte, die materielle und soziale Lebenssituation, subjektive Befindlichkeiten, Bedürfnisse und Wünsche spielten meist nur eine untergeordnete Rolle.

Erst Mitte der 70er Jahre kam es infolge einer intensiven Kritik an den traditionellen psychiatrischen Versorgungspraktiken in einigen Bundesländern allmählich zu grundlegenden Veränderungen. Aus den Kliniken und Großeinrichtungen heraus entstanden kleinere Wohnheime und Außenwohngruppen, und vereinzelt erhielten Erwachsene mit geistiger Behinderung auch die Möglichkeit, in individuell betreuten Wohnformen in der Gemeinde zu leben. Dabei wandelte sich parallel zu einer Differenzierung der Wohnformen auch das Bild von langjährig hospitalisierten Menschen mit geistiger Behinderung: Als Ursache oft unverständlich wirkender Verhaltensweisen wurde nicht länger die Behinderung selber, sondern wurden in erster Linie die isolierenden Verhältnisse in den Anstalten angesehen. Damit konnten auch destruktive Verhaltensweisen als eine normale und subjektiv sinnvolle Reaktion auf extrem unnatürliche Lebensbedingungen verstanden werden.

Die soziale Dimension von Behinderung

Mittlerweile besteht eine breite fachliche Übereinkunft, geistige Behinderung vor allem auch als Resultat gesellschaftlicher Zuschreibungen zu betrachten und von der organischen Schädigung und den daraus folgenden funktionalen Beeinträchtigungen abzugrenzen. Die Weltgesundheitsorganisation (WHO) unterteilt in einer Definition von 1980 den Behinderungsbegriff in Schädigung (impairment), Beeinträchtigung (disability) und Benachteiligung (handicap).

Schädigung bezeichnet dabei den Verlust bzw. die Störung körperlicher und geistiger Funktionen. Mit Beeinträchtigung ist die funktionale Komponente von Behinderung gemeint, also die Gesamtheit aller einschränkenden somatischen, psychischen und sozialen Folgen einer Schädigung für die Alltagsbewältigung eines Menschen. Benachteiligung schließlich umfaßt die soziale Dimension von Behinderung und damit die Nachteile, die sich aus einer Schädigung und Beeinträchtigung für eine selbstbestimmte Lebensgestaltung, für die angemessene Übernahme sozialer Rollen, für soziale Integration und für die individuelle Lebenszufriedenheit eines Menschen ergeben. Hier spielen die gesellschaftlichen Normen und Wertorientierungen ebenso eine Rolle wie die sozioökonomische Situation des Betroffenen und die sozialen Unterstützungssysteme, die ihm zur Verfügung stehen (WINDISCH, KNIEL 1993).

Aus der Unterscheidung dieser drei Dimensionen von Behinderung ergeben sich auch unterschiedliche Schwerpunktaufgaben für die verschiedenen Arten der Rehabilitation behinderter Menschen. Dabei ist die *medizinische Rehabilitation* eindeutig mit Aspekten von Schädigung und Beeinträchtigung befaßt; die *berufliche Rehabilitation* berücksichtigt vorrangig die Dimension der funktionellen Beeinträchtigung. Alle anderen Maßnahmen, die der Eingliederung behinderter Menschen dienen, werden mit dem Begriff *soziale Rehabilitation* umschrieben.

Da man sich allerdings auch in der medizinischen und noch mehr im Feld der beruflichen Rehabilitation um eine gesellschaftliche Eingliederung bemüht, läßt sich die soziale Rehabilitation nicht eindeutig von den anderen beiden Bereichen abgrenzen. Ihren Schwerpunkt findet sie jedoch in dem Bemühen, die unterschiedlichen Formen sozialer Benachteiligung behinderter Menschen weitestgehend abzubauen bzw. nach Möglichkeit gar nicht erst entstehen zu lassen und für jeden Menschen eine umfassende Teilnahme am Leben in der Gemeinschaft zu ermöglichen (BRÖG u. a. 1984, in: WINDISCH, KNIEL 1993, 20 f.).

LEWO bezieht sich auf das breite Spektrum der Aufgaben und Möglichkeiten sozialer Rehabilitation. Das Instrument möchte u. a. dazu beitragen, die soziale und gesellschaftliche Dimension einer geistigen Behinderung besser zu verstehen und den Blick dafür zu schärfen, welche Hilfen – vor allem im Wohnbereich – ein einzelner Mensch mit geistiger Behinderung benötigt, um sein Leben in größtmöglicher Selbstverwirklichung und Autonomie zu gestalten. Dabei orientieren wir uns an einem Menschenbild, das von der uneingeschränkten Respektierung der Bedürfnisse und Interessen jedes Menschen ausgeht. Man sollte sich immer vergegenwärtigen, daß die Klassifizierung „geistige Behinderung" einem bestimmten Personenkreis zugeordnet wird, der bestimmten Normen, die gegenwärtig gesellschaftliche Gültigkeit beanspruchen (instrumentelle Vernunft, Rationalität, kognitive Leistungsfähigkeit), nicht entspricht (FEUSER 1996). Zur Kennzeichnung eines Individuums ist der Begriff „geistig behindert" gänzlich ungeeignet, weil er von der Individualität und Subjekthaftigkeit eines Menschen absieht.

Das Normalisierungsprinzip

Das Normalisierungsprinzip, in den 60er Jahren durch *N.-E. Bank-Mikkelsen* und *B. Nirje* zunächst in Skandinavien eingeführt und durch *W. Wolfensberger* in Nordamerika maßgeblich weiterentwickelt, ist nach wie vor ein zentrales handlungsleitendes Konzept für den Umgang mit geistig behinderten Menschen. Grundgedanke des Normalisierungsprinzips ist, daß Menschen mit Behinderung ein „Leben so normal wie möglich führen" können (THIMM u. a. 1985), also ein Leben, das sich in allen Alltagsbedingungen und Lebensvollzügen (Tages-, Wochen- und Jahresrhythmus, Lebenslauf, Ansehen und Respekt, Sexualität und Partnerschaft, materieller Lebensstandard, Standards beim Wohnen und Arbeiten) nicht von den gesellschaftlich anerkannten Lebensweisen anderer Bürger unterscheidet. Das Normalisierungsprinzip ist im übrigen nicht nur auf den Bereich der Hilfen für Menschen mit geistiger Behinderung bezogen, sondern grundsätzlich überall dort bedeutsam, wo Menschen abgewertet werden oder von Abwertung bedroht sind und vom sozialen und kulturellen Leben einer Gesellschaft ausgeschlossen werden (WOLFENSBERGER 1983).

Das Normalisierungsprinzip fordert dazu auf, Behinderung als „normalen" Bestandteil des menschlichen Lebens zu akzeptieren und geltende Normen, Strukturen und Anforderungen so zu verändern, daß Menschen mit Behinderung uneingeschränkt am sozialen und kulturellen Leben der Gesellschaft teilhaben können. Das Normalisierungsprinzip darf also nicht mit einseitiger Anpassung des Behinderten an die Gesellschaft gleichgesetzt werden. Es meint keineswegs, nur der Mensch mit geistiger Behinderung müsse sich an die Gesellschaft anpassen. Vielmehr geht es darum, geeignete (normale) Lebensbedingungen zu schaffen und Menschen mit Behinderung individuelle Unterstützung und Hilfe zu geben, damit sie ihr Leben nach ihren eigenen Bedürfnissen und Vorstellungen aktiv gestalten können. Dies kann jedoch nur erfolgreich sein, wenn behinderte und nichtbehinderte Menschen in allen Lebensbereichen normal zusammenleben und -arbeiten und dabei voneinander lernen. Der Gedanke, es gäbe einen sogenannten „harten Kern", also Menschen, die nicht zu integrieren seien und nur in besonderen Schonräumen existieren könnten, stellt lediglich der Gesellschaft der Nichtbehinderten ein Armutszeugnis aus.

Aus dem Normalisierungsprinzip läßt sich außerdem ableiten, daß die Lebenswelt des Menschen mit Behinderung in den Mittelpunkt aller Hilfen zu stellen ist, anstatt den Alltag nach organisatorischen Notwendigkeiten eines sozialen Dienstes zu strukturieren, wie es in großen Wohnheimen und Anstalten noch immer geschieht. Die Forderung des Normalisierungsprinzips nach einem normalen Miteinander ohne Ausgrenzung steht letztlich im Widerspruch zur Tendenz unserer Gesellschaft, den Wert eines Menschen und seinen Platz in der Gemeinschaft vorrangig nach seiner verwertbaren Arbeitsleistung zu bestimmen und diejenigen auszusondern, die bestimmten Leistungsanforderungen nicht entsprechen.

Objektive Lebensbedingungen und subjektives Wohlbefinden

Seit Mitte der 80er Jahre hat der Begriff der *Lebensqualität* innerhalb der Behindertenhilfe zunehmend an Bedeutung gewonnen. Will man einschätzen, wie es ganz konkret um die Lebens- und Wohnqualität eines Menschen mit geistiger Behinderung bestellt ist, kann man ihn zunächst natürlich selbst danach fragen, ob er mit seiner Lebens- und Wohnsituation zufrieden ist. Die Befragung allein wird in vielen Fällen jedoch nicht ausreichen, um ein klares Bild zu erhalten. Abgesehen davon, daß viele Menschen mit geistiger Behinderung nicht verbal kommunizieren können, wissen wir aus Gesprächen mit Personen, die über Jahrzehnte in den Langzeitabteilungen psychiatrischer Krankenhäuser leben mußten, daß Menschen häufig auch unter objektiv schlechtesten Bedingungen angeben, sie seien zufrieden. Dies ist aber kein Beweis dafür, daß sie sich wirklich wohlfühlen, sondern eher Ausdruck ihrer oft von Resignation und Hoffnungslosigkeit geprägten Anpassung an die bestehenden Verhältnisse.

Auch bei äußerlich gleichen materiellen und sozialen Bedingungen bewertet jeder Mensch seine Lebenssituation anders. So wird auch Lebensqualität von jedem Menschen anders erfahren. Will man die Lebens- und Wohnbedingungen eines Menschen mit geistiger Behinderung angemessen beurteilen, benötigt man neben den Aussagen des Nutzers auch objektive Maßstäbe, die seine subjektive Perspektive ergänzen.

Lebensqualität meint also nicht allein die Zufriedenheit mit dem eigenen Leben oder die Befriedigung von Grundbedürfnissen, sondern läßt sich definieren als Zusammenhang zwischen den objektiven Lebensbedingungen und dem subjektiven Wohlbefinden. Objektiv erfaßbare Lebensbedingungen sind z. B. die Wohn- und Arbeitsverhältnisse, das Einkommen, die Gesundheit, die Familienbeziehungen und die sozialen Kontakte eines Menschen. Das subjektiv empfundene Wohlbefinden einer Person ist abhängig von der persönlichen Einschätzung der Lebensbedingungen, von der Zufriedenheit, von bestehenden Hoffnungen und Ängsten, Möglichkeiten und Konflikten.

Die Ausgestaltung der Hilfen im Wohnbereich beeinflußt das Leben von Menschen mit geistiger Behinderung grundsätzlich um so mehr, je abhängiger sie von diesen Hilfen sind. Zwischen der Qualität der Angebote und Leistungen wohnbezogener Dienste und der Lebensqualität der Nutzer darf also ein enger Zusammenhang angenommen werden. Welchen Einfluß Hilfen und Unterstützungsleistungen im begleiteten Wohnen auf die subjektive Zufriedenheit und das Wohlbefinden der einzelnen Nutzer haben, kann neben einer direkten Befragung mittelbar über eine kontinuierliche und hinreichend sensible Erkundung ihrer Bedürfnisse eingeschätzt werden. Objektiv bestimmen oder gar messen läßt sich dieser Einfluß allerdings nicht.

Wie zufrieden oder unzufrieden eine Person ist, hängt auch davon ab, wie sich ihre gegenwärtigen materiellen und sozialen Lebensbedingungen in den verschiedenen Lebensbereichen im Vergleich mit ihren Erwartungen und Ansprüchen darstellen. Diese wiederum sind u. a. beeinflußt vom Alter und dem beruflichen und sozialen Status. Wesentliche Kriterien sind darüber hinaus die persönliche Erfahrung (Ging es mir früher besser oder schlechter als heute?), die Wahrnehmung des sozialen Umfelds (Geht es anderen Menschen besser oder schlechter als mir?) und die individuellen Möglichkeiten, die gegebenen Lebensbedingungen nach eigenen Vorstellungen zu gestalten.

Wahlmöglichkeiten und Handlungskompetenzen

Wenn zwischen den Ansprüchen und der realen Lebenssituation einer Person ein erheblicher Unterschied besteht, führt dies nicht automatisch zu dem Wunsch, die eigene Situation zu verändern. Voraussetzung dafür ist, daß ein Mensch auch davon überzeugt ist, seine Lebensbedingungen überhaupt selbst beeinflussen zu können. Dies erklärt die „wunschlose Zufriedenheit" vieler Menschen mit geistiger Behinderung, die nie die Erfahrung machen konnten, ihr Leben in die eigenen Hände zu nehmen. Oft müssen sie erst lernen, was es bedeutet, zwischen unterschiedlichen Alternativen wählen zu können und eigenständige Entscheidungen zu treffen. Darin sollten sie gezielt gefördert werden, z. B. indem in jeder Alltagssituation zwischen verschiedenen Möglichkeiten des Handelns oder der Bedürfnisbefriedigung gewählt werden kann. Nur dann, wenn die eigene Handlungsfähigkeit erlebt wird und genügend materielle und soziale Hilfen zur Verwirklichung von Bedürfnissen zur Verfügung stehen, können sich individuelle Maßstäbe herausbilden, die einem Menschen dazu verhelfen, sein Leben aktiv und nach eigenen Vorstellungen und Wünschen zu gestalten.

Untersuchungen weisen darauf hin, daß materielle Standards und ökonomische Sicherheit zwar bedeutsam sind, daß aber die Befriedigung psychosozialer Bedürfnisse nach Zugehörigkeit, Freundschaften, Zuwendung, Selbstverwirklichung und Anerkennung sowie das Gefühl einer sinnvollen und emotional befriedigenden Teilhabe am Alltagsleben (BADURA, GROSS 1976) in unserer Gesellschaft letztlich einen größeren Einfluß auf das Wohlbefinden und die Lebenszufriedenheit von Menschen haben.

Lebensqualität bestimmt sich demnach vor allem sozial. Sie wird erfahren, indem im Austausch mit der Umwelt Bedürfnisse befriedigt und Ziele und Wünsche in wichtigen Lebensbereichen verwirklicht werden können (vgl. BECK 1994). Insofern sind individuell bedeutsame und zuverlässige soziale Beziehungen eine elementare strukturelle Voraussetzung für die Lebensqualität eines Menschen.

Damit kommt der Förderung, Stützung und langfristigen Sicherung sozialer Netzwerke eine zentrale Bedeutung für die professionelle Tätigkeit von Fachkräften in wohnbezogenen Diensten zu. Nicht zuletzt aus diesem Grund widmet das Instrument LEWO neben den professionellen auch den nichtprofessionellen sozialen Beziehungen der Nutzer wohnbezogener Dienste einen breiten Raum.

4.2 Leitlinien der sozialen Rehabilitation

Grundlage für die Entwicklung des Instruments LEWO waren die konzeptionellen Leitlinien, die sich in der Arbeit mit geistig behinderten Menschen in den letzten beiden Jahrzehnten durchgesetzt haben:

1. Bedürfnisorientierung

Wohnbedürfnisse sind, wie alle menschlichen Grundbedürfnisse, zu einem erheblichen Teil sozial vermittelt. Zum einen sind sie beeinflußt von kulturellen Einflüssen und dem Lebensalter, zum anderen unterscheiden sie sich auch von Person zu Person in Abhängigkeit von den Wohnerfahrungen, den gegenwärtigen Wohnbedingungen und den Wohnwünschen. Auf das Wohnen bezogene allgemeine Grundbedürfnisse sind:

• *Sicherheit und Schutz*
Die „eigenen vier Wände" schirmen nicht nur vor Witterungseinflüssen und störendem Lärm ab, sondern schützen auch vor fremden Einblicken.

• *Geborgenheit und Distanz*
Die eigene Wohnung befriedigt das Bedürfnis nach Alleinsein und Ungestörtsein. Voraussetzung dafür ist, daß der private Eigenraum tatsächlich respektiert und vor unerwünschten Eingriffen abgeschirmt wird.

• *Beständigkeit und Vertrautheit*
Das Wohnen wird vor allem vom Gewohnten, Alltäglichen bestimmt. Die eigenen Räumlichkeiten

sind vertraut, es kann kaum etwas Unerwartetes passieren. Da die Umgebung gleichbleibt, fühlt sich der Mensch hier am ehesten mit sich selbst identisch. Notwendig dazu ist neben einer altersangemessenen Kontinuität die Überschaubarkeit und Vertrautheit des eigenen Wohnbereichs, des Tagesablaufs und der alltagsbezogenen Handlungen. Von besonderer Bedeutung ist in diesem Zusammenhang auch die Selbstbestimmtheit und Verläßlichkeit der sozialen Beziehungen, die sich im Bereich des Wohnens entfalten.

• *Kontakt und Kommunikation*
Die Wohnung bietet Gelegenheit zum Zusammensein mit vertrauten Menschen, für gemeinsame Mahlzeiten oder private Gespräche. Dazu muß die Möglichkeit bestehen, Besuch zu empfangen; es müssen räumliche Gelegenheiten zum Rückzug mehrerer Personen gegeben sein. Die Wohnung ist aber ebenso der Ausgangspunkt für Kontakte nach außen: Eine gute Nachbarschaftlichkeit, die Einbindung in soziale Netzwerke und eine regelmäßige Inanspruchnahme der gemeindebezogenen Angebote sind gleichermaßen wichtige Elemente des Wohnens.

• *Tätigkeit und Selbstdarstellung*
Die Gestaltung der privaten Räume mit Möbeln, Bildern, Blumen und anderen persönlichen Gegenständen ist Ausdruck von Individualität und Zugehörigkeit zu einer größeren Gemeinschaft. Sie dient der persönlichen Selbstverwirklichung ebenso wie der Repräsentation. Voraussetzung dafür ist, daß ein kulturüblicher und altersspezifischer Komfort vorhanden ist, individuelles Gestalten nicht behindert, sondern ausdrücklich gewünscht wird und Tätigkeiten jeder Art möglich sind, soweit sie die Mitbewohner nicht stören.

2. Individualisierung

Wohnbezogene Dienste haben den Auftrag, zur Verbesserung der Lebenssituation ihrer Nutzer beizutragen. Um möglichst ökonomisch und effektiv zu sein, müssen sie ihre Angebote und Hilfen sinnvoll organisieren. Für die traditionelle Behindertenhilfe bedeutet dies, bei Menschen mit geistiger Behinderung besondere, gruppenspezifische Bedürfnisse vorauszusetzen. Dementsprechend werden wohnbezogene Dienste bis heute auf der Basis unterstellter behinderungsbezogener Gruppenbedürfnisse für eine größere Zahl von Bewohnern geplant.

Vor allem größere Einrichtungen sind noch immer durch zu große Gruppen, ein „klinisches" Wohnmilieu, eine starre Organisation des Alltags und der Hilfen, eine hierarchische Struktur sowie eine mangelnde personelle Ausstattung und häufigen Personalwechsel gekennzeichnet. Eine individualisierte Gestaltung der Räumlichkeiten, der Einrichtung und der Wohnumgebung, die für jeden Menschen die Voraussetzung dafür ist, daß er sich „zu Hause" fühlen kann, ist dabei meist ebensowenig vorgesehen wie eine selbstbestimmte Organisation des Alltags.

Menschen mit geistiger Behinderung sind jedoch keine „Sondergruppe", über die verallgemeinernde Aussagen gemacht werden könnten (vgl. FEUSER 1991). Zur Befriedigung seiner wohnbezogenen Bedürfnisse braucht ein behinderter Mensch individuelle Hilfen, keine kollektiven Sonderwohnformen, die aus bestimmten Merkmalen seiner Behinderung abzuleiten wären.

Die Identität eines Menschen entwickelt sich aus der Balance individueller („Ich bin anders als die anderen.") und sozialer Komponenten („Ich bin so wie die anderen."). Jeder Mensch ist einzigartig und unverwechselbar. Somit ist es auch normal, verschieden zu sein. Behinderung bezeichnet nur eine von vielen möglichen Eigenschaften eines Menschen, niemand ist ausschließlich behindert oder nichtbehindert. Menschen mit geistiger Behinderung sind – wie andere Menschen auch – immer in ihrer Gesamtpersönlichkeit zu sehen (vgl. Bundesvereinigung Lebenshilfe 1991).

Um Angebote und Hilfen für Nutzer bereitstellen zu können, die nicht nur auf einen allgemeinen Versorgungs- und Pflegebedarf ausgerichtet sind, sondern die Einmaligkeit jedes einzelnen Menschen mit Behinderung berücksichtigen, müssen die Mitarbeiterinnen wohnbezogener Dienste die Bedürfnisse, Vorstellungen und Wünsche jedes Nutzers, für den sie Unterstützung und Hilfe leisten, intensiv kennenlernen. Dabei reicht es nicht aus, wenn sich Fachkräfte allein um die Alltagsbewältigung der Nutzer kümmern. Sie müssen darüber hinaus auch in der Lage sein, die Organisationsstrukturen eines wohnbezogenen Dienstes für die Interessen einzelner Nutzer verfügbar zu machen, diesbezügliche Hindernisse zu erkennen und so weit wie möglich abzubauen. Eine wichtige Grundlage zur Individualisierung der Angebote und Hilfeleistungen wohnbezogener Dienste ist daher die Verbesserung der Handlungskompetenz der Mitarbeiterinnen in den Einrichtungen.

3. Selbstbestimmung

Erst in den letzten Jahren wird erwachsenen Menschen mit geistiger Behinderung auch in Deutschland zugestanden, sich selbst über ihre Vorstellungen und Wünsche öffentlich zu äußern. An diesem Punkt sind Menschen mit geistiger Behinderung in Nordamerika schon ein großes Stück weiter: Die aus den USA kommende sogenannte Empowerment-Bewegung will benachteiligten und nach herkömmlicher Vorstellung weitgehend machtlosen und abhängigen Menschen dazu verhelfen, größere Kontrolle über ihre Lebenssituation zu gewinnen. Dazu sollen die eigenen Stärken im Austausch mit anderen (z. B. in Selbsthilfegruppen) entdeckt und entwickelt werden.

Dahinter steht die Erkenntnis, daß Hilfebedürftigkeit und Abhängigkeit zumindest zu einem Teil auch erlernt ist und sich durch positive Erfahrungen teilweise abbauen läßt. Als größtes Problem wird hier nicht die Behinderung, sondern das hohe Maß an Abhängigkeit definiert, dem Menschen mit Behinderung ausgesetzt sind. Folgerichtig sollten die angebotenen Hilfen nicht in erster Linie auf den Menschen gerichtet sein (im Sinne von „Kompetenzgewinn"), sondern Veränderungen in der Umwelt der Betroffenen bewirken, um sie insgesamt weniger abhängig zu machen und ihre Verantwortlichkeit zu erhöhen. „Behinderung" ist demnach nicht länger nur das Problem einer Person, sondern wird auch zu einem sozialen und politischen Thema.

In Deutschland konnten sich Selbsthilfegruppen für Menschen mit geistiger Behinderung bisher noch nicht etablieren – im Unterschied zu Kanada, den USA, England und Holland. Bestrebungen in diese Richtung sollten durch nichtbehinderte Menschen wie Fürsprecher(innen), Bürgerhelfer(innen), Mitarbeiterinnen im begleiteten Wohnen intensiv begleitet und unterstützt werden. Eine Möglichkeit besteht darin, Angebote der Erwachsenenbildung für Menschen mit geistiger Behinderung gezielt als Möglichkeit der Selbsthilfe („Empowerment") zu verstehen und zu organisieren. Ansätze dazu gab es in den letzten Jahren auch durch den organisierten Erfahrungsaustausch von Menschen mit geistiger Behinderung auf Kongressen in Osnabrück, Bonn und Duisburg.

Ebenfalls in den USA entstand als Teil der Bürgerrechtsbewegung gegen Ende der 60er Jahre die „Independent-Living"-Bewegung (Selbstbestimmt leben), ursprünglich aus Protest gegen die entwürdigenden Bedingungen in den Anstalten der USA. In sogenannten Zentren für Selbstbestimmtes Leben („Centers for Independent Living" – CIL) finden Personen mit Behinderung seitdem Beratung und Hilfe durch andere von Behinderung betroffene Menschen („Peer-counseling"). Darüber hinaus leisten die Zentren auch Öffentlichkeitsarbeit und politische Arbeit.

Der Gedanke, die Betroffenen auf diese Weise zu einem autonomeren Leben zu befähigen, wurde in Deutschland zuerst im Zuge der Selbstorganisation von Menschen mit Körper- und Sinnesbehinderungen („Krüppelbewegung") aufgegriffen. Sie wandten sich gegen die Bevormundung durch Fachleute und die unheilvolle Wirkung von Institutionen, die mit ihren starren Strukturen und organisatorischen Abläufen die Beteiligungs- und Entscheidungsmöglichkeiten behinderter Menschen allzuoft einschränken oder gar völlig aufheben.

Viele körperbehinderte Menschen bevorzugen in bewußter Abgrenzung zu einem Leben in Einrichtungen das Modell der „persönlichen Assistenz". Persönliche Assistenz meint, daß allein der Mensch mit Behinderung über die Art und den Umfang seines Hilfebedarfs bestimmt und darüber hinaus als freier Arbeitgeber auch über die assistierende Person entscheidet, die ihn im Alltag unterstützt (vgl. STEINER 1994).

Für Menschen mit geistiger Behinderung, die in wohnbezogenen Diensten leben, läßt sich das Modell allerdings nur ausschnittweise übertragen. Ihnen fehlen zum einen die finanziellen Mittel, um von einer Wohneinrichtung unabhängig zu werden und stattdessen die notwendige lebenspraktische Unterstützung in der eigenen Wohnung zu erhalten – die Sozialhilfe, auf die sie einen gesetzlichen Anspruch haben, wird direkt an die Einrichtung gezahlt. Zum anderen haben Menschen mit geistiger Behinderung oft nicht lernen können, ihre Bedürfnisse und Ansprüche realistisch wahrzunehmen und deutlich zu artikulieren. Ihre Begleiterinnen und Helferinnen dürfen sich daher nicht auf praktisch-funktionale Hilfeleistungen im Alltag beschränken, sondern müssen häufig erst einmal die Bedürfnisse der Nutzer kennenlernen und mit ihnen eine „gemeinsame Sprache" entwickeln.

Überdies benötigen Menschen mit geistiger Behinderung, die in wohnbezogenen Diensten leben, über Hilfen bei der unmittelbaren Alltagsbewältigung hinaus fast immer auch Unterstützung bei der Lebensplanung, bei persönlichen Problemen, beim Aufbau und Erhalt sozialer Kontakte usw. Aus Mangel an Alternativen werden diese Aufgaben in der Regel von den Fachkräften im begleiteten Wohnen übernommen, die dadurch fast zwangsläufig zu engen Bezugspersonen der Nutzer werden.

Je umfassender der Hilfebedarf eines Nutzers ist, desto größer ist seine soziale und persönliche Abhängigkeit und damit die Gefahr der Fremdbestimmung – vor allem dann, wenn die „Assistentin" nicht nur im Auftrag des Nutzers handeln kann, sondern auch die Interessen des wohnbezogenen Dienstes zu berücksichtigen hat (vgl. BRADL 1996, 194).

Einschränkend auf die Übertragbarkeit des Assistenzmodells wirken also nicht nur die umfassenderen Hilfebedarfe geistig behinderter Menschen, sondern vor allem auch der institutionelle Kontext, in dem diese Hilfen erbracht werden. Hinzu kommt noch, daß das Prinzip der Selbstbestimmung nicht allgemeingültig ist, sondern dort seine Grenze findet, wo die Rechte anderer Menschen berührt werden oder eine Person nur unzureichend in der Lage ist, die Folgen des eigenen Wünschens und Handelns abzusehen.

Dennoch sind wir der Auffassung, daß sich die Fachkräfte wohnbezogener Dienste in ihrer Arbeit am *Assistenzmodell* orientieren sollten. Dabei sind zum einen die Spielräume innerhalb eines wohnbezogenen Dienstes zu nutzen und gezielt zu erweitern; zum anderen müssen den Nutzern außerhalb des Dienstes möglichst viele natürliche, nichtprofessionelle Kontakt- und Hilfemöglichkeiten (soziale Netze) erschlossen werden. Dies erscheint uns auch insofern bedeutsam, als sich das Aufgabenprofil von Mitarbeiterinnen im Gruppendienst von Wohneinrichtungen für Menschen mit geistiger Behinderung in den letzten Jahren beinahe ausschließlich auf die Verrichtung hauswirtschaftlicher Tätigkeiten reduziert hat und damit erheblich entwertet worden ist.

Der Bedeutungsverlust von Aufgaben der Alltagsbegleitung behinderter Menschen zeigt sich ganz augenfällig in solchen Stellenanzeigen, die eine Tätigkeit in wohnbezogenen Diensten besonders für Hausfrauen empfehlen, die nach längerer Unterbrechung einen beruflichen Wiedereinstieg anstreben. Geht man hingegen davon aus, daß die gemeinsame Gestaltung eines gelingenden Alltags mit geistig behinderten Menschen eine hohe fachliche Qualifizierung voraussetzt, muß der Tendenz zur „Verhauswirtschaftlichung" von Aufgaben der sozialen Rehabilitation entgegengewirkt werden.

In der möglichst weitreichenden Umsetzung des „Selbstbestimmt Leben"-Prinzips sehen wir eine Chance für die Fachkräfte wohnbezogener Dienste, ein neues Rollenverständnis zu entwickeln (vgl. BRADL 1996, 182 ff.):

- Statt einseitiger Abhängigkeit und Ohnmacht der Nutzer gegenüber den Mitarbeiterinnen wandelt sich das Verhältnis hin zu einem partnerschaftlichen Umgang, der den Nutzern größtmöglichen Entscheidungsfreiraum beläßt und bis zur Mitbestimmung über die Person der Mitarbeiterin reicht, die für einen Nutzer bestimmte Hilfen erbringt.
- Statt davon auszugehen, daß alle Nutzer einer Gruppe im wesentlichen die gleichen Hilfebedarfe und Probleme haben und daher auch gleich zu behandeln sind, z. B. eine identische Wohnumgebung und die gleichen Arbeits- und Freizeitangebote brauchen, folgt aus dem Prinzip der Selbstbestimmung, daß die Gestaltung von Hilfen, Angeboten und materiellen Wohn- und Lebensbedingungen so weit wie möglich zu individualisieren ist.
- Statt alle Nutzer in den Rahmen der organisatorisch vorgegebenen Abläufe eines wohnbezogenen Dienstes zu pressen, sind Angebote und Leistungen – bis hin zum dienstplanmäßigen Einsatz der Mitarbeiterinnen – so zu organisieren, daß den Bedürfnissen *jedes einzelnen Nutzers* entsprochen wird. Die Fachkräfte werden damit zu Expertinnen für die Gestaltung alltagsbezogener und individuell arrangierter Lernsituationen.
- Statt das Zusammensein mit geistig behinderten Menschen vor allem unter den Gesichtspunkten von Pädagogik, Förderung und Therapie zu begreifen, steht die kooperative Bewältigung eines sinnvoll gestalteten Alltags im Vordergrund. Dabei gilt es zu erkennen, daß Selbstbestimmung nicht mit Selbständigkeit gleichzusetzen ist und auch Personen, die schwer behindert sind, über ihre Alltagsgestaltung sowie über die Art und den Umfang der benötigten Hilfen selbst bestimmen können.
- Statt traditionelle Aufgaben der Betreuung und Versorgung zu übernehmen, sind individuelle Begleitung, Kooperation, Mitsprache, Beteiligung und persönliche Assistenz bei den Problemen der Alltagsbewältigung gefragt – wobei akzeptiert wird, daß der Alltag der Nutzer dadurch risikoreicher wird und mit einem vergrößerten Erfahrungsraum durchaus auch negative Erfahrungen gemacht werden.
- Statt den Ausfall nichtprofessioneller Hilfen als gegeben hinzunehmen und die eigenen, professionellen Unterstützungsleistungen immer weiter zu perfektionieren, um bestimmte, unzureichend entwickelte Kompetenzen oder fehlende soziale Netzwerke der Nutzer dauerhaft zu ersetzen, wird es zur Pflicht der Fachkräfte, den Nutzern „natürliche", also nichtprofessionelle materielle und soziale Hilfsquellen zu erschließen bzw. zu vermitteln. Damit wird professionelle Hilfe nicht überflüssig, sie verändert ihren Charakter: An die Stelle substituierender Hilfen tritt, wo immer möglich, subsidiäre Hilfe.

In einem engen Zusammenhang mit der Leitlinie „Selbstbestimmung" steht der Gedanke der „Selbstvertretung" (Self Advocacy). Formen der Selbstvertretung für Menschen mit geistiger Behinderung (Heimbeiräte, Werkstatträte, Mitgliedschaft in Orts- und Kreisvereinigungen von Trägern wohnbezogener Dienste usw.) sind immer noch relativ neu. Auch hier ist die Mitwirkung eines Nutzers nicht abhängig von seinen Kompetenzen oder sprachlichen Fähigkeiten, wenn Äußerungen von Bedürfnissen und Wünschen sensibel genug wahrgenommen und individuell unterstützt werden.

4. Erweiterung des Rollenbildes

Je mehr positiv bewertete Rollen eine Person einnimmt, desto größer sind ihre Möglichkeiten, selbstbestimmt handeln zu können und von anderen respektiert zu werden. Dabei sind positive Rollen (z.B.

Nachbar, Freund oder Ehepartner) nicht notwendig an bestimmte Kompetenzen gebunden, sondern hängen vor allem davon ab, ob sie einem Menschen überhaupt zugestanden werden. Viele der in unserer Gesellschaft positiv bewerteten Rollen wie etwa Steuerzahler(in), Arbeitnehmer(in), Ehepartner(in), Vater oder Mutter usw. werden Erwachsene mit geistiger Behinderung nicht oder nur sehr eingeschränkt zugestanden. Stattdessen werden sie auf einige wenige Rollen festgelegt, die mit einem äußerst geringen Handlungsspielraum verbunden sind.

Soziale Abwertung kommt zustande, wenn Menschen aufgrund bestimmter Merkmale oder Eigenschaften von anderen Menschen oder durch gesellschaftliche Vorurteile negativ beurteilt werden. Dabei führt nicht ein einzelnes Merkmal (z. B. ein Rollstuhl), das einen Menschen von anderen unterscheidet, zu seiner Abwertung, sondern der Umstand, daß dieser Unterschied negativ bewertet wird: So werden ein ungepflegtes Äußeres oder unpassende Kleidung bei einem anerkannten Künstler nicht selten als Ausdruck seiner Individualität angesehen. Die gleichen Merkmale führen dagegen bei Menschen mit geistiger Behinderung schnell zur Bestätigung bestehender Vorurteile („Menschen mit geistiger Behinderung können nicht auf sich selbst achten!"). Während eine größere Gruppe nichtbehinderter Personen in der Regel kaum auffällig ist, wird bei einem gemeinsamen Spaziergang von zehn oder mehr Erwachsenen mit geistiger Behinderung das Vorurteil bestätigt, Menschen mit Behinderung müßten in großen Gruppen zusammenleben.

Zu beachten ist, daß einerseits eine bestimmte Rollenerwartung dafür ausschlaggebend ist, wie wir andere Menschen wahrnehmen, und daß sich Menschen andererseits in ihrem Verhalten an die Erwartungen und Vorstellungen, die an sie herangetragen werden, anpassen. Je weniger also einer Person mit geistiger Behinderung zugetraut wird und je negativer das Bild von ihr ist, desto höher ist die Wahrscheinlichkeit, daß sie sich auch entsprechend unselbständig und auf negative Weise verhält. Umgekehrt wird sie dann besonders gute Chancen für eine positive Entwicklung erhalten, wenn von ihr ein positives Bild besteht und ihr etwas zugetraut wird.

Die überwiegend negativen Einschätzungen über Menschen mit Behinderung hängen eng mit ihrem niedrigen gesellschaftlichen Status zusammen: Während gehbehinderte Menschen nicht selten auf das Merkmal „Rollstuhlfahrer" reduziert werden, wird der Fraktionsvorsitzende der CDU vor allem als wichtiger Politiker gesehen und weit weniger als Behinderter, der auf einen Rollstuhl angewiesen ist.

Sind Menschen von anderen als abweichend definiert worden, wird soziale und räumliche Distanz zu ihnen aufgebaut. Die gravierenden Folgen einer aufgezwungenen gesellschaftlichen Randposition hat WOLFENSBERGER (1983) zusammengefaßt:

- geringer sozialer Status und Zuschreibung negativer Rollen;
- soziale Distanz (Ablehnung durch Familie, Nachbarn, Gemeinschaft und Gesellschaft);
- räumliche Distanz (Aussonderung und Zusammenfassung in großen Sondereinrichtungen);
- Ausschluß und Verlust natürlicher sozialer Beziehungen und Ersatz durch bezahlte Beziehungen;
- Ausschluß von gesellschaftlichem Wissen und der Gemeinschaft;
- fehlende Kontinuität und Verläßlichkeit des räumlichen und sozialen Umfelds durch häufige Verlegungen und Wechsel der Bezugspersonen;
- Verlust von Kontrolle, Selbstbestimmung und Freiheit;
- Verlust der Individualität;
- unfreiwillige materielle Armut (durch Abhängigkeit von der Sozialhilfe);
- Einschränkung der Erfahrungsmöglichkeiten (vor allem bezüglich des Umgangs mit nichtbehinderten Menschen in normalen Lebenszusammenhängen);
- Gefahr der Sündenbockfunktion für gesellschaftliche Mißstände und alle nur denkbaren Formen unmenschlicher Behandlung.

Dabei ist es von Bedeutung, daß Menschen mit geistiger Behinderung die negativen Rollen, die ihnen zugeschrieben werden, also ihr „Anders-Sein", in der Regel nicht selbst gewählt haben. Sie sind keine Subkultur, die sich bewußt außerhalb gesellschaftlicher Normen stellt. Im Gegenteil: Die meisten Erwachsenen mit geistiger Behinderung haben sehr bürgerliche, „normale" Vorstellungen von ihrem Leben – sie wünschen sich eine Familie, eine eigene Wohnung, einen festen Arbeitsplatz usw.

Abwertung und Ausschluß behinderter Menschen von normalen Lebensvollzügen und Erfahrungen bedingen sich gegenseitig. Um Abwertungen entgegenzuwirken, müssen Personen mit geistiger Behinderung mit nichtbehinderten und angesehenen Menschen zusammenleben, die ihnen als positive Modelle dienen können. Zur Aufwertung und Erweiterung ihrer sozialen Rollen gibt es grundsätzlich zwei Möglichkeiten: Zum einen kann ihr soziales Ansehen aufgewertet werden, zum anderen können ihre Kompetenzen durch gezielte Förderung erhöht werden.

5. Förderung des Ansehens

Das Ansehen (Image) eines Menschen besteht aus den Vorstellungen, die sich andere von ihm machen. Diese Vorstellungen sind zum einen von äußerlich sichtbaren Merkmalen abhängig wie Verhalten, Sprache, Kleidung, sozialer Umgang, zum anderen aber auch von Vorerfahrungen, Einstellungen und Vorurteilen. Da das Erscheinungsbild vieler Menschen mit geistiger Behinderung von den in unserer Gesellschaft vorherrschenden Erwartungen abweicht, können sich die Bemühungen um eine Förderung ihres Ansehens z. B. darauf richten, daß ihre äußere Erscheinung möglichst gepflegt ist oder es vermieden wird, in großen Gruppen in der Öffentlichkeit aufzutreten.

Eine Verbesserung des Images von Personen mit geistiger Behinderung kann aber auch an den gesellschaftlichen Vorurteilen und Zuschreibungen ansetzen, die ihnen häufig entgegengebracht werden. Da die meisten Menschen dazu neigen, sich von allem abzugrenzen, mit dem sie negative Vorstellungen verbinden, sollten sich wohnbezogene Dienste darum bemühen, alles zu unterlassen, was bestehende Vorurteile gegenüber den Nutzern bestätigen oder gar noch verstärken könnte. Vielmehr sollten sie möglichst positiv und in anerkannten sozialen Rollen dargestellt werden (als Arbeitnehmer, Nachbar, Gastgeber usw.). Grundsätzlich sollten weniger die Besonderheiten und Auffälligkeiten der Nutzer hervorgehoben werden als vielmehr die Gemeinsamkeiten, die sie mit nichtbehinderten Menschen haben.

Soll das Ansehen der Nutzer erhöht werden, darf sich ihr Lebensstil nicht auffällig von der Lebensweise nichtbehinderter Menschen unterscheiden (z. B. hinsichtlich des Tagesablaufs, der Tätigkeiten im Arbeitsbereich und in der Freizeit). In dieser Hinsicht beläßt unsere Kultur mittlerweile einen relativ breiten Spielraum. Es kommt daher nicht darauf an, einen Menschen mit Behinderung in eine eng gefaßte Norm zu pressen, sondern darauf, seine sozialen Rollen zu erweitern und seine Lebensumstände so zu gestalten, daß sie in die Spannbreite gesellschaftlich positiv bewerteter Möglichkeiten zur Lebensgestaltung fallen. Dabei sollte allerdings berücksichtigt werden, daß Menschen mit Behinderung entweder einer besonderen sozialen Kontrolle durch ihre Umwelt unterliegen oder so stark abgewertet sind, daß sie aus gesellschaftlichen Kontrollmechanismen völlig herausfallen. Das bedeutet unter anderem, daß ihre Wohnverhältnisse mit anderen Augen gesehen werden als diejenigen Nichtbehinderter.

Die Wohn- und Lebensverhältnisse der Nutzer sollten aus diesem Grund möglichst ein Niveau haben, das sich nicht nur am statistischen Durchschnitt orientiert, sondern besser noch darüber hinausgeht. Auch die Unterstützungsleistungen und Hilfen, die die Nutzer erhalten, sollten sich in der Spannbreite dessen bewegen, was in unserer Gesellschaft als positiv betrachtet wird.

6. Förderung von Kompetenz

Die Förderung persönlicher Kompetenzen ist neben der Erhöhung des Ansehens der zweite Weg zur Aufwertung und Erweiterung der sozialen Rollen eines Menschen. Beide Möglichkeiten stehen in einem direkten Wechselverhältnis: Eine Aufwertung des Ansehens bewirkt, daß einem Menschen mehr positive Aufmerksamkeit und Unterstützung gegeben wird, wodurch er die Chance bekommt, die eigenen Ziele und Vorstellungen umsetzen zu können und dabei seine Kompetenzen zu erhöhen. Größere Kompetenz führt wiederum zu einem höheren gesellschaftlichen Ansehen.

Für das Menschenbild in unserer Kultur ist es typisch, daß ein Mensch vor allem nach seinen intellektuell-funktionalen Kompetenzen beurteilt wird (z. B. alltagspraktische Fähigkeiten, Selbstbeherrschung, Disziplin, berufliche Leistungsfähigkeit, Durchsetzungskraft). In einem weiteren Sinne bezieht sich Kompetenz jedoch auf *alle körperlichen, geistigen und seelischen Fähigkeiten* einer Person. Jedes Bemühen um eine gezielte Förderung hat zu berücksichtigen, daß diese Bereiche immer eine Einheit darstellen. So kann die Beschreibung „geistig behindert" schon allein deshalb keinem Menschen gerecht werden, weil sie sich nur auf intellektuelle Komponenten bezieht und viele andere Aspekte der Persönlichkeit außer acht läßt. Schränkt man einen Menschen auf seine intellektuellen Fähigkeiten ein, verfehlt man das „volle Menschsein" *(A. Portmann)*.

Noch immer besteht die Auffassung, daß Kulturtechniken und zentrale Fähigkeiten der Alltagsbewältigung im Jugendalter bzw. während der Schulzeit gelernt werden müssen. Mit dem Eintritt in das Erwerbsleben stehen für die meisten Menschen dann nur noch Arbeitsfertigkeiten im Vordergrund, während praktisches Wissen und Können zur Bewältigung des Alltags zur Nebensache geraten. Dies ist bei Menschen mit geistiger Behinderung nicht anders, obwohl der Erwerb und Ausbau alltagspraktischer Fähigkeiten für sie zentral sind, um ein möglichst selbstbestimmtes Leben führen zu können.

Während nichtbehinderte Erwachsene ganz selbstverständlich ein breites Spektrum an Angeboten zur sinnvollen Betätigung vorfinden, ist es für die Situation vieler Menschen mit Behinderung noch immer kennzeichnend, daß sich ihre Lernmöglichkeiten auf einige wenige Fördermaßnahmen beschränken. So wurden in den letzten Jahren immer mehr Tätigkeiten aus dem beruflichen Alltag von Fachkräften wohnbezogener Dienste ausgelagert und in Gestalt heilpädagogischer und therapeutischer Sonderprogramme angeboten (Wohntraining, Kochtraining usw.).

Für die Entwicklung lebenspraktischer und sozialer Kompetenzen sind neben den individuellen Voraussetzungen einer Person und einer angemessenen, individualisierten Förderung jedoch vor allem die Möglichkeiten und Gelegenheiten entscheidend, die einem Menschen gegeben werden, das Erlernte auch tatsächlich im Alltag anzuwenden. Werden erworbene Kompetenzen im Alltag nicht gebraucht, können die Nutzer sie auch nicht als subjektiv bedeutsam erleben und verlernen sie meist sehr schnell wieder.

Wohnbezogene Dienste sollten aus diesem Grund dafür sorgen, daß Techniken der Selbstversorgung und des Alltagshandelns *in praktischen Lebenssituationen* täglich innerhalb und außerhalb des Wohnumfelds erlernt und angewendet werden können. Sie sollten diesen Anspruch auch gegenüber anderen Diensten der Rehabilitation (WfB, Schule, Erwachsenenbildungseinrichtungen) offensiv vertreten. Dazu sollte der Alltag so strukturiert sein, daß sich eine möglichst große Zahl alltagsbezogener Lernmöglichkeiten ergeben, die dazu geeignet sind, Anforderungen an die einzelnen Nutzer zu stellen, ohne sie dabei zu überfordern.

Alle alltäglichen Tätigkeiten und Verrichtungen wie das Aufstehen, das Waschen, das Frühstücken usw. können als potentielle Lernsituationen angesehen und für eine gezielte, individuelle Förderung genutzt werden. Auf diese Weise lassen sich beinahe alle in speziellen Trainings- oder Therapiesituationen vermittelten Kompetenzen unaufwendig und quasi beiläufig auch im Alltag erwerben.

Statt also besondere Wohntrainingsmaßnahmen oder verschiedene Formen von Beschäftigungstherapie durchzuführen, sollte in einem wohnbezogenen Dienst ein abwechslungsreicher, erfahrungsoffener Alltag gestaltet werden. Dies wird allerdings nur dann gelingen, wenn die Fachkräfte wohnbezogener Dienste zu den Nutzern verläßliche persönliche Beziehungen aufbauen, denn bereichernde Lernerfahrungen sollten nicht nur im lebenspraktischen, sondern ebenso auch im emotionalen und zwischenmenschlichen Bereich gemacht werden können.

Wir gehen von der Annahme aus, daß bestimmte Lernschwierigkeiten, soziale Probleme und auffällige Verhaltensweisen geistig behinderter Menschen ihren Ursprung darin haben, daß sie nie lernen konnten, ihre Gefühle, Bedürfnisse und Wünsche mit den Anforderungen ihrer Umwelt in Einklang zu bringen. Somit sind Begleitung und Hilfe, soziale Beziehungen und materielle Umgebung als Gesamtheit zu verstehen, deren einzelne Elemente in jeder Situation zusammenwirken und bewußt gestaltet werden sollten.

Zu diesem Zweck sollten zum einen die materiellen Bedingungen des Wohnens (Wohnort, Wohnform, Ausstattung und Komfort der Wohnung) möglichst anregungsreich sein und es den Nutzern erleichtern, sich in ihrer Wohnumgebung wohlzufühlen. Zum anderen lernen Menschen besonders leicht, indem sie sich mit anderen Personen identifizieren und sich von ihnen bestimmte Kompetenzen und Verhaltensweisen durch „Lernen am Modell" aneignen.

Daraus ergibt sich, daß Menschen mit geistiger Behinderung möglichst viele umfassende soziale Beziehungen und Kontakte zu nichtbehinderten Personen brauchen, die in der Lage sind, verläßliche Orientierungen zu bieten. Dies sollten nach Möglichkeit nicht nur die Fachkräfte wohnbezogener Dienste sein. Je mehr und je selbstverständlicher Menschen mit geistiger Behinderung gemeinsam mit Nichtbehinderten in der Gemeinde zusammenleben und tätig sind, desto wahrscheinlicher werden sie auch als kompetent und zur Gemeinschaft zugehörig angesehen.

7. Alters- und Kulturangemessenheit

Die Nutzer wohnbezogener Dienste für Menschen mit geistiger Behinderung sind im Regelfall Erwachsene. Nicht selten werden sie aber ihr Leben lang als „ewige Kinder" angesehen und entsprechend behandelt. Erwachsensein ist jedoch nicht nur mit Unabhängigkeit und autonomer Aktivität in allen Lebensbereichen gleichzusetzen. Es ist ein umfassender Entwicklungs- und Lernvorgang, ein Prozeß des „Er-wachsens" der Persönlichkeit, der für alle Menschen gleich, wenn auch unter sehr verschiedenen individuellen und sozialen Voraussetzungen und Bedingungen verläuft (vgl. THEUNISSEN 1993, 38 ff.). Demzufolge sollten die Wohn- und Lebensbedingungen der Nutzer wohnbezogener Dienste auch die von erwachsenen Menschen sein, und nicht etwa die von Kindern. Auch die Art der Angebote und Hilfen sollte dem Lebensalter der Nutzer angemessen sein.

Menschen mit geistiger Behinderung sollten Lebensstile ermöglicht werden, die in unserer Kultur positiv bewertet werden. Für erwachsene Menschen mit geistiger Behinderung muß Wohnen somit darauf ausgerichtet sein, daß es nicht zu einer Sonderkategorie professioneller Hilfeangebote wird, sondern grundsätzlich alle Wahl- und Gestaltungsmöglichkeiten erlaubt, die nichtbehinderten Menschen unseres Kulturkreises beim Wohnen normalerweise zur Verfügung stehen.

Ein wohnbezogener Dienst ist dann als alters- und kulturangemessen anzusehen, wenn sich angesehene, nichtbehinderte Mitglieder der Gesellschaft vorstellen können, dort zu leben.

8. Entwicklungsorientierung

Der Mensch ist als körperlich-seelisch-geistige Einheit in sozialer Bezogenheit zu begreifen *(A. Portmann)*. Als „physiologische Frühgeburt" ist er nicht schon fertig entwickelt und festgelegt, sondern in seiner Entwicklung von vornherein von Lernprozessen abhängig. Indem er sich die Welt und die Kompetenzen zur Bewältigung seiner Lebensumstände aneignet, gewinnt er seine Individualität und Einmaligkeit. Dabei ist er stets auf den Kontakt zu anderen Menschen angewiesen, d. h., jede Entwicklung kann sich nach *Martin Buber* nur in zwischenmenschlichen Beziehungen ausbilden: „Der Mensch wird am Du zum Ich." Er ist sein Leben lang an andere Personen gebunden und von anderen abhängig. Sowohl Individualität als auch soziale Bezogenheit sind untrennbare Bestandteile des Menschlichen.

Da jeder Mensch sich die Welt auf seine ganz individuelle Weise aneignet, sind alle Menschen auch lern- und entwicklungsfähig, unabhängig von Grad und Schwere einer Behinderung oder vom Lebensalter – jeder Mensch lernt sein ganzes Leben lang. Durch eine Hirnschädigung verändern sich zwar die Möglichkeiten, Aneignung zu realisieren. Immer jedoch findet ein individueller Entwicklungsprozeß statt, der einen Menschen mit unverwechselbarer Persönlichkeit hervorbringt. Als Lebewesen, das sich selbst im Austausch mit seinem ökosozialen Umfeld organisiert und reguliert, bestimmt der Mensch immer seine Situation mit. Menschen mit geistiger Behinderung bilden dabei keine Ausnahme, wenn auch die Bedingungen, unter denen sie ihre Lernerfahrungen machen, häufig besonders erschwert sind. Auch Erwachsene mit schwerer geistiger Behinderung sind bis ins hohe Alter lernfähig und in der Lage, ihre Persönlichkeit weiterzuentwickeln, wenn sie in ihrer Umwelt die dafür erforderlichen Voraussetzungen vorfinden (vgl. THEUNISSEN 1993, 41).

Die grundsätzliche emotionale, soziale und intellektuelle Lernfähigkeit jedes Menschen ist die Ausgangsbasis jeder Form von Begleitung, Unterstützung oder Hilfe. Dabei hat jedes Lebensalter eine entwicklungsspezifische Ausprägung: Erwachsene Menschen lernen anders als Kinder oder Jugendliche; ein älterer Mensch hat andere Lernbedürfnisse als ein junger Erwachsener. Alle Hilfen zur Alltagsbewältigung müssen sich an diesen Gesetzmäßigkeiten orientieren. Es kommt jedoch immer darauf an, Lernangebote zu machen, die einerseits neu und herausfordernd sind, andererseits aber auch nicht überfordern, so daß ein handlungsbezogenes Lernen in der „Zone der nächsten Entwicklung" *(L. S. Wygotski)* stattfinden kann. Gelernt wird nur, was aus der individuellen Perspektive eines Menschen subjektiv bedeutsam ist und seinen gegenwärtigen Lernmöglichkeiten entspricht.

Für die Entwicklung lebenspraktischer und sozialer Kompetenzen der Nutzer ist es daher entscheidend, daß sämtliche Lerngelegenheiten und Förderangebote möglichst genau auf die Lernbedürfnisse und persönlichen Lernmöglichkeiten des einzelnen Menschen mit Behinderung abgestimmt werden (z. B. im Rahmen einer individuellen Entwicklungsplanung).

Menschen sollten nicht ausschließlich nach der gegenwärtigen Lebenssituation beurteilt werden, sondern auch danach, was noch aus ihnen werden kann (FEUSER 1991). Daher ist es eine zentrale Aufgabe der Fachkräfte wohnbezogener Dienste, einen Menschen zu unterstützen, sich weiterzuentwickeln, die eigenen Möglichkeiten zu erkennen und sie auszuschöpfen. Damit werden sowohl Entscheidungs- als auch Handlungsfähigkeit angesprochen. Entwicklungsmöglichkeiten eines Menschen mit geistiger Behinderung hängen ganz wesentlich von der Lernfähigkeit seines sozialen Bezugssystems ab oder anders formuliert: Wenn ein Mensch mit geistiger Behinderung etwas lernen soll, müssen die Personen, die mit ihm zusammen leben und arbeiten, mit ihm gemeinsam lernen.

9. Förderung von Integration

Integration ist zweifach zu verstehen: *Personale Integration* meint die Ausbildung der Persönlichkeit und die Identitätsbildung eines Menschen, die er in aktiver Auseinandersetzung mit den sozialökologischen Bedingungen seines Umfelds vollzieht.

Soziale Integration zielt auf die Wiederherstellung der Teilhabe am gesellschaftlichen Leben. Dabei lassen sich folgende Abstufungen unterscheiden:

- *physische Integration* als räumliche Nähe zu Nichtbehinderten;
- *funktionale Integration* als Teilnahme am öffentlichen Leben durch die Nutzung gesellschaftlicher Ressourcen (Einkaufen, Nutzung öffentlicher Verkehrsmittel, Nutzung sozialer und kultureller Einrichtungen);
- *soziale Integration* im engeren Sinne als Gesamtheit individuell bedeutsamer, verläßlicher und regelmäßiger sozialer Kontakte eines Menschen mit der Familie, mit Mitbewohnern, Freunden, Bekannten, Nachbarn, in der Gemeinde, am Arbeitsplatz und in der Freizeit sowie im weiteren Sinne auf gesellschaftlicher Ebene als rechtliche, politische und wirtschaftliche Gleichstellung.

Hieraus wird deutlich, daß die räumliche Nähe eines wohnbezogenen Dienstes zur Gemeinde zunächst nur eine wichtige Voraussetzung für soziale Integration darstellt. Hinzu kommen müssen einerseits gezielte Förderbemühungen, um den Nutzern größere Selbstbestimmung und Handlungsfähigkeit zu ermöglichen. Zum anderen kann eine umfassende soziale Teilhabe von Menschen mit geistiger Behinderung, die in einem wohnbezogenen Dienst leben, nur dann verwirklicht werden, wenn sich die Fachkräfte des Dienstes intensiv darum bemühen, für die Nutzer dauerhafte, nichtprofessionelle Kontakte und Beziehungen anzubahnen und aufrechtzuerhalten.

Integration verwirklicht sich am besten als gemeinsame Tätigkeit behinderter und nichtbehinderter Menschen (vgl. FEUSER 1991, 216) in allen Lebens- und Lernzusammenhängen. Je umfassender und selbstverständlicher Menschen mit geistiger Behinderung am gesellschaftlichen Leben beteiligt werden, desto sicherer werden sich ihre Eigenständigkeit und ihre Kompetenzen entwickeln. Daher sollten sich die Fachkräfte wohnbezogener Dienste überlegen, auf welche Weise die Nutzer gemeinsam mit nichtbehinderten Menschen lernen, arbeiten und ihre Freizeit verbringen können. So gesehen sind nicht nur die Nutzer Adressaten der Tätigkeit von Fachkräften der sozialen Rehabilitation, sondern auch die Nachbarschaft des wohnbezogenen Dienstes, Vereine, Interessengruppen und Einrichtungen in der Gemeinde sowie die allgemeine Öffentlichkeit.

10. Schutz/Rechte

Wohnbezogene Dienste sind Institutionen, in denen sich die Nutzer in den seltensten Fällen aufgrund ihrer freien Entscheidung befinden. Sie sind zwar nicht zwangseingewiesen, würden aber in der Mehrzahl Wohnformen vorziehen, in denen sie nicht ausschließlich mit anderen behinderten Menschen, sondern mit Nichtbehinderten zusammenleben.

Die Mitarbeiterinnen wohnbezogener Dienste haben aufgrund der erhöhten sozialen Abhängigkeit behinderter Menschen eine erhebliche Macht über die Nutzer, woraus eine besondere Verantwortung für deren Schutz und Rechte entsteht. Schutz und Rechte behinderter Menschen leiten sich zunächst aus der prinzipiellen Gleichwertigkeit aller Menschen ab. Für sie gelten uneingeschränkt die Menschenrechte; wie alle Bürger haben sie Anspruch auf Achtung der Menschenwürde (Art. 1 GG), auf den Persönlichkeitsschutz (Art. 2 GG), auf den Gleichheitsschutz (Art. 3 GG) und auf alle anderen Grundrechte.

Das Grundgesetz verpflichtet dazu, jeden Menschen als gleichwertig anzuerkennen, d. h., Menschen mit geistiger Behinderung sind gleichberechtigte Bürger unserer Gesellschaft. Die Gesellschaft ist dazu verpflichtet, sich mit ihnen solidarisch zu erklären und ihre Lebenssituation zu verbessern. Aus dem im Grundgesetz verankerten Sozialstaatsgebot (Art. 20 GG) sind für Menschen mit Behinderung der Rechtsanspruch auf Rehabilitation und die Garantie auf Hilfeangebote abzuleiten, die auf ihre individuellen Bedürfnisse abgestimmt sind. Als Mitglieder des Gemeinwesens haben Menschen mit Behinderung aber nicht nur Anspruch auf Hilfe, sondern auch das Recht, ihr Lebensumfeld aktiv mitzugestalten. Der Anspruch auf Schutz und Begleitung darf also nicht dazu führen, daß ein Mensch mit geistiger Behinderung nur in seiner Hilfebedürftigkeit wahrgenommen wird.

In der Erklärung der Rechte für Menschen mit geistiger Behinderung der Vereinten Nationen (Resolution Nr. 2856 vom 20.12.1971) wird festgelegt, daß jeder Mensch mit geistiger Behinderung ein Recht auf angemessene medizinische und physiotherapeutische Versorgung, auf Bildung, Training, Rehabilitation und Förderung hat. Ebenso hat er ein Recht auf wirtschaftliche Sicherheit und einen angemessenen Lebensstandard, auf produktive Arbeit oder sinnvolle Beschäftigung, die seinen Fähigkeiten soweit wie möglich entspricht (vgl. FEUSER 1991, 218). Auch angesichts der wachsenden gesellschaftlichen Bereitschaft, sich Spekulationen über die „Minderwertigkeit" bestimmter Menschengruppen zu öffnen (Thesen des australischen „Sozialethikers" Peter Singer), wird es wieder bedeutsamer, offensiv für die Lebensrechte geistig behinderter Menschen einzutreten und darauf hinzuweisen, daß alle Menschen gleichwertig sind und für behinderte ebenso wie für nichtbehinderte Menschen uneingeschränkt der gleiche Lebensschutz zu gelten hat.

Jeder Mensch ist Person und als solche einzigartig und unverwechselbar. Der Entwicklungsstand einer Person darf unter keinen Umständen als Kriterium für das Menschsein herangezogen werden (vgl. Bundesvereinigung Lebenshilfe 1991). Der Mensch ist immer der ganze Mensch; jedes Bild von ihm hat mit dem randständigsten Menschen zu beginnen *(J.-P. Sartre).*

11. Partnerschaftlichkeit/Respekt

Jeder Mensch mit geistiger Behinderung ist in seinen Bedürfnissen und Interessen, seinen menschlichen Beziehungen, seiner lebensgeschichtlichen Entwicklung, seinen Möglichkeiten und Entwicklungspotentialen und seiner subjektiven Befindlichkeit uneingeschränkt zu respektieren. Hilfen zu einem gelingenden Alltag müssen menschliche Begegnungen herstellen und entfalten, die von Partnerschaftlichkeit und gegenseitigem Respekt getragen sind. Partnerschaftlichkeit meint nicht nur die Respektierung der Subjektivität eines behinderten Menschen, seiner Wünsche, Bedürfnisse, Interessen, subjektiven Befindlichkeiten usw., sondern schließt auch die Bereitschaft von Fachkräften wohnbezogener Dienste ein, sich im Zusammenleben mit den Nutzern selbst weiterzuentwickeln und von ihnen zu lernen.

12. Berücksichtigung der besonderen Verletzlichkeit

Menschen mit geistiger Behinderung waren stets in besonderem Maße abhängig von dem, was gesellschaftlich jeweils als Lebensqualität definiert wird. Da sie im Selbstbild unserer Gesellschaft nach wie vor kaum vorkommen, erscheinen sie einem großen Teil der Bevölkerung noch immer als bedrohlich und zunehmend auch wieder als Menschen zweiter Klasse, als soziale Last oder bestenfalls als Objekte für Mitleid und Wohltätigkeit. Die gegenwärtige Diskussion um die Grenzen des Sozialstaats verstärkt dieses Bild noch zusätzlich. Schon lange nicht mehr wurde Menschen mit Behinderung und ihren Angehörigen so unverblümt vorgerechnet, wie sehr sie mit ihren Ansprüchen angeblich eine Sanierung der öffentlichen Kassen verhindern und welchen „Kostenfaktor" sie für die Gesellschaft insgesamt darstellen.

Wenn Angebote und Hilfen für Menschen mit Behinderung den Gesetzen des freien Marktes überlassen würden, bestünde die Gefahr, daß die Qualität der Hilfeleistungen und damit auch die Lebensqualität der Betroffenen über kurz oder lang auf der Strecke bleibt. Insbesondere Menschen mit höherem Hilfebedarf sind davon bedroht, als besonders „unrentabel" eingeschätzt und selbst innerhalb der Einrichtungen der Behindertenhilfe ausgesondert zu werden.

Da Erwachsene mit geistiger Behinderung ihren Mitmenschen oft fremd bleiben, wird auf ihre Bedürfnisse und Wünsche meist nur unzureichend eingegangen. In einer Gesellschaft, in der das Leistungsprinzip immer deutlicher über gemeinschaftsbezogene Werte gestellt wird, müssen Menschen mit geistiger Behinderung ihr Leben unter der Belastung zahlreicher, verletzender Erfahrungen bewältigen. Von normalen Lebenserfahrungen in der Gemeinschaft überwiegend ausgeschlossen, erleben sie sich häufig auch selbst als Fremde in einer Welt, in der sie sich nur schwer zurechtfinden. Hinzu kommt, daß sie fast ununterbrochen mit ihrer Hilfebedürftigkeit und ihrer Sonderrolle konfrontiert werden – Unsicherheit und Selbstverachtung sind oft die Folge (HESS 1987). Die meisten Menschen mit geistiger Behinderung sind aufgrund dieser Erfahrungen extrem sensibel gegenüber den Verhaltensweisen, Erwartungen und Gefühlen, die ihnen entgegengebracht werden. Daher reagieren sie oft besonders verletzt auf offene oder versteckte Abwertung oder herabsetzende Bemerkungen anderer Personen.

Die Mitarbeiterinnen wohnbezogener Dienste müssen diese besondere Verletzlichkeit geistig behinderter Menschen berücksichtigen und sich darum bemühen, daß die Nutzer in ihrem Alltag möglichst positive Erfahrungen machen, sich also so weit wie möglich als erwachsene Menschen anerkannt, geachtet, verstanden und geliebt fühlen können. Dies gilt verstärkt in potentiell belastenden Übergangssituationen wie z. B. beim Auszug aus dem Elternhaus, bei der Aufnahme eines neuen Arbeitsverhältnisses oder beim Ausfall enger Bezugspersonen.

Literatur

BADURA, B.;GROSS, P.: Sozialpolitische Perspektiven. München 1976

BECK, I.: Neuorientierung in der Organisation pädagogisch-sozialer Dienstleistungen für Menschen mit Behinderung: Zielperspektiven und Bewertungsfragen. Frankfurt a. M. 1994

BRADL, Ch.: Vom Heim zur Assistenz – Strukturelle Grenzen von „Selbstbestimmt Leben" im Heim. In: Bradl, Ch.; Steinhart, I. (Hrsg.): Mehr Selbstbestimmung durch Enthospitalisierung – Kritische Analysen und neue Orientierungen für die Arbeit mit geistig behinderten Menschen. Bonn 1996, 178 – 203

Bundesvereinigung Lebenshilfe für geistig Behinderte e. V. (Hrsg.): Grundsatzprogramm der Lebenshilfe. Marburg 1991

Bundesvereinigung Lebenshilfe für geistig Behinderte e. V. (Hrsg.): Wörterbuch aktueller Fachbegriffe. In: Fachdienst der Lebenshilfe 3/1994, 1 – 8

FEUSER, G.: Die Lebenssituation geistig behinderter Menschen. In: fib e. V. (Hrsg.): Ende der Verwahrung?! – Perspektiven geistig behinderter Menschen zum selbständigen Leben. München 1991, 195 – 219

FEUSER, G.: „Geistig Behinderte gibt es nicht!" – Projektionen und Artefakte in der Geistigbehindertenpädagogik. In: Geistige Behinderung 1/1996, 18 – 25

GRÖSCHKE, D.: Praxiskonzepte der Heilpädagogik. München, Basel 1989

HAHN, M.Th.: Von der Freiheit schwerbehinderter Menschen: anthropologische Fragmente. In: Hartmann, N. (Hrsg.): Beiträge zur Pädagogik der Schwerstbehinderten. Heidelberg 1983, 132 – 141

HESS, D.: Über eine Wohngruppe für akut Schizophrene („Soteria Bern") und „das Konzept der besonderen Verletzbarkeit". In: Dörner, K. (Hrsg.): Neue Praxis braucht neue Theorie – Ökologische und andere Denkansätze für gemeindepsychiatrisches Handeln. Gütersloh 1987, 136 – 143

HONDRICH, K. O.: Menschliche Bedürfnisse und ihre Steuerung. Hamburg 1975

JANTZEN, W.: Menschen mit geistiger Behinderung und gesellschaftliche Integration. Bern, Stuttgart, Wien 1980

JANTZEN, W.: Bemerkungen zur Soziologie behindernder Institutionen. In: fib e. V. (Hrsg.): Ende der Verwahrung?! – Perspektiven geistig behinderter Menschen zum selbständigen Leben. München 1991, 235 – 246

LINGG, A.; THEUNISSEN, G.: Psychische Störungen bei geistig Behinderten: Erscheinungsformen, Ursachen und Handlungsmöglichkeiten aus pädagogischer und psychiatrischer Sicht. Freiburg i. Br. 1993

MAHLKE, W.; SCHWARTE, N.: Wohnen als Lebenshilfe: Ein Arbeitsbuch zur Wohnfeldgestaltung in der Behindertenhilfe. Weinheim, Basel 1985

NIEHOFF, U.: Wege zur Selbstbestimmung. In: Geistige Behinderung 3/1994, 186 – 201

NIRJE, B.: Das Normalisierungsprinzip. In: Fischer, U.; Hahn, M. Th.; Klingmüller, B.; Seifert, M. (Hrsg.): Wohnen im Stadtteil für Erwachsene mit schwerer geistiger Behinderung. Reutlingen 1994, 175 – 202

RATZKA, A.: Aufstand der Betreuten: STIL – Persönliche Assistenz und Independent Living in Schweden. In: Mayer, A.; Rütter, J. (Hrsg.): Abschied vom Heim: Erfahrungsberichte aus Ambulanten Diensten und Zentren für Selbstbestimmtes Leben. München 1988, 183 – 201

RICHTER, St.: Normalisierung als Zielperspektive für die Behindertenhilfe. In: Köttgen, C.; Kretzer, D.; Richter, St. (Hrsg.): Aus dem Rahmen fallen – Kinder und Jugendliche zwischen Erziehung und Psychiatrie. Bonn 1990, 35 – 48

RÜGGEBERG, A.: Autonom leben – Gemeindenahe Formen von Beratung, Hilfe und Pflege von und für Menschen mit Behinderungen. Schriftenreihe des Bundesministers für Jugend, Familie, Frauen und Gesundheit. Bd. 173. Stuttgart 1985

SCHWARTE, N.: Der Alltag als Lernfeld Behinderter. In: Hauswirtschaft/Wissenschaft 2/1982, 70 – 75

SCHWARTE, N.: Wohnen als Lebenshilfe – Anthropologische Aspekte des Wohnens unter erschwerten Bedingungen. In: Pape, F. W. (Hrsg.): Leben mit einer Körperbehinderung. Stuttgart 1994, 2 – 25

SPECK, O.: Die Bedeutung des Wohnens für den geistig behinderten Menschen aus philosophisch-anthropologischer Sicht. In: Bundesvereinigung Lebenshilfe für geistig Behinderte e. V. (Hrsg.): Humanes Wohnen – seine Bedeutung für das Leben geistig behinderter Erwachsener. Marburg/Lahn 1982, 5 – 15

SPECK, O. (Hrsg.): Integration und Autonomie behinderter Menschen. Stuttgart, Berlin 1985

STEINER, G.: Grundrecht auf Wohnen auch für Menschen mit Behinderungen. In: Pape, F. W. (Hrsg.): Leben mit einer Körperbehinderung. Stuttgart 1994, 37 – 55

TEUTEBERG, H.-J.: Betrachtungen zu einer Geschichte des Wohnens. In: Teuteberg, H.-J. (Hrsg.): Homo habitans – Zur Sozialgeschichte des ländlichen und städtischen Wohnens. Münster 1985, 1 – 25

THESING, T.: Betreute Wohngruppen und Wohngemeinschaften für Menschen mit geistiger Behinderung. Freiburg i. Br. 1993

THEUNISSEN, G.: Heilpädagogik im Umbruch: über Bildung, Erziehung und Therapie bei geistiger Behinderung. Freiburg i. Br. 1993

THIMM, W.: Leben in Nachbarschaften: Hilfen für Menschen mit Behinderungen. Freiburg i. Br. 1994

THIMM, W.; FERBER, Ch. v.; SCHILLER, B.; WEDEKIND, R.: Ein Leben so normal wie möglich führen ... Zum Normalisierungskonzept in Deutschland und in Dänemark. Hrsg.: Bundesvereinigung Lebenshilfe für geistig Behinderte e. V. Große Schriftenreihe. Bd. 11. Marburg/Lahn 1985

WEINMANN, S. u. a.: Kriterein zur Verbesserung der Entscheidungssicherheit bei der Eingliederung Behinderter in Werkstätten für Behinderte oder auf dem allgemeinen Arbeitsmarkt. Siegen 1994

WINDISCH, M.; KNIEL, A.: Lebensbedingungen behinderter Erwachsener: Eine Studie zu Hilfebedarf, sozialer Unterstützung und Integration. Weinheim 1993

WOLFENSBERGER, W.: Social Role Valorization. In: Mental Retardation 6/1983, 234 ff.

WOLFENSBERGER, W.: Der neue Genozid an den Benachteiligten, Alten und Behinderten. Gütersloh 1991

WOLFENSBERGER, W.; THOMAS, S.: PASSING. Toronto 1983

5. Vorbereitung und Durchführung einer Qualitätsprüfung mit LEWO

Das Instrument LEWO erfordert in der Anwendung eine intensive und kontinuierliche Auseinandersetzung mit allen Aspekten des Wohnens behinderter Menschen im institutionellen Kontext. Mitarbeiterinnen wohnbezogener Dienste, die Qualitätssicherung möglichst formell und mit knapp kalkuliertem Aufwand an Zeit und Personal nebenbei abhandeln wollen, sollten sich daher anderen Instrumenten zuwenden.

Um für den Einsatz des Instruments möglichst günstige Bedingungen zu schaffen, sollte der wohnbezogene Dienst in Vorbereitung auf die Anwendung von LEWO und „flankierend" dazu gezielte Anstrengungen unternehmen, um dem Evaluationsteam eine hinreichende Arbeits- und Entscheidungsautonomie zu verschaffen.

Jede Neuerung weckt immer auch zahlreiche Widerstände. Die Vorteile einer systematischen Qualitätsbeurteilung für die Qualität der geleisteten Arbeit und die Entwicklung der beruflichen Identität der Fachkräfte können im vorhinein noch so deutlich herausgestellt werden – sie erschließen sich häufig erst dann, wenn ein Mitarbeiterinnenteam bereits über eine bestimmte Zeit selbstevaluativ tätig geworden ist.

Wenn sich also ein wohnbezogener Dienst entschließt, mit LEWO zu arbeiten, sollten bestehende Vorbehalte und Befürchtungen offen angesprochen und verhandelt werden. Gelingt es nicht, einen verläßlichen Konsens zwischen allen Hierarchieebenen und Funktionsgruppen eines wohnbezogenen Dienstes über die Notwendigkeit und die Bedeutung der Evaluation in der vereinbarten Form und mit den ausgehandelten Zielen und Inhalten sowie über die notwendigen, begleitenden Maßnahmen herzustellen, sollte LEWO im Zweifelsfall nicht angewendet werden.

Wirklicher Wandel wird nur dann zustande kommen, wenn sich nicht nur die untersuchte Wohneinheit oder Gruppe, sondern auch das umgebende System – in diesem Fall die gesamte Institution – beteiligt. Dazu aber bedarf es der Bereitschaft der Beschäftigen aller Funktionsbereiche und Hierarchieebenen zur geplanten Veränderung.

Insofern ist eine Evaluation mit dem Instrument LEWO streng genommen nur für solche wohnbezogenen Dienste zu empfehlen, in denen es möglich ist, einen Grundkonsens über die Notwendigkeit planvoller und systematischer Kooperationsbeziehungen herzustellen.

5.1 Idealtypischer Verlauf einer Evaluation

LEWO ist als ein vorrangig der Selbstevaluation dienendes Instrument so flexibel gestaltet, daß unterschiedliche Anwendungsformen zwischen Organisationsentwicklung als geplantem sozialen Wandel und einrichtungsinterner Fortbildung möglich sind. Im folgenden skizzieren wir einen idealtypischen Verlauf, der in der praktischen Umsetzung an die je konkreten Voraussetzungen und Bedingungen des einzelnen wohnbezogenen Dienstes anzupassen ist.

Idealtypischer Verlauf einer Evaluation mit dem Instrument LEWO

1. Einsatz einer Steuergruppe
- Grobplanung: Vorentscheidung über Ziele, Schwerpunkte und Ablauf der Evaluation; Kalkulation des sächlichen und personellen Aufwandes; Festlegung des Kostenrahmens
- Entscheidung über die Zusammensetzung der Evaluationsgruppe

2. Erfassung und Aufbereitung der Strukturdaten
a) dienstbezogen (Strukturfragebogen I)
b) nutzerbezogen (Strukturfragebogen II)

3. Konstituierung des Evaluationsteams
- Idealtypische Zusammensetzung: Nutzer, Angehörige/Fürsprecher(innen), Fachkräfte im Gruppendienst, Begleitender Dienst, Leitungsebene, externe Berater(innen)
- Detaillierte Verlaufsplanung: verbindliche Festlegung von Zielen und Schwerpunkten der Evaluation

4. Systematische Informationssammlung
a) Sichtung der Strukturdaten und weiterer Materialien (z. B. „Instrumentarium zur Ersteinschätzung")
b) Hospitationen, Erkundung des Umfelds des Dienstes
c) Gespräche, teilnehmende Beobachtungen usw.

> **5. Bewertung der Gegenstandsbereiche und Indikatoren**
>   a) anhand der nutzerbezogenen Indikatoren
>   b) anhand der angebotsbezogenen Indikatoren
>   - Austausch über die individuellen Erkundungen und gemeinsame Einschätzung der Gegenstandsbereiche und Indikatoren im Evaluationsteam
>   - Erstellung von Gesamteinschätzungen (Angebotsprofile und Nutzerprofile)
>   - Vergleich zwischen beiden Profilen
>
> **6. Bestimmung des vorrangigen Unterstützungs- und Veränderungsbedarfs**
>   a) nutzerbezogen
>   b) dienstbezogen
>
> **7. Erstellung eines Qualitätsberichts**
>   anhand der Ergebnisse der Schritte 5 und 6; Rückkopplung an die Steuergruppe
>
> **8. Handlungsplanung**
>   Erstellung eines Aktionsplans durch die Steuergruppe auf der Grundlage des Qualitätsberichts
>
> **9. Überprüfung und Kontrolle in Alternativen wie**
>   a) Wiederholung der gesamten Evaluation in bestimmten zeitlichen Abständen
>   b) spezielle Überprüfung der vordringlichen Problembereiche
>   c) alltagsbegleitende Kontrolle in Tagesprotokollen, Entwicklungsberichten usw.

5.2 Einrichtung und Aufgaben einer Steuergruppe

Wenn eine positive Entscheidung über die Anwendung des Instruments gefallen ist, sollte eine einrichtungsinterne Steuergruppe eingesetzt werden, die Vorentscheidungen über Ziele, Schwerpunkte, Ablauf, Aufwand und Kosten der geplanten Evaluation zu treffen hat. Da es sich hier um strategische Planungen handelt, müssen diese Entscheidungen von einer relativ kleinen Gruppe von Mitarbeiterinnen herbeigeführt werden, die funktions- und hierarchieübergreifend zusammengesetzt sein sollte (Leitung des wohnbezogenen Dienstes, Verwaltungsleitung, Angehörige begleitender Dienste, je nach Größe der Einrichtung mehrere Mitarbeiterinnen im Gruppendienst) und befugt ist, verbindliche Rahmenentscheidungen zu treffen.

Zunächst muß eine Einigung darüber erzielt werden, welche Zielvorstellungen sich für den wohnbezogenen Dienst mit dem Einsatz des Instruments verbinden. Ist z. B. eine einmalige Schwachstellenanalyse geplant? Geht es um eine Bestandsaufnahme zum externen Qualitätsnachweis? Oder soll die Evaluation am Beginn eines langfristig angelegten Qualitätsentwicklungskonzeptes stehen?

Um unrealistische Erwartungen ebenso zu vermeiden wie Interventionen auf der falschen Ebene, sollten präzise Ziele in bezug auf die Arbeit mit LEWO formuliert werden, nicht zuletzt auch deshalb, um später einen Vergleich mit den tatsächlich erzielten Veränderungen und Resultaten ziehen zu können.

Des weiteren ist zu klären, auf welche Untersuchungseinheit sich die Evaluation beziehen sollte. In größeren wohnbezogenen Diensten mit gruppengegliedertem Wohnen oder in Wohnverbundsystemen wird LEWO in einer Wohngruppe bzw. Wohneinheit zum Einsatz kommen. In kleineren Einrichtungen oder im Kontext des betreuten Wohnens kann sich die Qualitätsprüfung auch auf den gesamten wohnbezogenen Dienst beziehen.

Idealtypisch sollte jeder einzelne Nutzer der untersuchten Wohngruppe bzw. Wohneinheit in die Evaluation einbezogen werden. Da dies in der Praxis allerdings nicht in allen Fällen möglich sein wird, sollte die Steuergruppe eine Entscheidung treffen, welche Nutzer als Repräsentanten der Wohngruppe bzw. Wohneinheit berücksichtigt werden. Als relevante Kriterien können dabei u. a. gelten: Alter, Geschlecht, Biographie, Grad des Hilfebedarfs usw.

Im Regelfall sollte die Steuergruppe auch eine Vorentscheidung darüber treffen, welche Schwerpunkte die Anwendung von LEWO haben sollte: Ist eine Gesamterhebung durchführbar oder sollen ausschnittweise bestimmte Aufgabenfelder bzw. Gegenstandsbereiche untersucht werden? Für eine Gesamterhebung mit dem Instrument sind von den Beteiligten etwa vier Wochen mit unterschiedlichem Zeitaufwand einzuplanen. In dieser Zeit sollte die Evaluationsgruppe etwa vier bis fünf gemeinsame Arbeitstreffen abhalten (pro Sitzung ca. drei Zeitstunden). Möglich ist auch, die Evaluation über einen längeren Zeitraum zu „strecken", um den zeitlichen Aufwand pro Woche geringer zu halten. In jedem Fall aber sollten Beginn und Ende der Evaluation verbindlich festgelegt werden.

Die Steuergruppe sollte darüber hinaus auch über die Zusammensetzung des Evaluationsteams beraten. Bei der Anwendung von LEWO in einer Wohngruppe bzw. Wohneinheit müssen die verantwortlichen Fachkräfte im Gruppendienst entsprechend ihrer Bedeutung in der Evaluationsgruppe repräsentiert sein (je nach Gruppengröße zwei bis vier Mitarbeiterinnen; bei sehr großen Teams gegebenenfalls auch mehr). Daneben sollte die Leitungsebene und eventuell auch eine Mitarbeiterin des begleitenden Dienstes vertreten sein. In jedem Fall sollte man sich darum bemühen, daß sich Angehörige und – wenn möglich – auch Fürsprecher(innen) der behinderten Menschen, die in der Gruppe leben, an der Evaluation beteiligen. Außerdem sollte für die gesamte Prozeßdauer ein(e) externe(r) Berater(in) hinzugezogen werden. Sofern es möglich ist, sollten auch interessierte Nutzer der betreffenden Wohngruppe bzw. Wohneinheit einbezogen werden.

Eine Evaluation mit dem Instrument LEWO ist nicht kostenneutral durchzuführen. Deshalb muß die Steuergruppe den erforderlichen personellen, zeitlichen und materiellen Aufwand sorgfältig kalkulieren und definitiv festlegen. Unbedingt notwendig ist auch eine Grobplanung des Prozeßablaufs, um z. B. Klarheit darüber zu gewinnen, in welchem Zeitraum die Qualitätsprüfung stattfinden soll, wer welche vorbereitenden Aufgaben übernimmt (z. B. Gespräche mit potentiell interessierten Nutzern, Angehörigen und externen Berater[inne]n) und wie die dienstliche Vetretung der an der Evaluation beteiligten Fachkräfte zu organisieren ist.

5.3 Erfassung und Aufbereitung von Strukturdaten

Es wäre verfahrenstechnisch überaus aufwendig, wenn jedes einzelne Mitglied einer Evaluationsgruppe die gleichen allgemeinen Informationen über den wohnbezogenen Dienst oder bestimmte Basisinformationen über einzelne Nutzer während der Durchführung von LEWO mühsam für sich selbst sammeln müßte.

Das Zusammentragen und Aufbereiten grundlegender Strukturdaten, die bei einer Vielzahl von Fragestellungen und Einschätzungen im Verlauf der Evaluation immer wieder heranzuziehen sind, sollte aus diesem Grund von Mitgliedern der Steuergruppe übernommen werden, bevor sich die eigentliche Evaluationsgruppe zum ersten Mal trifft. Dem LEWO-Indikatorenmodell sind zu diesem Zweck zwei ausführliche Erhebungsbögen (Strukturfragebogen I: Informationen über den wohnbezogenen Dienst und die untersuchte Wohneinheit; Strukturfragebogen II: Nutzerbezogene Informationen) vorangestellt. Es ist sinnvoll, die Bearbeitung dieser Fragebögen verbindlich an bestimmte Mitarbeiterinnen zu delegieren (z. B. übernimmt die Leiterin der Einrichtung die Erfassung der dienstbezogenen Daten, während sich Mitarbeiterinnen im Gruppendienst oder des begleitenden Dienstes um die Zusammenstellung der nutzerbezogenen Informationen kümmern).

Neben den Erhebungsbögen sollte noch eine Reihe weiterer Materialien zur Vorbereitung auf die Evaluation zusammengestellt werden. Im folgenden werden Dokumente und Informationen aufgelistet, die für die Arbeit mit LEWO notwendig sind.

Materialien zur Vorbereitung der Evaluation

1. Dokumentierte Ziele und Aufgabenbeschreibungen des wohnbezogenen Dienstes
   a) Beschreibung der Zielsetzungen, Informationen zum Personenkreis usw.
   b) Materialien zur Selbstdarstellung des Dienstes, Informationsbroschüren usw.
   c) ausgefüllter Strukturfragebogen I des Instruments LEWO
2. Eine Beschreibung des Führungskonzeptes (z. B. Führungsgrundsätze, Vereinbarungen zur Zusammenarbeit usw.)
3. Organigramme zur Darstellung der Aufbauorganisation (Funktionsbereiche und Hierarchieebenen, inklusive Anzahl der jeweils zugeordneten Mitarbeiterinnen)
4. Flußdiagramme zur Darstellung der Ablauforganisation (interne Arbeits- und Kooperationsformen, Besprechungsformen inklusive Häufigkeit und Teilnehmer[innen], Beschreibung des Einstellungs- und Einarbeitungsverfahrens für neue Mitarbeiterinnen, Ablauf von Aufnahmen und Umzügen usw.)
5. Eine Zusammenstellung von Stellenbeschreibungen aller Mitarbeiterinnen (inklusive Arbeitsbeschreibungen für Hilfskräfte, Zivildienstleistende usw.)
6. Eine Liste mit regionalen sozialpolitischen und fachlichen Gremien bzw. Arbeitskreisen, in denen Mitarbeiterinnen des wohnbezogenen Dienstes regelmäßig mitwirken
7. Hausordnung und andere vergleichbare Vereinbarungen (Satzungen des Eltern- oder Sorgeberechtigtenbeirats usw.)
8. Ein Muster des verwendeten Heimvertrags
9. Verschriftete Arbeitskonzepte (zur Freizeitpädagogik, zur sexualpädagogischen Begleitung, zum Wohntraining usw.)
10. Eine Mustersammlung von nutzerbezogenen Dokumentationsmaterialien und Verfahren
    a) ausgefüllter Strukturfragebogen II des Instruments LEWO
    b) aktuelle Entwicklungsberichte
    c) eingesetzte Instrumente, etwa zur Erhebung von Kompetenzen (z. B. P-A-C, HKI)

Vermutlich werden viele wohnbezogene Dienste nicht über alle genannten Materialien verfügen. Es ist sinnvoll, zur Vorbereitung der Evaluation zumindest ein Organigramm zur Darstellung des Organisationsaufbaus und Flußdiagramme zur Verdeutlichung bedeutsamer Ausschnitte der Ablauforganisation anzufertigen.

Beim konstituierenden Treffen der Evaluationsgruppe sollte dann jedem Mitglied eine Unterlagenmappe mit den aufgeführten Dokumenten zur Verfügung gestellt werden. Die Zusammenstellung dieser Materialien und Daten bildet eine erste empirische Basis für die Arbeit des Evaluationsteams. Dabei ist zu beachten, daß das Vorhandensein, die Aktualität, die Zugänglichkeit und vor allem der regelmäßige Gebrauch der angeführten Materialien bereits einen nicht unbedeutenden Aspekt von Strukturqualität darstellt.

5.4 Aufgaben des Evaluationsteams

Unverzichtbare Rahmenbedingungen für die Treffen des Evaluationsteams sind:

- Für die beteiligten Mitarbeiterinnen des wohnbezogenen Dienstes sind die Treffen Arbeitszeit (Vertretungen müssen langfristig organisiert werden);
- auf die persönliche Zeitplanung der beteiligten Nutzer und ihrer Angehörigen ist so weit wie möglich Rücksicht zu nehmen;
- für die Arbeitstreffen sollte genügend Zeit zur Verfügung stehen (Richtwert: ca. drei Stunden);
- die Treffen sollten unter angemessenen räumlichen Bedingungen stattfinden (ausreichend Platz zum Arbeiten, keine Störungen).

Bei der ersten Sitzung des Evaluationsteams kommt es darauf an, daß die Zuständigkeiten und Rollen innerhalb der Gruppe geklärt werden. Zudem sollte eine möglichst präzise Arbeitsverteilung vorgenommen und die gemeinsamen Arbeitstreffen sowie andere Termine (für Gespräche, Hospitationen) so weit wie möglich vorausgeplant werden.

Bei der Konkretisierung der inhaltlichen Schwerpunkte der Qualitätsprüfung ist die Evaluationsgruppe grundsätzlich an die Vorentscheidungen der Steuergruppe gebunden. Wird eine Gesamterhebung mit dem Instrument LEWO gewünscht, sollten andere Alternativen dahinter zurücktreten. Muß aus zeitlichen oder ökonomischen Gründen eine Auswahl von Teilbereichen des Instruments erfolgen, ist dies die erste gemeinsame Aufgabe des Evaluationsteams.

Eine vollständige Erhebung, bei der die Indikatoren sämtlicher 33 Gegenstandsbereiche des Instruments bearbeitet werden, ist aus fachlicher und systematischer Sicht wünschenswert. Angesichts der notorisch knappen personellen und finanziellen Mittel wohnbezogener Dienste dürfte diese zeitlich und finanziell relativ aufwendige Variante aber eher die Ausnahme als die Regel darstellen. Man könnte sich im Evaluationsteam daher auch ein auf seine Interessen, aufgabenbezogenen Schwerpunkte und personellen Möglichkeiten abgestimmtes, maßgeschneidertes „Evaluationsmenü" zusammenstellen.

Welche Schwerpunkte man setzt und womit man beginnt, sollte man von den vorrangigen Problemen und Entwicklungserfordernissen seiner Einrichtung abhängig machen. Um einen ersten Überblick über mögliche Problembereiche zu erhalten, könnte man zunächst das „Instrumentarium zur Ersteinschätzung" (siehe S. 398 ff.) einsetzen. Es enthält insgesamt 70 Indikatoren, die aus allen Gegenstandsbereichen des Instruments LEWO zusammengestellt wurden. Dazu haben wir die 12 Leitlinien der sozialen Rehabilitation zu insgesamt 6 Zielkategorien zusammengefaßt, um die Kategorie „Qualitätssicherung" ergänzt und ihnen jeweils 10 Indikatoren zugeordnet, die die betreffenden Leitlinien exemplarisch abbilden.

Die *Zielkategorien* sind:

1. Befürfnisorientierung/Individualisierung
2. Selbstbestimmung
3. Leistungen des Dienstes zur Integration der Nutzer in das Gemeinwesen
4. Besondere Verletzlichkeit/Schutz und Rechte
5. Ansehen/Partnerschaftlichkeit und Respekt/ Alters- und Kulturangemessenheit
6. Förderung von Kompetenz/Erweiterung des Rollenbildes/Entwicklungsorientierung
7. Qualitätssicherung

Auswahl der Gegenstandsbereiche

Zusätzlich zum Einsatz des Instruments zur Ersteinschätzung sollte man zusammentragen, welche vorrangigen Probleme und Schwierigkeiten die einzelnen an der Evaluation beteiligten Personen im Hinblick auf die gegenwärtige Situation der Wohngruppe/Wohneinheit bzw. der gesamten Einrichtung sehen. Aus der Perspektive der Mitarbeiterinnen im Gruppendienst könnten sich dabei z. B. als Schwerpunkte ergeben:

- Probleme bei der Definition der Arbeitsinhalte (Was genau ist eigentlich meine Aufgabe? Was sind meine Rechte und Pflichten?);
- Probleme bei der Gestaltung des Arbeitsablaufs (Wie können wir besser zusammenarbeiten? Wie bekomme ich die Vielzahl meiner täglichen Aufgaben besser in den Griff?).

Da beide Aspekte meist in unmittelbarer Verbindung zueinander stehen, sind sie im Instrument nicht künstlich getrennt, sondern können für jeden Gegenstandsbereich zusammen bearbeitet werden.

Erfahrungsgemäß werden sich die Problemdefinitionen von Nutzern, Angehörigen, Mitarbeiterinnen im Gruppendienst, der Leitungsebene usw. erheblich unterscheiden. Man kommt also nicht umhin, eine „Schnittmenge" der unterschiedlichen Interessen zu bilden und gemeinsam (schriftlich!) festzulegen, was man im Rahmen der Evaluation bearbeiten will und was nicht.

Wenn man z. B. zu der Übereinkunft gelangt, das dringlichste Problem sei gegenwärtig der Umgang zwischen Mitarbeiterinnen und Nutzern, sollte man schwerpunktmäßig die Gegenstandsbereiche der Aufgabenfelder „Zusammenleben", „Mitarbeiterinnenführung" sowie vor allem auch „Rechte/ Schutz" bearbeiten.

Kommt man zu der Auffassung, die aktuellen Probleme seien eher in Verbindung mit einer unzureichenden Individualisierung und Bedürfnisorientierung der räumlichen und materiellen Gestaltung der Einrichtung zu betrachten, ist primär das Aufgabenfeld „Wohnort, Einrichtung und Gestaltung der Wohnung und des Hauses" relevant.

Strukturelle Probleme wie z. B. eine mangelhafte interne und externe Zusammenarbeit, wenig effektive Besprechungsformen, hinderliche Vorschriften usw. kann man in erster Linie mit den Gegenstandsbereichen der Aufgabenfelder „Organisationsentwicklung", „Mitarbeiterinnenführung" und „Alltagsstrukturen, Routinen, Angebote, Tätigkeiten" untersuchen.

Unterschätzt wird häufig die Bedeutung von Beziehungen der Nutzer zu Personen außerhalb des wohnbezogenen Dienstes (Partnerschaft, Freundschaften, Bekanntschaften). Die Tragfähigkeit solcher nichtprofessionellen Beziehungen und Netzwerke hängt dabei meist entscheidend von der Unterstützung durch die Fachkräfte im begleiteten Wohnen ab. Die Mitarbeiterinnen sollten daher eine ihrer Hauptaufgaben darin sehen, die sozialen Netzwerke der Nutzer zu fördern. Hier liegt jedoch ein gravierender Mangel in der Konzeption vieler Einrichtungen. Deshalb kann das Aufgabenfeld „Nichtprofessionelle Beziehungen und Netzwerke" geradezu als eine Art „Schlüsseldimension" für die Qualität der Arbeit von Fachkräften im begleiteten Wohnen von Menschen mit geistiger Behinderung betrachtet werden. Es empfiehlt sich aus diesem Grund, die vier Gegenstandsbereiche dieses Aufgabenfeldes in jedem Fall, also unabhängig von der ansonsten vorgenommenen Schwerpunktsetzung zu bearbeiten.

Mit dem Instrument LEWO kann eine Evaluation also grundsätzlich auf zwei Arten durchgeführt werden:

1. Untersucht werden alle Gegenstandsbereiche;
2. untersucht werden einzelne Gegenstandsbereiche (abhängig davon, welche vorrangigen Probleme innerhalb eines wohnbezogenen Dienstes gesehen werden).

Wenn man sich dafür entscheidet, einzelne Gegenstandsbereiche zu untersuchen, sollte man in jedem Fall zuvor das gegenstandsübergreifende „Instrumentarium zur Ersteinschätzung" eines wohnbezogenen Dienstes anwenden, um einen ersten Überblick über die zentralen Problemstellungen zu erhalten, und erst anschließend eine Auswahl der Gegenstandsbereiche treffen, die man bearbeiten will.

Wenn man eine Auswahl der Gegenstandsbereiche vornimmt, sollte man einerseits Prioritäten setzen, andererseits den Ausschnitt der Untersuchung aber auch nicht zu klein wählen. So wird die Bearbeitung der Gegenstandsbereiche nur eines einzigen Aufgabenfeldes wahrscheinlich zu wenig zusammenhängende Informationen vermitteln, um die Stärken und Schwächen der Arbeit eines wohnbezogenen Dienstes wirklich zuverlässig einschätzen zu können. Da alle Aspekte und Ebenen eines wohnbezogenen Dienstes (Strukturen, Handlungsabläufe, Interaktionen, personengebundene Faktoren), die man mit LEWO prüfen kann, in der Alltagsarbeit eng aufeinander bezogen sind und sich gegenseitig beeinflussen, wird man – ausgehend von einem untersuchten Teilaspekt – quasi „automatisch" auch zu anderen Bereichen gelangen, die man in die Evaluation einbeziehen sollte.

Entwicklungsprozesse gezielt planen

Bei der Bestimmung des „Arbeitspensums" sollte man realistisch bleiben und den zu erwartenden zeitlichen, personellen und materiellen Aufwand so exakt wie möglich planen. Zu benken ist, daß eine systematische Auseinandersetzung mit den Inhalten und Strukturen der Tätigkeit im begleiteten Wohnen für die meisten Mitglieder des Evaluationsteams wahrscheinlich etwas Neues ist. Die Mitarbeiterinnen in den Wohngruppen sind in ihrer Alltagspraxis hauptsächlich mit Aufgaben befaßt, die ein schnelles und unmittelbares Handeln erfordern. Sich auf einen längeren Evaluations- und Planungsprozeß einzulassen, bedeutet für sie meist ebensosehr „Neuland" wie für die Nutzer und deren Angehörige.

Auch ist die Arbeit in einem multiperspektivisch und hierarchieübergreifend zusammengesetzten Team in vielen sozialen Diensten nicht üblich und daher entsprechend ungewohnt. Man sollte also von vornherein Zeit für Nachfragen, Erläuterungen, Klärungsprozesse und alle Arten von „Umwegen" einkalkulieren. Schon aus diesem Grund sollten sich wohnbezogene Dienste für die Arbeit mit LEWO der Unterstützung externer Berater(innen) versichern, die in der Lage sind, die Gruppenprozesse innerhalb eines Evaluationsteams zu moderieren und konstruktiv zu steuern. Besteht dazu keine Gelegenheit, so sollte die Moderation der Evaluationsgruppe bei ihrer Konstituierung verbindlich festgelegt werden. Nach Möglichkeit sollte diese Aufgabe dann von einer Person wahrgenommen werden, die gegenüber den anderen Mitgliedern der Gruppe keine Weisungsbefugnis besitzt.

In den gemeinsamen Sitzungen der Evaluationsgruppe sollte man sich darum bemühen, eine Form des „konstruktiven Streits" zu entwickeln, bei der auch kontroverse Meinungen zum Erkenntnisgewinn beitragen können. Auch in diesem Zusammenhang kommt der Moderation durch externe Berater(innen) eine entscheidende Bedeutung zu. Nicht zuletzt gibt das Klima der Zusammenarbeit in der Evaluationsgruppe Hinweise darauf, wie die Zusammenarbeit – zum einen unter den Mitarbeiterinnen, zum anderen zwischen den Beschäftigten des wohnbezogenen Dienstes und den Nutzern und deren Angehörigen – künftig zu gestalten ist.

Eine Selbstevaluation unter den für die Anwendung von LEWO notwendigen Bedingungen ist also auch ein intensiver gruppendynamischer Prozeß. Insofern prüft man in der Evaluationsgruppe nicht nur die Qualität der Arbeit des wohnbezogenen Dienstes, sondern entwickelt diese, indem man LEWO anwendet, auch gleichzeitig schon weiter.

5.5 Systematische Informationssammlung

Über die Materialien hinaus, die man zu Beginn der Evaluation mit dem Instrument LEWO erhält, benötigt man als Mitglied des Evaluationsteams noch eine Reihe weiterer Informationen zur Bewertung der Gegenstandsbereiche und Indikatoren. Wichtige Erkenntnisse gewinnt man z. B. durch Hospitationen in der Wohngruppe bzw. Wohneinheit (sofern man keine Mitarbeiterin ist), durch Beobachtungen, durch Gespräche mit Fachkräften, Nutzern, deren Angehörigen, Fürsprecher(inne)n oder Kolleginnen am Arbeitsplatz, durch die zielgerichtete Erkundung des Wohnumfelds und durch die systematische Auswertung schriftlichen Materials (Broschüren, Akten, Entwicklungsberichte usw.) über den wohnbezogenen Dienst und seine Nutzer.

LEWO zielt darauf, die Perspektiven verschiedener Personengruppen zusammenzuführen. Aus diesem Grund sollte das Evaluationsteam nicht nur aus Mitarbeiterinnen, sondern auch aus Angehörigen der Nutzer, externen Berater(inne)n und möglichst auch aus Nutzern selbst bestehen.

Diesen Grundsatz des „multiperspektivischen" Arbeitens sollte man sich auch bei der Informationssammlung zunutze machen, indem man sich nicht nur mit einer Quelle zufrieden gibt, sondern Informationen von mehreren Personen, durch verschiedene Methoden und auf der Basis unterschiedlicher Materialien einholt. Ein aussagekräftiges Bild der wohnbezogenen Bedürfnisse eines Nutzers wird nur dann entstehen, wenn die verschiedenen methodischen Zugangsweisen parallel genutzt werden. Einzelne Informationen und Daten stellen jeweils nur Puzzleteile dar, die sich erst allmählich zu einem Gesamtbild zusammenfügen und eine zuverlässige Grundlage zur Einschätzung der Gegenstandsbereiche und Indikatoren bilden.

Bevor man mit der Informationssammlung beginnt, sollte man sich darüber klar werden,

1. welche Informationen zur Bewertung der Indikatoren der einzelnen Gegenstandsbereiche voraussichtlich am wichtigsten sind;
2. welche Erhebungsmethoden (Beobachtung, Befragung, Aktenanalyse usw.) zur Sammlung der Informationen am besten geeignet sind;
3. welche Personen bei der Sammlung der Informationen behilflich sein können und welche Materialien benötigt werden.

Insbesondere für die Bewertung der nutzerbezogenen Indikatoren bedarf es einer möglichst genauen und umfassenden Kenntnis des einzelnen Nutzers, seiner gegenwärtigen Lebenssituation, seiner Biographie, seiner Erfahrungen, Bedürfnisse, Wünsche und Erwartungen. Standardisierte Erhebungsinstrumente, die mit hinreichender Praxistauglichkeit wohnbezogene Bedürfnisse geistig behinderter Menschen erfassen, sind im deutschsprachigen Raum allerdings bisher nicht bekannt. Daher möchten wir an dieser Stelle zur Durchführung der nutzerbezogenen Informationssammlung einige allgemeine Hinweise geben.

Die besondere Situation von Menschen mit geistiger Behinderung, die in einem wohnbezogenen

Dienst leben, veranlaßt sowohl die Fachkräfte des Dienstes als auch externe Beobachter(innen), die Nutzer vor allem in ihrer Hilfebedürftigkeit wahrzunehmen. Um hinter Unterstützungs- und Hilfebedürfnissen individuelle Persönlichkeiten mit ihren Kompetenzen, ihren Entwicklungsmöglichkeiten und mit ihrem Recht auf Selbstbestimmung erfassen zu können, muß der eigene Blick sich von Vorurteilen und Verallgemeinerungen lösen und für die Wahrnehmung von Besonderheiten und Unterschieden geschärft werden.

Während der Sammlung von Informationen sollte man versuchen, offen für alle neuen Erfahrungen zu sein, zu beobachten und zuzuhören, anstatt sofort alles festzulegen und einordnen zu wollen.

1. Das Gespräch

Der einfachste Weg, etwas über einen anderen Menschen zu erfahren, besteht darin, ihn selbst zu fragen. Ebenso, wie man selbst am besten über seine eigenen Bedürfnisse und Wünsche Auskunft geben kann, sollte man dies auch ganz selbstverständlich jedem anderen Menschen zugestehen. Das bedeutet, daß Äußerungen von Nutzern grundsätzlich ernst zu nehmen sind.

Die direkte Befragung eines Nutzers sollte stets der erste Weg sein, um Informationen zu erhalten, erst danach sollte man sich bemühen, von anderen Personen etwas über ihn zu erfahren. Die Gesprächsführung nimmt im Rahmen der Evaluation mit LEWO also einen zentralen Platz ein. Für Gespräche, intensive Beobachtungen oder Aktenstudien sollte man sich bewußt Zeit nehmen. Mit den Gesprächspartner(inne)n sollten feste Termine vereinbart und Inhalte sowie die zeitliche Dauer der Treffen schon bei der Terminabsprache verbindlich festgelegt werden.

Man sollte sich bemühen, ein möglichst vollständiges Bild der Lebenssituation eines Nutzers zu erhalten. Dazu gehört auch das Bild, das andere, ihm nahestehende Personen wie Angehörige, Freundinnen und Freunde, Arbeitskolleg(inn)en oder Fachkräfte anderer sozialer Dienste (z. B. WfB) sich von ihm machen. Dabei sollte der betreffende Nutzer grundsätzlich mit allen Maßnahmen, die man trifft, einverstanden sein. Befragungen von Angehörigen oder Mitarbeiterinnen anderer sozialer Dienste sollte man, so weit dies möglich ist, immer mit ihm absprechen.

Dem Nutzer sollte verständlich gemacht werden, daß es sich bei der Evaluation um einen Versuch handelt, seine wohnbezogenen Bedürfnisse und Wünsche besser zu verstehen, um mit ihm gemeinsam in absehbarer Zeit positive Veränderungen zu erreichen. Diese Zielsetzung setzt voraus, daß die Nutzer so früh und so intensiv wie möglich in die Evaluation einbezogen und über die geplanten Aktivitäten und deren Hintergrund umfassend informiert werden.

Die Mitwirkung an der Evaluation kann den betreffenden Nutzern die eigene Wohnsituation und die eigenen, auf das Wohnen bezogenen Bedürfnisse deutlicher werden lassen. Dabei ist es auch möglich, daß zuvor verdrängte Bedürfnisse und Wünsche nun klarer in das Bewußtsein kommen und neue Ausdrucksformen finden. Die Beteiligung an der Einschätzung der eigenen Lebenssituation muß daher mit realen Möglichkeiten für die Nutzer verbunden werden, ihre Wohnsituation aktiv verändern zu können und deutlich gewordene Mängel zu beseitigen.

Gesprächsvorbereitung

Bevor man als Mitglied des Evaluationsteams Gespräche führt, sollte man sich auf einem Zettel notieren, welche Themen man ansprechen und was man von den Gesprächspartner(inne)n erfahren möchte. Auf einen ausgearbeiteten Fragenkatalog hingegen sollte man verzichten. Insbesondere Gespräche mit Nutzern sollten eher wenig vorstrukturiert sein. Statt darauf zu beharren, daß bestimmte Fragen beantwortet werden, sollten die Nutzer Gelegenheit erhalten, frei über ihre Lebens- und Wohnsituation zu erzählen und dabei „ihre eigenen Themen" zu bestimmen. Man sollte vor allem zuhören, nur hin und wieder gezielte Anregungen geben und gelegentlich auch nachfragen. Vielleicht werden auf diese Weise nicht alle Fragen beantwortet, andererseits erhält man mit hoher Wahrscheinlichkeit aber auch viele Informationen, die man für die Einschätzung einer Reihe von Gegenstandsbereichen verwenden kann. Die Gespräche mit den Nutzern sollten also so offen wie möglich gestaltet sein; dabei sollte man sich darauf beschränken, Impulse zu geben, die das Gespräch weiterführen.

Die Gesprächsatmosphäre sollte entspannt sein, die Gesprächspartner keinen Erwartungsdruck und vor allem auch keinen Zeitdruck verspüren. Derartige Gesprächssituationen sind für die meisten Menschen mit geistiger Behinderug ungewohnt und verunsichernd. Daher empfiehlt es sich, Gespräche mit Nutzern nicht in einem gesonderten Raum zu führen, sondern in vertrauten Alltagssituationen, z. B. bei einem Spaziergang, beim Kaffeetrinken, bei gemeinsamen Mahlzeiten oder auch bei der Küchenarbeit.

Möglichkeiten und Grenzen des Gesprächs

Für jede Gesprächssituation gilt, gleichgültig, ob Nutzer, deren Angehörige oder Mitarbeiterinnen des wohnbezogenen Dienstes befragt werden, daß Informationen generell bereitwilliger gegeben werden, je sympathischer und vertrauter sich die Gesprächspartner(innen) sind. Dazu reicht ein freundliches Auftreten allein allerdings nur in den wenigsten Fällen aus. Die Mitglieder der Evaluationsgruppe sollten sich daher Zeit nehmen, die im wohnbezogenen Dienst lebenden und arbeitenden Personen näher kennenzulernen und sie nicht nur als „Informant(inn)en" betrachten. Ebenso sollte selbstverständlich sein, daß die eigenen Gesprächsabsichten deutlich und unmißverständlich dargelegt werden.

Bei der Befragung und auch bei der Beobachtung behinderter Menschen ist die mögliche Beeinträchtigung von Ausdrucks- und Handlungsmöglichkeiten selbstverständlich ebenso zu berücksichtigen wie ihre aktuelle physische und psychische Befindlichkeit. Zurückhaltung im Gespräch oder die Weigerung von Nutzern, etwas über sich zu erzählen, sind zu akzeptieren.

Menschen, die in ihrem Leben dauerhaft und in hohem Maße von der Zuwendung und Hilfe anderer Personen abhängig sind, haben oft auch die Erfahrung gemacht, daß andere nur wenig an ihren Vorstellungen und Bedürfnissen interessiert sind. Sie haben gelernt, daß es meist wenig ausmacht, ob sie ihre Bedürfnisse mitteilen oder nicht und es oft besser ist, nicht die eigenen Wünsche zu artikulieren, sondern das zu sagen, was der oder die andere wahrscheinlich hören will. Wenn ein Nutzer äußert, er sei mit der Ausstattung seines Zimmers zufrieden, obwohl diese offenkundig armselig ist, sollte man die Antwort zwar akzeptieren, aber sie auch anderen Wahrnehmungen gegenüberstellen, z. B. dem möglichen Umstand, daß sich der Nutzer höchst selten in seinem Zimmer aufhält oder der Rückzug ins Private in der Wohngruppe bzw. Wohneinheit, in der er lebt, nicht gern gesehen wird. Bei der Antwort des Nutzers könnte es sich somit zum einen um einen Ausdruck „resignativer Zufriedenheit" handeln, zum anderen könnte der Nutzer unzufrieden sein, aber mutmaßen, man würde von ihm eine positive Antwort erwarten.

Gesprächsführung

Das Gespräch sollte den Nutzer nicht überfordern. Gefühle der Überlastung lösen bei allen Menschen das Bedürfnis aus, die betreffende Situation so schnell wie möglich zu beenden. Unter solchen Umständen sinkt die Bereitschaft, Mitteilungen über die eigene Person zu geben, auf den Nullpunkt. Man sollte daher möglichst kurze und konkrete Fragen stellen und dem Gesprächspartner in jedem Fall viel Zeit lassen.

In Gesprächspausen sollte man geduldig sein und dem Nutzer helfen, den Faden des Dialogs wieder aufzunehmen. Um sicherzugehen, daß man den Gesprächspartner richtig verstanden hat, kann man seine Aussagen gelegentlich mit eigenen Worten zusammenfassen und ihn fragen, ob er mit der Interpretation einverstanden ist. Bei Verständnisproblemen sollte man alternative Formulierungen anbieten.

Zu vermeiden sind Suggestivfragen (Meinen Sie nicht auch, daß ...?) und Alternativfragen (Bevorzugen Sie entweder ... oder ...?) sowie Fragen, die den Nutzer unter Erklärungsdruck bringen können (Warum glauben Sie eigentlich, daß ...?). Bei Bewertungen der Erzählungen des Nutzers sollte man zurückhaltend sein, aber dennoch offen seine Meinung sagen (Ich habe den Eindruck, daß ...).

Auf die Aufnahmebereitschaft des Gegenübers ist bewußt zu achten. Wenn man bemerkt, daß Interesse und Aufmerksamkeit nachlassen, wenn Müdigkeit eintritt oder verstärkt Unruhe aufkommt, ist es Zeit, die Unterhaltung zu beenden und – wenn notwendig – zu einem anderen Zeitpunkt fortzusetzen. Die wesentlichen Ergebnisse des Gesprächs sollten nach Abschluß der Unterredung in Stichworten festgehalten werden.

Bei allen Befragungen und Beobachtungen von Menschen, die einen wesentlichen Teil des Alltags in Institutionen verbringen, sind ihre Erfahrungen und ihr Umgehen mit den dort vorhandenen Strukturen und Machtverhältnissen mitzubedenken. Weiterhin ist es wichtig, zwischen Wünschen und Bedürfnissen eines Nutzers zu unterscheiden. So kann sich z. B. hinter dem offenkundig wenig realistischen Wunsch, Filmschauspieler zu werden, das überaus ernstzunehmende Bedürfnis nach mehr Anerkennung und Respekt durch das soziale Umfeld verbergen.

Gesprächsbegleitende Kommunikationsformen

In Gesprächen werden Informationen nicht nur durch Worte übermittelt. Auch durch den Tonfall, das Tempo der Sprechweise, durch Pausen, Lachen, Seufzen oder auch durch die Mimik, Gestik und Körperhaltung kommuniziert man mit seinem Partner und teilt ihm auf diese Weise eine Vielzahl von Aspekten mit, die etwa die Beziehung zu ihm oder die Gefühle betreffen, die man in der gegenwärtigen Situation hat. Da dies überwiegend unbewußt geschieht, ist es so gut wie unmöglich, die eigenen Empfindungen vor dem Gesprächspartner zu verbergen. Aus diesem Grund hat es auch keinen Sinn, sich zu verstellen, also etwa seinem Gegenüber Interesse zu zeigen, wenn man eigentlich der Überzeugung ist, das Gespräch sei überflüssig. Nur dann, wenn man selbst offen und auskunftbereit ist, wird auch der Gesprächspartner dazu bereit sein.

Die Erkundung der Bedürfnisse von Menschen mit geistiger Behinderung ist stets eine partnerschaftliche Angelegenheit. Daraus ergibt sich der Grundsatz, sich bewußt auf die eigenen Gefühle einzulassen (Macht mich das Gespräch mit dem Nutzer unsicher? Bin ich ärgerlich, weil sich das Gespräch um andere Dinge dreht als erwartet?) und das eigene Unbehagen gegebenenfalls in der Evaluationsgruppe anzusprechen. Die Verständigung zwischen Evaluator(inn)en sowie Nutzern ist weniger eine Frage der Kompetenzen der Nutzer, sondern ganz wesentlich von der Offenheit und dem Bemühen der Evaluator(inn)en abhängig, die Nutzer kennenzulernen und verstehen zu können.

Oft ist eine einfache Befragung zur Erkundung der Wohn- und Lebenssituation eines Menschen mit geistiger Behinderung nicht möglich: Viele Nutzer sind in ihrer sprachlichen Ausdrucksfähigkeit stark eingeschränkt oder haben nie lernen können, ihre Bedürfnisse und Wünsche angemessen wahrzunehmen und sich anderen Personen auf eine kulturübliche Weise mitzuteilen. Menschen, die ihr Leben unter besonders isolierenden Bedingungen gestalten mußten, artikulieren ihre Bedürfnisse nicht selten in einer Form, die für andere Menschen nur schwer verständlich ist. So kann sich im Extremfall das Bedürfnis eines Menschen nach Liebe und Zuwendung auch durch genau gegenteiliges Verhalten, durch Aggression, durch augenscheinliche Ablehnung anderer Personen oder durch völlige Zurückgezogenheit mitteilen. In diesen Fällen sind besonders sensible und aufwendigere Formen der Bedürfniserkundung notwendig. Für uns ergibt sich daraus die Konsequenz, den Einsatz von LEWO bei Bedarf durch alltagsbegleitende, prozeß- und beziehungsorientierte Verfahren der Bedürfniserhebung zu unterstützen.

Introspektion

Es gibt verschiedene Möglichkeiten, Aufschlüsse über die Lebenssituation eines Nutzers zu bekommen. Ein beinahe immer angebrachter Zugang ist die sogenannte Introspektion (Selbstbeobachtung), also Antwort auf Fragen wie die folgenden:

- Wie würde ich mich selbst in der Situation des Nutzers fühlen?
- Würde ich mich in seinem Zimmer wohlfühlen?
- Würde ich unter den für ihn gegebenen Bedingungen wohnen wollen?

Man sollte versuchen, sich vorzustellen, wie andere, nichtbehinderte Menschen im Alter des Nutzers gegenwärtig in der Bundesrepublik leben und was in diesem Lebensabschnitt besonders wichtig ist. man kann auch die eigene Lebensform dazu als Vergleichsgröße heranziehen, sofern man im gleichen Alter wie der Nutzer ist. Ebensogut kann man sich, sofern man älter ist, an den entsprechenden früheren Lebensabschnitt erinnern oder an seine Kinder oder an andere gleichaltrige Personen denken. Falls man jünger ist, kann man versuchen, sich den entsprechenden künftigen Lebensabschnitt vorzustellen, indem man an seine Eltern oder an andere Personen denkt, die im gleichen Alter wie der Nutzer sind.

Man kann auch die nutzerbezogenen Aufzeichnungen mit der eigenen Wohnsituation vergleichen. Dabei ist besonders darauf zu achten, inwieweit die allgemeinen menschlichen und wohnbezogenen Grundbedürfnisse erfüllt sind (wo zeigen sich Unterschiede, wo Übereinstimmungen?) und welche positiven und negativen Veränderungen sich in den letzten Jahren ergeben haben. Folgende Leitfragen dienen dabei zur Orientierung:

1. Welche Bedürfnisse äußert der Nutzer selbst bzw. sind aus seinen Äußerungen oder seinem Verhalten abzuleiten?
2. Welche besonderen Bedürfnisse des Nutzers lassen sich aus seiner Biographie und seinen individuellen Erfahrungen ableiten?
3. Welche dieser Bedürfnisse werden in der gegenwärtigen Lebenssituation erfüllt und welche nicht?
4. Sollten die gegenwärtig nicht erfüllten Bedürfnisse vom wohnbezogenen Dienst angesprochen werden oder sollte dies besser durch andere Personen und soziale Dienste geschehen?

Während der Evaluation sollte man immer wieder versuchen, sich in die Lebenssituation eines Nutzers hineinzuversetzen. Durch aufmerksames Zuhören, durch intensive Beobachtung seines Verhaltens, seiner Körpersprache und Mimik wird es möglich sein, auch dann etwas über seine Bedürfnisse, Wünsche, Interessen, Neigungen und Abneigungen herauszufinden, wenn man mit ihm nicht sprachlich kommunizieren kann.

Jedes beobachtbare Verhalten eines Menschen enthält Botschaften für das soziale Umfeld. Selbst Verhaltensstörungen wie z. B. das selbstverletzende Verhalten sind als Bedürfnis interpretierbar, anderen Personen etwas mitzuteilen. Auch ein Mensch, dessen sprachliche Ausdrucksfähigkeit erheblich eingeschränkt ist, hat beispielsweise die Möglichkeit, seine Zustimmung oder Ablehnung auszudrücken. Damit können über Verhaltensbeobachtungen und einfache Fragen, die klare Ja/

Nein-Alternativen zulassen und gegebenenfalls durch Gestik oder Gebärden verdeutlicht werden sollten, auch Menschen mit schwerer Behinderung in die Evaluation einbezogen werden.

Ein mittelbarer Zugang zu einem besseren Verständnis nichtsprachlicher Äußerungen geistig behinderter Menschen ist die Befragung von Angehörigen, Freunden und Bekannten der betreffenden Person. Zwischen ihnen und dem Nutzer haben sich oft eine Reihe von Signalen entwickelt, die es ermöglichen, die Bedürfnisse und Wünsche des Nutzers quasi aus seiner Körpersprache herauszulesen. Es sollte allerdings berücksichtigt werden, daß auch Personen, die mit dem Nutzer seit Jahren vertraut sind, vor Mißverständnissen und Fehlinterpretationen seiner Bedürfnisse und Absichten nicht gefeit sind.

2. Teilnehmende Beobachtung

Die teilnehmende Beobachtung ist neben der Gesprächsführung die zweite zentrale Methode zur Informationssammlung. Von der Beobachtung im Alltag unterscheidet sie sich durch ihre systematische Planung, Aufzeichnung und Interpretation. Wie der Name bereits sagt, setzt die teilnehmende Beobachtung die Teilnahme am Alltag der in einer Wohngruppe oder Wohneinheit zusammenlebenden und -arbeitenden Menschen voraus.

Als Angehörige(r) eines Nutzers oder externe(r) Evaluator(in) kann man sich durch die Räumlichkeiten des wohnbezogenen Dienstes führen lassen: Man kann sich beim Mittagessen mit an den Tisch setzen oder zusammen mit den Nutzern eine Weile im Haushalt mitarbeiten und stellt quasi beiläufig seine Beobachtungen an. Wenn man als externe(r) Beobachter(in) einen ersten Eindruck über den Tagesablauf in einer Wohneinheit gewinnen will, sollte man nach Möglichkeit mindestens einen ganzen Tag mit den Nutzern verbringen. Dabei ist es im allgemeinen am sinnvollsten, den Beteiligten offen zu sagen, daß man sich bei ihnen eine Zeitlang umsehen will, um etwas über ihren Alltag in der Wohnung oder Wohngruppe herauszufinden.

Wahrnehmung und Bewertung

Bei allen Alltagsbeobachtungen haben wir die Tendenz, solche Wahrnehmungen „auszublenden", die unseren Erfahrungen widersprechen und unseren Erwartungen zuwiderlaufen. Je mehr wir mit einem Beobachtungsfeld vertraut sind, um so stärker wird dieser Effekt, zumal mit der Vertrautheit auch die Aufmerksamkeit für neue Eindrücke nachläßt. Dies ist der Grund, warum Besucher(innen) eines sozialen Dienstes so häufig zu ganz anderen Einschätzungen der Situation von Nutzern gelangen als die langjährig dort tätigen Fachkräfte.

Im Alltag fließen Wahrnehmung und Bewertung oft ineinander. So stellt die Aussage „es ist kalt" weniger eine objektive Beobachtung als vielmehr ein subjektives Urteil dar. Was wir wahrnehmen, ist nie völlig objektiv, sondern immer auch abhängig von unseren Erfahrungen, Vorstellungen und Erwartungen. Jede menschliche Beobachtung ist somit von vornherein durch Vor-Wissen geprägt.

Kein Mensch kann darauf verzichten, die zahlreichen Eindrücke und Wahrnehmungen, mit denen er täglich konfrontiert wird, durch Verallgemeinerungen auf der Grundlage von Vorerfahrungen zu filtern. Dies gilt um so mehr, wenn wir nicht Gegenstände, sondern Menschen beobachten, die verschiedene Verhaltensweisen zeigen und miteinander in Beziehung treten. Die Methode der teilnehmenden Beobachtung erfordert daher, daß Wahrnehmungen und Beurteilungen so sauber wie möglich unterschieden werden. Bei der Niederschrift der Eindrücke sollte man zunächst nur die Beobachtungen möglichst genau zu Papier bringen und auf bewertende Bemerkungen verzichten.

Einseitige Einschätzungen vermeiden

Wenn man grundsätzlich davon ausgeht, daß jedes Handeln subjektiv sinnvoll ist, sollte keine Äußerung oder Verhaltensweise als „sinnlos" vernachlässigt werden. Um den eigenen, notwendigerweise subjektiven Blick zu ergänzen, sollten alle Erkundungen grundsätzlich von mindestens zwei Mitgliedern der Evaluationsgruppe gemeinsam durchgeführt werden. Einseitige Einschätzungen der sozialen Wirklichkeit des wohnbezogenen Dienstes und seiner Nutzer können vermieden werden, wenn man die bei Beobachtungen und bei der Informationssammlung entstandenen Eindrücke unmittelbar und kontinuierlich mit dem (der) Evaluationspartner(in) besprechen kann.

Da während einer teilnehmenden Beobachtung immer nur Ausschnitte eines Geschehens erfaßt werden können, sollte man sich zuvor im Evaluationsteam darüber verständigen, was man genau beobachten will. So lassen sich während des Mittagessens die Interaktionen der Teilnehmer(innen) mutmaßlich besser beobachten als z. B. bei einem Fernsehabend. Aus dem Bewußtsein, daß die eigene Wahrnehmung naturgemäß immer unvollständig und selektiv ist, sollte man die Ergebnisse der Beobachtungen darüber hinaus im Evaluationsteam besprechen. Fast immer empfiehlt es sich, die gewonnenen Eindrücke auch denjenigen Menschen mitzuteilen, die man beobachtet hat, um festzustellen, ob die eigene Einschätzung von ihnen geteilt wird.

Beobachtung klar umgrenzter Situationseinheiten

Grundsätzlich sollten möglichst viele Eindrücke und Erlebnisse aus dem Alltag der in der betreffenden Wohngruppe bzw. Wohneinheit zusammenlebenden Menschen festgehalten werden. Was jedoch z. B. während eines ganzen Nachmittags an Handlung und Kommunikation zwischen einer Gruppe von Menschen geschieht, kann anschließend niemand auch nur annähernd vollständig wiedergeben. Doch auch das Geschehen während einer ca. 20minütigen Mahlzeit läßt sich nur dann noch einigermaßen rekonstruieren, wenn nur wenige Personen daran beteiligt sind und der zeitliche Abstand zwischen Situation und schriftlicher Dokumentation nicht zu groß ist.

Um auch in komplexen Situationen noch den Überblick zu behalten, sollte man die Beobachtungen auf klar umgrenzte Situationseinheiten (z. B. ein Spaziergang, eine Mahlzeit, ein Kartenspiel usw.) beschränken. Neben dem sprachlichen Austausch sollte dabei auch auf Körperbewegungen, Mimik und Gestik, den Abstand der Personen zueinander usw. geachtet werden.

3. Das Beobachtungsprotokoll

Eine unmittelbare schriftliche Aufzeichnung der Eindrücke während der Beobachtung wird in den meisten Fällen als störend empfunden. Am besten protokolliert man nach Beendigung der Situation in einem ruhigen Umfeld. Je komplexer die Situation ist, die beobachtet wurde (Anzahl der beteiligten Personen, Dauer usw.), desto kürzer sollte die Zeitspanne zwischen Beobachtung und Protokoll sein. Als Faustregel gilt, daß der Verlust von Informationen in den ersten beiden Stunden nach Abschluß der Beobachtung am größten ist. Danach gehen die Informationen langsamer verloren.

Ein Beobachtungsprotokoll sollte Auskunft darüber geben,

- über welchen Zeitraum die Beobachtung durchgeführt wurde;
- welche räumlichen und materiellen Bedingungen in der protokollierten Situation gegeben waren;
- welche Personen (Nutzer, Fachkräfte) im Beobachtungszeitraum anwesend waren;
- welche Handlungen und Interaktionen konkret zu beobachten waren.

4. Biographische Informationen

Äußerungen und Verhaltensweisen von Menschen sind oft nur unzureichend verständlich, wenn nicht auch ihre Erfahrungen berücksichtigt werden, die sie in ihrem bisherigen Leben gemacht haben. Der Versuch, einen Menschen in seinem Gewordensein zu verstehen, also einen biographischen Zugang zu ihm zu bekommen, ist eine weitere grundsätzliche methodische Möglichkeit, etwas über seine Bedürfnisse zu erfahren.

Bei dem Versuch, einen Eindruck davon zu bekommen, welche Entwicklungen für das Leben eines Nutzers prägend waren und welche Auswirkungen vergangener Erfahrungen noch heute seine Lebenssituation mitbestimmen, sollte jedoch auf allzu einfache und statische Interpretationen verzichtet werden. Beobachtbare Verhaltensweisen sind nie kausal und linear auf einzelne Ereignisse zurückzuführen, und selbst extrem belastende Erlebnisse sind nicht schicksalhaft, sondern können mit der Zeit durch andere, positive Erfahrungen in ihrer Bedeutung relativiert werden.

Kritische Lebensereignisse

Da es ausgeschlossen ist, die ganze Vielfalt der prägenden Erfahrungen im Leben eines Menschen zu erfassen, sollte eine Untersuchung der Lebensgeschichte vor allem sogenannte kritische Lebensereignisse berücksichtigen. Dies sind alle „im Leben einer Person auftretenden Ereignisse ..., die durch Veränderungen der Lebenssituation ... gekennzeichnet sind und die mit entsprechenden Anpassungsleistungen ... beantwortet werden müssen" (FILIPP 1990, 23).

Welche Ereignisse für einen einzelnen Menschen als kritisch einzustufen sind, ist nicht gänzlich von außen bestimmbar, sondern wird durch die persönliche Einschätzung und Bewertung der betreffenden Person entschieden. Dennoch gibt es eine Anzahl von Erfahrungen, die für jeden Menschen zumindest potentiell kritisch sein können – etwa ein plötzlicher und unerwarteter Lebenseinschnitt, wie er durch eine lebensbedrohliche Krankheit oder den Ausfall einer wichtigen Bezugsperson zustande kommt.

Kritische Lebensereignisse können auch vermehrt beim Wechsel von Entwicklungsphasen im Lebenslauf (z. B. Übergang vom Jugendlichen- in den Erwachsenenstatus) auftreten. Ebenso sind Veränderungen der familiären oder beruflichen Situation, die mit einem deutlichen Statuswechsel einhergehen (etwa Verlust des Arbeitsplatzes) als potentiell kritisch zu betrachten. Auch Ereignisse, die an sich weniger gravierend erscheinen, aber viele Lebensbereiche eines Menschen zugleich berühren, können besonders kritisch sein, z. B. ein nicht geplanter Umzug, der gleichzeitig eine Veränderung der Arbeitssituation und den Abbruch bedeutsamer sozialer Kontakte mit sich bringt. Erfahrungsgemäß stellt die Ablösung von den Eltern (etwa beim Umzug vom Elternhaus in einen wohnbezogenen Dienst) oder von anderen wichtigen Bezugspersonen für Menschen mit geistiger Behinderung fast immer ein kritisches Lebensereignis dar.

Belastungssituationen

Ein weiteres Merkmal kritischer Lebensereignisse ist, daß sie individuell als Streß erlebt werden, da die Anforderungen der Situation die eigenen Fähigkeiten und Möglichkeiten deutlich übersteigen. Man muß davon ausgehen, daß Erwachsene mit geistiger Behinderung durch ihre eingeschränkten Selbsthilfefähigkeiten und Kommunikationsmöglichkeiten weitaus intensiver mit streßauslösenden Ereignissen konfrontiert werden als der Durchschnitt der nichtbehinderten Menschen.

Da Menschen mit geistiger Behinderung häufig erhebliche Schwierigkeiten haben, belastende Situationen angemessen zu verarbeiten, sind sie besonders gefährdet, auch alltägliche Veränderungen ihrer Lebenssituation als Überforderung und Krise zu erleben. In Belastungssituationen, die die subjektiven Handlungskompetenzen und die Anpassungsfähigkeit überfordern, nimmt jeder Mensch Zuflucht in Verhaltensweisen, die ihm Kontrolle, Sicherheit und Vertrautheit versprechen. Dabei verfügen Menschen mit geistiger Behinderung oft über nur wenige und zudem für die Verständigung mit anderen unzulängliche Ausdrucksmöglichkeiten. Vor diesem Hintergrund sollten Verhaltensauffälligkeiten stets auch als Hinweise auf kritische Lebensereignisse bzw. Lebensumstände angesehen werden.

Das „soziale Netz"

Welche Möglichkeiten einer Person zur Verfügung stehen, sich auf maßgebliche Veränderungen ihrer Lebenssituation einzustellen, ist neben der individuellen Anpassungsfähigkeit der Person vor allem von ihren Einflußmöglichkeiten abhängig, die sie besitzt, um sich auch unter belastenden Bedingungen noch als handlungsfähig zu erleben, sowie von der Unterstützung, die sie durch ihr soziales Umfeld erhält.

Die wichtigste Hilfsquelle in subjektiv belastenden Situationen ist daher die soziale Unterstützung von vertrauten Personen. Umgekehrt sind eingeschränkte oder fehlende soziale Kontakte (zu Angehörigen, Freunden usw.) bei wechselhaften Lebensumständen als zusätzliche Risikofaktoren einzustufen. Aus diesem Grund sollte die Analyse der sozialen Beziehungsstrukturen und Unterstützungspotentiale der Nutzer eines wohnbezogenen Dienstes (das „soziale Netz") eine zentrale Aufgabe im Rahmen der Evaluation sein. Dabei ist zu beachten, wie regelmäßig Kontakte zu bestimmten Personen (z. B. innerhalb der in der Wohnung bzw. Wohneinheit zusammenlebenden Menschen) bestehen, wie intensiv diese Kontakte sind und welche subjektive Bedeutung sie für den jeweiligen Nutzer haben.

Analyse von Dokumenten

Eine weitere Möglichkeit, Informationen über einen Nutzer zu erhalten, ist die Analyse von Dokumenten. Als Dokument kann jede Art von Material angesehen werden, das über Teile der Lebensgeschichte eines Menschen Auskunft gibt. Dies können z. B. Entwicklungsberichte, Tagesnotizen und Anamnesebögen sein, aber auch private Briefe oder Photographien, aus denen sich Anhaltspunkte über individuell bedeutsame Erfahrungen und Veränderungen der Lebenslagen eines Nutzers gewinnen lassen. Dabei stellt die Dokumentenanalyse eine eher ergänzende Methode dar, die das persönliche Gespräch und die teilnehmende Beobachtung keinesfalls ersetzen sollte und vor allem dazu dient, ein gewonnenes Bild der Lebens- und Wohnsituation eines Nutzers durch zusätzliche, biographisch bestimmte Aspekte anzureichern und abzurunden. Grundsätzliche Fragen bei der Analyse schriftlicher Materialien sind z. B.:

- Wo hat der Nutzer früher gelebt (materielle und soziale Bedingungen)?
- Wie oft hat sich seine Wohnsituation geändert? Was waren Gründe und Folgen dieser Wechsel (z. B. Veränderung von sozialen Beziehungsstrukturen, Möglichkeiten zur Realisierung der Grundbedürfnisse)?
- Wo und wann bestanden für ihn Einfluß- und Wahlmöglichkeiten in bezug auf seine Wohnsituation?
- Welche Rollen hat der Nutzer bisher eingenommen und welche nimmt er jetzt ein (Ausmaß der Veränderungen: Einschränkungen und/oder Erweiterungen)?
- Welche Charakterisierungen und Beschreibungen des Nutzers wurden von früheren Wohnsituationen übernommen und was ist neu hinzugekommen?
- Welche Entwicklungsmöglichkeiten sind für ihn in Zukunft denkbar?
- Was wünscht sich der Nutzer gegenwärtig und für seine Zukunft? Auf welche Bedürfnisse weisen diese Wünsche hin?

Wieviel Zeit man auf die Analyse von Dokumenten verwendet, ist natürlich auch abhängig davon, wie genau man die betreffende Person bereits kennt.

Einer langjährigen Mitarbeiterin wird es relativ leichtfallen, die gegenwärtige Lebenssituation eines Nutzers zu beschreiben, während sie über seine Biographie vor seinem Einzug in den wohnbezogenen Dienst möglicherweise zu wenig weiß, so daß es notwendig sein wird, den Nutzer selbst oder seine Angehörigen darüber zu befragen oder in Akten und Berichten nachzulesen. Selbstverständlich wird man fehlende Informationen zum Teil auch durch die Übertragung des Wissens aus anderen Quellen ausgleichen können.

Auf die Frage, mit wievielen Mitbewohnern ein bestimmter Nutzer sein Zimmer teilt, kann es nur eine einzige richtige Antwort geben. Will man hingegen wissen, ob es unproblematisch oder eher schwierig ist, mit ihm in einem Zimmer zusammenzuwohnen, erhält man unter Umständen von jeder Person, die man fragt, eine andere Antwort. Hier wird man von den Mitbewohnern des betreffenden Nutzers womöglich ganz andere Einschätzungen erhalten als von seinen Angehörigen und den Mitarbeiterinnen des wohnbezogenen Dienstes. Wirklich objektive Erkenntnisse gewinnt man also nur in bezug auf sogenannte Strukturdaten.

Mündliche Aussagen oder schriftliche Berichte, die über das Zählen oder Messen struktureller Aspekte hinausgehen, sind dagegen zwangsläufig subjektiv und bedürfen immer der Interpretation. Auch bei der Auswertung schriftlicher Darstellungen und Berichte muß also – ähnlich wie im Kontext der teilnehmenden Beobachtung – zwischen beschreibenden und erklärenden (bewertenden) Aussagen unterschieden werden. Erfahrungsgemäß werden in Berichten oder auch bei Befragungen insbesondere diejenigen Aspekte herausgestellt, die aus der Sicht der Berichterstatter(innen) oder der Befragten jeweils besonders dringlich, belastend oder problematisch erscheinen, während positive Entwicklungen oft als selbstverständlich angesehen und daher nicht besonders erwähnt werden. Bei mündlichen oder schriftlichen Schilderungen sollte man daher grundsätzlich prüfen, ob es sich eher um momentane Schwierigkeiten oder dauerhafte Konflikte, um Einzelvorkommnisse oder „übliche Praxis" handelt.

Wichtig ist also, bei der Informationssammlung möglichst differenziert zu fragen, um sowohl negative als auch positive Tendenzen zu erfassen. Damit stets erkennbar bleibt, was „gesicherte", d. h. überprüfbare Information und was eher Vermutung ist, sollte man beim Niederschreiben der Ergebnisse vermerken, woher man die Informationen bezogen hat (vom Nutzer selbst, von anderen Personen, aus Akten usw.). Um bei Wissenslücken nicht ausschließlich auf die eigene Spekulation angewiesen zu sein, sollte man stets den themenbezogenen Austausch im Evaluationsteam suchen.

Analyse von Bildern

Eine gleichfalls nur als Ergänzung zu anderen Informationsquellen sinnvolle Methode zur Bedürfniserkundung ist die Analyse von Bildern, die ein Nutzer angefertigt hat. In solchen Bildern lassen sich oft Selbstdarstellungen, Darstellungen des Wohnhauses oder den Alltag bestimmende Gegenstände identifizieren. Insofern sind sie eine Form der bildhaften „Nacherzählung" eines Nutzers, in denen sich alltagsbezogene Erfahrungen sowie Bedürfnisse und Wünsche spiegeln, die nicht sprachlich vermittelt werden können. Solche Darstellungen sind in der Regel eher zeichenhaft und symbolisch zu verstehen, so daß der Grad der Ähnlichkeit von Abbildung und bezeichnetem Gegenstand für die Beurteilung keine Rolle spielt.

Ein allgemeines Merkmal, um auf die Bedeutung von Menschen und Gegenständen für den Nutzer zu schließen, ist ihre Größe in der Zeichnung. Darüber hinaus kann untersucht werden, ob das Bild Zeichen der Geborgenheit oder Bedrohung enthält, ob der Blickwinkel des Malers derjenige von Betrachter(inne)n ist oder ob er die Betrachter(innen) „aus dem Bild heraus" anschaut, ob die Art der Darstellung eher statisch oder dynamisch ist.

Grundlegend für jede Bildanalyse sind Informationen über die Situationen, in denen die Bilder entstanden sind sowie grundlegende Kenntnisse der Lebenssituation der betreffenden Person. Daher bietet sich an, diese Methode erst nach Abschluß von Gesprächen und teilnehmenden Beobachtungen einzusetzen.

Weitere methodische Möglichkeiten

Methoden, die im Rahmen der Evaluation mit dem Instrument LEWO Verwendung finden, müssen aus pragmatischen Gründen mit möglichst geringem Aufwand und zeitlich klar begrenzt einsetzbar sein. Selbstverständlich können im Alltag des begleiteten Wohnens eine Reihe weiterer Methoden zur Anwendung kommen, die nicht nur zur Erkundung nutzerbezogener Bedürfnisse dienen, sondern auch dazu, den Nutzern langfristig neue Handlungs- und Ausdrucksmöglichkeiten zu eröffnen.

Der Einsatz solcher Methoden (z. B. Rollenspiele, Videodokumentationen usw.) im Rahmen einer Qualitätsprüfung wird naturgemäß viel zu aufwendig sein. Die Initiative zur Anwendung dieser methodischen Möglichkeiten kann vielmehr erst aus der Beschäftigung mit LEWO hervorgehen. Als regelmäßige dienstinterne oder – noch besser – externe Angebote für Nutzer eines wohnbezogenen Dienstes können sie dann zu einem späteren Zeitpunkt zum Gegenstand einer neuerlichen Qualitätsprüfung werden.

Eine solche „weiterführende", über den Einsatz von LEWO hinausgehende Methode ist das Rollenspiel. In Rollenspielen können Nutzer subjektiv bedeutsame Alltagssituationen oder Ereignisse aus ihrem Leben mit Unterstützung von vertrauten Bezugspersonen darstellen. Dabei werden emotionale und nichtverbale Inhalte in ihrer Anbindung an konkret erfahrene Situationen auch für Menschen mit schwerer Behinderung kommunizierbar. Dies kann mit Hilfe der Fachkräfte des wohnbezogenen Dienstes geschehen oder auch im Rahmen von dienstinternen oder externen Projekten, etwa durch die Zusammenarbeit mit „professionellen" Theaterleuten (u. a. THEUNISSEN 1985; MANSKE 1994).

Weitere methodische Möglichkeiten sind die bildernerische Veranschaulichung nutzerbezogener Lebenswelten (z. B. plastische Darstellung von Haus und Wohnräumen), Fotodokumentationen der Wohnung und der unmittelbaren Wohnumgebung sowie Videodokumentationen des Alltags.

5.6 Bewertung der Gegenstandsbereiche und Indikatoren

Nach der Sammlung und Dokumentation der notwendigen Informationen verfügt man über eine verläßliche Basis, um die einzelnen Indikatoren der Gegenstandsbereiche mit ausreichender Sicherheit einschätzen zu können. Dabei sollte man sich nicht um größtmögliche „Objektivität" bemühen, sondern ausdrücklich um seine subjektive Sicht, also seine Erfahrungen und Standpunkte in die Bewertung einfließen lassen.

Auf der Grundlage der erhobenen Daten und seiner persönlichen Erfahrungen und Auffassungen bewertet man die nutzerbezogenen und angebotsbezogenen Indikatoren auf einer vierstufigen Skala zwischen „trifft zu" und „trifft nicht zu". Dabei wird man bemerken, daß zu den Gegenstandsbereichen „Führung und Zusammenarbeit" (siehe S. 317 ff.), „Arbeitszufriedenheit" (siehe S. 327 ff.), „Öffentlichkeitsarbeit" (siehe S. 360 ff.) und „Aktive Teilnahme an der regionalen Sozialplanung und der Sozialpolitik" (siehe S. 366 ff.), die in einem eher mittelbaren Zusammenhang zur Wohn- und Lebensqualität der Nutzer stehen, keine gesonderten nutzerbezogenen Indikatoren existieren. Hier beziehen sich die persönlichen Einschätzungen also allein auf die Bemühungen des wohnbezogenen Dienstes.

Bei der Beschäftigung mit dem Indikatorenmodell wird man schnell feststellen, daß die angebotsbezogenen Indikatoren der einzelnen Gegenstandsbereiche als Entwicklungsziele formuliert sind. Die Indikatoren beschreiben also jeweils einen wünschenswerten „Idealzustand", der an manchen Stellen sicher weit über das hinausgeht, was ein wohnbezogener Dienst zum jeweiligen Zeitpunkt leisten kann.

Selbstverständlich sind für einen bestimmten Dienst nicht alle von uns formulierten Indikatoren zu jeder Zeit gleichermaßen von Bedeutung. Ebenso wäre es utopisch, davon auszugehen, daß alle Entwicklungsziele immer vollständig erreichbar wären. Wir vertreten aber die Auffassung, daß ein wohnbezogener Dienst die Qualität seiner Angebote (und damit auch die Lebens- und Wohnqualität seiner Nutzer) erheblich verbessern wird, wenn es ihm gelingt, sich den meisten der von uns zusammengestellten Entwicklungsziele (Indikatoren) so weit wie möglich anzunähern.

Durch die Einschätzung der Indikatoren erhält man einen Überblick, wo der wohnbezogene Dienst mit seiner Arbeit zu einem definierten Zeitpunkt steht und wie weit der Abstand zu den durch die Indikatoren vorgegebenen Ziele gegenwärtig ist.

Es liegt in der Natur der Sache, daß sich die Inhalte einiger Entwicklungsziele bzw. Indikatoren gelegentlich gegenseitig zu widersprechen oder sogar auszuschließen scheinen. Die Indikatoren sind zwar so konkret wie möglich formuliert, sie können jedoch unmöglich jeden nur denkbaren Einzelfall erfassen. So lassen sich wahrscheinlich für fast alle der aufgelisteten Indikatoren auch Gegenbeispiele ins Feld führen. Es ist daher unerläßlich, daß man bei der Beurteilung der konkreten Praxis als Anwender(in) des Instruments LEWO nicht etwa jeden Indikator isoliert für sich sieht, sondern alle Indikatoren eines Gegenstandsbereiches und darüber hinaus auch verschiedene Gegenstandsbereiche im Zusammenhang betrachtet.

Bei der Einschätzung der nutzerbezogenen Indikatoren sollte man den grundsätzlichen Hilfe- und Unterstützungsbedarf festhalten und nicht nur den Bedarf, der über das gegenwärtige Angebot an Hilfen hinausgeht.

Im Anschluß an die Einschätzung der einzelnen Indikatoren nimmt man für jeden Gegenstandsbereich eine Gesamtbewertung des Unterstützungsbedarfs eines Nutzers bzw. der Bemühungen des wohnbezogenen Dienstes vor, die man kurz (in Stichworten) begründen sollte. Diese Gesamteinschätzungen sind u. a. deshalb wichtig, um nicht bei der Vielzahl der verschiedenen Aspekte innerhalb eines Gegenstandsbereiches den Überblick zu verlieren.

Durch die Notwendigkeit, die Einzelbewertungen der Indikatoren für jeden Gegenstandsbereich nochmals „auf den Punkt" zu bringen, erhält man ein deutlicheres Bild. Auch hier ist der subjektive Eindruck wichtig. Die Gesamtbewertungen sollten also nicht aus dem statistischen Mittelwert der Einschätzungen der einzelnen Indikatoren hervorgehen, sondern den individuellen Gesamteindruck eines Gegenstandsbereiches wiedergeben.

Anschließend überträgt man die Gesamteinschätzungen der einzelnen Gegenstandsbereiche in den Gesamtübersichtsbogen „Vergleich zwischen Angebots- und Nutzerprofil – Individuelle Einschätzung" (siehe S. 412), indem man die Bewertungen jeweils mit einem Zahlenwert versieht: Die Einschätzung „trifft zu" entspricht im Gesamtübersichtsbogen einer 4, „trifft eher zu" einer 3, „trifft eher nicht zu" einer 2 und „trifft nicht zu" einer 1. Man schraffiert die Felder rechts vom jeweiligen Gegenstandsbereich bis zum erreichten Zahlenwert.

In den Arbeitstreffen der Evaluationsgruppe nimmt man auf der Basis der unterschiedlichen Einzelbeurteilungen für jeden untersuchten Indikator und Gegenstandsbereich nach dem gleichen Schema eine „Gruppenbewertung" vor. Dafür benutzt man ein neues Exemplar des LEWO-Indikatorenmodells, das man entsprechend kennzeichnet. Ein Übersichtsbogen für die Gruppenbewertung der Gegenstandsbereiche befindet sich in den Arbeitsmaterialien (siehe S. 413).

Bei der Gruppenbewertung kommt es darauf an, daß man die verschiedenen Perspektiven innerhalb des Evaluationsteams berücksichtigt und nach Möglichkeit zusammenführt. Jedes Mitglied der Evaluationsgruppe sollte seine Einschätzungen vortragen und kurz begründen.

Zu berücksichtigen ist, daß die Bewertungen subjektive Einschätzungen darstellen, die zunächst gleichwertig nebeneinander stehen. Man sollte also darauf achten, daß die Diskussion strittiger Punkte nicht zu einer Auseinandersetzung um Recht- und Unrechthaben oder Gewinnen und Verlieren wird. Man sollte es auch nicht zulassen, daß einzelne Personen ihre Überzeugung unter dem Druck der Gruppe aufgeben.

Statt schnelle Mehrheitsentscheidungen zu treffen, sollte man sich bemühen, ein von allen getragenes Einverständnis über die Bewertung der Gegenstandsbereiche und Indikatoren zu erzielen. In Punkten, wo dies nicht gelingt, sollte man die Diskussion abbrechen, wenn man den Eindruck hat, daß alle notwendigen Informationen vorliegen und alle Argumente vorgebracht sind.

Die Gespaltenheit der Gruppe vermerkt man, indem man auf der Bewertungsskala des betreffenden Indikators oder Gegenstandsbereiches nicht nur ein Feld markiert, sondern sämtliche Felder, die den kontroversen Einschätzungen der Mitglieder der Gruppe entsprechen. Die unterschiedlichen Beurteilungen vermerkt man auch in den Gesamtübersichten.

Unterschiedliche Einschätzungen bedeuten keinesfalls ein „Scheitern" des Evaluationsteams. Gerade diejenigen Indikatoren oder Gegenstandsbereiche, die auf diese Weise mit einer Mehrfachbewertung versehen werden müssen, liefern oft besonders interessante Hinweise auf zentrale Bereiche des Entwicklungsbedarfs eines wohnbezogenen Dienstes.

Auf der Grundlage der Diskussionen erstellt man die Gesamtübersicht „Gruppenergebnisse". Anhand der Übersichten zu den einzelnen Bewertungen der Gegenstandsbereiche ergibt sich für den wohnbezogenen Dienst ein Angebotsprofil und für jeden einzelnen Nutzer ein individuelles Unterstützungsbedarfsprofil. Durch den Vergleich beider Profile kann man exakt bestimmen, wo die Stärken und Schwachstellen des wohnbezogenen Dienstes liegen, wo die Leistungen des Dienstes ausreichend auf die Bedürfnisse eines einzelnen Nutzers abgestimmt sind und in welchen Bereichen ein Unterstützungsbedarf besteht, der gegenwärtig nicht oder nur unzureichend durch die vorhandenen Angebote und Hilfen abgedeckt werden kann.

5.7 Bestimmung des vorrangigen Unterstützungs- und Veränderungsbedarfs

Hinweise auf eine gezielte Weiterentwicklung der Arbeit des wohnbezogenen Dienstes erhält man, indem man seine Aufmerksamkeit auf diejenigen Gegenstandsbereiche richtet, die auf der Nutzerseite mit einer 3 oder 4 versehen sind bzw. auf der Seite der Angebote des wohnbezogenen Dienstes lediglich eine 1 oder 2 erhalten haben.

Ein besonderes Augenmerk sollte dabei den Gegenstandsbereichen gelten, bei denen die Beurteilung der Bemühungen des wohnbezogenen Dienstes von der Einschätzung des Unterstützungsbedarfs eines Nutzers um mehr als einen Wert abweicht. Wenn z. B. das Bedürfnis eines Nutzers nach einer hohen „Personalen Kontinuität" mit einer 4 eingeschätzt, die darauf bezogenen Anstrengungen des wohnbezogenen Dienstes jedoch nur mit einer 1 oder 2 bewertet werden, besteht mit großer Wahrscheinlichkeit ein besonderer Handlungsbedarf, wobei jeweils zu prüfen ist, ob diesem Bedarf durch Angebote des wohnbezogenen Dienstes selbst oder besser durch die Inanspruchnahme „natürlicher" Dienstleistungen in der Gemeinde (z. B. im Versorgungs- oder Freizeitbereich) entsprochen werden sollte. Den Mitarbeiterinnen des wohnbezogenen Dienstes würden im Rahmen der Handlungsplanung dann vor allem Vermittlungs- und Begleitungsaufgaben erwachsen.

Auch der umgekehrte Fall weist auf einen Veränderungsbedarf hin: Werden die Bemühungen des wohnbezogenen Dienstes in einem Bereich mit einer 4 bewertet, während der Unterstützungsbedarf mehrerer Nutzer im betreffenden Feld mit einer 1 oder 2 beurteilt wird, ist zu prüfen, ob an dieser Stelle nicht eine „Überversorgung" besteht, der Dienst also Leistungen erbringt, die von den meisten Nutzern nicht oder nicht in der angebotenen Form und Intensität benötigt werden.

Auf der Grundlage der Gruppenbewertung ist man nun in der Lage, einerseits eine kritische Betrachtung des Angebotsprofils des wohnbezogenen Dienstes vorzunehmen und diejenigen Aufgabenbereiche zu bestimmen, in denen ein vorrangiger Organisationsentwicklungsbedarf besteht. Dabei wird es unabdingbar sein, daß man diese Bereiche noch einmal in eine Reihenfolge nach ihrer Bedeutsamkeit bringt, also konkret abspricht, was für besonders wichtig bzw. dringlich erachtet wird und demzufolge zuerst angegangen werden sollte. Die Entscheidungen hält man auf dem dafür vorgesehenen Formblatt "Bestimmung des vorrangigen Unterstützungs- und Veränderungsbedarfs" (siehe S. 414) fest.

Andererseits kann man mit Hilfe der Unterstützungsbedarfsprofile für jeden einzelnen Nutzer eine individualisierte Entwicklungsplanung durchführen. An Stelle der oft ungeliebten Entwicklungsberichte, die im Regelfall von einer Fachkraft allein erstellt werden und meist wenig aussagekräftig sind, sollte man die individuelle Entwicklungsplanung in Zukunft im Team machen. Mit an den Tisch gehören neben den Mitgliedern des Mitarbeiterinnenteams dabei nach Möglichkeit der Nutzer selbst, im Vertretungsfall seine Angehörigen bzw. Fürsprecher(innen) und andere, ihm vertraute Personen, z. B. Fachkräfte aus der WfB oder die Betreuungsperson nach dem Betreuungsgesetz (BtG).

Bei der Hierarchisierung des Organisationsentwicklungsbedarfs bzw. des individuellen Entwicklungsbedarfs für einzelne Nutzer sollte man berücksichtigen, daß man einige der Probleme, die durch die Arbeit mit LEWO offenkundig werden, direkt bearbeiten kann, während man auf andere Problembereiche nur indirekt oder über eine längere Zeit hinweg einwirken kann.

So lassen sich eine altersangemessene, individuelle Gestaltung der Nutzerzimmer, ein bedürfnisgerechteres Freizeitangebot und eine respektvollere sprachliche Darstellung der Nutzer in der Regel relativ unaufwendig und aus eigener Kraft mit den für jeden wohnbezogenen Dienst verfügbaren Mitteln umsetzen. Eher arbeitsmarkt- oder strukturpolitisch bedingte Probleme wie z. B. ein erheblicher formaler Qualifikationsbedarf der Mitarbeiterinnen oder eine mangelhafte Kooperation mit anderen Einrichtungsträgern in der Region sind dagegen nur zu einem Teil durch die Bemühungen des wohnbezogenen Dienstes und seiner Fachkräfte zu kompensieren. In diesen Bereichen muß für die Festlegung von Entwicklungszielen maßgeblich sein, daß die beteiligten Personen ihr Bestmögliches tun, um eine beschriebene Problemstellung zum Positiven hin zu verändern.

Sollte die Analyse mit LEWO u. a. ergeben haben, daß die unzureichende Ausbildung der Mitarbeiterinnen gegenwärtig eines der gravierendsten Probleme des wohnbezogenen Dienstes darstellt, wäre es unter den gegenwärtigen Arbeitsmarktbedingungen unrealistisch, sich als pauschales Ziel zu setzen, in Zukunft nur noch hochqualifiziertes Personal einzustellen. Man müßte in diesem Fall mit den Ansprüchen an eine qualitative Verbesserung der Arbeit des Dienstes gewissermaßen „eine Ebene tiefer" gehen und prüfen, ob der wohnbezogene Dienst und seine Beschäftigten von sich aus alle Möglichkeiten ausschöpfen, um bei Neueinstellungen die bestqualifiziertesten Kräfte für sich zu gewinnen und langfristig an die Einrichtung zu binden. Anstelle des Grobziels „ausschließlich Fachkräfte einstellen" könnte man sich z. B. an den Indikatoren des Gegenstandsbereiches „Qualifikation, Auswahl und Einarbeitung" orientieren und in Zukunft die Stellenanzeigen des wohnbezogenen Dienstes besser an das Aufgabenprofil der jeweiligen Stelle anpassen, das Auswahlverfahren optimieren und die Einführung neuer Mitarbeiterinnen effektiver gestalten.

Wenn man es als Mitarbeiterin im Berufsalltag gewohnt ist, rasch zu handeln, ist man wahrscheinlich auch bei der Arbeit mit LEWO zunächst auf Lösungen konzentriert, die unmittelbar durchführbar sind. Man fängt deshalb bewußt mit dem an, was man möglichst direkt – also ohne aufwendige Vorabklärungen oder Hilfeleistungen von Dritten -- bearbeiten kann. Das bedeutet nicht, daß man schwierigere Aufgaben dafür vernachlässigen müßte. Man sollte sich aber bei der Bewältigung komplexer Probleme, für die es meist der Unterstützung vieler verschiedener Personen bedarf und die nur selten einfach und schnell zu lösen sind, realistische Ziele setzen und darauf achten, daß die Zeit und die Mittel, die man selbst einsetzen will, dem Schwierigkeitsgrad der Aufgabe angepaßt sind.

Anhand der Leitfragen zur individuellen Entwicklungsplanung bzw. zur Planung der Organisationsentwicklung (siehe S. 415 f.) kann man sich zunächst im Evaluationsteam darüber verständigen, welche zeitlichen und materiellen Ressourcen zur Erreichung der abgesprochenen Entwicklungsziele eingesetzt werden müssen, mit welchen Widerständen man mutmaßlich zu rechnen hat und von wem man wahrscheinlich Unterstützung erwarten darf. Gegebenenfalls kann dies dazu führen, daß man seine Ziele anders formulieren muß, z. B. dann, wenn man feststellt, daß man mit seinen Möglichkeiten zu einer Verbesserung der aufgezeigten Probleme zu wenig beitragen könnte oder die Realisierung seiner Ziele von zu vielen unabsehbaren Faktoren abhängen würde.

Alle Arbeitsergebnisse sollten grundsätzlich schriftlich festgehalten werden. Auf diese Weise geht nichts verloren und es ist später jederzeit überprüfbar, was umgesetzt wurde und was nicht. Bei regelmäßiger Anwendung des Instruments dienen diese Aufzeichnungen zudem als fortlaufende Dokumentation von Entwicklungsprozessen und als Basis für eine strukturierte Vorausplanung künftiger Aktivitäten.

5.8 Erstellung eines Qualitätsberichts

Auf der Grundlage der Ergebnisse seiner Beratungen erstellt das Evaluationsteam einen Qualitätsbericht, der die Stärken und Schwächen der Angebote und Leistungen des wohnbezogenen Dienstes detailliert ausweist und zudem eine Prioritätenliste des vorrangigen Unterstützungs- und Veränderungsbedarfs enthält, wie er sich aus der Sicht des Evaluationsteams darstellt. Der Qualitätsbericht wird der Steuergruppe vorgelegt.

5.9 Handlungsplanung

Auf der Grundlage des Qualitätsberichts erarbeitet die Steuergruppe einen Aktionsplan. Dieser dient dazu, die im Qualitätsbericht ausgewiesenen, zunächst meist noch recht abstrakten Vereinbarungen über die Ziele des maßgeblichen Entwicklungs- und Hilfebedarfs für einzelne Nutzer und des Veränderungsbedarfs auf der Ebene der Angebote und Leistungen des wohnbezogenen Dienstes in konkrete Arbeitsabsprachen umzusetzen.

An der Vereinbarung und Umsetzung der erforderlichen Maßnahmen sollten die Fachkräfte aller Funktions- und Hierarchieebenen beteiligt werden. Dies kann beispielsweise in Form von Projektgruppen erfolgen, die sich der Umsetzung bestimmter Maßnahmen zur Qualitätsentwicklung über einen festgelegten Zeitraum widmen. In jedem Fall empfiehlt es sich, alle Aktionen und Entwicklungsprozesse zu dokumentieren. Auf diese Weise kann rückblickend deutlich werden, welche Möglichkeiten und Grenzen dienstintern bestehen und wie vorhandene Spielräume aufgabenbezogen zu erweitern sind.

5.10 Überprüfung und Kontrolle

Ausgangspunkt und Ziele einer Qualitätsprüfung in wohnbezogenen Diensten sind nicht ein für allemal festgeschrieben, sondern dynamisch zu betrachten. Sie verändern sich durch den zurückgelegten Weg und eine Reihe von Einflüssen, die ständig auf einen sozialen Dienst wirken: veränderte Aufgabenstellungen, knappere Ressourcen- und Mittelzuweisungen, andere Interessenkonstellationen, Ideen und Initiativen durch neue Mitarbeiterinnen, Nutzer und deren Angehörige usw. Die Ziele eines wohnbezogenen Dienstes und die Entwicklungsschritte, die zum Erreichen dieser Ziele führen sollen, sind also kontinuierlich zu überprüfen und gegebenenfalls immer wieder neu zu definieren. Daher ist die Evaluation mit LEWO nicht nur auf Qualitätskontrolle, sondern auf eine systematische Qualitäts*entwicklung* ausgelegt, was eine kontinuierliche Anwendung des Instruments in bestimmten Zeitabständen voraussetzt.

Eine andere, weniger aufwendige Möglichkeit besteht darin, lediglich die jeweils herausgearbeiteten Problembereiche eines wohnbezogenen Dienstes in kürzeren Zeitabschnitten daraufhin zu überprüfen, welche Veränderungen sich ergeben haben, ob die definierten Entwicklungsziele unverändert gültig oder abzuwandeln sind und die Mittel zur Zielerreichung noch immer tauglich erscheinen.

Werden die Fachkräfte wohnbezogener Dienste zu „Erforscherinnen ihrer eigenen Tätigkeit", müssen die dafür eingesetzten Verfahren in die Routine der alltäglichen Arbeit eingebunden werden. Zu diesem Zweck sind Konzepte zu bevorzugen, die in den konkreten Arbeitszusammenhängen der Mitarbeiterinnen bereits verankert sind wie z. B. Tagesprotokolle, Teambesprechungen oder Berichte zur individuellen Entwicklungsplanung. In den Sammelbänden von HEINER (1988 und 1994) sind eine Reihe von selbstevaluativen Verfahren und Dokumentationsinstrumenten beschrieben, die Praktiker(innen) aus ihrem spezifischen Kontext der sozialen Arbeit heraus entwickelt haben. Dabei sind die Fachkräfte unterer Hierarchieebenen jedoch ebenso eindeutig unterrepräsentiert wie die Mitarbeiterinnen stationärer Hilfeangebote.

Es bleibt zu hoffen, daß gerade den Mitarbeiterinnen im begleiteten Wohnen künftig verstärkt die Möglichkeit eingeräumt wird, die für die besonderen Bedingungen ihrer Tätigkeit notwendigen Dokumentationsinstrumente selbst zu entwerfen und eigenverantwortlich anzuwenden.

Literatur

AMMAN, W.: „Verstehen lernen" – Plädoyer für den Einsatz explorativer Forschungsmethoden in der Sonderpädagogik. In: Vierteljahreszeitschrift für Heilpädagogik und ihre Nachbargebiete (VHN). Jg. 56/1987, 193 – 196

BERNARD-OPITZ, V. u. a.: Sprachlos muß keiner bleiben – Handzeichen und andere Kommunikationshilfen für autistisch und geistig Behinderte. Freiburg 1988

BRACK, R.: Akten als Fundgrube für die Evaluation. In: Blätter der Wohlfahrtspflege 1+2/1996, 10 – 18

DÖRNER, D.: Die Logik des Mißlingens – Strategisches Denken in komplexen Situationen. Hamburg 1993

DÖRNER, K.; PLOG, U.: Irren ist menschlich. 6., überarb. Aufl. der Neuausgabe von 1984. Bonn 1990

ERIKSON, E.H.: Identität und Lebenszyklus. Frankfurt 1994

ERN, M. u. a.: Auch ein Haus hat eine Seele. In: Zusammen 4/1989, 5 – 9

FILIPP, S. H. (Hrsg.): Kritische Lebensereignisse. München 1990

FLICK, U.; KARDORFF, E. v. u. a.: Handbuch qualitative Sozialforschung. München 1991

GEISER, K.: Aktenführung und Dokumentation sind Grundlage professioneller Sozialarbeit. In: Blätter der Wohlfahrtspflege 1+2/1996, 5 – 9

GERMAIN, C. B.; GITTERMAN, A.: Praktische Sozialarbeit – Das "Life Model" der sozialen Arbeit. Stuttgart 1983, 80 – 133

HAGEMEISTER, U.: Wir müssen lernen, ihre Bilder zu verstehen. In: Zusammen 10/1990, 4 – 6

HEINER, M. (Hrsg.): Selbstevaluation in der sozialen Arbeit. Freiburg 1988

HEINER, M. (Hrsg.): Selbstevaluation als Qualifizierung in der Sozialen Arbeit. Freiburg 1994

HEINER, M. u. a.: Methodisches Handeln in der sozialen Arbeit. Freiburg 1994

HOLM, P. u. a.: Co-Write Your Own Life: Quality of Life as Discussed in the Danish Context. In: Goode, D.: Quality of Life for Persons with Disabilities. International Perspectives and Issues. Cambridge 1994

KAMINSKI, H. u. a.: Das Leben Geistigbehinderter im Heim. Stuttgart 1978

KARSTEDT-HENKE, S.: Aktenanalyse. Ein Beitrag zur Methodenkritik der Instanzenforschung. In: Albrecht, G.; Brusten, M. (Hrsg.): Soziale Probleme und soziale Kontrolle. Opladen 1982, 195 – 208

KLÄGER, M.: Anmerkungen zur Art und Rolle des Eigenbildes im künstlerischen Werk geistig behinderter Menschen. In: Zur Orientierung 4/1990, 32 – 35

KNIEL, A.: Simulationen und Rollenspiele – Methoden des Erfahrens von Einschränkungen und Kompensationsmöglichkeiten Behinderter. In: Behindertenpädagogik 1/1995, 81 – 91

KRISTEN, U.: Praxis Unterstützte Kommunikation. Düsseldorf 1994

LAMNEK, S.: Qualitative Sozialforschung. Bd. 2: Methoden und Techniken. Weinheim 1993

LINGG, A.; THEUNISSEN, G.: Psychische Störungen bei geistig Behinderten. Freiburg 1994

MANSKE, Ch.: Traum und Wirklichkeit – Ein Theaterstück der Elbe-Werkstätten GmbH Hamburg. In: Geistige Behinderung 3/1994 (Praxisteil)

MARCH, P.: Do photographs help adults with severe mental handicap to make choices? In: The British Journal of Mental Subnormality, No. 75/1992, 122 – 128

MONAGHAN, M.T.; SONI, S.: Effects of significant life events on the behaviour of mentally handicapped people in the community. In: The British Journal of Mental Subnormality, Part 2, No. 75/1992, 114 – 121

MORENO, J. L.: Die Grundlagen der Soziometrie – Wege zur Neuordnung der Gesellschaft. Köln, Opladen 1967

ROSCH-INGLEHART, M.: Kritische Lebensereignisse – Eine sozialpsychologische Analyse. Mainz 1988

SCHUMACHER, J.: Schwerst behinderte Menschen verstehen lernen. In: Geistige Behinderung 1/1985, 1 – 20

SPIELMANN, T.: Arbeiten mit Fotos in Psychotherapie und Beratung. In: GwG-Zeitschrift 1/1993/Januar 1994, 13 – 16

THEUNISSEN, G.: Abgeschoben, isoliert, vergessen – Schwerstbehinderte und mehrfachbehinderte Erwachsene in Anstalten. Frankfurt a.M. 1985

THEUNISSEN, G.: Ästhetische Erziehung bei Menschen mit geistiger Behinderung. In: Behindertenpädagogik (BHP) 4/1994, 359 – 373

WATZLAWIK, P. u. a.: Menschliche Kommunikation – Formen, Störungen, Paradoxien. Bern 1990

6. Aufgabenfelder, Gegenstandsbereiche und Indikatoren

Aufgabenfeld:

Wohnort, Einrichtung und Gestaltung der Wohnung und des Hauses

Ein Blick in die Geschichte des Wohnens geistig behinderter Menschen zeigt, daß die traditionellen Einrichtungen (Anstalten, Großheime, Psychiatrien) über lange Zeit nicht nur der Versorgung, sondern auch der sozialen Ausgrenzung, Disziplinierung und Kontrolle ihrer Insassen dienten. Dies war der Grund dafür, daß solche Einrichtungen überwiegend in einiger Entfernung bewohnter Gebiete errichtet wurden, die bis heute noch mit hohen Mauern oder Zäunen versehen sind und schon durch ihre *Größe und Architektur* dem Betrachter vermitteln, daß es sich hier um eigene Welten handelt, die nicht mit den Maßstäben des „normalen" Wohnens zu messen sind.

Zwar sind diese Lebensbedingungen für den größeren Teil der Menschen mit geistiger Behinderung in Deutschland nicht (mehr) Realität. Doch nach Schätzungen (BECK, KÖNIG 1994, 111 f.; KRÄLING 1995, 107) leben in der Bundesrepublik noch immer etwa 40.000 Erwachsene mit geistiger Behinderung in Großeinrichtungen mit 200 bis 1.500 Plätzen und etwa 19.000 Menschen mit geistiger Behinderung in psychiatrischen Einrichtungen. Auch zahlreiche Wohnheime, in denen bundesweit insgesamt ca. 18.000 Personen mit geistiger Behinderung leben, weisen zu viele Plätze auf, um den Anspruch der gesellschaftlichen Integration unter den Bedingungen gemeindeintegrierten Wohnens einlösen zu können.

Neben der Größe einer Einrichtung kommt auch dem *Standort* eine wichtige Funktion zu. Ob man in einer größeren Stadt oder auf dem Land lebt, hat z. B. Einfluß darauf, welche Einkaufsmöglichkeiten bestehen und welches Kultur- und Freizeitangebot man vorfindet. Mindestens ebenso wichtig ist es, welche Verkehrsanbindung der Wohnort hat und wieviel Mühe man aufwenden muß, um den Arbeitsplatz zu erreichen und Verwandte oder Freunde zu besuchen. Die Qualität des Wohnortes ist also u. a. eine Voraussetzung dafür, um am gesellschaftlichen Leben teilnehmen und soziale Beziehungen aufbauen oder pflegen zu können. Am Wohnort und an der Einrichtung und Gestaltung des Hauses und der Wohnung zeigt sich auch der gesellschaftliche Status eines Menschen.

Man ist bestrebt, in eine „gute" Wohngegend zu ziehen und anderen Personen durch einen bestimmten Wohnstandard zu demonstrieren, „wer man ist" und daß man es zu etwas gebracht hat.

Im Zuge der vermehrten Anforderungen an die räumliche Mobilität des Individuums scheint das Gefühl, an einem bestimmten Ort zu Hause zu sein und eine Heimat zu haben, immer weniger Bedeutung zu erhalten. Dennoch entwickeln fast alle Menschen, die über einige Jahre an ein und demselben Ort wohnen, eine mehr oder weniger starke Verbundenheit zu ihrem *Wohnort*, die im allgemeinen um so größer wird, je länger sie dort leben und je älter sie werden. Auch dann, wenn der Wohnort anfangs nicht sehr geliebt wurde, bilden sich mit der Zeit bestimmte Gewohnheiten und Routinen aus, die zu einem Teil des Alltags werden, Sicherheit und Beständigkeit vermitteln und es zunehmend erschweren, das vertraute Umfeld wieder aufzugeben.

Die *Wohnform* ist nicht weniger bedeutsam als der Ort, an dem man lebt: Menschen, die allein leben, haben meist einen größeren Spielraum bei der Organisation ihres Alltags als Personen, die mit der Familie oder in einer Paarbeziehung leben. Allerdings müssen sie vielfach auch größere Anstrengungen aufbringen, um in ihrem Privatbereich die notwendigen sozialen Kontakte herzustellen und aufrecht zu erhalten. Das Zusammenleben einer Familie bringt andere Möglichkeiten, aber auch Verpflichtungen und Zwänge mit sich als das Wohnen in einer Wohngemeinschaft. Im betreuten Wohnen hat man meist mehr Freiheiten als in einer Wohnstätte; dafür erfährt man dort mehr Hilfe und eine größere Dichte möglicher sozialer Beziehungen.

Da Menschen mit geistiger Behinderung dieselben Grundrechte wie alle anderen Personen haben, besteht auch für sie ein Anrecht auf Wohnungen, die über eine kulturell übliche Lage, Gestaltung und Ausstattung verfügen. Ausgangspunkt aller Überlegungen über das Wohnen behinderter Menschen sollte *das normale Wohnhaus* sein; individuell sinnvolle Hilfen können jeweils ergänzt werden. Vielfach aber geschieht genau das Gegenteil:

Wohnheime werden baulich als Sondereinrichtungen geplant und erst im nachhinein mit viel Mühe auf größere Normalität hin umgestaltet (MAHLKE, SCHWARTE 1985, 17). Daher sollten einzelne Häuser oder Räumlichkeiten nicht „behindertengerecht", sondern von vornherein bedürfnisgerecht konzipiert werden. Es sollte normal werden, daß alle Wohnungen räumlich so flexibel (nutzungsneutral) geplant und gebaut werden, daß (auch) der Einzug behinderter Menschen keine nachträglichen und aufwendigen Umbaumaßnahmen erfordern. Jede bauliche oder gestalterische Sonderlösung trägt letztlich zur Entfremdung behinderter Menschen von ihrer sozialen Umwelt bei. Statt nachträglich rollstuhlgerechte Rampen neben Treppenaufgängen zu installieren, ist ein grundsätzlich barrierefreies und humanes Bauen zu fordern (vgl. Ministerium für Arbeit ... NRW 1993, 198).

Die *Wohnbedürfnisse* der Menschen ändern sich nicht zuletzt auch in Abhängigkeit von ihrem Alter. Wer sich mit vierzig Jahren ein Haus oder eine Wohnung kauft, wird wahrscheinlich auch im Alter dort wohnen wollen. Ein den Bestimmungen der DIN 1805 entsprechendes, großzügiges Platzangebot von Küche, Badezimmer und Dusche würde wohl altersunabhängig auf Zuspruch stoßen, und viele ältere Menschen würden froh darüber sein, wenn sie z. B. bei einem mehrstöckigen Haus obligatorisch einen Aufzug zur Verfügung hätten, die Türen etwas breiter wären als allgemein üblich und es keine Schwellen und Barrieren innerhalb der Wohnungen gäbe.

Die Wohnung ist für viele Menschen der Ort, an den sie emotional am stärksten gebunden sind. Sie ist der *Lebensmittelpunkt*, von dem aus alle Aktivitäten gestartet werden und zu dem jederzeit eine Rückkehr möglich ist. Damit ist sie auch Rückzugsort, ein Platz, wo eine Person von Verhaltens- und Rollenzwängen frei ist. Wenn die Wohnung zum Zuhause geworden ist, vermittelt sie mehr als jeder andere Lebensbereich Kontinuität, Sicherheit und Vertrautheit. Dies wiederum ist ein bedeutendes Kriterium für das Wohlbefinden bzw. für die Wohn- und Lebensqualität eines Menschen.

Die verschiedenen Ebenen des Wohnens

Wohnen hat stets eine räumliche, eine funktionale und eine psychosoziale Ebene.

- Die *räumliche Ebene* ist darstellbar als Modell verschiedener Zonen: Grundsätzlich bewegen sich Menschen im privaten, im halböffentlichen und im öffentlichen Raum. Alle drei Bereiche erfüllen verschiedene Funktionen und ermöglichen unterschiedliche Erfahrungen. Die Wohnung als Zuhause ist der privateste Lebensbereich des Menschen, während der halböffentliche und öffentliche Raum stärker der Kommunikation mit anderen Menschen und der Selbstversorgung dienen.
- Die *funktionale Ebene* des Wohnens ist die räumliche Ausprägung der verschiedenen Lebensbereiche (Arbeit, Wohnen, Freizeit, Kommunikation, Verkehr). Die *psychosoziale Ebene* umfaßt die eng an die Strukturierung der räumlich-funktionalen Ebene gebundene individuell erlebte Wohnqualität einschließlich der im Bereich des Wohnens relevanten sozialen Erfahrungen (PIEDA, SCHULZ 1990, in: Ministerium für Arbeit, Gesundheit und Soziales des Landes Nordrhein-Westfalen 1993, 132 f.).

Wohnen und Privatheit

Die Individualisierungstendenzen der Gesellschaft finden auch im privaten Wohnumfeld ihren Niederschlag. So registrieren Wohnsoziologen in den letzten Jahren eine Tendenz, die sich als „verstärkter Rückzug ins Private" (SILBERMANN 1991, 103 ff.) beschreiben läßt. Die Möglichkeit, das eigene Haus oder die Wohnung und damit auch sich selbst vor anderen Personen abschirmen zu können und allein darüber zu verfügen, wer dort Zugang haben soll und wer nicht, bedeutet Sicherheit und Unabhängigkeit (FLADE 1987, 14). Sich ein Zuhause zu schaffen, heißt demnach auch, sich ein individuelles Territorium abzustecken und die Kontrolle über einen Bereich zu erwerben, der nur der eigenen Person zugehörig ist und nur freiwillig und zeitweise mit wenigen anderen Menschen geteilt wird (vgl. FISCHER 1991, 254 ff.).

Indem ein Mensch seinen privaten Wohnbereich nach außen gegen andere Menschen abgrenzt und nach innen individuell ausstattet und gestaltet, eignet er sich einen bestimmten Raum an, so daß die Objekte, die ihn umgeben, ihm nicht länger gleichgültig und austauschbar sind, sondern zu ihm in einer engen, persönlichen Beziehung stehen. Dahinter steht das grundlegende Bedürfnis des Menschen, nicht losgelöst, sondern in einer engen Verbindung mit seiner Umwelt zu existieren.

Aneignung ist zum einen Bedeutungszuweisung (Ordnen und Benennen), zum anderen Umweltgestaltung (also aktive Veränderung). Voraussetzung dafür ist, daß ein Mensch seine Umwelt aktiv verändern kann. Um also Räume persönlicher zu gestalten, müssen sie sich von außen und innen durch ihre Bewohner nach eigenen Vorstellungen verändern lassen. Auch das Erkunden und Kennenlernen der Wohnumgebung, der Straßen und Plätze in der Nachbarschaft des Hauses oder der Wohnung ist eine wichtige (symbolische) Form der Aneignung (FLADE 1987, 33 ff.).

Indem der Mensch in Räumen lebt, hat jede Entfaltung menschlicher Möglichkeiten und Grenzen einen räumlichen Bezug. Die Art und Weise, wie wir einen Raum benutzen und welche Gefühle wir seiner Ausstattung entgegenbringen, ist eng an unsere Persönlichkeit gebunden. Räume vermitteln in der Regel einen sehr präzisen Eindruck über die Menschen, die in ihnen leben (BETTELHEIM 1989, 153 f.). Zudem haben sie meist auch einen unmittelbaren Einfluß auf das Selbstbewußtsein ihrer Bewohner.

Ein harmonisch eingerichteter, für Veränderungen und gestaltende Bewegung offener Raum wird einen Menschen wahrscheinlich aktivieren und zu kreativer Betätigung anregen; ein ungemütlicher und unpersönlicher Raum hingegen wird ihn eher passiv oder aggressiv werden lassen. Wohnungen, die kaum Komfort und Privatheit bieten und lieblos und wenig individuell gestaltet sind, können ihre Bewohner langfristig körperlich und seelisch krank machen: Sie bieten kaum Anregungen für gestaltende Aktivitäten; sie verhindern die Entwicklung von Individualität, persönlichen Interessen, Vorlieben und Neigungen; sie fördern Passivität und Lethargie und vermitteln überdies allen Besuchern den Eindruck, daß dort Menschen leben, die es offenbar nicht wert sind, in einer ansprechenden Wohnumgebung zu leben.

Nicht zufällig sieht man die Bewohner in manchen größeren Behinderteneinrichtungen auf den Fluren sitzen, da sie dort die Bewegung des Kommens und Gehens erleben – eine Lebendigkeit, die sich ihnen in den übrigen Räumlichkeiten nicht bietet. Die bewußte Gestaltung des raumdinglichen Wohnfeldes ist insofern vor allem eine menschliche und erst in zweiter Linie eine ästhetische Fragestellung (MAHLKE, SCHWARTE 1985, 24 und 86).

Wohnen ist immer zugleich individuell und sozial. Die materielle Beschaffenheit der Wohnung oder des Hauses eines wohnbezogenen Dienstes stellt daher auch eine entscheidende Voraussetzung für die Qualität der Beziehungen der dort lebenden und arbeitenden Menschen dar. Dabei sagen die Wohnräume oft mehr über die *Qualität der Beziehungen* zwischen Nutzern und Mitarbeiterinnen aus als pädagogische Konzepte (MAHLKE, SCHWARTE 1985, 122).

Die äußere Gestalt des Hauses und die Ausstattung jedes Raumes enthält eine Reihe von nichtsprachlichen Botschaften, die von Menschen mit geistiger Behinderung mindestens ebensogut entschlüsselt werden wie von Nichtbehinderten. Alle Bemühungen, Individualisierung und Bedürfnisorientierung im zwischenmenschlichen Umgang umzusetzen, werden letztlich zum Scheitern verurteilt sein, wenn die Einrichtung der Nutzerzimmer durch ihre Einheitlichkeit und Anregungsarmut den Bewohnern eher das Gegenteil vermittelt. In diesem Sinne können auch Gegenstände „lügen" (BETTELHEIM 1989, 154; MAHLKE, SCHWARTE 1985, 23).

Zwischen dem, was Mitarbeiterinnen den Nutzern sagen und dem, was der Nutzer sieht (etwa die Einrichtung seines Zimmers oder des Gemeinschaftsraumes) sollte also kein Widerspruch bestehen. Die Nutzer können nur in dem Maße eine persönliche Beziehung zu ihrem Zuhause aufbauen, indem die Mitarbeiterinnen zu erkennen geben, daß auch ihnen etwas an der bewußten Gestaltung der Räumlichkeiten liegt. Der materiellen Umwelt im Wohnbereich, insbesondere den privaten Räumlichkeiten der Nutzer, sollte daher mindestens ebensoviel Sorgfalt gewidmet werden wie den Beziehungen zwischen Mitarbeiterinnen und Nutzern.

Dabei sollte sich die Einrichtung und Ausstattung des Hauses oder der Wohnung nicht nur zur Erholung eignen, sondern auch vielfältige *Anreize zur Aktivierung* bereithalten. Das räumliche und gegenständliche Ambiente sollte im Sinne der Gestaltung des Alltags als Lernfeld gezielt für individuelle Entwicklungsprozesse der einzelnen Nutzer fruchtbar gemacht werden. Dies kann im Einzelfall auch bedeuten, über die Grundsätze des Normalisierungsprinzips hinauszugehen: So wäre ein Gemüsegarten oder das Halten von Kleintieren unter Normalisierungsgesichtspunkten bestenfalls eine Nebensache. Denkt man jedoch darüber nach, was die aktive Beschäftigung mit Tieren und Pflanzen einzelnen Nutzern an alltagsnahen Umwelterfahrungen und Lerngelegenheiten (Kennenlernen des Verhaltens von Tieren; Verantwortung für die Pflege; Erfahrung, etwas für andere Lebewesen tun zu können) ermöglichen könnte, so erhalten diese Überlegungen eine ganz neue, zentrale Bedeutung (vgl. MAHLKE, SCHWARTE 1985, 14 und 90 ff.).

Die meisten Menschen haben schon einmal die Erfahrung gemacht, wie schwer es fallen kann, nach einem harten Arbeitstag die Behaglichkeit der eigenen vier Wände noch einmal zu verlassen, um sich mit Freunden zu treffen oder Freizeitaktivitäten nachzugehen. Der Wunsch nach Erholung und Ruhe kann zuweilen so dominierend werden, daß selbst Tätigkeiten, die unter anderen Umständen viel Freude bereiten, keinen Anreiz mehr bieten.

Menschen mit geistiger Behinderung sind dieser Problematik in besonderem Maße ausgesetzt. Zuweilen ist es die Gemütlichkeit der Wohnung und des eigenen Zimmers, die es verhindert, daß Bedürfnisse der Nutzer nach Außenaktivitäten und -kontakten nicht mehr sichtbar werden. Um der besonders in größeren wohnbezogenen Diensten allgegenwärtigen Gefahr einer zu starken „Binnenzentrierung" aller Aktivitäten zu begegnen, sollten die Bemühungen um ein Zuhause, das Entspannung und Anregung gleichermaßen bieten kann, immer auch mit mindestens ebenso intensiven Bemühungen um eine individuell sinnvolle *Außenorientierung* der Nutzer einhergehen.

Die auf das Wohnen bezogenen *Grundbedürfnisse* nach Sicherheit, Schutz, Geborgenheit, Kontakt, Kommunikation und Selbstdarstellung sind allen Menschen gemeinsam. Die Art und Weise, wie diese Bedürfnisse im Wohnbereich befriedigt werden, kann allerdings – im Rahmen der gesellschaftlichen und kulturellen Grenzen – von Person zu Person überaus verschieden sein. Für jeden Menschen hat sein Zuhause eine etwas andere Bedeutung und wird von daher auch jeweils unterschiedlich gestaltet sein.

Aus dieser Überlegung heraus erscheint es uns wenig sinnvoll, „Inventarlisten" darüber aufzustellen, wie z. B. die materielle Ausstattung einer Wohnung für Menschen mit geistiger Behinderung beschaffen sein sollte. Stattdessen werden die grundlegenden räumlichen und materiellen Bedingungen, die ein Haus und eine Wohnung zu einem Zuhause machen, herausgestellt und hinsichtlich ihrer funktionalen und psychosozialen Bedeutung beleuchtet.

Ein wohnbezogener Dienst sollte seinen Nutzern zur Befriedigung ihrer Wohnbedürfnisse nach Möglichkeit folgende Voraussetzungen bieten (vgl. SCHWARTE 1994):

- Wahlmöglichkeiten für verschiedene Wohnformen und eine relative Konstanz der räumlichen Umgebung (Gegenstandsbereich „Wahlfreiheit und Kontinuität des Wohnortes und der Wohnform", siehe S. 79 ff.);
- ein offener Zugang von und nach draußen sowie Möglichkeiten der Inanspruchnahme der allgemeinen infrastrukturellen Angebote (Gegenstandsbereich „Standort", siehe S. 87 ff.);
- größtmögliche Selbstbestimmung im Bereich des persönlichen Eigenraums sowie das gesicherte und respektierte, mit kulturüblichem Eigentum ausgestattete Eigenterritorium (Gegenstandsbereich „Individuelle Gestaltung und Privateigentum", siehe S. 95 ff.);
- Möglichkeiten zu selbständiger Gestaltung der Wohnung und des Hauses und ein angemessener Komfort (Gegenstandsbereich „Ästhetik und Komfort", siehe S. 109 ff.);
- die kulturübliche Trennung der Funktionen Wohnen, Arbeiten und Freizeit, ein altersangemessenes Wohnumfeld sowie ein kulturüblicher, hinreichender Sicherheitsstandard (Gegenstandsbereich „Alters- und Kulturangemessenheit", siehe S. 118 ff.).

Literatur

BECK, I.; KÖNIG, A.: Quality of Life for Mentally Retarded People in Germany: An Overview of Theory and Practice. In: Goode, D. (Hrsg.): Quality of Life for Persons with Disabilities. International Perspectives and Issues. Cambridge 1994, 111 f.

BETTELHEIM, B.: Wege aus dem Labyrinth: Leben lernen als Therapie. München 1989

Bundesvereinigung Lebenshilfe für geistig Behinderte e. V. (Hrsg.): Leistungsvereinbarungen für Wohneinrichtungen – Leitfaden für Vereinbarungen zwischen Kostenträgern und Einrichtungsträgern nach § 93 BSHG. Marburg 1995

FISCHER, M.: Umwelt und Wohlbefinden. In: Abele, A.; Becker, P.: Wohlbefinden: Theorie – Empirie – Diagnostik. Weinheim, München 1991, 245 – 266

FLADE, A.: Wohnen psychologisch betrachtet. Bern 1987

KRÄLING, K.: Die Ausgliederung aus psychiatrischen Einrichtungen als Aufgabe der Lebenshilfe. In: Bundesvereinigung Lebenshilfe für geistig Behinderte e. V. (Hrsg.): Wohnen heißt zu Hause sein. Handbuch für die Praxis gemeindenahen Wohnens von Menschen mit geistiger Behinderung. Marburg 1995, 107 – 110

MAHLKE, W.; SCHWARTE, N.: Wohnen als Lebenshilfe. Ein Arbeitsbuch zur Wohnfeldgestaltung in der Behindertenhilfe. Weinheim, Basel 1985

Ministerium für Arbeit, Gesundheit und Soziales des Landes Nordrhein-Westfalen (Hrsg.): Behinderte Menschen in Nordrhein-Westfalen: Wissenschaftliches Gutachten zur Lebenssituation von behinderten Menschen und zur Behindertenpolitik in NRW. Düsseldorf 1993

SCHWARTE, N.: Wohnen als Lebenshilfe – Anthropologische Aspekte des Wohnens unter erschwerten Bedingungen. In: Pape, F. W. (Hrsg.): Leben mit einer Körperbehinderung. Stuttgart 1994, 9 – 26

SILBERMANN, A.: Vom Wohnen der Deutschen: Eine soziologische Studie über das Wohnerlebnis. Frankfurt a. M. 1966

SILBERMANN, A.: Neues vom Wohnen der Deutschen (West). Köln 1991

Gegenstandsbereich:
Wahlfreiheit und Kontinuität des Wohnortes und der Wohnform

Der Mangel an bezahlbarem Wohnraum ist mittlerweile zu einem gesamtgesellschaftlichen Problem geworden. Für Erwachsene mit geistiger Behinderung ist die Situation dabei besonders prekär: In der Bundesrepublik Deutschland fehlt für ca. 70.000 Menschen mit geistiger Behinderung ein angemessenes Wohnangebot. Neben Dauerwohnungen werden vor allem auch Wohnangebote für Kurzzeitaufnahmen von Menschen mit geistiger Behinderung, die bei den Eltern leben, aber zur Entlastung der Angehörigen oder in familiären Notsituationen vorübergehend ein anderes Umfeld benötigen, schmerzlich vermißt.

Einer Umfrage der Bundesvereinigung Lebenshilfe (1992, 12) zufolge führten im Jahr 1991 fast drei Viertel aller befragten Wohnstätten eine Warteliste, wobei immer auch ein Sofortbedarf bestand, d. h., selbst sogenannte "Akutfälle" konnten nicht aufgenommen werden. Das bedeutet, daß die meisten Erwachsenen mit geistiger Behinderung in Deutschland nur die Wahl haben, so lange wie möglich bei ihren Eltern zu wohnen oder aber in eine stationäre Einrichtung zu ziehen, wo sie mit ebenfalls behinderten Menschen in einer größeren Gruppe zusammenwohnen müssen.

In den kommenden Jahren wird sich die Lage aller Voraussicht nach sogar noch verschärfen. Die bundesweit ca. 20.000 Menschen, die nach wie vor in psychiatrischen Kliniken und Anstalten „fehlplaziert" sind (vgl. Bundesvereinigung Lebenshilfe 1994), haben ebenso ein Anrecht auf gemeindeintegriertes Wohnen wie diejenigen Menschen mit geistiger Behinderung, die gegenwärtig noch bei ihren Eltern leben. Zwar konnten im Zuge der Dezentralisierungsbestrebungen großer Einrichtungen (z. B. Auflösung des Klosters Blankenburg in Bremen, Etablierung von Außenwohngruppen Heilpädagogischer Heime und Einrichtungen im Rheinland und in Hessen) in den letzten zwei Jahrzehnten eine gewisse Anzahl kleiner, gemeindeintegrierter Wohnungen geschaffen werden, doch in vielen Regionen (insbesondere auch in den neuen Bundesländern) stehen die Bemühungen, Menschen mit geistiger Behinderung nach überwiegend langjährigen Psychiatrieaufenthalten wieder in die Gemeinden einzugliedern (zu „enthospitalisieren"), noch ganz am Anfang.

Wohnangebote für Menschen mit geistiger Behinderung

Nach wie vor besteht in der Behindertenhilfe eine klare Hierarchie: In kleineren Wohnstätten, in Wohnverbundsystemen und im betreuten Wohnen leben Personen, die in ihrer Mehrzahl relativ selbständig, kaum verhaltensauffällig und zumeist unmittelbar vom Elternhaus in den wohnbezogenen Dienst umziehen konnten. In größeren Heimen, Kliniken und Anstalten hingegen sind mehr Menschen mit geistiger Behinderung in hohem Alter, die einen aktuellen Bedarf an Tagesstruktur (d. h. ohne absehbare Aussicht auf einen WfB-Platz oder eine andere angemessene und dauerhafte Beschäftigungsmöglichkeit) haben, behinderte Menschen mit hohem Hilfebedarf sowie mit langjährigen Hospitalisierungserfahrungen und Verhaltensauffälligkeiten untergebracht.

Die obengenannte Untersuchung der Bundesvereinigung Lebenshilfe belegt, daß der überwiegende Teil der gemeindeintegrierten Wohnangebote durch offen bekundete oder inoffizielle Ausschlußkriterien nach wie vor gerade die schwächsten, d. h. hilfebedürftigsten Menschen mit geistiger Behinderung „außen vor" läßt. So werden in gut 80 % der befragten gemeindenahen Wohnstätten die vorgenannten, als „problematisch" geltenden Personengruppen aufgrund fehlender Rahmenbedingungen wie personeller Unterbesetzung, baulicher Mängel, zu großer Gruppen und besonderer Aufnahmebeschränkungen (z. B. WfB-Platz als Aufnahmevoraussetzung) von einer Aufnahme grundsätzlich ausgeschlossen. Zwar sind nach den Empfehlungen der Bundesvereinigung Lebenshilfe „... gemeindenahe Wohnformen ein Angebot für *alle* Menschen mit geistiger Behinderung" (1992, 8), doch andererseits werden auch Ausschlußkriterien formuliert wie z. B. ein aktueller klinischer Behandlungsbedarf und eine hochgradige Fremd- und/oder Selbstgefährdung (Bundesvereinigung Lebenshilfe 1988, 4 f.). Sicher ist, daß sich die gemeindeintegrierten wohnbezogenen Dienste künftig verstärkt der Aufgabe stellen müssen, eine größere Zahl „enthospitalisierter" Personen aufzunehmen und ihnen ein dauerhaftes Zuhause zu geben.

6.1

Nach § 3a BSHG haben ambulante Hilfen grundsätzlich den Vorrang vor stationären Hilfen. Die Träger stationärer Einrichtungen sind also unverändert in der Pflicht, gegen den allgemeinen Trend alle großen Wohnheime langfristig abzuschaffen und dafür zu sorgen, daß die allen Bürgern gesetzlich garantierten Rechte auf Freizügigkeit (freie Wahl des Wohnortes nach § 11 GG) zukünftig auch für Menschen mit geistiger Behinderung eingelöst werden können, indem ihnen eine bedarfsgerechte Anzahl hinreichend differenzierter Wohnangebote und ambulanter Dienste in ihrer Herkunftsregion zur Verfügung steht.

Vor dem Hintergrund des bundesweiten Mangels an geeigneten Wohnangeboten können sich die meisten Menschen mit geistiger Behinderung glücklich schätzen, wenn sie überhaupt in einem gemeindenahen wohnbezogenen Dienst leben. Insofern mag der Anspruch, Erwachsene mit geistiger Behinderung sollten ihre Wohnung frei wählen können, gegenwärtig realitätsfern erscheinen. Dennoch darf auf Anstrengungen, Menschen mit geistiger Behinderung hinsichtlich ihrer wohnbezogenen Rechte nichtbehinderten Menschen gleichzustellen (z. B. Mietvertrag statt Heimvertrag, Auszahlung der Sozialhilfe an die Betroffenen statt an die Einrichtungen) nicht verzichtet werden.

Wahl der Wohnform

Der Mangel an Wohnplätzen in kleinen, gemeindeintegrierten Diensten führt noch immer dazu, daß viele Menschen mit geistiger Behinderung in Einrichtungen (z. B. in größeren Wohnheimen) aufgenommen werden, die ihren Bedürfnissen nur sehr unzureichend entsprechen. Selbst dann, wenn für einen Nutzer zu einem späteren Zeitpunkt die Gelegenheit besteht, einen bedürfnisgerechteren Wohnplatz zu erhalten – etwa im Rahmen des „betreuten Wohnens" – ist dies oft unvermeidlich mit einem Umzug und der Aufgabe oft mühsam hergestellter sozialer Beziehungen verbunden. Viele wohnbezogene Dienste machen überdies einen Umzug in kleinere und individualisiertere Wohnformen vor allem von den intellektuellen Fähigkeiten eines Nutzers, seinen Selbstversorgungskompetenzen und nicht zuletzt auch von seinem Wohlverhalten abhängig. Auf diese Weise wird die Qualität des Wohnens, die einem behinderten Menschen zugemessen wird, in direkte Abhängigkeit von seinen intellektuellen und sozialen Leistungen gebracht.

Wenn bestimmte Kompetenzen als Voraussetzung für die Befriedigung grundlegender menschlicher Bedürfnisse verlangt werden, hat eine Verletzung der Menschenwürde bereits stattgefunden. Die Wahl des Wohnortes und der Wohnform sollte daher nicht vorrangig von Kompetenzen abhängig gemacht werden, sondern primär von der Frage, ob die Wohnform (Wohngruppe, betreutes Einzelwohnen usw.) für einen bestimmten Nutzer geeignet ist, ob sie ihm gefällt und ob er mit seinen möglichen Mitbewohnern wirklich zusammenwohnen möchte.

Ein wohnbezogener Dienst sollte sich intensiv darum bemühen, diese zentralen Punkte bereits vor dem Einzug eines Nutzers zu klären. Der erste Schritt dazu ist, den betreffenden Nutzer sowie seine Angehörigen und Fürsprecher(innen) darüber zu befragen. In vielen Fällen wird es aber darüber hinaus auch notwendig sein, daß sich die Mitarbeiterinnen einer aufnehmenden Gruppe Informationen über die Biographie, über zentrale Lebensereignisse und Erfahrungen sowie über die gegenwärtige Lebenssituation (Arbeits- und Freizeitbereich, soziale Beziehungen) des betreffenden Menschen verschaffen, um auf einer möglichst breiten Grundlage zu entscheiden, wie das Angebot des wohnbezogenen Dienstes auf den betreffenden Nutzer abgestimmt werden kann.

Ein Nutzer, der über Jahre hinweg von einer Wohngruppe zur nächsten geschoben wurde, sich mit ständig wechselnden Bezugspersonen konfrontiert sah und vor allem Ablehnung erfahren hat, wird primär ein Bedürfnis nach Anerkennung, Freundschaft, Zugehörigkeit und Selbstachtung haben. Wahrscheinlich wird er erst in zweiter Linie daran interessiert sein, alltagspraktische Fähigkeiten zu erlernen. Ein wohnbezogener Dienst sollte bei Nutzern mit solchen oder ähnlichen biographischen Erfahrungen demnach den Schwerpunkt der Bemühungen darauf legen, den Bewohnern ein dauerhaft sicheres Zuhause zu bieten und ihnen verläßliche soziale Beziehungen zu vermitteln. Dies schließt natürlich nicht aus, daß gleichzeitig auch Selbstversorgungskompetenzen gefördert werden, zumal die individuelle Erfahrung der Kompetenzerweiterung in der Regel auch zu größerer Selbstachtung und Autonomie eines Menschen beiträgt.

Wohnbezogene Dienste, die ernsthaft versuchen, ihren Nutzern ein wirkliches „Zuhause" zu schaffen, stellen hohe Anforderungen an die Kompetenzen ihrer Mitarbeiterinnen. Die Organisationsstruktur eines wohnbezogenen Dienstes (Hierarchien, formale Regeln, Verpflichtung der Mitarbeiterinnen gegenüber den Nutzern, der Leitung und den Interessen des Trägers) erschwert ein Zusammenleben mit den Nutzern nach familiärem Vorbild oder nach dem Ideal einer echten Lebensgemeinschaft. Es bedarf besonderer Fähigkeiten der

Mitarbeiterinnen, um einerseits eine Atmosphäre zu schaffen, die den einzelnen Nutzern das Gefühl des Zuhauseseins vermittelt, andererseits aber auch nicht zu verleugnen, daß die eigenen Hilfen und Dienstleistungen letztlich einen professionellen Charakter haben (vgl. Gegenstandsbereich „Beziehungsgestaltung zwischen Mitarbeiterinnen und Nutzern", S. 197 ff.).

Die richtige Wahl der Wohnform hängt neben individuellen Bedürfnissen und Vorstellungen auch entscheidend vom Alter einer Person ab. Während es für viele junge Menschen in einem bestimmten Lebensabschnitt normal und auch förderlich sein kann, in einer Wohngemeinschaft mit mehreren Personen zusammenzuwohnen, die ihnen nicht allzu gut bekannt sind, wäre dies für fast alle älteren Menschen in unserer Gesellschaft eine unzumutbare Belastung. Alle Wohnangebote für Erwachsene mit geistiger Behinderung – von der Wohngruppe innerhalb eines Wohnheims über kleinere Gruppen eines Verbundsystems bis hin zu betreutem Einzel- und Paarwohnen – sollten sich an der Spannbreite der in der Bundesrepublik üblichen und allgemein positiv beurteilten Wohnformen von Menschen gleichen Alters orientieren. Dies wäre für Erwachsene das Leben in der Familie, in der (Ehe-)Paarbeziehung, in einer Wohngemeinschaft mit guten Freund(inn)en oder auch als Single.

Ein wohnbezogener Dienst sollte potentiellen Nutzern und deren Angehörigen die Entscheidung über einen Einzug erleichtern, indem er seine Leistungen so differenziert wie möglich darstellt (in Form schriftlicher Informationen, bei Besuchen usw.). Für diejenigen Nutzer, die die Leistungen und Hilfen des wohnbezogenen Dienstes in Anspruch nehmen, muß überdies in bestimmten zeitlichen Abständen überprüft werden, ob die genutzten Wohnangebote noch ihren Bedürfnissen und Wünschen entsprechen.

Besteht nach einer gründlichen Prüfung (z. B. mit dem Instrument LEWO) kein Zweifel daran, daß die eigenen Hilfen und Leistungen für einen bestimmten Nutzer nicht (mehr) oder nur wenig geeignet sind, so sollte ein wohnbezogener Dienst

- sein Angebot – wenn möglich – so verändern, daß es den Bedürfnissen des betreffenden Menschen entspricht; dabei dürfen die Bedürfnisse der anderen Nutzer selbstverständlich nicht vernachlässigt werden;
- den betreffenden Menschen mit Behinderung an einen anderen wohnbezogenen Dienst in der Region weitervermitteln, der seine Bedürfnisse besser ansprechen kann, sofern der Nutzer dies wünscht;
- sich dafür engagieren, daß bisher in der Stadt oder Region nicht vorhandene, aber benötigte Angebote eingerichtet und mit anderen Trägern abgestimmt werden (vgl. Gegenstandsbereich „Aktive Teilnahme an der regionalen Sozialplanung und der Sozialpolitik", S. 366 ff.).

In der eigenen Wohnung wird mehr Zeit verbracht als an allen anderen Orten. Die Wohnung ist für die meisten Menschen somit der Ort, an dem sie das höchste Maß an Gewohntem genießen. Hier lassen sich die menschlichen Grundbedürfnisse nach Vertrautheit, Geborgenheit und Schutz am zuverlässigsten befriedigen. Zudem stellt die Wohnung den Lebensmittelpunkt dar, von dem aus andere Lebensbereiche wie etwa der Arbeitsplatz oder verschiedene Freizeitstätten aufgesucht werden und zu dem man immer wieder zurückkehrt. Insofern bildet eine objektiv gute und auch individuell zufriedenstellende Wohnsituation die Grundlage dafür, an anderen Lebensbereichen teilnehmen zu können und die dort auftretenden Probleme und Schwierigkeiten angemessen zu bewältigen.

Kontinuität des Wohnens

Die Erfahrung von Kontinuität im Wohnen ist vor allem auch deshalb wichtig, weil jeder Mensch das Bedürfnis hat, sich trotz unterschiedlicher Lebensbereiche, wechselnder Rollen und zahlreicher Veränderungen als gleichbleibend und identisch zu fühlen (FLADE 1987, 56). Voraussetzung für die Erfahrung von Beständigkeit ist jedoch eine längere Wohndauer am gleichen Ort. Wer hingegen häufig umzieht, wird die Erfahrung des Vertrautseins mit einem bestimmten Wohnort nicht teilen können (FLADE 1987, 56). Ein Wechsel der Wohnung und des Wohnortes ist meist auch mit dem zeitweiligen oder sogar endgültigen Abbruch bestimmter Tätigkeiten und sozialer Beziehungen verbunden, zumal dann, wenn Verwandte, Freunde und Bekannte im näheren Umkreis der alten Wohnung leben.

Wenn der Wohnortwechsel dagegen mit dem Reiz neuer Eindrücke und Erfahrungen verbunden ist (z. B. neue Tätigkeiten; neue Möglichkeiten, Kontakte herzustellen), lassen sich viele Nachteile ausgleichen. Unter Umständen kann sich die Beständigkeit des Wohnortes sogar negativ auswirken, z. B. wenn man mit seiner Wohnsituation sehr unzufrieden ist, aber keine Möglichkeit sieht, sie zu verändern (STOKOLS 1983, in: FLADE 1987, 150 f.).

Einer repräsentativen Umfrage (SILBERMANN 1991, 25) zufolge leben in Deutschland (alte Bundesländer) über die Hälfte der Befragten länger als zehn Jahre in der gleichen Wohnung, 28 % sogar über 20 Jahre. Zum Vergleich: Nach einer Untersuchung von THESING (1993, 147) in betreuten Wohngruppen lebten die Bewohner durchschnittlich 4,3 Jahre in ihrer Wohngruppe, wobei zu berücksichtigen ist, daß die Form des betreuten Wohnens erst in den letzten 15 bis 20 Jahren für Menschen mit geistiger Behinderung entstanden ist.

Umzüge sind nach den Ergebnissen SILBERMANNs bei den Bundesbürgern etwa bis zum 40. Lebensjahr eher die Regel, werden danach aber immer unwahrscheinlicher. Veränderungsabsichten erwachsen im übrigen hauptsächlich aus beengten Wohnverhältnissen. Insgesamt jedoch ist die Umzugsbereitschaft (regionale und soziale Mobilität) in Deutschland eher als gering anzusehen. So gaben 61 % der Befragten an, am liebsten überhaupt nicht umziehen zu wollen.

Der Wunsch nach Kontinuität des Wohnens ist stark vom Lebensalter abhängig. Gaben in der Altersgruppe der 18- bis 24jährigen immerhin noch 36 % der Befragten Umzugsabsichten an, waren es in der Gruppe der 25- bis 39jährigen nur noch knapp 22 % und in der Gruppe der 40- bis 59jährigen lediglich noch etwa 6 % (SILBERMANN 1991, 56).

Im Gegensatz zu Nichtbehinderten ziehen viele Erwachsene mit geistiger Behinderung nicht deshalb aus ihrem gewohnten Wohn- und Lebensumfeld fort, weil sie dies selbst so wünschen, sondern weil sie aus verschiedensten Gründen umziehen müssen bzw. „verlegt" werden. Noch immer ist es vielerorts Praxis, den Anspruch auf einen Wohnheimplatz an den Arbeitsplatz in einer WfB zu koppeln (vgl. THESING 1993). Endet die Beschäftigung in der WfB, so ist auch der Wohnplatz gefährdet. Dies trifft die Nutzer zudem in einem Alter, in dem die meisten Menschen ohnehin nur noch gegen ihren Willen umziehen.

Die Auswirkungen eines unfreiwilligen Umzugs auf das seelische Wohlbefinden von Menschen sind meist erheblich. Jeder Wohnortwechsel ist aufgrund der zahlreichen damit einhergehenden Veränderungen ein potentiell kritisches Lebensereignis, und dies um so mehr, je stärker die Verbundenheit mit dem alten Wohnort ausgeprägt und der Umzug nicht gewollt ist (FISCHER, FISCHER 1981, in: FLADE 1987, 151). Möglicherweise erinnern wir uns daran, wie belastend es war, als Kind oder Jugendliche(r) mit den Eltern umziehen zu müssen, ohne wirklich Einfluß auf diese Entscheidung nehmen zu können. Besteht noch nicht einmal die Gelegenheit, vertraute Möbel und persönliche Dinge mit in das neue Umfeld hinüberzunehmen, kann die Entwurzelung sehr weit gehen. Nicht zufällig finden sich in Biographien von Menschen mit Depressionen Wohnortwechsel besonders häufig unter den bedeutsamsten Lebensereignissen. Bekannt ist auch, daß viele ältere Menschen, die aufgrund erhöhten Hilfebedarfs ihre vertraute Umgebung verlassen und in ein Heim übersiedeln müssen, in den ersten Wochen nach dem Umzug versterben.

Menschen mit geistiger Behinderung benötigen im Regelfall erheblich mehr Zeit als Nichtbehinderte, um sich in einer neuen Umgebung zurechtzufinden, neue Menschen kennenzulernen und verläßliche soziale Beziehungen aufzubauen. Zudem verfügen sie oft nicht über die notwendigen finanziellen Mittel und die erforderlichen Fertigkeiten, ihre bestehenden Beziehungen auch über größere räumliche Entfernungen hinweg aufrechtzuerhalten. Das heißt, daß ein Wohnortwechsel für sie weit häufiger als für Nichtbehinderte auch mit dem Abbruch ihrer sozialen Kontakte verbunden ist.

Häufig geht mit einem Umzug (z. B. mit dem Auszug aus dem Elternhaus) auch gleichzeitig ein Übergang von einem Lebensabschnitt zum anderen einher. Nicht nur Menschen mit geistiger Behinderung wünschen sich in solchen Übergangsphasen Begleitung und Unterstützung durch vertraute Personen (vgl. Gegenstandsbereich „Wahl der Mitbewohner und Kontinuität des Zusammenlebens", S. 184 ff.). Die Mitarbeiterinnen eines wohnbezogenen Dienstes sollten daher gewährleisten, daß jeder Einzug oder Umzug eines Nutzers durch vertraute Bezugspersonen intensiv begleitet wird, daß die psychosozialen Wirkungen des Umzugs über längere Zeit hinweg analysiert und mögliche Mängel der Wohnqualität so weit wie möglich korrigiert werden.

Aufgrund der besonderen Bedeutung der Kontinuität des Wohnortes und der Wohnform sollte ein wohnbezogener Dienst alle Strukturmerkmale oder Praktiken vermeiden bzw. abbauen, die die Wohndauer der Nutzer einschränken können (Verlegung bei Verhaltensauffälligkeiten, Kopplung von Wohnplatz und Werkstattplatz usw.). Zudem sollte er besonders sensibel mit solchen Nutzern umgehen, die aufgrund bestimmter Lebensumstände ein besonderes Maß an Kontinuität benötigen (z. B. Alter, häufige Wohnortwechsel, Orientierungsschwierigkeiten in einer neuen Umgebung).

Literatur

BECK, I.; KÖNIG, A.: Quality of Life for Mentally Retarded People in Germany: An Overview of Theory and Practice. In: Goode, D. (Hrsg.): Quality of Life for Persons with Disabilities. International Perspectives and Issues. Cambridge 1994, 103 – 125

Bundesvereinigung Lebenshilfe für geistig Behinderte e. V. (Hrsg.): Errichtung und Führung von Wohnstätten für geistig Behinderte. Eine Empfehlung der Bundesvereinigung Lebenshilfe. Marburg 1988

Bundesvereinigung Lebenshilfe für geistig Behinderte e. V. (Hrsg.): Gemeindenahes Wohnen. Eine Empfehlung der Bundesvereinigung Lebenshilfe. Marburg 1992

Bundesvereinigung Lebenshilfe für geistig Behinderte e. V. (Hrsg.): Die Lebenshilfe in Zahlen. Marburg 1994

Bundesvereinigung Lebenshilfe für geistig Behinderte e. V. (Hrsg.): Leistungsvereinbarungen für Wohneinrichtungen. Leitfaden für Vereinbarungen zwischen Kostenträgern und Einrichtungsträgern nach § 93 BSHG. Marburg 1995

DOODY, T.; OSBURN, J.; WOLFENSBERGER, W.: Results of the quantitative assessment of the quality of a human service program. Unveröff. Evaluationsbericht. Indianapolis 1994

FLADE, A.: Wohnen psychologisch betrachtet. Bern 1987

GLATZER, W.; ZAPF, W. (Hrsg.): Lebensqualität in der Bundesrepublik: Objektive Lebensbedingungen und subjektives Wohlbefinden. Frankfurt a. M., New York 1984

SCHULTE, B.; TRENK-HINTERBERGER, P.: Bundessozialhilfegesetz (BSHG) mit Durchführungsverordnungen und Erläuterungen. Heidelberg 1988

SEIFERT, M.: Zur Wohnsituation von Menschen mit geistiger Behinderung unter besonderer Berücksichtigung von Personen mit hohem Betreuungsbedarf. Berlin 1993

SILBERMANN, A.: Neues vom Wohnen der Deutschen (West). Köln 1991

THESING, T.: Betreute Wohngruppen und Wohngemeinschaften für Menschen mit geistiger Behinderung. Freiburg i. Br. 1993

WOLFENSBERGER, W.; THOMAS, S.: PASSING. Toronto 1983

Wohnort ... • Wahlfreiheit und Kontinuität ...

Nutzerbezogene Indikatoren
Wahlfreiheit und Kontinuität des Wohnortes und der Wohnform

	trifft zu	trifft eher zu	trifft eher nicht zu	trifft nicht zu
1. Der Nutzer ist in einem Alter, in dem sich Menschen in der Regel eine besonders hohe Kontinuität ihres Wohnortes bzw. der Wohnform wünschen.	❑	❑	❑	❑
2. Der Nutzer befindet sich grundsätzlich oder gegenwärtig in einer Situation, in der er eine besonders große Verläßlichkeit des Wohnumfelds benötigt (z. B. Schwere der Behinderung, Arbeitsplatzwechsel, Veränderung sozialer Beziehungen).	❑	❑	❑	❑
3. Der Nutzer ist in seinem Leben mehrfach in verschiedene Gruppen oder Einrichtungen „verlegt" worden.	❑	❑	❑	❑
4. Der Nutzer äußert Wünsche bezüglich einer Alternative zum gegenwärtigen Wohnort und/oder zur gegenwärtigen Wohnform.	❑	❑	❑	❑
5. Der Nutzer hatte bei der Entscheidung über seinen Einzug in die gegenwärtige Wohnung bzw. Wohngruppe keine oder nur unzureichende Wahlmöglichkeiten zwischen verschiedenen Wohnorten und Wohnformen.	❑	❑	❑	❑
6. Der Nutzer, seine Angehörigen oder für ihn bedeutsame Personen waren am Entscheidungsfindungsprozeß über den gegenwärtigen Wohnort und die gegenwärtige Wohnform nicht beteiligt.	❑	❑	❑	❑
7. Der Nutzer erhielt im Entscheidungsfindungsprozeß über den gegenwärtigen Wohnort und die gegenwärtige Wohnform sowie beim Umzug keine oder nur wenig Unterstützung (z. B. Kennenlernen unterschiedlicher Wohnformen durch Besuche und/oder kurzzeitiges Probewohnen).	❑	❑	❑	❑
8. Der Nutzer ist vor „Verlegungen" nicht ausreichend geschützt. Er hat nicht die Garantie, am gegenwärtigen Wohnort und in der gegenwärtigen Wohnform so lange leben zu können, wie er es sich wünscht.	❑	❑	❑	❑

Gesamteinschätzung

Aus den individuellen Bedürfnissen und den Erfahrungen des Nutzers ergibt sich ein besonderer Unterstützungsbedarf bei der Wahl und zur Sicherung der Kontinuität des Wohnortes und der Wohnform.	❑	❑	❑	❑

Angebotsbezogene Indikatoren
Wahlfreiheit und Kontinuität des Wohnortes und der Wohnform

	trifft zu	trifft eher zu	trifft eher nicht zu	trifft nicht zu
1. Bevor über einen Einzug oder Umzug entschieden wird, werden die individuellen Wohnwünsche und -bedürfnisse des jeweiligen Nutzers sorgfältig erkundet und dokumentiert (z. B. durch Befragung, teilnehmende Beobachtung, obligatorisches Probewohnen).	❏	❏	❏	❏
2. Bei der Entscheidung über einen Einzug oder Umzug werden die Interessen und Wünsche des jeweiligen Nutzers vorrangig berücksichtigt. Eine Entscheidung gegen den ausdrücklichen Willen eines Nutzers ist ausgeschlossen.	❏	❏	❏	❏
3. Das Leistungsangebot des wohnbezogenen Dienstes liegt in differenzierter Form schriftlich vor und wird denen, die sich für einen Einzug interessieren (Nutzer und ihre Angehörigen, Fürsprecher[innen], Betreuer[innen] nach BtG usw.), zugänglich gemacht.	❏	❏	❏	❏
4. Im Hinblick auf verschiedenartige individuelle Wohnbedürfnisse werden verschiedene Wohnformen (betreutes Einzel- oder Paarwohnen, gruppengegliedertes Wohnen, ambulant betreutes Einzelwohnen usw.) ermöglicht.	❏	❏	❏	❏
5. In vereinbarten zeitlichen Abständen wird überprüft, ob das gegenwärtig genutzte Wohnangebot noch den individuellen Bedürfnissen und Wünschen der Nutzer entspricht. Die Ergebnisse gehen erkennbar in die Angebotsplanung des wohnbezogenen Dienstes ein.	❏	❏	❏	❏
6. Nutzer, denen der wohnbezogene Dienst kein bedürfnisgerechtes Wohnangebot machen kann, werden an andere geeignetere Dienste weitervermittelt.	❏	❏	❏	❏
7. Hindernisse, die der Wahlfreiheit von Nutzern entgegenstehen oder die Wohndauer einschränken (z. B. Widmung einzelner Wohnangebote für spezielle Personenkreise wie Werkstattmitarbeiter, Ausschluß von schwer behinderten oder verhaltensauffälligen Nutzern) werden abgebaut.	❏	❏	❏	❏
8. Der Wohnungswechsel von Nutzern wird individuell begleitet, hinsichtlich seiner psychosozialen Wirkungen analysiert und durch geeignete Maßnahmen erleichtert (vor- und nachbereitende Gespräche, erhöhte Zuwendung usw.).	❏	❏	❏	❏

6.1

Wohnort ... • Wahlfreiheit und Kontinuität ...

	trifft zu	trifft eher zu	trifft eher nicht zu	trifft nicht zu
9. Der wohnbezogene Dienst bemüht sich darum, Menschen mit geistiger Behinderung hinsichtlich ihrer Rechte im Bereich des Wohnens nichtbehinderten Menschen gleichzustellen (Mietvertrag statt Heimvertrag; alternative Finanzierungsformen, die dem Betroffenen mehr Einfluß auf die Verwendung der zur Verfügung stehenden Mittel einräumen usw.).	❏	❏	❏	❏

Gesamteinschätzung

Der wohnbezogene Dienst unternimmt alle erforderlichen Bemühungen, um die Wahlfreiheit und Kontinuität des Wohnortes und der Wohnform zu sichern.	❏	❏	❏	❏

Gegenstandsbereich:
Standort

Wohnen findet nicht nur im Innenbereich der Wohnung statt. Die Wohnqualität hängt ganz wesentlich auch von Merkmalen der Wohnumgebung ab, z. B. vom Vorhandensein eines Kiosks, eines Briefkastens und einer Bushaltestelle in unmittelbarer Nähe des Hauses oder der Wohnung (FLADE 1987, 15 f.). Somit kommt dem Standort der Wohnung bzw. des Hauses, in dem man lebt, eine große Bedeutung zu. Eine neue Wohnung wird nicht zuletzt auch danach ausgesucht, in welchem Stadtteil sie liegt, welche Dienstleistungsbetriebe und Einrichtungen sich in der Nähe befinden und in welcher Zeit sie mit öffentlichen oder privaten Verkehrsmitteln zu erreichen sind, welche Sicherheit die Wohngegend bietet und welchen Schutz vor Lärm*, Schadstoffen oder Geruchsbelästigung der Standort des Hauses erwarten läßt.

Aus Befragungen über die Wohnzufriedenheit (GLATZER, ZAPF 1984, 84 ff.) geht hervor, daß es den meisten Befragten nicht möglich ist, bei ihrer Wohnentscheidung eine gute Wohnung, eine angenehme Wohngegend und günstige Verkehrsverhältnisse gleichzeitig zu realisieren. Auch die Träger wohnbezogener Dienste, die eine Wohnung oder ein Haus anmieten oder kaufen wollen, um es potentiellen Nutzern zur Verfügung zu stellen, müssen bei der Standortfrage im Regelfall Kompromisse eingehen. Sie sollten ihre Entscheidung über den geeigneten Standort nach Möglichkeit erst nach einer genauen Analyse der spezifischen standortbezogenen Vor- und Nachteile fällen. Für bereits bestehende Dienste kann eine solche Analyse einen wichtigen Beitrag dazu leisten, eine zentrale Voraussetzung für die Qualität ihrer Angebote und Leistungen besser einzuschätzen.

Standortbedingungen

Nach einem Grundsatz der Bundesvereinigung Lebenshilfe (1995 a, 8) soll kein Mensch mit geistiger Behinderung „... isoliert von der Gesellschaft leben müssen, sondern selbstverständlicher Nachbar in den allgemeinen Wohngebieten sein" (vgl. auch Bundesvereinigung Lebenshilfe 1995 b, 368). Demnach sollte eine Wohnung oder ein Haus, in dem Erwachsene mit geistiger Behinderung leben, sich grundsätzlich in einem Wohngebiet oder gemischt bebauten Gebiet mit Wohnhäusern und Dienstleistungsbetrieben befinden (im Innenstadtbereich, im Stadtteilzentrum, im Dorfkern, in einem Wohngebiet mit guter Nahverkehrsanbindung usw.), keinesfalls jedoch z. B. in Gewerbezonen oder außerhalb von Bebauungsgebieten. Auch ein Standort am Stadtrand ist problematisch, da sich die meisten sozialen und kulturellen Angebote einer Gemeinde in der Regel im Stadtkern konzentrieren (MAHLKE, SCHWARTE 1985, 16).

Der günstigste Standort ist prinzipiell eine Lage in einem gemischten Wohngebiet mit Wohnhäusern und Geschäften, die den Nutzern eines wohnbezogenen Dienstes wesentlich mehr Anregungen bietet als eine reine Wohngegend („Schlafstadt"). Man begegnet öfter Menschen, erlebt mehr Bewegung und bekommt häufiger Gelegenheit zu Beobachtungen und Konversation.

Gemischt bebaute Gebiete zeichnen sich u. a. dadurch aus, daß sie den Bewohnern die wichtigsten Versorgungs- und Dienstleistungsbetriebe (Geschäfte, Restaurants, Bank, Post, Arztpraxen) sowie soziale Einrichtungen (z. B. Schulen, Kindergärten oder Tagesstätten) in unmittelbarer Nähe des Wohnortes anbieten können. Für Menschen mit geistiger Behinderung, die in ihrer Mobilität zumeist eingeschränkt sind, ist eine gute Erreichbarkeit von Geschäften, Einrichtungen und Freizeitstätten von besonderer Bedeutung. Viele Nutzer wohnbezogener Dienste benötigen z. B. bei der Nutzung öffentlicher Verkehrsmittel Unterstützung.

Die Verfügbarkeit vielfältiger Dienstleistungsbetriebe und öffentlicher Einrichtungen wie Restaurants, Cafés, verschiedene Geschäfte, Kinos, Theater, Sportanlagen, Kirchen, Stadtbücherei, Post, Bank, Arztpraxen, Grünanlagen usw. ist daher ein bedeutsames Standortkriterium für einen wohnbezogenen Dienst. Dabei sollten die vorhandenen Dienstleistungsbetriebe und Einrichtungen für die einzelnen Nutzer individuell sinnvoll und interessant sein, also ihrem Alter sowie ihren persönlichen Bedürfnissen und Wünschen entsprechen.

Erst durch die Einbindung eines wohnbezogenen Dienstes in ein Umfeld mit entsprechender Infrastruktur erhalten die Nutzer angemessene Voraussetzungen für eine möglichst weitgehende

---

* Wie aus einer repräsentativen Befragung (SILBERMANN 1991, 53 und 111) hervorgeht, rangiert die Verkehrsbelastung bei der Frage nach den Nachteilen einer bestimmten Wohnlage an vorderster Stelle.

autonome Lebensführung. Dazu ist es förderlich, wenn der Dienst bewußt auf eigenständige Versorgungsangebote verzichtet und stattdessen allgemeine infrastrukturelle Angebote und Dienste in Anspruch nimmt (vgl. Gegenstandsbereich „Selbstversorgung und Alltagshandeln", S. 130 ff.).

Eine Untersuchung von THESING (1993, 163) zeigt, daß in betreuten Wohngruppen für Menschen mit geistiger Behinderung zwar insgesamt eine gute Erreichbarkeit von Einrichtungen der Gemeinde gegeben ist (Arzt, Post, Einkaufsmöglichkeiten, Gaststätte wurden von mehr als zwei Dritteln der befragten Gruppen als sehr gut oder gut erreichbar bezeichnet); Freizeitstätten hingegen sind nicht überall gut erreichbar (sehr gut oder gut erreichbar nur für weniger als die Hälfte der Gruppen); die Bus- und Bahnverbindungen wurden (von etwa der Hälfte der Gruppen) als schlecht oder sogar sehr schlecht bezeichnet (dazu ist anzumerken, daß die untersuchten Wohngruppen zu 42 % im ländlichen Raum lagen).

Zugänglichkeit des Hauses oder der Wohnung

Die Wohnung oder das Haus eines wohnbezogenen Dienstes sollte für alle Nutzer gut zugänglich sein. Die Möglichkeit, die eigene Wohnung selbständig verlassen und betreten zu können, ist eine grundlegende Voraussetzung dafür, aus eigener Initiative mit Menschen außerhalb des wohnbezogenen Dienstes in Kontakt zu treten und am Leben in der Gemeinde teilzunehmen.

Die Zugänglichkeit einer Wohnung oder eines Hauses hängt u.a. davon ab, wie gut die Anbindung an das öffentliche Nahverkehrssystem (Bus-, Straßenbahn- oder U-Bahnlinien, Bahnhöfe) ist, wie regelmäßig und zu welchen Zeiten Busse und Bahnen fahren – besonders am Wochenende und in den Abendstunden – und ob in der Nähe Parkmöglichkeiten für Besucher(innen) bestehen.

Befindet sich ein wohnbezogener Dienst an einem Standort, der nur unzureichend an das Nahverkehrssystem angebunden ist, wird der Einsatz spezieller Fahrdienste erforderlich, um die Mobilität der Nutzer zu erhöhen. Grundsätzlich jedoch sollte auf besondere Fahrdienste aufgrund ihrer mangelnden Flexibilität und ihrer oft stigmatisierenden Aufmachung (Logo der „Aktion Sorgenkind", „Fahrdienst Sonnenschein") nur in Not- bzw. Ausnahmefällen zurückgegriffen werden. Stattdessen sollten die örtlichen Verkehrsbetriebe dazu angehalten werden, den wohnbezogenen Dienst künftig auf ihrer regulären Route anzufahren (vgl. MAHLKE, SCHWARTE 1985, 16).

Die Zugänglichkeit wird nicht zuletzt auch maßgeblich von Sicherheitsaspekten bestimmt. Die Sicherheit in der unmittelbaren Umgebung des Hauses oder der Wohnung kann zum einen durch Ampeln, Zebrastreifen, breite Gehwege, verkehrsberuhigende Maßnahmen und eine ausreichende nächtliche Beleuchtung entscheidend erhöht werden. Zum anderen sollten die Mitarbeiterinnen wohnbezogener Dienste es sich aber auch zur Aufgabe machen, die individuelle Sicherheit der einzelnen Nutzer durch gezieltes Verkehrstraining zu erhöhen.

Standort und lokale Integration

Der Standort eines wohnbezogenen Dienstes innerhalb eines normalen Wohngebiets ist jedoch nicht nur eine wesentliche Voraussetzung dafür, daß Menschen mit Behinderung die für ihre Teilhabe am gesellschaftlichen Leben notwendigen Gemeindeangebote überhaupt erreichen können. Er stellt auch die Grundlage dafür dar, daß Menschen mit geistiger Behinderung als Bürger der Gemeinde im Stadtbild überhaupt „sichtbar" werden und am sozialen Leben teilnehmen können.

Jede soziale Integration setzt voraus, daß zunächst eine räumliche (physische) Integration hergestellt wird. Insofern entscheidet bereits die Lage eines wohnbezogenen Dienstes über die Möglichkeit seiner Nutzer, die menschlichen Grundbedürfnisse nach Kontakt und Kommunikation angemessen zu befriedigen. Die Entfernung eines wohnbezogenen Dienstes zu seiner Nachbarschaft hat auch deshalb eine zentrale Bedeutung, weil Menschen in benachbarten Häusern generell häufiger miteinander bekannt sind. Zur räumlichen Nähe müssen jedoch auch ähnliche Interessen und Lebensstile (soziale Nähe) hinzukommen sowie eine Größe des Wohngebäudes, die der Größe der umliegenden Häuser entspricht (FLADE 1987, 50).

Menschen, die aus verschiedenen Gründen aus der Gesellschaft weitgehend ausgeschlossen sind (Menschen mit geistiger Behinderung, psychisch Kranke, Alkoholkranke, zum Teil auch alte und besonders arme Menschen), werden in den westlichen Industriegesellschaften seit Jahrhunderten auch räumlich von der Gemeinschaft der „Normalbürger" getrennt. Für sie wurden im letzten Jahrhundert – meist weit außerhalb der bewohnten Gebiete – besondere Institutionen geschaffen. Auf diese Weise wurden diese Menschen nicht nur aus ihren Heimatgemeinden, sondern buchstäblich auch aus dem Bewußtsein der übrigen Bevölkerung entfernt.

Der sozialen Distanz entspricht stets auch eine räumliche Distanz. Noch heute befinden sich die meisten größeren Anstalten und psychiatrischen Einrichtungen außerhalb von Ortschaften, so daß soziale Kontakte zwischen den Bewohnern der Institutionen und den Einwohnern der umliegenden Gemeinden schon durch die räumliche Entfernung erschwert werden. Wenn gegenwärtig Flüchtlinge oder Aussiedler bevorzugt abseits der Stadtzentren, in der Nähe von Mülldeponien oder auf Schiffen im Hafen untergebracht werden, wird ihnen damit deutlich zu verstehen gegeben, daß man sie nicht als gleichwertige Personen akzeptiert und sie sich von anderen Menschen möglichst fernhalten sollten. Es setzt sich eine lange Tradition der Aussonderung fort, die es auch noch vielen Menschen mit geistiger Behinderung bis heute unmöglich macht, ein Leben innerhalb der Gemeinschaft der Nichtbehinderten zu führen.

Schon *ein ungewöhnlicher Standort* eines Hauses kann also nach außen hin signalisieren, daß dort Personen leben, die ungewöhnlich oder „anders" als andere Menschen sind. Die Beschäftigten eines wohnbezogenen Dienstes sollten deshalb ein Bewußtsein dafür entwickeln, daß bestimmte Charakteristika des Standortes eines wohnbezogenen Dienstes Außenstehenden negative Vorstellungen über die Bewohner vermitteln können, zumal dann, wenn diese durch eine geistige Behinderung ohnehin schon stigmatisiert sind.

Beispiele für Standorte mit besonders negativem Image sind: Rotlichtbezirke, Bahnhofsviertel, soziale Brennpunkte, Mülldeponien, Kläranlagen, Industriegebiete oder sogenannte Elendsviertel. Die meisten nichtbehinderten Menschen werden es vermeiden, ihren Wohnsitz in der Nähe solcher Standorte zu wählen, da sie für gewöhnlich mit Vorstellungen von Schmutz, Unordnung, Kriminalität, Armut, Lasterhaftigkeit und Verfall verbunden sind.

Um den noch immer vorherrschenden negativen Bildern über Menschen mit geistiger Behinderung so weit wie möglich positive Vorstellungen entgegenzusetzen, sollte sich ein wohnbezogener Dienst bevorzugt in einer Wohnlage von mindestens durchschnittlicher, besser noch gehobener Qualität befinden.

Die ablehnenden Reaktionen mancher Bewohner bürgerlicher Wohngebiete, die sich einem bevorstehenden Einzug von Menschen mit geistiger Behinderung in ihre Nachbarschaft gegenüber sehen, sind nicht zuletzt auch durch die Angst begründet, die allgemein negativen gesellschaftlichen Vorstellungen über Menschen mit geistiger Behinderung könnten sich auf sie übertragen. Hier ist jedoch einzuwenden, daß angesehene Bürger normalerweise einer großen Zahl negativer Botschaften ausgesetzt werden müssen, bis ihr Ansehen ernsthaft Schaden nimmt. Personen hingegen, die bereits von Stigmatisierungs- und Abwertungsprozessen betroffen sind, können schon durch eine einzige weitere negative Zuschreibung in ein noch schlechteres Licht gerückt werden.

Auch die *Geschichte des Hauses oder Grundstücks* eines wohnbezogenen Dienstes ist nicht selten negativ „vorbelastet". Wenn dort zuvor Menschen gewohnt haben, die ebenfalls gesellschaftlich abgewertet wurden (z. B. Sozialhilfeempfänger oder psychisch kranke Menschen), werden die bestehenden negativen Vorstellungen über die alten Bewohner schnell auf die neuen übertragen. Unter diesen Umständen wird das Knüpfen sozialer Kontakte zwischen den Nutzern und der Nachbarschaft natürlich erheblich erschwert (vgl. WOLFENSBERGER, THOMAS 1983, 141 ff.).

Schließlich kann auch die *räumliche Nähe zu anderen sozialen Diensten* dem Ansehen der Nutzer schaden. So wird z. B. durch die unmittelbare Nähe eines Wohnheims für Erwachsene mit geistiger Behinderung zu einer Einrichtung für psychisch kranke oder drogenabhängige Menschen leicht der Eindruck erweckt, beide Dienste und die dort lebenden Personen hätten etwas miteinander zu tun. Wohnungen oder Wohngruppen für Menschen mit geistiger Behinderung sollten daher nicht in der Nähe von Diensten angesiedelt werden, die einen negativen Imagetransfer begünstigen können.

Je mehr Menschen, die von der übrigen Bevölkerung als von der Norm abweichend angesehen werden, in einem Stadtteil oder einer Gemeinde wohnen, desto geringer ist im allgemeinen die Fähigkeit und Bereitschaft der Bevölkerung, diese Menschen zu tolerieren und in das soziale Leben der Gemeinde einzubeziehen. Daher sollte die Zahl der Nutzer wohnbezogener Dienste, die in einem Stadtteil oder einer Gemeinde leben, in einem Verhältnis zur Gesamtbevölkerung dieses Stadtteils bzw. dieser Gemeinde stehen, das deren Integrationsfähigkeit nicht schon von vornherein überfordert.

Während innerhalb eines kleinen Dorfes oder eines sehr homogen strukturierten Wohngebiets (z. B. reine Wohngegend gehobener Qualität) voraussichtlich nur eine relativ kleine Gruppe behinderter Menschen integriert werden kann, bietet eine Großstadt oder ein relativ heterogen zusammengesetzter Stadtteil (Wohngebiet mit Angehörigen unterschiedlicher Gesellschaftsschichten, unterschiedliche Geschäfts- und Dienstleistungsangebote) auch für eine größere Zahl behinderter Menschen im Prinzip bessere Integrationsmöglichkeiten – vorausgesetzt, sie wohnen dezentral im gesamten Stadtteil und nicht in einer einzelnen großen Einrichtung.

So werden vier oder sechs Mitglieder einer Wohngemeinschaft im Stadtbild nicht negativ auffallen, wenn sie einzeln oder in kleinen Gruppen unterwegs sind. Dagegen ist es Nachbarn oder Geschäftsleuten kaum zu verübeln, wenn sie auf große Gruppen behinderter Menschen zunächst einmal mit Zurückhaltung und Angst reagieren.

Standort und soziale Beziehungen

Zu Hause sein bedeutet nicht nur Vetrautheit und Verbundenheit mit einem bestimmten Ort, sondern auch mit den Menschen, die dort leben (FLADE 1987, 43.) Wer in der Nähe seiner Familienangehörigen, Freunde oder Bekannten wohnt, wird diese wahrscheinlich öfter besuchen und auch selbst häufiger von ihnen besucht werden als jemand, der für einen Besuch weite Entfernungen zurücklegen muß. Da Menschen mit geistiger Behinderung meist weniger mobil sind, gilt dies für sie noch mehr als für Nichtbehinderte. Der Standort eines wohnbezogenen Dienstes trägt entscheidend dazu bei, ob die Nutzer an ihrem Wohnort günstige oder eher schlechte Voraussetzungen vorfinden, um bestehende Beziehungen aufrechtzuerhalten bzw. neue soziale Kontakte zu anderen Menschen anbahnen zu können.

Günstigenfalls sollte sich der Standort eines wohnbezogenen Dienstes zum einen in der Nähe des Wohnortes derjenigen Personen befinden, zu denen die einzelnen Nutzer bedeutsame Beziehungen unterhalten, also im Regelfall Angehörige, Freunde und vetraute Personen. Zum anderen sollte sich das Haus oder die Wohnung möglichst auch an einem Standort befinden, zu dem die Nutzer eine persönliche Verbundenheit empfinden, z. B. in der Nähe eines vorherigen Wohnortes oder in der Stadt bzw. der Gemeinde, wo sie aufgewachsen sind oder lange gelebt haben.

Allerdings wird es nicht immer möglich sein, beide Kriterien – Nähe zu bestehenden sozialen Beziehungen und regionale Verbundenheit – gleichzeitig zu berücksichtigen. Zudem lassen sich der Verlust einer vertrauten Umgebung und zum Teil auch der Abbruch freundschaftlicher Beziehungen durchaus kompensieren, wenn am neuen Wohnort interessante Erfahrungen und neue Kontakte zu erwarten sind. Wenn es also – etwa in Vorbereitung eines Einzugs oder Umzugs – um die Frage geht, ob sich ein Nutzer an einem bestimmten Wohnort wohlfühlen wird, ist die Standortfrage nur eine von mehreren wichtigen Gesichtspunkten.

Da es Menschen mit geistiger Behinderung jedoch oft besonders schwer fällt, neue Freundschaften zu schließen und verläßliche Beziehungen aufzubauen, sollten die Folgen von Beziehungsabbrüchen nicht unterschätzt werden. Es wird also außerordentlich wichtig sein, nach einem Umzug für die betreffende Person am neuen Standort eine Wohn- und Lebenssituation zu schaffen, die

1. auf Dauer angelegt ist,
2. die Aufrechterhaltung bestehender Beziehungen gewährleistet,
3. die Anbahnung neuer Kontakte und Freundschaften ermöglicht.

Nähe zum Arbeitsplatz

Generell sollte sich der Standort eines wohnbezogenen Dienstes auch in der Nähe des Arbeitsplatzes der Nutzer befinden und innerhalb einiger Minuten zu Fuß oder mit dem Fahrrad oder aber in zumutbarer Zeit (maximal 45 Minuten) mit öffentlichen Verkehrsmitteln erreichbar sein. Die noch immer anzutreffende Praxis, Wohnheim und WfB direkt neben- oder gar übereinander zu bauen und so zwei Lebensbereiche, die in unserer Gesellschaft normalerweise getrennt sind, räumlich zusammenzuschließen, ist zum einen stigmatisierend, zum anderen nehmen diese Dienste beinahe unvermeidlich den Charakter großer Versorgungseinrichtungen an.

Gegenwärtig jedoch machen die meisten Träger von Wohnangeboten für Menschen mit geistiger Behinderung gleichzeitig auch Beschäftigungsangebote, und häufig befinden sich diese auf dem Grundstück des wohnbezogenen Dienstes. Wie aus einer bundesweiten Studie (METZLER 1995, 68) hervorgeht, dominieren in der Behindertenhilfe noch immer Beschäftigungsmöglichkeiten, die zwar außerhalb des unmittelbaren Wohnbereichs, aber innerhalb der Einrichtung verortet sind. Nur etwas mehr als ein Drittel aller Menschen mit geistiger Behinderung in Wohneinrichtungen nehmen Beschäftigungsmöglichkeiten außerhalb der Einrichtung wahr, und für etwa 15 % finden Angebote zur Tagesstrukturierung sogar noch immer ausschließlich in der Wohngruppe statt.

Auch die gegenteilige Problematik kommt vor, wenn Wohnung und Arbeitsplatz weit voneinander entfernt liegen. Für die überwiegende Zahl der Erwachsenen mit geistiger Behinderung stellt die WfB nach wie vor die einzige Möglichkeit dar, einer zumindest annähernd normalisierten Arbeitstätigkeit nachzugehen (vgl. Gegenstandsbereich „Regelmäßige Tätigkeit außerhalb des Wohnbereichs", S. 140 ff.). Da aber die Werkstätten per Gesetz eine bestimmte Platzzahl aufzuweisen und infolgedessen oft recht große Einzugsgebiete haben, ist es gegenwärtig unvermeidlich, daß Menschen mit Behinderung auf ihrem Weg zum Arbeitsplatz nicht selten täglich mehrere Stunden im Bus verbringen müssen. Eine hohe Mobilität ist gesamtgesellschaftlich betrachtet zwar unumgänglich geworden. Das tägliche Pendeln über große Entfernungen muß jedoch als ein besonderer, „chronisch" wirkender Belastungsfaktor eingeschätzt werden, der auf Dauer der menschlichen Gesundheit erheblichen Schaden zufügen kann, vor allem dann, wenn auf dem Weg zur Arbeit Verkehrsdichte und -lärm sehr hoch sind (FLADE 1987, 143). Zudem wird es den Beschäftigten der WfB durch die großen Entfernungen überaus schwer gemacht, Kontakte zu Kolleg(inn)en über die Arbeitszeit hinaus aufrechtzuerhalten.

Literatur

Bundesvereinigung Lebenshilfe für geistig Behinderte e. V. (Hrsg.): Leistungsvereinbarungen für Wohneinrichtungen – Leitfaden für Vereinbarungen zwischen Kostenträgern und Einrichtungsträgern nach § 93 BSHG. Marburg 1995 a

Bundesvereinigung Lebenshilfe für geistig Behinderte e. V. (Hrsg.): Wohnen heißt zu Hause sein. Handbuch für die Praxis gemeindenahen Wohnens von Menschen mit geistiger Behinderung. Marburg 1995 b

FLADE, A.: Wohnen psychologisch betrachtet. Bern 1987

GLATZER, W.; ZAPF, W. (Hrsg.): Lebensqualität in der Bundesrepublik: Objektive Lebensbedingungen und subjektives Wohlbefinden. Frankfurt a. M., New York 1984

MAHLKE, W.; SCHWARTE, N.: Wohnen als Lebenshilfe. Ein Arbeitsbuch zur Wohnfeldgestaltung in der Behindertenhilfe. Weinheim, Basel 1985

METZLER, H.: Wohnen behinderter Menschen in Einrichtungen – Strukturen und Standards. In: Bundesministerium für Familie, Senioren, Frauen und Jugend (Hrsg.): Möglichkeiten und Grenzen selbständiger Lebensführung in Einrichtungen – Dokumentation des 1. Symposions vom 24. März 1995 in Berlin. Berlin 1995, 53 – 73

NIRJE, B.: The Normalization Principle. In: Flynn, R.; Nitsch, K. E.: Normalization. Social Integration and Community Services. Baltimore 1980

ROECK, B.: Außenseiter, Randgruppen, Minderheiten. Fremde im Deutschland der frühen Neuzeit. Göttingen 1993

SILBERMANN, A.: Neues vom Wohnen der Deutschen (West). Köln 1991

THESING, T.: Betreute Wohngruppen und Wohngemeinschaften für Menschen mit geistiger Behinderung. Freiburg i. Br. 1993

WOLFENSBERGER, W.; THOMAS, S.: PASSING. Toronto 1983

Nutzerbezogene Indikatoren:
Standort

	trifft zu	trifft eher zu	trifft eher nicht zu	trifft nicht zu
1. Der Nutzer benötigt besondere Unterstützung, um die infrastrukturellen Angebote des Wohnumfeldes wahrnehmen zu können (öffentliche Verkehrsmittel, Restaurants, Cafés, verschiedene Geschäfte, Kino, Theater, Sportanlagen, Parks, Schwimmbad, Stadtbücherei, Post, Bank, Arztpraxen, Kirche usw.).	❏	❏	❏	❏
2. Das Grundstück des wohnbezogenen Dienstes bzw. die unmittelbare Umgebung des Hauses bzw. der Wohnung ist für die Freizeitgestaltung des Nutzers wenig geeignet.	❏	❏	❏	❏
3. Der Nutzer kann seinen Arbeitsplatz nicht in einer zumutbaren Zeit zu Fuß, mit dem Fahrrad oder mit öffentlichen Verkehrsmitteln (bis ca. 45 Minuten) erreichen.	❏	❏	❏	❏
4. Die Wohnung oder das Haus befindet sich nicht in der Nähe des Wohnortes von Menschen, zu denen der Nutzer bedeutsame Beziehungen unterhält (Angehörige, Freunde usw.).	❏	❏	❏	❏
5. Durch den Einzug in die gegenwärtige Wohnung bzw. Wohngruppe wurden bedeutende soziale Kontakte des Nutzers unterbrochen oder nachhaltig beeinträchtigt.	❏	❏	❏	❏
6. Die Wohnung oder das Haus befindet sich an einem Ort, mit dem sich der Nutzer kaum oder gar nicht verbunden fühlt.	❏	❏	❏	❏

Gesamteinschätzung

Aus den individuellen Bedürfnissen und den Erfahrungen des Nutzers ergeben sich besondere Anforderungen an den Standort des Hauses oder der Wohnung.	❏	❏	❏	❏

Angebotsbezogene Indikatoren:
Standort

	trifft zu	trifft eher zu	trifft eher nicht zu	trifft nicht zu

Die folgenden Indikatoren sind zum einen für die Standortplanung bedeutsam. Zum anderen geben sie aber auch für bestehende wohnbezogene Dienste Hinweise auf standortbezogene Nachteile, die einer besonderen Aufmerksamkeit bedürfen und gezielte Anstrengungen zur Gestaltung des materiellen und sozialen Wohnumfelds erfordern. ❑ ❑ ❑ ❑

1. Die Wohnung oder das Haus befindet sich in einem Wohngebiet oder einem gemischt bebauten Gebiet (Wohnhäuser und Dienstleistungsbetriebe), nicht aber in Gewerbezonen oder außerhalb von Bebauungsgebieten (Ausnahme: landwirtschaftlich geprägte Produktions- und Lebensgemeinschaften). ❑ ❑ ❑ ❑

2. Die Wohnung oder das Haus befindet sich in einer „sicheren" Gegend und ist vor Lärm, Gestank und Schadstoffbelastungen geschützt. ❑ ❑ ❑ ❑

3. Die Wohnung oder das Haus befindet sich an einem Ort, mit dem in der Öffentlichkeit positive Vorstellungen verbunden werden (durchschnittliche oder gehobene Wohnlage), jedoch keinesfalls in der Nähe von Orten, die zu einem negativen Imagetransfer führen können (Friedhof, soziale Brennpunkte, Mülldeponien, Industriebrachen usw.). ❑ ❑ ❑ ❑

4. Die Wohnung oder das Haus befindet sich nicht in unmittelbarer Nähe anderer sozialer Dienste für Menschen, die ebenfalls von Stigmatisierung und Abwertung bedroht oder betroffen sind (z. B. Tagesstätte für psychisch Kranke, Drogenberatungsstelle, Wohnheim für Körperbehinderte, Altenpflegeheim) oder in unmittelbarer Nähe von Einrichtungen, die falsche Vorstellungen über Behinderung hervorrufen können (Krankenhaus, Fachklinik, Kindergarten usw.). ❑ ❑ ❑ ❑

5. Die Wohnung oder das Haus ist gut an das öffentliche Verkehrssystem angeschlossen. ❑ ❑ ❑ ❑

6.1

Wohnort ... • Standort

	trifft zu	trifft eher zu	trifft eher nicht zu	trifft nicht zu
6. Die Wohnung oder das Haus ist für alle Nuzer gut zugänglich.	❏	❏	❏	❏
7. Von der Wohnung oder vom Haus aus sind allgemeine Dienstleistungsbetriebe und öffentliche Einrichtungen (z. B. öffentliche Verkehrsmittel, Restaurants, Cafés, verschiedene Geschäfte, Kino, Theater, Schwimmbad, Sportanlagen, Stadtbücherei, Post, Bank, Arztpraxen, Kirche) gut erreichbar.	❏	❏	❏	❏
8. Die Wohnung oder das Haus befindet sich nicht im selben Gebäude oder auf demselben Grundstück wie die Arbeitsplätze der Nutzer (Ausnahmen: landwirtschaftliche Produktions- und Lebensgemeinschaften; Wohn- und Arbeitsformen, die analog zu handwerklichen Betrieben organisiert sind).	❏	❏	❏	❏

6.1

Gesamteinschätzung

Der Standort der Wohnung oder des Hauses entspricht insgesamt den genannten Qualitätskriterien.	❏	❏	❏	❏

Gegenstandsbereich:
Individuelle Gestaltung und Privateigentum

Die Bewertung der für ein menschenwürdiges Leben notwendigen materiellen Standards hat sich in den letzten Jahren in zwei beinahe völlig entgegengesetzte Richtungen entwickelt. Für einen Teil der deutschen Bevölkerung ist der Abstand zwischen ihrem persönlichen Eigentum und dem wirklich zum Leben Notwendigen so erheblich geworden, daß eine Lebenshaltung, die sich ausschließlich auf die Anhäufung von Privatvermögen und Konsumgütern begründet, fragwürdig wird. Aus dieser Perspektive lassen sich Positionen, die für einen Konsumverzicht auf hohem (eigenen) Niveau plädieren, unbeschwert vertreten. Für einen anderen, stetig wachsenden Teil der Bevölkerung jedoch wird das Fundament ihrer ökonomischen Sicherheit zunehmend brüchiger und die Gefahr, durch Armut ins gesellschaftliche Abseits gedrängt zu werden, größer.

Seit Ende der 70er Jahre sind die Unterschiede in der Einkommensverteilung kontinuierlich größer geworden. Die zuvor in Aussicht gestellte „nivellierte Mittelstandsgesellschaft" (*H. Schelsky*) hat sich als prognostischer Fehlschlag erwiesen. „Immer mehr Menschen können sich immer mehr von dem nicht mehr leisten, was zu den von allen vollwertigen Gesellschaftsmitgliedern erwarteten Standards gehört" (BROCK 1994, 69). Je weniger „Überschuß" zu verteilen ist, desto mehr wächst die Wahrscheinlichkeit, daß die Menschen „am gesellschaftlichen Rand" auch materiell wieder verstärkt in materielle Armut gedrängt werden.

Ökonomische Lebensbedingungen von Menschen mit geistiger Behinderung

Zwar sind die Zeiten vorüber, in denen sich das Privateigentum zahlreicher Menschen mit geistiger Behinderung auf wenige Kleidungsstücke und den Inhalt des Nachtschranks beschränkte, doch auch heute verfügen sie mehrheitlich über so wenig Privateigentum und finanzielle Mittel, daß sie – verglichen mit den Ansprüchen und der Lebensweise der meisten Nichtbehinderten – trotz aller Verbesserungen ihrer materiellen Lebensbedingungen zu den ärmsten Menschen in unserer Gesellschaft gezählt werden müssen.

Die Verschlechterung der materiellen Lebensbedingungen für eine wachsende Zahl von Bürger(inne)n hat in den letzten Jahren vor allem Personen mit geistiger Behinderung getroffen, die in ihren Herkunftsfamilien leben. Demgegenüber kann zur Zeit der Mehrzahl der Nutzer wohnbezogener Dienste durch den quantitativen Ausbau gemeindenaher Wohnformen ein Mindestmaß an ökonomischer Sicherheit und somit eine Existenz garantiert werden, die – nach materiellen Kriterien bemessen – „der Würde des Menschen entspricht" (§ 1 Abs. 2 BSHG). Nur mit erheblichen Einschränkungen darf dies für die immerhin 19.000 Menschen vorausgesetzt werden, die noch immer in Langzeitbereichen psychiatrischer Krankenhäuser oder in Pflegeheimen leben müssen (Bundesvereinigung Lebenshilfe 1994, 12).

Die Basis für ökonomische Sicherheit, finanzielle Mittel und Privateigentum im gesellschaftlichen „Normalbereich" ist für die Bevölkerungsmehrheit unverändert die (dauerhafte) Erwerbsarbeit auf dem freien Arbeitsmarkt. Da Menschen mit geistiger Behinderung bis auf ganz wenige Ausnahmen davon ausgeschlossen sind, steht ihnen die entscheidende Bedingung für ein ökonomisch unabhängiges Leben grundsätzlich nicht zur Verfügung (vgl. Gegenstandsbereich „Regelmäßige Tätigkeit außerhalb des Wohnbereichs", S. 140 ff.). Der hochsubventionierte „Sonderarbeitsmarkt" Werkstatt für Behinderte mit seinen ausgesprochen geringfügigen Einkommensmöglichkeiten gestattet auch auf Dauer keine Unabhängigkeit von den Leistungen der Sozialhilfe, die vom größten Teil der Nutzer wohnbezogener Dienste in Anspruch genommen werden muß.

Zwar sieht der § 3 Abs. 2 Satz 2 BSHG vor, daß Hilfen in einer stationären Einrichtung nur dann zu gewähren sind, wenn offene Hilfen nicht möglich oder nicht ausreichend sind. Dennoch werden umfassende Hilfen für Menschen mit geistiger Behinderung nach wie vor nur über den Pflegesatz für Heimplätze (meist nach § 100 BSHG) finanziert. So bleibt ihnen nach dem Auszug aus dem Elternhaus in aller Regel nur das Wohnheim als Alternative. Hier werden die Sozialhilfeleistungen entgegen den rechtlichen Bestimmungen nicht nach den individuellen Bedürfnissen, sondern nach Vergütungsvereinbarungen an den Träger des wohnbezogenen Dienstes gezahlt.

Als Heimbewohner(innen) erhalten die Nutzer eines Dienstes vom Sozialhilfeträger lediglich ein geringfügiges monatliches Taschengeld (Barbetrag nach § 21 BSHG), was sie rechtlich mit dem Status von Minderjährigen gleichsetzt. Selbst dann, wenn sie sich (etwa durch Leistungen einer Versicherung oder durch ihre Rente) an den Kosten für ihren Heimplatz beteiligen, erhöht sich dieser Barbetrag nur unbedeutend. Als Sozialhilfeempfänger(innen) ist es ihnen darüber hinaus nicht gestattet, eine Geldsumme anzusparen, die über eine bestimmte Höhe hinausgeht. Auch vom Entgelt ihrer Arbeitsleistung, etwa in der WfB, haben sie einen Teil an den Träger der Sozialhilfe abzuführen. Die komplizierten Finanzierungsgrundlagen ihres Lebens bleiben für die meisten Nutzer wohnbezogener Dienste undurchschaubar.

Wenn also im Kontext sozialer Rehabilitation über Entwicklungsziele wie weitgehende Selbständigkeit und Selbstverantwortung bei der Gestaltung des eigenen Lebens von Menschen mit geistiger Behinderung gesprochen wird, darf nicht unerwähnt bleiben, daß die erwähnten sozialrechtlichen Rahmenbedingungen die Umsetzung dieser fachlichen Leitlinien begrenzen. Anzustreben wären demgegenüber Regelungen, die die Nutzer bzw. deren Angehörige oder Fürsprecher(innen) in die Lage versetzen, auf die Art und den Umfang der Hilfen größeren Einfluß zu nehmen als gegenwärtig.

Langfristig muß eine Lösung gefunden werden, die die Erfahrungsregel „Wer soziale Dienste in Anspruch nimmt, ist oder wird arm" aufhebt. Die Gestaltungsmöglichkeiten eines einzelnen wohnbezogenen Dienstes sind dabei allerdings äußerst gering. Deshalb soll diese nur auf dem Wege der Sozialgesetzgebung zu lösende Problematik hier nicht weiter vertieft werden. Stattdessen soll beleuchtet werden, welche Spielräume wohnbezogenen Diensten auf der Ebene „unterhalb" sozialrechtlicher Bestimmungen verbleiben, um ihren Nutzern zu ermöglichen, so autonom wie möglich über die eigenen finanziellen Mittel und ein Mindestmaß kulturüblichen Privatbesitzes zu verfügen.

Bedeutung von Privateigentum

Die überwiegende Zahl der Menschen mit geistiger Behinderung haben als Sozialhilfeempfänger von vornherein nur sehr eingeschränkte Mittel zur eigenen Verfügung, um ihren Bedürfnissen und Wünschen entsprechendes Privateigentum zu erwerben.

Über das Privateigentum bestimmt sich in unserer Gesellschaft jedoch ganz wesentlich der soziale Status einer Person. Menschen, die im eigenen Haus leben und ein großes Auto fahren, sind im allgemeinen angesehener als solche, die arm sind.

Darüber hinaus ist Eigentum auch identitätsstiftend: Die materiellen Dinge, die einem Menschen zur Verfügung stehen, geben Anregungen zu bestimmten Tätigkeiten und sind eine wesentliche Voraussetzung dafür, daß individuelle Interessen geweckt und ausgebildet werden. So wird sich ein Erwachsener mit geistiger Behinderung, der auch über einen altersangemessenen Besitz verfügt, vermutlich „erwachsener" verhalten als eine Person gleichen Alters, die etwa mit Kinderspielzeug umgeben ist.

Privateigentum kann außerdem dazu beitragen, daß Menschen mit Behinderung ihren Alltag autonomer und selbstbestimmter bewältigen können. Ein Aufzug oder ein doppelter Handlauf an einer Treppe ermöglicht es einem gehbehinderten Menschen, sich selbständig im Haus zu bewegen; ein eigenes Fahrrad eröffnet die Möglichkeit, selbständig zur Arbeit zu fahren; ein eigenes oder nur von wenigen Personen gemeinsam benutztes Telefon bietet die Voraussetzung, für andere erreichbar zu sein und selbst Kontakte aufrechtzuerhalten (jeder Bewohner sollte unmittelbaren Zugang zu einem Fernsprecher haben, der ohne Mithören Dritter benutzt werden kann; vgl. § 8 HeimMindBauV, in: Bundesvereinigung Lebenshilfe 1995, 361ff. und WOLFENSBERGER, THOMAS 1983, 497).

Daran wird deutlich, daß Eigentum und die Verfügung über bestimmte Gegenstände auch eine wichtige Voraussetzung für die Entwicklung alltagsbezogener Kompetenzen darstellt. Wer einen eigenen Haushalt führt, benötigt eine Reihe von Haushaltsgeräten und -utensilien. Wer Reparaturen und handwerkliche Arbeiten selbst ausführen will, benötigt entsprechendes Werkzeug. Um persönliche Vorlieben entwickeln oder einen eigenen Wohngeschmack ausbilden zu können, müssen Räumlichkeiten zur individuellen Ausgestaltung sowie ausreichende finanzielle Mittel zum Erwerb der gewünschten Möbel und Einrichtungsgegenstände vorhanden sein.

Verfügung über Privateigentum

Die Wohnung eines Menschen mit geistiger Behinderung sollte es ihm ermöglichen, seine persönlichen Interessen, Vorlieben und Fähigkeiten auszuleben sowie individuelle Ausdrucksformen zu entwickeln. Sie sollte materiell so beschaffen und gestaltet sein, daß die Individualität und Privatsphäre der Bewohner respektiert und gefördert werden kann (vgl. Gegenstandsbereich „Privatheit und Individualisierung", S. 207 ff.).

Nach außen hin sollte die Wohnung oder das Haus den Eindruck vermitteln, daß dort angesehene und kompetente Erwachsene mit individuellen Interessen leben. Dazu gehört insbesondere, daß sie über Einrichtungsgegenstände und andere persönliche Dinge verfügen, die in bezug auf Anzahl und Qualität alters- und kulturangemessen sind und die ihren Bedürfnissen und persönlichen Interessen entsprechen.

Die Mitarbeiterinnen eines wohnbezogenen Dienstes sollten die Nutzer daher darin unterstützen, kultur- und altersangemessenes Privateigentum zu erwerben, zu erhalten und angemessen zu gebrauchen. Wie eine individuelle Gestaltung des persönlichen Wohnbereichs aussehen kann, hängt stets von den individuellen Bedürfnissen, persönlichen Wünschen, Interessen und Zielen und natürlich auch vom Alter und Geschlecht einer Person ab. Es wäre wenig sinnvoll, an dieser Stelle alles aufzuzählen, was Menschen mit geistiger Behinderung in ihrem Wohnumfeld üblicherweise besitzen oder aufbewahren sollten bzw. über welche Ausstattung ihre Zimmer verfügen sollten. Evaluationsinstrumente, die dies versuchen (z. B. LOCO von GÜNZBURG, GÜNZBURG 1989), sehen sich nicht zu Unrecht dem Vorwurf ausgesetzt, bei der Auswahl der Gegenstände in eine gewisse Beliebigkeit zu geraten – ohne daß es dabei gelänge, in der Aufzählung der Dinge auch nur annähernd vollständig zu sein. Zudem wird damit das Wohnen behinderter Menschen in einem hohen Maße einer Normierung unterworfen, die der Vielfalt der individuellen Ausdrucksformen, die das Wohnen in unserer Gesellschaft hervorgebracht hat, wenig angemessen ist.

Orientiert man sich nur an dem, was für den Durchschnitt der bundesdeutschen Haushalte mittlerweile als Standard betrachtet werden darf (vgl. SILBERMANN 1991, 30 und 35), so sollten die privaten Räumlichkeiten jedes Nutzers eines wohnbezogenen Dienstes u. a. mindestens mit Gardinen, Blumen und Hängelampen ausgestattet sein. Ferner ist bei der Ausstattung zu berücksichtigen, daß nahezu jeder Haushalt in Deutschland über Kühlschrank, Fernseher, Radio, Telefon, Photoapparat, Waschmaschine, Elektroherd, Staubsauger, Bügeleisen und diverse kleinere Küchenmaschinen (Kaffeemaschine, Toaster) verfügt.

Der persönliche Besitz wird von Menschen unseres Kulturkreises quasi als Erweiterung der eigenen Person, des eigenen Körpers empfunden. Ihn abzugeben oder unter Verwaltung anderer stellen zu müssen und nur auf besondere Nachfrage an ihn heranzukommen, kann daher eine extreme Verletzung der Selbstachtung eines Nutzers bedeuten.

Menschen mit geistiger Behinderung, die etwa aus dem Elternhaus in ein Wohnheim ziehen, stehen oft vor dem Problem, nicht alle Möbel und persönlichen Gegenstände mitbringen zu können, da das für sie vorgesehene Zimmer bereits vollständig oder zum Teil möbliert ist oder einfach nicht genügend Platz bietet. Die ungenügende Größe vieler Nutzerzimmer führt zudem oft dazu, daß die persönliche Habe auf engem Raum zusammengepfercht werden muß, was schnell einen unordentlichen Eindruck macht und daher fast immer Auseinandersetzungen mit den Mitarbeiterinnen auf den Plan ruft.

Nach Möglichkeit sollte jedem Nutzer in der Wohnung oder zumindest im Haus ausreichend Platz zur Verfügung stehen, um alle ihm bedeutsamen und in seinem Besitz befindlichen Möbel und Gegenstände aufzustellen oder zumindest lagern zu können. Es sollte ausgeschlossen sein, daß beim Einzug Gegenstände zurückgelassen oder verkauft werden müssen, weil nicht genügend Platz für sie vorhanden ist.

Sollte aufgrund fehlenden Platzangebots die Notwendigkeit bestehen, das Eigentum von Nutzern an zentraler Stelle unter Verschluß zu halten, so sollte zumindest gewährleistet sein, daß ein Nutzer jederzeit Zugang zu seinem Besitz hat (vgl. BETTELHEIM 1989, 80 ff.).

Wichtig ist, daß alle Nutzer, auch solche, die den Gebrauch von Schlüsseln nicht oder noch nicht erlernt haben, uneingeschränkt das Recht besitzen, wertvolle oder persönlich bedeutsame Gegenstände einzuschließen und vor dem Zugriff anderer zu sichern. Der geringe Status von Heimbewohnern bewirkt jedoch, daß in vielen wohnbezogenen Diensten dem Eigentum der Nutzer nicht in dem Maße Aufmerksamkeit gewidmet wird, die materiellem Besitz in unserer Gesellschaft üblicherweise zukommt. So werden Nutzer oft zu wenig darin unterstützt, ihre persönlichen Besitztümer zu pflegen, instandzuhalten oder zu reparieren.

Die Anzahl der Gegenstände, die ein Mensch besitzt, kann ausschlaggebend dafür sein, wieviel persönlicher Raum ihm letztlich zur Verfügung steht. Je mehr persönliche Dinge vorhanden sind, um so mehr Raum kann auch als Privatsphäre gestaltet werden. Wer viel besitzt, benötigt automatisch mehr Raum, um seine Gegenstände aufzustellen, aufzubewahren und zu gebrauchen. Besteht der persönliche Raum eines Nutzers dagegen nur aus einem mit anderen Bewohnern geteilten Zimmer oder gar nur aus dem eigenen Bett, fehlt eine zentrale materielle Grundlage für die Ausbildung von Individualität.

Trotz aller Diskussionen um die „Grenzen des Wachstums" und der Unmöglichkeit, über den äußeren auch den „inneren Reichtum" zu steigern, ist das private Eigentum für die meisten Menschen in Industriegesellschaften noch immer wesentlich für die eigene Identität. Die Ausstattung der Wohnung oder des Hauses ist also nicht nur die materielle Grundlage, um sich in den „eigenen vier Wänden" wohlzufühlen. Sie ist darüber hinaus auch ein wichtiges Ausdrucksmittel, um die eigene Individualität zu betonen und gegenüber anderen Personen herauszustellen.

Die Entwicklung und Darstellung individueller Fähigkeiten, Vorlieben und Interessen wird in unserem Kulturkreis außerordentlich positiv beurteilt und gilt nicht zuletzt als Zeichen persönlicher Kompetenz. Die individuelle Gestaltung des Wohnbereichs dient auch dazu, anderen mitzuteilen, wer man ist (oder sein möchte), welche Einstellungen und Überzeugungen man besitzt, was man mit anderen Menschen gemeinsam hat und wie man sich von anderen unterscheidet. Ein weiteres Motiv bei der Gestaltung der eigenen Wohnung ist die Anerkennung, die man bei Besuchen von Freunden und Bekannten erhält.

Ausstattung und Einrichtung des Wohnbereichs

Wie wichtig die Ausstattung und Einrichtung der eigenen Wohnung genommen wird, ist individuell verschieden. Kriterien, die dies beeinflussen, sind u. a. das Lebensalter und die Aufenthaltsdauer in der Wohnung. Für einen Menschen, der seine Wohnung nur zum Schlafen benutzt und im allgemeinen kaum Besuch empfängt, werden schöne und repräsentative Möbel wohl eher wenig Bedeutung haben. Umgekehrt wächst der Wert, der einer materiellen Ausstattung beigemessen wird, je mehr die Wohnung zum individuellen Lebensmittelpunkt wird und je weniger sich Bedürfnisse nach sozialem Ansehen in anderen Lebensbereichen (Arbeit, Freizeit) verwirklichen lassen. Für ältere Menschen trifft das häufiger zu als für jüngere, ebenso aber auch für Personen, die in ihrer Mobilität eingeschränkt sind (bzw. werden), z. B. für Personen mit Behinderung.

Über lange Zeit hinweg war die räumliche und materielle Ausstattung von Großeinrichtungen für Menschen mit geistiger Behinderung ein Musterbeispiel dafür, wie sich eine mangelnde Individualisierung im zwischenmenschlichen Umgang auch in der Beschaffenheit und Gestaltung von Räumlichkeiten niederschlägt. Bis heute sind manche wohnbezogenen Dienste noch davon gekennzeichnet, daß ihre Ausstattung durch große Einheitlichkeit ausgesprochen entindividualisierend wirkt und ihren Bewohnern nur ein absolutes Minimum an Privateigentum erlauben. Die bedrückende Atmosphäre großer Schlafsäle, billiger Einheitsmöblierung in überwiegend kahlen „Aufenthaltsräumen", fehlender oder permanent offenstehender Zimmertüren, nach Desinfektionsmittel riechender Waschräume und Reihentoiletten ohne Türen und Sichtschutz gehört zum Glück in den meisten wohnbezogenen Diensten für Menschen mit geistiger Behinderung der Vergangenheit an.

Dennoch tragen auch kleinere, gemeindenahe Dienste oftmals zu wenig dazu bei, um ihren Nutzern hinreichend bedürfnisgerechte und individualisierende Wohnbedingungen zu bieten. Vielfach ist schon auf den ersten Blick – an der Gestaltung des Hauses und der Innenausstattung – erkennbar, ob dort Menschen wohnen, die gesellschaftlich anerkannt sind und über angemessenes Eigentum verfügen oder ob es sich bei den Bewohnern um Personen handelt, die am Rande der Gesellschaft stehen und arm sind.

Weil sich im Lebensbereich des Wohnens Individualität am besten realisieren läßt und wohl auch am notwendigsten für das persönliche seelische Befinden ist, ziehen es die meisten Menschen eindeutig vor, nicht in möblierte Räumlichkeiten zu ziehen, sondern ihre Wohnung selbst einzurichten. Ein Blick in die Statistik (SILBERMANN 1991, 37) zeigt, daß im Bevölkerungsdurchschnitt 84 % der Befragten den Großteil der Einrichtung ihres wichtigsten Raumes (bei den meisten ist dies das Wohnzimmer) selbst angeschafft, also gekauft haben, während nur 4 % das meiste der Einrichtung ererbt bzw. von anderen übernommen haben. Der Einzug in ein bereits fertig möbliertes Zimmer kann von daher also uneingeschränkt als nicht kulturüblich bezeichnet werden (vgl. Gegenstandsbereich „Alters- und Kulturangemessenheit", S. 118 ff.).

Ein wohnbezogener Dienst sollte allen Bewohnern die Möglichkeit einräumen, mit den eigenen Möbeln zu wohnen bzw. sich diese anzuschaffen, gegebenenfalls auch mit Unterstützung der Mitarbeiterinnen des Dienstes oder anderer, den Nutzern vertrauter Personen. Bereits in den Räumlichkeiten des Dienstes vorhandene Möbel und Einrichtungsgegenstände sollten beweglich und veränderbar sein, damit neu einziehende Bewohner die Gelegenheit haben, die vorhandenen Möbel ohne großen Aufwand durch eigene zu ersetzen. Nach einer Untersuchung von THESING (1993, 145) in betreuten Wohngruppen waren in immerhin 37 % der befragten Gruppen überwiegend eigene Möbel vorhanden, in 53 % der Gruppen hatten zumindest einige der Nutzer eigenes Mobiliar. Es ist jedoch anzunehmen, daß diese Zahlen für Wohnheime und erst recht für größere Institutionen nicht repräsentativ sind.

Idealerweise sollten alle Möbel und Einrichtungsgegenstände in den Nutzerzimmern auch Eigentum der einzelnen Nutzer sein. Dies auch deshalb, weil der Wert eines Möbelstücks für seinen Besitzer nicht nur ein materieller ist, sondern vor allem auch ein symbolischer. Mit Gegenständen im privaten Wohnbereich verbinden sich oftmals Erinnerungen, persönliche Gefühle und Wünsche, die einem Möbelstück eine ganz spezielle, individuelle Bedeutung und Wertsetzung verleihen kann. Insofern bilden die Einrichtungsgegenstände eine Art „stumme Gesellschaft" (SILBERMANN 1966, 74) um einen Menschen herum.

Noch immer findet man in wohnbezogenen Diensten gelegentlich Gegenstände (vor allem Eßgeschirr) aus unzerbrechlichem Material. Damit wird den Nutzern die Botschaft vermittelt, man unterstelle ihnen von vornherein eine destruktive Absicht – nicht selten mit dem Ergebnis, daß sich manche Nutzer daraufhin bemühen, diese Erwartungen auch zu erfüllen.

Ein Mensch, der immer nur aus bruchsicheren Bechern trinkt und nie z. B. feine, dünnwandige Gläser benutzen darf, wird auch nicht die Möglichkeit haben, vorsichtig mit ihnen umgehen und ihre Schönheit schätzen zu lernen. Werden die Nutzer hingegen im Umgang mit schönen, wenn auch zerbrechlichen Dingen angeleitet, wird ihnen quasi symbolisch mitgeteilt, daß man auch ihnen einen hohen Wert zuerkennt und sie für würdig befindet, mit wertvollen Gegenständen umzugehen und nicht schon von vornherein damit rechnet, sie könnten mutwillig Beschädigungen vornehmen (BETTELHEIM 1989, 183).

Raumzonen in wohnbezogenen Diensten

Lange Zeit war eines der prägnantesten Kennzeichen von Institutionen für Menschen mit geistiger Behinderung ihr halböffentlicher Charakter. Die Unverletzlichkeit der Wohnung, wie sie in Artikel 13 Satz 1 des Grundgesetzes festgeschrieben ist, gilt zwar strenggenommen nicht für das Wohnen in sozialen Institutionen, da Heimplätze keine Wohnungen sind. Der ideelle Kern dieses Grundgesetzartikels jedoch sollte in jedem Fall berücksichtigt werden. Er verpflichtet zu Behutsamkeit und größter Zurückhaltung gegenüber jedem fremdbestimmten Eingriff in den Wohnbereich, der einem Menschen mit geistiger Behinderung als persönliche Privatsphäre zur Verfügung steht. Jeder Mensch braucht einen individuellen Freiraum, ein Territorium, das für alle anderen Personen grundsätzlich „tabu" ist. Der Entzug dieses Individualraumes ist eine der schärfsten Formen der Vernachlässigung und Mißachtung der Menschenwürde, die in großen Behinderteneinrichtungen bis in die heutige Zeit praktiziert wird.

Wohnbezogene Dienste sollten das Bedürfnis nach einem unverletzlichen Territorium bei der Gestaltung von Wohnungen und Wohngruppen vorrangig berücksichtigen, indem sie den verfügbaren Wohnraum in unterschiedliche Zonen untergliedern. Aus der Bewohnerperspektive ergibt sich dabei folgende Einteilung:

- *Zone 1* ist der persönlichste Bereich und umfaßt den Eigenraum und individuellen Rückzugsbereich des einzelnen Nutzers (Privatsphäre, das eigene Zimmer). In dieser Zone hat eine Mitarbeiterin die Rolle des Gastes. Bei der Planung, Einrichtung und Gestaltung der Nutzerzimmer sollten Mitarbeiterinnen grundsätzlich eine beratende Funktion übernehmen;
- *Zone 2* bilden partielle Rückzugsbereiche (ruhige Winkel innerhalb der Wohnräume, das Bad, die Toilette);
- *Zone 3* ist der von der Gruppe gemeinschaftlich genutzte Bereich (Gruppenräume, Küche, Flure, Eingangsbereich);
- *Zone 4* ist der Funktionsbereich des wohnbezogenen Dienstes (Teamzimmer, Büros, Medikamentenschrank), der für die Nutzer meist nur bedingt zugänglich ist.

Eigenraum (Zone 1)

Wirklicher Eigenraum ist dadurch gekennzeichnet, daß er abschließbar, von anderen nicht einsehbar und weitgehend selbstgestaltet ist. Diese Voraussetzungen sind selbst für den kleineren Teil der in wohnbezogenen Diensten lebenden Erwachsenen mit geistiger Behinderung, die über ein eigenes Zimmer verfügen, nur bedingt gegeben. Der individuelle Eigenraum für jeden Bewohner sollte jedoch so groß wie möglich sein. Diese Forderung ist nicht nur unter Normalisierungsgesichtspunkten wichtig.

Je enger der Raum, den sich die Nutzer teilen müssen, desto wahrscheinlicher sind Konflikte, weil man sich nicht aus dem Weg gehen kann.

In den Wohnungen der meisten Menschen gibt es eine Unterscheidung zwischen Räumen wie dem Wohnzimmer und der Küche, die eine repräsentative und kommunikative Funktion haben (Besuch empfangen, sich unterhalten, gemeinsam kochen), und solchen Räumlichkeiten, die eher privaten Zwecken dienen wie dem Bad und dem Schlafzimmer. Im Regelfall ist das Wohnzimmer in Deutschland der Raum mit der höchsten Nutzung, gleichzeitig ist es auch der Raum, in dem sich die meisten Menschen am wohlsten fühlen (SILBERMANN 1991, 32 f.). Das Schlafzimmer hingegen dient bei nichtbehinderten Menschen fast ausschließlich der Nachtruhe und ist darüber hinaus der Raum größter Privatheit und Intimität.

Im Unterschied dazu verfügt die große Mehrheit der Menschen mit geistiger Behinderung im günstigsten Fall über ein eigenes Zimmer, wo sie ihre mit dem Wohnen verbundenen Bedürfnisse nach Individualität, persönlichem Ausdruck und Privatheit verwirklichen können. Der Umstand, daß ein einziges Zimmer zugleich als Wohn- und Schlafraum dient, also gleichermaßen Wohnbedürfnisse nach Intimität, Ruhe und Entspannung, aber auch nach Betätigung und Kommunikation zu erfüllen hat, erfordert eine besondere Sorgfalt bei der Einrichtung und Gestaltung dieses Raumes.

Materielle Ausstattung des Eigenraums

Gesamtgesellschaftlich betrachtet hat der Wohnbereich einen unverändert hohen Stellenwert, um den eigenen sozialen Status zu repräsentieren (vgl. FLADE 1987, 86). In materiellen Wünschen dokumentiert sich fast immer das Bedürfnis, durch die Verfügung über Privatbesitz einen angemessenen Lebensstil verwirklichen zu können, um auf diese Weise „dazu zu gehören" und Anerkennung zu finden. Demnach wird auch hinter vielen Wünschen von Nutzern wohnbezogener Dienste, etwa nach einer teuren Stereoanlage oder nach einem Videorecorder, häufig nicht in erster Linie das Bedürfnis nach mehr Eigentum, sondern vielmehr nach Zugehörigkeit stehen.

Eine gehobene Wohnungsaustattung muß nicht notwendigerweise schon zur Wohnzufriedenheit führen. Aus soziologischen Untersuchungen geht hervor, daß aber umgekehrt *der Mangel an einer adäquaten materiellen Ausstattung* der eigenen Räumlichkeiten erheblich zur Unzufriedenheit mit den Wohnbedingungen beiträgt. Wenn materielle Grundbedürfnisse nach Privateigentum, einem anregungsreichen Wohnumfeld und einem geschützten privaten Raum aufgrund einer unzureichenden materiellen Ausstattung eines wohnbezogenen Dienstes nicht erfüllt werden, lassen sich diese Defizite im übrigen auch nicht durch positive, verläßliche und individuell förderliche soziale Beziehungen ausgleichen.

Ein wohnbezogener Dienst sollte demnach dazu beitragen, daß alle Nutzer Privateigentum in angemessener Orientierung an kulturüblichen Standards bilden können und dieses Eigentum durch Mitarbeiterinnen und Mitbewohner auch erhalten und respektiert wird. Dazu gehört ganz wesentlich, daß die Nutzer dazu befähigt werden, ihre Zimmer über eine individuell sinnvolle Funktionalität hinaus auch entsprechend individuell zu gestalten und auszustatten.

- Der Schlafbereich sollte (durch einen Raumteiler oder eine leichte, nachträglich einsetzbare Zwischenwand) innerhalb des Raumes von der Zone getrennt werden, die vorrangig zur Entspannung und Kommunikation aufgesucht wird und z. B. mit einer Sitzecke möbliert sein könnte.
- Ein Bett sollte der Individualität seines Besitzers entsprechen. Es ist der zentrale Platz, von dem alle Aktivitäten des Alltags ausgehen und wohin sich ein Mensch nach einem schweren Tag zurückziehen will. Einfache Bettgestelle oder gar Krankenhausbetten können diese Funktion nicht erfüllen. Vom Bett erreichbar sollten sich Lichtschalter und Radio befinden; ein Regal oder ein Nachttisch mit genügend großem Ablage- und Stauraum sollte ebenfalls vorhanden sein. Idealerweise ist der Bettbereich vom übrigen Wohnbereich abgeschirmt (z. B. durch Raumteiler) und insgesamt dunkler als andere Zimmerregionen (MAHLKE, SCHWARTE 1985, 22 und 69).

Dies setzt natürlich eine gewisse Mindestgröße eines Nutzerzimmers voraus, die das Raumangebot in vielen wohnbezogenen Diensten nicht bietet.

Privaträume

Die Ansprüche, die einzelne Menschen an das Platzangebot ihrer Wohnungen stellen, haben in den letzten Jahren kontinuierlich zugenommen. Bei mehrheitlich bestehenden Haushaltsgrößen von zwei bis drei Personen (SILBERMANN 1991, 23 f.) hatten zu Beginn der 90er Jahre im Bundesdurchschnitt (alte Bundesländer) 73 % der Menschen in Mietwohnungen vier bis sechs Räume zur Verfügung (inklusive Bad, Flur und Küche), in Eigentumswohnungen und Häusern verfügten 68 % der Befragten über sieben bis neun Räume (SILBERMANN 1991, 27 f.). Die größte Gruppe der Befragten wohnte in Wohnungen mit sechs bis sieben Räumen. Zum Vergleich: In Wohneinrichtungen lebt nur etwa jeder dritte Mensch mit geistiger Behinderung in einem Einzelzimmer (METZLER 1995, 70), fast jeder fünfte teilt sein Zimmer hingegen mit zwei oder mehr Mitbewohnern.

Der Beirat für die Rehabilitation der Behinderten (1977, in: THESING 1993, 118) legt pro Bewohner einen Mittelwert von 22,5 qm Wohn- und Nutzfläche fest. Der Richtwert für ein Einzelzimmer beträgt 14 bis 15 qm. In Untersuchungen über die Raumgröße von großstädtischen Wohngemeinschaften Nichtbehinderter (Durchschnittsalter 25 Jahre) (EISENMENGER 1983, in: FLADE 1987, 120 f.) wurde die Durschnittswohnfläche pro Bewohner dagegen mit 28 qm angegeben. Es wird also deutlich, daß die meisten Nutzer wohnbezogener Dienste eindeutig über zu wenig Privatraum verfügen.

Eine Ausweitung des Privatbereichs könnte dazu beitragen, viele individuelle und soziale Probleme zu verringern, die das Zusammenleben in wohnbezogenen Diensten gemeinhin mit sich bringen: Aus Forschungsergebnissen (vgl. BETTELHEIM 1989, 171) geht hervor, daß sich Krankheitssymptome und soziale Probleme häufen, wenn einer Person in einem Haushalt weniger als zehn Quadratmeter zur Verfügung stehen. Chronische Enge oder ein fehlendes eigenes Zimmer lassen darüber hinaus auch Gefühle der Hilflosigkeit entstehen. Wer unter ständiger Enge leidet, wird wahrscheinlich vor allem ein starkes Bedürfnis nach Alleinsein und Ungestörtsein entwickeln (FLADE 1987, 131 ff.).

Wie aus Untersuchungen (WALDEN 1981, in: FLADE 1987, 131) hervorgeht, erleben Männer bei hoher personaler Dichte Engegefühle schneller als Frauen und reagieren häufiger mit der Flucht aus den Räumlichkeiten – wahrscheinlich deshalb, weil sie Nähe und Kontakt erziehungsbedingt stärker mit Rivalität gleichsetzen als Frauen dies tun. Diese empfinden im übrigen kleinere Räume insgesamt als gemütlicher.

Je kleiner ein Raum ist, desto stärker gibt er „intime" Interaktionsformen zwischen den Menschen vor, die sich dort aufhalten – einfach deshalb, weil es problematisch ist, unter beengten Bedingungen Distanz zu wahren (vgl. BETTELHEIM 1989, 164).

Privatheit läßt sich aber nicht nur durch eine angemessene Abgeschiedenheit privater Räumlichkeiten herstellen, sondern auch dadurch, daß man Aktivitäten und Kennzeichen des öffentlichen Raums aus der Wohnung fernhält. So sollte ein wohnbezogener Dienst darauf achten, für die Nutzer solche Freizeitaktivitäten, die gewöhnlicherweise außerhalb der Wohnung stattfinden, auch dort zu fördern und zu begleiten und sie nicht in den Wohnbereich hineinnehmen (vgl. Gegenstandsbereich „Freizeitaktivitäten und Erwachsenenbildung", S. 153 ff.).

Bis heute ist der individuelle Raum, der einem Menschen zur Verfügung steht, ein sicherer Gradmesser für den gesellschaftlichen Wert, der ihm von anderen beigemessen wird. An Villen und Palästen bewundern wir neben ihrer luxuriösen Ausstattung nicht zuletzt ihre Größe und ihr Platzangebot. Umgekehrt ist es für den Umgang mit gesellschaftlichen Randgruppen charakteristisch, daß ihnen besonders wenig Platz eingeräumt wird (man denke nur an die Unterbringung von Kriegsflüchtlingen in Deutschland).

Der individuelle Raum, den wir brauchen, ist zudem abhängig von der Lebensphase eines Menschen. Während Jugendliche und junge Erwachsene auch im Räumlichen nach Unabhängigkeit und Weite streben, bevorzugen ältere Menschen stärker die räumliche Sicherheit und Überschaubarkeit.

In Anlehnung an gesellschaftliche Standards sollte jeder Bewohner mindestens über ein eigenes Zimmer verfügen, zu dem er grundsätzlich auch einen eigenen Zimmerschlüssel besitzen sollte. Lebt der Nutzer mit einem Partner bzw. einer Partnerin in einer Wohnung, sollten neben Küche und Bad nach Möglichkeit noch zwei weitere Räume vorhanden sein (vgl. auch Bundesvereinigung Lebenshilfe 1995, 11). Dabei ist stets nur individuell zu entscheiden, wer allein und wer zusammen mit einem Mitbewohner wohnen sollte.

Ein *Einzelzimmer* ermöglicht viele Freiheiten, bedeutet aber auch, daß man im Alltag häufiger allein auf sich angewiesen ist. Die Gefahr der Isolation ist zudem größer, so daß Nutzer, die eher Probleme mit dem Alleinsein haben, sich oft auch ein Zusammenwohnen mit einem Mitbewohner oder einer Mitbewohnerin wünschen.

Ein *Doppelzimmer* schafft allerdings durch die große physische Nähe auch eine gewisse Abhängigkeit der Mitbewohner voneinander. Um das gemeinsame Zimmer zum Ausruhen, Musik hören, Unterhalten, Besuch empfangen und Für-sich-Sein nutzen zu können, bedarf es einer Reihe von Absprachen und Übereinkünften, was auf Dauer nur bei Menschen gelingen kann, die sich mögen und gut verstehen.

Partielle Rückzugsbereiche (Zone 2)

Für den partiellen Rückzug – etwa zu einem von der übrigen Gruppe abgeschirmten Gespräch zu zweit – besteht in vielen wohnbezogenen Diensten keine räumliche Gelegenheit. Selbst im sanitären Bereich ist Privatheit noch keineswegs überall garantiert, zumal dann nicht, wenn mehrere Toiletten in einer Reihe stehen oder sich mehrere Dusch- und Badegelegenheiten im gleichen Raum befinden.

Partielle Rückzugsbereiche müssen also vielfach erst geschaffen, Sanitäreinrichtungen auf einen Stand von Privatheit gebracht werden, wie er in normalen Wohnungen allgemein üblich ist. Dazu sollten die Badezimmer nicht mit einem Umweg über den Flur, sondern direkt von den Nutzerzimmern aus zugänglich sein, so daß die Einzel- oder Doppelzimmer kleinen, autonomen Wohnungen ähneln. Im übrigen sollten die Badezimmer nicht bloße „Naßzellen", sondern wohnlich ausgestattet und bequem eingerichtet sein, damit sich die Nutzer und gegebenenfalls auch Mitarbeiterinnen bei Hilfeleistungen gern dort aufhalten und Körperpflege nicht zur „Pflichtübung" degradiert wird. Dazu tragen statt einheitlich sterilem Weiß farbige Wandkacheln oder passender Wandschmuck bei, statt kaltem Fliesenboden sollten weiche Badteppiche vorherrschen (BETTELHEIM 1989, 191 f.).

Gruppenöffentlicher Bereich (Zone 3)

Während die Zonen 1 und 2 in wohnbezogenen Diensten oft zu klein sind, werden die Zonen 3 und 4 meistens unverhältnismäßig großzügig bemessen. Da es sich beim institutionellen Wohnen von Erwachsenen mit geistiger Behinderung im Regelfall jedoch um Zwangswohngemeinschaften handelt, ist es unangebracht, dem gemeinsam genutzten Bereich den größten flächenmäßigen Anteil zuzuweisen.

Besonders in großen Behinderteneinrichtungen nimmt der gruppenöffentliche Bereich (Zone 3) oft die größte Fläche ein. Während etwa die *Küche* meist viel zu klein proportioniert ist, sind die Gruppenräume häufig sehr groß, obwohl sie nur selten für gemeinsame Tätigkeiten genutzt werden, sondern meist nur zum „Aufenthalt" der Nutzer oder lediglich zum Fernsehen dienen.

Die *Gemeinschaftsräume* eines wohnbezogenen Dienstes sollten hinreichend differenziert und vielseitig benutzbar sein. Keinesfalls sollten sie „Aufenthaltsräume" mit Wartesaal- und Durchgangscharakter sein. Wichtig ist, daß sie zu vielfältiger Betätigung geeignet sind. Alle Bastel-, Sammel-, Spiel- und Beschäftigungsmöglichkeiten sollten im unmittelbaren Wohnbereich (in der Küche, im Wohnzimmer, in den Privatzimmern der Nutzer) gegeben sein und nicht in einem vom Wohnbereich getrennten Werk- oder Hobbyraum, da man dort vom gewohnten Umfeld abgeschnitten ist. Günstigenfalls sind Gemeinschaftsräume in einer größeren Wohnung oder einem Haus dort vorhanden, wo sich die Wege der Bewohner kreuzen und sich Begegnungen insofern von selbst ergeben (FLADE 1987, 126).

Ein Gemeinschaftsraum bietet zwar theoretisch Möglichkeiten zur Begegnung und Wahrnehmung sozialer Kontakte, gleichzeitig aber findet hier in hohem Maße soziale Kontrolle statt. In manchen wohnbezogenen Diensten dient das Bewohnerzimmer tatsächlich nur zum Schlafen, während sich die Nutzer am Tage in den Gruppenräumen aufhalten. Sind die Nutzerzimmer tagsüber gar noch verschlossen, kann man sich bei Problemen – im Gegensatz zur Privatwohnung – auch nicht in den Privatbereich zurückziehen, sondern ist permanent einer Öffentlichkeit preisgegeben, der sich kein Nichtbehinderter freiwillig aussetzen würde. Dies aber sorgt auf Dauer für beträchtlichen „sozialen Sprengstoff", der von den Mitarbeiterinnen des wohnbezogenen Dienstes dann wiederum mehr Aufsicht erfordert (vgl. BETTELHEIM 1989, 74 f.; THESING 1993, 144).

In jedem Fall sollte ein Gemeinschaftsraum durch die Gestaltung und die Anordnung der Möbel verschiedene Formen des Aufenthalts (allein, im Zweiergespräch, in einer Gruppe) ermöglichen. Er sollte nicht vollgestellt sein; zwischen den Möbeln sollte man sich frei und ungehindert bewegen können, ohne andere dabei zu stören (vgl. BETTELHEIM 1989, 159 f.). Je nachdem, ob zwei gut miteinander bekannte Menschen zusammen essen oder privat miteinander reden wollen oder ob die Sitzgelegenheit eher dazu dient, Besucher zu empfangen und über weniger persönliche Themen zu sprechen, nehmen Personen im Wohnbereich unterschiedliche Abstände zueinander ein.

Durch eine bewußte *Raumaufteilung und Möblierung* lassen sich die richtigen Distanzen herstellen, die dem jeweiligen Zweck des Raumes oder der einzelnen Raumzonen förderlich sind. So behindern schwere Sessel eine persönliche Unterhaltung schon deshalb, weil sie die Menschen auf eine gewisse Distanz zueinander halten. Wer weit zurückgelehnt sitzt, hat es im Gespräch schwerer, dem anderen entgegenzukommen. Ist gar als Sitzgelegenheit nur ein Sofa vorhanden, wird eine Kommunikation schon deshalb erheblich erschwert, weil Menschen, die nebeneinander sitzen, sich weniger miteinander unterhalten als solche, die sich „zugewandt" sind, also direkt gegenüber oder im 90°-Winkel zueinander sitzen. In diesem Sinne bietet der vielzitierte „runde Tisch" tatsächlich wesentlich günstigere Kommunikationsmöglichkeiten als ein langgezogener, rechteckiger Tisch (vgl. auch FLADE 1987, 13).

Einrichtung und Gestaltung der Gemeinschaftsräume

Soll der *Einrichtungsstil* des Aufenthaltsraums einem „Standardgeschmack" entsprechen, wird er wahrscheinlich letztlich niemandes Geschmack entsprechen. Daher sollten gemeinschaftlich genutzte Räume wie Küche oder Wohnzimmer von allen Bewohnern gemeinsam gestaltet, Möbel und Einrichtungsgegenstände gemeinsam finanziert und ausgesucht werden. Generell sollte für Anschaffungen, die die gesamte Gruppe der in einem Haushalt zusammenlebenden Personen betreffen (etwa ein neuer Anstrich oder eine neue Möblierung für einen Gemeinschaftsraum), ein eigenes Budget zur Verfügung stehen, über dessen Verwendung auch nur gemeinsam entschieden wird. Daneben besteht auch die Möglichkeit, daß einzelne Nutzer ihr Mobiliar der Hausgemeinschaft zur Verfügung stellen und im Falle eines Umzugs auf Wunsch wieder mitnehmen.

Die *Möglichkeiten der Nutzer zur Mitbestimmung* bei Einrichtung und Ausstattung der Räumlichkeiten eines wohnbezogenen Dienstes sind derzeit in betreuten Wohngruppen wohl am größten. In der schon mehrmals erwähnten Untersuchung von THESING (1993, 153) konnten bei der Auswahl von Farben und Tapeten in den Bewohnerzimmern immerhin 82 %, in den Gemeinschaftsräumen 73 % der Nutzer ihre Wünsche äußern. Auch beim Mobiliar der Bewohnerzimmer war die Nutzerbeteiligung mit fast 90 % hoch, während die Möblierung der Gemeinschaftsräume nur in etwas über der Hälfte der befragten Wohngruppen unter Einbeziehung von Nutzerwünschen erfolgte. Auch Menschen mit sehr schwerer Behinderung können im übrigen bei der Auswahl von Möbeln, Einrichtungsgegenständen, Stoffen und Tapeten einbezogen werden, z. B. indem man sie aus einer begrenzten Zahl von Vorgaben (etwa drei verschiedene Stoffmuster, Tapeten, Farben usw.) wählen läßt (vgl. BETTELHEIM 1989, 127).

Die meisten Menschen achten beim Kauf auf *Funktionalität und Qualität der Möbel* (SILBERMANN 1991, 38). Da qualitativ hochwertige Möbel meist nicht nur haltbarer sind, sondern vielfach auch höheren ästhetischen Kriterien genügen, ist ihre Anschaffung langfristig oft auch kostengünstiger als der Kauf billiger Möbel. Der notwendige Aufwand, um Nutzer bei der Nutzungsplanung von Räumlichkeiten und der Auswahl und Anschaffung von Mobiliar zu beteiligen und nicht das preisgünstigste, sondern das nach individuellem Geschmack Schönste und Bequemste zu erwerben, zahlt sich also meist schon innerhalb weniger Jahre aus.

Aller Erfahrung nach gehen *bewußte und fahrlässige Zerstörungen* zurück, wenn es gelingt, die Einrichtung der Wohnung und des Hauses gemeinsam mit den Bewohnern durchzuführen und so anziehend und anregend wie möglich zu gestalten. Dinge, die als individuell wertvoll akzeptiert sind, werden im Regelfall von ihren Besitzern geschützt und nicht zerstört. Ein solcher Schutz wird langfristig wirksamer sein als umfangreiche Kontrollmaßnahmen oder das Wegschließen wertvoller Gegenstände durch Mitarbeiterinnen (vgl. BETTELHEIM 1989, 106 ff. und 166 ff.).

Bei allen Anschaffungen sollten Möbel und Enrichtungsgegenstände gewählt werden, die den Bewohnern *vielfältige Sinnesreize und Möglichkeiten der Sensibilisierung* geben können. Zusatzanschaffungen technischer Geräte (Fernseher, Stereoanlage) hingegen tragen insgesamt sehr wenig zur Hebung der Wohnqualität bei. In den Gemeinschaftsräumen beeinträchtigt ein Fernseher schnell die Kommunikation und verhindert gemeinsame Aktivität (MAHLKE, SCHWARTE 1985, 26 f., 86 und 130). Aus diesem Grund sollten die Nutzer über Fernseher und Stereoanlage in ihrem eigenen Zimmer verfügen.

Der Gestaltung von Gemeinschaftsräumen in wohnbezogenen Diensten liegt meist die Erwartung zugrunde, bei der Gruppe der Nutzer handele es sich um Individuen, die *gleiche Interessen und eine annähernd ähnliche zeitliche Tageseinteilung* haben. Dies muß jedoch nicht notwendigerweise stimmen. Welche Funktion hat z. B. ein großer, separater Eßraum, wenn die Nutzer aufgrund verschiedener Arbeitsverpflichtungen zu ganz unterschiedlichen Zeiten frühstücken und zu Abend essen, so daß sich dort höchstens zwei bis drei Nutzer gleichzeitig aufhalten, die ebensogut in der Küche Platz finden könnten und es dort gemütlicher hätten? Welchen Sinn hat ein Fernsehraum oder ein primär zum Fernsehen eingerichtetes Wohnzimmer, wenn sechs oder acht Bewohner unterschiedliche Programme bevorzugen und daher viel lieber allein auf ihrem Zimmer fernsehen würden?

Wenn sich in der Küche eine Eßecke mit einem genügend großen Tisch befindet, lassen sich verschiedene Tätigkeiten wie etwa Kochen, Essen, Haushaltsarbeiten, Basteln, Brett- und Kartenspiele auch von mehreren Personen gleichzeitig ausüben. Die Möglichkeiten zu Begegnung, Kommunikation und Gemeinschaftserleben werden dadurch naturgemäß erheblich erweitert (MAHLKE, SCHWARTE 1985, 146).

Auch *Gänge und Flure* sollten eine wohnliche Atmosphäre besitzen und die Individualräume mit den Gemeinschaftsräumen im Sinne fließender Übergänge verbinden. Flure im unmittelbaren Wohnbereich hingegen tragen schnell zum Gefühl des Beengtseins bei, da sie ungewollte Begegnungen von Bewohnern unvermeidlich machen. Lange Korridore, die nur als Verbindung zwischen Räumen dienen, sondern Menschen voneinander ab. Je länger Gänge und Flure sind, desto unharmonischer wirken sie. Durch farbliche Aufhellung, weiche Beleuchtung und Ausstattung mit einem weichen Teppichboden lassen sich jedoch auch ungemütliche Flure wohnlicher gestalten (MAHLKE, SCHWARTE 1985, 14 und 46 f.).

Funktionsbereich (Zone 4)

Die Funktionsräume eines wohnbezogenen Dienstes stehen den Nutzern normalerweise nicht als Wohnbereich zur Verfügung. In einem größeren wohnbezogenen Dienst kann der Platz, den Funktionsräume einnehmen, erheblich sein. In der Heimmindestbauverordnung ist bei gruppengegliederten Wohnformen eine Reihe von Funktionsräumen sogar fest vorgegeben (Vorratsraum, Leiterinbüro, Gästezimmer, Hobbyraum, Waschküche und Abstellräume). Dennoch muß diese Regelung mit großer Skepsis betrachtet werden:

Überall dort, wo Räume eingerichtet sind, die ausschließlich Mitarbeiterinneninteressen dienen, werden zwischen ihnen und den Bewohnern des Dienstes getrennte Lebenswelten manifestiert. Alle spezifischen, auf Mitarbeiterinnen ausgerichtete Gestaltungselemente wie Dienstzimmer, Mitarbeiterinnentoiletten, -schränke, -parkplätze usw. vergrößern aber nicht nur die soziale Distanz zwischen den Beschäftigten und den Nutzern, sie heben auch den Charakter einer normalen Wohnung bzw. eines Wohnhauses auf und verstärken nach innen und außen den Eindruck, es mit einer sozialen Einrichtung zu tun zu haben (MAHLKE, SCHWARTE 1985, 17).

Jede verschlossene Tür, jedes Schloß und jeder Schlüssel in einer Wohnung oder einem Haus ist auch ein Symbol für die Macht bzw. Ohnmacht der Bewohner. Geschlossene Türen schließen Menschen ein bzw. aus und sind in einem wohnbezogenen Dienst nur dann als Schutzvorkehrungen für Nutzer zu akzeptieren, wenn die personellen Möglichkeiten nicht dazu ausreichen, diesen Schutz durch die Mitarbeiterinnen zu gewährleisten. Generell aber sollte der Schutz der Nutzer durch die Bemühungen der Mitarbeiterinnen und weniger durch bauliche Maßnahmen garantiert werden (vgl. Gegenstandsbereich „Alters- und Kulturangemessenheit", S. 118 ff.).

Der Besitz von Schlüsseln ist für die Mitarbeiterinnen meist sehr eng an Statusfragen gekoppelt: Wer über die meisten Schlüssel verfügt, besitzt nicht selten auch die größte Macht. Allein am Schlüsselbund von Mitarbeiterinnen läßt sich manchmal erkennen, ob es sich um einen wohnbezogenen Dienst handelt, in dem eine starke, statusbezogene Hierarchie besteht (MAHLKE, SCHWARTE 1985, 124; BETTELHEIM 1989, 140 ff.).

Grundsätzlich sollten sämtliche nichtprivaten Bereiche der Wohnung oder des Hauses für alle Nutzer zugänglich sein. Nur dann, wenn die Nutzer prinzipiell über Zugangsmöglichkeiten zu allen Räumen verfügen, können sie auch die ganze Bandbreite der Wahlmöglichkeiten nutzen (z. B. Tür geschlossen – Rückzug, Alleinsein; Tür halboffen oder angelehnt – passive Teilnahme am Gruppengeschehen; Tür offen – aktive Teilnahme am Gemeinschaftsgeschehen), die allen nichtbehinderten Erwachsenen in ihrem privaten Wohnbereich zur Verfügung stehen.

Den Bedürfnissen der meisten Menschen wird die klassische Aufteilung von Wohnungen in Wohnzimmer, Schlafzimmer, Küche und Eßzimmer heute nicht mehr gerecht. Daher sind auch in Wohngemeinschaften für Menschen mit Behinderung flexiblere Raumlösungen gefragt. Es sollte in jedem Fall überprüft werden, ob die Räumlichkeiten der Wohnung oder des Hauses durch Umbaumaßnahmen oder einfache Umwidmung bestimmter Räume nicht individueller und flexibler zu gestalten sind als es die ursprüngliche Aufteilung vorsieht. Statt einer funktionalen (Nutzerzimmer, Gemeinschafts- und Funktionsräume, Büro) ist also grundsätzlich eine *personale, auf die Bedürfnisse der einzelnen Nutzer bezogene Raumaufteilung* anzustreben. Dabei sollten Gruppen- und Funktionsräume durch Umwidmung oder gegebenenfalls durch Umbaumaßnahmen wesentlich verkleinert bzw. flexibler genutzt und generell für alle Bewohner der Wohnung oder des Hauses zugänglich gemacht werden (vgl. SCHWARTE 1994).

Räumliche Barrieren, die die Bewegungsfreiheit beeinträchtigen, sollten eher durch individuell angepaßte Hilfsmittel als durch standardisiertes „behindertengerechtes Bauen" überwunden werden. Dieser Hinweis wendet sich keineswegs gegen bestehende Bauvorschriften (Heimmindestbauverordnung für Einrichtungen mit mehr als fünf Personen, DIN 1804, Teil 1 und 1805, Landesbauordnungen), sondern soll nur zu einer kritischen Prüfung anregen, welche baulichen Gegebenheiten tatsächlich den Bedürfnissen der Nutzer entsprechen und welche lediglich eine Konzession an gesetzliche Vorgaben sind. Letztere sind zwar einzuhalten, sollten aber auch nicht behindern.

Eine größere funktionale Flexibilität läßt sich meist schon durch einen Austausch der Raumfunktionen herstellen, indem z. B. nicht ein großer, sondern der kleinste Raum des Hauses zur Vorratshaltung genutzt wird.

Das Äußere des Hauses und das Wohnumfeld

Idealerweise sollte auch das Äußere des Hauses (Fassade, Türen, Fenster, Grundstück) den Nutzern Gelegenheiten zu gestaltender Tätigkeit bieten (Bepflanzungen, Anstrich, bauliche Veränderung von Fenstern, Balkonen und Loggien usw.; vgl. auch Gegenstandsbereich „Alters- und Kulturangemessenheit", S. 118 ff.). Beheimatung kommt nur dann zustande, wenn die Bewohner ihr Haus von innen und außen nach eigenen Vorstellungen vervollständigen können (MAHLKE, SCHWARTE 1985, 17). Der schlüsselfertige Bau läßt eine individuelle Aneignung durch die Bewohner in den meisten Fällen nicht mehr zu (SCHWARTE 1994). Mit einem Haus jedoch, an dem äußerlich keine Veränderungen mehr zugelassen werden, können sich die Bewohner nur wenig identifizieren, es bleibt notwendigerweise „unpersönlich".

Das Wohnen in Institutionen schränkt die sozial-räumliche Wahrnehmung ein und begrenzt die Erfahrungen vieler Nutzer auf den Innenbereich des wohnbezogenen Dienstes. Daher ist es besonders wichtig, daß auch im *Wohnumfeld* vielfältige Möglichkeiten der Aneignung durch Erkundung und individuelle Gestaltung bestehen.

Die Wohnumgebung soll sowohl den Bedürfnissen nach Privatheit als auch denen nach Geselligkeit und Kommunikation Rechnung tragen und ein Minimum an Aufenthalts- und Erholungsflächen bieten. Ideal hierfür ist etwa ein nach außen durch Hecken oder Bäume abgegrenzter *Garten*. Neben Freizeitmöglichkeiten ist hier auch der Anbau von Gemüse denkbar.

Grünflächen um das Haus herum sollten also weniger auf Präsentation, sondern vielmehr auf eine Nutzung durch die Bewohner angelegt sein (vgl. BETTELHEIM 1989, 102). Voraussetzung dazu ist, daß ein Nutzer sich in seinem Wohnumfeld auch orientieren kann und zwar sowohl in Bereichen, in denen er sich täglich aufhält, z. B. die unmittelbare Wohn- und Arbeitsplatzumgebung, als auch in solchen, die er nur sporadisch oder in größeren zeitlichen Abständen aufsucht wie z. B. das Stadtzentrum, öffentliche Gebäude, kulturelle Einrichtungen (vgl. NILL 1979, in: Ministerium für Arbeit, Gesundheit und Soziales NRW 1993, 173).

Um dem grundlegenden Bedürfnis nach *Orientierung* zu entsprechen, sollte jedem Nutzer ausgiebig Gelegenheit gegeben werden, sein persönliches Umfeld innerhalb und außerhalb der Wohnung oder des Hauses – wenn nötig mit Unterstützung – zu erkunden. Dabei fällt den Mitarbeiterinnen unter Umständen auch die Aufgabe zu, den Nutzern das Umfeld zu zeigen und zu erklären, auch dann, wenn vielleicht nicht alles sofort verstanden wird: Statt unzusammenhängender Einzeleindrücke sollte jeder Nutzer – unabhängig von seiner Mobilität – die Möglichkeit erhalten, vom wohnbezogenen Dienst, seinen Räumlichkeiten, Gebäuden und dem Wohnumfeld einen überschaubaren und einheitlichen Eindruck gewinnen zu können (BETTELHEIM 1989, 139 f.).

Was als Wohnumwelt erlebt wird, ist u. a. auch von der *Größe des Gebäudes* abhängig. Je größer und unpersönlicher das Haus, um so weniger läßt sich eine Verbundenheit mit der Wohnumgebung herstellen. Private Zonen unterscheiden sich von öffentlichen vor allem auch darin, daß ihre Zugänglichkeit kontrolliert werden kann. Je mehr Menschen in einem Haus wohnen, desto schwerer wird diese Zugangskontrolle. Im Nahbereich des Hauses sollte es daher zwischen privatem und öffentlichem Bereich einen „halböffentlichen" Raum geben, der vom Haus aus eingesehen und kontrolliert werden kann (NEWMANN 1973, in: FLADE 1987, 23 und 146). Diese Zone, z. B. ein Vorgarten oder ein Hof, sollte durch die Bewohner gut einsehbar und überschaubar sein. Beginnt hingegen hinter der Haustür direkt die Straße, fehlen solche Übergangszonen.

Eine vielbefahrene *Straße* vor der Haustür bildet für viele Menschen mit Behinderung (etwa für Rollstuhlfahrer oder Menschen, die nicht verkehrssicher sind) eine unüberwindbare Grenze. Das persönliche Territorium reicht dann nicht über das Wohngebäude hinaus. In verkehrsberuhigten Zonen wird die Straße dagegen von den Bewohnern meist als zugehörig zur eigenen Wohnumwelt erlebt. Hinzu kommt, daß die Anwohner wenig befahrener Straßen im Durchschnitt besser miteinander bekannt sind (APPLEYARD, LINTELL, in: FLADE 1987, 140). Hört der Privatbereich dagegen an der Haustür auf, neigen Menschen eher dazu, sich aus dem Wege zu gehen (GÜNTER 1980, in: FISCHER 1991, 258). Stark befahrene Straßen in Wohngebieten behindern also auch die Befriedigung von Bedürfnissen nach Kontakt, Kommunikation, Umweltaneignung und Zugehörigkeit (FLADE 1987, 46 und 140).

Nur dann, wenn *Übergangszonen* zwischen privatem und öffentlichem Raum vorhanden sind (z. B. ein Garten, eine Bank vor dem Haus, ein Innenhof oder ein überdachter Eingang), von wo man das eigene Haus gut übersehen und von sicherem Terrain aus auch Straße und Nachbarhäuser im Blickfeld hat, wird es den Bewohnern leichtfallen, den Außenraum des wohnbezogenen Dienstes als ihr eigenes Territorium anzusehen.

Literatur

BERGER, P. A.; HRADIL, St. (Hrsg.): Lebenslagen, Lebensläufe, Lebensstile. In: Soziale Welt, Sonderband 7. Göttingen 1990

BETTELHEIM, B.: Wege aus dem Labyrinth. München 1989

BOLTE, K. M.; HRADIL, St.: Soziale Ungleichheit in der Bundesrepublik Deutschland. Opladen 1984

BROCK, D.: Rückkehr der Klassengesellschaft? In: Beck, U.; Beck-Gernsheim, E. (Hrsg.): Riskante Freiheiten. Frankfurt a. M. 1994, 61 – 73

Bundesvereinigung Lebenshilfe für geistig Behinderte e. V. (Hrsg.): Fachdienst der Lebenshilfe 2/1994

Bundesvereinigung Lebenshilfe für geistig Behinderte e. V. (Hrsg.): Leistungsvereinbarungen für Wohneinrichtungen. Marburg 1995

DEGENER, Th.: Die sozialrechtliche Situation geistig behinderter Menschen in bezug auf selbstbestimmtes Leben. In: fib e. V. (Hrsg.): Ende der Verwahrung?! München 1991, 168 – 175

FISCHER, M.: Umwelt und Wohlbefinden. In: Abele, A.; Becker, P.: Wohlbefinden. Weinheim, München 1991, 245 – 266

FLADE, A.: Wohnen psychologisch betrachtet. Bern 1987

GÜNZBURG, H.; GÜNZGBURG, A. L.: LOCO (Learning Opportunities Coordination). A scale for assessing living units for people with a handicap. (Deutsche Übersetzung). Stratford 1989

HANESCH, W.; PFANNENDÖRFER, G.: Materielle Grundsicherung als Voraussetzung für ein eigenständiges Leben. In: Bock, Th.; Weigand, H. (Hrsg.): Hand-werks-buch Psychiatrie. Bonn 1991, 61 – 85

HANSER, R.; SEMRAU, P.: Zur Entwicklung der Einkommensarmut 1963 – 1986. In: Sozialer Fortschritt 1990/2

MAHLKE, W.; SCHWARTE, N.: Wohnen als Lebenshilfe. Ein Arbeitsbuch zur Wohnfeldgestaltung in der Behindertenhilfe. Weinheim, Basel 1985

METZLER, H.: Wohnen behinderter Menschen in Einrichtungen – Strukturen und Standards. In: Bundesministerium für Familie, Senioren, Frauen und Jugend (Hrsg.): Möglichkeiten und Grenzen selbständiger Lebensführung in Einrichtungen – Dokumentation des 1. Symposiums vom 24. März 1995 in Berlin. Berlin 1995, 53 – 73

Ministerium für Arbeit, Gesundheit und Soziales des Landes Nordrhein-Westfalen (Hrsg.): Behinderte Menschen in Nordrhein-Westfalen: Wissenschaftliches Gutachten zur Lebenssituation von behinderten Menschen und zur Behindertenpolitik in NRW. Düsseldorf 1993

PRISCHING, M.: Das wohlfahrtsstaatliche Weltbild. In: Bellebaum, A.; Barheier, K.: Lebensqualität. Opladen 1994, 41 – 81

SACK, M.: Das deutsche Wohnzimmer. In: Koelbl, H.; Sack, M.: Das deutsche Wohnzimmer. München, Luzern 1980

SCHÄFERS, B.: Sozialstruktur und Wandel der Bundesrepublik Deutschland. Stuttgart 1985

SCHELSKY, H.: Auf der Suche nach der Wirklichkeit. Düsseldorf 1965

SCHULZE, G.: Das Projekt des schönen Lebens. In: Bellebaum, A.; Barheier, K.: Lebensqualität. Opladen 1994, 13 – 36

SCHWARTE, N.: Wohnen als Lebenshilfe. In: Pape, F. W. (Hrsg.): Leben mit einer Körperbehinderung. Stuttgart 1994, 9 – 26

SILBERMANN, A.: Vom Wohnen der Deutschen. Frankfurt a. M. 1966

SILBERMANN, A.: Neues vom Wohnen der Deutschen (West). Köln 1991

THESING, T.: Betreute Wohngruppen und Wohngemeinschaften für Menschen mit geistiger Behinderung. Freiburg i. Br. 1993

WEIGAND, H.: Rückkehr in die Heimatgemeinde – eine Zwischenbilanz. In: Koenning, K. (Hrsg.): Spät kommt ihr ... Gütersloh 1986, 103 – 146

WOLFENSBERGER, W.; THOMAS, S.: PASSING. Toronto 1983

Wohnort ... • Individuelle Gestaltung/Privateigentum

Nutzerbezogene Indikatoren:
Individuelle Gestaltung und Privateigentum

	trifft zu	trifft eher zu	trifft eher nicht zu	trifft nicht zu
1. Der Nutzer hat in seinem bisherigen Leben keine oder kaum Möglichkeiten gehabt, auf die Gestaltung seines Wohnbereichs Einfluß zu nehmen und Privateigentum zu erwerben (z. B. bei langjährigem Psychiatrie- oder Heimaufenthalt).	❑	❑	❑	❑
2. Der Nutzer verfügt nicht über ein eigenes Zimmer mit Duschbad und Toilette oder lebt nicht, obwohl er dies wünscht, mit einem Partner/einer Partnerin in einem Zwei-Zimmer-Appartement zusammen.	❑	❑	❑	❑
3. Der Nutzer verfügt nicht über einen eigenen Wohnungs- und Zimmerschlüssel, obwohl er bei entsprechender Unterstützung lernen könnte, diese zu gebrauchen.	❑	❑	❑	❑
4. Die Möbel und Einrichtungsgegenstände des privaten Wohnbereichs befinden sich nicht im Eigentum des Nutzers.	❑	❑	❑	❑
5. Der Nutzer benötigt besondere Unterstützung, um seinen privaten Wohnbereich individuell einrichten und gestalten zu können.	❑	❑	❑	❑
6. Wertvolle oder persönlich bedeutsame Gegenstände sind dem Nutzer nicht jederzeit verfügbar. Vor dem Zugriff anderer Personen sind sie unzureichend gesichert.	❑	❑	❑	❑
7. Der Nutzer benötigt besondere Unterstützung, um sein Geld gezielt und für größere Anschaffungen oder Vorhaben anzusparen.	❑	❑	❑	❑

Gesamteinschätzung

Aus den individuellen Bedürfnissen und den Erfahrungen des Nutzers ergibt sich ein besonderer Unterstützungsbedarf zur individuellen Gestaltung seines privaten Wohnbereichs und zur Verfügung über sein Privateigentum.	❑	❑	❑	❑

6.1

Wohnort ... • Individuelle Gestaltung/Privateigentum

Angebotsbezogene Indikatoren:
Individuelle Gestaltung und Privateigentum

	trifft zu	trifft eher zu	trifft eher nicht zu	trifft nicht zu
1. Die Nutzer verfügen mindestens über ein eigenes Zimmer mit Duschbad und Toilette oder leben, wenn sie dies wünschen, mit einem Partner/einer Partnerin in einem Zwei-Zimmer-Appartement zusammen.	❑	❑	❑	❑
2. Die Nutzer verfügen grundsätzlich über einen eigenen Wohnungs- und Zimmerschlüssel und werden gegebenenfalls darin unterstützt, diesen zu gebrauchen.	❑	❑	❑	❑
3. Die Möbel und Einrichtungsgegenstände des privaten Wohnbereichs sind Eigentum der Nutzer bzw. werden so behandelt, als seien sie Eigentum.	❑	❑	❑	❑
4. Die Nutzer werden kontinuierlich darin unterstützt, ihren privaten Wohnbereich individuell einzurichten und zu gestalten.	❑	❑	❑	❑
5. Die Nutzer werden in ihrem Recht auf den Besitz alters- und kulturüblicher Gegenstände unterstützt, die ihren persönlichen Interessen entsprechen. Insbesondere bei älteren Nutzern wird die Gestaltung des Privatbereichs mit persönlichen Erinnerungsgegenständen, Fotos von Familienangehörigen, Freund(inn)en usw. unterstützt.	❑	❑	❑	❑
6. Wertvolle oder persönlich bedeutsame Gegenstände sind den Nutzern jederzeit verfügbar und vor dem Zugriff anderer Personen gesichert.	❑	❑	❑	❑
7. Die Nutzer werden darin beraten und unterstützt, ihr Geld gezielt und individuell für größere Anschaffungen oder Vorhaben anzusparen.	❑	❑	❑	❑
8. Der wohnbezogene Dienst stellt sicher, daß die in einem Haushalt zusammenlebenden Personen über ein eigenes Budget verfügen, über dessen Verwendung die Nutzer gemeinsam entscheiden.	❑	❑	❑	❑

Gesamteinschätzung

Der wohnbezogene Dienst unternimmt alle erforderlichen Bemühungen, um eine individuelle Gestaltung des privaten Wohnbereichs der Nutzer und deren Verfügung über Privateigentum zu sichern.	❑	❑	❑	❑

6.1

Gegenstandsbereich:
Ästhetik und Komfort

Die eigene Wohnung ist für die meisten Menschen der Mittelpunkt ihres Alltags. Hierher kann man sich nach einem anstrengenden Tag zurückziehen, um Ruhe und Entspannung zu finden und neue Kraft zu tanken. Die Wohnung bedeutet Vertrautheit, Sicherheit und Geborgenheit. Darüber hinaus bietet sie auch den Rahmen für vielfältige Aktivitäten, die man allein oder gemeinsam mit anderen Personen ausüben kann. Damit aber eine Wohnung sowohl Geborgenheit vermittelt als auch Anregungen zur Betätigung zu geben vermag, muß sie so gestaltet und ausgestattet sein, daß sich ihre Bewohner darin jederzeit wohlfühlen können. Nicht zufällig sehen die meisten Deutschen in ihrer Wohnung in erster Linie einen Ort der Gemütlichkeit und Behaglichkeit (vgl. SILBERMANN 1966, 114) und verbringen einen großen Teil ihrer Freizeit damit, ihre Wohnung einzurichten, zu verschönern und möglichst angenehm und komfortabel zu gestalten.

Mittlerweile wird es gesellschaftlich weitgehend akzeptiert, daß Personen unterschiedlichen Alters und mit verschiedenen Interessen ihren privaten Wohnbereich sehr individuell und ihrem persönlichen Lebensgefühl entsprechend ausstatten. Das Ergebnis wird bei einem Jugendlichen anders aussehen als bei einem älteren Erwachsenen, bei einem eher häuslich orientierten Menschen anders als bei einer Person, die ihre Wohnung nur zum Schlafen benutzt.

Wenn also für die Einrichtung wohnbezogener Dienste eine möglichst ästhetische Gestaltung gefordert wird, bedeutet das nicht, einen bestimmten Wohnstil oder Geschmack als Norm vorzugeben. Als ästhetisch kann grundsätzlich alles gelten, was sich in der Bandbreite des für eine bestimmte Altersgruppe kulturell Üblichen bzw. Angesehenen bewegt und im Rahmen eines individuellen Wohnstils hinreichend aufeinander abgestimmt ist – also auch Einrichtungsgegenstände, die sich nicht an einem Durchschnittsgeschmack orientieren, wie er von Möbelhauskatalogen vorgegeben wird.

Wohnraumgestaltung und Kompetenzentwicklung

Im Unterschied zu den meisten Wohnungen Nichtbehinderter wirken viele Zimmer von Menschen mit geistiger Behinderung in wohnbezogenen Diensten oft kahl, wenig liebevoll gestaltet und zuweilen geradezu unbewohnt. Dabei ist man schnell geneigt, dies den Menschen mit geistiger Behinderung selbst zuzuschreiben, da viele von ihnen offenbar gar kein Interesse an einer ansprechenden Gestaltung ihrer Räumlichkeiten zu haben scheinen und vielfach auch offenkundig unfähig seien, eine komfortabel eingerichtete und hochwertig ausgestattete Wohnung „in Ordnung" zu halten. Bei näherem Hinsehen jedoch erweisen sich „mangelndes Interesse" und augenscheinliche „Unfähigkeit" zu gestalterischer Tätigkeit weniger als individuelle Defizite geistig behinderter Menschen, sondern vielmehr als Ergebnis zweier zusammentreffender Problembereiche:

Noch immer gilt für eine große Zahl wohnbezogener Dienste, daß das Mobiliar nicht von den einzelnen Nutzern ausgesucht oder beim Einzug mitgebracht werden konnte, sondern entweder einheitlich auf der Grundlage von Bettenzahlen und Ausstattungsrichtlinien angeschafft wurde oder aber eine recht wahllose Zusammenstellung von Einrichtungsgegenständen vorherrscht, die oft weder stilistisch noch farblich zueinander passen und nicht selten auch in einem mehr oder weniger vernachlässigten Zustand sind.

In den meisten älteren wohnbezogenen Diensten erfolgte die Inneneinrichtung zu keiner Zeit nach ästhetischen Kriterien, sondern stets nur nach funktionalen Gesichtspunkten. So herrschen pflegeleichte Materialien vor, damit alles leicht und schnell zu reinigen ist – die Tische sind beschichtet, der Fußboden aus Linoleum. Vor den Fenstern befinden sich keine Gardinen und Vorhänge, da diese heruntergerissen werden könnten. In den Gemeinschaftsräumlichkeiten wirkt das Mobiliar wie willkürlich im Raum verteilt, und einzelne Möbelstücke sehen wie „dazugestellt" aus, ohne ein wohnliches Ganzes zu bilden; die Sitzgruppe steht isoliert von der Eßecke; Lichtquellen sind Neonleuchten an der Decke, während Stehlampen oder Dimmer fehlen.

Hinzu kommt, daß diejenigen Nutzer, die ihr Leben zuvor in Großeinrichtungen verbrachten, in der Regel nie gelernt haben, welche Möglichkeiten der Selbst-Erfahrung und Kompetenzentwicklung in einer aktiven, individuellen Gestaltung des eigenen Wohnbereichs liegen können. Anstalten und Großheime geben ihren Bewohnern nur wenig Ver-

6.1

anlassung, das Zimmer, das in den meisten Fällen noch mit mehreren Mitbewohnern geteilt werden muß, als ihr Zuhause zu betrachten. Somit haben die meisten langjährigen Bewohner von Großeinrichtungen eine zentrale, wenn auch für nichtbehinderte Menschen ganz normale Erfahrung nie machen dürfen – daß Möbel und Einrichtungsgegenstände nicht nur fremde Objekte, sondern auch Ausdrucksformen der eigenen Persönlichkeit sein können, die nach den eigenen Bedürfnissen und Vorstellungen ausgesucht, arrangiert und benutzt werden und mit der Zeit eine ganz und gar individuelle Bedeutung erhalten.

Möbel und Einrichtungsgegenstände sind niemals nur funktional. Neben ihrem Nutzwert haben sie immer auch einen ästhetischen Wert. Dazu jedoch darf z. B. ein Stuhl von seinem Besitzer nicht nur als eines von vielen beliebigen Sitzmöbeln wahrgenommen werden. Vielmehr muß er ganz bewußt als Einzelstück angesehen werden, also Aufmerksamkeit erwecken und an der Einzigartigkeit seiner Form und Gestalt, seiner materiellen Beschaffenheit, seiner Farbe usw. erkannt werden. Sind diese Voraussetzungen erfüllt, wird der Besitzer das Möbelstück nicht nur gebrauchen, sondern sich auch „aneignen", indem er eine höchst individuelle Verbindung zwischen den Eigenschaften des Stuhls und seinem persönlichen Empfinden herstellt.

Menschen mit Behinderung, die jahrelang in größeren Einrichtungen zugebracht haben, leiden jedoch hinsichtlich der Aneignung ihrer räumlichen und materiellen Umgebung an einer extremen Erfahrungsarmut. Ein eigener Geschmack und die Fähigkeit zu gestalterischer Tätigkeit sind also nicht etwa Eigenschaften, die einer Person gegeben sind oder nicht. Sie entwickeln sich vielmehr in Abhängigkeit von den sozialen und kulturellen Erfahrungen eines Menschen und können nur dann zum Ausdruck kommen, wenn die Lebens- und Wohnbedingungen dies auch zulassen.

Stimulation und Anregung

Die notwendige Sensibilität für ein ästhetisches Wohnumfeld können Menschen mit geistiger Behinderung in wohnbezogenen Diensten am ehesten durch die Mitarbeiterinnen erfahren. Voraussetzung dazu ist natürlich, daß zunächst den Mitarbeiterinnen selbst die Bedeutung bewußt gestalteter, differenzierter und anregungsreicher Wohn-Räume geläufig ist. Des weiteren sollten sie bereit und dazu in der Lage sein, die gerade in größeren Einrichtungen oft noch trostlose Innenwelt wohnbezogener sozialer Dienste gemeinsam mit den Nutzern individuell und bedürfnisgerecht umzugestalten.

Es ist mehr als nur wahrscheinlich, daß in einer menschenfreundlich eingerichteten Wohnung auch die Mitarbeiterinnen mehr Freude an ihrer Tätigkeit haben. Veränderte räumliche Bedingungen ermöglichen sowohl bei den Nutzern als auch bei den Mitarbeiterinnen ein verändertes Verhalten und einen anderen Umgang miteinander (vgl. MAHLKE, SCHWARTE 1985, 88 und 100 f.).

Das Wohnen ist der Lebensbereich, in dem wir die größte Sicherheit und Kontinuität erleben. Eine Kehrseite davon ist, daß uns die eigene Wohnung oder das Haus nach einiger Zeit des Wohnens so vertraut wird, daß sie uns kaum noch neue Erfahrungen ermöglicht. Um so wichtiger ist es daher, daß die Räumlichkeiten nicht einförmig und monoton, sondern relativ komplex gestaltet sind und möglichst lebendig wirken. Um im Wohnbereich das richtige Maß an Komplexität zu erhalten, bedarf es u. a. auch einer gewissen Raumgröße, da kleine Zimmer schnell vollgestellt sind und dann überladen und eher zu komplex wirken (FLADE 1987, 41).

Ohne das richtige Maß an Stimulation und Anregung im Wohnbereich leidet das Wohlbefinden erheblich (FLADE 1987, 37 f.). Dabei sind Menschen mit geistiger Behinderung oft in besonderer Weise von ihren Sinneseindrücken im Wohnbereich abhängig, da sie aufgrund eingeschränkter Mobilität verstärkt auf konkrete Erfah-rungen und Anregungen in der Wohnung angewiesen sind. Aus diesem Grund sollte der Wohnbereich vielfältig und differenziert gestaltet sein.

Insbesondere Personen mit schwerer Behinderung, denen sich die gegenständliche Welt weniger abstrakt, sondern vor allem durch ihre körperlich-sinnliche Wahrnehmung vermittelt, sind auf eine Umwelt angewiesen, die ihnen möglichst viele und unterschiedliche körperbezogene Erfahrungen ermöglicht. Kahle oder monoton ausgestattete Räumlichkeiten verhindern solche Erfahrungen. Sie lassen sich letztlich auch nicht künstlich in speziellen, therapeutisch konzipierten Ersatzräumen (Snoezelraum, Bällchenbad, Pränatalraum) herstellen, in denen sich die Nutzer nur für wenige Stunden oder gar Minuten des Tages aufhalten und die meist auch keinerlei Möglichkeiten zur gestaltenden Aneignung des Raumes bieten.

Anstatt also zu versuchen, die für die menschliche Entwicklung grundlegenden Umwelterfahrungen isoliert in „Sonderräumen" herzustellen, sollten sich wohnbezogene Dienste darum bemühen, das private Wohnumfeld jedes einzelnen Nutzers so zu bereichern, daß Erfahrungen dort möglich werden, wo auch nichtbehinderte Menschen sie für gewöhnlich machen: im normalen Wohnalltag (vgl. MAHLKE, SCHWARTE 1985, 20 und 95 ff.). Dazu können z. B. in größeren Räumen Rückzugsnischen und nicht einsehbare Winkel geschaffen, Podeste und Einbauten installiert und bestimmte Raumzonen abgeteilt werden. Ebenso sollten Farben und verschiedene Lichtverhältnisse gezielt eingesetzt werden. Unterschiedliche und helle Beleuchtungen wirken stimulierend, während weiße und einfarbige Räume eher reizarm sind. Zu bedenken ist auch, daß helle Räume zumeist größer empfunden werden, während sich Menschen in dunklen Räumen schneller beengt fühlen (BAUM, DAVIS, in: FLADE 1987, 38).

Die Ästhetik eines Raumes sollte sich nicht nur dem Auge mitteilen, es sollten auch alle anderen Sinne angesprochen werden: der Tastsinn durch unterschiedliche Baumaterialien und Stoffe (Holz, textile Stoffe, Polster, Metall usw.); der Geruchssinn z. B. durch verschiedene Kräuter und Gewürze in der Küche, Seifen und Pflegemittel im Bad und Blumen in den Wohnräumen; das Gehör durch Vögel vor dem Fenster und im Garten, das Rauschen von Wasser, das Knistern eines Feuers oder das Ticken einer Uhr (vgl. MAHLKE, SCHWARTE 1985, 13 f.).

Eine anregungsreiche, veränderbare Umwelt kann im übrigen als der beste Schutz vor Zerstörungen betrachtet werden. Je mehr die eigene Wohnumwelt selbstbestimmt verändert und kontrolliert werden kann, desto geringer ist die Motivation eines einzelnen Menschen, sich destruktiv mit dieser Umwelt auseinanderzusetzen. Umgekehrt tritt Zerstörung dort am wahrscheinlichsten auf, wo die Umgebung monoton, anregungsarm oder verwahrlost bzw. bereits zerstört ist (FLADE 1987, 146 ff.).

Gestaltung von Haus und Grundstück

Wohnlich eingerichtete und ästhetisch ansprechende Räumlichkeiten laden zum Verweilen ein und bieten Anregungen, sich allein oder in Kommunikation mit anderen Menschen dort zu beschäftigen. Die Art und Weise, wie ein Gebäude und seine Räumlichkeiten gestaltet sind, vermittelt aber auch der Außenwelt eine Reihe von Botschaften über die Bewohner: über ihr gesellschaftliches Ansehen, ihren Status, ihre Kompetenzen und über den Wert, den ihnen andere Menschen beimessen (vgl. WOLFENSBERGER, THOMAS 1983, 63 ff. und 375 ff.).

Ein äußerlich ästhetisch gestaltetes Haus signalisiert, daß dort angesehene Menschen leben, die mit den Annehmlichkeiten des Wohnens vertraut sind und ein schönes Ambiente zu schätzen wissen. Demgegenüber können Gebäude, die kahl, monoton oder häßlich wirken und eine gewisse Gleichgültigkeit in der Gestaltung verraten, gegenüber Außenstehenden den Eindruck vermitteln, die Bewohner kümmerten sich wenig um sich selbst und ihre Umgebung und seien weitgehend unsensibel gegenüber ästhetischen Gesichtspunkten. Aus diesem Grund sollte das Äußere des Hauses eines wohnbezogenen Dienstes stilistisch und farblich möglichst ästhetisch gestaltet sein und eine ansprechende Architektur aufweisen.

Auch das Grundstück des Gebäudes sollte einen dementsprechenden Eindruck machen, etwa durch eine angemessene Bepflanzung, einen gepflegten Garten und eine passende Umzäunung. Hingegen ist von einer Gestaltung des unmittelbaren Wohnumfelds mit einheitlichen Rasenflächen, die wenig Anregungen zu Aktivitäten bieten und zudem eher schlechte Voraussetzungen zur nachbarschaftlichen Kontaktaufnahme und -pflege bieten, eher abzuraten. Geeigneter ist eine bewußte Gestaltung der Außenflächen als „halböffentlicher Raum" mit Aufenthalts- und Beobachtungsgelegenheiten (vgl. Gegenstandsbereich „Individuelle Gestaltung und Privateigentum", S. 95 ff.).

Gebäude und Grundstück sollten – am besten durch die Nutzer selbst oder zumindest in Kooperation mit ihnen – regelmäßig instandgehalten und verschönert werden (z. B. Renovierung der Fassade, jahreszeitangemessene Gestaltung und Dekoration der Fenster, kontinuierliche Pflege des Gartens). Wichtig ist, daß zwischen Drinnen und Draußen Verbindungen bestehen. Neben überdachten Eingängen, Vorgärten usw. stellen auch Fenster solche Verbindungen her – vorausgesetzt, man kann durch sie hindurchsehen, was in älteren Gebäuden oft nicht möglich ist, da die Fenster zu hoch angebracht sind. Dadurch konzentriert sich aber alles notwendigerweise auf das „Drinnen", d. h. Fenster, die nur Licht einlassen, aber kein Hinausschauen und keine Beobachtungen der Umwelt ermöglichen, tragen dazu bei, die Außenorientierung zu vernachlässigen. Abhilfe können hier Podeste oder erhöhte Sitzgelegenheiten schaffen.

Ist das Ambiente eines wohnbezogenen Dienstes ansprechend, kann dieses auch eine nicht unbeträchtliche integrative Wirkung haben (vgl. WOLFENSBERGER, THOMAS 1983, 375 ff.). Angehörige und Freunde von Nutzern oder auch

Nachbarn werden ihnen in einem äußerlich wie innerlich ansehnlich gestalteten Wohnhaus wahrscheinlich ohne große Widerstände einen Besuch abstatten. Hat der wohnbezogene Dienst hingegen den typischen Charakter einer sozialen Institution, werden viele Besucher von vornherein abgeschreckt und es vorziehen, sich mit einem Nutzer lieber außerhalb des Gebäudes zu treffen. Schließlich beeinflußt das Aussehen und die Einrichtung eines Hauses auch das Selbstbild ihrer Bewohner. Menschen, die in häßlichen und ärmlich ausgestatteten Wohnungen leben und keine Möglichkeit haben, diesen Zustand zum Positiven hin zu verändern, werden sich schnell auch selbst wertlos vorkommen.

Ausstattung und Komfort

Die Ausstattung einer Wohnung hat im allgemeinen einen starken Einfluß auf die Wohnzufriedenheit von Menschen (GLATZER, ZAPF 1984, 87 f.). Dabei wird eine gute Ausstattung offenbar schnell als selbstverständlich angesehen, während eine schlechte Ausstattung grundsätzlich zu Unzufriedenheit führt. Die individuellen Erwartungen eines Menschen an seine Wohnung sind jedoch auch von seinen früheren Wohnerfahrungen geprägt. Das subjektive Einverständnis eines Nutzers mit einer qualitativ eher geringwertigen Einrichtung seiner privaten Räumlichkeiten sollte also nicht vorschnell als Zufriedenheit interpretiert werden, sondern kann auch darauf beruhen, daß er sich mit seinen Wohnerwartungen mittlerweile an eine wenig bedürfnisgerechte Realität angepaßt und eine „resignative Zufriedenheit" entwickelt hat (vgl. FLADE 1987, 73).

Zwar bedarf es gemeinhin eines gewissen Mindeststandards an Mobiliar und Einrichtungsgegenständen, doch ob eine Wohnung oder ein einzelnes Zimmer als wohnlich und komfortabel empfunden wird, ist nicht allein eine Frage der materiellen Ausstattung. Der Eindruck, einen bestimmten Komfort zu genießen, stellt sich über alle Sinne des menschlichen Körpers her: über das Auge die Schönheit und Stimmigkeit der Einrichtung; über das Körpergefühl, das der gesamte Raum und die Materialien der Einrichtungsobjekte vermitteln; über den Tastsinn, den Geruchssinn und das Gehör. Eine komfortabel eingerichtete Wohnung spricht also „den ganzen Menschen" mit all seinen Sinnen in einer positiven Weise an. Um einzuschätzen, ob die Räumlichkeiten eines wohnbezogenen Dienstes allgemein und der Privatbereich eines einzelnen Nutzers im besonderen komfortabel genug sind, reicht oft schon die Vorstellung aus, wie es wäre, selbst dort zu leben.

Kriterien zur Gestaltung des Wohnbereichs

Ein wohnbezogener Dienst sollte sich darum bemühen, den Innen- und Außenbereich des Hauses oder der Wohnung gemeinsam mit den Nutzern und so weit wie möglich nach deren Bedürfnissen, Wünschen und Vorstellungen komfortabel auszustatten und ästhetisch zu gestalten. Dabei sollten u. a. folgende Kriterien Berücksichtigung finden (vgl. MAHLKE, SCHWARTE 1985, 47 ff.; WOLFENSBERGER, THOMAS 1983, 375 ff.):

1. Bei der Raumgestaltung ist der Gebrauch unterschiedlicher, aufeinander abgestimmter *Materialien und Formen* wichtig. Der Einsatz natürlicher Baustoffe ist schon deshalb empfehlenswert, weil den meisten Menschen mit geistiger Behinderung Naturerfahrungen nur sehr eingeschränkt zugänglich gemacht werden. Geeignet sind verschiedene Holzarten und textile Stoffe, die Oberflächenstrukturen aufweisen und dem Auge ebensoviel Anregung geben wie dem Tastsinn. Tastempfindungen sind für Menschen, die ihren Kontakt zur Umwelt in hohem Maße über das „Be-Greifen" herstellen, besonders wichtig. Zu diesem Zweck sollten auch unterschiedliche Fußbodenbeläge vorhanden sein. Statt einheitlich grauer oder farblich willkürlich zusammengefügter PVC-Platten sollten Bodenbeläge mit unterschiedlicher Oberflächenstruktur – Teppichböden, Holzparkett, Fliesen – verwendet werden.

Ungeeignet sind aufgrund ihres monotonen Wiederholungseffekts gemusterte Tapeten (MAHLKE, SCHWARTE 1985, 52 und 60).

Darüber hinaus sollten unterschiedliche, bequeme Sitzgelegenheiten vorhanden sein. Die Sitzmöbel sollten aus angenehmen Materialien bestehen (keine rein synthetischen, sondern unterschiedliche natürliche Materialien) und zur Tätigkeit anregen (nicht ausschließlich „Ruhesessel"). Je mehr Wände, Möbel und andere Gegenstände zum Berühren einladen und sich angenehm anfühlen, desto eher werden die Räumlichkeiten einem Nutzer das Gefühl von Geborgenheit geben (BETTELHEIM 1989, 136 f.). Für ein angenehmes Körpergefühl sollten die Nutzerzimmer eine angenehme Wärme ausstrahlen. Die Raumtemperatur sollte individuell regelbar, die Luft nicht zu trocken und heißes Wasser ausreichend vorhanden sein.

2. *Höhe und Größe der Möbel und Einrichtungsgegenstände* sollten den Körpermaßen der Nutzer individuell angepaßt sein. Spiegel und Ablagen sollten in der richtigen Höhe angebracht und die Betten ausreichend groß sein. Alle Größenbestimmungen im Inneren der Wohnung oder des Hauses sollten sich an den Bedürfnissen der Bewohner orientieren, also „den Menschen zum Maßstab haben" (CONRADS 1964, in: FLADE 1987, 61). So muß z.B. ein Stuhl für einen kleinen Menschen klein, für einen schweren Menschen breit und stabil und für einen alten Menschen nicht zu niedrig sein.

Auch die Funktion des Mobiliars ist bedeutsam. Für Gespräche sollten Sitzgelegenheiten bequem, aber nicht zu schwer sein und den Personen eine aufrechte Sitzhaltung ermöglichen; zum Ausruhen hingegen ist ein tiefer Sessel, in dem man „versinken" kann, weitaus angenehmer (vgl. MAHLKE, SCHWARTE 1985, 50).

Erste Fragen bei der Anschaffung eines neuen Möbelstücks sollten demnach sein: Für welchen Menschen ist es bestimmt? Zu welchem Gebrauch soll es dienen? Erst dann ist zu entscheiden, ob es zum jeweiligen Raum und der übrigen Einrichtung passen wird.

Individuell benötigte Hilfsmittel (z.B. Haltegriffe im Bad, Treppenhandläufe und Fahrstühle sollten überall dort vorhanden sein, wo sie die Bewegungsfreiheit der Nutzer unterstützen und fördern.

3. Wohnung, Möbel und Einrichtungsgegenstände sollten *einen sauberen und gepflegten Eindruck* machen, ohne dabei vor allem "pflegeleicht" zu sein (vgl. MAHLKE, SCHWARTE 1985, 47 ff.; WOLFENSBERGER, THOMAS 1983, 75 ff.). Bei Renovierung und Neueinrichtung der Nutzerzimmer sollte sich ein wohnbezogener Dienst an gesellschaftlich üblichen Standards orientieren. Nach statistischen Angaben (SILBERMANN 1991, 58) liegt in westdeutschen Haushalten der durchschnittliche Veränderungsrhythmus (Renovierung und/oder teilweise/komplette Neueinrichtung) bei drei bis vier Jahren. Das Einrichtungsverhalten der meisten Deutschen ist also ein „permanenter Konsumprozeß" (SILBERMANN 1991, 135), wobei sich die Intervalle mit zunehmendem Lebensalter vergrößern.

4. Die innere und äußere Gestaltung der Wohnung und des Hauses sollte stimmig sein. Im Bereich des Wohnens ist der Gegensatz zur Leere des Raumes nicht Fülle, sondern Stimmigkeit.

Stimmigkeit im Innenbereich läßt sich erreichen durch ein möglichst optimales Verhältnis von freiem Raum und möblierter Fläche (Vermeidung von Leere und Überfülle). Dazu gehören eine gezielte Farbgebung, eine bewußte Auswahl von Materialien und ein integrierendes Arrangement von Möbeln, Einrichtungsgegenständen und Dekoration (z. B. Bilder, Pflanzen, jahreszeitabhängiger Schmuck). Dabei sollte beachtet werden, daß ältere Menschen sich hinsichtlich ihres Wohngeschmacks in der Regel an konventionelleren Mustern orientieren als jüngere Personen (vgl. SILBERMANN 1991, 12 f., 42 und 64 ff.).

Die obere Hälfte der meisten Räume in wohnbezogenen Diensten ist meist kahl und ungestaltet. Dadurch bleiben insbesondere hohe Räume „flächig" und wirken beunruhigend. Eine positive Raumwirkung kommt erst dann zustande, wenn auch die Höhendimension eines Raumes gestaltet und auf diese Weise eine größere Wahrnehmungsfülle und Raumdifferenzierung erreicht wird. Für eine wohnliche Atmosphäre ist es von großer Bedeutung, daß auch Wände und Decken „eingerichtet" werden, etwa durch den Einbau von Podesten (an denen die Bewohner zudem ihre motorischen Fertigkeiten üben können), durch Regale, passende Bilder oder Holzverkleidungen (MAHLKE, SCHWARTE 1985, 49 und 121 ff.).

Aller Erfahrung nach ist es besonders günstig, solche räumlichen Veränderungen *gemeinsam mit den Nutzern* durchzuführen, da es auf diese Weise allen Beteiligten am besten gelingt, eine persönliche Beziehung zu den Räumlichkeiten und den neu entstehenden baulichen und gestalterischen Elementen herzustellen.

Mit *Stimmigkeit nach außen* ist einerseits die Übereinstimmung des Erscheinungsbildes eines Gebäudes mit seiner Funktion, zum anderen die Anpassung von Gebäudegröße und -gestalt an die Bebauungsstruktur der Umgebung gemeint (MAHLKE, SCHWARTE 1985, 16). Die äußere Gestaltung eines wohnbezogenen Dienstes ist zunächst von baulichen Bestimmungen abhängig. Diesen Vorgaben liegt u. a. der Gedanke zugrunde, innerhalb eines Wohngebiets eine gewisse Einheitlichkeit der stilistischen Formen zu gewährleisten. Dabei sind die gestalterischen Freiräume um so größer, je mehr Funktionen die Gebäude erfüllen. In einem gemischt bebauten Stadtteil, in dem sich Wohnungen, Geschäfte und Büros befinden, werden Unterschiede zwischen einzelnen Gebäuden weniger auffällig sein als in einem reinen Wohngebiet, das ausschließlich aus Einfamilienhäusern besteht.

Grundsätzlich sollte sich das Haus, in dem die Nutzer eines wohnbezogenen Dienstes leben, wie ein normales Wohnhaus aussehen, sich also stimmig in sein Umfeld einfügen und sich in Größe,

Architektur und Gestaltung möglichst wenig von den umgebenden Gebäuden abheben oder mit ihnen zumindest harmonieren. Auf diese Weise wird herausgestellt, daß es sich nicht um einen sozialen Dienst, sondern um ein normales Wohnhaus handelt, in dem Menschen leben, denen ein rechtmäßiger Platz in der Gemeinde zusteht.

Auffallende Unstimmigkeiten eines von Menschen mit geistiger Behinderung bewohnten Hauses zu den benachbarten Häusern können demgegenüber dazu führen, daß ein Eindruck von Andersartigkeit geweckt wird, der den Bewohnern der benachbarten Häuser Anlaß dazu gibt, auf Distanz zu gehen. Aus diesem Grund sollten möglichst keine Unstimmigkeiten zu den meisten anderen Gebäuden und Grundstücken der näheren Umgebung in bezug auf die Größe, den Baustil, die architektonische Gestaltung, das Alter und den Zustand des Gebäudes vorhanden sein.

Bei den meisten Gebäuden, in denen sich betreute Wohngruppen befinden, scheinen diese Vorgaben nach Einschätzung der dort Beschäftigten weitgehend erfüllt zu sein. Zumindest gehen von ihnen offenbar kaum stigmatisierende Wirkungen aus: Über drei Viertel der von THESING (1993, 168 f.) untersuchten Wohngruppen liegen in Ein- oder Mehrfamilienhäusern, sind überwiegend von unauffälliger Bauweise (85 %), haben Privatcharakter (92 %) und sind gepflegt (83 %). Nur eine kleine Minderheit (7,4 %) der befragten Gruppen gab an, das Gebäude würde Außenstehenden eher den Charakter einer sozialen Institution vermitteln.

Viele dieser Gesichtspunkte mögen auf den ersten Blick nebensächlich erscheinen. Es sollte jedoch bedacht werden, daß derartige „Äußerlichkeiten" der Wohngestaltung, die bei nichtbehinderten Menschen vielfach als Zeichen von Individualität gelten und dort auf eine grundsätzliche Akzeptanz treffen, bei Personen, die aufgrund einer geistigen Behinderung ohnehin schnell als anders und „nicht dazugehörend" wahrgenommen werden, häufig Ablehnung und Distanz hervorrufen. Auch hier gilt also, daß der Lebensbereich von Menschen mit geistiger Behinderung besonders sensibel und unter Berücksichtigung ihrer hohen Verletzlichkeit gestaltet werden sollte.

5. *Farben* können die Wohnlichkeit von Räumen und die Stimmungen ihrer Bewohner nachhaltig beeinflussen. Einer harmonischen Farbgebung der Möbel, Tapeten, Vorhänge, Teppiche usw. kommt daher große Bedeutung zu. Während dunkle Farben (Braun, warmes Grün) eher beruhigen, wirken helle, starke Farben lebendig, aber oft auch beunruhigend. Für Wohnräume sind sie daher nur sehr bedingt geeignet.

Bei der Farbgestaltung eines Raumes sollte also neben den Wünschen der Nutzer immer auch die voraussichtliche Wirkung bestimmter Farben auf die Bewohner des Raumes bedacht werden (vgl. MAHLKE, SCHWARTE 1985, 55 ff.). Hierbei kann das Alter der Nutzer eine Rolle spielen: So bevorzugen ältere Menschen meist dunklere Töne als jüngere. Möglichst natürliche Farben und Holztöne werden zwar von sehr vielen Menschen bevorzugt, bei jüngeren Erwachsenen hingegen sind sie nicht so beliebt (SILBERMANN 1991, 67).

Decke, Wände und Fußboden wirken in wohnbezogenen Diensten in ihrer Farbgebung oft uneinheitlich und wenig harmonisch. Statt voneinander isoliert sollten die Flächen eines Raumes farblich aufeinander und mit der Möblierung des Raumes abgestimmt sein (MAHLKE, SCHWARTE 1985, 48 f.).

6. *Licht* sollte bewußt als ästhetisches Gestaltungsmittel zum Einsatz kommen. Auf übermäßiges Kunstlicht (Neonröhren) sollte dabei nach Möglichkeit verzichtet werden. Es wirkt kalt und nimmt den Menschen und Gegenständen ihre Plastizität. Stattdessen sollte sich ein wohnbezogener Dienst um möglichst differenzierte Lichtverhältnisse bemühen (verschiedene Lichtquellen, unterschiedliche Grade von Helligkeit durch Lampen mit Dimmer, verschiedene Hell-Dunkel-Bereiche innerhalb eines Raumes). Dabei sollten die Beleuchtungskörper von unterschiedlicher Form (Pendelleuchten über dem Tisch, Stehlampen, Punktstrahler zur Ausleuchtung einzelner Bereiche) und flexibel einsetzbar sein.

Zentral angebrachte Lampen werden in der Regel als unwohnlich empfunden. Stattdessen sollten mehrere, gegebenenfalls auch flexible Lichtquellen dort vorhanden sein, wo sie benötigt werden: über Tischen und Arbeitsflächen, am Bett usw. Alle Räume sollten zweckmäßig beleuchtet sein. Dazu sollten sie ausreichend große Fenster haben, die im Wohnbereich nicht nur nach Norden ausgerichtet sind (vgl. MAHLKE, SCHWARTE 1985, 53 f.).

7. Auch der *Geruch eines Gebäudes* kann die Stimmung seiner Bewohner zum Positiven oder Negativen hin verändern. Jede private Wohnung weist ihren eigenen, unverwechselbaren Geruch auf. In älteren wohnbezogenen Diensten herrschen dagegen oft ausgesprochen unangenehme Gerüche vor (Uringeruch, Geruch nach Pflege- und Desinfektionsmittel), die eine ausgesprochene Kranken-

hausatmosphäre verbreiten. Obwohl große Sauberkeit selbstverständlich bedeutsam ist, sollte der Geruch nicht an die Hygiene eines Krankenhauses erinnern (BETTELHEIM 1989, 135).

8. Damit sich Menschen in ihrer Wohnung wohlfühlen können, sollte es weder übermäßig laut (z.B. keine vielbefahrene Straße vor dem Haus, keine laute Musik, kein übermäßiger Kinderlärm) noch totenstill sein. *Lärm* wird von Person zu Person anders empfunden und ist darüber hinaus auch situationsabhängig: Wer es gewohnt ist, tagsüber Musik zu hören, wird sich über ein lautes Radio in der Nebenwohnung nicht sonderlich aufregen. Wenn man hingegen schlafen möchte, kann bereits das Geräusch eines vor dem Fenster vorbeifahrenden Autos zu laut sein (FLADE 1987, 134 f.).

Insgesamt betrachtet ist Lärmbelästigung die am meisten beklagte Störung im Wohnbereich. Vor allem ältere Menschen fühlen sich dadurch in ihrer Wohnqualität beeinträchtigt (vgl. GLATZER, ZAPF 1984, 88 f.). Verkehrslärm ist zudem ein chronisch wirkender Umwelteinfluß, der das menschliche Wohlbefinden auf Dauer beeinträchtigen und gesundheitliche Schäden verursachen kann (FLADE 1987, 128). Innerhalb der Wohnung oder des Hauses sollten die Privaträume ausreichend schallisoliert sein, störende Geräusche wie summende Neonröhren oder tropfende Wasserhähne sollten schnell beseitigt werden.

Literatur

BETTELHEIM, B.: Wege aus dem Labyrinth: Leben lernen als Therapie. München 1989
FLADE, A.: Wohnen psychologisch betrachtet. Bern 1987
FISCHER, M.: Umwelt und Wohlbefinden. In: Abele, A.; Becker, P.: Wohlbefinden: Theorie – Empirie – Diagnostik. Weinheim, München 1991, 245 – 266
GLATZER, W.; ZAPF, W. (Hrsg.): Lebensqualität in der Bundesrepublik: Objektive Lebensbedingungen und subjektives Wohlbefinden. Frankfurt a. M., New York 1984
MAHLKE, W.; SCHWARTE, N.: Wohnen als Lebenshilfe. Ein Arbeitsbuch zur Wohnfeldgestaltung in der Behindertenhilfe. Weinheim, Basel 1985

SILBERMANN, A.: Vom Wohnen der Deutschen: Eine soziologische Studie über das Wohnerlebnis. Frankfurt a. M. 1966
SILBERMANN, A.: Neues vom Wohnen der Deutschen (West). Köln 1991
THESING, T.: Betreute Wohngruppen und Wohngemeinschaften für Menschen mit geistiger Behinderung. Freiburg i. Br. 1993
WOLFENSBERGER, W.; THOMAS, S.: PASSING. Toronto 1983

Wohnort ... • Ästhetik und Komfort

Nutzerbezogene Indikatoren:
Ästhetik und Komfort

	trifft zu	trifft eher zu	trifft eher nicht zu	trifft nicht zu
1. Der Nutzer hat bisher bei der Einrichtung und Gestaltung seiner Privaträume keine oder kaum Möglichkeiten der selbstbestimmten und ästhetischen Gestaltung und der komfortablen Ausstattung gehabt.	❑	❑	❑	❑
2. Die ästhetische Gestaltung und der Komfort der Privaträume des Nutzers liegen nicht im Spektrum dessen, was für nichtbehinderte Menschen gleichen Alters positiv bewertet wird.	❑	❑	❑	❑
3. Der Nutzer ist aufgrund einer eingeschränkten Mobilität in besonderem Maße auf vielfältige Anregungen und Erfahrungen im Wohnbereich angewiesen.	❑	❑	❑	❑
4. Der Nutzer benötigt für eine möglichst selbstbestimmte Einrichtung und ästhetische Gestaltung seiner Räumlichkeiten besondere Hilfen.	❑	❑	❑	❑
5. Der Nutzer benötigt besondere technische Hilfen, die ihm innerhalb des Wohnbereichs einen angemessenen Komfort sichern.	❑	❑	❑	❑
6. Der Nutzer ist aufgrund der Schwere seiner Behinderung trotz Hilfestellung nicht imstande, seine Privaträume individuell zu gestalten. Er ist darauf angewiesen, daß Fachkräfte des wohnbezogenen Dienstes dies stellvertretend für ihn tun.	❑	❑	❑	❑

Gesamteinschätzung

Aus den individuellen Bedürfnissen und den Erfahrungen des Nutzers ergibt sich ein besonderer Unterstützungsbedarf im Hinblick auf die Ästhetik und den Komfort der Wohnung, des Hauses und des Wohnumfelds.	❑	❑	❑	❑

Angebotsbezogene Indikatoren:
Ästhetik und Komfort

	trifft zu	trifft eher zu	trifft eher nicht zu	trifft nicht zu
1. Gebäude und Grundstück werden kontinuierlich instand gehalten und lassen deutliche Bemühungen um eine ansprechende Gestaltung erkennen.	❏	❏	❏	❏
2. Das Innere des Hauses und/oder der Wohnung werden kontinuierlich instand gehalten.	❏	❏	❏	❏
3. Während der private Wohnbereich der Nutzer weitgehend deren individuellen Gestaltungswünschen überlassen bleibt, läßt der gemeinschaftlich genutzte Wohnbereich gezielte Bemühungen um eine Gestaltung erkennen, die sich an ästhetischen Kriterien orientiert (Integration verschiedener Einrichtungsgegenstände über eine harmonisierende Farbgebung, Einsatz verschiedener Lichtquellen, Optimierung des Verhältnisses von freiem Raum und möblierter Fläche zur Vermeidung von Leere und Überfülle, gezielte Dekoration usw.).	❏	❏	❏	❏
4. Komfort wird durch bequeme Sitzgelegenheiten und Betten, angenehme Strukturen und Materialien der Möbel, individuell regulierbare Raumtemperaturen, eine angemessene Größe und Höhe der Möbel und Einrichtungsgegenstände (Spiegelhöhe, Bettengröße usw.), individuell benötigte Hilfsmittel (Haltegriff im Bad, Fahrstuhl usw.), durch Beseitigung unangenehmer Gerüche und den Schutz vor übermäßiger Lärm- und Geräuschentwicklung unterstützt.	❏	❏	❏	❏
5. Die Nutzer werden an der Planung und allen Maßnahmen zur ästhetischen Gestaltung und Instandhaltung von Gebäude, Grundstück und gemeinschaftlich genutztem Wohnbereich gezielt beteiligt.	❏	❏	❏	❏

Gesamteinschätzung

	trifft zu	trifft eher zu	trifft eher nicht zu	trifft nicht zu
Der wohnbezogene Dienst unternimmt alle erforderlichen Bemühungen, um eine ästhetische Gestaltung und einen angemessenen Komfort der Wohnung, des Gebäudes und des Wohnumfelds zu sichern.	❏	❏	❏	❏

6.1

Gegenstandsbereich:
Alters- und Kulturangemessenheit

In unserer Gesellschaft läßt allein das Aussehen eines Gebäudes in aller Regel bereits Rückschlüsse darauf zu, welche Funktionen es für seine Nutzer oder Bewohner erfüllt. So unterscheidet sich ein Wohnhaus schon rein äußerlich deutlich von einer Schule, einem Krankenhaus oder einem Bürogebäude. Auch die Innenausstattung und -einrichtung eines Gebäudes ist primär an seiner Funktion orientiert. Da eine Wohnung andere Zwecke erfüllt als etwa ein Büro, eine Werkstatt oder eine Schule, ist sie auch anders eingerichtet und gestaltet.

Sieht ein Gebäude, das von Erwachsenen mit geistiger Behinderung bewohnt wird, erkennbar anders aus als ein normales Wohnhaus, so wird bereits damit signalisiert, daß dort Menschen leben, die anders sind als die übrige Bevölkerung. Ein Haus mit vergitterten Fenstern vermittelt dem Betrachter, daß die Bewohner offenbar gefährlich sind und eingesperrt werden müssen. Bei der Inneneinrichtung setzt sich dies fort. Eine Einrichtung, deren Raumaufteilung und Innenausstattung weniger einem normalen Wohnhaus als vielmehr einem Krankenhaus ähnelt, legt es dem Betrachter nahe, die Nutzer vor allem als Kranke wahrzunehmen.

Wohnform und Status

Die Wohnform eines Menschen ist meist relativ eng mit seinem Status verbunden. So genießen die Bewohner von Villen oder freistehenden Einfamilienhäusern im allgemeinen ein höheres Ansehen als Hochhausbewohner. Auch das Ansehen der Nutzer eines wohnbezogenen Dienstes wird erhöht, wenn sie in einem hochwertigen, positiv eingeschätzten Haus leben. Da Menschen mit geistiger Behinderung in ihrem Alltag in vieler Hinsicht von Abwertungsprozessen bedroht sind, ist es für sie besonders wichtig, daß ihre Wohnung und das Haus, in dem sie leben, mindestens den Standards entspricht, die in unserer Kultur* für Häuser und Wohnungen nichtbehinderter, angesehener Personen üblich sind. Noch besser ist es, wenn das äußere Erscheinungsbild und die Ausstattung die kulturübliche Norm sogar überschreitet.

Normüberschreitung meint nach WOLFENSBERGER (1983), daß die Bemühungen um eine Normalisierung der Wohn- und Lebensbedingungen behinderter Menschen nicht nur auf eine Anpassung ihrer Lebensverhältnisse an den statistischen Durchschnitt der kulturell gängigen Standards zielen dürfen, sondern auch eine soziale Aufwertung anstreben müssen. Während sich angesehene Menschen gewisse Abweichungen von der Norm durchaus leisten können, sind Menschen mit geistiger Behinderung – ebenso wie andere abgewertete Personen – einer erheblich stärkeren sozialen Kontrolle unterworfen. Das Zuhause eines „Normalbürgers" wird also mit anderen Augen gesehen als das Haus oder die Wohnung eines Menschen mit Behinderung. Daher sollte der Standard von wohnbezogenen Diensten in jeder Hinsicht eher über dem gesellschaftlichen Durchschnitt liegen (vgl. MAHLKE, SCHWARTE 1985, 18; SCHWARTE 1994).

Die Bandbreite des Wohnens erwachsener Menschen ist im westlichen Kulturkreis sehr groß. Sie reicht von der herrschaftlichen Villa über das Ein- oder Mehrfamilienhaus bis hin zu Hochhausanlagen, die von mehreren hundert Menschen bewohnt werden. Daher ist eine große Anzahl von Personen, die in einem Haus zusammenleben, für sich genommen noch kein Anhaltspunkt für eine mangelnde kulturelle Angemessenheit eines wohnbezogenen Dienstes. Entscheidend sind vielmehr die Größe der einzelnen Wohngruppen, die sich an den in der Bundesrepublik Deutschland allgemein üblichen Haushaltsgrößen orientieren sollte sowie die Homogenität ihrer Zusammensetzung (vgl. Gegenstandsbereich „Gruppengröße und Gruppenzusammensetzung", S. 190 ff.).

Kulturübliches Wohnen

Für viele wohnbezogene Dienste ist es üblich, daß den Nutzern an einem Ort und häufig sogar im selben Gebäudekomplex Angebote im Bereich des Wohnens, der Arbeit und Beschäftigung, der Freizeitgestaltung und der Therapie gemacht werden. Für nichtbehinderte Menschen sind diese Lebens-

---

* „Kultur ist jener Inbegriff von Wissen, Glauben, Kunst, Moral, Gesetz, Sitte und allen übrigen Fähigkeiten und Gewohnheiten, welche der Mensch als Glied der Gesellschaft sich angeeignet hat" (TAYLOR, zit. nach SILBERMANN 1991, 141).

bereiche in unserer Gesellschaft üblicherweise räumlich getrennt. Nur landwirtschaftliche Betriebe und vereinzelte, kleinere Handwerksbetriebe repräsentieren heutzutage noch ein Lebensmodell, bei dem Wohn- und Arbeitsbereich nicht klar voneinander abgrenzbar sind.

Handelt es sich bei einem wohnbezogenen Dienst um eine professionelle Institution und nicht um eine Lebens- und Arbeitsgemeinschaft behinderter und nichtbehinderter Menschen, so sollten die Funktionen Wohnen und Arbeiten räumlich eindeutig getrennt sein. Befinden sich beispielsweise eine Wohnstätte und eine Werkstatt für Behinderte auf dem gleichen Grundstück oder sogar im gleichen Gebäude oder bietet der Dienst im Wohnbereich gleichzeitig auch Therapie- oder Bildungsangebote für seine Nutzer an, so ist er – streng genommen – nicht mehr als kulturangemessen zu bezeichnen (vgl. WOLFENSBERGER, THOMAS 1983, 85).

Wenn ein wohnbezogener Dienst die Normalisierung der Wohn- und Lebensbedingungen seiner Nutzer ernsthaft voranbringen und darüber hinaus auch dazu beitragen will, daß er nach außen hin vor allem als Wohnung oder Wohnhaus und nicht als soziale Institution wahrgenommen wird, so sollte der Wohnbereich äußerlich und von innen so gestaltet und ausgestattet sein, daß er mit den vorherrschenden kulturellen Standards und Erwartungen möglichst weitgehend übereinstimmt (vgl. WOLFENSBERGER, THOMAS 1983, 85 ff.). Zu diesem Zweck sollte er auf folgende Punkte besonders achten:

1. Das Gebäude und das umgebende Grundstück sollte nicht größer sein, als dies für normale Wohnhäuser mit entsprechend proportionierten Grundstücken üblich ist.

2. Das Haus sollte sowohl außen als auch im Innenbereich keine auffällige oder für Wohnhäuser atypische architektonische Gestaltung aufweisen und keinesfalls z. B. an ein öffentliches Gebäude, ein Krankenhaus oder eine Schule erinnern. Größere wohnbezogene Dienste sind oft noch von überdimensionierten Zäunen umgeben und signalisieren ihren Besuchern durch Eingangspforten, Schranken, reservierten Feuerwehrzufahrten und eine öffentlichen Parkanlagen entsprechende Grundstücksgestaltung überdeutlich, daß es sich hier um eine Sondereinrichtung handelt. Auch sollten keine Baumaterialien zum Einsatz kommen, die gewöhnlich eher bei öffentlichen Gebäuden Verwendung finden (z.B. Stahlbeton oder Sichtmauerwerk). Ebenso tragen besondere Treppentürme, überdimensionierte Eingangsportale und „Empfangshallen" dazu bei, einem Gebäude den Charakter eines kulturüblichen Wohnhauses zu nehmen. Im Innenbereich sollte auf auffällig breite Flure, überdimensionierte „Aufenthalts- oder Tagesräume", große Abstell- oder Vorratsräume sowie auf sonstige für Wohnhäuser ungewöhnliche Sonderräume (Zentralküche, Büros, Mitarbeiterinnentoiletten usw.) möglichst verzichtet werden. Auf besondere Vorrichtungen oder Merkmale, die für Wohnhäuser atypisch sind (z. B. vergitterte Fenster oder Balkone; Schilder, die darauf verweisen, daß es sich um eine „Wohnstätte" der Lebenshilfe handelt; Türklingeln mit dem Namen des Trägers anstatt der Namen der Bewohner), sollte verzichtet werden.

3. Die innere Ausstattung und Gestaltung des Hauses oder der Wohnung sollte der eines gewöhnlichen Wohnhauses bzw. einer typischen Wohnung entsprechen. Möbel, Einbauten, Teppiche, Vorhänge, Tapeten und Dekorationen sollten in Stil, Farbe und Design einen Standard aufweisen, den man üblicherweise in den Wohnungen nichtbehinderter Menschen erwartet.

Ausstattungsmerkmale, die eher auf öffentliche Gebäude schließen lassen (einheitliche Möblierung, uniforme Fußbodenbeläge und Tapeten, das Vorherrschen pflegeleichter Materialien, Notbeleuchtung, markierte Fluchtwege, Feuerlöscher im privaten Wohnbereich der Nutzer), sollten so weit wie möglich vermieden bzw. abgebaut werden. Auch bestimmte Utensilien und Accessoires, die im allgemeinen nur in öffentlichen Räumen vorhanden sind (Kicker, Billardtische, Getränkeautomaten, Seifen- und Desinfektionsmittelspender, Papierhandtücher, Medikamentenschrank, Anstaltspackungen für Hygiene- und Toilettenartikel, ausgehängte Dienstpläne usw.), haben im unmittelbaren Wohnbereich nichts verloren.

4. In beinahe allen gruppengegliederten wohnbezogenen Diensten befindet sich innerhalb der einzelnen Wohngruppen ein separates Mitarbeiterinnenzimmer (Dienstzimmer); hin und wieder gibt es auch noch weitere Büroräume im Wohnbereich der Nutzer. Insbesondere in größeren Einrichtungen liegen Wohnbereich und Verwaltung häufig im gleichen Gebäudekomplex. Eine solche Vermischung von Wohnbereich und Verwaltungsräumlichkeiten ist ein typisches Kennzeichen sozialer Institutionen. Sie tragen dazu bei, den besonderen Charakter einer sozialen Einrichtung herauszustellen und ihre wohnbezogene Funktion zu verfälschen.

Damit ein Wohnhaus für Erwachsene mit geistiger Behinderung auch tatsächlich nur zum Wohnen benutzt wird, sollten sich dort nach Möglichkeit keine Büroräume befinden. Die notwendigen Verwaltungsarbeiten sollten an einem anderen Ort und in einem anderen Gebäude geleistet werden, z. B. in einem reinen Bürohaus. Während dies im betreuten Wohnen meist problemlos zu realisieren ist, wird es im Kontext des gruppengegliederten Wohnens allerdings oft unvermeidlich sein, bestimmte Schreibarbeiten direkt und „vor Ort" zu erledigen.

In manchen Gruppen müssen Mitarbeiterinnen zudem auch nachts anwesend sein, so daß sie für ihre Wache oder Bereitschaft einen Raum benötigen, wo sie sich aufhalten können. Eine angemessene Lösung kann darin bestehen, einen einzelnen Raum einer Wohngruppe als Gästezimmer herzurichten. Ein solches Zimmer bietet dann nicht nur den Mitarbeiterinnen einen geeigneten Platz für Nachtwachen und Schreibtätigkeiten, sondern ermöglicht darüber hinaus, gelegentlich Angehörige oder Freunde der Nutzer zu beherbergen.

Die Forderung nach einem Verzicht auf ein Büro oder Dienstzimmer in Wohnstätten und Wohnheimen wird bei einigen Fachkräften sicher auf Verwunderung treffen. Immerhin muß es Mitarbeiterinnen möglich sein, sich auch einmal zurückziehen zu können. Hier wird deutlich, daß ein Dienstzimmer nicht nur zur Erledigung von Büroarbeiten benutzt wird, sondern fast überall auch dazu dient, die Bedürfnisse der Mitarbeiterinnen nach Rückzug, Ruhe und Ungestörtsein zu erfüllen. Der Gebrauch eines Dienstzimmers ist somit eng an die Wohnsituation der Nutzer gekoppelt: Je günstiger deren Möglichkeiten zum Rückzug und Alleinsein sind, desto selbstverständlicher ist es im allgemeinen auch für Fachkräfte, für sich zu sein und beispielsweise im Wohnzimmer der Wohngruppe einige ruhige Minuten zu verbringen. Wenn dagegen für die Nutzer kaum Möglichkeiten vorhanden sind, sich zurückzuziehen und allein bzw. unter sich zu sein, wird ein separates Dienstzimmer für die Mitarbeiterinnen um so notwendiger.

Sicherheitsvorkehrungen und Schutzmaßnahmen

Im Rahmen der Heimmindestbauverordnung (HeimMinBauV) sind alle als Wohnheime zugelassenen Einrichtungen gehalten, bestimmte Sicherheitsauflagen zu erfüllen. Zwischen diesen Auflagen, wie sie etwa in den Brandschutzbestimmungen der Heimmindestbauverordnung festgelegt sind, und dem Anspruch der Bewohner auf normale Lebensbedingungen und eine bedürfnisgerechte Wohnfeldgestaltung ergeben sich häufig Zielkonflikte. Allzuoft jedoch werden diese Konflikte gar nicht erkannt oder aber sehr einseitig zugunsten der Vorschriften beigelegt, statt nach akzeptablen Kompromissen zu suchen (MAHLKE, SCHWARTE 1985, 138).

In den meisten Fällen lassen sich Möglichkeiten finden, die bestehenden Auflagen zu erfüllen, ohne stigmatisierende „Nebeneffekte" zu erzeugen. So kann ein Feuerlöscher, wie auch in großen Mietshäusern üblich, ebensogut in einem Wandschrank im Treppenhaus aufbewahrt werden, anstatt deutlich sichtbar im Flur des Wohnbereichs der Nutzer angebracht zu sein. Neben bestehenden Vorschriften ist es allerdings vor allem auch das verbreitete Bild vom behinderten Menschen, das ein humanes Wohnen für Erwachsene mit geistiger Behinderung noch immer so schwierig macht. So gehen die vorhandenen Sicherheitsmaßnahmen in vielen wohnbezogenen Diensten weit über den für Wohnhäuser üblichen Standard hinaus.

Im allgemeinen sollten sich die Sicherheitsvorkehrungen, die ein wohnbezogener Dienst zum Schutz seiner Bewohner zu treffen hat, an kulturüblichen Standards orientieren. Grundsätzlich ist die individuelle Wohnqualität um so größer, je mehr die grundlegenden Sicherheitsbedürfnisse im Bereich des Wohnens wie z. B. Sicherheit vor Diebstahl, Sicherheit im Straßenverkehr oder körperliche Unversehrtheit befriedigt werden (vgl. FLADE 1987, 54 f.). Ein wohnbezogener Dienst muß garantieren können, daß die Wohnung und das Haus sowie das unmittelbare Wohnumfeld allen Bewohnern den individuell benötigten Schutz gewährt.

Die Einrichtung und Ausstattung eines wohnbezogenen Dienstes sollte ebensoviel Schutz bieten, wie dies in Wohnungen oder Häusern nichtbehinderter Erwachsener für gewöhnlich gegeben ist. Dazu gehört im Außenbereich z. B. ein barrierefreier Hauseingang, eine gute Eingangsbeleuchtung mit Dämmerungsschalter oder Bewegungsmelder; im Innenbereich deutlich erkennbare Stufen mit trittfester Oberfläche, gegebenenfalls Doppelhandläufe an der Treppe; im Bad rutschsichere Badewannen- und Duschböden. Zusätzliche, nicht stigmatisierende Hilfen wie Sitzgelegenheiten im Bad und gegebenenfalls Haltegriffe im Badewannen-, Dusch- und WC-Bereich können hinzukommen.

In einer normalen Wohnung werden sich weder Gefahrenquellen wie offene Stromleitungen, Stolperfallen oder scharfe Kanten noch besondere Schutzeinrichtungen wie Feuerlöscher, Notausgangsschilder, bruchsicheres Glas oder vergitterte Balkone befinden. Auch ein eingeschränkter Zugang zur Küche – etwa unter Hinweis auf verschärfte Hygieneerfordernisse – oder das Verbot von Haustierhaltung aufgrund einer generell unterstellten, besonderen Infektionsgefahr wird in einem „normalen" Haushalt nicht vorkommen.

Zu viele und überdies noch deutlich sichtbare Schutzvorkehrungen, die für Wohnhäuser und Wohnungen unüblich sind wie z. B. hohe Zäune, Schranken, Kontroll- und Überwachungsapparaturen, verschlossene Türen oder vergitterte Fenster und Balkone behindern nicht nur die individuelle Entwicklung einzelner Nutzer. Sie vermitteln nach außen hin auch den Eindruck, die Bewohner seien besonders schutzbedürftig, inkompetent und auch eine Gefahr für sich und die Allgemeinheit. Damit fördern sie stigmatisierende Vorstellungen über Menschen mit geistiger Behinderung und tragen so zu ihrer sozialen Isolation bei.

Individuelle Schutzbedürfnisse

Benötigen einzelne Bewohner ein über kulturübliche Standards hinausgehendes Maß an Schutz, so darf dies nicht bedeuten, daß sie in ihrem Alltag von allen risikoreichen Situationen grundsätzlich ausgeschlossen bleiben. Für jeden Menschen gibt es Anforderungen, die er bewältigen kann und die es ihm ermöglichen, sich weiterzuentwickeln. Wieviel Schutz ein Nutzer in einer konkreten Situation tatsächlich benötigt, läßt sich nur individuell bestimmen und setzt voraus, daß die Mitarbeiterinnen den betreffenden Nutzer gut kennen und eine stabile soziale Beziehung zu ihm haben.

Sicherheitsvorkehrungen oder -maßnahmen, die von einzelnen Bewohnern individuell benötigt werden, dürfen nicht dazu führen, daß der Freiraum anderer Nutzer mehr als erforderlich eingeschränkt wird. Gerade dies ist aber in vielen wohnbezogenen Diensten eher die Regel als die Ausnahme. Besteht z. B. die Gefahr, daß sich ein Nutzer an bestimmten Küchengeräten verletzt, wird dies nicht selten zum Anlaß genommen, auch allen anderen Nutzern den Gebrauch der Geräte zu untersagen oder ihnen gar den Zutritt zur Küche zu verwehren.

Die Notwendigkeit, in den meisten Gegenden Deutschlands aus Sicherheitsgründen nachts die Haustür zu verschließen, wird von den Menschen auch deshalb kaum als Einschränkung empfunden, weil sie wissen, daß sie selbst jederzeit hinausgehen können (vgl. BETTELHEIM 1989, 146 f.). Auch die Nutzer werden nur dann lernen, daß bestimmte Maßnahmen tatsächlich ausschließlich zu ihrem Schutz getroffen werden, wenn sie über ihren Wohnbereich ansonsten weitgehend selbständig verfügen können (z. B. eigene Haus-, Zimmer- und Schrankschlüssel, freier Zugang zu allen Räumlichkeiten).

Um auch bei der Nachbarschaft das nötige Verständnis für die Situation des wohnbezogenen Dienstes und seiner Nutzer zu wecken, sollten Nachbarn (gegebenenfalls auch die örtliche Polizei) über mögliche Risiken und die vom Dienst getroffenen Maßnahmen informiert sein. Auf Dauer macht es einen großen Unterschied, ob Nachbarn die nächtlichen Geräusche aus einer Wohnung oder einem Haus als gefahrlos einschätzen können oder ob sie aus Angst die Polizei benachrichtigen.

Altersangemessenes Wohnen

Die äußere Gestaltung eines Gebäudes vermittelt dem Betrachter nicht nur ein Bild über die Funktion, sondern auch eine Vorstellung darüber, wie alt die Menschen sind, die es bewohnen oder nutzen. Trifft man auf ein Gebäude, das z. B. bunte Dekorationen an Wänden und Fenstern aufweist und im Garten über Schaukeln und einen Sandkasten verfügt, ist sofort erkennbar, daß es sich um einen Kindergarten handelt. Dabei ermöglicht vor allem die Kombination der verschiedenen Merkmale eine eindeutige Identifikation: Auch dann, wenn sich in den Gärten eines Wohngebiets Kinderspielgeräte befinden, sind die Häuser selbst noch immer problemlos als Wohnhäuser zu erkennen.

Die Wohnung oder das Haus, in dem die Nutzer eines wohnbezogenen Dienstes leben, sollte hinsichtlich seiner Architektur und seines Stils nicht anders aussehen, als man es von einer Wohnung oder einem Haus erwachsener Menschen ihres Alters erwarten würde (vgl. auch Gegenstandsbereich „Ästhetik und Komfort", S. 109 ff.). Noch immer jedoch erinnern manche wohnbezogenen Dienste rein äußerlich weniger an ein Wohnhaus als vielmehr an einen Kindergarten.

Die mangelnde Altersangemessenheit eines Gebäudes kommt nicht selten dadurch zustande, daß Elemente des Grundschul- oder Kindertagesstättenbaus bedenkenlos auf Wohnheime für Erwachsene mit geistiger Behinderung übertragen werden, etwa indem sich Schaukeln, Klettergerüste oder Kinderspielzeug im Garten befinden, eine Hauswand mit einem Bild versehen ist, das man eher an der Fassade eines Kindergartens vermuten würde, und Fenster mit auf Jahresfeste bezogenen kindlichen Dekorationen geschmückt sind.

Einige wohnbezogene Dienste machen noch zusätzlich mit Schildern vor dem Haus oder an der Fassade (z. B. altes Logo der Lebenshilfe) darauf aufmerksam, daß es sich bei dem betreffenden Gebäude nicht um ein „normales" Wohnhaus handelt. Derartige Merkmale vermitteln Außenstehenden notwendigerweise den Eindruck, die Bewohner befänden sich auf einem kindlichen, unreifen Entwicklungsstand. Die noch weithin verbreitete Vorstellung, alle Menschen mit geistiger Behinderung seien „ewige Kinder", wird auf diese Weise nachhaltig bestätigt. Die äußere Gestaltung von Wohnung, Haus und Grundstück sollte daher in jeder Hinsicht dem Lebensalter der Bewohner entsprechen.

Nicht weniger eindeutige Hinweise auf das Alter der Bewohner gibt auch *die innere Gestaltung* der meisten Zimmer einer Wohnung: In einer Jugendwohngemeinschaft werden sich aller Wahrscheinlichkeit nach Poster von Musiker(inne)n oder Sportler(inne)n an den Wänden sowie Jugendzeitschriften finden. Wohnungen, in denen Erwachsene leben, sind im allgemeinen mit gerahmten Bildern, Kunstdrucken, Pflanzen, Büchern und persönlichen Erinnerungsstücken ausgestattet. Der Einrichtungsstil vieler Bewohnerzimmer in Wohnstätten entspricht dagegen eher der Einrichtung eines Jugend- oder gar Kinderzimmers. Hier finden sich häufig Kinderschreibtische, Tierposter, Bilderbücher, Kindertapeten und -schallplatten oder eine eher kindertypische Haustierhaltung von Meerschweinchen oder Zwergkaninchen.

Gerade für Menschen mit geistiger Behinderung ist es aber wichtig, daß ihr Erwachsenenstatus besonders betont wird. Dazu sollten Möbel und Einrichtungsgegenstände wie Teppiche, Tapeten, Vorhänge und Dekorationen in Stil, Farbe und Design uneingeschränkt erwachsenengemäß sein. Altersunangemessene Gegenstände, die bei nichtbehinderten Personen kaum auffallen oder als Beweis ihrer Individualität wahrgenommen werden (z. B. Plüschtiere oder die bei vielen Männern beliebte Spielzeugeisenbahn), können bei Menschen mit geistiger Behinderung die vorherrschende Auffassung bestätigen und weiter verstärken, sie seien eher als Kinder denn als Erwachsene einzustufen.

Auch das Gegenteil kommt gelegentlich vor. Manche erwachsene Söhne und Töchter mit geistiger Behinderung werden von ihren bereits hoch betagten Eltern dazu angehalten, mit Möbeln und Einrichtungsgegenständen zu wohnen, die vor allem der Altersphase und dem Geschmack der Eltern entsprechen.

Soll also die äußere und innere Gestaltung einer Wohnung bzw. eines Hauses dazu beitragen, das Ansehen der Bewohner möglichst zu verbessern, so muß sie die positiven Aspekte der jeweiligen Altersphase der Nutzer hervorheben und diese weder deutlich jünger noch wesentlich älter erscheinen lassen, als sie tatsächlich sind.

Literatur

BETTELHEIM, B.: Wege aus dem Labyrinth: Leben lernen als Therapie. München 1989

Bundesministerium für Raumordnung, Bauwesen und Städtebau (Hrsg.): Wohnungen für ältere Menschen: Planung – Ausstattung – Hilfsmittel. Informationsbroschüre. Bonn 1992

Bundesvereinigung Lebenshilfe für geistig Behinderte e. V. (Hrsg.): Altwerden mit geistiger Behinderung. Eine Empfehlung der Bundesvereinigung Lebenshilfe. Marburg 1994

FLADE, A.: Wohnen psychologisch betrachtet. Bern 1987

GLATZER, W.; ZAPF, W. (Hrsg.): Lebensqualität in der Bundesrepublik: Objektive Lebensbedingungen und subjektives Wohlbefinden. Frankfurt a. M., New York 1984

HAHN, M. Th.: Zusammensein mit Menschen, die schwerbehindert sind – Mitarbeiterinnen und Mitarbeiter in der Förderung. In: Geistige Behinderung 2/1992, 107 – 129

Landschaftsverband Rheinland, Abt. Hauptfürsorgestelle/Sozialhilfe (Hrsg.): Geistig Behinderte im Alter. Auf der Suche nach geeigneten Wohn- und Betreuungsformen. Köln 1991

MAHLKE, W.; SCHWARTE, N.: Wohnen als Lebenshilfe: Ein Arbeitsbuch zur Wohnfeldgestaltung in der Behindertenhilfe. Weinheim, Basel 1985

NIEHOFF, U.: Wege zur Selbstbestimmung. In: Geistige Behinderung 3/1994, 186 – 201

SCHWARTE, N.: Wohnen als Lebenshilfe – Anthropologische Aspekte des Wohnens unter erschwerten Bedingungen. In: Pape, F. W. (Hrsg.): Leben mit einer Körperbehinderung. Stuttgart 1994, 9 – 26

SILBERMANN, A.: Neues vom Wohnen der Deutschen (West). Köln 1991

WOLFENSBERGER, W.; THOMAS, S.: PASSING. Toronto 1983

Nutzerbezogene Indikatoren:
Alters- und Kulturangemessenheit

	trifft zu	trifft eher zu	trifft eher nicht zu	trifft nicht zu
1. Der private Wohnbereich des Nutzers liegt hinsichtlich seiner Ausstattung und Gestaltung nicht im Spektrum dessen, was als kultur- bzw. altersangemessen bezeichnet werden kann. Er stellt den Bewohner entweder jünger oder älter dar, als er ist.	❑	❑	❑	❑
2. Die Wohnverhältnisse des Nutzers waren in der Vergangenheit wenig alters- und kulturangemessen.	❑	❑	❑	❑
3. Der Nutzer hat in der Vergangenheit die Erfahrung gemacht, daß Sicherheit, Vertrautheit und Stabilität im Bereich des Wohnens nicht oder kaum gewährleistet waren.	❑	❑	❑	❑
4. Der Nutzer ist in einem Alter, in dem Menschen im allgemeinen ein hohes Maß an Sicherheit, Vertrautheit und Stabilität im Bereich des Wohnens benötigen.	❑	❑	❑	❑
5. Die im privaten Wohnbereich des Nutzers erforderlichen Sicherheitsvorkehrungen sind wenig individualisiert.	❑	❑	❑	❑

Gesamteinschätzung

	trifft zu	trifft eher zu	trifft eher nicht zu	trifft nicht zu
Aus den individuellen Bedürfnissen und den Erfahrungen des Nutzers ergibt sich ein besonderer Unterstützungsbedarf bei der alters- und kulturangemessenen Ausstattung und Gestaltung des Wohnbereichs.	❑	❑	❑	❑

Angebotsbezogene Indikatoren:
Alters- und Kulturangemessenheit

	trifft zu	trifft eher zu	trifft eher nicht zu	trifft nicht zu
1. Wohnung, Haus und Grundstück signalisieren in ihrer Gestaltung, daß sie von Erwachsenen bewohnt werden. Gestaltungsmerkmale, die an Kindertagesstätten oder Jugendeinrichtungen erinnern, werden bewußt vermieden (mit Fingerfarben bemalte Fenster, auf Jahresfeste bezogene kindliche Dekorationen usw.). Ebenso wird auf Gestaltungsmerkmale verzichtet, die auf Altenpflegeeinrichtungen hinweisen (z. B. ungewöhnlich viele Sitzgelegenheiten wie Parkbänke usw.).	❑	❑	❑	❑
2. Die innere Ausstattung und Gestaltung der Wohnung ist altersgemäß. Sie stellt die Bewohner weder jünger noch älter dar, als sie sind. Sie verzichtet beispielsweise auf nicht altersgemäße Möblierung, Kinderzimmertapeten, Kinder- und Jugendposter, Kinderspielzeug, Bilderbücher und Zeitschriften für Kinder, Spielcomputer, kindertypische Kleintierhaltung wie z.B. Meerschweinchen oder Zwergkaninchen sowie auf unangemessen viele Sitz- und Ruhegelegenheiten.	❑	❑	❑	❑
3. Auf eine für Wohnhäuser atypische Gestaltung von Haus und Grundstück wird verzichtet. Es finden keine Baumaterialien Verwendung, die eher für öffentliche Gebäude typisch sind (z. B. Stahlbeton, Skelettbauweise). Ebensowenig finden sich Vorrichtungen, die im privaten Wohnungsbau unüblich sind (vergitterte Fenster und Balkone, reservierte Mitarbeiterinnenparkplätze, überdimensionierte Zäune, Eingangspforten und Schranken, reservierte Feuerwehrzufahrten, öffentlichen Parkanlagen entsprechende Grundstücksgestaltungen usw.).	❑	❑	❑	❑
4. Die äußere Gestaltung des Gebäudes und des Grundstücks hebt sich nicht durch eine besonders auffällige Architektur vom Wohnumfeld ab (z. B. Erschließung des Hauses über Treppentürme, überdimensionierte Portale, nicht integrierte „Kunst am Bau").	❑	❑	❑	❑
5. Auffällige Bezeichnungen des Hauses bzw. wohnbezogenen Dienstes werden vermieden (z. B. „Wohnnebenstelle", „Wohnstätte der Lebenshilfe", „Wohnheim für geistig Behinderte", „Haus Sonnenschein", „Wichernhaus").	❑	❑	❑	❑

Wohnort ... • Alters- und Kulturangemessenheit

	trifft zu	trifft eher zu	trifft eher nicht zu	trifft nicht zu

6. Bei der Innenausstattung und -gestaltung des Hauses oder der Wohnung wird auf alles verzichtet, was Unterschiede gegenüber privatem Wohnen hervorhebt (auffällig breite Flure, überdimensionierte Aufenthalts- und Lagerräume, Sonderräume für Verwaltungsaufgaben und Mitarbeiterinnenbesprechungen, Zentralküche, einheitliche Möblierung, einheitliche Fußbodenbeläge und Vorhänge, nicht zwingend erforderliche Doppelhandläufe, Betonung pflegeleichter Materialien, abwaschbare Innenanstriche anstelle von Tapeten, Sichtmauerwerk im Innenbereich, Notbeleuchtung, markierte Fluchtwege, Einrichtungsgegenstände wie Kicker, Billard, Getränkeautomaten, Feuerlöscher, Seifen- und Desinfektionsmittelspender, Papierhandtücher usw.).   ❏   ❏   ❏   ❏

7. Die Wohnung oder das Haus hat generell den gleichen Sicherheitsstandard wie die Wohnungen und Häuser nichtbehinderter Menschen und ist nicht mit Sicherheits- und Schutzvorkehrungen ausgestattet, die in Wohnungen des freien Wohnungsmarktes nicht zu finden wären (Notausgangsschilder, Feuerlöscher, bruchsicheres Glas, vergitterte Balkone, Verbot der Kleintierhaltung, eingeschränkter Zugang zur Küche oder zum Bad usw.).   ❏   ❏   ❏   ❏

8. Haus und Wohnung sind so ausgestattet, daß die von den Nutzern benötigten Sicherheitsvorkehrungen individuell angepaßt und dabei möglichst unauffällig sind.   ❏   ❏   ❏   ❏

Gesamteinschätzung

Der wohnbezogene Dienst unternimmt alle erforderlichen Bemühungen, um eine alters- und kulturangemessene Ausstattung und Gestaltung der Wohnung, des Gebäudes und des Wohnumfelds zu sichern.   ❏   ❏   ❏   ❏

Aufgabenfeld:
Alltagsstrukturen, Routinen, Angebote, Tätigkeiten

Alltag ist das, was wir „alle Tage" tun: eine Vielzahl selbstverständlicher Handlungen, Routinen, Tätigkeiten und Interaktionen mit anderen Menschen, die unserem Leben eine verläßliche Struktur geben. Alltag erfahren wir als Beständigkeit und Sicherheit von räumlichen und materiellen Bedingungen, zeitlichen Abläufen und sozialen Beziehungen. Alltag ist immer auch bestimmt durch Handlungs- und Entscheidungszwänge. Aktuelle Probleme kleineren und größeren Ausmaßes müssen schnell entschieden und gelöst werden.

In wohnbezogenen Diensten tritt dann, wenn die Bedürfnisse und Probleme vieler einzelner Personen gleichzeitig zu berücksichtigen sind, regelmäßig Hektik auf (meist morgens vor Arbeitsbeginn der Nutzer oder bei der Rückkehr von der Arbeit). Zur Entlastung bilden sich Routinen und Gewohnheiten heraus, die den Tagesablauf strukturieren. Sie ermöglichen es, nicht jeden Morgen aufs neue darüber nachdenken zu müssen, was man wann, wie und in welcher Abfolge zu tun hat, um rechtzeitig an den Arbeitsplatz zu kommen.

Zum Alltag gehört aber nicht nur das Verläßliche und Gewohnte, sondern ebenso das Neue und Überraschende. Selbst im vertrauten Alltag des begleiteten Wohnens tritt gelegentlich Ungewohntes und Widersprüchliches auf, etwa dann, wenn ein neuer Mitbewohner oder eine neue Mitarbeiterin „frischen Wind" in eine Gruppe bringt. Ein wohnbezogener Dienst sollte derartige Veränderungen „nicht als unerwünschte Überraschungen oder gar vermeidbare Gefahren begreifen, sondern sie bewußt dazu nutzen, Bedürfnisse und Wünsche der Nutzer zu erkunden und ihnen neue Handlungsalternativen zu vermitteln. Auch Krisen (vgl. Gegenstandsbereich „Umgang mit Krisen", S. 215 ff.) stellen solche Einschnitte im Alltag dar.

Wohnbezogene Dienste haben die Aufgabe, ihren Nutzern sowohl Schutz und Entlastung zu garantieren als auch Anregung und Förderung zu bieten. Daneben sind sie jedoch auch wesentlich von der Notwendigkeit bestimmt, die höchst individuellen Bedürfnisse und Wünsche der Nutzer durch generelle, auf eine ganze Gruppe ausgerichtete Regelungen zu beschneiden. In der Familie oder in anderen, kulturüblichen Wohn- und Lebensformen sind alltägliche Handlungen und Tätigkeiten wie z. B. das Einkaufen und Kochen, die Körperpflege oder die Ruhezeiten des einzelnen weitestgehend „Privatsache". Im institutionellen Kontext werden sie fast zwangsläufig nach ökonomischen und verwaltungstechnischen Erfordernissen organisiert (Schichtdienst, Zentralisierung von Angeboten und Leistungen), wobei die Strukturen meist nur zu einem sehr geringen Teil von den Nutzern beeinflußt oder gar gewählt werden können.

Viele Bemühungen, den Alltag der Nutzer selbstbestimmter und eigenverantwortlicher zu gestalten, müssen den Dienstvorgaben regelrecht abgetrotzt werden. Der Druck, sich an diese Vorgaben einfach anzupassen, ist sowohl für die Nutzer als auch für die Mitarbeiterinnen im begleiteten Wohnen außerordentlich hoch. Ist z. B. die Ausstattung und Einrichtung der Räumlichkeiten weitgehend gleichförmig und ohne Anregungspotential für eine Betätigung der Nutzer, bleibt ihnen oft nichts anderes übrig, als passiv in einem Sessel zu sitzen oder fernzusehen. Wird die Organisation des Alltags durch übergeordnete Dienstinteressen (z. B. Schichtdienst) bestimmt, so daß ein Tag wie der andere verläuft und es keine Spielräume für individuelle Besonderheiten gibt, hat es für einen Nutzer wenig Sinn, sich für etwas anderes zu entscheiden oder sich etwas zu wünschen. Gibt es immer nur einen vorgegebenen Weg, um bestimmte Dinge zu erledigen, ist es zwecklos, Eigeninitiative zu entwickeln. Gelernt wird auf diese Weise sowohl von den Nutzern als auch von den Mitarbeiterinnen nicht Selbstverantwortung, sondern in erster Linie eine unkritische „Tüchtigkeit im System".

Alltag in wohnbezogenen Diensten

Der Alltag im Kontext eines wohnbezogenen Dienstes war noch bis vor wenigen Jahren für viele Menschen mit geistiger Behinderung auf das beengte Wohnumfeld einer Station oder Gruppe beschränkt. Die Öffentlichkeit der Gemeinde als Lebensfeld wurde ihnen nur selten erschlossen. Selbst ihre Freizeit wurde in der Regel durch den Dienst vorgegeben und konnte damit nicht als eine vom Wohnen getrennte Lebenswelt erlebt werden. Gelegentliche Ausflüge in die nähere Umgebung wurden unter diesen Umständen eher zum „Feiertag", anstatt dem Alltag anzugehören.

Noch heute steht der Alltag vieler Menschen mit geistiger Behinderung unter extrem einschränkenden und entwicklungshemmenden Bedingungen. Je eingegrenzter der Lebensraum, je seltener die Übergänge von der Lebenswelt des Wohnens in andere Lebensbereiche (Arbeit, Freizeit, öffentlicher Raum), um so größer ist die Gefahr für den einzelnen Nutzer, daß die Routinen des Alltags ihre stützende Funktion verlieren und zum Gefängnis werden.

Zu einer selbstbestimmten Gestaltung des Alltags bedarf es demnach immer der eigenen Erfahrung von verschiedenen Lebensbereichen, um vergleichen, unterscheiden und auswählen zu können. Erst aus den erfahrenen Differenzen und Widersprüchen in der Gestaltung der verschiedenen Lebensfelder mit ihren unterschiedlichen Anforderungen, Rollenerwartungen und Möglichkeiten erwächst die Chance für neues Handeln.

Alltagsorientierung in der sozialen Rehabilitation bedeutet demnach, den Blick weniger auf Verhaltensweisen von Menschen, als vielmehr auf die individuelle Lebenswelt einer einzelnen Person zu richten und ihr die Ressourcen verschiedener Lebensfelder (Wohnen, Arbeit, Freizeit) zugänglich zu machen.

Die Besinnung auf die Lebenswelt eines Nutzers bedeutet zunächst, sich auf sein tägliches Leben in seiner ganzen Komplexität einzulassen und seine Erfahrungen und Kompetenzen zu respektieren, den Alltag unter den erschwerten Bedingungen einer geistigen Behinderung zu bewältigen. Für die Mitarbeiterinnen im begleiteten Wohnen ist ein solcher Zugang die erste Voraussetzung angemessenen und förderlichen Handelns. Vielfach lassen es die Fachkräfte jedoch beim „Verständnis" für die Nutzer bewenden. Aus diesem Grund läßt man auch problematische Entwicklungen „laufen", meist falsch verstanden als Weg zu mehr Selbstverantwortung der Nutzer. Mitarbeiterinnen wohnbezogener Dienste können jedoch nur dann zu einem gelingenden Alltag der Nutzer beitragen, wenn sie diesen Alltag nicht nur ernstnehmen und verstehen lernen, sondern auch hinterfragen und verbessern. Dies ist jedoch nicht denkbar ohne gestalterische Eingriffe, auch wenn das Resultat gelegentlich ein „Moment moralischer Zumutung" (THIERSCH 1995, 218) beinhaltet.

Alltag entsteht im wesentlichen auch durch das gemeinsame Tun von Menschen. Mitarbeiterinnen in wohnbezogenen Diensten obliegt dabei die individualisierte und bedürfnisorientierte Begleitung und Unterstützung der Nutzer. Die Herstellung und Bewahrung eines verläßlichen Alltags wird dabei nicht nur durch die angesprochenen Bedingungen der meisten wohnbezogenen Dienste – Schichtdienst, Fluktuation, Wohnheim als teilöffentlicher Raum – erschwert. Auch gesamtgesellschaftlich werden die Alltagserfahrungen von Menschen unter dem Druck hoher Mobilität und Individualisierung immer weniger verläßlich.

Statt einer einzigen, normierten Art zu leben, gibt es immer mehr und sehr verschiedenartige Lebensstile. Auch die Nutzer wohnbezogener Dienste müssen sich innerhalb dieser Vielfalt orientieren und zurechtfinden. Damit kommt der Fähigkeit, Unterscheidungen zu treffen, verschiedene Möglichkeiten zu erkennen, diese bewerten zu können und sich bewußt für einige davon zu entscheiden, für alle Menschen immer größere Bedeutung zu. Den Mitarbeiterinnen in wohnbezogenen Diensten erwachsen vor diesem Hintergrund vor allem zwei zentrale Aufgaben: die Herstellung, Vermittlung und Sicherung tragfähiger sozialer Beziehungen für die Nutzer und die Erschließung neuer, individuell sinnvoller Erfahrungsfelder.

Routinen

Routinen erleichtern einerseits den Alltag, sie bestätigen aber andererseits gerade durch ihre Selbstverständlichkeit im Laufe der Zeit die eigene Sichtweise vom Sinn und von der Notwendigkeit des eigenen Handelns. Viele Mitarbeiterinnen im Gruppendienst nehmen den Alltag der Nutzer ebenso wie „ihren" Arbeitsalltag als allzu selbstverständlich hin und übersehen dabei, daß es zwischen den Bedürfnissen eines einzelnen Nutzers nach einem verläßlichen Alltag und den organisatorischen Rahmenbedingungen des wohnbezogenen Dienstes, die diesen Alltag oft mehr als notwendig prägen, immer eine Differenz gibt. Eine alltagsorientierte Begleitung von Menschen mit geistiger Behinderung sollte sich dieses Unterschiedes stets bewußt sein. Beinahe immer besteht die Gefahr, im Alltag gleichsam stecken zu bleiben, „in Routine zu erstarren".

Für das Wohnen von Menschen mit geistiger Behinderung in wohnbezogenen Diensten ist es bis heute vielfach charakteristisch, daß die Routine ihres Alltags zur Langeweile wird und sich nur wenig Neues und Überraschendes ereignet. Die möglichst reibungslose Alltagsbewältigung darf aber nicht zum einzigen Maßstab des Planens und Tuns werden. Daher läßt sich eine ausschließliche Orientierung der Mitarbeiterinnen am Alltäglichen vor allem auch als Rückzug ins Überschaubare und auf den Bereich der unmittelbaren Erfahrung auslegen.

Bei Fachkräften, die den Alltag des begleiteten Wohnens allein als Welt der unhinterfragten Handlungen und Tätigkeiten verstehen, kommt leicht das Gegenteil von qualifiziertem Handeln zustande. Bei der notwendigen Bewältigung der täglichen Probleme sollte stets nach den Zielen und der Angemessenheit des eigenen Handelns gefragt werden. Dazu ist es notwendig, das Alltägliche immer wieder „zur Sprache zu bringen" und sich dadurch ein Stück davon zu distanzieren.

Je mehr über die Lebenswelt eines wohnbezogenen Diensts nachgedacht wird, desto mehr verliert sie ihre Selbstverständlichkeit und um so komplexer organisiert erweist sie sich. Gleichzeitig wird klar, daß jeder Mensch seinen eigenen Alltag hat, den er sinnvoll und in ständiger Auseinandersetzung mit zahlreichen Widerständen und Einschränkungen – von denen geistige Behinderung nur eine unter vielen ist – für sich definieren und sinnvoll gestalten muß.

Nach dem Ausscheiden aus dem Berufsleben nimmt bei vielen Menschen das Ausmaß der Selbstversorgung im Alltag zu und wird erst in höherem Lebensalter bei nachlassenden Kräften durch Fremdversorgung unterstützt. In jedem Fall muß das altersbedingte Ausscheiden von Nutzern aus der WfB oder anderen Beschäftigungsverhältnissen dazu führen, alternative Formen der Alltagsstrukturierung zu entwickeln, z. B. Einkaufsdienste für Mitbewohner, stärkere Wahrnehmung hauswirtschaftlicher Tätigkeiten, Anlage eines von den Nutzern gepflegten Gartens. Einerseits ist dies als Aufgabe der Nachbarschaftshilfe denkbar, andererseits können dazu auch ehrenamtliche Helfer angesprochen werden.

Schutz und Risiko

Ein „normalerer" Alltag bedeutet für Menschen mit geistiger Behinderung im Regelfall auch mehr Risiko, gerade für Nutzer mit vielfältigen negativen Erfahrungen und einer daraus resultierenden Verletzlichkeit. Die Größe und Struktur vieler wohnbezogener Dienste führt dazu, daß Mitarbeiterinnen häufig dazu neigen, ihren Fürsorgeauftrag gegenüber den Nutzern überzubetonen und ihnen viele der normalen, kleinen Risiken des Alltags aus dem Weg zu räumen.

Ohne Zweifel ist es eine zentrale Aufgabe von Mitarbeiterinnen, für den Schutz der Nutzer zu sorgen. Steht dem Schutzaspekt jedoch nicht auch eine gewisse Bereitschaft zum Risiko gegenüber, wird den Nutzern die wesentliche Erfahrung, mit einer zunächst unvorhersehbaren Situation zurecht zu kommen, Risiken zu begegnen und aus Fehlern zu lernen, vorenthalten. So ist es z. B. wichtig, daß Nutzer sich daran gewöhnen, pünktlich an ihrem Arbeitsplatz zu erscheinen. Es kann allerdings nicht Aufgabe der Mitarbeiterinnen wohnbezogener Dienste sein, dafür zu sorgen, daß dieses Ziel gewissermaßen „um jeden Preis", ohne Rücksicht auf den Willen und die Möglichkeiten des einzelnen Nutzers erreicht wird. Dies würde bedeuten, das „Prinzip Pünktlichkeit" durchzusetzen, anstatt die Selbstverantwortung eines Menschen zu fördern.

Die Fachkräfte sollten die Nutzer vielmehr dabei unterstützen, Verantwortung für ihre Alltagsgestaltung zu entwickeln und dabei jede Form von Eigeninitiative anregen und fördern. Vor allem kommt es darauf an, den Nutzern ausreichend Gelegenheit zu verschaffen, eigene Erfahrungen zu machen. Natürlich bedeutet dies auch, daß Fehler und Irrtümer vorkommen werden. Wichtig ist, daß ein Irrtum nicht auf die Behinderung zurückgeführt oder als „Beweis" dafür genommen wird, daß der betreffende Nutzer eben nicht in der Lage ist, Verantwortung in diesem Lebensbereich zu tragen. Wir wären wohl mit Recht empört, würde man uns aufgrund gelegentlicher Verspätungen als unselbständig bezeichnen oder uns die Verantwortung für unser Geld absprechen, wenn wir uns einmal etwas „gegönnt" haben.

Gelegentliche Irrtümer sind menschlich und können im übrigen für die Weiterentwicklung einer Person sehr förderlich sein. Nur durch eigene Entscheidungen und anhand erfahrener Konsequenzen kann sich selbstverantwortliches Handeln im Alltag entwickeln. Niemand kann lernen, mit sich selbst, mit anderen und mit den Anforderungen seiner Umwelt verantwortlich umzugehen, ohne dabei hin und wieder auch Risiken einzugehen.

In der Möglichkeit, Risiken einzugehen und sich auf neue Situationen einzulassen, liegt immer auch Würde: Selbst dann, wenn man an einer bestimmten Aufgabe scheitert, hat man doch einen Versuch unternommen und Erfahrungen gesammelt, die vielleicht dazu verhelfen, eine ähnliche Situation zu einem späteren Zeitpunkt besser bewältigen zu können. Daher sind Risiken nicht nur mit Gefahr gleichzusetzen. Sie bieten meist auch die Chance, bestehende Fähigkeiten zu erhalten und zu erweitern und neue Kompetenzen erwerben zu können. Letztlich ist ein bestimmter Umfang an Risiken sogar die Voraussetzung dafür, die Anforderungen des Alltags bewältigen und mit bestimmten Situationen angemessen umgehen zu können.

Ein Leben ohne Risiken und Anforderungen ist nicht nur langweilig, sondern auch unnatürlich, nicht erwachsenengemäß und entwicklungshemmend. Für jeden Nutzer sollte im Alltag ein individualisiertes Gleichgewicht zwischen Sicherheit und Risiko bestehen. Ein guter wohnbezogener Dienst schließt daher Risiken nicht aus, sondern hält sie kalkulierbar, indem er seine Nutzer gezielt dazu anleitet, immer wieder neue, verantwortungsvolle und individuell bedeutsame Aufgaben zu bewältigen.

Wenn von Eigenverantwortung und der „Würde des Risikos" die Rede ist, wird dies gelegentlich als Aufforderung mißverstanden, Menschen mit geistiger Behinderung sich selbst zu überlassen. Es ist aber gerade das Gegenteil gemeint. Mitarbeiterinnen im begleiteten Wohnen müssen dafür sorgen, daß die Nutzer ausreichend Schutz genießen (vor Vernachlässigung, Überforderung, Diskriminierung usw.) und vor allem in schwierigen Situationen Beistand und aktive Hilfe erfahren. Es geht also nicht darum, notwendige Hilfen abzubauen, sondern die Nutzer als „Experten für ihr eigenes Leben" anzuerkennen und sie dazu anzuleiten, über die benötigten Unterstützungsleistungen so weit wie möglich selbst zu bestimmen (vgl. NIEHOFF 1994, 190).

Statt möglichst alle Risiken im Alltag auszuschalten, sollte unterschieden werden: Gefahren, mit denen ein Nutzer absehbar nicht umgehen kann oder auf die er nicht vorbereitet ist, sind so weit wie möglich zu verhindern. Auf Situationen, die für den Nutzer zwar nicht ganz risikolos, aber für seine weitere Persönlichkeits- und Kompetenzentwicklung von Bedeutung sein können, sollte er stets aufs neue vorbereitet werden. Hier hat die Förderung von Sicherheit im Umgang mit Risiken Vorrang vor der Vermeidung von Risiken.

Alltag muß also gewagt werden. Er kann nur gelingen, wenn er einerseits verläßlich, andererseits aber auch offen ist für neue Erlebnisse, Erfahrungen, Handlungen und Gedanken, die der Struktur des Gewohnten widersprechen.

Um zur Gestaltung eines gelingenden Alltags beizutragen, sollte der wohnbezogene Dienst

- grundsätzlich keine zentralen und abhängigkeitsfördernden Leistungen anbieten (Gegenstandsbereich „Selbstversorgung und Alltagshandeln", siehe S. 130 ff.);
- seinen Nutzern die ganze Bandbreite normaler Lebensfelder zugänglich machen (Gegenstandsbereiche „Regelmäßige Tätigkeit außerhalb des Wohnbereichs", siehe S. 140 ff.; „Freizeitaktivitäten und Erwachsenenbildung", siehe S. 153 ff.);
- den Alltag überschaubar, planbar und verläßlich machen (Gegenstandsbereich „Zeitstrukturen", siehe S. 165 ff.);
- Möglichkeiten eröffnen, daß für die Nutzer im Alltäglichen das Spirituelle ihres Daseins erfahrbar wird (Gegenstandsbereich „Religiöse Praxis und Spiritualität", siehe S. 173 ff.).

Literatur

GREESE, D.: Das Heim als „komprimierter" Alltag. In: Neue Praxis 3/1995, 279 – 281

GRÖSCHKE, D.: Praxiskonzepte der Heilpädagogik. UTB für Wissenschaft 1548. München, Basel 1989

SCHWARTE, N.: Der Alltag als Lernfeld Behinderter. In: Hauswirtschaft/Wissenschaft 2/1982, 70 – 75

THIERSCH, H.: Lebensweltorientierte Soziale Arbeit: Aufgaben der Praxis im sozialen Wandel. Weinheim, Basel 1992

THIERSCH, H.: Alltagshandeln und Sozialpädagogik. In: Neue Praxis 3/1995, 215 – 234

Gegenstandsbereich:
Selbstversorgung und Alltagshandeln

Ein wohnbezogener Dienst ist für die Sicherstellung der elementaren Lebensgrundlagen und die Befriedigung der mit dem Wohnen verbundenen Grundbedürfnisse der dort lebenden Menschen verantwortlich. Im Alltag des begleiteten Wohnens zählen dazu u. a. Ernährung und Körperpflege, Wärme und Bekleidung, Schlaf und Aktivität, Ansprache und Privatheit. In vielen wohnbezogenen Diensten wurde in der Vergangenheit mehr der Versorgungsaspekt und weniger Anregung, Förderung und Verselbständigung in den Mittelpunkt gestellt. Damit erfuhren unzählige Menschen mit geistiger Behinderung unter dem Hinweis auf ihr „lebenslanges Angewiesensein auf die Hilfe anderer" eine entmündigende und vielfach völlig unangebrachte, fremdbestimmte Vollversorgung.

Jede Überversorgung in den zentralen Lebensbereichen eines Menschen fördert unvermeidlich Abhängigkeit und Unselbständigkeit. Aus diesem Grund hatten viele Menschen mit geistiger Behinderung keine oder nur sehr unzureichende Gelegenheiten, selbständiges Handeln im Alltag zu lernen. Erst allmählich wächst die Erkenntnis, daß aus der häufig zitierten „lebenslangen Angewiesenheit auf Hilfe" vor allem ein Recht abzuleiten ist: das Recht auf individuelle und angemessene Unterstützung bei einer selbstbestimmten Gestaltung des eigenen Lebens.

Selbständigkeit

Selbständigkeit ist eine der zentralen Kategorien, nach denen ein Mensch in unserer Gesellschaft beurteilt wird. Dabei wird Selbständigkeit oft vorschnell mit Unabhängigkeit gleichgesetzt. Jeder Mensch ist jedoch, unabhängig von Lebensalter, sozialem Status und erworbenen Fähigkeiten und Kenntnissen, zeit seines Lebens in ein ganzes Netz von Abhängigkeiten zu anderen Personen eingesponnen. So kann man zwar *allein* wohnen, aber eben nicht *unabhängig* von anderen: von Personen, die eine Wohnung vermieten oder verkaufen; von Nachbar(inne)n, denen man begegnet und auf die Rücksicht zu nehmen ist; von Menschen, die einem die Brötchen für das Frühstück oder ein Bild zur Verschönerung des Wohnzimmers verkaufen. Diese Abhängigkeiten erleben wir so lange nicht als Unselbständigkeit, wie wir über ihre Art und ihr Ausmaß selbst bestimmen und Gegenleistungen, etwa in Form von Bezahlung, erbringen können.

Für das Urteil, ob eine Person selbständig ist oder nicht, ist also immer ausschlaggebend, in welchem Maße sie den durchschnittlichen Anforderungen, die der Alltag an einen Menschen ihres Alters stellt, unter Berücksichtigung ihrer individuellen Möglichkeiten und Fähigkeiten und mit mehr oder weniger Hilfe von anderen gewachsen ist. Selbständigkeit kann somit immer nur individuell und abhängig von konkreten Lebenslagen und Alltagssituationen angesprochen werden.

Wie selbständig ein Mensch ist, hängt wesentlich auch davon ab, wieviel Selbständigkeit ihm seine Umgebung zugesteht. An dieser Stelle wird deutlich, daß die Förderung von Selbständigkeit mit einer zentralen Vollversorgung durch einen wohnbezogenen Dienst letztlich nicht vereinbar ist. Ein Dienst sollte daher möglichst wenige, besser überhaupt keine Versorgungsleistungen (Mahlzeiten, Wäsche, Reinigung, Fahrdienste usw.) zentral erbringen bzw. bestehende zentralisierte Angebote zugunsten kulturüblicher Dienstleistungen in der Gemeinde abbauen.

Oftmals gibt bereits das Ausmaß der Selbstversorgung und der eigenverantwortlichen Wahrnehmung von Alltagshandlungen über die tatsächlich erreichte bzw. von einem wohnbezogenen Dienst ermöglichte oder geförderte Selbständigkeit der Nutzer recht verläßlich Auskunft. Für Mitarbeiterinnen wohnbezogener Dienste kommt es in diesem Zusammenhang darauf an, in jeder Alltagssituation das individuell richtige Maß des Tuns und Lassens, der Hilfe, Unterstützung und Begleitung zu finden. Um individuelle Unterstützung geben zu können, sollten die Mitarbeiterinnen neben alltagspraktischen Kompetenzen vor allem Interesse und Freude an der Gestaltung des Alltags gemeinsam mit anderen Menschen haben und darum bemüht sein, die Rolle der stets bereiten Helferin so weit wie möglich zurückzustellen, um das Verhältnis zu den Nutzern stärker nach den Prinzipien der Assistenz und Begleitung zu gestalten.

Selbstbestimmung und Verantwortlichkeit

Selbständigkeit ist keine Voraussetzung für Selbstbestimmung. Verantwortlichkeit und Selbstbestimmung sind grundsätzlich nicht abhängig von geistigen Fähigkeiten oder lebenspraktischen Kompetenzen. Menschen mit schwerer Behinderung haben nicht weniger Bedürfnisse nach selbstbestimmtem Handeln als andere Menschen, und auch ihre Möglichkeiten, diese zu verwirklichen, sind generell nicht geringer. Da eine Person mit schwerer Behinderung meist besonders abhängig von bestimmten Hilfen ist, kommt der Selbstbestimmung für sie sogar eine besonders hohe Bedeutung zu.

Menschen mit schwerer Behinderung benötigen besonders individuell gestaltete Hilfen, um den Umgang mit der eigenen Verantwortung zu lernen. Bei manchen Personen, die in vieler Hinsicht auf die Unterstützung anderer angewiesen sind, kann Selbstbestimmung beispielsweise verwirklicht werden, wenn sie ihre Helferinnen oder Assistentinnen gezielt anleiten und korrigieren. Auch Menschen mit schwerer Behinderung senden Signale aus, mit denen sie imstande sind, das Verhalten ihrer Helferinnen zu beeinflussen. Auf diese Weise sind auch Nutzer, die nur sehr wenige lebenspraktische Aufgaben selbst bewältigen können, in der Lage, bedeutsame Aspekte ihres Lebens selbstbestimmt und eigenverantwortlich mitzugestalten.

Die Nutzer wohnbezogener Dienste sind im Regelfall Erwachsene: Nicht nur im Alltäglichen, auch bei zentralen Lebensentscheidungen ist daher Selbstbestimmung gefragt. Verantwortung bei den sogenannten „großen" Entscheidungen der Lebensplanung (z. B. wie und mit wem man wohnen möchte, welche Arbeit man verrichten will, welche Freundschaften man eingeht) kann nur langsam auf der Grundlage kleinerer Entscheidungen im Alltag gelernt werden.

Auch nichtbehinderte Erwachsene können wichtige Entscheidungen für ihr Leben nur deshalb treffen, weil sie in ihrer Entwicklung genügend Freiraum hatten, zunächst tausende von kleinen, unmittelbar lebenspraktischen Entscheidungen zu treffen. Daher ist es so bedeutsam, allen Nutzern möglichst in jeder Alltagssituation Wahl- und Entscheidungsmöglichkeiten einzuräumen.

Im Prinzip sollte jeder Nutzer in die Lage versetzt werden, sämtliche alltagspraktischen Aufgaben – von der Reinigung und Pflege des privaten Wohnbereichs über das Einkaufen und die Vorbereitung von Mahlzeiten bis hin zu gemeinschaftsbezogenen Aufräum- und Putzarbeiten – so weit wie möglich selbst wahrzunehmen und auch selbst zu organisieren.

Das Prinzip des „Entscheidenlassens" ist auch grundlegend, wenn man etwas über die Bedürfnisse einer Person erfahren will. Dabei sollten Mitarbeiterinnen unter Umständen durchaus „hartnäckig" sein, also Angebote auch über einen längeren Zeitraum immer wieder machen, ohne jedoch direkten Zwang auszuüben und bei den Nutzern Angst auszulösen.

Werden Selbstbestimmung und Eigenverantwortlichkeit ernst genommen, muß im Zweifelsfall auch akzeptiert werden, wenn ein Nutzer hinsichtlich seiner Lebensplanung eine „unvernünftige" Entscheidung trifft. So haben viele Bewohner mit geistiger Behinderung von Langzeitstationen psychiatrischer Krankenhäuser erhebliche Vorbehalte gegen ihren Umzug in gemeindenahe Wohnformen, obwohl dies sicherlich objektiv betrachtet eine Verbesserung ihrer Lebensqualität bedeuten würde. Nach Jahrzehnten des Klinikaufenthalts können sie sich eine solche Alternative einfach nicht mehr vorstellen und haben verständlicherweise auch Angst vor einer neuen Lebensform. Um wirklich verantwortlich wählen zu können, müßten sie also zunächst die verschiedenen Alternativen kennenlernen, zwischen denen sie sich entscheiden sollen. Menschen mit geistiger Behinderung müssen diese Alternativen vielfach nicht nur angeboten, sondern ganz praktisch nahegebracht werden, z. B. durch ein Probewohnen oder eine Hospitation am möglichen neuen Arbeitsplatz.

Selbstbestimmung und soziale Verantwortung

Selbstbestimmung, Eigenverantwortlichkeit und Autonomie sind zu zentralen Leitgedanken unserer Gesellschaft geworden. Ihre Kehrseite besteht jedoch darin, daß denjenigen Menschen, die aus verschiedensten Gründen nicht so autonom leben (können), das Recht auf die Solidarität der Gemeinschaft immer weniger zugestanden wird. Wenn in diesem Zusammenhang also von Verantwortlichkeit und Selbstbestimmung die Rede ist, sollte beachtet werden, daß damit keineswegs Egoismus oder die Abkehr von sozialen Verpflichtungen gemeint sein kann.

Die Selbstbestimmtheit einer Person stößt dort an ihre Grenze, wo die Interessen anderer Personen zu berücksichtigen sind. Selbstbestimmung und Autonomie sollten daher nur mit ihrem „Gegensatzpartner", der grundständigen sozialen Abhängigkeit von anderen, in die jeder Mensch eingebunden ist, betrachtet werden (vgl. HAHN 1992, 107). Verantwortlichkeit bedeutet daher immer auch Mit-Verantwortlichkeit.

Für Mitarbeiterinnen wohnbezogener Dienste heißt das, daß den Nutzern nicht nur gezielte Hilfen zur Übernahme von Verantwortung für die eigene Person, sondern gleichzeitig auch für ihre Mitbewohner und andere Personen ihres Umfelds gegeben werden sollten (z. B. beim Einkaufen, bei der Selbstbesorgung, bei Außenaktivitäten, bei Festen). Auf diese Weise werden die Nutzer in die Lage versetzt, sich in verschiedenen sozialen Kontexten (Paare, Kleingruppen, größere Gruppen) und Rollen (Gastgeber, Einkäufer für die Gruppe, Koch, Helfer für Mitbewohner usw.) als aktiv tätig und verantwortlich zu erleben. Darüber hinaus sollte die gemeinsame Alltagsbewältigung zum Thema regelmäßiger Besprechungen der zusammenlebenden Nutzer gemacht werden.

Natürlich spielt auch hier das Vorbild der Fachkräfte eine Rolle. Nur Mitarbeiterinnen, die für sich selbst und andere verantwortlich handeln, können den Nutzern dabei behilflich sein, Verantwortung für sich und andere zu übernehmen. Daher sind Mitarbeiterinnen, die sich bei ihrer Tätigkeit auf einen „Dienst nach Vorschrift" verlegt haben und alle Anforderungen und Verantwortlichkeiten, die darüber hinausgehen, eher als Zumutung betrachten, für den Bereich des begleiteten Wohnens grundsätzlich ungeeignet.

Normaler Alltag statt „Wohntraining"

Seit den 70er Jahren mußten Fachkräfte der Behindertenhilfe immer wieder die Erfahrung machen, daß für manche Menschen, die lange „behütet" und dabei oft auch überversorgt wurden (z. B. in einer größeren Einrichtung, gelegentlich auch im Elternhaus), der „Sprung" ins begleitete Wohnen augenscheinlich zu groß ist. Anstatt nun näher zu untersuchen, welche individuellen Hilfen z. B. im betreuten Wohnen vielleicht noch fehlen, wird die Ursache des Problems oft bei den Menschen mit geistiger Behinderung selbst festgemacht, die für offenere Wohnformen eben einfach nicht selbständig genug sind.

Daraus entstand die bis heute noch verbreitete Auffassung, Wohnen müsse erst einmal geübt werden. Dies entspricht auch dem Ansatz der traditionellen Heil- und Sonderpädagogik, die die Wahrnehmung von Alltagsgeschäften von Menschen mit geistiger Behinderung nicht als normales Alltagshandeln auffaßt, sondern als Aspekt „lebenspraktischer Förderung", woraus sich die Notwendigkeit einer Förderdiagnostik, die Aufstellung von Förderplänen und die Durchführung gezielter Fördermaßnahmen oder auch spezieller Therapien ableitet. So kam es, daß viele Aufgaben von Fachkräften im begleiteten Wohnen in den letzten Jahren in „Sonderdienste" verlagert wurden. Im Extremfall wird die Freizeit der Nutzer von Laienhelferinnen oder gar Freizeitpädagoginnen gestaltet, für therapeutische Angebote sind speziell ausgebildete Therapeutinnen zuständig und die hauswirtschaftlichen Aufgaben im Wohnbereich werden von Haushaltskräften erledigt.

Auf diese Weise wurde das Wohnen selbst schließlich zu einem therapeutischen Spezialprogramm. Größere wohnbezogene Dienste richteten „Wohntrainingsgruppen" oder „Wohnschulen" ein. Dort werden – meist räumlich aus dem „normalen" Wohnheimbetrieb ausgelagert – von der Körperpflege über hauswirtschaftliche Tätigkeiten und Einkaufen bis zum Verkehrsverhalten grundsätzliche Fähigkeiten und Fertigkeiten trainiert, die für eine selbständige Alltagsbewältigung notwendig sind. Dies alles verstärkt die Tendenz bei Nutzern und Mitarbeiterinnen, das Wohnen nicht als Mittelpunkt des gemeinsamen Lebens wahrzunehmen, sondern als einen von mehreren rehabilitativen Teilbereichen, in denen spezielle professionelle Angebote und Dienstleistungen zu erbringen sind. Eine Abfolge aneinandergereihter Sonderdienste aber bedeutet noch lange keinen gelingenden Alltag.

Mit dem Instrument LEWO verfolgen wir einen anderen gedanklichen Ansatz: Wohnen kann jeder Mensch, hier muß nichts geübt werden. Wir betrachten den Tagesablauf von Menschen mit geistiger Behinderung in einem wohnbezogenen Dienst als normalen Alltag, der nicht mehr oder weniger durch Therapien oder Fördermaßnahmen bestimmt sein sollte als der Alltag nichtbehinderter Erwachsener (statt „Selbständigkeitstraining": Hausarbeit, Einkaufen, Körperpflege usw.).

Der Tagesablauf eines Nutzers sollte in Organisation und Ablauf grundsätzlich demjenigen eines nichtbehinderten Erwachsenen in der jeweiligen Altersphase entsprechen. Bei einem Erwachsenen bedeutet dies, daß er sich an einem normalen Werktag in verschiedenen Lebensbereichen bewegt und dabei unterschiedliche Rollen wahrnimmt. So verläßt er morgens seine Wohnung, um zur Arbeit zu gehen; nach Feierabend kauft er vielleicht noch ein und kehrt anschließend nach Hause zurück; abends unternimmt er gelegentlich etwas oder trifft sich mit Freunden.

Spezielle Hilfen sollten diesen Alltagsrhythmus günstigenfalls erleichtern, aber keinesfalls ersetzen. Die Strukturen eines wohnbezogenen Dienstes sollten daher fortlaufend daraufhin überprüft werden, in welchem Maße sie dazu dienen, die Nutzer in der Gestaltung eines „gelingenden Alltags" zu unterstützen. Noch immer wird dieser Sachverhalt in einigen wohnbezogenen Diensten aber gerade umgekehrt gehandhabt: Die einzelnen Nutzer werden danach beurteilt, ob und inwieweit sie den Strukturen und Abläufen des Dienstes angepaßt sind. Auf diese Weise wird es Menschen mit geistiger Behinderung allerdings eher erschwert als erleichtert, ihren Alltag so weit wie möglich selbstbestimmt zu gestalten.

Anregung und Gestaltung von Lernprozessen im Alltag

Statt auf therapeutische Sonderprogramme zu setzen, sollten die Alltagsverrichtungen selbst so aufbereitet werden, daß jedem Nutzer individuell sinnvolle Lernerfahrungen ermöglicht werden. Dazu gilt es, eine Reihe von Hinweisen zu beachten. Die Konzeptualisierung von Lernprozessen und gezielter Unterstützung sollte:

1. individualisiert erfolgen, also am jeweiligen Stand der Kompetenzen und Möglichkeiten der Nutzer ansetzen, ihre gegenwärtige Lebenssituation berücksichtigen und eine angemessene Begleitung vorsehen;
2. die individuelle „Lerngeschichte" von Nutzern immer mitberücksichtigen. Unter anderem sollten dabei auch die individuellen Wertvorstellungen der Nutzer (etwa hinsichtlich Sauberkeit, Ordnung oder Geschmack) eine Rolle spielen. Sogenannte „Verstärker" und „Sanktionen", also Belohnungen oder Strafen, sollten dabei so wenig wie möglich eingesetzt werden. Einem Nutzer, der beispielsweise die Überzeugung vertritt, Spülen sei „Frauenarbeit" und daher unter seiner Würde, wird man weniger durch Appelle oder gar Strafen zu einer Änderung seiner Haltung veranlassen können als vielmehr durch das tägliche Gegenbeispiel männlicher Nutzer und Fachkräfte;
3. stets auch ein wenig über die momentanen Möglichkeiten und Kompetenzen eines Nutzers hinausweisen. Ein wohnbezogener Dienst sollte den einzelnen Nutzern regelmäßig Aufgaben übertragen, die konkrete Anforderungen stellen, ohne ihn zu überfordern. Damit ist – sehr verkürzt – Lernen in der „Zone der nächsten Entwicklung" gemeint. Auf diese Weise läßt sich zudem vermeiden, daß der Alltag in Gewohnheit und Routine erstickt;
4. als unverzichtbare Voraussetzung eine hohe zeitliche und personale Kontinuität der Begleitung und Anleitung garantieren können;
5. das „Erleben der eigenen Tätigkeit" in den Vordergrund stellen. Dafür ist es bedeutsam, daß das Erlernte seinen Platz im Alltag hat, um von den Nutzern auch als individuell sinnvoll erkannt zu werden.

Wenn zentrale hauswirtschaftliche Tätigkeiten wie die Zubereitung der Mahlzeiten oder die Wäschepflege nicht in sogenannten „Funktionsräumen", sondern im räumlichen Zentrum der Wohnung stattfinden, regen sie die spontane Betätigung der Nutzer eher an und geben auch solchen Personen die Möglichkeit zur Teilhabe an Alltagsverrichtungen, die sich in der konkreten Situation kaum aktiv beteiligen können. Leider besteht in vielen wohnbezogenen Diensten eine strikte räumliche Trennung zwischen eng aufeinander bezogenen Verrichtungen, etwa zwischen der Vorbereitung und der Einnahme der Mahlzeiten: Eine Mitarbeiterin bereitet in der Küche das Essen vor, während die Nutzer im Tages- oder Eßraum darauf warten, versorgt zu werden usw.

Alltagsbezogenes Lernen setzt voraus, daß den Nutzern die Zusammenhänge verschiedener zeitlich aufeinanderfolgender Handlungen (Einkaufen, Vorbereiten, Kochen, Tisch decken, Servieren, Essen, Abräumen, Spülen, Geschirr einräumen) als Ganzheit so anschaulich wie möglich gemacht werden. Als räumliche Orientierung empfiehlt sich die Wohnküche, die „Ort des Haushaltens" ist, aber auch als Zentrum einer Wohnung der Kommunikation und Geselligkeit dienen kann. Am Beispiel der Alltagssituation „Frühstück" wäre also zu fragen:

- Sind die räumlichen Bedingungen, das Ambiente (Frühstück als „ästhetische Praxis") und die Gebrauchsgegenstände dazu geeignet, die Nutzer zu Neugier und Eigenaktivität anzuregen?
- Sind die Handlungsabläufe für die Nutzer ganzheitlich erfahrbar, d. h., sind sie von der Planung des Einkaufs der Brötchen bis zum Abtrocknen vollständig in den „Handlungsablauf Frühstück" einbezogen?
- Sind diese Handlungsabläufe dazu geeignet, den Nutzern ein Höchstmaß an Erlebnis- und Gestaltungsmöglichkeiten zu vermitteln (Frühstück

als Wahl und Entscheidungsübung: Was können wir uns leisten? Was wird eingekauft? Was kommt sofort auf den Tisch? Was wird aufgehoben? Was esse ich? usw.)?
- Sind Gespräche und Handlungen während des Frühstücks darauf ausgerichtet, den Nutzern größtmögliche Selbstbestimmung in dieser Situation zu ermöglichen?
- Berücksichtigen die oben genannten Aspekte – materielle Ausstattung, Handlungsabläufe, Interaktionen – die altersspezifischen Wünsche und Bedürfnisse einzelner Nutzer in ihrer Alltagsgestaltung? Tragen sie durch Behaglichkeit, Kontakt und menschliche Wärme zum Wohlbefinden der Nutzer bei?

Die künstliche Trennung zusammengehöriger Alltagshandlungen spiegelt sich in einer Befragung von Mitarbeiterinnen in 136 betreuten Wohngruppen für Menschen mit Behinderung (THESING 1993, 153 ff.). Die befragten Fachkräfte gaben an, daß den Bewohnern in den Bereichen der Körperpflege, der Zubereitung einfacher Mahlzeiten (Frühstück) und der Reinigung des eigenen Zimmers die größte Selbständigkeit zuerkannt wird. Demgegenüber werden komplexere lebenspraktische Aufgaben, die ein bestimmtes Maß an Planung und Absprache erfordern (z. B. Einkaufen, Arzttermine vereinbaren, Verwaltung von Taschengeld der Nutzer), in weit höherem Maße von den Mitarbeiterinnen selbst übernommen (so verfügten nur 23 % der Bewohner in den Wohngruppen völlig selbständig über ihr Taschengeld).

Einkäufe von Fachkräften ohne Beteiligung der Nutzer („weil es schneller geht") sollten grundsätzlich ausgeschlossen werden. Wenn sie im Ausnahmefall einmal unumgänglich erscheinen, sollten sie wenigstens zuvor mit den betreffenden Nutzern besprochen werden. Ziel sollte es sein, daß jeder Nutzer seine privaten Einkäufe eigenständig oder mit angemessener Unterstützung von Mitarbeiterinnen des wohnbezogenen Dienstes tätigt.

Die Rolle des selbstbestimmten Kunden von Waren- und Dienstleistungsangeboten gehört in unserer Gesellschaft zu den wichtigsten sozialen Rollen. Bei jedem selbst geplanten und durchgeführten Einkauf können sich eine Reihe neuer Erfahrungen und Kontakte ergeben. Über die Möglichkeit, in der allgemein anerkannten Rolle des Käufers (und nicht über die Behinderung!) in den Austausch mit anderen Gemeindemitgliedern treten zu können, erlebt ein Nutzer meist sehr bewußt einen beträchtlichen sozialen Prestigegewinn. Früher oder später verbindet sich damit auch ein Zuwachs an persönlicher Handlungs- und Entscheidungskompetenz, die ihm dazu verhilft, seinen Alltag in den verschiedenen Lebensbereichen selbstbewußter und eigenständiger gestalten zu können.

Umgang mit Geld

Für Erwachsene zählt es zur Selbstverständlichkeit, selbst darüber entscheiden zu können, ob das eigene Geld für ein gutes Essen oder ein neues Kleidungsstück ausgegeben oder vielleicht doch für die Urlaubsreise oder eine neue Wohnzimmereinrichtung gespart wird. Menschen mit geistiger Behinderung wird diese Selbstverständlichkeit jedoch häufig nicht oder nur in kleinen Schritten und nach langem „Training" zugestanden.

Die autonome Verfügung über Geld (nicht nur eingeschränkt auf die finanziellen Mittel für den täglichen Bedarf!) ist eine wichtige Voraussetzung, damit ein Nutzer aus der passiven Rolle des Taschengeldempfängers herauskommt. Ein normaler, kulturüblicher Umgang mit Geld bedeutet u. a., daß jeder Nutzer über ein eigenes Sparguthaben auf einem Konto bei der Bank oder Sparkasse verfügt und die Geldgeschäfte soweit wie möglich selbst bzw. mit individueller Unterstützung tätigt.

Ein wohnbezogener Dienst sollte dafür sorgen, daß die Nutzer prinzipiell uneingeschränkt über ihre monatlichen Einnahmen disponieren können. Dazu zählt auch, daß Nutzer ihr Geld gezielt und individuell für größere Anschaffungen ansparen können und beim Einsatz größerer Geldbeträge (falls erforderlich) von Personen beraten und unterstützt werden, die dies ausschließlich im Interesse des jeweiligen Nutzers tun.

Für diejenigen Nutzer, die einen selbstbestimmten Umgang mit Geld erst lernen müssen, sollten Mitarbeiterinnen alltagsbezogene und individuelle Beratung und Unterstützung leisten. Vereinbarungen über die Rationierung von Geldmitteln sollten generell nur in Übereinstimmung mit dem Nutzer getroffen und regelmäßig daraufhin überprüft werden, ob sie unter der Perspektive größtmöglicher Selbstbestimmung noch sinnvoll sind. Besteht für einen Nutzer eine Vermögensverwaltung, sollte gewährleistet sein, daß ihm jederzeit ausreichende Mittel für Anschaffungen des täglichen Bedarfs zur Verfügung stehen.

Substituierende und subsidiäre Aufgaben wohnbezogener Dienste

Grundsätzlich erfüllt ein wohnbezogener Dienst eine zweifache Aufgabe: Zum einen ersetzt er für die Nutzer natürliche soziale Beziehungen, wenn z. B. die Familie als Lebensmittelpunkt ausfällt (substituierende Funktion). Zum anderen leistet er Unterstützung zur Aufrechterhaltung oder Herstellung nichtprofessioneller sozialer Beziehungen (subsidiäre Funktion).

In der Vergangenheit wurden beide Funktionen oft als sich ausschließende Alternativen gesehen: Man bot entweder einen umfassenden, in seinen Funktionen stark ausdifferenzierten Ersatz für natürliche soziale Netzwerke oder aber – so wie Sozialstationen und ambulante Pflegedienste – punktuelle Hilfen.

Dabei ist es bis heute im Gestrüpp der sozialbürokratischen Zuständigkeiten und Kostenübernahmeregelungen oftmals leichter, einen Heimplatz mit umfassendem Versorgungsangebot zu erhalten, als die gezielteren, weit weniger kostenaufwendigen Leistungen eines offenen Hilfeangebots (z. B. Familienentlastender Dienste, mobiler Hilfsdienste) in Anspruch nehmen zu können.

In Zukunft wird es verstärkt darauf ankommen, beide Funktionen möglichst flexibel miteinander zu verknüpfen. Die Einrichtungen und Dienste der Behindertenhilfe können hierbei aus den Erfahrungen der Jugendhilfe Nutzen ziehen, wo an die Stelle des klassischen Erziehungsheims längst Verbundsysteme mit hoch differenzierten Wohn-, Hilfe- und Unterstützungsangeboten getreten sind, die individualisiertere, bedürfnisgerechtere Hilfen ermöglichen (BALKE, THIEL 1991).

Der Alltag des begleiteten Wohnens setzt sich für die Mitarbeiterinnen traditionell aus zahlreichen Handlungen und Verrichtungen wie Einkaufen, Kochen, Waschen, Putzen, Aufräumen, als Ansprechpartnerin da sein, Zuhören, Pflegen, Trösten, Ermutigen und Vermitteln zusammen.

Nach unserem Verständnis sollten die Aufgaben von Mitarbeiterinnen im begleiteten Wohnen zukünftig in vielen Bereichen über die Grenzen des wohnbezogenen Dienstes hinausgehen und sich dabei vor allem auf die Gemeinde richten. Dazu würde u. a. zählen, den Nutzern regelmäßig geplante und individualisierte „Erkundungen" zur Erweiterung ihrer räumlichen und sozialen Orientierung anzubieten. Nur so können manche Nutzer in die Lage versetzt werden, von den vorhandenen Dienstleistungsangeboten in der Gemeinde tatsächlich auch Gebrauch zu machen. Eine wichtige Aufgabe besteht dabei darin, Anleitung und Unterstützung für die Benutzung öffentlicher Verkehrsmittel zu geben, um den Nutzern dazu zu verhelfen, sich im Straßenverkehr zu orientieren und sicher zu bewegen.

Soziale Integration im Alltag ist nur als gemeinsamer Lernprozeß von Menschen mit und ohne Behinderung vorstellbar. Nimmt ein wohnbezogener Dienst seinen sozialrehabilitativen Auftrag ernst, wird er nicht umhin kommen, aktiv Kontakte zu den Anbietern von Dienstleistungen (Lebensmittelgeschäfte, Arztpraxen, Vereine usw.) aufzubauen und zu pflegen und sie in seine Bemühungen einzubeziehen.

Wird die selbstbestimmte Alltagsbewältigung von Nutzern bewußt gefördert, wird der Alltag meist erheblich lebendiger, oft aber auch schwieriger. Aus der Sicht der Fachkräfte wohnbezogener Dienste ist es z. B. im Zweifelsfall weniger anstrengend und aufwendig, das Frühstück schnell selbst vorzubereiten, als einen oder mehrere Nutzer dazu zu motivieren oder sie gegebenenfalls dabei anzuleiten. Alle Anstrengungen von einzelnen Mitarbeiterinnen, Menschen zu mehr Selbständigkeit zu verhelfen, müssen jedoch zum Scheitern verurteilt sein, wenn der „Gesamtcharakter" des wohnbezogenen Dienstes eher ein fürsorglich-behütender ist.

Soll also der Alltag innerhalb eines Dienstes konsequent nach dem Leitziel größtmöglicher Selbständigkeit der Nutzer ausgerichtet werden, erfordert dies über die Bereitschaft und den Einsatz der Mitarbeiterinnen hinaus meist auch umfangreiche organisatorische, räumliche und personelle Veränderungen. All dies braucht sicher Zeit und läßt sich oft nur gegen zahlreiche Widerstände durchsetzen. Es wäre jedoch geradezu zynisch, Menschen durch individuelle Begleitung und Förderung auf eine größtmögliche Selbständigkeit und Selbstverantwortung im Alltag vorzubereiten, „... wenn die Bedingungen dieses Alltags Selbständigkeit nicht notwendig machen oder sogar verhindern" (BOLLINGER-HELLINGRATH 1982, 56).

Urlaub vom Alltag

Alle Menschen besitzen die mehr oder weniger ausgeprägte Fähigkeit, sich auch hochgradig unbefriedigenden Lebenssituationen anzupassen. Wenn sich Erwachsene mit geistiger Behinderung weigern, etwas zu lernen, kann das einerseits daran liegen, daß sie sich bereits zu sehr an eine Rundumversorgung und die eigene passive Rolle gewöhnt haben. Andererseits können auch negative Lernerfahrungen eine Rolle spielen, die das Selbstbewußtsein eines Nutzers und den Glauben an die eigenen Möglichkeiten stark herabgesetzt haben.

Nur dann, wenn im Alltag auf Dauer genügend Handlungsspielräume, Betätigungsmöglichkeiten und individuelle Hilfeangebote bestehen, wird die Identifikation eines Nutzers mit der passiven Rolle allmählich geringer werden. Anschaulich wird dieser Zusammenhang in Situationen, in denen die Sicherheit der Alltagsroutinen fehlt und gegen die Unsicherheit und Herausforderung eines bislang weitgehend unbekannten Erfahrungsbereichs eingetauscht wird.

Fast jede Mitarbeiterin, die einmal mit behinderten Menschen in Urlaub gefahren ist, kann davon berichten, wie Personen, die sich im Alltag eines wohnbezogenen Dienstes eher passiv und/oder unselbständig verhalten, im Urlaub aktiv werden und „ungeahnte Fähigkeiten" entfalten, wenn es notwendig wird, den Tagesablauf anders als gewohnt zu strukturieren oder wie Verhaltensauffälligkeiten plötzlich verschwinden, wenn Menschen Neues in ihrer Umwelt und damit auch die eigenen Möglichkeiten neu entdecken.

Auch unser eigener Alltag kann auf Dauer nur gelingen, wenn wir in gewissen Abständen „Urlaub vom Alltag" machen, ein paar Tage oder länger wegfahren oder ein Fest feiern, uns also vom ewigen Einerlei des Alltags distanzieren und ganz anderen Beschäftigungen als gewohnt nachgehen können. Es ist also unerläßlich, daß die Fachkräfte den Nutzern wohnbezogener Dienste dazu verhelfen, neben ihrem Alltag immer wieder auch Neues und Unvertrautes kennenzulernen.

Literatur

BALKE, R.; THIEL, W. (Hrsg.): Jenseits des Helfens. Freiburg 1991

BOLLINGER-HELLINGRATH, C.: Selbständigkeits- und Wohntraining für geistig Behinderte. In: Bundesvereinigung Lebenshilfe für geistig Behinderte e. V. (Hrsg.): Humanes Wohnen – seine Bedeutung für das Leben geistig behinderter Erwachsener. Marburg/Lahn 1982, 43 – 57

Bundesvereinigung Lebenshilfe für geistig Behinderte e.V. (Hrsg.): Alt und geistig behindert. Ein europäisches Symposium. 2. Aufl. Marburg 1993

DÖRNER, K.: Keine Zeit zum Spinnen. In: Koenning, K. (Hrsg.): Spät kommt ihr ... Gütersloher Wege mit Langzeitpatienten. Gütersloh 1986, 69 – 102

HAHN, M. Th.: Zusammensein mit Menschen, die schwerbehindert sind – Mitarbeiterinnen und Mitarbeiter in der Förderung. In: Geistige Behinderung 2/1992, 107 – 129

NIEHOFF, U.: Wege zur Selbstbestimmung. In: Geistige Behinderung 3/1994, 186 – 201

RÜGGEBERG, A.: Autonom leben: Gemeindenahe Formen von Beratung, Hilfe und Pflege zum selbständigen Leben. Schriftenreihe des Bundesministeriums für Jugend, Familie und Gesundheit. Band 173. Stuttgart 1985

SCHWARTE, N.: Der Alltag als Lernfeld Behinderter. In: Hauswirtschaft/Wissenschaft 2/1982, 70 – 75

THESING, T.: Betreute Wohngruppen und Wohngemeinschaften für Menschen mit geistiger Behinderung. Freiburg i. Br. 1993

THIERSCH, H.: Lebensweltorientierte Soziale Arbeit: Aufgaben der Praxis im sozialen Wandel. Weinheim, Basel 1992

WEIGAND, H.: Rückkehr in die Heimatgemeinde – eine Zwischenbilanz. In: Koenning, K. (Hrsg.): Spät kommt ihr ... Gütersloher Wege mit Langzeitpatienten. Gütersloh 1986, 103 – 146

WEIGAND, H.: Alltagsbegleitung – Eigenes Leben sichern. In: Bock, Th.; Weigand, H. (Hrsg.): Handwerks-buch Psychiatrie. Bonn 1991, 259 – 285

Nutzerbezogene Indikatoren:
Selbstversorgung und Alltagshandeln

	trifft zu	trifft eher zu	trifft eher nicht zu	trifft nicht zu
1. Der Nutzer hatte in seiner Lebensgeschichte bislang wenig Gelegenheit, eine seinen Möglichkeiten angemessene Form der Selbstversorgung und der Wahrnehmung von Alltagsaufgaben zu erlernen.	❏	❏	❏	❏
2. Der Nutzer ist in einem Alter, in dem eine individuell sinnvolle regelmäßige Tätigkeit außerhalb des Wohnbereichs nicht mehr angeboten werden kann. Er benötigt daher besondere Hilfen der Tagesstrukturierung durch die Wahrnehmung alltagspraktischer Aufgaben.	❏	❏	❏	❏
3. Der Nutzer benötigt besondere Unterstützung, um alltagspraktische Aufgaben (Selbstbesorgung, Reinigung und Pflege des privaten Wohnbereichs, Vorbereitung von Mahlzeiten, Reinigung der Kleidung, Bügeln, Aufräum- und Putzarbeiten, kleine Reparaturen usw.) so weit wie möglich selbst wahrnehmen zu können.	❏	❏	❏	❏
4. Der Nutzer benötigt besondere Hilfen, um seine privaten Einkäufe so weit wie möglich selbständig tätigen zu können.	❏	❏	❏	❏
5. Der Nutzer braucht besondere Unterstützung, um öffentliche Verkehrsmittel zu nutzen und sich im Straßenverkehr sicher bewegen zu können.	❏	❏	❏	❏
6. Der Nutzer benötigt besondere Hilfen, um im Bereich der Alltagsgestaltung und des Zusammenlebens verschiedene Rollen (Gastgeber, Einkäufer für die Gruppe, Koch, Helfer für Mitbewohner usw.) übernehmen zu können.	❏	❏	❏	❏
7. Der Nutzer benötigt Unterstützung, um so weit wie möglich selbständig über seine Einkünfte und sein Sparguthaben verfügen und Geldgeschäfte tätigen zu können.	❏	❏	❏	❏

Gesamteinschätzung

Aus den individuellen Bedürfnissen und Erfahrungen des Nutzers ergibt sich ein besonderer Unterstützungsbedarf des Nutzers bei der Selbstversorgung und der Wahrnehmung von Alltagsaufgaben.	❏	❏	❏	❏

Angebotsbezogene Indikatoren:
Selbstversorgung und Alltagshandeln

	trifft zu	trifft eher zu	trifft eher nicht zu	trifft nicht zu
1. Alltagsbezogene Versorgungsleistungen werden grundsätzlich nicht zentral erbracht (z. B. durch Zentralküche, Wäscherei, Reinigung, zentrale Fahrdienste), sondern entweder von den Nutzern selbst wahrgenommen oder in kulturüblicher Form durch externe Dienstleistungsunternehmen in Anspruch genommen.	❏	❏	❏	❏
2. Die Nutzer werden darin unterstützt, alle alltagspraktischen Aufgaben (Selbstbesorgung, Reinigung und Pflege des privaten Wohnbereichs, Vorbereitung von Mahlzeiten, Reinigung der Kleidung, Bügeln, Aufräum- und Putzarbeiten, kleine Reparaturen usw.) so weit wie möglich selbst wahrzunehmen und zu organisieren.	❏	❏	❏	❏
3. Der wohnbezogene Dienst sorgt dafür, daß die Nutzer ihre privaten Einkäufe grundsätzlich selbständig oder mit Unterstützung von Mitarbeiterinnen tätigen.	❏	❏	❏	❏
4. Der wohnbezogene Dienst organisiert regelmäßig individualisierte „Erkundungen" zur Erweiterung der räumlichen und sozialen Orientierung, die es den Nutzern ermöglichen, von den vorhandenen Dienstleistungsangeboten des Umfeldes Gebrauch zu machen.	❏	❏	❏	❏
5. Der wohnbezogene Dienst pflegt Kontakte zu Anbietern von Dienstleistungen und bezieht diese gegebenenfalls in seine Bemühungen zur Förderung der eigenständigen Wahrnehmung von Alltagsaufgaben durch die Nutzer ein.	❏	❏	❏	❏
6. Die Nutzer werden individuell angeleitet, öffentliche Verkehrsmittel zu nutzen und sich im Straßenverkehr sicher zu bewegen.	❏	❏	❏	❏
7. Alltägliche Tätigkeiten wie Kochen, Essen, Einkaufen usw. stehen im Zentrum alltagspraktischer Förderung und werden gezielt als Lerngelegenheiten aufbereitet.	❏	❏	❏	❏
8. Der wohnbezogene Dienst überträgt den Nutzern immer wieder neue und herausfordernde Aufgaben, um eine übermäßige Routine im Alltag zu vermeiden.	❏	❏	❏	❏
9. Der wohnbezogene Dienst fördert gezielt die gegenseitige Hilfe der Nutzer im Alltag.	❏	❏	❏	❏

Alltagsstrukturen ... • Selbstversorgung und Alltagshandeln

	trifft zu	trifft eher zu	trifft eher nicht zu	trifft nicht zu
10. Der wohnbezogene Dienst unterstützt die Nutzer darin, sich in verschiedenen Rollen (Gastgeber, Einkäufer für die Gruppe, Koch, Helfer für Mitbewohner usw.) tätig und verantwortlich zu erleben.	❑	❑	❑	❑
11. Die gemeinsame Bewältigung des Alltags steht im Mittelpunkt regelmäßiger Besprechungen der zusammenlebenden Nutzer. Für Nutzer mit schwerer Behinderung übernehmen die Mitarbeiterinnen eine „anwaltschaftliche" Funktion.	❑	❑	❑	❑
12. Der wohnbezogene Dienst stellt sicher, daß die Nutzer prinzipiell uneingeschränkt über ihre monatlichen Einkünfte verfügen können. Er bezieht die individuelle Verantwortlichkeit im Umgang mit Geld in die alltagspraktische Förderung ein.	❑	❑	❑	❑
13. Der wohnbezogene Dienst sorgt dafür, daß die Nutzer grundsätzlich über ihre Sparguthaben (eigene Konten bei Banken oder Sparkassen) verfügen können und Geldgeschäfte – soweit möglich – selbst bzw. mit Unterstützung tätigen.	❑	❑	❑	❑
14. Der wohnbezogene Dienst sorgt dafür, daß bei einer Vermögensverwaltung den Nutzern stets ausreichende Mittel für Anschaffungen des täglichen Bedarfs zur Verfügung stehen. Anschaffungen werden – wie im Betreuungsgesetz gefordert – nur in Absprache mit den betreffenden Nutzern getätigt.	❑	❑	❑	❑

Gesamteinschätzung

	trifft zu	trifft eher zu	trifft eher nicht zu	trifft nicht zu
Der wohnbezogene Dienst unternimmt alle erforderlichen Bemühungen, um den Nutzern weitgehend eine Selbstversorgung und eine selbstbestimmte und bedürfnisorientierte Wahrnehmung von Alltagsaufgaben zu ermöglichen.	❑	❑	❑	❑

Gegenstandsbereich:
Regelmäßige Tätigkeit außerhalb des Wohnbereichs

Erwerbsarbeit und Beruf haben für die meisten erwachsenen Menschen in unserer Gesellschaft einen zentralen Stellenwert in ihrer Lebensführung. Über die Arbeit definiert sich ganz wesentlich der soziale und ökonomische Status eines Menschen. Eine regelmäßige, sinnvolle und ausreichend entlohnte Beschäftigung befriedigt die menschlichen Grundbedürfnisse nach produktivem Tätigsein, sozialer Zugehörigkeit und gesellschaftlicher Anerkennung. Sie ist der Schlüssel zur Teilhabe eines Menschen in allen wichtigen Lebensbereichen und die Basis für Selbstwertgefühl, soziale Kompetenz und Lebensqualität. Reproduktive Tätigkeiten (z. B. Beschäftigungen im Haushalt) können diese Bedürfnisse nur sehr bedingt erfüllen, da sich mit ihnen längst nicht so viel Anerkennung und soziale Zugehörigkeit verbindet.

Auch die meisten Menschen mit geistiger Behinderung haben Arbeit als zentrale Kategorie ihres Lebens verinnerlicht. Daher muß es ein vorrangiges Ziel jeder sozialen Rehabilitation von Menschen mit geistiger Behinderung sein, ihnen durch bestmögliche Qualifizierung, Begleitung und Förderung in der Ausbildung und bei ihrer Tätigkeit ein Höchstmaß an gesellschaftlicher Teilhabe und angemessene arbeitsbezogene Perspektiven zu sichern.

Wenn ein Mensch sein Selbstwertgefühl fast ausschließlich über seine Arbeitsleistung bestimmt, ist das bei Personen mit geistiger Behinderung ebenso problematisch zu sehen wie bei allen anderen Menschen. Angesichts der erheblich eingeschränkten Arbeitsmöglichkeiten behinderter Menschen wäre es jedoch zynisch, dies als Argument für die Rechtfertigung ihrer Beschäftigungslosigkeit zu verwenden. In der 1971 von den Vereinten Nationen angenommenen „Deklaration der Rechte der geistig Behinderten" heißt es in Artikel 3: „Der geistig Behinderte hat ein Recht auf produktive Arbeit oder auf eine andere sinnvolle Beschäftigung." Hier wird das Grundbedürfnis, sich im sozialen Verbund mit anderen zu betätigen, zum Recht erhoben.

Jeder Mensch will gesellschaftlich notwendig sein

In früheren Gesellschaften gehörten Menschen mit geistiger Behinderung noch den handwerklich oder landwirtschaftlich organisierten Großfamilien als Lebens- und Arbeitsgemeinschaften an und waren nach ihren Möglichkeiten dort auch produktiv tätig, d. h., zwischen der produktiven Arbeit und den sozialen Beziehungen innerhalb der Gemeinschaft verlief noch keine Trennlinie (vgl. DÖRNER 1991, 44 f.). Erst mit Beginn des 19. Jahrhunderts organisierten sich die leistungsfähigsten Mitglieder der westlichen Gesellschaften zunehmend über den „freien Markt" im Wirtschaftssystem.

Mit der Umstellung der Wirtschaft auf die industrielle und rationalisierte Produktionsweise waren die Menschen gezwungen, sich den Normen einer rein leistungsorientierten Arbeitsweise anzupassen. Gefordert waren vor allem Anpassungsfähigkeit, uneingeschränkte Verfügbarkeit sowie die Unterdrückung störender individueller Besonderheiten. Damit wurde nur den anpassungsfähigen und -willigen Mitgliedern der Gesellschaft die Teilhabe an der Erwerbsarbeit zugestanden, während die „Unproduktiven" und Schwachen (Alte, Kranke, Pflegebedürftige, Behinderte und psychisch Kranke) aus dem Produktionsbereich ausgesondert und als „soziale Last" auch aus ihren Familien entfernt wurden. Für sie entstanden vermehrt Spezialeinrichtungen, in denen sie meist notdürftig versorgt und verwaltet wurden. Als industriell unbrauchbar definiert, fielen immer mehr Menschen als „Kostenfaktor" dem entstehenden Sozialsystem anheim, das vom Wirtschaftssystem bis heute weitgehend abgeschottet ist.

Die klare Trennung beider Systeme hat dazu geführt, daß Menschen mit Behinderung im Bewußtsein der modernen Gesellschaft kaum mehr vorkommen. Im Gegensatz zu den „produktiven Menschen", die als Subjekte Gegenstände herstellen, bearbeiten oder Dienstleistungen erbringen, wurden die „Unproduktiven" oder „Nur-noch-Sozialen" (DÖRNER 1988) selbst in Heimen zu Objekten von Bearbeitung: von Erzieher(inne)n und Sozialarbeiter(inne)n, die eben nicht Gegenstände, sondern Menschen als Objekte bearbeiten. Wenn in traditionell bestimmten Kontexten sozialer Rehabilitation zuweilen immer noch von der „Arbeit am behinderten Menschen" die Rede ist, kommt darin mehr als eine altmodische Sprachfloskel zum Ausdruck.

Aus Langzeituntersuchungen zur psychosozialen Wirkung von Arbeitslosigkeit ist seit langem bekannt, daß jeder Mensch die Beschränkung auf ein „Nur-noch-sozial-Sein" als zutiefst unmenschlich empfindet. Arbeit meint stets die Verrichtung von Tätigkeiten, die als sozial und damit objektiv notwendig eingeschätzt werden. Gesellschaftlich notwendig aber will jeder Mensch sein. Wer nicht notwendig ist, kommt sich auch selbst schnell überflüssig vor.

Angemessene Beschäftigung für Menschen mit geistiger Behinderung!?

Aus der „Tradition" der gesellschaftlichen Aussonderung heraus wurde Arbeit für Menschen mit geistiger Behinderung lange Zeit im wesentlichen unter dem Gesichtspunkt einer „angemessenen Beschäftigung" gesehen (SPECK, THALHAMMER 1977). Solche Tätigkeitsmöglichkeiten fanden sich bis in die 60er Jahre hinein beinahe ausschließlich in den Versorgungsbetrieben und im Rahmen der Arbeitstherapie (AT) psychiatrischer Kliniken und Großeinrichtungen. Ohne den Einsatz ihrer Patienten als billige Arbeitskräfte wären viele krankenhaus- oder anstaltseigene Betriebe gar nicht arbeitsfähig gewesen. Hier richten sich Art und Inhalt der Beschäftigung vorrangig nach dem Bedarf der Einrichtung. Die AT-Arbeit bot für viele Menschen mit geistiger Behinderung lange die einzige Möglichkeit einer sinnvollen Tagesstrukturierung. Gewissermaßen als Preis für diese Vergünstigung forderte sie vom einzelnen jedoch ein hohes Maß an Anpassung: Sie sozialisierte ihn für die Anstalt und nahm ihm die Perspektive für ein Leben außerhalb ihrer Mauern.

Trennung zwischen Arbeits- und Wohnort

Die Lebensverhältnisse der meisten Berufstätigen sind heute durch die räumliche und organisatorische Trennung von Arbeits- und Wohnort gekennzeichnet. Diese Trennung der verschiedenen Lebensbereiche bringt für den einzelnen generell mehr Autonomie und weniger soziale Kontrolle, allerdings in aller Regel mit der Folge größerer Fremdbestimmung der Arbeit.

Menschen mit geistiger Behinderung sollten an den genannten Vorteilen uneingeschränkt teilhaben. Deshalb fordert das Normalisierungskonzept – von den Anstaltsstrukturen der 50er Jahre ausgehend – zu Recht die räumliche und institutionelle Trennung von Wohnort und Arbeitsort.

Waren Menschen mit geistiger Behinderung in den großen Anstalten an den Selbstversorgungsbetrieben beteiligt, sind im Zeitalter der „gemeindenahen" Einrichtungen die Gemeinden aufgerufen, adäquate Arbeitsmöglichkeiten zu schaffen. Bei der Mehrzahl der Menschen mit geistiger Behinderung besteht darüber hinaus die Notwendigkeit, ihre Lebensverhältnisse von einem Punkt aus in ihrer Gesamtheit in den Blick zu nehmen. Dieser Punkt sollte da liegen, wo der Lebensmittelpunkt eines Menschen anzunehmen ist, also im Regelfall seine Wohnung. Insofern ist der wohnbezogene Dienst für diese Aufgabe anwaltschaftlich zuständig, soweit sie nicht von anderen, nichtprofessionell tätigen Personen – Angehörigen, Fürsprecher(inne)n – übernommen wird.

Wenn hier dem wohnbezogenen Dienst die Aufgabe zugeschrieben wird, sich auch um eine regelmäßige Tätigkeit der Nutzer außerhalb des Wohnbereichs zu kümmern, dann geschieht dies im Bewußtsein der Probleme, die mit der personalen und institutionellen Verknüpfung von Arbeits- und Wohnsphäre im Sinne „totaler Institutionen" gegeben sind.

Ein wohnbezogener Dienst sollte grundsätzlich davon absehen, den Nutzern selbst Arbeitsangebote zu machen (Ausnahmen: Bauernhof, Lebens- und Arbeitsgemeinschaften von Behinderten und Nichtbehinderten). Vielmehr sollte er eine hinreichende räumliche Trennung der Lebensbereiche Wohnen und Arbeiten gewährleisten bzw. herbeiführen. Wohnung und Werkstatt für Behinderte (WfB) sollten sich z. B. nicht auf demselben Grundstück oder im selben Gebäudekomplex befinden. Die Aufgabe des wohnbezogenen Dienstes besteht in erster Linie darin, eine Art „Wächteramt" auszuüben und nicht in der Übernahme von Aufgaben der Träger beruflicher Rehabilitationsleistungen.

Arbeitsbezogene Bedürfnisse, Interessen und Wünsche der Nutzer

Ein wohnbezogener Dienst sollte sich darum bemühen, die auf Arbeit und Tätigkeit gerichteten Bedürfnisse, Interessen und Wünsche seiner Nutzer intensiv zu erkunden und zum Ausgangspunkt seiner Hilfen zu machen. Ziel sollte es sein, allen Nutzern bedürfnisgerechte Alternativen bei der Gestaltung ihrer Tätigkeiten anzubieten, z. B. Teilzeitarbeit; Wahlangebot verschiedener Arbeitsplätze; andere tagesstrukturierende Tätigkeiten, die als bedeutsam erlebt werden.

Die Mitarbeiterinnen wohnbezogener Dienste sollten sich gezielt um eine Zusammenarbeit mit solchen Diensten oder Personen bemühen, die einzelnen Nutzern eine Tätigkeit vermitteln oder anbieten können: Arbeitsamt, WfB oder Fürsprecher(innen), die Beziehungen zu potentiellen Arbeitgebern haben. Ein wohnbezogener Dienst darf das Spektrum der Beschäftigungsmöglichkeiten für einen Nutzer also nicht von vornherein auf das Angebot der WfB einengen. Die selbstverständlich gewordene institutionelle Verknüpfung von Wohnheim und Werkstatt ist aus der Normalisierungsperspektive fragwürdig.

Alle beschäftigungsbezogenen Aktivitäten sollte der wohnbezogene Dienst stets in Absprache mit den jeweiligen Nutzern bzw. mit seinen Angehörigen und Fürsprecher(inne)n wahrnehmen. Eine besonders bedeutsame Aufgabe wohnbezogener Dienste besteht auch darin, Übergänge im Arbeitsleben der Nutzer (Arbeitsaufnahme, Arbeitsplatzwechsel oder Ruhestand) individuell zu begleiten, weil sie sich häufig als kritische Lebensereignisse erweisen.

Mögliche Tätigkeiten für einen Nutzer sind also daraufhin zu überprüfen,

- welche tätigkeitsbezogenen Bedürfnisse sie für den einzelnen erfüllen können;
- in welchem Maße der jeweilige Arbeitsplatz hinsichtlich seines Anforderungspotentials, der Vermittlung sozialer Kontakte, seiner Gelegenheiten zur sozialen Teilhabe und der finanziellen Vergütung die Entwicklung eines Nutzers möglichst optimal fördert.

Um entscheiden zu können, welche Tätigkeiten für einen Menschen mit geistiger Behinderung überhaupt in Frage kommen, ist es sinnvoll, sich zunächst darüber klar zu werden, daß durch eine regelmäßige Arbeit eine Reihe von menschlichen Grundbedürfnissen erfüllt werden können. Arbeit dient in diesem Sinne:

- zur Sicherung der materiellen Existenz (befriedigt Sicherheitsbedürfnisse);
- zur Sicherung finanzieller Unabhängigkeit (Befriedigung von Konsumbedürfnissen);
- zur Sicherung der sozialen Existenz (Erfüllung sozialer Bedürfnisse nach Kommunikation, Anerkennung und Teilhabe am gesellschaftlichen Leben, aus der heraus man sich als notwendig erlebt);
- zur Vermittlung eines strukturierten Lebensplans und Zeitempfindens;
- zur Vermittlung des Gefühls der eigenen Aktivität (Befriedigung von Bedürfnissen nach Selbstverwirklichung und Identität).

Allgemein betrachtet sind Arbeitsplätze nicht an sich, sondern nur in bezug auf die persönlichen Bedürfnisse, Fähigkeiten und Motivationen einer bestimmten Person besser oder schlechter. Individuelle Kriterien für die Auswahl geeigneter Arbeitsangebote sind:

- die subjektive Bedeutung der Arbeit – eine Tätigkeit muß als individuell sinnvoll erlebt werden, wobei soziale Bedürfnisse meist Vorrang haben;
- das Alter einer Person – im mittleren Lebensalter, etwa zwischen 30 und 50 Jahren, ist bei den meisten Menschen die subjektive Bedeutung der Arbeit gegenüber anderen Lebensbereichen am größten, danach sinkt sie allmählich ab (vgl. OPASCHOWSKI 1993, 15);
- die ökonomische Situation der betreffenden Person;
- die soziale Situation – Privatbereich und soziale Kontakte;
- die Zukunftspläne und -erwartungen eines Menschen;
- das Maß an Vorerfahrung und theoretischem Wissen;
- die Lebenserfahrung – soziale Kompetenzen, Toleranz gegenüber Frustrationen usw.

Ein Arbeitsplatz sollte nach Möglichkeit folgende strukturelle Bedingungen erfüllen:

- Das soziale Umfeld des Arbeitsplatzes sollte Möglichkeiten der Zusammenarbeit, gleichberechtigte Kommunikation und eine Vielzahl sozialer Interaktionen gestatten. Die Arbeitszufriedenheit eines Menschen ist im allgemeinen in hohem Maße abhängig von seiner sozialen Einbindung am Arbeitsplatz und der damit einhergehenden Befriedigung sozialer Bedürfnisse nach Kommunikation und Anerkennung.
- Die Arbeitsinhalte sollten motivieren, zur Betätigung auffordern, genügend Abwechslung bieten und Freiräume für eigene Entscheidungen belassen (ein individuell sinnvolles Maß an Selbstverantwortung und -kontrolle), dabei aber nicht überfordern.
- Das erstellte Produkt sollte gesellschaftlich nützlich sein.
- Die Entlohnung sollte der Leistung gesellschaftlich gültiger Maßstäbe entsprechen.

- Die Arbeit sollte durch genügend Ruhe und Freizeit zur Regeneration ergänzt werden.

Um einem Menschen mit geistiger Behinderung zu einer individuell sinnvollen Tätigkeit zu verhelfen, sollte nicht in erster Linie gefordert werden, daß er sich möglichst gut an den Arbeitsplatz anzupassen hat. Stattdessen sollten ihm am Arbeitsplatz und im sozialen Umfeld individuelle Hilfen angeboten werden. Menschen mit geistiger Behinderung benötigen dabei nicht nur Informationen und instrumentelle Hilfen, sondern auch Unterstützung und Begleitung im emotionalen Bereich, um ihre Erfahrungen im Austausch mit anderen verarbeiten und einordnen zu können.

Die Werkstatt für Behinderte (WfB)

Der Sonderarbeitsmarkt WfB hat sich seit Anfang der 60er Jahre permanent ausgeweitet und expandiert noch immer. Im Jahre 1992 existierten in der Bundesrepublik Deutschland ca. 125.000 Werkstattplätze. Dabei dürfte der Anteil von Menschen mit geistiger Behinderung in den WfB bei ca. 85 % der Beschäftigten liegen (SEYFRIED 1991, 136). Künftig werden in den WfB noch bis zu 20.000 weitere Plätze erforderlich sein (CRAMER 1992, 9).

Nach § 54 Abs. 3 SchwbG soll die WfB allen Menschen mit Behinderung – unabhängig von Art und Schwere der Behinderung – offenstehen, sofern sie in der Lage sind, ein Mindestmaß an wirtschaftlich verwertbarer Arbeitsleistung zu erbringen, „Gemeinschaftsfähigkeit" aufweisen sowie weitgehend unabhängig von Pflege am Arbeitsplatz sind. Der Zustrom leistungsstärkerer Beschäftigter wie Menschen mit körperlichen und psychischen Behinderungen oder gesundheitlichen Einschränkungen, die keineswegs schwer behindert sein müssen, sondern aufgrund der allgemeinen Rationalisierungen und des zunehmenden Konkurrenzdrucks vom allgemeinen Arbeitsmarkt verdrängt werden, schafft in manchen WfB einen verstärkten Konkurrenzdruck. Dies birgt mittelfristig die Gefahr, daß Menschen mit schwerer Behinderung und erhöhtem Hilfebedarf aufgrund fehlender Platz- und Personalkapazitäten wieder verstärkt ausgegrenzt werden.

Konzeptionell hat die WfB ein Doppelmandat. Das Schwerbehindertengesetz definiert die WfB als eine Einrichtung zur Eingliederung von Menschen mit Behinderung in das Arbeitsleben. Für diejenigen Beschäftigten, die tendenziell zu einer Arbeit auf dem allgemeinen Arbeitsmarkt fähig sind, soll sie demnach eine Stätte der beruflichen Rehabilitation sein, für die anderen ein Ort dauerhafter Beschäftigung.

Von Beginn an hat die WfB ihren Auftrag der beruflichen Rehabilitation jedoch nicht einlösen können. Die Bemühungen der WfB, Menschen mit geistiger Behinderung auf den allgemeinen Arbeitsmarkt zu vermitteln, konzentrieren sich vor allem auf die sogenannten leistungsstarken und sozial angepaßten WfB-Mitarbeiter, von denen man annimmt, daß sie aufgrund der Rehabilitationsbemühungen der WfB den Sprung schaffen könnten. Damit wird jedoch der Erfolg oder Mißerfolg solcher Maßnahmen einseitig dem Menschen mit Behinderung angelastet, zumal die WfB den Übergang personell nicht begleiten kann, aber die Unabhängigkeit von persönlicher Unterstützung meist als wesentliche Voraussetzung für eine Eignung genannt wird. Überdies sind werkstattinterne Erfahrungen in bezug darauf, ob sich ein Mensch mit geistiger Behinderung auf dem freien Arbeitsmarkt behaupten kann, nur bedingt aussagekräftig. Ähnlich wie im Bereich des Wohnens können sich unter veränderten Bedingungen unvermutete Fähigkeiten und Kompetenzen entwickeln bzw. wieder aktiviert werden. Eine Vermittlung in eine Tätigkeit auf dem allgemeinen Arbeitsmarkt realisiert sich in der Praxis jedoch nur für einen geringen Personenkreis. Für die Mehrheit der Beschäftigten bleibt die WfB dagegen „Endstation"*.

Zu bedenken ist auch, daß die WfB gerade auf die leistungsstärksten Mitarbeiter oft besonders angewiesen sind, da diese in hohem Maße zu ihrem wirtschaftlichen Arbeitsergebnis beitragen.

---

* SEYFRIED (1991, 137) verdeutlicht die praktische Bedeutungslosigkeit der WfB als Ort der beruflichen Rehabilitation: Von 18.520 Behinderten, die über das 4. Sonderprogramm zum Abbau der Arbeitslosigkeit Schwerbehinderter in reguläre Arbeitsverhältnisse vermittelt werden konnten, kamen 0,6 % aus WfB.
Das Bundesministerium für Arbeit und Sozialordnung gibt die durchschnittliche Vermittlungsquote von WfB mit ca. 1 % an (CRAMER, in: Bundesvereinigung Lebenshilfe 1992, 10).
Bei einer 1988/89 durchgeführten Umfrage der Bundesvereinigung Lebenshilfe in den 400 Orts- und Kreisvereinigungen der alten Bundesländer unter 111 leitenden WfB-Mitarbeiter(inne)n wurde die Zahl der dauerhaft vermittelten Anstellungen auf dem freien Arbeitsmarkt mit 0,4 bis 0,6 % angegeben (FRÜHAUF; KLAMMER 1992, 221). Als geeignet für eine solche Tätigkeit wurden aber immerhin zwischen 5 % bis 8 % der WfB-Beschäftigten eingeschätzt (Das waren zum Zeitpunkt der Befragung fast 10.000 Personen!).

Aufgrund dieser Konfliktsituation fällt es den WfB schwer, ernsthafte Bemühungen zur Vermittlung ihrer „Leistungsstärksten" zu unternehmen.

Die WfB hat einen gesetzlich festgelegten Doppelauftrag. Zum einen soll sie möglichst wirtschaftliche Arbeitsergebnisse erzielen, zum anderen muß sie Personen, die wegen der Art und Schwere ihrer Behinderung nicht auf dem allgemeinen Arbeitsmarkt tätig sein können, die Ausübung einer geeigneten Tätigkeit ermöglichen und dabei nach dem Schutzprinzip auf die Individualität des einzelnen Rücksicht nehmen (ursprünglich wurden die WfB als „Beschützende Werkstätten" bezeichnet).

Der pädagogische Anspruch der WfB soll auch über arbeitsbegleitende pädagogische Angebote und durch pädagogisch-therapeutisch ausgebildetes Personal eingelöst werden. Die Gruppenleiter(innen) der WfB können diesen Auftrag aber nur dann erfüllen, wenn sie auch die Gelegenheit erhalten, die Lebenssituation der Nutzer und deren Biographie gründlich kennenzulernen.

Um beurteilen zu können, ob und in welchem Maße die WfB als Arbeitsort für einen bestimmten Nutzer geeignet sein könnte, sollten ihre strukturellen Vor- und Nachteile sorgfältig abgewogen und mit den Bedürfnissen und Möglichkeiten des Nutzers in Beziehung gesetzt werden. Potentielle *Vorteile der WfB* können u. a. sein:

- die WfB ermöglicht eine klare Alltagsstrukturierung;
- die WfB bietet ihren Beschäftigten in der Regel Schutz vor einem Verlust des Arbeitsplatzes;
- die WfB-Beschäftigten sind über ihre Tätigkeit kranken- und rentenversichert; ihre Beiträge zahlt der Träger der Sozialhilfe;
- manche WfB unterhalten Außenarbeitsgruppen in regulären Betrieben, was den WfB-Status der Betreffenden zwar nicht verändert, aber eine räumliche Nähe zur allgemeinen Arbeitswelt herstellt und unter günstigen Umständen durch Kontakte zu nichtbehinderten Arbeitskolleg(in)nen zur sozialen Integration beiträgt.

Die WfB kann ein Ort sein, an dem Menschen mit Behinderung über die Herstellung oder Bearbeitung von Gegenständen unmittelbare Erfolge ihrer Tätigkeit erleben. Sie bietet auch ein geschütztes Betätigungsfeld, das weitgehend frei ist von dem Zwang, eine bestimmte Mindestleistung erbringen zu müssen oder durch Termindruck und durch das Anspruchsniveau der Tätigkeit überfordert zu werden.

Die WfB ermöglicht ihren Beschäftigten Beratung und Begleitung durch therapeutisch und psychologisch geschulte Fachdienste. Damit bietet sie zur Befriedigung sozialer Bedürfnisse günstigere Voraussetzungen als Arbeitsplätze in der freien Wirtschaft, da dort für eine individuelle psychosoziale und emotionale Unterstützung normalerweise kein Raum bleibt und Vorgesetzte oder Kolleg(inn)en als Helfer(innen) überfordert wären. Die WfB hingegen ist nach § 4 Abs. 1 der Werkstättenverordnung gehalten, im Arbeitstrainingsbereich „angemessene Maßnahmen zur Weiterentwicklung der Persönlichkeit des Behinderten" durchzuführen. Im Zusammenhang damit bietet sie vielfach auch zahlreiche und im Vergleich z. B. zum Freizeitbereich, aber auch zum Wohnbereich überwiegend konstante und damit verläßliche Sozialkontakte.

Diesen Vorteilen steht jedoch im Regelfall eine ganze Reihe möglicher *Nachteile der WfB* gegenüber:

- Die Beschäftigten sind überwiegend keine regulären Arbeitnehmer(innen) und verfügen nicht über deren tariflich gesicherte Rechte und Ansprüche, erhalten keinen Arbeitsvertrag und genießen keinen gewerkschaftlichen Schutz. Ihr Status ist also nicht der von Arbeitnehmer(inne)n, sondern von Betreuten in Rehabilitationseinrichtungen und macht sich allein an der Behinderung fest.
- Das Arbeitsentgelt entspricht vielfach nicht den erbrachten Leistungen. Es ist nicht Lohn oder Gehalt, sondern wird in Form einer „Prämie" ausgezahlt. Die Durchschnittsprämien von Beschäftigten in den WfB des Rheinlands lagen 1992 bei ca. 280,- DM monatlich. Im Trainingsbereich, den das Arbeitsamt finanziert, werden ca. 110,- DM gezahlt. Die wenigen Spitzenverdiener kommen auf maximal 750,- DM. Zudem ist oberhalb einer bestimmten Grenze ein Teil der Arbeitsprämie an die Sozialhilfeträger abzuführen. Die Abhängigkeit von der Sozialhilfe besteht also weiterhin, und die Sicherung materieller Grundbedürfnisse bzw. des Lebensunterhalts kann nicht erfüllt werden. Damit wird ein maßgebliches gesellschaftliches Arbeitsmotiv für Menschen mit geistiger Behinderung praktisch gegenstandslos.
- Der in den meisten WfB eher unflexible Arbeitsrhythmus und die starke Normierung der Arbeitsabläufe läßt individuellen Lösungen (z. B. flexiblere Arbeitszeitgestaltung) noch immer zu wenig Raum.
- Die Vergrößerung der Werkstätten macht sie aus der Perspektive der Beschäftigten unüberschaubar und anonym. Wurde die erforderliche Min-

destgröße einer WfB von der Bundesvereinigung Lebenshilfe 1969 zunächst noch mit 50 bis 60 Arbeitsplätzen angegeben, wurde sie durch den sich rapide entwickelnden Bedarf bereits im gleichen Jahr auf 120 bis 150 Plätze heraufgesetzt. Heute sind Betriebe mit mehr als 300 Arbeitsplätzen an einem Standort keine Seltenheit.
- Der Trainingsbereich qualifiziert im Regelfall nur für die WfB, nicht aber für eine Tätigkeit außerhalb der Werkstatt.
- Der doppelte Auftrag der WfB, produktionsorientiert und gleichzeitig pädagogisch ausgerichtet zu sein, wird von vielen Gruppenleiter(inne)n aufgrund ihres Ausbildungsprofils eindeutig in Richtung Produktionsorientierung interpretiert. Das Verhältnis von Gruppenleiter(inne)n und Beschäftigten im Arbeitsbereich beträgt 1:12. Für individuelle Unterstützung und berufliche Weiterqualifizierung bleibt häufig keine Zeit.[1]
- WfB können nach Sonderkindergarten, Sonderschule und Wohnheim als Teil eines Prozesses lebenslanger Aussonderung von Menschen mit geistiger Behinderung verstanden werden.

Als Sammelbecken für Menschen mit sehr unterschiedlichen Voraussetzungen wird die WfB von Menschen, die z. B. einen Schulabschluß haben oder psychisch behindert sind, oft als eintönig, langweilig und unterfordernd angesehen. Für andere Personen ist sie – vielleicht nur aus Mangel an Alternativen – zu einem zentralen Bezugspunkt ihres Lebens geworden. Dies bestätigen Untersuchungen, aus denen hervorgeht, daß die WfB für Menschen mit geistiger Behinderung der Ort ist, an dem zentrale soziale Bedürfnisse befriedigt werden können.

Nach Abwägung der beschriebenen Vor- und Nachteile sollte im Einzelfall ein Urteil darüber möglich sein, ob die WfB für einen bestimmten Nutzer in Frage kommt: sei es als echte Perspektive oder eine aus der Not geborene Verlegenheitslösung.

Adäquate Arbeitsplätze für Menschen mit geistiger Behinderung

Behinderung ist heute vielfach fast gleichbedeutend mit einer Ausgliederung aus dem Erwerbsleben – mit den entsprechenden Folgen für das Selbstbewußtsein und die gesamte soziale Existenz einer Person. Menschen mit geistiger Behinderung stehen dabei mehrfach am Ende der Hierarchie: Zum einen existieren für sie keine Arbeitsplätze auf dem allgemeinen Arbeitsmarkt, zum anderen ist die Institution WfB für sie angeblich „maßgeschneidert". Auf dem allgemeinen Arbeitsmarkt sind Menschen mit geistiger Behinderung daher nur in wenigen Ausnahmefällen anzutreffen. Gesicherte Erkenntnisse oder stimmige Konzepte zur Beschäftigung von Menschen mit geistiger Behinderung auf dem allgemeinen Arbeitsmarkt liegen ebensowenig vor wie verläßliche Zahlen.[2]

Wie kein Mensch von vornherein für Wohnheime „gemacht" ist, ist auch niemand „nur" für die WfB geeignet. Nicht die „Art und Schwere der Behinderung", sondern die gesellschaftliche Realität der gegenwärtigen Arbeitswelt verweist Menschen mit geistiger Behinderung an die WfB. Im Grundsatzprogramm der Bundesvereinigung Lebenshilfe heißt es: „Das Bemühen um einen Arbeitsplatz außerhalb der WfB und (die) weitere Begleitung der neuen Tätigkeit gehören daher ebenso zu den Aufgaben der WfB wie gesellschaftliche Eingliederung, berufliche Qualifizierung und Dauerbeschäftigung" (Bundesvereinigung Lebenshilfe 1990, 46). Der Wunsch, einen Arbeitsplatz „draußen" zu finden, wird zunehmend auch von Menschen mit geistiger Behinderung selbst artikuliert.

Dazu sollte man sich allerdings vergegenwärtigen, daß die Vermittlung eines adäquaten Arbeitsplatzes außerhalb der WfB im Regelfall ein sehr zeitaufwendiges Unternehmen ist: Zunächst sind

---

1 Aus einer Untersuchung von zwei großen WfB in Nordrhein-Westfalen und Bayern (damals ca. 1% aller WfB-Beschäftigten in der BRD) im Jahre 1982 (HUPFER, in: LINGK 1982) über die Arbeitszufriedenheit von WfB-Beschäftigten ging hervor: Häufige Wünsche von Werkstattbeschäftigten zu ihrer Arbeitssituation bezogen sich auf bessere Entlohnung (ca. 40 %), mehr Abwechslung (50 %), mehr Anforderung (50 % der Befragten meinten, mehr leisten zu können, als ihnen abverlangt wird), kleinere Arbeitsräume (75 %) und ästhetischere Gestaltung des Arbeitsplatzes (über 75 %; mehr Blumen, Bilder, Farben usw.).

2 Ende der 80er Jahre standen den 140.000 schwerbehinderten Langzeit-Arbeitslosen und den 120.000 WfB-Mitarbeiter(inne)n 260.000 unbesetzte Pflichtarbeitsplätze in Industrie und Verwaltung gegenüber. Es würde also „nur" der konsequenten Durchsetzung der bestehenden gesetzlichen Regelungen bedürfen, um tatsächlich allen arbeitslosen oder auf dem Sonderarbeitsmarkt WfB beschäftigten Menschen mit Behinderung ihren Platz in der Arbeitsgesellschaft zu verschaffen (FRÜHAUF, KLAMMER 1992, 219).

Wünsche und Neigungen der Nutzer intensiv zu ermitteln; daraufhin müssen die regionalen Möglichkeiten in Betrieben und Dienstleistungsunternehmen systematisch und intensiv ausgelotet werden; persönliche Verbindungen sollten genutzt werden; gegebenenfalls ist sogar an die Gründung eines Vereins für diese Aufgabe zu denken.

Im Vorfeld einer Beschäftigung sind meist Betriebspraktika mit individueller Begleitung erforderlich (durch einen Psychosozialen Dienst, durch den Sozialdienst der WfB, gegebenenfalls auch durch Mitarbeiterinnen aus dem begleiteten Wohnen); mögliche Arbeitgeber(innen) sind über finanzielle Ansprüche aufzuklären; begleitende Hilfen müssen sichergestellt und die Kostenträger von vornherein umfassend miteinbezogen werden.

Möglichkeiten zur Integration auf den allgemeinen Arbeitsmarkt

Trotz der genannten Probleme bestehen derzeit einige wenige Möglichkeiten:

Im Rahmen von *Modellprojekten* werden Menschen mit geistiger Behinderung – meist nach einschlägigen Praktika – in Dauerarbeitsverhältnisse auf dem freien Arbeitsmarkt vermittelt. In Hamburg wurden seit 1985 insgesamt 25 Menschen mit geistiger Behinderung (ehemalige WfB-Arbeiter[innen]) auf außerplanmäßige Stellen im Öffentlichen Dienst der Hansestadt beschäftigt. Tätigkeitsbereiche sind vor allem Küchen, Kantinen und Transportdienste. Der Verdienst lag im Jahre 1988 bei ca. 2000,– DM brutto. An den Beratungsangeboten des Arbeitsamtes und der Hauptfürsorgestelle beteiligten sich zusätzlich auch die Sozialdienste der WfB an der psychosozialen Unterstützung. Mittlerweile existieren in Hamburg 35 derartige Stellen im Öffentlichen Dienst; die Erfolgsquote wird mit 90 % angegeben.

In einer Stellungnahme der Hamburger Behörde für Arbeit, Jugend und Soziales zum Modellprojekt wird festgestellt, daß ein Teil der WfB-Mitarbeiter(innen) in der Werkstatt fehlplaziert sei. Den Teilnehmer(inne)n des Projekts wird bescheinigt, daß sie sich nicht nur auf dem Arbeitsmarkt bei entsprechenden Bedingungen behaupten können, sondern die Modellmaßnahme auch entscheidend zu ihrer Persönlichkeitsentwicklung und der Normalisierung ihrer Lebensbezüge beigetragen habe (ANDERS, KRÜTZFELD 1992, 31).

Auch die Vereine *Arbeit und Bildung e.V.* in Marburg und Hanau bieten seit 1988 Lehrgänge zur Eingliederung junger Erwachsener mit schwerer Behinderung an (finanziert aus Mitteln des Landeswohlfahrtsverbandes), in denen ebenfalls ehemalige WfB-Beschäftigte nach einer Praktikumsphase mit hoher Erfolgsquote in reguläre Arbeitsverhältnisse vermittelt werden konnten (PERABO 1991, 86 ff.). Einschränkend muß bemerkt werden, daß von diesen Initiativen primär die „Leistungsstärksten" profitieren.

In Bayern existiert ein Verein, der sogenannte *Arbeitsassistent(inn)en* (meist Personen mit pädagogischer oder sozialwissenschaftlicher Qualifikation) vermittelt, um Menschen mit Behinderung an ihrem Arbeitsplatz zu unterstützen. Die Arbeitsassistent(inn)en betreuen jeweils zwischen 10 und 30 Personen. Sie kümmern sich um die Kontaktaufnahme mit Firmen und Personalchefs, die Finanzierung und die kontinuierliche Begleitung am Arbeitsplatz. Anstellungsträger von Arbeitsassistent(inn)en können neben Vereinen ebenso Sozialpsychiatrische Dienste oder Wohlfahrtsverbände sein.

Eine weitere Alternative sind Betriebe für Behinderte und Nichtbehinderte – *Selbsthilfefirmen* und sogenannte *Integrationsbetriebe*. Selbsthilfefirmen wurden bisher überwiegend für psychisch Kranke gegründet. Sie sind der Versuch, andere Formen geschützter Arbeit außerhalb der WfB zu etablieren. Es handelt sich um tariflich geregelte, sozialversicherungspflichtige Beschäftigungsverhältnisse, die eine Individualisierung der Arbeitsbedingungen und -belastungen ermöglichen und psychosoziale Hilfen bereitstellen. Die Beschäftigten haben einen mit einer „normalen" Tätigkeit vergleichbaren individuellen Status und werden über ihre Rolle als Mitarbeiter(innen) (und nicht als zu rehabilitierende Patient(inn)en oder Behinderte) definiert. Da diese Firmen aber profitorientiert arbeiten müssen, werden eher leistungsfähigere Personen beschäftigt. Aus diesem Grund muß eine Übertragung des Modells auf die Bedürfnisse von Menschen mit geistiger Behinderung vorsichtig beurteilt werden.

Parallel zu den bereits bestehenden Möglichkeiten für psychisch Kranke könnten auch für Menschen mit geistiger Behinderung Arbeitsmöglichkeiten (der Status ist der von geringfügig Beschäftigten) in Verbindung mit Tagesstätten und Clubs geschaffen werden. Erfahrungen zeigen, daß selbst aus *Zuverdienstfirmen* der Anteil derjenigen, die über kurz oder lang eine Stelle auf dem freien Arbeitsmarkt erhalten können, überraschend hoch ist.

Auch für diejenigen Nutzer, die etwa aufgrund ihres fortgeschrittenen Alters nicht mehr arbeiten können oder wollen oder z. B. aufgrund der Schwere ihrer Behinderung zur Zeit keine Aufnahme in eine WfB finden, ist eine ihren Bedürfnissen und Möglichkeiten entsprechende, regelmäßige und sinnvolle Betätigung außerhalb des Wohnbereichs bedeutsam. Für sie gilt ebenso, daß erst durch die Erfahrung einer sinnvollen Betätigung sich die freie Zeit überhaupt genießen läßt. Auch sie haben einen Anspruch auf kreative und gemeinschaftsbezogene Tätigkeiten, z. B. in einer Tagesförderstätte, in Verbindung mit Clubs, Teestuben oder einem Verkaufsladen in der Gemeinde. Mitarbeiterinnen im Arbeitswie im Wohnbereich sollten ihr Verhältnis zu den Nutzern daher mehr auf Kooperation als auf Kommunikation aufbauen und statt sozialer Betreuung in allen Lebensbezügen auf *gemeinsame Tätigkeit* (im Haushalt, in der Freizeit, bei Organisations- und Verwaltungstätigkeiten) setzen.

Ein Vorbild kann dabei die sogenannte SIVUS-Methode (Verband Evangelischer Einrichtungen 1989) sein (übersetzbar mit: Soziale, individuelle Entwicklung durch Zusammenarbeit), die in den schwedischen *Tageszentren* für Menschen mit geistiger Behinderung („Dagcenters") praktiziert wird. Sie geht davon aus, daß jeder Mensch Fähigkeiten und Neigungen besitzt, die sowohl in seinem Bedürfnis nach Individuation (Betätigung ohne Einfluß durch andere, in Ruhe ausprobieren, das eigene Tempo entwickeln) als auch nach sozialer Bezugnahme und nach Austausch mit anderen (Zusammenarbeit, Kommunikation, soziale Bedürfnisse) zum Ausdruck kommen.

Für manche Menschen kann die Fähigkeit, in einer Gruppe zu arbeiten, nicht vorausgesetzt werden. Daher sollte für sie die Einzelarbeit am Anfang stehen und über die Beschäftigung zu zweit schließlich Gruppenarbeit (in kleinen und festen Gruppen bis maximal acht Mitglieder, heterogene Zusammensetzung nach Alter, Behinderung und Geschlecht) als Ergebnis eines Lernprozesses möglich sein.

Die Tageszentren sind auch in der Gemeinde aktiv. So arbeiten einige Gruppen in Verkaufsläden und Cafés oder bemühen sich um die Eingliederung kleiner Gruppen von Menschen mit Behinderung in die Betriebe der Region.

Die letzte Stufe des Konzepts ist die Aufnahme einer regulären Arbeit, wobei die Mitarbeiterinnen der Dagcenter unterstützen und bei Problemen vermitteln.

Bedeutsam ist, daß alle Arbeitsformen jederzeit möglich sind und sich phasenweise abwechseln sollten. Dabei ist jede Person, abhängig von Interesse und Neigung, Mitglied in verschiedenen Gruppen. Das Arbeitsangebot orientiert sich an den Fähigkeiten und Neigungen jedes einzelnen und an der individuellen Sinnhaftigkeit von Arbeitsprozessen. Dabei sind zwar meist Vorgaben der Mitarbeiterinnen notwendig; auf eine weitgehende Selbstbestimmung der Nutzer wird jedoch immer geachtet. So werden alle Personen nach ihren individuellen Möglichkeiten auch an der Planung und Kontrolle (Reflexion, Bewertung) jedes Arbeitsvorgangs beteiligt, können den gesamten Arbeitsprozeß also ganzheitlich und demokratisch mitgestalten und z. B. erleben, woher die Materialien kommen und wohin das Produkt geht – „von der eigenen Idee durch die eigene Arbeit zum eigenen Ergebnis". Die Mitarbeiterinnen der Tageszentren sind weniger Betreuerinnen als vielmehr Arbeitskolleginnen der Menschen mit Behinderung und dabei vor allem beratend und unterstützend tätig.

Literatur

ANDERS, D.; KRÜTZFELD, G.: Übergänge für behinderte Mitarbeiter auf den allgemeinen Arbeitsmarkt – Verpflichtung der WfB zur beruflichen Rehabilitation. In: Bundesvereinigung Lebenshilfe für geistig Behinderte e. V. (Hrsg.): Beschäftigungsmöglichkeiten für Menschen mit (geistiger) Behinderung außerhalb der WfB – Grundlagenbeiträge, Praxisbeispiele, Arbeitshilfen. Marburg 1992, 26 – 33

Bundesvereinigung Lebenshilfe für geistig Behinderte e. V. (Hrsg.): Grundsatzprogramm. Marburg/Lahn 1990

Bundesvereinigung Lebenshilfe für geistig Behinderte e. V. (Hrsg.): Beschäftigungsmöglichkeiten für Menschen mit (geistiger) Behinderung außerhalb der WfB – Grundlagenbeiträge, Praxisbeispiele, Arbeitshilfen. Marburg 1992

CRAMER, H. H.: Wege zur Integration Behinderter auf dem allgemeinen Arbeitsmarkt. In: Bundesvereinigung Lebenshilfe für geistig Behinderte e. V. (Hrsg.): Beschäftigungsmöglichkeiten für Menschen mit (geistiger) Behinderung außerhalb der WfB – Grundlagenbeiträge, Praxisbeispiele, Arbeitshilfen. Marburg 1992, 9 – 17

DIETERICH, M.: Förderdiagnostik in der WfB. In: Bundesvereinigung Lebenshilfe für geistig Behinderte e. V. (Hrsg.): Hilfen für geistig Behinderte – Handreichungen für die Praxis III. Marburg/Lahn 1990, 185 – 215

DÖRNER, K.: Tödliches Mitleid – Zur Frage der Unerträglichkeit des Lebens oder: die Soziale Frage. Gütersloh 1988

DÖRNER, K.: Mosaiksteine für ein Menschen- und Gesellschaftsbild – Zur Orientierung psychiatrischen Handelns. In: Bock, Th.; Weigand, H. (Hrsg.): Handwerks-buch Psychiatrie. Bonn 1991, 38 – 46

Eltern für Integration e. V., Hamburg: Was kommt nach der Schule? In: Bundesvereinigung Lebenshilfe für geistig Behinderte e. V. (Hrsg.): Beschäftigungsmöglichkeiten für Menschen mit (geistiger) Behinderung außerhalb der WfB – Grundlagenbeiträge, Praxisbeispiele, Arbeitshilfen. Marburg 1992, 61 – 67

FRÜHAUF, Th.; KLAMMER, W.: Umfrage über Beschäftigungsmöglichkeiten für (geistig) behinderte Menschen auf dem allgemeinen Arbeitsmarkt – Teil 1: Zusammenfassung. In: Bundesvereinigung Lebenshilfe für geistig Behinderte e. V. (Hrsg.): Beschäftigungsmöglichkeiten für Menschen mit (geistiger) Behinderung außerhalb der WfB – Grundlagenbeiträge, Praxisbeispiele, Arbeitshilfen. Marburg 1992, 219 – 227

JACOBS, K.: Beschäftigung schwerbehinderter Arbeitnehmer auf dem allgemeinen Arbeitsmarkt – Verpflichtung der WfB zur beruflichen Rehabilitation. In: Bundesvereinigung Lebenshilfe für geistig Behinderte e. V. (Hrsg.): Beschäftigungsmöglichkeiten für Menschen mit (geistiger) Behinderung außerhalb der WfB – Grundlagenbeiträge, Praxisbeispiele, Arbeitshilfen. Marburg 1992, 34 – 47

KOENNING, K.: Welche Tätigkeiten brauchen Langzeitpatienten? In: Dörner, K. (Hrsg.): „Die Unheilbaren" – Was machen Langzeitpatienten mit uns – und was machen wir mit ihnen? Rehburg-Loccum 1983, 159 – 167

Landschaftsverband Rheinland (Hrsg.): Die Situation der Behinderten im Arbeitsleben. Schriften der Hauptfürsorgestelle Rheinland, Band 2. Köln 1983

Landschaftsverband Rheinland (Hrsg.): Zur Situation psychisch Behinderter im Berufsleben – Teil 1. Schriften der Hauptfürsorgestelle Köln, Band 4. Köln 1988

Landschaftsverband Rheinland (Hrsg.): Die Werkstatt für Behinderte. Schriften der Hauptfürsorgestelle, Arbeitsheft 7. Köln 1993

LINGK, R.: Die Werkstatt für Behinderte. Unveröff. Referat. Düsseldorf 1982

Ministerium für Arbeit, Gesundheit und Soziales des Landes Nordrhein-Westfalen (Hrsg.): Behinderte Menschen in Nordrhein-Westfalen – Wissenschaftliches Gutachten zur Lebenssituation von behinderten Menschen und zur Behindertenpolitik in NRW. Düsseldorf 1993

OPASCHOWSKI, H. W.: Freizeit und Lebensqualität – Perspektiven für Deutschland. B A T Freizeit-Forschungsinstitut. Hamburg 1993

PERABO, Ch.: „Jetzt wollt' ich es mal draußen versuchen" – Modellmaßnahme zur Integration Schwerbehinderter in den allgemeinen Arbeitsmarkt. In: fib e. V. (Hrsg.): Ende der Verwahrung?! – Perspektiven geistig behinderter Menschen zum selbständigen Leben. München 1991, 86 – 91

SCHNEIDER, W.: Aspekte zur beruflichen Situation von Menschen mit geistigen Beeinträchtigungen. In: fib e. V. (Hrsg.): Ende der Verwahrung?! – Perspektiven geistig behinderter Menschen zum selbständigen Leben. München 1991, 67 – 85

SEYFRIED, E.: Selbsthilfefirmen und Werkstätten für seelisch Behinderte – ein Vergleich. In: Bosch, G.; Kulenkampff, C.; Aktion psychisch Kranke (Hrsg.): Komplementäre Dienste – Wohnen und Arbeiten. Tagungsbericht Band 11. Köln 1985, 172 – 179

SEYFRIED, E.: Orte der Arbeit: „Jeder Mensch will notwendig sein". In: Bock, Th.; Weigand, H. (Hrsg.): Hand-werks-buch Psychiatrie. Bonn 1991, 133 – 155

SPECK, O.; THALHAMMER, M.: Die Rehabilitation der Geistigbehinderten – Ein Beitrag zur sozialen Integration. München, Basel 1977

STUFFER, G.: Die Bedeutung der Arbeit im Leben des geistig Behinderten. In: Bundesvereinigung Lebenshilfe für geistig Behinderte e. V. (Hrsg.): Bedeutung der Arbeit/Elternmitwirkung. Marburg/Lahn 1983, 6 – 24

Verband Evangelischer Einrichtungen für geistig und seelisch Behinderte e. V. (Hrsg.): Die Sivus-Methode – Menschen mit geistiger Behinderung entwickeln sich durch gemeinschaftliches Handeln. Stuttgart 1989

WEINERT, A.: Lehrbuch der Organisationspsychologie. München, Weinheim 1987

Nutzerbezogene Indikatoren:
Regelmäßige Tätigkeit außerhalb des Wohnbereichs

	trifft zu	trifft eher zu	trifft eher nicht zu	trifft nicht zu
1. Der Nutzer hat in seinem Leben keine oder kaum positive Erfahrungen mit regelmäßiger Arbeit bzw. Betätigung gemacht.	❏	❏	❏	❏
2. Der Nutzer ist in einem Alter, in dem die Arbeit für die meisten Menschen in unserer Gesellschaft einen besonderen Stellenwert hat.	❏	❏	❏	❏
3. Der Nutzer hat gegenwärtig nicht die Möglichkeit, mehrere Stunden an einem Werktag mit einer für ihn sinnvollen Tätigkeit (WfB, andere Arbeit oder Beschäftigung) außerhalb des Wohnbereichs zu verbringen.	❏	❏	❏	❏
4. Die regelmäßige Tätigkeit außerhalb des Wohnbereichs ist für den Nutzer nicht mit der Erfahrung individuell sinnvoller sozialer Kontakte verbunden.	❏	❏	❏	❏
5. Der Nutzer benötigt eine inhaltlich anspruchsvollere Tätigkeit außerhalb des Wohnbereichs.	❏	❏	❏	❏
6. Arbeitszeit, Selbstversorgung und Freizeit stehen in einem für den Nutzer wenig sinnvollen Verhältnis (z. B. nur Freizeit, d. h. keine Beteiligung an der Selbstversorgung, keine regelmäßige Tätigkeit außerhalb des Wohnbereichs usw.).	❏	❏	❏	❏
7. Der Nutzer hat kaum Gelegenheit, über seine tätigkeitsbezogenen Erlebnisse und Erfahrungen mit Bezugspersonen zu sprechen.	❏	❏	❏	❏
8. Der Nutzer benötigt bedürfnisgerechtere Alternativen bei der Gestaltung seiner Tätigkeit (Teilzeitarbeit, Auswahl mehrerer Arbeitsplätze, andere tagesstrukturierende Tätigkeiten, die als bedeutsam erlebt werden usw.).	❏	❏	❏	❏

6.2

Alltagsstrukturen ... • Regelmäßige Tätigkeit ...

	trifft zu	trifft eher zu	trifft eher nicht zu	trifft nicht zu
9. Der Nutzer befindet sich gegenwärtig hinsichtlich seiner Tätigkeit oder Beschäftigung in einer potentiell kritischen Übergangsphase (Aufnahme einer neuen Tätigkeit, Arbeitsplatzwechsel oder Eintritt in den Ruhestand). Er benötigt daher besondere Unterstützung.	❑	❑	❑	❑

Gesamteinschätzung

Aus den individuellen Bedürfnissen und den Erfahrungen des Nutzers ergibt sich ein besonderer Unterstützungsbedarf bei der Vermittlung oder Begleitung einer regelmäßigen Tätigkeit außerhalb des Wohnbereichs.	❑	❑	❑	❑

Angebotsbezogene Indikatoren:
Regelmäßige Tätigkeit außerhalb des Wohnbereichs

	trifft zu	trifft eher zu	trifft eher nicht zu	trifft nicht zu
1. Der wohnbezogene Dienst erkundet gezielt und kontinuierlich die auf außerhäusliche Tätigkeit bezogenen Bedürfnisse der Nutzer in bezug auf Anforderungen, Entwicklungsmöglichkeiten und soziale Kontakte.	❏	❏	❏	❏
2. Der wohnbezogene Dienst gewährleistet bzw. führt eine hinreichende räumliche Trennung der Lebensbereiche Wohnen und Arbeiten herbei (Ausnahmen: Bauernhof, Lebens- und Arbeitsgemeinschaften von Behinderten und Nichtbehinderten).	❏	❏	❏	❏
3. Der wohnbezogene Dienst sieht davon ab, den Nutzern selbst Arbeitsangebote zu machen (Ausnahmen: Bauernhof, Lebens- und Arbeitsgemeinschaften von Behinderten und Nichtbehinderten).	❏	❏	❏	❏
4. Der wohnbezogene Dienst achtet darauf, daß allen Nutzern bedürfnisgerechte Alternativen bei der Gestaltung ihrer Tätigkeiten angeboten werden (Teilzeitarbeit, Auswahl mehrerer Arbeitsplätze, andere tagesstrukturierende Tätigkeiten, die als bedeutsam erlebt werden usw.). Dabei wird das Spektrum der Beschäftigungsmöglichkeiten nicht von vornherein auf das Angebot der WfB eingeengt.	❏	❏	❏	❏
5. Seine anwaltschaftliche Aufgabe nimmt der wohnbezogene Dienst wahr, indem er sich im Bedarfsfall gezielt um eine Zusammenarbeit mit Diensten oder Personen bemüht, die den Nutzern eine bedürfnisgerechte Tätigkeit vermitteln oder anbieten können (Arbeitsamt, WfB, Fürsprecher[innen], potentielle Arbeitgeber[innen] usw.).	❏	❏	❏	❏
6. Der wohnbezogene Dienst nimmt alle beschäftigungsbezogenen Aktivitäten nur in Absprache mit den jeweiligen Nutzern bzw. mit ihren Angehörigen und Fürsprecher(inne)n wahr.	❏	❏	❏	❏

6.2

Alltagsstrukturen ... • Regelmäßige Tätigkeit ...

	trifft zu	trifft eher zu	trifft eher nicht zu	trifft nicht zu
7. Übergänge im Arbeitsleben (Aufnahme einer Tätigkeit, Arbeitsplatzwechsel oder Ruhestand) stellen für die meisten Menschen kritische Lebensereignisse dar. Sie werden vom wohnbezogenen Dienst begleitet.	❏	❏	❏	❏

Gesamteinschätzung

	trifft zu	trifft eher zu	trifft eher nicht zu	trifft nicht zu
Der wohnbezogene Dienst unternimmt alle erforderlichen Bemühungen, um den Nutzern zu einer regelmäßigen, individuell sinnvollen Tätigkeit außerhalb des Wohnbereichs zu verhelfen bzw. sie dabei zu begleiten.	❏	❏	❏	❏

Gegenstandsbereich:
Freizeitaktivitäten und Erwachsenenbildung

Freizeit ist die Zeit, in der man frei von Verpflichtungen und Zwängen tun und lassen kann, was man will. Freizeit ist im engeren Sinne also wirklich vollständig zweckfreie Zeit, d. h., Hausarbeiten, Mahlzeiten, Einkäufe und Schlaf sind nach diesem Verständnis keine Freizeit. Die tatsächlich freie Zeit an einem normalen Arbeitstag liegt gegenwärtig für einen Erwachsenen in der Bundesrepublik Deutschland durchschnittlich bei etwa drei Stunden (FÜRSTENBERG 1994, 91).

Die Bedürfnisse, die in der Freizeit und durch sie erfüllt werden sollen, haben sich in den vergangenen Jahrzehnten erheblich gewandelt. In den 50er Jahren diente Freizeit vor allem der Erholung von der Arbeit.

Die individuell richtige Balance von Arbeit und Freizeit ist mitentscheidend für die subjektiv empfundene Lebensqualität. In der Freizeit kann man selbstbestimmt und kreativ tätig werden und einen Ausgleich zur meist weniger selbstbestimmten Arbeitszeit herstellen. Subjektiv sinnvoll gestaltete Arbeit und sinnvolle Freizeitgestaltung sind jedoch gleichermaßen notwendig. Sinnentleerte Arbeit läßt sich letztlich nicht mit mehr Freizeit kompensieren.

In den 60er und 70er Jahren war Freizeit verstärkt durch Konsum definiert. Seit den 80er Jahren hält die Tendenz an, in der Freizeit die Verwirklichung der eigenen Persönlichkeit zu suchen und dabei vor allem Erlebnis- und Bildungsaspekte hervorzuheben. So besteht Freizeit heute im wesentlichen aus Kultur, Konsum und Unterhaltung. Als Kultur dürfen heute im übrigen Kino und Volksfest ebenso gelten wie Konzert, Theater, Museum und VHS-Angebote.

Wie in der Musik sind auch in anderen kulturellen Bereichen die Grenzen zwischen „Ernsthaftem" und Unterhaltendem fließend geworden, und in der freizeitpädagogischen Literatur findet sich der erhobene Zeigefinger, der ehemals Sinnvolles von weniger Sinnvollem trennte, immer seltener. Uns scheint der Umstand, daß eine Person seine Freizeit subjektiv als sinnhaft erlebt, grundsätzlich bedeutsamer als die Suche nach „objektiv" sinnvoller Freizeitgestaltung.

Freizeitgestaltung und Lebensqualität

Kultur will sinnlich erlebt werden. Vor allem für junge Menschen (bis ca. Mitte 30) ist heute das „Live-Erlebnis" wichtig. Für alle kulturellen Bereiche gilt, daß die eigene Aktivität in Gesellschaft mit anderen intensiver erlebt wird. Betreibt man seine Freizeitaktivitäten dagegen nur allein, wird die empfundene Lebensqualität erheblich geringer sein. So werden kulturelle Angebote in der Gruppe von den meisten Menschen als lebendiger und eher als Unterhaltung denn als Bildung wahrgenommen (vgl. OPASCHOWSKI 1993, 41). Freizeit hat somit eine individuelle (persönlichkeitsbezogene), eine kommunikative und eine gesellschaftliche Bedeutung.

Individuelle Voraussetzungen für Lebensqualität in der Freizeitgestaltung sind: Selbstbestimmung über die freie Zeit, Spaß und Freude haben, Selbstentfaltung und Sinn erfahren, genügend Zeit und Muße haben („faul sein" ohne schlechtes Gewissen). Zum Wohlfühlen in der Freizeit gehört für die meisten Deutschen vor allem gutes Essen und Trinken, Kontakt zu Freund(inn)en und Nachbar(innen)n, Fernsehen und Lesen, Urlaubsreisen und individuelle Hobbys (vgl. OPASCHOWSKI 1993, 19 ff.). Daran wird deutlich, daß in der Freizeit sowohl Erholung und Entspannung als auch Aktivität (Selbsterfahrung, Weiterbildung, Sport, Reisen) ihren Platz haben müssen. Insgesamt geht der Trend dabei zu organisierten Aktivitäten, d. h., Freizeit wird immer mehr veranstaltet. Eine wachsende Freizeitindustrie fordert permanent zu Konsum und (konsumfördernder) Aktivität auf.

Freizeitangebote für Menschen mit geistiger Behinderung

Erst seit den 70er Jahren wird der Freizeit für Menschen mit geistiger Behinderung als Raum für Begegnung, soziale Erfahrung und kulturelle Teilhabe mehr Aufmerksamkeit geschenkt. Es entstanden

Clubs, Freizeit-Treffs und Vereine, um ihnen die Teilnahme an Freizeitaktivitäten zu ermöglichen. Dabei wurde deutlich, daß Erwachsene mit geistiger Behinderung grundsätzlich keine anderen Freizeitinteressen haben als Nichtbehinderte. Sie sind aber von der Verwirklichung ihrer Interessen oft abgehalten, weil sie auch im Freizeitbereich von nichtbehinderten Menschen abgesondert werden und die alltägliche Diskriminierung und Gedankenlosigkeit eine Teilhabe sogar dort erschwert oder verhindert, wo sie ohne weiteres möglich wäre, z. B. in Kneipen und Diskotheken oder bei Urlaubsreisen.

Im Rahmen einer Befragung zu Kontakten und Freizeitverhalten von WfB-Mitarbeiter(inne)n mit geistiger Behinderung (HOFMAN, MAURER, RIVERA 1993, 99 f.) wurden konsumorientierte Tätigkeiten wie Fernsehen und Musikhören mit Abstand am häufigsten genannt. Es folgten Hausarbeiten und Spazierengehen, während sich gemeinschaftsbezogene und integrationsfördernde Aktivitäten wie Sport im Verein und Teilnahme an kirchlichen Gruppen am Ende der Skala der Nennungen fanden.

Erstes Ziel sollte es daher sein, den Nutzern eines wohnbezogenen Dienstes gezielt und ihren Bedürfnissen und Wünschen gemäß allgemeine Freizeitangebote zugänglich zu machen und sie so weit wie möglich in Vereine, Freizeitgemeinschaften oder Kirchengemeinden zu integrieren. Im Rahmenprogramm für die Fortbildung von hauptberuflichen Mitarbeiterinnen im Freizeitbereich bei geistig behinderten und nichtbehinderten Menschen (Bundesvereinigung Lebenshilfe 1990, 18) wird dazu festgestellt: „Freizeit für Behinderte ist ein weiterer Schritt zur Integration, sie kann nur gelingen, wenn Behinderte und Nichtbehinderte Freizeit zusammen gestalten und erleben." Nimmt man diese Aussage ernst, eröffnet sich damit für die Fachkräfte wohnbezogener Dienste ein anspruchsvolles Aufgabenfeld unterstützender und vermittelnder Hilfen.

Mit geplanter Freizeit ist nicht *ver*plante Freizeit gemeint. Den Nutzern sollte neben festen Angeboten auch stets genügend Spielraum für eine wirklich freie Gestaltung der eigenen Zeit verbleiben. Da Ausruhen oder Nichtstun aber vielfach negativ bewertet und nicht als Selbstzweck, sondern nur als Erholungszeit für weitere Aktivität zugelassen wird, besteht gerade im Freizeitbereich für Mitarbeiterinnen ein gewisser Rechtfertigungsdruck, die Zeit wirklich „sinnvoll" zu nutzen. Eine mögliche Ursache dafür ist die bewußte oder unbewußte Unterstellung, daß Menschen mit geistiger Behinderung nicht in der Lage seien, ihre Zeit ohne Vorgaben von anderen subjektiv sinnhaft zu gestalten.

Freizeit und soziale Integration

Freizeit- und Erwachsenenbildungsangebote wie Urlaubsreisen, Volkshochschulkurse oder Sport- und Hobbyangebote werden in unserer Gesellschaft üblicherweise von speziellen Anbietern organisiert. Sie gehören somit nicht in den Aufgabenkreis wohnbezogener Dienste. Aus diesem Grund sollten sich die Mitarbeiterinnen im begleiteten Wohnen darauf beschränken, die Nutzer darin zu unterstützen, entsprechende Angebote in der Gemeinde wahrzunehmen oder Beziehungen zu Personen zu vermitteln, die auf der Grundlage gleicher Interessen bereit sind, behinderte Menschen in ihre Freizeitaktivitäten einzubeziehen. Eigene Angebote des wohnbezogenen Dienstes sind nur dann akzeptabel, wenn zuvor alle Möglichkeiten ausgeschöpft wurden, um einen Nutzer an „normale" Angebote in der Gemeinde heranzuführen. Ein wohnbezogener Dienst sollte also den in der Gemeinde angebotenen Aktivitäten grundsätzlich den Vorzug vor selbst organisierten Angeboten geben.

Allerdings ist vielen Nutzern nicht damit gedient, einfach nur „dabei" zu sein, wenn nichtbehinderte Personen ihre Freizeit verbringen. Für viele Erwachsene mit geistiger Behinderung erfordert das Ziel der sozialen Integration im Freizeitbereich systematische Planung, Organisation und langfristige Begleitung. Dabei ist eine gezielte Planung grundsätzlich kein Widerspruch zum Prinzip der freien Wahl von Angeboten, sondern ermöglicht diese oft erst, nämlich dann, wenn eine Auswahl von Möglichkeiten unter voraussehbaren Bedingungen geboten wird. So müssen die Mitarbeiterinnen wohnbezogener Dienste in vielen Fällen Anregungen, Entscheidungshilfen und individuelle Begleitung geben: bei der Auswahl, Planung und Auswertung von Aktivitäten; beim Kennenlernen von Beschäftigungen und dem Vertrautmachen damit, von Freizeittechniken und ihren Rahmenbedingungen.

Sollten gemeindeintegrierte Freizeitangebote für einzelne Nutzer auf absehbare Zeit noch nicht realisierbar sein, bieten sich als „Zwischenlösungen" mehr oder weniger zielgruppenorientierte Angebote an (z. B. Freizeittreffs für Behinderte und Nichtbehinderte, spezielle Cafés, Club '68 usw.). Eine mögliche (Zwischen-)Lösung besteht auch darin, sich mit anderen wohnbezogenen Diensten oder Wohngruppen abzusprechen und dienst- bzw. gruppenübergreifende Angebote zu realisieren.

Bedenkenswert ist auch die Gründung eines Initiativkreises, der sich der Aufgabe widmet, Freizeitaktivitäten für Nutzer mit dem nötigen personellen und materiellen Aufwand zu vermitteln und z. B. Freizeit- und Hobby-Gruppen, Arbeitskreise, Kegelrunden u. ä. etablieren könnte. Hierbei gilt, daß sich der wohnbezogene Dienst allerdings bewußt auf die *Initiierung* derartiger Aktivitäten beschränken sollte. Keinesfalls sollten einrichtungsgebundene „Freizeitwerke" entstehen, da diese die auch im Freizeitbereich bestehende gesellschaftliche Besonderung von Menschen mit geistiger Behinderung nur fortschreiben würden.

Erst dann, wenn die beschriebenen Möglichkeiten für einzelne Nutzer nicht ausreichen, stehen die Fachkräfte eines wohnbezogenen Dienstes in der Verantwortung, auch eigene Angebote zu machen. Zumindest aber sollte man sich dann bemühen, diese Aktivitäten nicht innerhalb der Wohnung der Nutzer oder der Wohnstätte durchzuführen:

- Bei internen Angeboten ist die Gefahr, Freizeit zu verplanen und in Gestalt von Therapieprogrammen zu organisieren, besonders hoch.
- Bei Personalknappheit werden Freizeitaktivitäten schnell zum Luxus und finden nur dann statt, wenn alles andere getan ist.
- Die Bedingungen im Wohnbereich sind für individuell gestaltete Freizeit selten günstig (Ablenkungen und Unterbrechungen, zu enge Räumlichkeiten usw.).
- Ein internes Programm mit einigen wenigen Angeboten sorgt bei den Mitarbeiterinnen schnell für ein ruhiges Gewissen; Bedürfnisse nach gemeindeintegrierten Möglichkeiten der Freizeitgestaltung werden dann kaum noch beachtet.

Subjektiv sinnvolle Freizeitgestaltung

Grundsätzlich sollte jeder Nutzer Gelegenheit erhalten, Freizeit allein, zu zweit und in kleineren und größeren Gruppen (Ausflüge, Radtouren, sonstige Unternehmungen) zu erleben. Dabei sollten neben konsumorientierten (Fernsehen, Musikhören, Kino, Konzerte) stets auch tätigkeitsorientierte Angebote (Handarbeit, Malen, Lesen, Photographieren, Musizieren, Sport) wahrgenommen werden. Dabei gilt es, die Interessen der Nutzer aufzugreifen und individuell zu unterstützen.

Freizeitangebote sollten der Persönlichkeit, der Lebenssituation (Berufstätigkeit, Wohnbereich, soziale Kontakte), den Neigungen und Fähigkeiten sowie dem Lebensalter einer Person angemessen sein. In diesem Sinne sollte ein wohnbezogener Dienst die Freizeitaktivitäten seiner Nutzer grundsätzlich auf ihre Altersangemessenheit hin überprüfen.

Jede Freizeitgestaltung sollte vorrangig von dem ausgehen, was einem Menschen Freude macht. Der Förderungsaspekt hingegen ist bei Freizeitangeboten eher zweitrangig. Im Vordergrund sollte nicht das Lernen, sondern der Erlebnischarakter stehen. Zentral sind dabei soziale und personale Aspekte wie Aufbau eines Gruppengefühls, neue Kontakte, Ausprobieren anderer Rollen, Neues erfahren und Selbstbestätigung durch Erfolgserlebnisse. Dennoch werden quasi beiläufig immer auch Lernerfahrungen gemacht, z. B. durch das Kennenlernen neuer Handlungssituationen, durch gemeinsame Tätigkeiten und das Einhalten von Regeln.

Grundsätze für geplante, für Nutzer subjektiv sinnvolle Freizeitangebote sind:

- Selbstbestimmung und Mitbeteiligung bei Planung, Gestaltung und Auswertung gemeinsamer Tätigkeiten;
- keine Zugangsbeschränkungen, etwa nach Zugehörigkeit zu bestimmten Wohn- und Arbeitsformen;
- eine heterogene Gruppenzusammensetzung, bei der schwer behinderte oder verhaltensauffällige Menschen nicht ausgeschlossen werden;
- eigene Wahl aus einem vielfältigen Tätigkeitsangebot;
- freiwillige, aber kontinuierliche Teilnahme;
- individuell sinnvolle Balance von Aktivierung und Entspannung;
- Anknüpfung und Übertragbarkeit von Erfahrungen des Alltags, um die subjektive Bedeutsamkeit der Tätigkeiten zu garantieren;
- geplante Tätigkeiten sollten voraussehbar sein (feste Zeiten und Räumlichkeiten);
- hohe Regelmäßigkeit und personale Kontinuität der Angebote;
- individuelle Hilfen und gemeinsame Umsetzung von Freizeitinteressen statt Förderung;
- offene Handlungssituationen ohne Zwang und Leistungsdruck;
- geringe soziale Kontrolle.

Wichtig ist, daß die Freizeitaktivitäten in den Tagesablauf der Nutzer integriert sind. Methodische Hilfsmittel zur Verdeutlichung, Ankündigung und Erinnerung von Freizeitaktivitäten können sein: Termintafeln, Dokumentation der Aktivitäten in Wort und Bild (Fotos, Wandzeitung, Tagebücher, Ablauf, Erfahrungen), Freizeit als regelmäßiges Gesprächsthema und gezieltes Erinnern und Nachfragen von Erlebnissen durch die Mitarbeiterinnen.

Aufgaben von Mitarbeiterinnen im Freizeitbereich

Auch wenn sie selbst keine gesonderten Freizeitangebote machen, sind die Aufgaben für Mitarbeiterinnen wohnbezogener Dienste im Freizeitbereich also durchaus anspruchsvoll:

- Herstellung von sozialen Kontakten und Begegnungen zwischen Nichtbehinderten und behinderten Menschen sowie Eröffnen von Zugängen zu den Freizeitaktivitäten Nichtbehinderter (Kultur- und Sportvereine, Kirchen, gesellschaftliche Gruppen, Feste, Kneipen, Veranstaltungen usw.);
- gegebenenfalls Unterstützung beim Erwerb von Kenntnissen und Fertigkeiten bei Eigenbeschäftigungen und Hobbys der Nutzer;
- Anregung zu Sport und Bewegung;
- Unterstützung bei Tätigkeiten der Selbstbesinnung und Entspannung;
- Vermittlung von Erholungsmöglichkeiten und Urlaub;
- Unterstützung bei der Nutzung öffentlicher Freizeiteinrichtungen (Schwimmbad, Sportplatz, Parks usw.);
- Information der Nutzer über Veranstaltungen und Motivation zur Teilnahme; Anregung, sich regelmäßig der Medien und Quellen zu bedienen, die verschiedene Ereignisse ankündigen (Zeitungen, Radio, Programme);
- Kontaktpflege mit Trägern allgemeiner Freizeitangebote (Vereine, Einrichtungen und Gruppen) im Sinne von Information und Motivation, in deren Angebote auch Menschen mit geistiger Behinderung einzubeziehen;
- Einbeziehung von Angehörigen der Nutzer;
- Vermittlung von nichtprofessionellen Begleiter(inne)n;
- gegebenenfalls auch Planung und Organisation der Finanzierung, Fahrdienste, Versicherung, örtlichen und zeitlichen Rahmenbedingungen (z. B. bei Wochenendfahrten und Urlaubsreisen);
- Vorbereitung gemeinsamer Aktivitäten mit Nichtbehinderten, Erfahrungsaustausch.

Auf freiwillige Helfer(innen) ist im Freizeitbereich vor allem dann zurückzugreifen, wenn diese ihre Aufgabe in erster Linie als Berater(innen) und Vermittler(innen) von Freizeitmöglichkeiten in der Gemeinde wahrnehmen.

Erwachsenenbildung

Lange Zeit galt, daß sich nur eine Minderheit der Deutschen in ihrer Freizeit der Weiterbildung widmet. Erst in den letzten Jahren wird Freizeit immer mehr zum Raum für Weiterbildung und kulturelle Selbstentfaltung durch Erwachsenenbildung. Dies gilt nicht zuletzt auch für Menschen im fortgeschritteneren Alter. Während im Erwerbsalter die Arbeit an erster, Freizeit an zweiter und Bildung an dritter Stelle in der Rangliste der wichtigsten Lebensbereiche steht, wird mit zunehmendem Alter die Bedeutung der Arbeit geringer. So rückt bei den über 60jährigen Bildung an die erste und Arbeit an die dritte Stelle (vgl. OPASCHOWSKI 1993, 15).

Bildung wird im Grundgesetz als Recht aller Menschen definiert. Die Kluft zwischen allgemeiner Erwachsenenbildung und solcher für Menschen mit geistiger Behinderung erscheint allerdings auf den ersten Blick unüberwindbar. Ein Grund dafür ist der Umstand, daß Menschen mit geistiger Behinderung die Erwachsenenrolle lange abgesprochen wurde und das Bild von Menschen mit geistiger Behinderung als „ewige Kinder" dominierte. So wurde in den 60er Jahren zunächst ein Bildungs- und Fördersystem für den schulischen und vorschulischen Bereich erstellt, während Erwachsenenbildung für Menschen mit geistiger Behinderung bestenfalls als Fortsetzung schulischen Lernens betrachtet wurde. In den 70er Jahren rückte die allgemeine Tendenz des Ausbaus von Einrichtungen und Angeboten der Erwachsenenbildung für spezielle „Zielgruppen" schließlich auch den Personenkreis von Menschen mit geistiger Behinderung stärker in den Blickpunkt.

Die Erwachsenenrolle wird traditionell als aktive Gestaltung des eigenen Lebens mit Berufstätigkeit, finanzieller Unabhängigkeit, verbindlicher Partnerschaft und autonomer Definition der eigenen Lebensziele betrachtet. Der Erwachsenenstatus wird individuell jedoch höchst unterschiedlich erfüllt und bewertet. Erwachsensein läßt sich weder allein am Lebensalter, noch an der emotionalen und geistigen Reife oder an der Bewältigung altersbezogener Entwicklungsaufgaben (Arbeit, finanzielle Unabhängigkeit, Heirat, Familiengründung) festmachen. Der traditionelle Lebensentwurf, der hinter dieser Vorstellung steht, ist für viele Menschen heute entweder unerreichbar, gefährdet oder gar nicht mehr erstrebenswert.

Es kann daher nur die Aufgabe eines wohnbezogenen Dienstes sein, Interaktionsmöglichkeiten zum gemeinsamen Lernen von Menschen mit und ohne Behinderung herzustellen (von Festen und Feiern über den Besuch von Theatern, Museen, Volkshochschulen, Musikwerkstatt bis zu Straßenaktionen, Stadtwanderungen, Exkursionen und Volkssportveranstaltungen) und die Nutzer eines Dienstes auf diese Weise individuell mit verschiedenen Rollen vertraut zu machen, die einem Erwachsenen für gewöhnlich zugeschrieben werden.

Wird von sozialer Integration gesprochen, ist immer zu berücksichtigen, daß Nichtbehinderte in der Regel nicht gelernt haben, mit Erwachsenen mit geistiger Behinderung umzugehen. Ziel muß also die Beseitigung von Erfahrungsdefiziten und der Abbau von Vorurteilen durch gemeinsames soziales Handeln sein. Dabei sollten die Fachkräfte wohnbezogener Dienste den Nutzern bei Bedarf auch Hilfen zur Sinnfindung und Identitätsbildung (bezogen auf persönliche Probleme, Werte und Normen) und zur sozialen Teilhabe (Regeln, Rollen, Konflikte) anbieten.

Erwachsenenbildung für Menschen mit geistiger Behinderung

Vielerorts wird Erwachsenenbildung für Menschen mit geistiger Behinderung noch unter Freizeitförderung gefaßt. Während in der allgemeinen Erwachsenenbildung schon seit längerem das Prinzip des lebenslangen Lernens und das Recht des einzelnen auf eine selbstbestimmte, individuelle Qualifizierung im Vordergrund stehen, werden bei Erwachsenen mit geistiger Behinderung noch immer eher konkrete Lern- und Lebenshilfen vermittelt (z. B. in Kochkursen oder Lese- und Rechtschreibkursen), obwohl viele dieser Fähigkeiten im Alltag kaum nachgefragt werden. Erwachsenenbildung setzt organisierte und zielgerichtete Lernprozesse voraus. Nichtorganisierte oder funktionale Lernprozesse im Kontext von Freizeitbetätigungen und häuslichen Verrichtungen fallen demnach nicht unter Erwachsenenbildung (SCHWARTE 1991, 11 ff.).

Statt einzelne Kompetenzen zu fördern, sollte Erwachsenenbildung für Menschen mit geistiger Behinderung die Probleme des Erwachsenwerdens und -seins unter den Bedingungen beschädigter Identität thematisieren. Aufgrund der besonderen Probleme, über die eigenen Lebensumstände zu verfügen, bedürfen sie oft Hilfen, um die normalen Rollen von Erwachsenen zu erlernen und sich mit ihren Anforderungen vertraut zu machen. Daher sollten diese erwachsenenspezifischen Anforderungen auch in Angeboten der Erwachsenenbildung an erster Stelle stehen und auf die zentralen Lebensbereiche der Nutzer wie Wohnen, Arbeiten, Freizeit, soziale Kontakte, Partnerschaft usw. bezogen sein.

Lernfähigkeit und Lernumfeld

Das Lernen folgt bei Menschen mit geistiger Behinderung im Erwachsenenalter im Grunde keinen anderen Gesetzen als bei anderen Erwachsenen auch. Wie Menschen lernen, hängt weniger mit dem Lebensalter als vielmehr mit den konkreten Lebensumständen und den Bedingungen des sozialen Umfelds zusammen, die das Lernen begünstigen oder hemmen können. Wenn ein Mensch Neues lernt, sollte sich daher auch sein Umfeld entsprechend mitverändern. Kochgruppen sind z. B. nur sinnvoll, wenn im Wohnheim keine Zentralversorgung stattfindet; Verkehrssicherheitstraining für Nutzer eines wohnbezogenen Dienstes sollte nur dann angeboten werden, wenn gleichzeitig auch die Ängste der Mitarbeiterinnen und Angehörigen vor der wachsenden Selbständigkeit von Menschen mit geistiger Behinderung abgebaut werden.

Pointiert läßt sich also sagen: Der Lernfortschritt eines Erwachsenen mit geistiger Behinderung hängt u. a. maßgeblich von der Lernfähigkeit der ihn umgebenden Bezugspersonen ab. Will Erwachsenenbildung für Menschen mit geistiger Behinderung positive Veränderungen für eine Person bewirken, muß sie ihr soziales Umfeld einbeziehen, mit den wichtigsten Bezugspersonen zusammenarbeiten (Angehörige, Fachkräfte des wohnbezogenen Dienstes und der WfB, Freunde, Nachbar[in]n]n, Arbeitskolleg[inn]en, Öffentlichkeit) und darüber hinaus Anstöße zur Umgestaltung von behindernden Rahmenbedingungen geben.

Lerninhalte und persönliche Entwicklung

Die Erweiterung persönlicher und sozialer Kompetenzen der Nutzer ist eine ureigene Aufgabe von Fachkräften in Wohneinrichtungen. Diese sollten sich daher nicht in Konkurrenz zur Erwachsenenbildung sehen, sondern dazu beitragen, daß jedem Nutzer individuell sinnvolle Angebote der Erwachsenenbildung zugänglich gemacht werden.

Zunächst sollten sich die Mitarbeiterinnen ausführlich über individuelle Bedürfnisse und Wünsche, Neigungen, Probleme, Beeinträchtigungen,

Lebenssituation und biographische Erfahrungen eines Nutzers orientieren. Dabei sollte zwischen Lernbedarf und Lernbedürfnis unterschieden werden (die artikulierten Bedürfnisse eines Nutzers können unter behindernden Bedingungen entfremdet sein).

Zusätzlich sind die Rahmenbedingungen von Veranstaltungen und Kursen zu klären (Ort, Zeit, Kursgröße, Einbeziehung anderer Dienste, Träger, Eltern, Vereine, Finanzierung, Referenten, Fahrtprobleme). Bewährt haben sich dazu persönliche Beratungsgespräche der Kursleiter(innen) im Wohnumfeld der Nutzer. Ein wohnbezogener Dienst sollte sich vor allem auch darum bemühen, institutionelle und organisatorische Hindernisse, die einen Nutzer von der Teilnahme an Angeboten oder Veranstaltungen abhalten, gezielt zu beseitigen (z. B. Abendessen zu einem bestimmten Zeitpunkt, nicht vorhandene Fahrmöglichkeiten oder Begleitpersonen). Sofern notwendig, sollten die Fachkräfte einzelne Nutzer bei der Wahrnehmung von Angeboten auch begleiten und unterstützen.

Viele Menschen lernen anfangs weniger aus Interesse an einer bestimmten Sache als vielmehr aus Sympathie zu einer Person. Eine persönliche und vertrauensvolle Beziehung zwischen Kursleiter(inne)n und Teilnehmer(inne)n wird damit zur ersten Voraussetzung für jedes Bildungsangebot. „Pädagogisch fruchtbar ist nicht die pädagogische Absicht, sondern die pädagogische Begegnung" (BUBER 1969, zit. nach THEUNISSEN 1993, 27). Aus diesem Grund ist Erwachsenenbildung auch nie „nur" systematisches Lernangebot, sondern stets auch zwischenmenschliche Begegnung und Teilhabe am Leben in der Gemeinschaft.

Aus Erfahrungen mit Kursen des Theodor-Heckel-Bildungswerks für Menschen mit geistiger Behinderung (STUFFER 1982, 103 ff.) geht hervor, daß sich Lernfortschritte mehr auf die Persönlichkeitsentwicklung der Teilnehmer(innen) (z. B. Offenheit, Angstabbau, Selbständigkeit, Kontinuität des Lernens) und das soziale Lernen (u. a. Sozialverhalten, Gruppengefühl, Freundschaften) bezogen als auf praktische Fertigkeiten, die im engeren Sinne mit dem Kursangebot verbunden waren. Das eigentliche Kursthema ist somit oftmals gar nicht vorrangig. Das Ziel kann demnach nicht der vordergründige Lernerfolg sein. Im Mittelpunkt steht vielmehr die Erweiterung allgemeiner sozialer und lebenspraktischer Kompetenzen zu einer selbstbestimmteren Bewältigung von Alltag und Umwelt, Emanzipation und Autonomiegewinn, Stärkung des Selbstbewußtseins durch mehr Selbsterfahrung und -bestimmung und nicht zuletzt auch Abbau von Ängsten und Befähigung zur Artikulation von Bedürfnissen und Interessen. Dabei kann ein Erfolg auch zunächst darin bestehen, die eigenen Bedürfnisse und Neigungen überhaupt erst einmal kennenzulernen.

Abgestimmt auf die jeweilige Lebensphase von Erwachsenen mit geistiger Behinderung sollten Bildungsangebote u. a. folgende Inhalte haben:

- im frühen Erwachsenenalter die künftige berufliche Laufbahn, die fortschreitende Identifikation mit den Erwachsenenrollen, die Unabhängigkeit von der Herkunftsfamilie, die Partnersuche und Familiengründung;
- im mittleren Alter die berufliche Tätigkeit, die aktive Suche nach Lebenszielen, die Entwicklung des Familienlebens und am Ende des Abschnitts die Fragen nach den Grenzen der eigenen Möglichkeiten und die Suche nach neuen Identitätserfahrungen;
- im Alter die Neubestimmung der sozialen Beziehungen, das Nachlassen beruflicher Aktivitäten und der Übergang in den Ruhestand.

Vieles kommt auf den ersten Blick bei Menschen mit geistiger Behinderung nicht vor, dennoch sind ihre Bedürfnisse und Identifikationen mit den angesprochenen Rollen oft die gleichen wie bei nichtbehinderten Erwachsenen.

Erwachsenenbildung als Zielgruppenarbeit

Aus der Perspektive allgemeiner Erwachsenenbildung sind spezielle Bildungsangebote für Erwachsene mit geistiger Behinderung als Zielgruppenarbeit zu verstehen. Menschen mit geistiger Behinderung sind als Zielgruppe für Erwachsenenbildung jedoch noch immer kaum im öffentlichen Bewußtsein; gezielte und systematische Bildungsangebote bilden eher die Ausnahme. Eine solche Ausnahme ist das Theodor-Heckel-Bildungswerk München. Hier stellt die Lebenswelt der Zielgruppe „Menschen mit geistiger Behinderung" mit ihren spezifischen Bedingungen der Diskriminierung, Abwertung und mangelnden Erfahrungen, sich zu artikulieren und die eigenen Interessen zu vertreten, den Ausgangspunkt der Bildungsarbeit dar und bestimmt über Ziele, Inhalte und Methoden der Angebote. Statt sich fremden Lernstoff anzueignen, werden Menschen mit geistiger Behinderung als Expert(inn)en für ihre eigene Lebensrealität anerkannt und gefordert.

Darüber hinaus hat Zielgruppenarbeit immer auch einen lebensweltkritischen und emanzipierenden Anspruch (z. B. Vermittlung von Rollendistanz, Thematisierung von Minderheitenproblemen). Häufig bildet das Bewußtsein vieler Menschen mit Behinderung, „weniger wert" zu sein, eine Barriere, die thematisiert und überwunden werden muß. Ebenso wichtig kann es sein, abwertende oder defizitorientierte Kommunikationsmuster aufzuarbeiten, denen Menschen mit Behinderung im Alltag häufig ausgesetzt sind.

Zielgruppenarbeit für Menschen mit geistiger Behinderung kann somit zunächst positiv als konsequente Adressat(inn)enorientierung aufgefaßt werden. Die Festlegung, wer zum Kreis der Adressat(inn)en gehören soll, erfolgt allerdings meist aufgrund des Merkmals „Behinderung" und weniger auf der Basis einer gründlichen Erkundung individueller Interessen und Bedürfnisse.

Andererseits sollten sich die Ziele und Angebote von Erwachsenenbildung für Menschen mit geistiger Behinderung aber auch nicht ausschließlich aus der Nachfrage ableiten. Sie ergeben sich vielmehr aus den Problemen der Identitätsbildung im Erwachsenenalter und den spezifischen Bedingungen, unter denen Menschen mit Behinderung ihr Leben gestalten müssen: aus der Behinderung als psychischer, physischer und sozialer Benachteiligung.

Diese Benachteiligungen auf allen Ebenen zu verringern, ist eine zentrale Aufgabe von Erwachsenenbildung. Daher ist integrativen Modellen des gemeinsamen Lernens von Menschen mit und ohne Behinderung, wo immer möglich und sinnvoll, grundsätzlich der Vorzug zu geben (Beispiele sind die Volkshochschulen Nürnberg, Paderborn und Oldenburg). Aus Erfahrungen mit den bestehenden integrativen Modellen geht hervor, daß VHS-Angebote sehr flexibel gestaltet werden müssen, wenn sie die Lernwünsche von Erwachsenen mit geistiger Behinderung wirklich berücksichtigen wollen. Je vielfältiger das Angebot gestaltet ist, desto höher ist die Chance, einzelne Personen erstmals mit Bildungsangeboten zu erreichen.

Integrative Angebote

Integrative Angebote erfordern zum einen erhebliche Umstrukturierungen der Rahmenbedingungen für die Angebote, zum anderen aber auch erweiterte Kompetenzen der Kursleiter(innen). Gemeinsame Kurse mit Nichtbehinderten lassen sich derzeit noch am besten bei schöpferisch-kreativen Angeboten (z. B. im Rahmen von Theater- und Kunstprojekten) verwirklichen. Um eine individualisierte Begleitung sicherzustellen, sollten die Kurse eher klein sein (ca. 3 bis 6 Personen). Oft sind auch zwei oder mehrere Kursleiter(innen) pro Kurs notwendig.

Erwachsenenbildung darf Menschen mit schwerer Behinderung nicht ausschließen, ebenso nicht die Gruppe der älteren, nicht mehr berufstätigen Erwachsenen. Oft werden Angebote für Menschen mit sehr schwerer Behinderung als heilpädagogische Förderung, nicht aber als Erwachsenenbildung etikettiert. Sinnvoll können separate Angebote dann sein, wenn sie als Vorbereitung auf integrative Modelle dienen und sich der spezifische Lernbedarf von Menschen mit schwerer Behinderung erheblich von dem anderer Erwachsener unterscheidet (z. B. bei Verhaltensauffälligkeiten aufgrund von Hospitalisierung).

Kurse für oder mit Erwachsenen mit geistiger Behinderung scheitern häufig an unzureichenden strukturellen Voraussetzungen und an fehlenden begleitenden Hilfen. Daß es mit einiger Anstrengung auch anders geht, beweist die Arbeit des Bildungszentrums der Stadt Nürnberg. Dort entstand bereits Mitte der 70er Jahre aus einer Elterninitiative ein differenziertes Programm, das integrative Kurse für Menschen mit und ohne Behinderung beinhaltet und darüber hinaus auch Angehörige (über Elternkreise) und Mitarbeiterinnen wohnbezogener Dienste in seine Angebote einbezieht.

„Checkliste" für Mitarbeiterinnen

Erwachsenenbildungsangebote für Menschen mit geistiger Behinderung sollten

1. auf Freiwilligkeit, Partnerschaftlichkeit und Mitbestimmung beruhen;
2. erwachsenengemäß und altersgerecht sein und nach den Prinzipien der allgemeinen Erwachsenenbildung ablaufen;
3. in hohem Maße individualisierend sein (Ausgang von den Bedürfnissen, Neigungen und Wünschen der einzelnen Nutzer; Flexibilität der Angebote und Methoden; kein Leistungsdruck; verschiedene Zugänge und Lerntempi berücksichtigen);
4. emanzipatorischen Charakter haben – neben der bloßen Anpassung an bestehende Verhältnisse, der Verinnerlichung von Normen, Verhaltens- und Kommunikationsformen und dem Erwerb von Kenntnissen und Fertigkeiten muß

Lernen auch die Möglichkeit zur kritischen Distanzierung und kreativen Umgestaltung der eigenen Lebenswirklichkeit bieten, da nur so Autonomie und Individualität entstehen können;
5. ihren Ausgang im Alltag und in der Erfahrungswelt der Teilnehmer(innen) nehmen;
6. die verschiedenen Lebensbereiche (Wohnen, Arbeit, Freizeit) der Nutzer zum Lernfeld machen;
7. das soziale Umfeld der Teilnehmer(innen) miteinbeziehen (Aufgreifen der Zusammenhänge zwischen Individuum und sozialer wie materieller Umwelt, deren Möglichkeiten und Behinderungen, Einbeziehung von Bezugspersonen, Anstöße zu Veränderungen der Lebenssituation);
8. Lernen in und für Lebenssituationen ermöglichen (z. B. Besuche, Erkundungen und Aktivitäten vor Ort: Lernen als sozialer Erfahrungsraum);
9. in hohem Maße transparent und verläßlich sein und personale Kontinuität gewährleisten (Verläßlichkeit von Person, Zeit, Ort und Handlung);
10. soziale Integration durch gemeinsames Lernen von Menschen mit und ohne Behinderung fördern.

Eher *nicht* geeignet sind demgegenüber Angebote der Erwachsenenbildung mit folgenden Merkmalen:

- zu große Gruppen, keine individuelle Unterstützung;
- Angebote finden außerhalb des üblichen Rahmens statt (Orte, Zeiten, Träger, Finanzierung, Ankündigungsformen entsprechen nicht denen der allgemeinen Erwachsenenbildung);
- Bedürfnisse werden nicht erkundet, auf Wünsche kann nicht eingegangen werden;
- die Inhalte liegen fest, die Anzahl der Methoden ist begrenzt;
- Angebote sind stark lernzielorientiert und einseitig auf die Erweiterung von Kompetenzen ausgerichtet;
- die Kurse sprechen die Teilnehmer(innen) nicht primär als Erwachsene an und setzen in bezug auf Zielbestimmung und Methoden Menschen mit geistiger Behinderung sprachlich herab;
- die Kursleiter(innen) sind unzureichend pädagogisch qualifiziert, können die Nutzer nicht motivieren, praktizieren ein „Schüler-Lehrer-Verhältnis" (vgl. THEUNISSEN 1993, 68 ff.; SCHWARTE 1990, 21 f.).

Literatur

1. Freizeit

BICKELBACHER, P.; KOHLER, T.: Kurse/Hobbygruppen als Lernfeld für Heimbewohner und Mitarbeiter. In: Zur Orientierung 4/1986, 324 – 333

Bundesvereinigung Lebenshilfe für geistig Behinderte e. V. (Hrsg.): Freizeit geistig Behinderter – Handbuch. Marburg/Lahn 1990

FÜRSTENBERG, F.: Arbeit und Freizeit – Zugeschriebene Bedeutungen. In: Bellebaum, A.; Barheier, K.: Lebensqualität. Ein Konzept für Praxis und Forschung. Opladen 1994, 85 – 95

HOFMANN, C.; MAURER, P.; RIVERA, B.: Versuch, mit geistig behinderten Frauen ins Gespräch zu kommen: Aus einer Studie zu Kontakten und Freizeitverhalten. In: Geistige Behinderung 2/1993, 99 – 115

HOFMANN, I.: Freizeit als Chance zur Selbstbestimmung und gegen die Ausgrenzung. In: fib e. V. (Hrsg.): Ende der Verwahrung?! – Perspektiven geistig behinderter Menschen zum selbständigen Leben. München 1991, 92 – 103

OPASCHOWSKI, H. W.: Freizeit und Lebensqualität – Perspektiven für Deutschland. B A T Freizeit-Forschungsinstitut. Hamburg 1993

RUSSEL, D.: Freizeitgestaltung: Verplant oder bedürfnisorientiert? In: Zur Orientierung 2/1977, 29 – 32

ZIELNIOK, W. J.: Soziales Lernen bei geistig Behinderten im Freizeitbereich. In: Bundesvereinigung Lebenshilfe für geistig Behinderte e. V. (Hrsg.): Freizeit geistig Behinderter – Handbuch. Marburg/Lahn 1990, 116 – 126

ZIELNIOK, W. J.: Versuch einer Standortbestimmung von Freizeit geistig behinderter Menschen. In: Bundesvereinigung Lebenshilfe für geistig Behinderte e. V. (Hrsg.): Freizeit geistig Behinderter – Handbuch. Marburg/Lahn 1990, 127 – 143

ZIELNIOK, W. J.; SCHMIDT-THIMME, D.: Gestaltete Freizeit für Menschen mit geistiger Behinderung. Theorie und Realisation unter integrativem Aspekt. 4. erw. Aufl. Heidelberg 1990

2. Erwachsenenbildung

EIKE, W.; MEYER-JUNGCLAUSSEN, V.: Erwachsenenbildung geistig Behinderter an Volkshochschulen – Entwicklung von Kursangeboten für Erwachsene mit geistiger Behinderung am Beispiel der Volkshochschule Oldenburg. In: Bundesvereinigung Lebenshilfe für geistig Behinderte e. V. (Hrsg.): Hilfen für geistig Behinderte – Handreichungen für die Praxis III. Marburg 1990, 217 – 244

LINDEN, H.; SCHWARTE, N.: Erwachsenenbildung für Menschen mit geistiger Behinderung – Überlegungen zu einem systemischen Ansatz. In: Geistige Behinderung 3/1985, 171 – 182

NIEHOFF, U.: Wege zur Selbstbestimmung. In: Geistige Behinderung 3/1994, 186 – 201

SCHUCHARDT, E.: Soziale Integration Behinderter – Gesamtdarstellung in zwei Teilbänden. Band 2: Weiterbildung als Krisenverarbeitung. Braunschweig 1982

SCHWARTE, N.: Erwachsenenbildung für Menschen mit geistiger Behinderung. In: Bundesvereinigung Lebenshilfe für geistig Behinderte e. V. (Hrsg.): Erwachsenenbildung für Menschen mit geistiger Behinderung: Referate und Praxisberichte. Marburg/Lahn 1991, 11 – 35

SCHWARTE, N.: Erwachsenenbildung für Menschen mit geistiger Behinderung – Überlegungen zu einer inhaltlichen Fokussierung. In: Evangelische Stiftung Neuerkerode (Hrsg.): Erwachsenenbildung – Wege zum gestalteten Alltag. Neuerkeröder Beiträge 7. 1992, 5 – 14

SPECK, O.: Erwachsenenbildung bei geistiger Behinderung – eine Grundlegung. In: Speck, O. (Hrsg.): Erwachsenenbildung bei geistiger Behinderung: Grundlagen – Entwürfe – Berichte. München 1982, 11 – 42

STUFFER, G.: Erste Erfahrungen aus Kursen der Erwachsenenbildung für Geistigbehinderte. In: Speck, O. (Hrsg.): Erwachsenenbildung bei geistiger Behinderung: Grundlagen – Entwürfe – Berichte. München 1982, 59 – 105

THEUNISSEN, G.: Heilpädagogik im Umbruch: über Bildung, Erziehung und Therapie bei geistiger Behinderung. Freiburg i. Br. 1993

Alltagsstrukturen ... • Freizeitaktivitäten ...

Nutzerbezogene Indikatoren:
Freizeitaktivitäten und Erwachsenenbildung

	trifft zu	trifft eher zu	trifft eher nicht zu	trifft nicht zu
1. Der Nutzer hat in bezug auf Freizeitaktivitäten und Erwachsenenbildung bisher keine oder kaum positive Erfahrungen gemacht.	❏	❏	❏	❏
2. Der Nutzer befindet sich in einem Alter, in dem Freizeitaktivitäten und Erwachsenenbildung gegenüber dem Arbeitsbereich eine vorrangige Bedeutung haben.	❏	❏	❏	❏
3. Die vom Nutzer wahrgenommenen Freizeitaktivitäten sind seinem Lebensalter nicht angemessen.	❏	❏	❏	❏
4. Der Nutzer braucht besondere Unterstützung, um entsprechend seinen Möglichkeiten und Interessen regelmäßig an gemeindebezogenen Aktivitäten (Freizeit-, Bildungs- und Kulturangebote wie Feste, sportliche Veranstaltungen, VHS-Kurse, kulturelle Veranstaltungen) teilnehmen zu können.	❏	❏	❏	❏
5. Der Nutzer bedarf besonderer Unterstützung, um einen Teil seiner Freizeit mit Personen verbringen zu können, die auf der Grundlage gemeinsamer Interessen und ohne professionellen Anspruch mit ihm zusammen sind.	❏	❏	❏	❏
6. Der Nutzer braucht besondere Hilfen, um neben konsumorientierten auch tätigkeitsorientierte Angebote wahrnehmen zu können.	❏	❏	❏	❏
7. Der Nutzer braucht besondere Hilfen, um bei der Freizeitgestaltung einen individuell sinnvollen Ausgleich zwischen spontanen und geplanten Aktivitäten herstellen zu können.	❏	❏	❏	❏

Gesamteinschätzung

Aus den individuellen Bedürfnissen und den Erfahrungen des Nutzers ergibt sich ein besonderer Unterstützungsbedarf bei der Vermittlung oder Begleitung von Freizeitaktivitäten und Angeboten der Erwachsenenbildung.	❏	❏	❏	❏

Angebotsbezogene Indikatoren:
Freizeitaktivitäten und Erwachsenenbildung

	trifft zu	trifft eher zu	trifft eher nicht zu	trifft nicht zu
1. Der wohnbezogene Dienst erkundet gezielt und kontinuierlich die auf Freizeitaktivitäten und Erwachsenenbildung bezogenen Bedürfnisse der Nutzer. Er informiert die Nutzer über Veranstaltungen und leitet sie dazu an, sich über entsprechende Angebote und Ereignisse zu informieren (durch Zeitungen, Radio, Veranstaltungsprogramme usw.).	❑	❑	❑	❑
2. Der wohnbezogene Dienst gibt den Angeboten der Gemeinde grundsätzlich den Vorzug vor eigenen Aktivitäten. Eigene Angebote werden nur dann gemacht, wenn zuvor alle Möglichkeiten geprüft worden sind, externe Angebote zu nutzen oder neu zu initiieren.	❑	❑	❑	❑
3. Freizeit- und Erwachsenenbildungsangebote, die aufgrund fehlender Alternativen vorübergehend vom wohnbezogenen Dienst angeboten werden, finden nicht nur in den Räumlichkeiten des Dienstes statt. Die Nutzer werden auch bei eingeschränkter Mobilität darin unterstützt, Anteile ihrer freien Zeit außerhalb des wohnbezogenen Dienstes zu verbringen.	❑	❑	❑	❑
4. Der wohnbezogene Dienst unterstützt alle Nutzer darin, gemeindebezogene Aktivitäten (Freizeit-, Bildungs- und Kulturangebote wie Feste, sportliche Veranstaltungen, VHS-Kurse, kulturelle Veranstaltungen) wahrzunehmen.	❑	❑	❑	❑
5. Der wohnbezogene Dienst bemüht sich darum, die Nutzer gezielt und entsprechend ihrem Lebensalter sowie ihren Interessen und Wünschen in Vereine, Freizeitgemeinschaften oder Kirchengemeinden zu integrieren.	❑	❑	❑	❑
6. Institutionelle und organisatorische Hindernisse, die Nutzer von der Teilnahme an Angeboten oder Veranstaltungen abhalten (z. B. Abendessen zu einem bestimmten Zeitpunkt, nicht vorhandene Fahrmöglichkeiten oder Begleitpersonen) werden gezielt abgebaut.	❑	❑	❑	❑

6.2

Alltagsstrukturen ... • Freizeitaktivitäten ...

	trifft zu	trifft eher zu	trifft eher nicht zu	trifft nicht zu
7. Der wohnbezogene Dienst bietet regelmäßig geplante und individualisierte „Erkundungen" in der Gemeinde bzw. im Stadtteil zur Erweiterung der räumlichen und sozialen Orientierung der Nutzer an.	❑	❑	❑	❑
8. Die Träger allgemeiner Freizeit- und Erwachsenenbildungsangebote (Vereine, Bildungsstätten usw.) werden gegebenenfalls informiert und in die Bemühungen des wohnbezogenen Dienstes einbezogen.	❑	❑	❑	❑
9. Neben der Vermittlung institutionalisierter Angebote (Vereine, VHS usw.) stellt der wohnbezogene Dienst Kontakte zu Personen her, die auf der Grundlage gemeinsamer Interessen und ohne professionellen Anspruch Freizeit mit einzelnen Nutzern verbringen.	❑	❑	❑	❑
10. Der wohnbezogene Dienst stellt sicher, daß neben konsumorientierten auch tätigkeitsorientierte Angebote von den Nutzern wahrgenommen werden können.	❑	❑	❑	❑
11. Bei der Vermittlung externer oder der Durchführung eigener Freizeitaktivitäten und Bildungsangebote wird grundsätzlich auf Altersangemessenheit geachtet.	❑	❑	❑	❑
12. Der wohnbezogene Dienst achtet darauf, daß sich spontane und geplante Aktivitäten individuell sinnvoll ergänzen.	❑	❑	❑	❑

Gesamteinschätzung

	trifft zu	trifft eher zu	trifft eher nicht zu	trifft nicht zu
Der wohnbezogene Dienst unternimmt alle erforderlichen Bemühungen, um den Nutzern regelmäßige, individuell sinnvolle Freizeitaktivitäten und Angebote der Erwachsenenbildung zu vermitteln bzw. sie dabei zu begleiten.	❑	❑	❑	❑

Gegenstandsbereich: Zeitstrukturen

Ein Mangel an Zeit wird heute überall beklagt. Für unsere Gesellschaft ist es charakteristisch, daß die Zeit immer schneller zu vergehen scheint. Noch vor einigen Jahrzehnten war das Zeitempfinden der meisten Menschen durch den Wandel in der Natur und den Wechsel der Jahreszeiten bestimmt. Heute ist dieser „natürliche" Zeitrhythmus längst durch das Tempo der technologischen Veränderungen überlagert. Die Beschleunigung unseres Lebens hat dazu geführt, daß Geschwindigkeit zu einer zentralen Lebensbedingung geworden ist. Fahren wir mit dem Auto oder in der Bahn, läßt das Reisetempo unsere Umwelt auf einen schnell ablaufenden Film zusammenschrumpfen. Aus eigener Anschauung kennen wir vielleicht die Unterschiede in unserer Wahrnehmung, wenn wir eine Strecke, die wir bislang nur mit dem Auto zurückgelegt haben, zum ersten Mal zu Fuß gehen: Die Entfernungen zwischen Ausgangspunkt und Ziel erhalten eine andere Dimension, die Landschaft erhält plötzlich ihre Gestalt zurück, Einzelheiten, Besonderes und Unterschiedliches wird auf einmal wieder sichtbar.

Individuelles Zeitempfinden

Dem beschleunigten Tempo des gesellschaftlichen Lebens sind viele Menschen mit ihrem individuellen Zeitrhythmus nicht mehr gewachsen. Besonders ältere Menschen tun sich schwer, mit den Veränderungen in ihrer Umwelt Schritt zu halten, zumal das individuelle Zeitempfinden stark vom Lebensalter abhängig ist. Für einen jungen Menschen läuft die Zeit erheblich langsamer ab als für einen älteren Menschen. Besteht für beide die Pflicht, sich in ihrem Alltag an den gleichen vorgegebenen Zeitplan zu halten, wird sich der jüngere Mensch wahrscheinlich bald langweilen, während der ältere Mensch mit der vorgegebenen Zeit möglicherweise nicht auskommt. Damit Zeit also individuell sinnvoll genutzt werden kann, muß das subjektive Zeitmaß eines Menschen Schritt halten können mit den Vorgängen und Wandlungen in seiner Umwelt.

Je stärker der Mangel an Zeit empfunden wird, desto mehr greift der Mensch auf Zeichensysteme und auf Symbole zurück, die mit den Dingen, die sie bezeichnen, in Form und Beschaffenheit oft kaum mehr etwas zu tun haben, aber schneller verfügbar sind. Auf Flughäfen und Bahnhöfen, in jeder U-Bahnstation, aber auch in Kaufhäusern und an jeder größeren Straße begegnen uns diese Zeichen in Gestalt von Hinweisen, Schildern und Piktogrammen. Es ist mittlerweile selbstverständlich geworden, viele Aspekte unserer Umwelt nur noch über solche Zeichensysteme wahrzunehmen. Daher bemerken wir es kaum noch, wenn Menschen mit geistiger Behinderung darauf angewiesen sind, sich noch selbst „ein Bild von der Welt" zu machen und nicht willens oder dazu in der Lage sind, einen Teil der Welt nur als Zeichen und Symbole zu sehen.

Das Gefühl aber, etwas Neues, vielleicht Fremdes zu betrachten und kennenzulernen anstatt es sofort einem Symbol zuzuordnen, braucht naturgemäß Zeit. Wahrnehmungen benötigen eine gewisse Zeitspanne, um zu Empfindungen zu werden und „ins Bewußtsein" zu kommen. Jeder Mensch hat ein individuelles Zeitbewußtsein, das es zu beachten gilt.

Diese individuellen Unterschiede sollten auch im Alltag wohnbezogener Dienste stets berücksichtigt werden und zwar bei Nutzern ebenso wie bei den Fachkräften. Ein wohnbezogener Dienst sollte seinen Tagesablauf daher so organisieren, daß die anfallenden Aufgaben des Alltags in der Regel ohne Hektik erledigt werden können (dabei ist besonders wichtig, daß die Mitarbeiterinnen die Nutzer nicht zur Eile anhalten) und dabei hinreichend flexibel und individualisiert gehandhabt werden, so daß Termindruck und Eile nach Möglichkeit gar nicht erst aufkommen.

Die veranstaltete Zeit

Eine besondere Gefahr des Lebens und Arbeitens in vielen wohnbezogenen Diensten ist gerade das Gegenteil von Beschleunigung: die endlos sich dehnende Zeit, die Routine und Vertrautheit der immer gleichen Abläufe. Vor allem in größeren Diensten, in denen der Alltag eng geregelt ist und die Arbeitsstrukturen wenig Abwechslung zulassen, besteht die Gefahr, sich dem immer gleichen Rhythmus anzupassen.

Für Langzeitstationen psychiatrischer Kliniken und Großheime, wo noch immer viele Menschen mit geistiger Behinderung leben müssen, ist es charakteristisch, daß alle Lebensvollzüge (Wohnen, Arbeiten, Freizeitaktivitäten, soziale Kontakte) von der Einrichtung organisiert werden und weitgehend auch unter einem Dach stattfinden. Bei einem solchermaßen reglementierten Tagesablauf wird alles, was eine Person sich zu tun wünscht, von anderen für sie veranstaltet. Dadurch wird jedoch automatisch auch ihre Zeit zu einer „veranstalteten" und damit toten Zeit.

Die gelebte Zeit der eigenen Biographie schrumpft auf eine Vielzahl sich endlos wiederholender Augenblicke, die keine Gegenwart sind, da ihnen die lebensgeschichtliche Vergangenheit ebenso fehlt wie die Perspektive der Zukunft. Die Bewohner können bestimmte Erfahrungen nicht machen und bleiben somit hinter der Entwicklung ihres biologischen Alters zurück. Langzeitpatienten in psychiatrischen Krankenhäusern bezeichnen ihren Klinikaufenthalt eben aus diesem Grund häufig als verschwendete, „ungelebte" Zeit.

Sowohl Nutzer als auch Mitarbeiterinnen im begleiteten Wohnen neigen gelegentlich dazu, sich z. B. an den bleiernen Verlauf eines Sonntags zu gewöhnen oder umgekehrt bestimmte Handlungen (etwa die morgendlichen Hilfen beim Waschen) immer mit viel Hektik zu erledigen, weil es angeblich anders nicht geht, weil „keine Zeit" dafür vorhanden ist. Dabei macht oft erst die Gewöhnung an Langsamkeit seitens der Mitarbeiterinnen auch die Nutzer langsamer und umgekehrt: Die Anpassung des Handelns der Fachkräfte an permanent fehlende Zeit macht zwangsläufig auch die Nutzer hektisch und ungeduldig.

Noch immer ist der Tagesablauf an einem normalen Wochentag in den meisten wohnbezogenen Diensten nach einem klaren Schema organisiert, häufig deshalb, damit die anfallenden Tätigkeiten für die Mitarbeiterinnen möglichst rationell erledigt werden können. Innerhalb dieses Schemas wird jeder Aktivität des Tagesablaufs (Morgentoilette, Frühstück usw.) ein zeitlich genau umgrenzter Rahmen zugewiesen. Dabei wird jedoch nicht berücksichtigt, daß jeder Nutzer beim Essen, beim Aufstehen und Zubettgehen, bei der Morgentoilette usw. seinen individuellen Zeitrhythmus hat.

Werden nun aber bestimmte und von vornherein feste Zeiten vorgesehen (z. B. für die Einnahme der Mahlzeiten), wird der individuelle Rhythmus entweder zerhackt (wenn zuwenig Zeit bleibt) oder gedehnt (wenn man eigentlich viel schneller fertig wäre). Hinzu kommt, daß die meisten Nutzer wohnbezogener Dienste ihre Mahlzeiten nicht selbst zubereiten und u. a. deshalb auch nicht darüber bestimmen können, zu welchem Zeitpunkt sie essen möchten.

Auch dann, wenn die Mitarbeiterin, die sich um die Vorbereitung der Mahlzeiten kümmert, genügend Zeit hat, kann die Zeit eines Nutzers, der aufs Essen wartet, subjektiv längst „überzogen" sein. Die Folgen sind meist Ungeduld und schließlich ein gesteigertes Eßtempo. Gegen die Ungeduld von Nutzern gibt es dabei oft ein einfaches Patentrezept: die größtmögliche Beteiligung an allen für sie wichtigen Verrichtungen des Alltags (z. B. beim Mittagessen: Vorbereitung, Tischdecken, Abräumen und Spülen usw.).

Eine allzu starre Zeiteinteilung im Alltag des begleiteten Wohnens ist immer auch Schutz gegen mögliche Eigenaktivitäten der Nutzer. Darüber hinaus wird die Kommunikation und Verständigung mit ihnen weitgehend überflüssig, da ja alles längst geregelt ist. Bei einem individualisierten Tagesablauf hingegen müssen die eigenen Pläne und Handlungen mit ihren zeitlichen und räumlichen Rahmenbedingungen mit anderen abgesprochen und gelegentlich auch ausgehandelt werden.

Eine flexible Alltagsgestaltung setzt also Kommunikation und das Vertrauen voraus, daß sich das gleiche auch einmal anders machen läßt. Es kann also gelegentlich sehr notwendig sein, zur täglichen Routine ganz bewußt auf Distanz zu gehen, Bewährtes in Frage zu stellen und Neues zu probieren, um die gemeinsame Zeit wieder ereignisreicher und aufregender zu machen.

Flexible und individuelle Zeitgestaltung

Die allgegenwärtige Rationalisierung der Zeit hat zu einer bedingungslosen Unterteilung und Zerstükkelung unserer individuellen Lebenszeit geführt. Für viele Menschen ist es längst undenkbar geworden, ihren Alltag ohne Uhr und Terminkalender bewältigen zu müssen. In einem solchermaßen verplanten Alltag verwischen sich die Unterschiede zwischen wichtigen und unwichtigen Ereignissen. Der Zeitpunkt des täglichen Arbeitsbeginns ist ebenso einzuhalten wie der Friseurtermin oder die Verabredung mit dem Freund oder der Freundin.

Überläßt man seine Alltagsgestaltung jedoch nur noch den Terminen, werden die Tage notwendigerweise eintönig, da alles Überraschende, Neue und Abwechslungsreiche, mit dem man sich „die Zeit vertreiben" könnte, keinen Platz mehr hat. Je mehr Zeit „gespart" werden muß und der Ökonomie unterworfen wird, desto weniger Zeit gibt es letztlich. Daher hat nur der wirklich Zeit, der sie verschwenden kann: Neben der gemessenen Zeit gibt es immer noch die individuell erfüllte Zeit, den „gelebten Augenblick", der nur in der Wahrnehmung einer einzelnen Person vorhanden ist. Gerade diese Momente sind es jedoch, die entscheidend zur Lebensqualität eines Menschen beitragen.

Statt Menschen mit geistiger Behinderung zwangsweise an das allgemein zunehmende Lebenstempo anzupassen, sollten die Lebensbedingungen aller Menschen so verändert werden, daß auch die Langsamen nach ihrem eigenen Zeitmaß langsam sein dürfen.

In diesem Zusammenhang wird immer wieder die Behauptung aufgestellt, Menschen mit geistiger Behinderung würden generell eine besonders klare zeitliche Strukturierung brauchen, da jede Veränderung sie nur verunsichern und überfordern würde. Tatsache ist, daß die Nutzer wohnbezogener Dienste bei der Gestaltung ihres Alltags grundsätzlich nicht mehr oder weniger zeitliche Kontinuität benötigen als andere Menschen, die sich in ihrer Wohnung befinden. Sie wünschen sich die gleiche Verläßlichkeit von Abläufen, die Vorhersehbarkeit von Ereignissen und die rechtzeitige Information über anstehende Veränderungen wie alle anderen Menschen auch. Da dies allerdings meist nicht genügend beachtet wird, müssen sie ihre Umwelt oft als unkalkulierbar und sich selbst immer wieder als machtlos erleben. Die Folge ist, daß Veränderungen ihnen schließlich nur noch Angst machen und daher zunächst abgelehnt werden.

Ein Dienst sollte aus diesem Grund dafür sorgen, daß die Anforderungen, die an die Nutzer gestellt werden, in bezug auf ihren zeitlichen Aufwand und ihren Schwierigkeitsgrad in einem normalen Maße kalkulierbar und vorhersehbar sind. So sollten z. B. Anfangs- und Schlußzeiten bestimmter Termine oder Ereignisse möglichst konstant bleiben. Zeitliche Änderungen sollten nur in Absprache mit den Nutzern beschlossen und deren Sinn und Bedeutung so oft wie nötig erklärt werden.

Dies widerspricht übrigens nicht der Forderung nach einer flexiblen und individuellen Gestaltung des Tagesablaufs. Wenn z. B. ein Nutzer morgens zu einer bestimmten Zeit von einer anderen Person oder vom Bus abgeholt wird, sollte dieser Zeitpunkt möglichst konstant bleiben, damit er sich einprägt und der Nutzer sich darauf einstellen kann. Wie lange er jedoch braucht, um zu diesem Zeitpunkt auch fertig zu sein, sollte weitgehend ihm selbst überlassen werden.

Grundsätzlich sollte es also immer möglich sein, daß man sich bewußt „Zeit nimmt":

- So sollte etwa der Aufenthalt im Badezimmer nicht zeitlich limitiert sein; die Badezeiten sollten nach Wunsch gestreckt werden können.
- Ausflüge sollten nicht von vornherein durch einzuhaltende Termine (wie etwa der Zeitpunkt des Abendessens) limitiert sein.
- Die Zeiten von Beginn und Ende der Nachtruhe sollten individuell und situativ flexibel geregelt werden.
- Der Zeitpunkt der Einnahme von Mahlzeiten sollte grundsätzlich von jedem Nutzer selbst bestimmbar sein. Mahlzeiten dürfen nicht „abgearbeitet", sondern sollten auch „zelebriert", d. h. bewußt gestreckt und als gemeinschaftliches Erlebnis gestaltet werden, so daß alle Beteiligten genügend Zeit haben, miteinander ins Gespräch zu kommen, sich über die Erlebnisse des Tages auszutauschen oder bevorstehende Ereignisse ausführlich zu besprechen.

Zeit der Mitarbeiterinnen – Arbeitszeit

Die Zeitordnung ist (nicht nur am Arbeitsplatz) längst zu einer ökonomischen Ordnung geworden: „Zeit ist Geld." Da es sich bei der Zeit, die Mitarbeiterinnen im wohnbezogenen Dienst verbringen, um Arbeitszeit handelt, ist ein wohnbezogener Dienst darauf angewiesen, daß die zur Verfügung stehende (bezahlte) Zeit möglichst optimal genutzt wird. Auch im Feld der sozialen Rehabilitation haben Personalbemessungssysteme gegenwärtig Konjunktur. Sie beanspruchen, genau festhalten zu können, wieviel Zeit die tägliche Versorgung und Unterstützung eines Menschen mit Behinderung in Anspruch nehmen sollte. Für Mitarbeiterinnen wohnbezogener Dienste besteht also ein immer stärkerer Legitimationszwang, was sie in der Zeit, in der sie mit den Nutzern zusammen sind, eigentlich tun.

Was aber, wenn es einmal nichts zu tun gibt? Wenn die Bewohner einer Wohnung oder Wohneinrichtung nach einem anstrengenden Arbeitstag nichts anderes wollen, als einen ruhigen Abend in ihrem Zimmer oder vor dem Fernseher zu verbringen? Zeit, in der man „nur mit den Nutzern zusammen ist", „nichts zu tun hat", wird häufig als nicht effektiv angesehen.

Die Eintönigkeit des Alltags setzt bei vielen Fachkräften das Bedürfnis nach sofortiger Aktion frei. Die Arbeit in vielen wohnbezogenen Diensten ist von einer Mischung aus Apathie und Aktionismus gekennzeichnet. Ist einmal gar nichts für die Mitarbeiterinnen zu tun, sind immer noch Haushaltstätigkeiten zu erledigen. Dies trägt zwar nicht gerade zur Selbständigkeit der Nutzer bei, vermittelt aber der Mitarbeiterin das vordergründig beruhigende Gefühl, „genug getan" zu haben.

Das „Geheimnis" einer qualifizierten Pädagogik kann aber im Einzelfall durchaus auch das „Sein-Lassen" sein. Insofern werden Beschäftigte in Diensten der sozialen Rehabilitation in der Tat auch für das Nicht-Tun bezahlt und dafür, einfach zu bestimmten Zeiten mit den Nutzern zusammen zu sein, ohne daß es immer etwas Bestimmtes zu tun geben muß. Sein-Lassen heißt dabei nicht, keine Grenzen und Anforderungen zu setzen, sondern aufmerksam zu sein, auf Anregungen der Nutzer einzugehen und dabei Zeit zu haben.

Zeit der Nutzer – Freizeit

Jeder Mensch hat seine eigene, individuelle Zeit mit unterschiedlichen Phasen und Stimmungen. So gibt es Phasen, in denen er Hilfe braucht und gestützt werden muß, und es gibt Zeiten, in denen er losgelassen werden sollte, um seinen Weg allein zu gehen. Daher hat auch jede Aufgabe und Entwicklung ihre Zeit, d. h., es ist auch möglich, daß in der konkreten Lebenssituation eines Nutzers gegenwärtig Ruhe und Sicherung des Erreichten „dran" sind und weniger Entwicklung.

Oft wird auch übersehen, daß einzelne Nutzer möglicherweise andere Wertmaßstäbe für den Umgang mit ihrer Zeit besitzen. Im Bewußtsein der meisten Menschen unserer Gesellschaft gibt es wichtige (z. B. Arbeitszeit) und weniger wichtige Zeit (z. B. Freizeit). Für einen einzelnen Nutzer muß diese Wertigkeit jedoch nicht unbedingt gelten.

Fachkräfte in wohnbezogenen Diensten sollten sich aber um eine differenzierte Einschätzung bemühen, welches Verhältnis von Arbeit und wirklich freier, d. h. unverplanter Zeit für einen einzelnen Menschen produktiv ist, zumal für sie selbst Dienst- und Freizeit oft nur schwer trennbar ist (durch Schichtwechsel, Bereitschaften, Nachtwachen usw.) und sie nicht selten kaum noch in der Lage sind, ihre freie Zeit tatsächlich zur Regeneration und Erholung zu nutzen. Eine sinnvolle Balance zwischen Zeiten der Betätigung und solchen der Ruhe und Entspannung ist somit für sie selbst mindestens ebenso bedeutsam wie für die Nutzer wohnbezogener Dienste.

Die Gegenkräfte des Bewahrens und Veränderns wirken grundsätzlich auf jeden Menschen in jeder Situation, wenn auch in jeweils unterschiedlicher Stärke. In der Praxis ist es sicherlich oft nicht klar zu entscheiden, wann es z. B. die richtige Zeit wäre, von einem Nutzer etwas zu fordern und wann das gleiche Vorgehen eine Überforderung zur Folge hätte.

Nach einer Bemerkung des Philosophen *Sören Kierkegaard* können wir das Leben nur im Blick nach rückwärts verstehen, aber wir müssen es nach vorwärts leben. Am besten läßt sich der Blick für den richtigen Zeitpunkt schulen, indem man die Biographie eines jeden Nutzers genau kennenlernt, um über die lebensgeschichtliche zu einer angemessenen situativen Beurteilung zu kommen. Auf diese Weise läßt sich die Sensibilität schulen, um zu erkennen, wann ein Nutzer Aktivität benötigt und vielleicht auch dazu angeregt werden sollte und zu welcher Zeit eher den Bedürfnissen nach Ruhe und Entspannung zu ihrem Recht zu verhelfen ist. Die Fachkräfte wohnbezogener Dienste sollten sich daher mindestens so intensiv mit der Vergangenheit (der Biographie) und der Zukunft (den Wünschen und Perspektiven) der Nutzer beschäftigen wie mit den aktuellen Problemen der Gegenwart.

Im Zusammenleben mit Menschen mit geistiger Behinderung ist eine „Pädagogik der langsamen, kleinen Schritte" weithin anerkannt und in den meisten Fällen sicher auch richtig. Darüber sollte jedoch nicht in Vergessenheit geraten, daß es im Leben jedes Menschen von Zeit zu Zeit auch Momente gibt, in denen es angebracht ist, einmal einen großen Schritt in relativ kurzer Zeit zu tun, also z. B. etwas Neues zu wagen, ohne zuvor bestimmte Vorleistungen erbracht zu haben.

Um große Entwicklungsschritte zu tun, brauchen Menschen generell einen „Vertrauensvorschuß". Es wurde schon an anderer Stelle erwähnt, daß Mitarbeiterinnen im begleiteten Wohnen die Nutzer stets auch danach einschätzen sollten, was noch aus ihnen werden kann. Zeit ist vor allem die „Struktur der Möglichkeit" (*Martin Heidegger*).

Autonomie und Verbindlichkeit

Im Bereich des Wohnens können wir grundsätzlich relativ frei und nur wenig durch Verpflichtungen eingeschränkt über unsere Zeit verfügen. Im Gegensatz zum zeitlich meist streng geregelten Berufsleben und der immer stärker verplanten Freizeit haben wir zu Hause noch die größte Freiheit, unsere Zeit selbst einzuteilen, auch einmal faul zu sein und Arbeit liegenzulassen.

Der Tagesablauf Erwachsener mit Behinderung im begleiteten Wohnen sollte grundsätzlich nicht stärker geregelt sein als der Alltag nichtbehinderter Menschen gleichen Alters. Die Nutzer wohnbezogener Dienste sollten ihre eigene Zeit in Beziehung zu den Anforderungen ihres Alltags so weit wie möglich selbst einteilen können.

Sobald wir mit anderen Menschen zusammenwohnen, kommen wir nicht umhin, auch im Wohnbereich bestimmte zeitliche Absprachen zu treffen: über den Zeitpunkt gemeinsamer Mahlzeiten oder über einen Zeitplan für die Badbenutzung und die notwendigen Aufräum- und Reinigungsarbeiten.

Ein wohnbezogener Dienst sollte den Unterschied zwischen größtmöglicher Selbstbestimmung im Privatbereich und eingeschränkter Verfügung über zeitliche Abläufe im Zusammenleben mit anderen berücksichtigen, indem zwischen eigenverantwortlichen und gemeinschaftsbezogenen Aufgaben unterschieden wird. Bei Tätigkeiten im privaten Bereich (z. B. Morgentoilette oder Aufräumarbeiten im eigenen Zimmer) sollte generell eine relativ große zeitliche Autonomie möglich sein; bei gemeinschaftsbezogenen Tätigkeiten hingegen (z. B. Einkauf für andere Nutzer, Küchendienst nach einem bestimmten Plan) sollten sich die Nutzer an eine hohe zeitliche Verbindlichkeit gewöhnen bzw. dazu angeleitet werden.

Individuelle Zeitperspektive und Entwicklung

Mitarbeiterinnen und Nutzer wohnbezogener Dienste verbringen eine bestimmte kürzere oder längere Zeit ihres Lebens miteinander. Dabei ist die Zeit der Mitarbeiterinnen als Berufszeit in vielen Fällen von vornherein begrenzt: durch Zivildienst oder Praktikum, durch die Zeit eines Studiums oder durch den Übergangscharakter des Arbeitsplatzes. Die Zeit der Nutzer hingegen (als Wohn-Zeit) ist zumindest in gemeindenahen Wohnstätten nicht vorab limitiert. Fachkräfte und Nutzer wohnbezogener Dienste haben also oft ganz unterschiedliche Zeitperspektiven für ihren Umgang miteinander.

Unterschiede der zeitlichen Perspektive bestehen immer auch zwischen den Mitarbeiterinnen eines Teams. Sie sind u. a. abhängig davon, in welchem Abschnitt ihrer beruflichen Laufbahn die einzelnen Mitarbeiterinnen sich befinden. Dies kann durchaus befruchtend (wenn die Offenheit besteht, voneinander zu lernen), aber auch störend sein, wenn es mit zu großen Erfahrungs- und Einstellungsunterschieden einhergeht und bei einzelnen Teammitgliedern die notwendige Aufgeschlossenheit gegenüber neuen Erfahrungen fehlt.

Vor dem Hintergrund der verschiedenen Zeitperspektiven wird es verständlich, wenn Fachkräfte im begleiteten Wohnen gelegentlich sichtbare „Erfolge" ihrer pädagogischen Anstrengungen in Form von Entwicklungsfortschritten bei den Nutzern vermissen. Dabei übersehen sie, daß sie dafür ihren eigenen, „berufszeitbezogenen" Maßstab anlegen, der nicht der Maßstab der Nutzer sein kann. Entwicklungsprozesse lassen sich auch bei nichtbehinderten Menschen im Erwachsenenalter nur nach Jahren bemessen. Auch hier erfolgt der Zugang zum subjektiven Zeitverständnis eines Nutzers über den bewußten Umgang mit der eigenen Zeit.

Um die eigene Ungeduld zu bekämpfen und den Nutzern zu verdeutlichen, daß auch sie nicht dagegen kämpfen müssen, hilft der von Klaus DÖRNER (1990) benutzte, ursprünglich auf die Lebensgeschichte von psychiatrischen Langzeitpatienten bezogene Satz: „Zeit spielt keine Rolle." Kann dies glaubhaft gemacht werden, können die Nutzer ohne Erfolgsdruck jeden Entwicklungsschritt aus ihrem eigenen Zeitrhythmus heraus und zum selbstgewählten Zeitpunkt tun, ohne dabei ihre Selbstachtung zu verlieren.

Jeder Mensch hat ein Recht darauf, die Zeiten und die Dauer seiner Entwicklung selbst zu bestimmen. Je mehr Vertrauen ihm dabei entgegengebracht wird, um so leichter kann er diese Entwicklungsschritte tun. Der Satz bedeutet auch, daß gezielte und direkte Veränderungsabsichten im Umgang mit Menschen „ethisch verboten" und im übrigen langfristig fast immer erfolglos sind, da sie meist nur Widerstand gegen diese Absichten hervorrufen. Beeinflußt werden sollte daher weniger der Mensch, sondern in erster Linie das Umfeld eines Menschen, also seine Beziehungen, seine materiellen Ressourcen, seine Voraussetzungen und Bedingungen.

Die Erfahrung lehrt im übrigen, daß sich individuelle Probleme oder störende Verhaltensweisen eines Menschen im Laufe seiner Lebensgeschichte langsam, aber stetig verändern und hin und wieder sogar ganz verschwinden, also gleichsam „weggelebt" werden, ohne daß es dazu besonderer Interventionen bedarf.

Auch die Menge der Zeit für etwas spielt keine Rolle. Zeit ist in sozialen Beziehungen immer zuerst von ihrer Qualität her zu bemessen. Daher sollten Mitarbeiterinnen nicht danach fragen, wie schnell etwas geht, sondern wieviel Zeit individuell sinnvoll ist. Aus Partnerschaften und Freundschaften wissen wir, daß wenige Stunden des Zusammenseins mit geliebten und vertrauten Personen intensiver und wichtiger für das Gefühl der Zugehörigkeit und das eigene Selbstvertrauen sein können als Wochen oder Monate des Nebeneinanderherlebens.

Eine mögliche Orientierung für Mitarbeiterinnen mit zeitlich unbefristeter Perspektive im begleiteten Wohnen könnte vielleicht darin liegen, sich mit den Nutzern auf eine beiderseitig vereinbarte „Partnerschaft auf unbestimmte Zeit" einzulassen: In einer festen Partnerschaft stellt man keine zeitlichen Begrenzungen auf, innerhalb derer sich der andere ändern muß. Man kalkuliert auf unabsehbare Zeit und schätzt Entwicklungen nach Jahren.

Noch einen weiteren Vorteil bietet diese Orientierung: Entwicklung wird nur plausibel als *gemeinsame Entwicklung*, d. h., nicht nur der einzelne Nutzer ändert sich im Laufe der Zeit, sondern beide: Mitarbeiterin *und* Nutzer ändern sich gemeinsam in ihrer sozialen Beziehung zueinander.

Ein solches Verständnis pädagogischer Arbeit stößt heute allerdings mehr denn je auf Widerstände, da die gängigen Personalrichtlinien wohnbezogener Dienste für einen behutsamen, individualisierten und zeitlich „freilassenden" Umgang mit Entwicklungsprozessen keine personellen Kapazitäten vorsehen und sich die dazu benötigte Zeit praktisch nicht quantifizieren läßt.

Literatur

DÖRNER, K.: Von der veranstalteten zur gelebten Zeit: Das Recht auf Arbeit für Langzeitpatienten. In: Koenning, K. (Hrsg.): Spät kommt ihr ... Gütersloher Wege mit Langzeitpatienten. Gütersloh 1986, 185 – 210

DÖRNER, K.: Umgang mit Akutkranken – von chronisch Kranken gelernt. In: Bock, Th.; Mitzlaff, St. (Hrsg.): Von Langzeitpatienten für Akutpsychiatrie lernen – „Die Entdeckung der Langsamkeit". Bonn 1990, 31 – 38

DÖRNER, K.: Wie gehe ich mit Bewohnern um? In: Dörner, K. (Hrsg.): Aufbruch der Heime. Gütersloh 1991, 32 – 58

DÖRNER, K.; PLOG, U.: Irren ist menschlich: Lehrbuch der Psychiatrie/Psychotherapie. Bonn 1990

HEGE, M.: Wie fühlt man sich als Unheilbarer? In: Dörner, K. (Hrsg.): „Die Unheilbaren" – Was machen Langzeitpatienten mit uns – und was machen wir mit ihnen? Rehburg-Loccum 1983, 107 – 113

KAMPER, D.: Zeitopfer: Vom ewigen Kalender zum Alltag der Termine. In: Kamper, D.; Wulf, Ch.: Die sterbende Zeit: Zwanzig Diagnosen. Darmstadt, Neuwied 1987, 259 – 265

KAMPER, D.; WULFF, C.: Die Zeit, die bleibt. In: Kamper, D.; Wulf, Ch.: Die sterbende Zeit: Zwanzig Diagnosen. Darmstadt, Neuwied 1987, 7 – 10

KRAUSZ, M.: Der Mensch, eine atomisierte, überstimulierte Konsummonade? In: Bock, Th.; Mitzlaff, St. (Hrsg.): Von Langzeitpatienten für Akutpsychiatrie lernen – „Die Entdeckung der Langsamkeit". Bonn 1990, 62 – 72

VÖLKER, P.: Zeit haben ist die einzige Forderung – Reflexionen meiner Arbeit als „Betreuer". In: Brill, K.-E. (Hrsg.): Betreutes Wohnen – Neue Wege in der psychiatrischen Versorgung. München 1988, 197 – 204

WEISE, K.: Erfahrungen mit Langzeitpatienten. In: Bock, Th.; Mitzlaff, St. (Hrsg.): Von Langzeitpatienten für Akutpsychiatrie lernen – „Die Entdeckung der Langsamkeit". Bonn 1990, 38 – 45

WULFF, C.: Lebenszeit – Zeit zu leben? Chronokratie versus Pluralität der Zeiten. In: Kamper, D.; Wulf, Ch.: Die sterbende Zeit: Zwanzig Diagnosen. Darmstadt, Neuwied 1987, 266 – 275

Nutzerbezogene Indikatoren:
Zeitstrukturen

	trifft zu	trifft eher zu	trifft eher nicht zu	trifft nicht zu
1. Der Nutzer hatte bisher in seinem Leben kaum Gelegenheit, über die eigene Zeit frei zu verfügen, sein Alltag war weitgehend institutionell vorgeplant.	❏	❏	❏	❏
2. Der Nutzer befindet sich in einem Alter, in dem Menschen das Bedürfnis nach mehr Zeit für sich selbst und die Gestaltung ihres Alltags haben.	❏	❏	❏	❏
3. Der Nutzer benötigt besondere Unterstützung, um weitgehend selbstbestimmt über den zeitlichen Ablauf seines Alltags zu verfügen (Einnahme von Mahlzeiten, Aufenthalt im Badezimmer, Beginn und Ende der Nachtruhe, Ausgangszeiten usw.).	❏	❏	❏	❏
4. Der Nutzer benötigt Unterstützung, um in seinem Alltag ein ausgewogenes und individuell sinnvolles Verhältnis von Aktivität und Entspannung zu erfahren.	❏	❏	❏	❏
5. Der Nutzer braucht besondere Hilfen, um die Aufgaben und Verrichtungen des Alltags ohne Hektik zu erledigen.	❏	❏	❏	❏

Gesamteinschätzung

	trifft zu	trifft eher zu	trifft eher nicht zu	trifft nicht zu
Aus den individuellen Bedürfnissen und den Erfahrungen des Nutzers ergibt sich ein besonderer Unterstützungsbedarf bei der zeitlichen Strukturierung seines Alltags.	❏	❏	❏	❏

Alltagsstrukturen ... • Zeitstrukturen

Angebotsbezogene Indikatoren:
Zeitstrukturen

	trifft zu	trifft eher zu	trifft eher nicht zu	trifft nicht zu
1. Zeitpunkt und Dauer von Alltagshandlungen werden von den Nutzern so weit wie möglich selbst bestimmt (Zeitpunkt der Einnahme von Mahlzeiten, Aufenthalt im Badezimmer, Beginn und Ende der Nachtruhe usw.).	❏	❏	❏	❏
2. Die Zeitplanung ermöglicht gemeinsame Aktivitäten der zusammenlebenden Personen (gemeinsame Mahlzeiten, Abende, die zusammen verbracht werden usw.).	❏	❏	❏	❏
3. Bei Tätigkeiten im privaten Bereich (z. B. Aufräumen des eigenen Zimmers) verfügen die einzelnen Nutzer grundsätzlich über einen größeren zeitlichen Freiraum als bei gemeinschaftsbezogenen Tätigkeiten.	❏	❏	❏	❏
4. Die vorgegebenen Zeitstrukturen sind für die Nutzer kalkulierbar und vorhersehbar (Fixzeiten bleiben konstant, zeitliche Änderungen werden vorbereitet, nach Möglichkeit gemeinsam beschlossen und erläutert).	❏	❏	❏	❏
5. Die vorgegebenen Zeitstrukturen erlauben es, daß die Aufgaben und Verrichtungen des Alltags ohne Hektik erledigt werden können. Für bestimmte Tätigkeiten kann man sich bewußt Zeit nehmen (Badezeiten können gestreckt werden; Mahlzeiten werden nicht „abgearbeitet"; Ausflüge werden nicht in Abhängigkeit vom Dienstplan zeitlich begrenzt; spontane Aktivitäten, die den Zeitplan „durcheinanderbringen", kommen vor und werden akzeptiert usw.).	❏	❏	❏	❏
6. Der wohnbezogene Dienst bemüht sich um eine Rhythmisierung der Zeitstrukturen: Im Tages- und Wochenablauf kommen Phasen der Entspannung ebenso vor wie Phasen der Aktivität.	❏	❏	❏	❏

Gesamteinschätzung

Der wohnbezogene Dienst unternimmt alle erforderlichen Bemühungen, um den Nutzern eine weitgehend selbstbestimmte und bedürfnisorientierte Zeitplanung und Zeitgestaltung zu ermöglichen.	❏	❏	❏	❏

Gegenstandsbereich:
Religiöse Praxis und Spiritualität

Wir halten die Beschäftigung mit Religion und Spiritualität für ein grundlegendes menschliches Bedürfnis, das aus der Notwendigkeit erwächst, einen Platz für sich im Leben und in der Welt zu finden – zwischen den konkreten Erfahrungen des Alltäglichen und der erahnten Unendlichkeit. Wir setzen also voraus, daß es einen Bereich gibt, der sich dem rationalen Zugang entzieht, der aber unmittelbar zum Menschsein gehört und der ein notwendiger – wenn auch oft unzureichend wahrgenommener – Bestandteil jeder Individualität ist. Dabei gehen wir selbstverständlich davon aus, daß Menschen mit geistiger Behinderung wie alle anderen Menschen auf Religion und Spiritualität hin offene Wesen sind.

Im Sinne von *Erich Fromm* verstehen wir Spiritualität als Bedürfnis nach Orientierung und Sinnfindung menschlicher Existenz, das für einige Personen Ausdruck und Erfüllung im Glauben und in religiöser Praxis findet und für andere eine lebendige Auseinandersetzung mit den zentralen Fragen der Philosophie bedeuten kann. Die Beschäftigung mit sogenannten existentiellen Fragen („Wer bin ich?" – „Was kann ich wissen?" – „Was darf ich hoffen?" – „Was soll ich tun?") nimmt immer Einfluß auf unser Verhältnis zu uns selbst, zu unserem Handeln und zu anderen Menschen. Die Erfüllung des Bedürfnisses nach Spiritualität wird damit zu einer wichtigen Voraussetzung des individuellen Wohlbefindens und des persönlichen Glücks. Das Spirituelle sollte also grundsätzlich akzeptiert und im alltäglichen Leben immer mitbedacht werden.

Ein ganzheitlich verstandenes Zusammenleben und -arbeiten mit Menschen mit geistiger Behinderung sollte religiöse und spirituelle Fragen daher bewußt aufgreifen, und zwar auch unabhängig von der religiösen Ausrichtung des Dienstes oder der einzelnen Mitarbeiterin.

Um die Aufgaben eines wohnbezogenen Dienstes im Hinblick auf den Gegenstandsbereich „Religion und Spiritualität" fassen zu können, müssen religiöse und spirituelle Empfindungen etwas genauer definiert werden. Hierzu bedienen wir uns der Betrachtungen *Friedrich Schleiermacher*s „Über die Religionen", die 1799 verfaßt wurden, jedoch bis heute unveränderte Bedeutung haben. *Schleiermacher* beschreibt die Grundlagen der Religiosität als „Anschauung und Gefühl", d. h., es geht hier nicht um eine vom Verstand bestimmte Erfassung des „Übersinnlichen", sondern um die unmittelbare *emotionale Erfahrung* mit einem Bereich, der außerhalb der menschlichen Einflußnahme liegt. Das Gefühl der Spiritualität ist danach stets mit einem unmittelbaren Erlebnis verbunden. Daraus folgt, daß nur direkte und unmittelbare Erfahrungen und Erlebnisse einen Zugang zu diesem Teil des Menschseins schaffen.

Die spirituelle Erfahrung kann auch jeweils nur ein einzelner Mensch für sich selbst machen. Daraus folgt, daß jegliche Hilfestellung und Anleitung in bezug auf religiöse bzw. spirituelle Fragen nur Hilfsmittel sein und die eigentliche Erfahrung des Übersinnlichen nicht ersetzen können. Jede vermittelte Begegnung, sei sie über andere Menschen oder auch über den eigenen Verstand hergestellt, wird notwendigerweise den Kern der spirituellen Erfahrung verfehlen. Das Gefühl, in ein Kontinuum zwischen dem unmittelbar Greifbaren und dem Übersinnlichen (nicht durch die normalen Sinne zu Erfahrenden) eingebunden zu sein, ist natürlich bei allen Menschen sehr verschieden ausgeprägt. Gleichermaßen unterschiedlich sind auch die Gelegenheiten, Anlässe und Erlebnisse, bei denen sich ein Zugang zu diesem Gefühl einstellen kann.

Etwas anzuschauen ist immer an den eigenen, individuellen Standpunkt gebunden. Die Zugangsmöglichkeiten zu spirituellen Erfahrungen sind dabei u. a. abhängig von den Vorstellungsmöglichkeiten eines Menschen und seiner lebensgeschichtlichen Entwicklung. Selbst das Übersinnliche kann nur aus dem sinnlich erfahrbaren Bereich angeschaut werden, der für Menschen im allgemeinen zugänglich ist. Spirituelle Erlebnisse und Erfahrungen sind in diesem Sinne also gar nicht „außergewöhnlich", sondern durchaus ein (möglicher) Bestandteil des Alltags. Auch der Umgang mit dem Übersinnlichen ist ein Bestandteil der Bemühungen jedes Menschen, sich in seiner subjektiven Lebenswelt zurechtzufinden.

Wenn anerkannt wird, daß Spiritualität ebenso ein grundlegendes menschliches Bedürfnis wie auch eine höchst subjektive Erfahrung ist, sollte die gegenseitige Verständigung darüber nicht in erster Linie über religiöse Inhalte (z. B. bestimmte Vorstellungen über den Tod) erfolgen. Im Unterschied zu philosophischen Fragen geht es nicht um Übereinstimmung darin, was im Übersinnlichen erkannt wird, sondern *daß* etwas Übersinnliches in der Lebenswelt jedes Menschen erkennbar ist und daraus bestimmte Gefühle für eine Person entstehen. Grundsätzlich sind dabei alle subjektiven Vorstellungen und Empfindungen über das Übersinnliche zu akzeptieren. Damit wird die *Gemeinsamkeit individueller Erfahrungen* im alltäglichen Leben zur Grundlage für jeden Austausch über Spiritualität und Religion.

Zusammenfassend kann also festgehalten werden, daß

- Erfahrungen und Gefühle mit dem Übersinnlichen nur individuell verstehbar sind;
- sich Ansatzpunkte für einen Austausch über Religion und Spiritualität nur dann ergeben, wenn der individuelle Zugang uneingeschränkt akzeptiert wird;
- die Verleugnung des Übersinnlichen ebenso eine Manipulation sein kann wie der Versuch, den Zugang zu Spiritualität und Religion allgemeinverbindlich festzulegen.

Hieraus erwächst den Mitarbeiterinnen in wohnbezogenen Diensten eine zweifache pädagogische Aufgabe:

1. Begleitung in Fragen der Religion und Spiritualität

Die Begleitung in religiösen und spirituellen Fragen ist eine von vielen möglichen Hilfen zur bedürfnisgerechten Gestaltung eines sinnerfüllten Lebens für Menschen mit geistiger Behinderung. Daher sollte jeder einzelne Nutzer darin unterstützt werden, die ihm jeweils gemäße Form des Zugangs zur eigenen Spiritualität zu erfahren und aktiv leben zu können. Dabei ist er vor Manipulationen zu schützen:

- Es darf keine Verpflichtung für einzelne Nutzer auf eine bestimmte religiöse Richtung erfolgen (Persönlichkeitsrecht auf Religions- und Glaubensfreiheit nach Art. 4 und 7 Grundgesetz).
- Ebensowenig sollte auf die Nutzer Zwang zu bestimmten religiösen Handlungen ausgeübt werden (kein für alle verpflichtendes Gebet vor den Mahlzeiten, kein obligatorischer Kirchgang mit der ganzen Gruppe am Sonntag usw.).
- Gespräche oder Handlungen mit religiösen Inhalten dürfen nicht dazu mißbraucht werden, bestimmte Verhaltensanforderungen an die Nutzer heranzutragen oder die Einhaltung bestimmter moralischer Maßstäbe durchzusetzen.

Begleitung in Fragen der Religion und Spiritualität bedeutet nicht, daß Nutzer z. B. dazu gebracht werden sollten, eine religiöse Vorstellung verstandesmäßig zu begreifen, religiöse Praktiken zu erlernen oder bestimmte religiöse Regeln zu befolgen. Religion ist keine „Leistung", bei der es darauf ankommt, was ein Mensch fertigbringt. Entscheidend ist vielmehr, was er erlebt und daß er mit diesem Erleben von seinen Mitmenschen angenommen und bestätigt wird. Das Wesentliche, also eigene Erfahrungen zu machen, Anteilnahme und Zuneigung zu empfangen und diese Gefühle zurückzugeben, ist auch hier keine Frage intellektueller Kompetenzen. Die zentralen Fragen sind also nicht, welche Bibelgeschichten geeignet sind oder ob gebetet werden soll oder nicht, sondern: Wie vermittle ich das Gefühl von Sinnerfahrung, Geborgenheit, Annahme und Zugehörigkeit im gemeinsamen Zusammenleben? (vgl. CRÖNERT 1972, 129 ff.).

Begleitung in religiösen oder spirituellen Fragen kann nur in einer Atmosphäre geschehen, in der sich die Nutzer angenommen und verstanden fühlen. Immer sollte der Ausgangspunkt für Gespräche und Handlungen dabei im konkret Erfahrbaren und Anschaulichen der Lebenswelt der Nutzer liegen. Der Zugang zu Religion und Spiritualität eröffnet sich somit *im gemeinsamen Handeln* mit nahestehenden Menschen, z. B. bei Spaziergängen und der Beschäftigung mit der Natur, über Musik und gemeinsames Singen, beim gemeinsamen Essen, bei Spielen und Festen, bei Ausflügen in die Umgebung und auch beim gemeinsamen Gottesdienst.

Religiöse Begleitung sollte stets sehr individuell erfolgen und viel Spielraum für eigene Erfahrungen belassen. Dabei besteht die Schwierigkeit, daß die Mitarbeiterinnen eines wohnbezogenen Dienstes letztlich nur das überzeugend vermitteln können, was sie selbst erfahren haben bzw. was sie bereit sind, noch zu erfahren. Fachkräfte im begleiteten Wohnen sollten aus diesem Grund generell offen und ohne Vorurteile gegenüber religiösen oder spirituellen Erlebnissen sein und keine dogmatischen Vorstellungen über die „richtigen" Inhalte solcher Erfahrungen haben. Diese Haltung hat nicht zufällig Ähnlichkeit mit der allgemein für das Zusammenleben mit den Nutzern geforderten „Suchhaltung" von Mitarbeiterinnen (vgl. Einführung in das Aufgabenfeld „Zusammenleben", S. 179 ff.), sondern ist gewissermaßen ein Bestandteil davon.

2. Hilfen zur Ausübung von Religion und Spiritualität

Mitarbeiterinnen wohnbezogener Dienste sollten nicht nur Erfahrungen und Entwicklungen begleiten, sondern auch konkret dazu beitragen, daß die Nutzer individuell und bedürfnisbezogen mit weltanschaulichen Fragen vertraut gemacht werden und Gelegenheit zur Ausübung von Religion bzw. Spiritualität erhalten. Voraussetzung dafür ist, daß diese Themen zum festen Bestandteil regelmäßiger Gesprächsangebote zwischen Mitarbeiterinnen und Nutzern gehören.

Die Fachkräfte im begleiteten Wohnen sollten darum bemüht sein, den Nutzern in Gesprächen oder durch gemeinsame Tätigkeiten mit religiösen oder spirituellen Inhalten ein hohes Maß an Orientierung zur persönlichen Lebensgestaltung und ethischen Handlungssicherheit zu vermitteln. Sie sollten gleichzeitig aber die grundsätzliche Relativität ihrer eigenen Einstellung deutlich machen. Da Spiritualität zuerst eine Angelegenheit der individuellen Erfahrung ist, wissen sie letztlich nicht mehr darüber als die Nutzer auch.

Die Mitarbeiterinnen eines wohnbezogenen Dienstes sollten einzelnen Nutzern auf Wunsch dabei behilflich sein, Kontakte zur christlichen Kirchengemeinde oder zu vergleichbaren Religionsgemeinschaften herzustellen. Bei der Wahrnehmung dieser Kontakte sollten die Nutzer gegebenenfalls individuell begleitet werden (z. B. Nacharbeiten von Informationen und Eindrücken, Schutz vor Fremdbestimmung durch religiöse Gruppen). An diesem Punkt gilt es, die Spannung zwischen der grundsätzlich nur individuell möglichen Erfahrung und Anschauung des Übersinnlichen und dem kulturell geprägten, konkreten religiösen Handeln auszuhalten.

Durch die Kirchen werden konkrete inhaltliche Bestimmungen und Handlungsanweisungen für viele Lebensbereiche vorgegeben. Für Personen mit geistiger Behinderung waren diese Vorgaben allerdings lange Zeit nur wenig verbindlich.

Im vorigen Jahrhundert trennte sich die Kirche in den Ortsgemeinden räumlich und organisatorisch von den diakonischen Einrichtungen, die sich u.a. zuständig für die Betreuung von Menschen mit geistiger Behinderung erklärten. Durch diese Trennung wurden Menschen mit Behinderung bis noch vor wenigen Jahren fast überall aus dem religiösen Leben in der Gemeinde ausgegrenzt. Selbst innerhalb kirchlicher Einrichtungen war es lange Zeit vielerorts Praxis, Menschen mit geistiger Behinderung etwa von Konfirmation und Abendmahl auszuschließen (vgl. AMMON 1987a, 433).

Trotz aller Bemühungen um soziale Integration muß noch immer damit gerechnet werden, daß eine Gemeinde ihren behinderten Mitgliedern quasi „entwöhnt" ist und daher zunächst mit Zurückhaltung und im Einzelfall auch mit Ablehnung reagiert. Notwendig ist also Öffentlichkeitsarbeit: Die Gemeinde sollte über die Nutzer vorinformiert und dabei auch auf deren mögliche Reaktionen und eventuelle „Störungen" aufmerksam gemacht werden. Gelegenheiten dazu bieten sich z. B. bei Gemeindefesten.

Die Mitarbeiterinnen sollten also den Nutzern Hilfen zur Integration in eine Glaubensgemeinschaft vor allem dadurch geben, indem sie zwischen ihnen und anderen Gemeindemitgliedern eine gemeinsame Verständigungsbasis herstellen. Dabei ist stets von den Möglichkeiten und Wünschen eines Nutzers und seiner Lebenssituation auszugehen und nicht vom religiösen Verständnis der Nichtbehinderten.

Es sollte jedoch nicht nur um Verständnis und Kooperation geworben werden. Ganz wesentlich geht es auch darum, den Gemeindemitgliedern bewußt zu machen, daß die Nutzer des wohnbezogenen Dienstes ebenso Mitglieder der Gemeinde sind und die Gemeinschaft mit ihnen vielfältige Möglichkeiten zur Bereicherung des eigenen Lebens und der eigenen Vorstellungswelt bereithalten kann. Viele Kirchengemeinden haben dies längst erkannt und praktizieren beachtliche Formen der Gemeindeintegration.

Auf Wunsch von einzelnen Nutzern sollten religiöse Handlungen in das Alltagsleben integriert werden, z. B. durch Gebete oder das Feiern religiöser Feste. Religiöse Feste und Zeremonien haben einen hohen Grad von Symbolik und Feierlichkeit. Das Besondere des Augenblicks teilt sich in solchen Situationen auch Menschen mit schweren Behinderungen mit. Sie sollten Gelegenheit bekommen, religiöse Anlässe möglichst ganzheitlich, mit allen Sinnen zu erfahren.

Bei Festen in der Wohnung oder dem wohnbezogenen Dienst sollten bestimmte Grundelemente gleichbleiben (Symbole, Rituale, Lieder), um die Wiedererkennung bestimmter Abläufe zu erleichtern. Wichtig ist auch, daß der äußere Rahmen der Feste jederzeit genügend Sicherheit und Vertrautheit bietet und die Nutzer in alle Vorbereitungen, z.B. bei der Gestaltung des Wohnbereichs entsprechend der Kirchenjahreszeit, aktiv einbezogen werden.

Alle Nutzer sollten Gelegenheit erhalten, an kirchlichen Veranstaltungen wie Taufen, Kommunionen, Konfirmationen, Hochzeiten oder Beerdigungen von Freunden oder Verwandten teilzunehmen. Hierbei sollte bei Bedarf oder auf Wunsch individuelle Begleitung geleistet werden. Interessierten Nutzern ist darüber hinaus Gelegenheit zum sonntäglichen Besuch von Gottesdiensten zu geben. Auch hier sollten sie, falls gewünscht oder notwendig, von Personen ihres Vertrauens begleitet und gegebenenfalls auch individuell darauf vorbereitet werden, etwa durch einen Vorabbesuch in der Kirche und/oder beim Pfarrer (der umgekehrt bei dieser Gelegenheit die Nutzer kennenlernen kann). Wenn möglich, sollten Absprachen über eine nutzerorientierte Gestaltung des Gottesdienstes getroffen werden.

Die Glaubensverkündigung verläuft im Gottesdienst heute weitgehend über die Sprache und den Verstand (was im übrigen auch einen Grund für die Trennung von Erwachsenen- und Kindergottesdiensten darstellt). Ausschließlich sprachlich vermittelte Inhalte können jedoch auch von vielen nichtbehinderten Menschen oft nur schwer erfaßt werden. Viele Inhalte erschließen sich über Symbole und Gesten (z. B. Bilder, Hände falten, sich an den Händen halten, in den Arm nehmen) leichter und sind darüber hinaus auch wesentlich einprägsamer, da sie die Gefühlswelt eines Menschen ansprechen. Für diesen Bereich ist von evangelischen und katholischen Behinderteneinrichtungen eine Fülle von Materialien entwickelt worden.

Literatur

AMMON, J.: Konfirmation und Abendmahl bei geistiger Behinderung. In: Vierteljahreszeitschrift für Heilpädagogik und ihre Nachbardisziplinen 3/1987 a, 431 – 436

AMMON, J.: Religiöse Begleitung und Erziehung geistig behinderter Menschen. In: Geistige Behinderung 2/1987 b (Praxisteil)

BAUMGARTNER, B.: Den geistig Behinderten auch religiös begleiten. In: Vierteljahreszeitschrift für Heilpädagogik und ihre Nachbardisziplinen 2/1985, 205 – 207

CRÖNERT, H.: Religiöse Erziehung ohne Dogma. In: Lebenshilfe 3/1972, 129 – 135

JUNG, R.: Die Deutung der Religionen bei Schleiermacher. Unveröff. Hausarbeit. WS 1983/84

SCHEURER, F.: Erstkommunion mit geistig behinderten Schülern – Aspekte einer Religionspädagogik. In: Geistige Behinderung 1/1986 (Praxisteil)

SCHLEIERMACHER, F.: Über die Religion – Reden an die Gebildeten unter ihren Verächtern. Stuttgart 1980 (1969) – Erstausgabe: Berlin 1799

SCHÖNHERR, P.: Gottesdienst für schwerst behinderte Menschen. In: Zur Orientierung 3/1989, 22 – 23

Nutzerbezogene Indikatoren:
Religiöse Praxis und Spiritualität

	trifft zu	trifft eher zu	trifft eher nicht zu	trifft nicht zu
1. Die religiösen und spirituellen Vorerfahrungen des Nutzers erfordern einen besonders sensiblen Umgang mit dieser Thematik.	❑	❑	❑	❑
2. Der Nutzer ist in einem Lebensalter, in dem sich viele Menschen religiösen Fragen zuwenden.	❑	❑	❑	❑
3. Der Nutzer benötigt beim Besuch von Gottesdiensten und religiösen Feiern Begleitung.	❑	❑	❑	❑
4. Der Nutzer braucht besondere Unterstützung, um Kontakte zu Religionsgemeinschaften herzustellen und zu pflegen.	❑	❑	❑	❑
5. Der Nutzer benötigt in besonderem Maße Orientierungshilfen zur persönlichen Lebensgestaltung und zur ethischen Handlungssicherheit.	❑	❑	❑	❑

Gesamteinschätzung

Aus den individuellen Bedürfnissen und den Erfahrungen des Nutzers ergibt sich ein besonderer Unterstützungsbedarf in bezug auf religiöse Praxis und Spiritualität.	❑	❑	❑	❑

Angebotsbezogene Indikatoren:
Religiöse Praxis und Spiritualität

	trifft zu	trifft eher zu	trifft eher nicht zu	trifft nicht zu
1. Gebete und das Feiern religiöser Feste werden auf Wunsch von Nutzern in das Alltagsleben integriert.	❏	❏	❏	❏
2. Dem Recht auf freie Religionsausübung wird dadurch entsprochen, daß die Nutzer Gelegenheit zum Besuch von Gottesdiensten und religiösen Feiern erhalten und bei Bedarf oder auf Wunsch begleitet werden.	❏	❏	❏	❏
3. Die Nutzer werden auf Wunsch darin unterstützt, Kontakte zu Religionsgemeinschaften herzustellen und zu pflegen.	❏	❏	❏	❏
4. Gespräche über Sinnfragen, religiöse und ethische Themen werden von den Mitarbeiterinnen ermöglicht. Dabei bemühen die Mitarbeiterinnen sich darum, den Nutzern Orientierungshilfen zur persönlichen Lebensgestaltung und ethischen Handlungssicherheit zu vermitteln.	❏	❏	❏	❏
5. Die Nutzer werden nicht zu bestimmten religiösen Handlungen gezwungen oder dazu angehalten, bestimmte religiöse Einstellungen zu übernehmen (Zwang zum Gebet vor dem Essen, Gruppenkirchgang am Sonntag usw.).	❏	❏	❏	❏

Gesamteinschätzung

Der wohnbezogene Dienst unternimmt alle erforderlichen Bemühungen, um den Nutzern eine selbstbestimmte und bedürfnisorientierte religiöse Praxis und Spiritualität zu ermöglichen.	❏	❏	❏	❏

Aufgabenfeld:
Zusammenleben

Mit Zusammenleben ist hier der geteilte Alltag der gemeinsam wohnenden Menschen mit Behinderung und den Mitarbeiterinnen eines wohnbezogenen Dienstes gemeint.

Konkret spielt sich das Zusammenleben zwischen Nutzern und Mitarbeiterinnen zwischen zwei extrem gegensätzlichen Sozialformen ab:

- Auf der einen Seite steht das mehr oder weniger familienanaloge Lebensgemeinschaftsmodell behinderter und nichtbehinderter Menschen (vgl. GRIMM 1991);

- auf der anderen Seite die soziale Dienstleistungsorganisation, die als Ausfallbürge nicht gelingender häuslicher Selbstversorgung nach zweckrationalem Plan in öffentlichem Auftrag exakt definierte Leistungen in abrechenbarer Form erbringt.

Von einem menschlich befriedigenden, gehaltvollen Zusammenleben kann indes nur da gesprochen werden, wo das Handeln nicht ausschließlich zweckrational bestimmt ist, sondern Raum für Spontanes, Unwägbares und Zufälliges, für die Gunst der Stunde und die nicht nach Zeitmaß und Zweck kalkulierte Begegnung bleibt.

Zusammenleben bedeutet nach unserem Verständnis, daß die Mitarbeiterinnen es ausdrücklich als ihre Aufgabe betrachten, gemeinsam mit den Bewohnern über einen gewissen Zeitraum bestimmte Bereiche ihres Lebens zu teilen. Dazu gehören Gespräche über gemeinsame Interessen, über persönliche Schwierigkeiten und Probleme ebenso wie ein gemeinsames Essen, gemeinsame Unternehmungen oder einfach ein Zusammensitzen in gemütlicher Runde.

Bedeutsam ist darüber hinaus auch die grundsätzliche Bereitschaft, bestimmte Aspekte des Lebens auch ohne dienstliche Verpflichtungen miteinander zu teilen. So sollte es möglich sein, daß Mitarbeiterinnen und Nutzer gelegentlich und auf freiwilliger Basis auch außerhalb der Dienstzeit z. B. einmal zusammen essen gehen, Veranstaltungen besuchen, miteinander feiern, die Freizeit gemeinsam verbringen oder gemeinsam Freunde und Verwandte besuchen.

Gleichwertigkeit der Beziehungen

Das Zusammenleben von Menschen mit geistiger Behinderung und Mitarbeiterinnen im begleiteten Wohnen geschieht im Regelfall für beide Seiten zunächst nicht ganz freiwillig: Den Bewohnern einer Wohnstätte bleibt meist nur ein sehr geringer Spielraum für die Entscheidung, mit welchen Personen als Helfer(innen) sie in ihrem Zuhause zusammensein wollen. Für die Mitarbeiterinnen wiederum ist es oft nicht leicht, das richtige Verhältnis zwischen persönlicher Nähe und der ebenso notwendigen Distanz zu den Nutzern zu finden. Zu diesem Zweck sollten sich die Mitarbeiterinnen um die größtmögliche Gleichwertigkeit in dieser Beziehung bemühen. Gewissermaßen als „Ausgleich" für den oft sehr weitgehenden Einfluß, den Mitarbeiterinnen auf das Privatleben der Nutzer haben, sollten diese umgekehrt auch etwas darüber wissen, wie die Mitarbeiterinnen leben, was deren Interessen und Hobbys sind und welche Sorgen und Wünsche sie haben (z. B. durch Besuche, Erzählungen, Einladung der Nutzer zu Festen oder gemeinsames Feiern auch außerhalb der Dienstzeit).

Gleichwertigkeit sollte also immer auch auf der emotionalen Ebene angestrebt werden. Wenn man mit anderen Menschen soviel Zeit verbringt und zum Teil auch sehr nah zusammenlebt, sollten die eigenen Bedürfnisse und Wünsche, aber auch die Grenzen des Zusammenlebens nicht ausgeklammert werden. Als Zugang dazu bieten sich für Mitarbeiterinnen solche gemeinsamen Bedürfnisse an, über die sie sich mit den Nutzern am schnellsten verständigen können, ohne dabei zu sehr in deren Privatsphäre einzudringen: nach Freude, Entspannung, Angstfreiheit usw.

Probleme, die das Zusammenleben erschweren

Ein gelingendes Zusammenleben von Mitarbeiterinnen und Nutzern wird in den meisten wohnbezogenen Diensten jedoch durch eine ganze Reihe von Problemen erheblich erschwert:

- Oft sind die Mitarbeiterinnen – gemessen an den vielfältigen Anforderungen – nur unzureichend ausgebildet. So fehlen z. B. Kenntnisse über die Theorie menschlicher Bedürfnisse, über die sinnvolle Strukturierung von Alltagssituationen oder über die Möglichkeiten einer Verständigung ohne sprachliche Ausdrucksmittel.
- In vielen wohnbezogenen Diensten müssen die Mitarbeiterinnen ihre Aufgaben vor dem Hintergrund einer Unterbesetzung und/oder starker Fluktuation erfüllen. Fehlende personale Kontinuität, mangelnde Zeit für Gespräche und ein Zusammensein mit den Nutzern ohne Streß verhindern oftmals, daß Fachkräfte und Nutzer sich wirklich kennenlernen und ihre Bedürfnisse gegenseitig wahrnehmen können.
- Oft fühlen sich Mitarbeiterinnen mit ihren Schwierigkeiten allein gelassen und beklagen mangelnde Unterstützung durch Vorgesetzte und fehlende Solidarität im Team.
- Verhaltensweisen von Nutzern werden nicht als subjektiv sinnvoll erkannt (z. B. als Problemlösungs- oder Kommunikationsversuche).
- Das Machtgefälle zwischen Mitarbeiterinnen und Nutzern verhindert eine Gleichwertigkeit der Beziehung und begünstigt Machtmißbrauch.
- Mitarbeiterinnen sehen ihre Aufgabe darin, etwas *für* die Nutzer zu tun, nicht *mit* ihnen. So sollten Fachkräfte z. B. nicht der Versuchung erliegen, die Räumlichkeiten der Wohneinrichtung nach eigenem Geschmack zu gestalten, „weil die Bewohner dies nicht können". Alleingänge der Mitarbeiterinnen – also alle Aktivitäten, die nicht entweder von den Nutzern selbst ausgehen oder gemeinsam mit ihnen durchgeführt werden – tragen das Risiko in sich, die Nutzer in einer passiven Haltung zu bestätigen und ihnen die Erfahrung sinnhafter Tätigkeit vorzuenthalten.

Die Wirkungen der beschriebenen Probleme werden unter Schlagworten wie „Burnout" und „Betreuungsnotstand" seit Jahren in der Behindertenhilfe diskutiert: Die Mitarbeiterinnen erleben ihre Arbeit als sinnlos, fühlen sich überfordert, resignieren, „brennen aus" oder suchen sich einen neuen Arbeitsplatz. Ein wohnbezogener Dienst sollte es daher als seine Aufgabe ansehen, seinen Mitarbeiterinnen

- ein „gelingendes Zusammenleben" mit den Nutzern als Ziel ihrer Arbeit zu vermitteln;
- Gelegenheiten und günstige Bedingungen zur Auseinandersetzung mit der eigenen Arbeitsmotivation zu bieten;
- strukturelle Hilfen bereitzustellen (z. B. feste und ausreichende Team-, Beratungs- und Supervisionszeiten, ästhetische Gestaltung des Lebensraums);
- regelmäßige Fortbildungsangebote zu machen, die auf eine Verbesserung des Zusammenlebens und einen gelingenden Alltag zielen.

Das zeitweise Zusammenleben von Mitarbeiterinnen und Nutzern kann nur gelingen, wenn alle Beteiligten auch einen Sinn in diesem Zusammenleben erkennen können. Für die Mitarbeiterinnen bedeutet dies, daß sie sich über ihre eigene Motivation und die Ziele ihrer Tätigkeit wirklich im klaren sein müssen. Dabei begegnet ihnen eine für die soziale Arbeit typische Schwierigkeit: Für Beschäftigte in anderen Tätigkeitsbereichen ist es selbstverständlich, sich in hohem Maße durch ihre Arbeitsleistung und ihren Erfolg zu motivieren. Was aber sind Leistung und Erfolg im Zusammenleben mit Menschen mit geistiger Behinderung?

Viele Mitarbeiterinnen definieren ihr Tun sehr stark über den Erfolg ihrer Förderbemühungen und damit über die „Leistung" der Nutzer, ohne dabei zu bemerken, daß sie damit das Zusammenleben mit ihnen durch unausgesprochene und meist enttäuschte Erwartungen belasten.

Der Sinn eines Zusammenlebens mit Menschen mit geistiger Behinderung sollte unter keinen Umständen primär deren Förderung oder Kompetenzerweiterung sein. Beides ist sicher wichtig, doch es ergibt sich erst auf der Grundlage einer vertrauensvollen Beziehung im Alltag.

Grundbedingungen für ein gelingendes Zusammenleben

Als „Grundbedingungen" (vgl. HAHN 1992, 112) für das Zusammenleben zwischen Menschen mit geistiger Behinderung und den Fachkräften im begleiteten Wohnen lassen sich zusammenfassend nennen:

1. Das Zusammensein mit den Bewohnern sollte als gemeinsame Aufgabe und Leistung des Teams verstanden werden. Die emotionalen Belastungen des Zusammenlebens mit den Nutzern sind für fast alle Mitarbeiterinnen wohnbezogener Dienste erheblich. Ohne die Unterstützung im Team, die gerechte Verteilung von Belastungen (z. B. durch das gemeinsame Tätigsein von mindestens zwei Kolleginnen in anstrengenden Arbeitssituationen, etwa in den Morgen- und Abendstunden oder am Wo-

chenende) und die gemeinsame Verarbeitung der Erfahrungen kann auf lange Sicht niemand das nötige Gleichgewicht zwischen Nähe und Distanzierung aufrechterhalten. Bedingungen für Mitarbeiterinnen sind u. a.:

- „Beziehungskonflikte" mit einzelnen Nutzern klären, alternative Beziehungen vermitteln (wenn möglich, außerhalb des begleiteten Wohnens!);
- im Privatbereich ein bewußtes Gegengewicht zur Arbeit schaffen;
- einen „zwanglosen" Austausch mit Freunden und Bekannten über die Arbeit führen;
- öfter ein paar Tage frei nehmen, statt nur einmal im Jahr richtig Urlaub machen.

2. Nicht selten sind bestimmte Bedürfnisse auf beiden Seiten verdrängt oder verschüttet, müssen also erst wieder geweckt werden oder können nicht in einer verständlichen Form artikuliert werden. Grundsätzlich gilt, daß die eigenen Vorstellungen, Bedürfnisse und Grenzen von den Mitarbeiterinnen nicht verleugnet werden dürfen, sondern in eine Balance zu den Bedürfnissen und Ansprüchen der Nutzer gebracht werden müssen. Dieses Gleichgewicht ist immer wieder von neuem auszuhandeln, erst dadurch wird für beide Seiten ein zufriedenstellender Umgang möglich.

3. Oft wird nicht erkannt, daß die Gründe für das Wohlbefinden der Mitarbeiterinnen und für das Wohlbefinden der Nutzer die gleichen sind. Das eine läßt sich auf Dauer nicht ohne das andere verwirklichen. Das Zusammenleben ist für die Fachkräfte der wesentliche Teil ihres Arbeitslebens, für die Nutzer ist es oft der wesentlichste Teil ihres Privatlebens. Beides kann nur möglichst gleichberechtigt miteinander gestaltet werden.

Zusammenleben heißt vor allem auch, gemeinsam mit anderen aktiv und tätig zu sein. Dies kann etwa bedeuten, daß man die täglichen Arbeiten im Haus oder im Garten miteinander erledigt, zusammen Freizeitaktivitäten unternimmt oder vielleicht gemeinsam Sport treibt.

Jeder Mensch entwickelt sich in sozialen Beziehungen mit anderen vor allem über Betätigungen, die für ihn selbst einen Sinn haben. Manche Menschen mit geistiger Behinderung haben allerdings kaum Erfahrung, wie sich über gemeinsame Tätigkeiten viele soziale Bedürfnisse (nach Kommunikation, Zugehörigkeit, Anteilnahme, Angenommensein) befriedigen lassen und sind daher in Gruppen oft überfordert. Ihnen sollte durch eine gezielte Gestaltung von Alltagssituationen immer wieder die Gelegenheit gegeben werden, gemeinsam mit anderen individuell sinnvollen Tätigkeiten nachzugehen. Dabei sind Bedürfnisse nach Alleinbeschäftigung ebenso zu berücksichtigen wie solche nach sozialem Austausch im Tätigsein mit anderen. Auch dann, wenn ein Mensch mit Behinderung „nur dabei ist", wenn etwas getan wird, kann er doch das Geschehen um ihn herum wahrnehmen und daran Anteil nehmen.

Vom Betreuungsmodell zur „persönlichen Assistenz"

In den meisten wohnbezogenen Diensten herrscht unverändert das sogenannte Betreuungsmodell vor. Menschen mit geistiger Behinderung werden betreut, behandelt und gefördert und sind dabei in hohem Maße abhängig von den Mitarbeiterinnen. Soll sich die Arbeit im begleiteten Wohnen aber tatsächlich an den Bedürfnissen der Bewohner nach Individualisierung und Verantwortlichkeit orientieren, so kann es nicht das Ziel sein, die Hilfen und deren Organisation immer mehr zu perfektionieren. Erstrebenswert ist vielmehr der gezielte Abbau solcher Hilfen, die dazu beitragen, die Nutzer von den Leistungen eines wohnbezogenen Dienstes abhängig zu machen.

Es sollte eine Rollenverteilung zwischen den Fachkräften und den Nutzern angestrebt werden, wie sie das Modell der „persönlichen Assistenz" vorsieht. Dieses Modell für mehr persönliche und politische Macht behinderter Menschen entstand im Zuge der sogenannten „Independent-Living-Bewegung" Anfang der 70er Jahre in den USA. Das Assistenzmodell wurde in Deutschland von der Bewegung körperbehinderter Menschen aufgegriffen und vereinzelt auch verwirklicht.

Persönliche Assistenz bedeutet, daß allein der Mensch mit Behinderung über die Formen und den Umfang der Hilfeleistungen, die seinem individuellen Bedarf entsprechen, bestimmt und auch darüber entscheidet, wer sein Assistent sein soll.

Dieser Ansatz stellt die gegenwärtige Praxis, nach der fast ausschließlich Fachleute das System der Hilfen planen, koordinieren und umsetzen, auf den Kopf. Statt um Therapie oder Förderung geht es darum, daß „persönliche Assistent(inn)en" dem Nutzer gezielt diejenigen Hilfen zur Verfügung stellen, die seine individuelle Form der Alltagsbewältigung unterstützen. Auf diese Weise erhalten die Hilfen den Charakter einer Dienstleistung: Der ehemals „Betreute" wird zum Arbeitgeber mit der Kompetenz, qualifizierte Leistungen verlangen zu können, seine Assistent(inn)en auszusuchen, anzuleiten und gegebenenfalls auch zu wechseln. Das Modell setzt allerdings voraus, daß ein Mensch mit Behinderung allein oder mit Partner(in) in der eigenen Wohnung lebt und über die finanziellen Mittel verfügt, persönliche Assistent(inn)en einzustellen.

An diesem Punkt wird deutlich, daß das Assistenzmodell in der Praxis der wohnbezogenen Dienste für Menschen mit geistiger Behinderung bislang noch auf schwer überwindbare Hindernisse stößt. Eine selbstbestimmte Wahl, wie sie wohnen möchten, ist für sie nach wie vor die Ausnahme. Als Bewohner einer Wohnstätte etwa können sie keine Arbeitgeberrolle einnehmen. Dadurch können sie die Auswahl ihrer Helfer(innen) in aller Regel nicht im mindesten beeinflussen.

Hinzu kommt, daß in einer Wohnstätte immer Hilfen für Gruppen von Menschen geplant und organisiert werden müssen. Allein dadurch ist die Möglichkeit des einzelnen Bewohners erheblich eingeschränkt, selbst über den angemessenen Umfang und die Art der Hilfen zu bestimmen.

Schließlich werden die finanziellen Mittel zur sozialen Rehabilitation, die einem Menschen mit Behinderung im begleiteten Wohnen von Rechts wegen zustehen, nach wie vor nicht an die Person selbst, sondern an die Einrichtung gezahlt. Auf diese Weise können die organisatorischen Kompetenzen natürlich erst gar nicht gelernt werden, die man braucht, um selbst wählen und entscheiden zu können.

Eine weitere Schwierigkeit zeigt sich darin, daß das Assistenzmodell in seiner ursprünglichen Form in erster Linie praktische Unterstützungsleistungen im Alltag vorsieht, nicht aber eine persönlichere Beziehung oder ein Zusammenleben zwischen Assistent(in) und Nutzer. Daher kommt es vorrangig für Personen in Betracht, die bereits über stabile und verläßliche Freundschaften und soziale Beziehungen verfügen und auf die emotionale Zuwendung ihrer Helfer(innen) nicht allzu sehr angewiesen sind.

Verändertes Selbstverständnis der Fachkräfte

Ungeachtet dieser Probleme bietet sich das Assistenzmodell, ergänzt um Elemente der Begleitung und Förderung, auch im begleiteten Wohnen für Menschen mit geistiger Behinderung als Zielperspektive an (vgl. SPECK 1985). Es fordert die Mitarbeiterinnen dazu auf, sich in ihrer Arbeit stets von den Bedürfnissen und persönlichen Wünschen der Nutzer leiten zu lassen und ihnen in allen Lebensbereichen die größtmögliche Mitsprache einzuräumen, z. B. hinsichtlich ihrer Wohnsituation, bei der Verfügung über ihre Finanzen und bei der Auswahl ihrer Helfer(innen).

Voraussetzung dazu ist, daß sich Mitarbeiterinnen nicht länger als „ExpertInnen für Behinderung" (vgl. THIMM 1994, 112 ff.) verstehen, sondern ihre Aufgabe eher darin sehen, erwachsene Menschen mit geistiger Behinderung in ihrem Alltag nach dem Grundsatz der „Hilfe zur Selbsthilfe" zu begleiten und ihnen dazu geeignete Zugänge zu erschließen (z. B. durch die Anbahnung sozialer Beziehungen). Hier klingt die Forderung nach einer anderen Grundhaltung, einem veränderten Selbst- und Aufgabenverständnis von Mitarbeiterinnen an.

Die aus unserer Sicht wesentlichen Elemente einer solchen veränderten Grundhaltung sind:

1. Selbstbestimmung und Verantwortung fördern

Zusammenleben kann nur gelingen, wenn jedem Menschen grundsätzlich zugestanden wird, für sein eigenes Handeln die Verantwortung zu übernehmen und darüber hinaus gelegentlich auch für andere Personen – im Sinne gegenseitiger Unterstützung – verantwortlich tätig zu werden (Gegenstandsbereich „Wahl der Mitbewohner und Kontinuität des Zusammenlebens", siehe S. 184 ff.).

2. Konsequente Individualisierung

Während viele Wohneinrichtungen sich noch immer an Gruppen von Nutzern orientieren, wenn sie ihre Hilfen organisieren, ist der Schutz der Individualität und der Privatheit jedes Nutzers die erste Voraussetzung für einen bedürfnisgerechten und vertrauensvollen Umgang miteinander (Gegenstandsbereiche „Gruppengröße und Gruppenzusammensetzung", siehe S. 190 ff.; „Privatheit und Individualisierung", siehe S. 207 ff.).

3. Verhandeln statt Betreuen

Menschen mit geistiger Behinderung sind nie nur passiv Betreute, sondern immer auch aktiv Beteiligte; daher hat jede Hilfe von ihrer Lebenssituation und ihren Bedürfnissen und Wünschen auszugehen (Gegenstandsbereich „Beziehungsgestaltung zwischen Mitarbeiterinnen und Nutzern", siehe S. 197 ff.).

4. Solidarische Begleitung auch in Krisen

In Ausnahmesituationen des Zusammenlebens sind Fähigkeiten des Zuhörens, des Mitleidens und der Bescheidenheit von besonderer Bedeutung (Gegenstandsbereich „Umgang mit Krisen", siehe S. 215 ff.).

Literatur

Bundesvereinigung Lebenshilfe für geistig Behinderte e. V.: Wörterbuch aktueller Fachbegriffe. In: Fachdienst der Lebenshilfe 3/1994, 1 – 8

GRIMM, R.: Die therapeutische Gemeinschaft in der Heilpädagogik. Stuttgart 1991

HAHN, M. Th.: Zusammensein mit Menschen, die schwerbehindert sind – Mitarbeiterinnen und Mitarbeiter in der Förderung. In: Geistige Behinderung 2/1992, 107 – 129

NOUVERTNÉ, K.: Professionelle Arbeit muß sich dramatisch ändern. In: Dörner, K. (Hrsg.): Aus leeren Kassen Kapital schlagen: Kosten, Fachwissen und die Grundbedürfnisse der psychisch Kranken erzwingen gleichsinnig die Radikalisierung der Psychiatrie-Reform. Gütersloh 1994, 67 – 106

RATZKA, A.: Aufstand der Betreuten: STIL – Persönliche Assistenz und Independent Living in Schweden. In: Mayer, A.; Rütter, J. (Hrsg.): Abschied vom Heim: Erfahrungsberichte aus Ambulanten Diensten und Zentren für Selbstbestimmtes Leben. München 1988, 183 – 201

SPECK, O. (Hrsg.): Integration und Autonomie behinderter Menschen. Stuttgart 1985

THIMM, W.: Leben in Nachbarschaften: Hilfen für Menschen mit Behinderungen. Freiburg i. Br. 1994

Gegenstandsbereich:
Wahl der Mitbewohner und Kontinuität des Zusammenlebens

Für die meisten nichtbehinderten Erwachsenen ist es eine Selbstverständlichkeit, daß sie die Personen, mit denen sie zusammenleben möchten, innerhalb gewisser Grenzen selbst aussuchen können. Menschen mit geistiger Behinderung wird diese Wahlmöglichkeit bis heute nur sehr eingeschränkt zugestanden. Das Hilfesystem für Menschen mit Behinderung ist darauf nicht angelegt.

Nur sehr wenige wohnbezogene Dienste berücksichtigen in ihren Konzeptionen bislang das Recht von Menschen mit geistiger Behinderung, ihre Mitbewohner zu wählen. Dabei ist das unzureichende Wohnangebot für Menschen mit Behinderung nur eine Ursache. Ein weiterer Grund besteht darin, daß das Etikett „geistige Behinderung" häufig den Blick dafür verstellt, daß für Nutzer wohnbezogener Dienste die Wahl und Kontinuität ihrer Mitbewohner ebenso bedeutsam ist wie für den Großteil nichtbehinderter Menschen. Auch sie wünschen sich, mit einem Partner oder einer Partnerin, in einer Familie oder einer kleinen Gemeinschaft guter Bekannter oder Freunde zu leben. Hingegen wird es kaum vorkommen, daß ein Mensch mit geistiger Behinderung in freier Entscheidung ausdrücklich den Wunsch äußert, mit einer Gruppe ebenfalls behinderter Personen in einer Wohnstätte zusammenzuleben.

Die meisten nichtbehinderten Menschen wären empört, würde man von ihnen verlangen, sie sollten ihre bisherige Lebensform aufgeben, um künftig in einer engen Hausgemeinschaft mit sieben anderen, ihnen womöglich völlig unbekannten Personen zusammenzuwohnen. Aufgrund der Wohnungsnot in der unmittelbaren Nachkriegszeit hat es solche Zwangswohngemeinschaften durch die Einquartierung wohnungsloser Menschen gegeben. Sich aus diesen Verhältnissen wieder befreien zu können, galt damals als zentraler Indikator wieder erreichter Normalität (vgl. SILBERMANN 1966).

Selbst die strikte Trennung der Geschlechter ist noch keineswegs in allen wohnbezogenen Diensten überwunden. Aus einer Untersuchung (THESING 1993, 147 f.) über betreute Wohngruppen, in denen in erster Linie Menschen mit geistiger Behinderung leben, geht hervor, daß nur in etwas über der Hälfte der befragten Wohngruppen Frauen und Männer gemeinsam wohnen. Die Frage, ob grundsätzlich die Möglichkeit bestehe, auch als Paar in einer Wohngruppe zu leben, konnte nur von der Hälfte der befragten Gruppen positiv beantwortet werden. Nur in etwas mehr als einem Drittel der Gruppen lebten auch Paare zusammen (das Paarwohnen als besondere Form des betreuten Wohnens wurde in dieser Studie nicht erfaßt). Man sollte sich also darüber im klaren sein, daß das Leben in einer Wohnstätte für die meisten Bewohner mit geistiger Behinderung eine „Notlösung" oder doch zumindest einen Kompromiß zwischen dem eigenen Wunsch nach selbstbestimmtem Wohnen und dem mangelnden Angebot an kleineren und ambulant betreuten Wohnformen darstellt.

Grundsätzlich sollten die Wünsche des einzelnen Nutzers hinsichtlich der Person(en), mit der (denen) er zusammenleben will, vorrangig berücksichtigt werden.

Darüber hinaus ist die Bereitschaft der Beteiligten, auch längerfristig zusammenzuwohnen (dazu sollte der wohnbezogene Dienst die Zukunftspläne und -möglichkeiten der jeweiligen Personen berücksichtigen) von Bedeutung.

Außerdem sind die möglichen positiven wie negativen Folgen eines Wechsels sowohl für den betreffenden Nutzer als auch für die Gruppe der ehemaligen und künftigen Mitbewohner zu bedenken.

Ein- und Umzüge begleiten

Im Einzelfall werden negative Konsequenzen für bestimmte Personen vielleicht nicht immer zu vermeiden sein. Eine befriedigende Lösung wird jedoch um so eher gelingen, je konsequenter die Entscheidung über den Einzug oder Umzug von Nutzern grundsätzlich unter angemessener Beteiligung aller davon betroffenen Personen – der Nutzer selbst, gegenwärtige und künftige Mitbewohner, Eltern/Angehörige, Fürsprecher(innen), Mitarbeiterinnen, Leitung des wohnbezogenen Dienstes – herbeigeführt wird.

Ein Einzug oder Umzug sollte so langfristig wie möglich geplant werden, so daß der Nutzer sowie die ehemaligen und künftigen Mitbewohner genügend Zeit haben, sich angemessen darauf vorzubereiten. Erfolgt der Umzug aus dem Elternhaus in einen wohnbezogenen Dienst, sollte auch den Eltern bzw. Angehörigen eine Begleitung (durch Gespräche, regelmäßige Besuche, Elterngruppe) angeboten werden, die über den Zeitpunkt der Aufnahme deutlich hinausgehen kann.

Personen, die künftig zusammenleben werden, sollten ausreichend Gelegenheit bekommen, sich kennenzulernen. Dies kann z. B. durch ein unverbindliches Probewohnen oder durch gegenseitige Besuche geschehen. Besonders geeignet sind grundsätzlich auch gemeinsame Tätigkeiten wie z. B. Freizeitunternehmungen, Angebote der Erwachsenenbildung oder auch eine gemeinsame Urlaubsreise. Es sollte zum Prinzip gemacht werden, daß keine Personen zusammenziehen, die sich zuvor kaum oder gar nicht kennengelernt haben.

In der ersten Zeit nach dem Einzug eines neuen Mitbewohners zeigt sich häufig, ob und wie schnell er sich an die neue Umgebung gewöhnt. Der wohnbezogene Dienst kann den Eingewöhnungsprozeß wesentlich erleichtern, wenn er sich Zeit nimmt, alles zu tun, damit sich der Nutzer schnell zu Hause fühlen kann. Dazu zählt auch, ihn darin aktiv zu unterstützen, den Kontakt zu ehemaligen Mitbewohnern, Arbeitskolleg(inn)en oder Freund(in)en auf Dauer aufrechtzuerhalten.

Trotz aller Bemühungen des wohnbezogenen Dienstes kann sich natürlich zu einem späteren Zeitpunkt herausstellen, daß Bewohner einfach nicht zusammenpassen. Ein Dienst sollte Nutzern, die nicht miteinander leben wollen, dazu verhelfen, ihre Wohnsituation so zu verändern, daß möglichst keine Nachteile für die Beteiligten entstehen.

Kontinuität des Zusammenlebens

In einer Wohngruppe können die Grundbedürfnisse der einzelnen Nutzer nach Kontakt und Kommunikation in der Regel erfüllt werden. Sollen aber darüber hinaus auch verläßliche soziale Beziehungen und Freundschaften unter den Mitbewohnern wachsen, muß die Gruppe über einen längeren Zeitraum in ihrer Zusammensetzung stabil bleiben.

Freundschaften entwickeln sich nur langsam und bedürfen der Gewißheit zeitlicher Kontinuität. Eine weitere wichtige Voraussetzung dafür ist eine möglichst geringe Gruppengröße (vgl. Gegenstandsbereich „Gruppengröße und Gruppenzusammensetzung", S. 190 ff.).

Auch altersabhängige Aspekte sollten beachtet werden. Gemeinhin fällt es jüngeren Nutzern etwas leichter, einen Wechsel ihrer Mitbewohner zu verkraften als älteren Menschen. Bei älteren Nutzern lösen Veränderungen durch bevorstehende Umzüge von Mitbewohnern daher oft Angst aus. Die meisten Menschen mit geistiger Behinderung, die in Psychiatrien und Großeinrichtungen leben oder früher einmal dort lebten, wissen aus Erfahrung, daß sich ihre Wohnsituation jederzeit grundlegend verändern kann, indem entweder sie selbst oder Mitbewohner in andere Gruppen oder Einrichtungen „verlegt" werden. Manchmal geschah dies von einem Tag auf den anderen, ohne jede Chance, die eigenen Wünsche einbringen zu können, und häufig aufgrund von Entscheidungen, die ihnen nicht erläutert wurden oder weitgehend unverständlich geblieben sind.

Ein wohnbezogener Dienst sollte es sich daher zur Pflicht machen, die Bedürfnisse derjenigen Nutzer besonders zu berücksichtigen, die aufgrund bestimmter Lebensumstände oder negativer Vorerfahrungen mit häufig wechselnden Mitbewohnern ein besonders hohes Maß an Kontinuität und emotionaler Stabilität benötigen.

Schutz vor vermeidbaren Umzügen

In vielen wohnbezogenen Diensten existieren Vorgaben, die die Dauer des Zusammenwohnens von vornherein einschränken und es fast unmöglich machen, daß sich einzelne Nutzer ihre Mitbewohner aussuchen können. Dazu zählt u. a. die Praxis mancher Dienste, das Wohnangebot auf eine bestimmte Altersgruppe einzuschränken, so daß die Nutzer nicht sicher sein können, auch im Alter ihre Wohnung und die ihnen vertrauten Mitbewohner zu behalten.

Viele wohnbezogene Dienste behalten sich vor, Nutzer z. B. in Krisen, im Krankheitsfall oder aufgrund organisatorischer Zwänge dauerhaft in andere Gruppen oder Einrichtungen zu verlegen. Ein wohnbezogener Dienst, der darum bemüht ist, seinen Nutzern ein wirklich bedürfnisgerechtes Angebot zu machen, sollte sie vor solchen Wechseln zuverlässig schützen können.

Den Mitarbeiterinnen sollte bewußt sein, daß sich eine Gruppe zusammenwohnender Menschen auch insgesamt verändert, wenn eine Person ausscheidet oder neu hinzukommt. Nach jeder Veränderung der Gruppenzusammensetzung müssen sich die Mitbewohner also neu orientieren. Vor diesem Hintergund können zwischenmenschliche Probleme und scheinbar ungewöhnliche oder längst überwunden geglaubte Verhaltensweisen (z. B. Aggressivität oder plötzlicher Rückzug einer Person) als Versuche verstanden werden, in einer neuen Gruppenordnung den eigenen Platz zu finden bzw. zu bewahren (vgl. Gegenstandsbereich „Gruppengröße und Gruppenzusammensetzung", S. 190 ff.).

Literatur

FLADE, A.: Wohnen psychologisch betrachtet. Bern 1987

SILBERMANN, A.: Vom Wohnen der Deutschen: Eine soziologische Studie über das Wohnerlebnis. Frankfurt a. M. 1966

THESING, T.: Betreute Wohngruppen und Wohngemeinschaften für Menschen mit geistiger Behinderung. Freiburg i. Br. 1993

WEIGAND, H.: Rückkehr in die Heimatgemeinde – eine Zwischenbilanz. In: Koenning, K. (Hrsg.): Spät kommt ihr ... Gütersloher Wege mit Langzeitpatienten. Gütersloh 1986, 103 – 146

Nutzerbezogene Indikatoren:
Wahl der Mitbewohner und Kontinuität des Zusammenlebens

	trifft zu	trifft eher zu	trifft eher nicht zu	trifft nicht zu
1. Der Nutzer hat bislang durch „Verlegungen" o. ä. besonders negative Erfahrungen in bezug auf die Kontinuität des Zusammenlebens mit anderen Menschen gemacht.	❏	❏	❏	❏
2. Der Nutzer befindet sich in einem Alter, in dem die Kontinuität der sozialen Beziehungen besonders wichtig ist.	❏	❏	❏	❏
3. Der Nutzer benötigt aufgrund mangelnder Kontinuität in anderen Lebensbereichen (Übergänge im Arbeitsleben, Verlust von Bezugspersonen) eine besonders hohe Stabilität seiner sozialen Beziehungen im Wohnbereich.	❏	❏	❏	❏
4. Der Nutzer hat keine oder nur sehr wenige für ihn bedeutsame soziale Beziehungen außerhalb des Wohnbereichs.	❏	❏	❏	❏
5. Der Nutzer möchte allein wohnen oder mit anderen Personen zusammenleben, als er dies gegenwärtig tut.	❏	❏	❏	❏
6. Der Nutzer hatte vor dem Einzug in seine gegenwärtige Wohnung oder Wohngruppe keine oder nur wenig Gelegenheit, seine Mitbewohner kennenzulernen (z. B. durch ein unverbindliches, zeitlich befristetes Probewohnen).	❏	❏	❏	❏
7. Vor Einzug in seine gegenwärtige Wohnung oder Wohngruppe wurde nicht geprüft, ob die wohnbezogenen Bedürfnisse des Nutzers mit dem vorgesehenen Wohnangebot befriedigt werden können.	❏	❏	❏	❏
8. Der Nutzer und gegebenenfalls seine Angehörigen benötigen gegenwärtig oder aufgrund eines zukünftigen Umzugs besondere Hilfen zur Gestaltung des Ablösungsprozesses.	❏	❏	❏	❏
9. Der Nutzer benötigt besondere Unterstützung, um den Kontakt zu ihm bedeutsamen Personen aus seinem früheren Wohnumfeld aufrechtzuerhalten.	❏	❏	❏	❏

Gesamteinschätzung

Aus den individuellen Bedürfnissen und den Erfahrungen des Nutzers ergibt sich ein besonderer Unterstützungsbedarf für eine selbstbestimmte Wahl seiner Mitbewohner und die Sicherung der Kontinuität seiner sozialen Beziehungen im Wohnbereich.	❏	❏	❏	❏

Angebotsbezogene Indikatoren:
Wahl der Mitbewohner und Kontinuität des Zusammenlebens

	trifft zu	trifft eher zu	trifft eher nicht zu	trifft nicht zu
1. Der wohnbezogene Dienst ermöglicht grundsätzlich und vor einer endgültigen Entscheidung über den Einzug oder Umzug eines künftigen Mitbewohners innerhalb der verschiedenen Wohnangebote ein für beide Seiten unverbindliches, zeitlich befristetes Probewohnen. So wird sichergestellt, daß grundsätzlich keine Personen zusammenziehen, die sich zuvor kaum oder gar nicht kannten.	❏	❏	❏	❏
2. Der wohnbezogene Dienst holt alle für eine Entscheidung über den Einzug oder Umzug von Nutzern wichtigen Informationen (von Eltern und Angehörigen, Mitarbeiterinnen anderer Dienste usw.) ein und prüft sorgfältig, wie die wohnbezogenen Bedürfnisse des Nutzers mit dem vorgesehenen Wohnangebot befriedigt werden können.	❏	❏	❏	❏
3. Am Ende der Probezeit wird die Entscheidung über den Einzug oder Umzug von Nutzern grundsätzlich unter Einbeziehung aller davon betroffenen Personen (Nutzer, künftige Mitbewohner, Eltern/Angehörige des Nutzers, Fürsprecher[innen], Mitarbeiterinnen, Leitung usw.) herbeigeführt.	❏	❏	❏	❏
4. Die Wünsche des jeweiligen Nutzers und seiner möglichen Mitbewohner werden bei einer Entscheidung über den Einzug oder Umzug vorrangig berücksichtigt. Den übrigen am Entscheidungsprozeß beteiligten Personen kommt eine beratende Funktion zu.	❏	❏	❏	❏
5. Der wohnbezogene Dienst bemüht sich darum, Nutzern, die nicht miteinander leben wollen, alternative Wohnmöglichkeiten anzubieten oder zu vermitteln.	❏	❏	❏	❏
6. Ein- und Umzüge werden so weit wie möglich längerfristig und unter Beteiligung der Nutzer geplant, so daß diese vor abruptem Wechsel von Mitbewohnern geschützt sind.	❏	❏	❏	❏

Zusammenleben • Wahl der Mitbewohner/Kontinuität

	trifft zu	trifft eher zu	trifft eher nicht zu	trifft nicht zu
7. Sowohl dem Nutzer als auch den Eltern bzw. Angehörigen bietet der wohnbezogene Dienst individuelle Hilfen zur Gestaltung des Ablösungsprozesses an, die über den Zeitpunkt der Aufnahme hinausgehen.	❑	❑	❑	❑
8. Der Nutzer wird nach Umzügen dabei unterstützt, den Kontakt zu ihm bedeutsamen Personen aus seinem bisherigen Wohnumfeld aufrechtzuerhalten.	❑	❑	❑	❑
9. Strukturen des wohnbezogenen Dienstes, die die Mitbestimmung der Nutzer bei der Wahl ihrer Mitbewohner oder die Dauer des Zusammenwohnens von Nutzern einschränken können (Reduzierung des Angebots auf eine bestimmte Altersgruppe oder bestimmte Merkmale; Praxis des Dienstes, Nutzer aufgrund erhöhten Pflegeaufwands in eine andere Gruppe oder einen anderen Dienst zu „verlegen"; zentrale Wohnplatzverteilung usw.), werden gezielt abgebaut.	❑	❑	❑	❑

Gesamteinschätzung

	trifft zu	trifft eher zu	trifft eher nicht zu	trifft nicht zu
Der wohnbezogene Dienst unternimmt alle erforderlichen Bemühungen, um den Nutzern eine selbstbestimmte Wahl ihrer Mitbewohner zu ermöglichen und die Kontinuität ihrer sozialen Beziehungen im Wohnbereich zu sichern.	❑	❑	❑	❑

6.3

Gegenstandsbereich:
Gruppengröße und Gruppenzusammensetzung

Wohnbezogene Dienste für Erwachsene mit geistiger Behinderung sind, ungeachtet der Nähe zur Gemeinde und aller Bemühungen um soziale Rehabilitation, mehr oder weniger *besondernde* Einrichtungen. Hier leben Menschen zusammen, die häufig nur über ein einziges gemeinsames Merkmal verfügen – die geistige Behinderung. Die Tatsache, daß Erwachsene mit geistiger Behinderung, die aus dem Elternhaus ausziehen wollen oder müssen, im Regelfall nicht weiterhin mit nichtbehinderten Personen zusammenwohnen können, sondern ausschließlich mit Menschen, die ebenfalls geistig behindert sind, bedeutet für sie eine grundsätzliche Einschränkung ihrer Entwicklungsmöglichkeiten und ihres gesellschaftlichen Ansehens.

Eine Alternative hierzu besteht derzeit nur in auf Dauer angelegten Lebensgemeinschaften von Menschen mit und ohne Behinderung, wie sie beispielsweise in anthroposophischen Einrichtungen existieren. Sie sind oft so zusammengesetzt, daß die Anzahl der nichtbehinderten Menschen größer ist als die Anzahl der behinderten Menschen. Solche Lebensgemeinschaften sind als „halbprofessionelle Modelle" in Struktur und Organisation mit „professionellen" wohnbezogenen Diensten wie Wohnstätten oder -verbundsystemen allerdings nur sehr bedingt vergleichbar.

Bei den meisten wohnbezogenen Diensten schränken vorgegebene Platzzahlen und feste Pflegesätze den Spielraum bei der Gestaltung von Gruppengrößen und -zusammensetzungen auf ein Minimum ein. So folgt die Entscheidung, wieviele und welche Nutzer in einer Gruppe zusammenleben, in den meisten Fällen eher pragmatischen Gründen und ist nur selten das Resultat bewußter, auf die Bedürfnisse und Wünsche der Nutzer bezogener Überlegungen. Dennoch bestehen – gerade bei größeren Diensten mit mehreren Gruppen oder Wohnverbundsystemen – Möglichkeiten, die Zusammensetzung einer einzelnen Wohngruppe anhand einiger grundsätzlicher Kriterien planvoller und bedürfnisgerechter zu gestalten, als dies für gewöhnlich geschieht.

Kriterien für die Gruppenzusammensetzung

Zunächst sollten wohnbezogene Dienste darauf achten, daß bei der personellen Zusammensetzung ihrer Wohngruppen die Quote der Menschen mit leichter Behinderung die Anzahl der Menschen mit schwerer Behinderung deutlich übersteigt.

Eine Studie von SEIFERT (1993, 96 f.) in Berliner Wohnheimen ergab, daß dieser Grundsatz häufig unbeachtet bleibt. So lebten in mehr als einem Drittel der 147 untersuchten Wohngruppen ausschließlich Nutzer mit schwerer geistiger Behinderung. In beinahe der Hälfte der übrigen, heterogen zusammengesetzten Gruppen wohnten zum Zeitpunkt der Erhebung immerhin drei oder mehr Personen mit schwerer geistiger Behinderung.

Kompetenzentwicklung – Lernen am „Modell"

Das Zahlenverhältnis von Menschen mit leichter und schwerer Behinderung innerhalb einer Wohngruppe ist im Hinblick auf die Kompetenzentwicklung der Bewohner von entscheidender Bedeutung. Ein großer Teil menschlichen Lernens erfolgt durch Nachahmung, indem der Lernende eine andere Person als Vorbild oder „Modell" wahrnimmt und sich mit ihr identifiziert. Alle Menschen, nicht nur solche mit schweren Behinderungen, können sich am besten dann weiterentwickeln, wenn sie von ihren engsten Bezugspersonen dazu möglichst vielfältige Anreize und Förderanregungen erhalten und diese Personen ihnen als positive Modelle für verschiedene alters- und kulturübliche, sozial angesehene Verhaltensweisen, Fähigkeiten, Rollen und Beziehungen dienen können.

Sind für einen Menschen mit schwerer Behinderung die unmittelbaren Bezugspersonen mehrheitlich schwer behindert, wird ihm ein „Lernen am Modell" notwendigerweise viel schwerer fallen, als dies im Zusammenleben mit Nichtbehinderten der Fall wäre. Einheitlich mit schwerbehinderten Personen zusammengesetzte Gruppen sind schon aus diesem Grund als besonders entwicklungsfeindlich einzustufen und generell abzulehnen.

Menschen mit geistiger Behinderung sind in bezug auf ihre Lernerfahrungen, ihre persönlichen Bedürfnisse, Motive und Erwartungen nicht weniger „individuell" als Nichtbehinderte. Das noch immer häufig angeführte Argument, daß Wohngruppen nach dem Kriterium „Grad der Behinderung" möglichst gleichartig (homogen) zusammengesetzt werden sollten, um möglichst günstige Förderbedingungen herzustellen, ist daher wenig überzeugend. Hinzu kommt, daß bei Menschen mit schwerer geistiger Behinderung von den Mitarbeiterinnen oft auch erhebliche Pflegeleistungen zu erbringen sind. Je mehr Personen mit schwerer Behinderung sich in einer Gruppe befinden, desto größer ist die Gefahr, daß diese Gruppe den Charakter einer Pflegeeinrichtung erhält und Aufgaben der sozialen Rehabilitation nur noch am Rande wahrgenommen werden.

Imagetransfer

Es sollte immer berücksichtigt werden, daß Menschen mit geistiger Behinderung sich in der Regel wünschen, in einem „normalen" Haushalt mit nichtbehinderten Menschen zusammenzuleben – mit Verwandten, einem Freund oder einer Freundin oder in einer Paarbeziehung. Daher empfinden sie gerade das Zusammenwohnen mit Personen, die schwer behindert sind, nicht selten als Herabsetzung ihrer Persönlichkeit. Wenn sie mit Menschen mit schwerer Behinderung in der Öffentlichkeit auftreten, etwa bei gemeinsamen Ausflügen oder Urlaubsreisen, wird ihnen diese Abwertung oft auch von Außenstehenden entgegengebracht, indem sie durch negativen Imagetransfer* als stärker behindert und weniger kompetent eingeschätzt werden, als sie es eigentlich sind.

Wenn bestimmte Nutzer sich also wenig erfreut darüber zeigen, mit schwer behinderten Menschen zusammenzuwohnen, haben sie dafür gute Gründe. Hier fällt den Mitarbeiterinnen eines wohnbezogenen Dienstes die Aufgabe zu, den Bewohnern einer Gruppe die Vorteile eines Zusammenwohnens mit Menschen, die schwer behindert sind, zu verdeutlichen, z. B. durch Gelegenheiten, voneinander zu lernen, anderen zu helfen und Verantwortung für Mitbewohner zu übernehmen.

Kriterien des Zusammenlebens

Grundsätzlich sollten für Wohngruppen geistig behinderter Menschen keine anderen Maßstäbe angelegt werden als für das Zusammenwohnen nichtbehinderter Personen. Besonders entscheidend sind also persönliche Sympathie der zusammenlebenden Menschen, gemeinsame Interessen und die Sicherstellung der Kontinuität des Wohnens (vgl. Gegenstandsbereich „Wahl der Mitbewohner und Kontinuität des Zusammenlebens", S. 184 ff.). Den Fachkräften wohnbezogener Dienste kommt dabei die Aufgabe zu, dafür Sorge zu tragen, daß Menschen aufgrund bestimmter Merkmale (z. B. Alter, Schwere der Behinderung, Erscheinungsbild usw.) nicht vorschnell ausgeschlossen werden.

Über den Grundsatz hinaus, daß die Wünsche der Nutzer hinsichtlich der Personen, mit denen sie leben wollen, vorrangig berücksichtigt werden sollten, sind noch andere, fachspezifische Kriterien zu berücksichtigen. Ein wohnbezogener Dienst sollte allen Menschen mit geistiger Behinderung einer Region ein bedürfnisgerechtes Wohnangebot machen. Dabei sollte die Aufnahmepraxis eines Trägers individualisierend (und nicht selektierend) sein, d. h. niemanden aufgrund bestimmter gruppenspezifischer Merkmale wie Alter, psychischer Problematik, besonderem Hilfebedarf oder Bedarf an Tagesstrukturierung von einer Aufnahme ausschließen und keine homogenen „Schwerbehindertengruppen" entstehen lassen.

„Gemeindenahes Wohnen kommt für alle Menschen mit geistiger Behinderung – unabhängig von Art und Schwere der Behinderung – in Betracht" (Bundesvereinigung Lebenshilfe 1992, 5). Ein wohnbezogener Dienst sollte allerdings auch keine Personen aufnehmen, die aus anderen Gründen als einer geistigen Behinderung auf einen Platz in einer Wohneinrichtung angewiesen sind (z. B. Körperbehinderung, Sinnesbehinderung, psychische Krankheit).

Ein Zusammenwohnen von Menschen mit geistiger Behinderung mit betont „heterogenen" Eigenschaften wird an dieser Stelle im übrigen nicht aus integrationsbezogenen Überlegungen empfohlen, sondern im Sinne einer „positiven Diskriminierung", und zwar aufgrund der Erfahrung, daß Menschen mit geistiger Behinderung und hohem Hilfebedarf oder besonderen Auffälligkeiten bis heute fast chancenlos sind, in Verbundsystemen mit kleinen, gemeindeintegrierten Wohnangeboten einen Platz zu finden.

Geschlecht und Alter

Die gemischtgeschlechtliche Zusammensetzung in Wohngruppen sollte – soweit von den Nutzern nicht ausdrücklich anders gewünscht – in allen wohn-

---

* Negativer Imagetransfer bezeichnet ein aus der Wahrnehmungs- und Sozialpsychologie bekanntes Phänomen: Wenn Personen oder Gruppen zusammen auftreten, die Träger unterschiedlicher Stigmatisierungen sind, erfolgt in der Vorstellung außenstehender Menschen in aller Regel eine Übertragung der negativen Zuschreibungen der einen auf die andere Person oder Gruppe.

bezogenen Diensten selbstverständlich sein. Wie die oben erwähnte Untersuchung von SEIFERT (1993, 97) zeigt, sind im Berliner Raum reine „Männer-" bzw. „Frauengruppen" derzeit nur noch für eine kleine Minderheit von Menschen mit geistiger Behinderung (ca. 4 %) Realität.

Nicht selten leben in Wohngruppen für Menschen mit geistiger Behinderung alte mit relativ jungen Personen zusammen. Gesamtgesellschaftlich betrachtet sind solche Gruppenzusammensetzungen in Deutschland mittlerweile die Ausnahme geworden. Man findet sie nur noch in Familien, in denen bereits erwachsene Personen mit ihren Eltern in einem Haushalt zusammenleben sowie im Kontext der bereits erwähnten, zuweilen auch mehrere Generationen umfassenden Lebensgemeinschaftsmodelle.

Die Wohngruppen wohnbezogener Dienste sind aufgrund ihrer professionellen Angebots- und Leistungsstruktur jedoch weder mit Lebensgemeinschaften noch mit Familien zu vergleichen. Daher sollten in einer Wohngruppe bevorzugt solche Nutzer zusammenleben, die möglichst viel miteinander verbindet, z. B. Paare oder Bewohner, die miteinander befreundet sind. Grundsätzlich ist dies eher bei Personen gegeben oder zu erwarten, die derselben Altersgruppe angehören bzw. die zumindest nicht extrem unterschiedlichen Alters sind. Aus diesem Grund sollte die Altersstruktur innerhalb einer Wohngruppe relativ einheitlich sein – es sei denn, die beteiligten Nutzer treffen bewußt eine andere Entscheidung.

Gruppenzusammensetzung und Grundbedürfnisse

Neben persönlicher Sympathie, annähernder Alters- und Interessengleichheit sowie integrations- und entwicklungsbezogenen Gesichtspunkten ist für eine sinnvolle Gruppenzusammensetzung auch die Frage zu stellen, inwieweit eine bestehende oder geplante Gruppe den verschiedenen Grundbedürfnissen der einzelnen Bewohner entspricht.

Eine Wohngruppe sollte idealerweise allen zusammenwohnenden Menschen ein Gefühl emotionaler Sicherheit, Zugehörigkeit und hinlänglicher Privatheit geben. Die Mitarbeiterinnen wohnbezogener Dienste sollten kontinuierlich überprüfen, ob eine bestehende (oder angestrebte) Gruppenkonstellation dazu geeignet ist, jedem einzelnen Gruppenmitglied Sicherheit, Zugehörigkeit und Privatheit zu vermitteln.

In einer optimal zusammengesetzten Wohngruppe finden die Nutzer aber nicht nur Sicherheit, sondern ebenso Anregungen zum gemeinsamen Tätigsein innerhalb und außerhalb des wohnbezogenen Dienstes. Dem gewünschten guten Zusammenhalt innerhalb der Gruppe („Binnenorientierung") sollte unbedingt eine adäquate Einbindung jedes einzelnen Bewohners in gemeindebezogene Aktivitäten („Außenorientierung") entsprechen. Dabei sind individuelle Vorlieben und Abneigungen einzelner Nutzer gegenüber verschiedenen Tätigkeiten grundsätzlich zu akzeptieren: Nicht jeder übernimmt z. B. gerne Küchenarbeiten oder will einen Teil seiner Freizeit gemeinsam mit anderen Menschen in einem Verein verbringen. Wenn möglich, sollten sich die einzelnen Vorlieben und Abneigungen der einzelnen Gruppenmitglieder ergänzen, so daß sie sich, etwa bei der Erledigung von Gemeinschaftsaufgaben, gegenseitig helfen und unterstützen können.

Bei gemeinsamen Alltagstätigkeiten lernen im übrigen alle Mitglieder der Gruppe voneinander, also auch „stärkere" von „schwächeren" Bewohnern. Voraussetzung dafür ist, daß auch Personen mit schwerer Behinderung „den ganzen Alltag" erleben und nicht von bestimmten Aktivitäten und Verrichtungen ausgeschlossen bleiben.

Persönliche Eigenschaften der Bewohner

Bei der Beurteilung, ob die Zusammensetzug einer Gruppe den Bedürfnissen und Wünschen ihrer Bewohner entspricht, sind außerdem die persönlichen Eigenschaften der einzelnen Nutzer zu beachten: Wird z. B. die Lebhaftigkeit und Energie eines Nutzers von den übrigen Gruppenmitgliedern als Anregung und Bereicherung oder eher als unzumutbare Störung ihres Alltagsrhythmus betrachtet? Findet ein Nutzer, der bewußt stärker zurückgezogen lebt, in seiner Wohnumgebung genügend Raum und Zeit, um allein zu sein, ohne dabei von der Gemeinschaft seiner Mitbewohner ausgeschlossen zu werden und den Mitarbeiterinnen „aus dem Blickfeld" zu geraten?

Die Größe und Zusammensetzung einer Wohngruppe sollte es den Mitarbeiterinnen eines wohnbezogenen Dienstes generell ermöglichen, jedem Gruppenmitglied im Alltag des Wohnens die individuell benötigte Anleitung und Unterstützung zu geben. Häufig ist dies für Mitarbeiterinnen dann nicht mehr möglich, wenn die Gruppe zu groß ist und außerdem pro Diensteinheit nur eine Mitarbeiterin allein in der Pflicht steht, auf die unterschiedlichen Interessen und Bedürfnisse der einzelnen Nutzer einzugehen.

Gruppengröße in wohnbezogenen Diensten

Grundsätzlich sollte sich die Größe von Wohngruppen für Menschen mit geistiger Behinderung an Standards orientieren, wie sie die in Deutschland gegenwärtig üblichen Haushaltsgrößen vorgeben: Weit über die Hälfte der (west-)deutschen Haushalte umfassen nach soziodemographischen Untersuchungen (SILBERMANN 1991, 23 f.) zwei bis drei Personen; dagegen leben in nur noch etwa 7 % der Haushalte mehr als fünf Personen. Dem stehen Gruppen wohnbezogener Dienste für Menschen mit geistiger Behinderung mit einer Anzahl von acht, zwölf oder vereinzelt sogar noch mehr Personen gegenüber.

Zwar sollten nach einer Empfehlung der Bundesvereinigung Lebenshilfe (1988, 3) im gruppengegliederten Wohnheim in einer Gruppe nicht mehr als 6 bis 8 Menschen mit Behinderung leben; das Wohnheim selbst sollte nur in besonderen Ausnahmefällen aus maximal 3 Gruppen bestehen. Doch die Realität bleibt nach wie vor hinter diesen Forderungen zurück.

Eine bundesweite Erhebung in Einrichtungen für Menschen mit geistiger Behinderung (Bundesministerium für Familie, Senioren, Frauen und Jugend 1994, 23 ff.) gibt die durchschnittliche Bewohnerzahl pro Einrichtung mit 61 an. Demnach leben nur in knapp einem Viertel aller Wohngruppen weniger als 8, dafür in einem Drittel der Gruppen mehr als 11 und in fast 8 % aller Wohngruppen sogar mehr als 16 Personen.

Natürlich spielen auch hier individuelle Vorlieben eine Rolle. Manche Menschen haben gern viele Personen um sich herum, andere möchten ihren Wohnbereich höchstens mit einem weiteren, ihnen vertrauten Menschen teilen.

Nach den genannten Statistiken sind jedoch Gruppen, in denen mehr als 5 Personen leben, streng genommen bereits als nicht mehr kulturangemessen zu betrachten. Überdies verstärken große Einrichtungen und Wohngruppen die vielfach noch bestehenden Vorstellungen, daß Menschen mit Behinderung nur wenig Privatsphäre benötigten und in großen Gruppen am besten aufgehoben seien.

Tatsächlich jedoch fühlt sich jeder Mensch in seiner Individualität am ehesten in kleinen, überschaubaren Gruppen wahrgenommen und respektiert. Den meisten Menschen fällt es wesentlich leichter, sich auf einige wenige Mitbewohner einzulassen, sie kennenzulernen und ein Vertrauensverhältnis zu ihnen aufzubauen, als sich in einer relativ großen Gruppe mit einer Vielzahl von zumeist unbekannten Personen zu arrangieren.

Je größer eine Gruppe wird, desto mehr wird auch der institutionelle Charakter des Wohnens spürbar und desto stärker müssen die Beziehungen zwischen den Gruppenmitgliedern formalisiert werden, um zu einem Ausgleich der verschiedenen Ansprüche und Interessen zu gelangen.

Umgekehrt ist in kleineren Wohngruppen für den einzelnen Nutzer grundsätzlich mehr Privatheit, Ruhe und Individualität möglich. In größeren Gruppen besteht immer die Gefahr, daß einzelne Personen übergangen und vernachlässigt werden, weil die Zeit der Mitarbeiterinnen nicht für alle reicht und nicht selten gerade diejenigen Nutzer, die auf den ersten Blick die geringsten Ansprüche stellen, leicht gegenüber Mitbewohnern ins Hintertreffen geraten, die aus unterschiedlichen Gründen mehr Aufmerksamkeit fordern. Schon deshalb sollten Wohngruppen, in denen Menschen mit größerem Pflegebedarf und eingeschränkter Mobilität leben, möglichst klein und überschaubar sein.

Eine Reduzierung der Gruppengrößen muß im übrigen nicht mit einer Erhöhung des Personalschlüssels einhergehen. In einer Wohnstätte oder einem Verbundsystem mehrerer Wohngruppen können dieselben Mitarbeiterinnen statt für eine große auch für zwei kleine Gruppen arbeiten.

Ein weiterer, für die persönliche Entwicklung der Nutzer äußerst wichtiger Tatbestand kommt hinzu: Je kleiner eine Gruppe von zusammenwohnenden Personen ist, desto stärker besteht tendenziell die Bereitschaft, sich untereinander zu helfen und Verantwortung für Mitbewohner zu übernehmen. Wie Untersuchungen gezeigt haben (DARLEY und LATANÉ, in: FLADE, 1987, 130), werden Hilfsbereitschaft und Verantwortungsgefühl geringer, je mehr Personen in einem Haus oder einer Gruppe leben. Auch dies gilt nicht nur für Menschen mit Behinderung, sondern für alle Menschen.

Binnenorientierung als Problem

Ein zentrales Problem großer Wohngruppen ist ihre beinahe unvermeidliche „Binnenorientierung". Die Organisation von Hilfen bei der Gestaltung des Alltags von sechs, acht oder mehr Personen ist für die Mitarbeiterinnen mit einem erheblichen Zeit- und Kraftaufwand verbunden, so daß meist nur wenig Energie übrig bleibt, auch noch die Gemeindeorientierung der Nutzer zu fördern. Dies hat oft zur Folge, daß sich die Nutzer zur Erfüllung ihrer sozialen Bedürfnisse nach Freundschaften, persönlichen Beziehungen und gemeinschaftlichen Aktivitäten in erster Linie Partner(innen) innerhalb des Wohnbereichs suchen. Naturgemäß stehen dafür in einer relativ großen Wohngruppe mehr Personen zur Verfügung als in einer Kleingruppe.

Eine zu starke Binnenorientierung kann sich auch in kleinen Wohnformen ergeben, in denen ein relativ hoher Personalschlüssel und eine zeitlich intensive Betreuung vorhanden ist. Auch hier besteht die Gefahr, daß sich die sozialen Bedürfnisse der Bewohner zu sehr auf die Mitarbeiterinnen konzentrieren. Kleiner heißt also nicht notwendigerweise auch besser; ein möglichst hoher Personalschlüssel allein muß nicht in jedem Fall auch schon eine gute Qualität der Angebote und Leistungen und erst recht keine hohe Lebensqualität der Nutzer garantieren. Grundsätzlich jedoch gilt, daß in kleineren Gruppen die Wünsche der Nutzer nach Kommunikation und Aktivität nur unzureichend abgedeckt werden, woraus sich das Bedürfnis und die Notwendigkeit nach einer stärkeren Außenorientierung ergibt.

Wie Erfahrungen im betreuten Wohnen von Menschen mit psychischen Problemen gezeigt haben, kann das Wohnen allein oder mit nur wenigen Menschen auch zur Vereinsamung führen, wenn die Nutzer zu wenig Anregungen für eine sinnvolle Betätigung erhalten. Auch Menschen mit geistiger Behinderung, die jahrelang in Großeinrichtungen versorgt wurden, haben nach dem Umzug in eine kleinere Wohnform meist erhebliche Probleme, ihre Zeit kreativ zu nutzen, neue Interessen zu entwickeln, andere Menschen zu treffen und gemeindebezogenen Aktivitäten nachzugehen.

Generell sind diejenigen Nutzer, die sich eher passiv verhalten und verstärkt auf äußere Anreize angewiesen sind, gerade in kleineren Gruppen besonders von Isolation bedroht. Für sie ist von entscheidender Bedeutung, daß ihre Außenorientierung von den Mitarbeiterinnen gezielt gefördert wird und sie Anregungen oder gegebenenfalls konkrete Angebote zur Freizeitgestaltung und – wenn notwendig – auch begleitende Hilfen erhalten.

Literatur

ANGERMEIER, W. F.: Lernpsychologie. München, Basel 1984

Bundesministerium für Familie, Senioren, Frauen und Jugend: „Möglichkeiten und Grenzen selbständiger Lebensführung in Einrichtungen" – MUG II. 1. Zwischenbericht. Tübingen 1994

Bundesvereinigung Lebenshilfe für geistig Behinderte e. V. (Hrsg.): Errichtung und Führung von Wohnstätten für geistig Behinderte – Eine Empfehlung der Bundesvereinigung Lebenshilfe. Marburg 1988

Bundesvereinigung Lebenshilfe für geistig Behinderte e. V. (Hrsg.): Gemeindenahes Wohnen – Eine Empfehlung der Bundesvereinigung Lebenshilfe. Marburg 1992

Bundesvereinigung Lebenshilfe für geistig Behinderte e. V. (Hrsg.): Leistungsvereinbarungen für Wohneinrichtungen. Leitfaden für Vereinbarungen zwischen Kostenträgern und Einrichtungsträgern nach § 93 BSHG. Marburg 1995

FEUSER, G.: Integration statt Aussonderung Behinderter? In: Behindertenpädagogik 1/1981, 5 – 17

FEUSER, G.: Integration = die gemeinsame Tätigkeit (Spielen/Lernen/Arbeit) am gemeinsamen Gegenstand/Produkt in Kooperation von behinderten und nichtbehinderten Menschen. In: Behindertenpädagogik 2/1982, 86 – 105

FEUSER, G.: Allgemeine integrative Pädagogik und entwicklungslogische Didaktik. In: Behindertenpädagogik 1/1989, 4 – 48

FLADE, A.: Wohnen psychologisch betrachtet. Bern 1987

PELLETIER, J.: Évaluation de la qualité des services du réseau de la déficience intellectuelle de la région québécoise Maurice-Bois Francs. Québec 1992

SEIFERT, M.: Zur Wohnsituation von Menschen mit geistiger Behinderung in Berlin – unter besonderer Berücksichtigung der Personen mit hohem Betreuungsbedarf – Bestandsaufnahmen und Perspektiven. Berlin 1993

SEIFERT, M.: Über 1.000 Menschen mit geistiger Behinderung fehlplaziert ... Ergebnisse einer Studie zur Wohnsituation von Menschen mit geistiger Behinderung in Berlin. In: Bundesvereinigung Lebenshilfe für geistig Behinderte e. V. (Hrsg.): Wohnen heißt zu Hause sein. Handbuch für die Praxis gemeindenahen Wohnens von Menschen mit geistiger Behinderung. Marburg 1995, 75 – 84

SILBERMANN, A.: Neues vom Wohnen der Deutschen (West). Köln 1991

THESING, T.: Betreute Wohngruppen und Wohngemeinschaften für Menschen mit geistiger Behinderung. Freiburg i. Br. 1993

WOLFENSBERGER, W.: A brief introduction to Social Role Valorization as a High-order concept for structuring human services. Syracuse/NY 1992

WOLFENSBERGER, W.; THOMAS, S.: PASSING. Toronto 1983

Nutzerbezogene Indikatoren:
Gruppengröße und Gruppenzusammensetzung

	trifft zu	trifft eher zu	trifft eher nicht zu	trifft nicht zu
1. Der Nutzer benötigt aufgrund überwiegend negativer Lebenserfahrungen ein besonders hohes Maß an emotionaler Sicherheit und Zugehörigkeit.	❏	❏	❏	❏
2. Der Nutzer befindet sich in einem Alter, in dem Menschen in der Regel ein besonders hohes Maß an Sicherheit und sozialer Zugehörigkeit benötigen.	❏	❏	❏	❏
3. Die Wünsche und Bedürfnisse des Nutzers wurden bei der Zusammensetzung der Wohngruppe, in der er lebt, nicht oder nur wenig berücksichtigt.	❏	❏	❏	❏
4. Die Gruppengröße und die Zusammensetzung der Gruppe verhindern es, daß auf die Bedürfnisse des Nutzers angemessen eingegangen werden kann.	❏	❏	❏	❏
5. Der Nutzer erfährt in seinem Alltag kaum Hilfe und Unterstützung von Mitbewohnern.	❏	❏	❏	❏
6. Der Nutzer ist nicht davor geschützt, aufgrund bestimmter Merkmale (Alter, hoher Hilfebedarf, Verhaltensauffälligkeiten) seinen Wohnplatz zu verlieren.	❏	❏	❏	❏

Gesamteinschätzung

Aus den individuellen Bedürfnissen und den Erfahrungen des Nutzers ergeben sich besondere Anforderungen in bezug auf die Größe und die Zusammensetzung der Gruppe, in der er lebt.	❏	❏	❏	❏

Zusammenleben • Gruppengröße und -zusammensetzung

Angebotsbezogene Indikatoren:
Gruppengröße und Gruppenzusammensetzung

	trifft zu	trifft eher zu	trifft eher nicht zu	trifft nicht zu
1. Unter Berücksichtigung der in Deutschland üblichen Haushaltsgrößen umfaßt die Gruppe der unmittelbar zusammenlebenden Nutzer nicht mehr als 4 bis 6 Personen.	❑	❑	❑	❑
2. Der wohnbezogene Dienst bemüht sich darum, Gruppen mit mehr als sechs Personen so aufzugliedern, daß möglichst kulturübliche und individualisierte Formen des Zusammenlebens ermöglicht werden (betreutes Wohnen, bauliche Maßnahmen zur Schaffung kleinerer Wohneinheiten, Einrichtung von Appartements usw.).	❑	❑	❑	❑
3. Gruppen werden grundsätzlich nicht nach organisationsbezogenen Kriterien zusammengesetzt (z. B. vergleichbarer Pflege- und Betreuungsaufwand: „Rollstuhlgruppe", Gruppe schwerbehinderter oder verhaltensauffälliger Nutzer, Zuteilung von Menschen mit Körperbehinderungen oder psychischen Störungen im Rahmen von Enthospitalisierungsprogrammen usw.).	❑	❑	❑	❑
4. Maßgeblich für die Gruppenzusammensetzung sind die Wünsche und Bedürfnisse der Nutzer sowie die Frage, ob sich die Gruppenmitglieder im täglichen Leben gegenseitig unterstützen und voneinander lernen können.	❑	❑	❑	❑
5. In der Gruppe der zusammenlebenden Menschen übersteigt die Zahl der leichter behinderten die Zahl der stärker behinderten Nutzer.	❑	❑	❑	❑
6. Die Gruppe der zusammenlebenden Menschen umfaßt Männer und Frauen, soweit dies nicht von den Nutzern ausdrücklich anders gewünscht wird.	❑	❑	❑	❑
7. Die Gruppe ist in der Regel aus Angehörigen derselben Generation zusammengesetzt, soweit dies nicht von den Nutzern ausdrücklich anders gewünscht wird.	❑	❑	❑	❑

Gesamteinschätzung

Der wohnbezogene Dienst unternimmt alle erforderlichen Bemühungen, um sicherzustellen, daß die Gruppengröße und die Gruppenzusammensetzung den Bedürfnissen und Wünschen der Nutzer sowie den genannten Qualitätskriterien entspricht.	❑	❑	❑	❑

Gegenstandsbereich:
Beziehungsgestaltung zwischen Mitarbeiterinnen und Nutzern

Wenn wir daran interessiert sind, einen Menschen wirklich kennenzulernen, werden wir im Laufe der Zeit herausfinden wollen, wie er lebt, welche Erfahrungen er bisher in seinem Leben gemacht hat und wie er sich seine Zukunft vorstellt. Weiterhin wird uns interessieren, welcher Art die Beziehungen zu seiner Familie und zu den Angehörigen sind bzw. waren und welche Freundschaften und Bekanntschaften er zur Zeit pflegt oder früher gepflegt hat. Mit großer Wahrscheinlichkeit kommt das Gespräch auch auf die Beziehungen zu den Arbeitskolleg(inn)en und zu den möglichen Mitbewohner(inne)n.

Die Zeit des Kennenlernens

Nicht anders ist die Situation von Mitarbeiterinnen im begleiteten Wohnen, wenn sie daran interessiert sind, einen Bewohner wirklich kennenzulernen. Entscheidend dafür ist oft bereits die Situation, in der etwa eine neu eingestellte Mitarbeiterin einen Nutzer kennenlernt. Dabei sollte es normal sein, daß man sich vorstellt, etwas aus seinem Leben erzählt und eigene Vorlieben oder Hobbies erwähnt.

Die Kenntnis der individuellen Biographie und der aktuellen Lebenssituation ist im übrigen auch die Voraussetzung dafür, daß Mitarbeiterinnen die Verhaltensweisen, Stimmungen und Eigenschaften von Nutzern nicht durch deren Behinderung erklären, sondern eine Betrachtungsweise finden, die den Bedürfnissen und Absichten der Nutzer tatsächlich gerecht wird. Sie sollen sich dabei allerdings vergegenwärtigen, daß Menschen mit Behinderung häufig die Erfahrung machen, daß ihre sozialen Beziehungen weniger dauerhaft, intensiv und verläßlich sind als die Beziehungen Nichtbehinderter. Nicht zuletzt deshalb sind sie oft auf soziale Beziehungen zu den Fachkräften eines wohnbezogenen Dienstes besonders angewiesen (vgl. Gegenstandsbereich „Personale Kontinuität", S. 334 ff.).

Partnerschaftlichkeit

In der Zeit des Kennenlernens sollten Mitarbeiterinnen den Nutzern einerseits Interesse signalisieren, andererseits sollten sie ihnen aber auch ganz bewußt Gelegenheit zur Distanzierung und Ablehnung der eigenen Person geben, indem neben Gemeinsamkeiten auch Unterschiede zur Sprache gebracht werden. Dahinter steht das Leitbild der „Gegnerschaft in der Begegnung" (DÖRNER 1991, 51). Ziel dabei ist, daß sich Mitarbeiterinnen und Nutzer als echte Partner(innen) begreifen, die ihre unterschiedlichen Stärken und Schwächen, Absichten und Wünsche gegenseitig klar herausstellen und daran die Regeln, die für ihre Beziehungsgestaltung in Zukunft gelten sollen, miteinander entwickeln.

Die Vorteile einer solchen „konstruktiven Gegnerschaft" sind für beide Seiten erheblich: Es entstehen keine zu engen Bindungen, die Partner(innen) bleiben füreinander eigenständige Personen. Sowohl den Mitarbeiterinnen als auch den Nutzern bietet ein solches „Übereinkommen" Schutz vor zu großer Nähe und Abhängigkeit. Stattdessen wird in der Nähe der Begegnung auch Distanz möglich, ohne daß dies Schuldgefühle auslöst.

Überdies bleibt das Machtgefälle zwischen Fachkräften und Nutzern sichtbar und damit für beide Seiten eher kontrollierbar. Dadurch hält sich auch die Gefahr von Überversorgung und Bevormundung in Grenzen.

Im Zusammenleben nichtbehinderter und behinderter Menschen ist diese Gefahr fast immer vorhanden, da die augenscheinliche Angewiesenheit des Menschen mit Behinderung auf Hilfe den oftmals starken Helferwillen vieler Mitarbeiterinnen wohnbezogener Dienste zu bestätigen scheint. Als Folge orientieren sich solche Mitarbeiterinnen stärker am eigenen Bedürfnis, Hilfe zu leisten, als an den tatsächlichen Bedürfnissen der Nutzer. Als Gegenleistung für die Hilfe wird dann (meist unbewußt) Dankbarkeit und ein bestimmtes (Wohl-)Verhalten erwartet. Weigern sich die Nutzer, dieser Erwartung zu entsprechen, können die Gefühle der vorher so fürsorglichen und mitleidsvollen Helferinnen schnell in Aggression und Ablehnung umschlagen. Diese im begleiteten Wohnen naheliegende Beziehungsform zwischen Bewohnern und Fachkräften ist unter der Bezeichnung „Helfer-Syndrom" (SCHMIDBAUER 1977) populär geworden. Sich diese Problematik bewußt zu machen, heißt nicht, jede helfende Beziehung von vornherein als abnorm zu verdächtigen.

Umgang mit Erwartungen

Mitarbeiterinnen wohnbezogener Dienste sollten gar nicht erst versuchen, alle Erwartungen zu erfüllen, die Nutzer möglicherweise an sie stellen. Stattdessen sollten sie darum bemüht sein, ihre Beziehung zu jedem einzelnen Nutzer möglichst klar zu bestimmen und ihm gegenüber keinen Zweifel darüber entstehen zu lassen, welche Erwartungen sie erfüllen können (bzw. wollen) und welche nicht.

Welche Rolle eine Mitarbeiterin dabei einnimmt, kann dabei sehr unterschiedlich sein und ist u. a. abhängig von der gegenseitigen Sympathie, von gemeinsamen Interessen und dem Geschlechts- und Altersverhältnis zu den Nutzern. In jedem Fall sollten auch das Lebensalter des Nutzers, seine Erfahrungen mit professionellen Helfer(inne)n und die Erwartungen berücksichtigt werden, die ein Mensch seines Alters normalerweise an seine sozialen Beziehungen stellt.

Von besonderer Bedeutung ist auch, gegenüber dem Nutzer von Anfang an klar herauszustellen, wie dauerhaft und verläßlich eine Beziehung voraussichtlich sein wird. Es macht einen großen Unterschied, ob eine hauptamtliche Mitarbeiterin, die beabsichtigt, auf längere Zeit für einen wohnbezogenen Dienst zu arbeiten, ein enges freundschaftliches Verhältnis zu einem Menschen mit Behinderung eingeht oder etwa eine Praktikantin, die von vornherein weiß, daß sie nur für einige Monate im begleiteten Wohnen tätig ist und danach möglichlicherweise nicht mehr in der Lage sein wird, den Kontakt aufrecht zu erhalten.

Selbstwahrnehmung und Suchhaltung

Während der Ausbildung wird den meisten Mitarbeiterinnen nur unzureichend vermittelt, wie weit sie sich in ihrer Arbeit auf sich selbst und auf die Begegnung mit anderen Menschen einlassen müssen. So treffen sie am Anfang ihrer Tätigkeit vielfach völlig unvorbereitet auf die Anforderung, eine soziale Beziehung zu einem Menschen mit geistiger Behinderung eingehen und gestalten zu müssen. Dabei stellen sie früher oder später fest, daß der anfangs so augenscheinlich schwächere Partner allmählich immer größeren Einfluß auf die eigene Person nimmt, gelegentlich sogar Angst auslöst und damit die eigene Rolle als die der starken und kompetenten Helferin in Frage stellt.

Wer mit Menschen mit geistiger Behinderung arbeitet, muß bereit sein, sich damit auseinanderzusetzen, welche Gefühle es bei ihm auslöst, sich selbst als hilfebedürftig oder unzulänglich zu erleben. Ohne Selbstwahrnehmung erscheint das Gegenüber nicht als eigenständige Person, sondern wird zum Gegenstand: der eigenen Beobachtung, der eigenen Hilfe, der eigenen Zuneigung und Abwehr. Erst aus der Selbstwahrnehmung kann die Einsicht entstehen, daß Behinderung keine Eigenschaft einer Person, sondern eine Angelegenheit der Beziehung zwischen verschiedenen Menschen ist. Jeder Mensch braucht in manchen Situationen die Hilfe anderer und in manchen nicht. Hilfebedürftigkeit ist eine Grundbedingung des menschlichen Lebens. Mit Behinderung hat dies zunächst nichts zu tun.

Als Mitarbeiterin muß man sich in der Beziehung zu einem Menschen mit Behinderung auch etwas über sich selbst lernen wollen. Nur durch den Versuch, sich selbst zu verstehen, kann man auch andere Menschen verstehen lernen. Um sie in ihrer persönlichen Entwicklung begleiten und unterstützen zu können, muß man also daran interessiert sein, auch sich selbst in diesem Prozeß zu verändern und seine eigene Persönlichkeit weiterzuentwickeln. Dazu ist eine „Suchhaltung" notwendig – die bewußte Suche nach dem, was einen mit einem Menschen mit geistiger Behinderung verbindet und was einen von ihm trennt. Dabei hat man für sein Gegenüber eine Modellfunktion: Kann ich ihm vermitteln, daß meine Suchhaltung ein Bemühen um seine Person ist? Wird auch er bereit sein, sich auf die gleiche Weise in die Beziehung einzubringen?

Hinzu kommen sollte die Einstellung, neugierig auf den anderen zu sein, sich überraschen zu lassen und nie schon alles im voraus zu wissen. Nur wenn man sich darüber klar wird, was ein Mensch mit geistiger Behinderung bei einem selbst an Stimmungen und Gefühlen (Angst, Mitleid, Abwehr usw.) auslöst und man einen Weg findet, ihm in geeigneten Momenten diese Empfindungen auch verständlich zu machen, ohne dabei seine Würde anzugreifen, ist man in der Lage, den anderen als eigenständige Person anzusehen. Dabei sind gelegentliche Auseinandersetzungen unvermeidbar und sogar notwendig, da man nur Klarheit über die Chancen einer Beziehung gewinnt, wenn man auch ihre Grenzen erfährt.

Mitarbeiterinnen wohnbezogener Dienste sollten sich also ganz bewußt damit auseinandersetzen, welche Stimmungen und welche Verhaltensweisen von Nutzern bei ihnen Gefühle von Nähe oder Freude erzeugen oder Distanz, Angst und Abwehr auslösen. Die Suchhaltung als „Grundhaltung" der Beziehungsgestaltung zwischen Fachkräften und Bewohnern bietet die Basis für ein gemeinsames Handeln im Team.

Bedeutung der Teamarbeit

Menschen nehmen ihre Umwelt immer auch auf ihre eigene Weise wahr. Wohl jeder Mensch neigt dazu, an sympathischen Personen eher gute und an unsympathischen eher schlechte Eigenschaften wahrzunehmen. Eine einzelne Person kann daher niemals allein die „ganze Wirklichkeit" erkennen. Auf der Grundlage dieser Erkenntnis sind „pädagogische Alleingänge" von Mitarbeiterinnen manchmal geradezu fahrlässig: für die Nutzer ebenso wie für das Team und die eigene Person.

Will man sich ein möglichst genaues Bild über einen Nutzer und seine Lebenssituation machen, ist ein intensiver Austausch im Team unverzichtbar. Kommt dieser Austausch nicht zustande, hat dies auf das Verhältnis der Fachkräfte zu den Bewohnern meist sehr unmittelbare Auswirkungen. Mitarbeiterinnen werden von den Nutzern immer als verschieden wichtig und verschieden kompetent wahrgenommen. Stellen sich die Mitarbeiterinnen ihnen gegenüber nicht als Team dar, entstehen zwangsläufig nur soziale Beziehungen, die von der Gemeinschaft isoliert sind. Damit ergibt sich die Gefahr, daß sich neben Sympathie auch echte „Feindschaften" zwischen einzelnen Fachkräften und einzelnen Nutzern entwickeln und Mitarbeiterinnen gegeneinander „ausgespielt" werden können. Von vergleichbaren Prozessen können auch einzelne Nutzer eines wohnbezogenen Dienstes betroffen sein, die dann leicht in eine Sündenbockrolle geraten. Nur ein funktionierendes, d. h. solidarisch zusammenarbeitendes Team ist in der Lage, mit dieser Problematik offen und konstruktiv umzugehen.

Rollenverständnis der Fachkräfte

Verschiedentlich werden Mitarbeiterinnen durch die Nähe, die in der Arbeit im begleiteten Wohnen entsteht, dazu verleitet, das Team und die Gruppe der zusammenlebenden Nutzer als eine „große Familie" wahrzunehmen und entsprechend zu handeln. Es gibt zwar tatsächlich ein familiengestaltetes Zusammenleben zwischen Menschen mit und ohne Behinderung, z. B. in anthroposophischen Einrichtungen und sogenannten Camphill-Dorfgemeinschaften. Es sollte jedoch nicht übersehen werden, daß ein solches Lebensgemeinschaftsmodell auch einen auf diese Lebensform abgestimmten, „familiären" Rahmen erfordert.

Wohnstätten mit 24 oder mehr Plätzen, Gruppengrößen von zehn oder mehr Personen mit geistiger Behinderung und Schichtdienstarbeit bieten diesen Rahmen eindeutig nicht. Werden aber familienähnliche Umgangsformen gepflegt oder gefordert, während die äußeren Rahmenbedingungen alle Beteiligten immer wieder zu ganz anderen Handlungsweisen verpflichten, muß dies auf kurz oder lang zu erheblichen Unsicherheiten und fassadenhaften sozialen Beziehungen zwischen Nutzern und Mitarbeiterinnen führen.

Ähnlich schwierig ist auch der Umstand, daß sich nicht selten Nutzer in Beschäftigte wohnbezogener Dienste verlieben oder sie als enge („beste") Freundinnen gewinnen möchten. Den Fachkräften sollte dabei bewußt sein, daß viele Nutzer zum einen gar keine Wahl haben, was ihre Partnerschaften und Freundschaften betrifft. Verständlicherweise richten sich ihre Bedürfnisse und Wünsche daher auf die Menschen, die ihnen am besten vertraut sind und die ihnen auch tatsächlich in vielen Fällen am nächsten stehen. Zum anderen sollte berücksichtigt werden, daß die „Doppelrolle", gleichzeitig Freundin eines Menschen mit Behinderung und dessen bezahlte Helferin zu sein, unvermeidliche Probleme aufwirft. Im Regelfall sollte versucht werden, diese Rollen zu trennen, indem z. B. eine Mitarbeiterin nach ihrem Ausscheiden aus dem Dienstverhältnis eine enge Freundschaft zu einem Nutzer entwickelt.

Die grundsätzlich beste Möglichkeit besteht selbstverständlich darin, jedem Nutzer möglichst viele individuell sinnvolle und dauerhafte soziale Beziehungen zu Menschen außerhalb des wohnbezogenen Dienstes zu vermitteln, um ihm dadurch die Gelegenheit zu geben, seine unterschiedlichen sozialen Bedürfnisse (nach Liebe, Freundschaft, Anteilnahme, Hilfe) auch im Zusammensein mit verschiedenen Personen zu befriedigen (vgl. Gegenstandsbereich „Soziale Netzwerke, bedeutsame Beziehungen und Freundschaften", S. 235 ff.).

Nutzerbeteiligung als Chance

Die Nutzer haben in den meisten wohnbezogenen Diensten bislang nur sehr geringe Möglichkeiten, an der Gestaltung der sie betreffenden Angebote und Hilfen aktiv mitzuwirken und dabei gegebenenfalls auch konstruktive Kritik zu üben. Auf eine wirkliche Partizipation von Nutzern bei der Planung und Gestaltung sozialer Dienstleistungen wurde bisher kaum Wert gelegt, und so dominiert das Bild des zufriedenen, „pflegeleichten" geistig Behinderten noch weithin das Bewußtsein einer breiten Fachöffentlichkeit.

Nach wie vor ist die Überzeugung weit verbreitet, daß Fachleute grundsätzlich besser wüßten als die Betroffenen selbst, was für diese gut sei. Zudem wird das Recht, Vorstellungen und Wünsche über das eigene Leben zu äußern, an ein bestimmtes Maß an lebenspraktischer Kompetenz geknüpft. Vor diesem Hintergrund erschien es noch bis vor kurzer Zeit einfach überflüssig, die Nutzer über alle wichtigen Vorgänge und Entscheidungen im Alltag wohnbezogener Dienste zu informieren und ihnen auf individuelle Weise die Hintergründe und Folgen bestimmter Entwicklungen zu verdeutlichen – zumal Gespräche oder gar Konflikte mit Nutzern vielfach als anstrengend, zeitraubend und ergebnislos erlebt wurden.

Erst seit einigen Jahren wird Menschen mit geistiger Behinderung vermehrt zugestanden, für sich selbst zu sprechen und bezüglich der Hilfen, die sie benötigen, eigene Vorstellungen einzubringen. Nur allmählich wächst die Erkenntnis, wie wichtig es ist, den Nutzern wohnbezogener Dienste Möglichkeiten zu eröffnen, ihre Wünsche, Vorschläge und kritischen Äußerungen sowohl im Alltag als auch im Kontext gezielter Aussprachen regelmäßig zu artikulieren.

Gezielte Hilfen zur Nutzerbeteiligung benötigen also nicht nur die Nutzer selbst, sondern vielfach auch die Fachkräfte wohnbezogener Dienste. Tatsache ist, daß Menschen mit geistiger Behinderung oft von klein auf dazu angehalten werden, sich möglichst gut an die gegebenen Umstände anzupassen und wenig Ansprüche zu stellen. Sie haben vielfach nicht gelernt, sich eine eigene Meinung zu bilden und diese auch kundzutun. Um eigene Vorschläge zu entwickeln, benötigen sie individuelle Unterstützung und eine Atmosphäre, in der eine respektvolle, gleichberechtigte Umgangsweise miteinander vorherrscht und Kritik jederzeit möglich ist, ohne sanktioniert zu werden. Zudem muß berücksichtigt werden, daß es wohl keinem Menschen leicht fällt, Personen zu kritisieren, von deren Wohlwollen man auf die eine oder andere Weise abhängig ist.

Ob ein wohnbezogener Dienst die Kritik und die Anregungen seiner Nutzer angemessen berücksichtigt, zeigt sich u. a. an der Selbstverständlichkeit, mit der Entscheidungen oder bevorstehende Ereignisse mit den betreffenden Nutzern vorbereitet und abgesprochen werden und mit der Nutzer bestimmte Maßnahmen des wohnbezogenen Dienstes ablehnen können.

Grundregeln für die Beziehungsgestaltung

Für eine positive Gestaltung der Beziehungen zwischen Nutzern und Mitarbeiterinnen lassen sich eine Reihe von Grundregeln formulieren:

1. *Respekt und Partnerschaftlichkeit*
Mitarbeiterinnen sollten die Nutzer uneingeschränkt als „Personen" respektieren und nicht nur als Bewohner einer sozialen Einrichtung. Dabei sollten die Umgangsformen (z. B. die Anrede mit „Du" oder „Sie") auf Gegenseitigkeit beruhen. Vermieden werden sollten Handlungen oder Zeichen, die soziale Distanz signalisieren, z. B. durch Dienstkleidung, ein für Nutzer unzugängliches Dienstzimmer, sprachliche Äußerungen (vgl. Gegenstandsbereich „Sprachliche Darstellung", S. 292 ff.)

„*Grundregel*" *für Mitarbeiterinnen:* Jeder Mensch kann für sich selbst sprechen.

2. *Offenheit und Eindeutigkeit*
Erwartungen an die Nutzer sollten stets eindeutig formuliert, angemessen und entwicklungsorientiert sein. Die Absichten der Mitarbeiterinnen sowie ihre Aufgaben und Rollen sollten von den Nutzern jederzeit deutlich erkennbar sein und keinen Zweifel darüber lassen, was die einzelnen Nutzer von ihnen erwarten können und was nicht. Dabei hat das Angebot zu einer offenen Beziehung mit der Selbsterfahrung der eigenen Gefühle zu beginnen.

„*Grundregel*" *für Mitarbeiterinnen:* Jeder Mensch hat ein Recht auf Ehrlichkeit.

3. *Transparenz*
Alle organisatorischen Regelungen des wohnbezogenen Dienstes (Hierarchien, Verwaltungsabläufe, Entscheidungs- und Informationswege), von denen Nutzer betroffen sind, sollten für sie grundsätzlich nachvollziehbar sein und durch Erklärungen und Veranschaulichungen so weit wie möglich durchschaubar gemacht werden. Alltagssituationen sollten in normalem Maße vorhersehbar sein und den Nutzern jederzeit die Möglichkeit bieten, eigene Entscheidungen zu treffen und verantwortlich zu handeln. Dazu ist es notwendig, bevorstehende Termine oder Entscheidungen prinzipiell vorher mit den Nutzern abzusprechen und diese Absprachen selbstverständlich auch einzuhalten.

„*Grundregel*" *für Mitarbeiterinnen:* Jeder Mensch will wissen, was um ihn herum vorgeht und was ihn erwartet.

4. Gleichwertigkeit *(nicht zu verwechseln mit Gleichheit)*

Es wurde bereits herausgestellt, wie wichtig eine Gleichwertigkeit in der Beziehung zwischen den Fachkräften und den Nutzern wohnbezogener Dienste für ein gelingendes Zusammenleben ist. Die Regeln des direkten Umgangs von Nutzern und Mitarbeiterinnen miteinander ergeben sich meistens nur zum geringeren Teil aus den organisatorischen Vorgaben des wohnbezogenen Dienstes. Es sollte normal sein, daß diese Regeln nicht „in pädagogischer Absicht" einseitig von den Mitarbeiterinnen festgelegt, sondern so weit wie möglich gleichberechtigt miteinander vereinbart werden. Gleichwertigkeit bedeutet außerdem, daß die Mitarbeiterinnen gegenüber den Nutzern bei entsprechender Gelegenheit auch eigene Unsicherheiten, Schwächen oder Irrtümer zugeben und die Nutzer gegebenenfalls auch einmal um Hilfe bitten sollten.

„Gehe ich mit Menschen außerhalb meines Berufes eigentlich anders um, wenn ich mich mit ihnen verstehen will?" – Diese Frage sollte als eine „innere Selbst-Kontrolle" in jeder Situation der Beziehungsgestaltung wirken. Darüber hinaus sollte den Mitarbeiterinnen auch in diesem Zusammenhang die Vorbildfunktion ihres Verhaltens immer bewußt sein. Aus diesem Grund sollten sie an die Nutzer keine Anforderungen stellen, die sie selbst nicht erfüllen können oder wollen (bezüglich Kleidung, Verhalten, Alkoholkonsum usw.). Das Zusammenleben im Alltag bringt es mit sich, daß sich jede Verhaltensweise und jede Gefühlslage der Mitarbeiterinnen auf kurze oder längere Sicht auch im Verhalten und der Befindlichkeit der Nutzer spiegeln wird.

Mitarbeiterinnen verfügen gegenüber den Nutzern wohnbezogener Dienste über Macht. Sie sind verpflichtet, damit so behutsam wie möglich umzugehen. Statt die eigenen Vorstellungen und Erwartungen notfalls auch mit Zwang durchzusetzen, sollten Fachkräfte den Nutzern im Zweifelsfall zutrauen, über ihre Angelegenheiten selbst zu entscheiden und ihnen die „Würde des Risikos" belassen (vgl. Einleitung zum Aufgabenfeld „Alltagsstrukturen, Routinen, Angebote Tätigkeiten", S. 126 ff.). Mit den bestehenden Macht- und Statusunterschieden zwischen Mitarbeiterinnen und Nutzern sollte offen umgegangen werden. Es ist fortlaufend gemeinsam zu prüfen, wo diese Unterschiede notwendig sind oder sich unvermeidlich aus den unterschiedlichen Rollen und Aufgaben ergeben, und wo Unterschiede eher überflüssig und hinderlich für eine positive Beziehungsgestaltung sind und deshalb abgebaut werden sollten (vgl. SPECK 1987, 208 ff.).

„Grundregel" für Mitarbeiterinnen: Behandle andere, wie du selbst behandelt werden möchtest.

5. Bescheidenheit

Den Mitarbeiterinnen sollten die Möglichkeiten, aber auch die Grenzen ihres Handelns bewußt sein. Sie sollten sich vergegenwärtigen, daß Menschen nicht durch andere „verändert" werden können. Grundsätzlich können Menschen sich nur selbst ändern. Was ich bei anderen verändern kann (als Begleiterin, als Bezugsperson), ist ihr Kontext, also die sozialen und materiellen Bedingungen, mit denen sie leben. Ich kann ihre Handlungen und Gefühle ernstnehmen und unterstützen, mich als Freundin oder Beraterin zur Verfügung stellen und ihnen Möglichkeiten eröffnen, damit ihre Selbstbestimmung und ihr Selbstvertrauen quasi „von innen" wachsen können. Daher ist es unbedingt notwendig, den Nutzern ganz konkret zu zeigen, daß man sie nicht ändern, sondern vielmehr ihren Lebensweg begleiten will und ihnen dazu individuelle Hilfen und Anregungen zur Weiterentwicklung zur Verfügung stellt.

„Grundregel" für Mitarbeiterinnen: „Der Kontext ist wichtiger als der Text" (BATESON, in: DÖRNER 1990, 34).

6. Vertrauen

Generell ist es eine der vordringlichsten Aufgaben für Mitarbeiterinnen im begleiteten Wohnen, zu den Bewohnern eine vertrauensvolle Beziehung herzustellen. Voraussetzung dazu ist, jedem Menschen mit geistiger Behinderung zuzutrauen, daß er das Ausmaß der Verantwortung für das eigene Handeln bei entsprechender Hilfe und Förderung stets noch ein wenig zu erweitern imstande sein könnte: „Mag auch die Selbstentwicklung durch eine psycho-physische Schädigung noch so sehr eingeschränkt sein und deshalb in stärkerem Maße Fremdbestimmung als mitmenschliche Sorge bedingen, die subjektive Potenz für Selbstverantwortung, die ‚Selbstbezüglichkeit' (Luhmann) kann nicht negiert werden" (SPECK 1987, 210).

Statt einem Nutzer alle Angelegenheiten abzunehmen, sollten sich Mitarbeiterinnen so weit wie möglich darauf beschränken, etwas mit dem Nutzer zusammen zu tun und ihm beizustehen. Für Menschen, die ihr Leben erkennbar unter einer jahrelangen „Überversorgung" gestalten mußten, kann dies sogar bedeuten, daß ihnen „Steine zurück in den Weg zu legen sind" (DECKER, HOFSTETTER 1991, 62 f.). Vertrauensvolle Beziehungen entwickeln sich nur langsam und in beiderseitigem Einverständnis. Hier ist der Anteil der Bewohner ebenso groß wie derjenige der Fachkräfte.

"Grundregel" für Mitarbeiterinnen: Gehe Risiken ein! Kontrolle ist gelegentlich unerläßlich, Vertrauen ist immer notwendig.

7. Akzeptanz und Annahme

Für jeden Menschen ist es lebensnotwendig, daß seine Gefühle akzeptiert werden und er im Ausdruck dieser Gefühle von anderen angenommen wird. Dazu gehört, daß auch negative Gefühle und Stimmungen von Nutzern nicht beschwichtigt, sondern ernstgenommen werden sollten und ein emotional positiver Umgang miteinander von den Fachkräften untereinander „vorgelebt" und unterstützt werden sollte. Ebenso wichtig ist es, auf Fragen von Nutzern ernsthaft und angemessen einzugehen, auch dann, wenn bestimmte Fragen ständig wiederholt werden. Bei Menschen mit sehr schwerer Behinderung sollten gegebenenfalls auch unmittelbar körperbezogene Reize wie Streicheln oder Massieren gezielt und individuell als Zeichen der Zuneigung und Annahme eingesetzt werden.

"Grundregel" für Mitarbeiterinnen: Jeder Mensch ist angewiesen auf menschliche Zuwendung und empfänglich für Gefühle und Stimmungen (SIEGENTHALER, in: DÖRNER 1991a, 41).

8. Individualisieren

Auf individuelle Wünsche, Vorlieben und Abneigungen der Nutzer sollte so weit wie möglich Rücksicht genommen werden. Dazu sollten ganz allgemein Gespräche und bei Nutzern, die sich nicht sprachlich äußern können, auch nichtsprachliche Austauschmöglichkeiten einen hohen Stellenwert haben. Die Gespräche können (müssen aber nicht) auch über vertrauliche Themen geführt werden, z. B. über Lebensprobleme oder Sexualität. Gelegenheiten für vertrauliche Gespräche sollten im Regelfall nicht im voraus geplant werden. Ein solches Vorgehen löst fast zwangsläufig Angst und Abwehr aus. Günstiger ist es in den meisten Fällen, solche Gespräche in Situationen gemeinsamen Tuns zu führen, etwa bei einem Spaziergang, bei der Hausarbeit oder beim Kaffeetrinken, da die Tätigkeit beide Partner(innen) entlasten kann und das Sprechen leichter macht. Auch hierbei gilt der Grundsatz der Gleichwertigkeit der Beziehung, d. h., auch Probleme der Mitarbeiterinnen können gegebenenfalls zur Sprache kommen.

Kennzeichen einer individualisierten Beziehungsgestaltung können u. a. sein, daß jeder Nutzer bei Dienstwechseln persönlich begrüßt und verabschiedet wird, daß es dazu „individuelle Zeremonien" gibt und sich alle zusammenlebenden Personen einer Gruppe gegenseitig gut kennen (hinsichtlich ihrer Biographie, ihrer Interessen, Vorlieben und Schwächen).

"Grundregel" für Mitarbeiterinnen: Jeder Mensch kennt seine Bedürfnisse und Wünsche selbst am besten.

9. Entwicklungsorientiert denken und handeln

Menschsein heißt, zu keinem Zeitpunkt des Lebens stillzustehen, sondern sich immer zu entwickeln. Dabei ist jeder Mensch zugleich Gestalter und Opfer seiner Lebensverhältnisse. Menschliche Begegnung ereignet sich im Werdenden, nicht im Gewordenen. Will man einen anderen Menschen verstehen, ist es wichtig, vor allem davon auszugehen, was noch aus ihm werden kann und nicht davon, was er alles nicht kann oder versäumt hat. Bedeutsam für die Beziehungsgestaltung ist auch, die individuellen Unterschiede in der Entwicklung (z. B. des Tempos) wahrzunehmen und zuzulassen. Jeder Mensch hat Zeiten, in denen er sich schneller, und solche, in denen er sich langsamer entwickelt (vgl. Gegenstandsbereich „Zeitstrukturen", S. 165 ff.).

Wenn Mitarbeiterinnen also ständig nach Veränderung drängen, geben sie dabei möglicherweise ein Tempo vor, das ihre Teamkolleginnen ebenso verunsichert wie die Bewohner. Für eine intensive Begleitung von Menschen, die etwa nach einer turbulenten Zeit Ruhe und Beständigkeit brauchen, müßten sie sich bremsen. Umgekehrt ist es hin und wieder dringend notwendig, daß Nutzer nach einer eher ruhigen Zeit wieder vermehrt Angebote erhalten, neue Erfahrungen zu machen und ein etwas schnelleres Tempo einzuschlagen.

"Grundregel" für Mitarbeiterinnen: Jeder Mensch ist das, was aus ihm werden kann.

10. Eine gelöste und angstfreie Atmosphäre schaffen

Anhaltspunkte, ob die Atmosphäre zwischen den im begleiteten Wohnen zusammenlebenden und zusammenarbeitenden Personen wirklich entspannt ist, können u. a. sein: eine hohe gegenseitige Hilfsbereitschaft und Rücksichtnahme; die Aufmerksamkeit, die man den Wünschen und Bedürfnissen des anderen erweist; die Bereitschaft, dem anderen individuelle Schwächen zu verzeihen; das Interesse daran, mit anderen etwas zusammen zu tun und nicht zuletzt auch die Zeit, die man sich dafür nimmt.

"Grundregel" für Mitarbeiterinnen: Jeder Mensch will sich sicher und aufgehoben fühlen.

Literatur

DECKER, Ch.; HOFSTETTER, G.: Die Kunst der kleinen Dinge des Alltags – oder: Wie entsteht zwischen Mitarbeitern und Bewohnern Gleichheit? In: Dörner, K. (Hrsg.): Aufbruch der Heime. Gütersloh 1991, 59 – 68

DÖRNER, K.: Umgang mit Akutkranken – von chronisch Kranken gelernt. In: Bock, Th.; Mitzlaff, St. (Hrsg.): Von Langzeitpatienten für Akutpsychiatrie lernen. Bonn 1990, 31 – 38

DÖRNER, K.: Mosaiksteine für ein Menschen- und Gesellschaftsbild – Zur Orientierung psychiatrischen Handelns. In: Bock, Th.; Weigand, H. (Hrsg.): Handwerks-buch Psychiatrie. Bonn 1991 a, 38 – 46

DÖRNER, K.: Wie gehe ich mit Bewohnern um? In: Dörner, K. (Hrsg.): Aufbruch der Heime. Gütersloh 1991 b, 32 – 58

DÖRNER, K.; PLOG, U.: Irren ist menschlich: Lehrbuch der Psychiatrie/Psychotherapie. Bonn 1990

FEUSER, G.: Die Lebenssituation geistig behinderter Menschen. In: fib e. V. (Hrsg.): Ende der Verwahrung?! München 1991

HARTFIEL, G.; HILLMANN, K.-H.: Wörterbuch der Soziologie. Stuttgart 1972

KENDRICK, M.: Service user and family empowerment. Mitschrift eines Vortrages. Boston 1993

KENDRICK, M.: Safeguarding the quality of human services. Mitschrift eines Vortrages. Boston 1993

KÜHN, D.: Organisationen sozialer Arbeit: Administrative Strukturen und Handlungsformen im Sozialwesen. In: Biermann, B. u. a.: Soziologie. Neuwied, Berlin, Kriftel 1992

MOSHER, L. R.; BURTI, L.: Psychiatrie in der Gemeinde – Grundlagen und Praxis. Bonn 1992

NOUVERTNÉ, K.: Professionelle Arbeit muß sich dramatisch ändern. In: Dörner, K. (Hrsg.): Aus leeren Kassen Kapital schlagen. Gütersloh 1994, 67 – 106

ROTH, H.: Pädagogische Anthropologie. Band 1: Bildsamkeit und Bestimmung. Hannover 1971

SCHMIDBAUER, W.: Die hilflosen Helfer. Reinbek 1977

SPECK, O.: System Heilpädagogik: Eine ökologisch-reflexive Grundlegung. München 1987

Zusammenleben • Mitarbeiterinnen und Nutzer

Nutzerbezogene Indikatoren:
Beziehungsgestaltung zwischen Mitarbeiterinnen und Nutzern

	trifft zu	trifft eher zu	trifft eher nicht zu	trifft nicht zu
1. Der Nutzer hat in der Vergangenheit überwiegend negative Erfahrungen in den sozialen Beziehungen zu Fachkräften wohnbezogener Dienste gemacht.	❏	❏	❏	❏
2. Der Nutzer hat gegenwärtig nur zu sehr wenigen Mitarbeiterinnen des wohnbezogenen Dienstes ein vertrauensvolles Verhältnis.	❏	❏	❏	❏
3. Der Nutzer hat gegenwärtig zu einem oder mehreren Mitarbeiterinnen des wohnbezogenen Dienstes eine eher problematische Beziehung.	❏	❏	❏	❏
4. Der Nutzer verfügt gegenwärtig über keine oder nur sehr wenige nichtprofessionelle soziale Beziehungen.	❏	❏	❏	❏
5. Der Nutzer kennt die Mitarbeiterinnen, mit denen er regelmäßig zusammen ist, nur von ihrer beruflichen Seite. Über ihren Lebensweg, ihre Interessen und Wünsche weiß er nichts oder nur sehr wenig.	❏	❏	❏	❏
6. Der Nutzer benötigt besondere Hilfen beim Ausdruck seiner Gefühle.	❏	❏	❏	❏
7. Der Nutzer braucht besonders viel Gelegenheit zu persönlichen und vertraulichen Gesprächen.	❏	❏	❏	❏
8. Eine sprachliche Kommunikation mit dem Nutzer ist nicht oder nur eingeschränkt möglich. Es bedarf deshalb nonverbaler Kommunikationsformen, die Vertrautheit und emotionale Nähe signalisieren.	❏	❏	❏	❏
9. Der Nutzer bedarf besonderer Unterstützung, um eigene Meinungen, Wünsche und Kritik zu entwickeln und zu äußern.	❏	❏	❏	❏

Gesamteinschätzung

Aus den individuellen Bedürfnissen und den Erfahrungen des Nutzers ergibt sich ein besonderer Unterstützungsbedarf hinsichtlich der Beziehungsgestaltung.	❏	❏	❏	❏

Angebotsbezogene Indikatoren:
Beziehungsgestaltung zwischen Mitarbeiterinnen und Nutzern

	trifft zu	trifft eher zu	trifft eher nicht zu	trifft nicht zu
1. Nutzer werden in ihrer Emotionalität akzeptiert und im Ausdruck ihrer Gefühle unterstützt. Negative Gefühle und Stimmungen, Vorlieben und Abneigungen werden nicht übergangen oder bagatellisiert, sondern ernstgenommen.	❑	❑	❑	❑
2. Verhaltensweisen, Stimmungen und Eigenschaften der Nutzer werden nicht durch deren Behinderung erklärt, sondern in Kenntnis ihrer individuellen Biographie und ihrer aktuellen Lebenssituation interpretiert.	❑	❑	❑	❑
3. Gespräche haben allgemein einen hohen Stellenwert und schließen auch persönliche und vertrauliche Beratung ein. Wo eine sprachliche Kommunikation nicht oder nur eingeschränkt möglich ist, werden nonverbale Kommunikationsformen, die Vertrautheit und emotionale Nähe signalisieren, gepflegt (durch basale Reize und Stimulationen wie Streicheln, Massieren usw.).	❑	❑	❑	❑
4. Auf Fragen der Nutzer wird ernsthaft, angemessen und verständlich eingegangen, insbesondere auch auf solche Fragen, die stereotyp vorgebracht werden.	❑	❑	❑	❑
5. Die Regeln des Umgangs miteinander werden von der Hausordnung bis zu alltäglichen Absprachen nicht vorgegeben, sondern gemeinsam vereinbart. Wichtige Regelungen werden dokumentiert.	❑	❑	❑	❑
6. Bevorstehende Ereignisse, Termine und Entscheidungen werden prinzipiell mit den Nutzern besprochen und mit derselben Verbindlichkeit eingehalten wie Absprachen mit nichtbehinderten Personen.	❑	❑	❑	❑
7. Die Mitarbeiterinnen begründen ihre Absichten, Tätigkeiten, Aufgaben und Rollen gegenüber den Nutzern und machen deutlich, was die einzelnen Nutzer von ihnen erwarten können und was nicht.	❑	❑	❑	❑
8. Die Mitarbeiterinnen treten gegenüber den Nutzern nicht dominant auf, sondern geben eigene Schwächen und Fehler zu.	❑	❑	❑	❑

6.3

Zusammenleben • Mitarbeiterinnen und Nutzer

	trifft zu	trifft eher zu	trifft eher nicht zu	trifft nicht zu
9. Die Nutzer kennen die Mitarbeiterinnen, mit denen sie regelmäßig zusammen sind, nicht nur von ihrer beruflichen Seite. Die Mitarbeiterinnen erzählen auch von sich und lassen die Nutzer in angemessener Weise an persönlichen Angelegenheiten teilhaben.	❑	❑	❑	❑
10. Nutzer werden dazu befähigt und darin unterstützt, Meinungen, Wünsche und Kritik zu entwickeln und zu äußern.	❑	❑	❑	❑
11. Meinungen, Wünsche und Kritik werden sowohl im Alltag als auch im Rahmen gezielter Aussprachen regelmäßig abgefragt. Dies gilt insbesondere für Maßnahmen, die grundlegende Lebensbereiche der Nutzer betreffen.	❑	❑	❑	❑

Gesamteinschätzung

Die Mitarbeiterinnen des wohnbezogenen Dienstes unternehmen alle erforderlichen Bemühungen, um ihre Beziehungen zu den Nutzern möglichst positiv zu gestalten.	❑	❑	❑	❑

6.3

Gegenstandsbereich:
Privatheit und Individualisierung

„Die Wohnung ist unverletzlich", lautet Artikel 13 des Grundgesetzes. Das ist kein beliebig austauschbarer Baustein unserer Verfassung, sondern Ausdruck eines universellen Freiheitsrechtes, das sich in Jahrhunderten allmählich herausgebildet hat und für ein modernes Verfassungsverständnis grundlegend ist. Daß ein Heimplatz bei den Angeboten wohnbezogener Dienste rechtlich gesehen nicht als Wohnung gilt, ist bekannt. Zumindest aber sollte der ideelle Kern dieses Verfassungsartikels als humanes Grundrecht gerade dort zur Geltung kommen, wo die juristischen Rahmenbedingungen dazu nicht zwingen (vgl. SCHWARTE 1994).

Privatheit der Wohnung

Wohnen ist normalerweise – im Gegensatz etwa zum Arbeitsplatz – ein Lebensbereich, über den der Mensch in hohem Maße selbst verfügen kann. In der Wohnung ist man „sein eigener Herr"; hier kann man tun und lassen, was man will. Natürlich gibt es auch hier Einschränkungen: So ist es beispielsweise in Mietwohnungen grundsätzlich untersagt, bauliche Veränderungen vorzunehmen; Beschäftigungen, die die Nachbarschaft stören können (z. B. das Musizieren), sind an bestimmte Zeiten gebunden. Ohne Einschränkungen ist es jedoch möglich, sich zu entspannen, sich die Zeit einzuteilen und z. B. darüber zu bestimmen, wann man allein und wann man mit anderen zusammen sein will.

Nur dann, wenn die Privatheit der Wohnung oder des eigenen Zimmers gesichert und der Wohnbereich individuell gestaltbar ist, können die mit dem Wohnen verbundenen Bedürfnisse (Alleinsein und Ungestörtsein, Sicherheit und Schutz, Vertrautheit und Kontinuität, Kontakt und Kommunikation) im begleiteten Wohnen erfüllt werden. Die Wohnung oder das eigene Zimmer muß also sowohl Bedürfnisse nach freier Verfügung über die eigene Person und das eigene Handeln als auch nach Kontakt, ungestörten Gesprächen und dem Zusammenleben mit einer Person oder mehreren anderen Personen befriedigen können.

Gerade bei Menschen mit geistiger Behinderung besteht immer die Gefahr der sozialen Isolation. Um dem zu begegnen, müssen beide Elemente, Privatheit und sozialer Austausch, in ein möglichst ausgewogenes und individuell sinnvolles Verhältnis gebracht werden (vgl. THESING 1993).

Individualisierung

Im Allgemeinen ist mit Individualisierung gemeint, daß sich die verschiedenen Lebensstile von Menschen durch gesellschaftliche Veränderungen in den letzten Jahren immer weiter differenziert haben. Für den einzelnen ergaben sich immer größere Wahlmöglichkeiten in bezug auf die bevorzugte Wohn- und Lebensform. Neben das traditionelle Wohnen mit der Familie traten Wohngemeinschaften, das Paarwohnen sowie zunehmend das Alleinwohnen. Nur wenige Menschen wohnen heute noch ihr ganzes Leben lang an einem Ort.

Besonders die Übergänge zwischen verschiedenen Lebensphasen gehen häufig mit Umzügen einher. Auch berufliche Veränderungen sind oft mit einem Wohnortwechsel verbunden. Die Folge ist, daß die meisten Menschen zunehmend mehr Kontakte mit eher fremden Menschen (im Beruf, in der Freizeit, auf Reisen) als mit vertrauten Personen haben und sie sich immer wieder neu auf Veränderungen ihrer sozialen Beziehungen einstellen müssen.

Obwohl sich auch Menschen mit Behinderung an die beschriebenen Veränderungen anpassen müssen, werden ihnen viele der geschilderten Wahlmöglichkeiten – nicht nur im Bereich des Wohnens – bis heute verweigert. So können Menschen, die in einem Wohnheim leben, das Schutzrecht des Artikels 13 des Grundgesetzes rein rechtlich nicht in Anspruch nehmen, denn ein Heimplatz gilt nicht als Wohnung. Die so wichtige Selbstbestimmung über die grundrechtlich geschützte Privatsphäre ist dadurch zumindest stark eingeschränkt.

Dabei muß der Eingriff in den Eigenraum als eine der schärfsten Angriffe auf die Persönlichkeit begriffen werden, die einem Menschen in unserer Gesellschaft widerfahren kann. Erst durch einen veränderten Rechtsstatus (Mieter statt Bewohner, Kunden von Dienstleistungen statt Betreute in einer Einrichtung der Behindertenhilfe) können die Voraussetzungen für ein wirklich individuelles Wohnen von Menschen mit geistiger Behinderung geschaffen werden.

In der Praxis des begleiteten Wohnens kann zumindest aber der Grundgedanke des Artikels 13 berücksichtigt werden, indem grundsätzlich äußerste Zurückhaltung und große Behutsamkeit gegenüber jeglichem Eingriff in den Privatbereich eines Menschen mit Behinderung geübt wird.

Bedürfnisse nach Privatheit

Mit dem Wandel der Wohnformen veränderten sich auch die auf das Wohnen bezogenen Bedürfnisse. Der Wunsch nach privaten Räumlichkeiten, wo man ungestört sein kann und die dem Zugriff anderer Personen entzogen sind, verstärkte sich. Heute haben Privatheit und Individualisierung für jeden Menschen in unserer Gesellschaft eine hohe Bedeutung. Dennoch gibt es dabei von Person zu Person erhebliche Unterschiede. Während manche Menschen ein hohes Maß an Privatheit benötigen, wollen andere so oft wie möglich in Gesellschaft sein. Auch bei einer einzelnen Person sind diese Bedürfnisse nicht immer gleichbleibend, sondern wandeln sich in Abhängigkeit vom Lebensalter, von den biographischen Erfahrungen und der gegenwärtigen Lebenssituation.

Individualisierung heißt u. a., das Trennende, die Unterschiede zwischen den Menschen hervorzuheben, die miteinander leben und arbeiten: zwischen den Nutzern eines wohnbezogenen Dienstes und zwischen einzelnen Nutzern und Mitarbeiterinnen. Der pauschalisierende Begriff „geistige Behinderung" führt jedoch dazu, daß individuelle Unterschiede zwischen den Nutzern leicht übersehen werden. Man sollte sich darüber im klaren sein, daß eine solche Bezeichnung über eine konkrete Person nur sehr wenig aussagt. Privatheit und Individualisierung sind daher nur dort möglich, wo nicht unterstellt wird, daß ein Nutzer schon deshalb bestimmte Bedürfnisse oder Wesensmerkmale hat, weil er eine geistige Behinderung hat.

Bis heute werden Einrichtungen für Menschen mit geistiger Behinderung nach dem Prinzip der „Gleichschaltung" von Bedürfnissen und Eigenschaften geplant, gebaut und gestaltet. Individualisierungsansprüche werden aus dieser Perspektive nicht selten noch als „Unfall im System" angesehen. Privatheit und Individualisierung ist daher nicht nur im begleiteten Wohnen umzusetzen, sondern bedeutet gleichzeitig, die gesamte Palette kulturüblicher und gesellschaftlich angesehener Wohnformen für Menschen mit geistiger Behinderung zugänglich zu machen.

Individualisierung im Alltag

In jeder Einrichtung, in der eine größere Gruppe von Menschen zusammenlebt, entstehen zwangsläufig „gleichmachende Wirkungen". Sie sind nur zu verhindern, wenn sich die Mitarbeiterinnen wohnbezogener Dienste darum bemühen, die Persönlichkeit der Nutzer genauer kennenzulernen, ihre Biographie und besonderen Lebensumstände, Interessen und Bedürfnisse, Vorlieben und Abneigungen zu sehen und zu berücksichtigen.

Im Alltag des begleiteten Wohnens sollte es selbstverständlich sein, daß wichtige biographische Daten einzelner Bewohner wie Geburtstage, Namenstage oder Jubiläen nicht nur regelmäßig gefeiert, sondern auch individuell gestaltet werden. Auch besondere Ereignisse im Leben eines Nutzers (z. B. der Verlust eines Angehörigen) sind im Zusammenleben angemessen zu berücksichtigen. Individualisierung ist deshalb u. a. als rehabilitatives Handlungsprinzip zu verstehen, das dazu aufruft, alle Hilfeleistungen von der Einzigartigkeit der Biographie und der Lebenssituation des einzelnen Nutzers ausgehen zu lassen.

Die Bedürfnisse der Nutzer nach Privatheit sollten uneingeschränkt akzeptiert werden. Dabei müssen individuelle Interessen und Tätigkeiten (z. B. die individuelle Gestaltung der privaten Räumlichkeiten oder die Art und Weise, Aufgaben zu erledigen) so weit wie möglich unterstützt werden.

Die Normalisierung der Lebensverhältnisse muß mit dem Individualisierungsgrundsatz einhergehen, d. h., jeder neue Schritt muß individuell sinnhaft sein. Individualisierung im Alltag des begleiteten Wohnens bedeutet z. B., daß jeder einzelne Bewohner uneingeschränkt darüber bestimmen kann, wann er sich zurückziehen will und wann er Kontakt und Kommunikation wünscht.

Prinzipiell sind die Wohnbedürfnisse von Menschen mit geistiger Behinderung ebenso individuell wie die Bedürfnisse nichtbehinderter Personen. Manche möchten allein (in einer Wohnung oder in einem Einzelzimmer) leben, andere wiederum wollen ganz bewußt nicht allein wohnen. Wichtig ist, daß auch ihnen ein Raum, wo sie bei Bedarf nur für sich sein können, zur Verfügung steht.

Die Privaträume sollten für die jeweiligen Bewohner jederzeit zugänglich sein. Grundsätzlich sollten sie ihr eigenes Zimmer sowie ihr Bad und die Toilette abschließen können. Die Ausgabe von Zweitschlüsseln für die Privatzimmer sollte nur mit ihrer ausdrücklichen Zustimmung erfolgen.

Ausreichender Privatraum allein kann jedoch Privatheit und Individualisierung nicht sicherstellen, er ist lediglich eine Voraussetzung dafür. Entscheidend ist, daß auch eine Atmosphäre besteht, in der die Nutzer ihre Privatheit ganz selbstverständlich leben können. So haben Mitarbeiterinnen in Bewohnerräumen generell einen Gast-Status, d. h., es sollte selbstverständlich sein, daß man anklopft und es respektiert, wenn ein Bewohner sich zurückziehen und nicht gestört werden will.

Eventuell notwendige Aufräum- oder Reinigungsarbeiten sollten grundsätzlich von den Bewohnern selbst erledigt werden. Wenn Mitarbeiterinnen dabei Unterstützung leisten müssen, sollte dies im voraus besprochen und mit dem Bewohner gemeinsam – im Sinne einer Anleitung zur Selbsthilfe – durchgeführt werden.

Die organisatorischen Abläufe des wohnbezogenen Dienstes sollten so flexibel sein, daß jeder Nutzer den eigenen Alltag so weit wie möglich selbst gestalten kann. Wichtig ist dabei u. a.: keine vorgegebenen, sondern vereinbarte gemeinsame Essenszeiten; Gelegenheit zur individuellen Zubereitung und Einnahme von Mahlzeiten; keine einheitlichen Nachtruhezeiten; keine sogenannten „Badetage" usw.

Die Nutzer sollten zu normalen Zeiten in ihrem Privatbereich ungestört Besuch empfangen können. Die Atmosphäre der Wohnung oder Wohneinrichtung sollte dabei so gastfreundlich sein, daß sich Besucher(innen) willkommen fühlen. Geeignete Möglichkeiten hierzu sind u. a. geplante oder spontane Einladungen zum Kaffee und zu gemeinsamen Mahlzeiten, Einladungen zu Festen, Übernachtungen für auswärtige Besucher(innen).

Des weiteren sollten Nutzer – entsprechend ihren Möglichkeiten und ihrer Verantwortlichkeit – selbst darüber entscheiden, wann sie abends nach Hause kommen. Vorgaben des wohnbezogenen Dienstes, die dies verbieten, einschränken oder behindern (z. B. einheitliche „Ausgangsregelungen", die Tür wird zu einem bestimmten Zeitpunkt abgeschlossen, die Ausgehzeiten werden vom „Wohlverhalten" der Nutzer abhängig gemacht) sind generell abzulehnen.

Darüber hinaus sollten Bewohner, soweit ihre Alltags- und Arbeitsverpflichtungen dies zulassen, nach kurzer Absprache auch für mehrere Tage abwesend sein können, um z. B. Verwandte oder Freunde zu besuchen, ohne dafür gesonderte „Genehmigungen" einholen zu müssen.

Überhaupt sollte sich ein wohnbezogener Dienst intensiv darum bemühen, alle Strukturen, die die Bewegungsfreiheit der einzelnen Bewohner einschränken, so weit wie möglich abzubauen. Ist dies nicht (oder noch nicht) möglich, sollten zumindest Vereinbarungen getroffen werden, die von allen Beteiligten gemeinsam getragen werden können. Damit sind Schutz- und Fürsorgepflichten des wohnbezogenen Dienstes und seiner Mitarbeiterinnen nicht aufgehoben. Wenn sie jedoch allein unter dem Gesichtspunkt der Risikominimierung interpretiert und nicht in eine stets neu und konkret auszubalancierende Spannung zu den individuellen Freiheitsrechten und Entfaltungsmöglichkeiten gebracht werden, verkommen sie zur fürsorglichen Bevormundung.

Den Nutzern ist zu jeder Zeit Gelegenheit zu ungestörten Telefonaten nach außen zu geben. Auch die Wahrung des Briefgeheimnisses ist eine Selbstverständlichkeit. Nutzer, die nicht lesen können, sind dennoch meist in der Lage, einer Öffnung ihrer Post durch andere zuzustimmen oder dies abzulehnen.

Urlaubsreisen in Gruppen – zumal in der Gruppe derjenigen Personen, mit denen man ohnehin das ganze Jahr über zusammenwohnt, ohne sich für dieses Zusammenleben in der Regel freiwillig entschieden zu haben – sind nicht die Sache jedes Menschen. Nutzer wohnbezogener Dienste machen da mit Sicherheit keine Ausnahme. Hinzu kommt, daß Personen mit bestimmten „Auffälligkeiten" auf andere Menschen erst recht auffällig und fremd wirken, wenn sie in größeren Gruppen auftreten.

Grundsätzlich gilt, daß Reisen mit größeren Gruppen behinderter Menschen einen eher antinormalisierenden Effekt haben. Es sollte aus diesen Gründen genau geprüft werden, welche Vorstellungen und Wünsche die einzelnen Bewohner hinsichtlich ihres Urlaubs haben und welche verschiedenen Möglichkeiten der wohnbezogene Dienst hat, diesen Wünschen nachzukommen.

6.3 Individuelle Ausdrucksformen im Wohnbereich

Zu den zentralen wohnbezogenen Bedürfnissen gehört die Entwicklung individueller Ausdrucksformen (FLADE 1987). Für das Wohnen gilt wie für keinen zweiten Lebensbereich die Goethesche Behaglichkeitsmetapher: „Hier bin ich Mensch, hier darf ich's sein."

Achtundvierzig gleiche Sitzgelegenheiten, Betten, Schränke usw. in Wohnheimen für Menschen mit geistiger Behinderung unterlaufen ebenso jeden individualisierenden Förderoptimismus wie der Zentraleinkauf von Artikeln des täglichen Bedarfs. Die in Wohnstätten immer wieder durchgeführten Makramée- und Granulatarbeiten spiegeln eher die werkpädagogischen Trends der Ausbildungsstätten von Erzieher(inne)n und Heilerziehungspfleger(inne)n als die individuellen Ausdrucks- und Gestaltungsbedürfnisse der Nutzer.

Die Vielfalt der zugelassenen Gestaltungsformen im persönlichen Wohnbereich der Nutzer eines wohnbezogenen Dienstes ist ein zuverlässiger Indikator für dessen Normalisierungsbemühungen.

Dies gilt im übrigen auch für das äußere Erscheinungsbild der Nutzer.

Das äußere Erscheinungsbild der Nutzer

Aus eigener Erfahrung wissen wir, daß der erste Eindruck, den ein Mensch auf uns macht, oft entscheidend dafür sein kann, welche Haltung wir ihm gegenüber einnehmen, welche Erwartungen wir ihm gegenüber haben und wie wir den Umgang mit ihm gestalten. Die ersten Wahrnehmungen sind häufig prägend, während nachfolgende Informationen, die nicht zu dem einmal entstandenen Bild passen, oft ignoriert oder uminterpretiert werden. Dabei entsteht der Eindruck, den wir von anderen Personen gewinnen, nicht zuletzt durch die Wahrnehmung verschiedener Merkmale des äußeren Erscheinungsbildes wie Gesichtsausdruck, Körperhaltung, Körperbau, Kleidung, Körperpflege, Körperhaltung und sichtbare Behinderungen. Aufgrund dieser und anderer Merkmale bilden wir uns eine Meinung über die betreffende Person.

Grundsätzlich gilt, daß eine Person vor allem dann als sympathisch eingeschätzt wird, wenn wir sie als uns selbst ähnlich empfinden. Auch bei der Wahrnehmung eines Menschen mit geistiger Behinderung entscheidet oft schon der erste Eindruck, ob bestehende Vorurteile (z. B. kindlich, krank, inkompetent, bemitleidenswert) auf ihn übertragen werden und ob andere Personen mit ihm Kontakt aufnehmen oder sich von ihm distanzieren.

Das äußere Erscheinungsbild eines Menschen bewegt sich stets im Spannungsfeld zwischen Individualität und Anpassung an gesellschaftliche Konventionen. Dabei geht es nicht um die bloße Anpassung an gesellschaftliche Normen, sondern um die Entwicklung eines persönlichen Lebensstils unter Berücksichtigung der sozialen Wirkungen, die davon ausgehen. Auch nichtbehinderte Menschen können nicht immer frei über ihr Erscheinungsbild in der Öffentlichkeit entscheiden, z. B. ist in vielen Arbeitsbereichen eine bestimmte Arbeitskleidung vorgeschrieben; zu manchen gesellschaftlichen Anlässen wird man nur mit der entsprechenden Kleidung zugelassen.

Beschränkt man die Diskussion um das Erscheinungsbild von Nutzern wohnbezogener Dienste auf den Aspekt der Selbstbestimmung, wird man vielen Menschen mit geistiger Behinderung in ihrer konkreten Situation und in ihrem biographischen Gewordensein nicht gerecht werden können. Häufig verfügen sie nicht über die Grundlagen, eine wirklich informierte Wahl darüber zu treffen, wie sie sich kleiden und in der Öffentlichkeit darstellen wollen. In der Regel haben sie sich auch keineswegs bewußt dafür entschieden, durch das Erscheinungsbild ihre „Andersartigkeit" zu signalisieren.

Die Mitarbeiterinnen wohnbezogener Dienste sollten die Nutzer darin unterstützen, einen individuellen Ausdrucksstil zu entwickeln. Dazu sollten die Fachkräfte Rat und Anregung geben, etwa beim Einkauf, beim Friseurbesuch oder bei der Auswahl von Kleidung. Gegebenenfalls bedarf es auch der konkreten Unterstützung und Anleitung, z. B. beim Gebrauch von Körperpflegeartikeln, bei der Auswahl der Kleidung, bei der Handhabung des Bügeleisens.

Gleichzeitig sollten die Mitarbeiterinnen den Nutzern aber auch Hilfen zum Aufbau eines realistischen Selbstbildes geben und ihnen vermitteln, was zu einem positiv beurteilten Erscheinungsbild beiträgt und welche Reaktionen demgegenüber das äußere Erscheinungsbild eines Menschen hervorruft, der sich z. B. nicht altersangemessen kleidet oder seine Körperpflege vernachlässigt.

Individuelle Ausdrucksformen entwickeln sich bei jedem Menschen ganz wesentlich über die Orientierung an Vorbildern. Die Mitarbeiterinnen wohnbezogener Dienste sollten sich daher ihrer Vorbildfunktion bewußt sein und auf ihr äußeres Erscheinungsbild achten. Darüber hinaus sollten sie den Nutzern Kontakte zu nichtbehinderten und angesehenen Gleichaltrigen vermitteln, die für die Nutzer Orientierungsmöglichkeiten bieten können.

Individualisierung und soziale Verantwortung

Es wird zunehmend deutlicher, daß der hohe Stellenwert von Privatheit und Individualisierung keineswegs nur positive Auswirkungen hat. Für viele Menschen ist der Trend zur Individualisierung auch gleichbedeutend mit Einsamkeit und Isolation. Wenn familiäre, soziale und kulturelle Bindungen immer beliebiger werden, wächst der Druck, sich den gerade gegebenen Umständen anzupassen. Größere Individualisierung bedeutet also auch, immer abhängiger zu werden von schwer durchschaubaren Prozessen, die Einfluß auf den eigenen Alltag nehmen. Beispiele hierfür sind die zahllosen Gesetze und Vorschriften für alle Lebenszusammenhänge, der Massenkonsum oder die unpersönliche Einheitlichkeit vieler Wohnungen (BECK, nach KRAUSZ 1990, 66 ff.).

Wird also allein das Individuelle zum Maßstab, besteht auch die Gefahr, daß die Ursachen und Gründe für Störungen und Krisen des Zusammenlebens vor allem bei einzelnen Personen ausgemacht werden, anstatt die gesamten biographischen und situativen Lebenszusammenhänge aller Beteiligten in den Blick zu nehmen. Eine einseitige Individualisierung ist daher ebenso mit Gefahren verbunden wie die gleichmachende Etikettierung „geistige Behinderung".

Jeder Mensch ist von Beginn an Teil einer sozialen Gemeinschaft, d. h., er hat sowohl Bedeutung als auch Verantwortung für viele andere Menschen: für seine Angehörigen, für Freunde oder auch für seine professionellen Helferinnen im begleiteten Wohnen. Jedes Handeln bedeutet damit automatisch, nicht nur für sich selbst, sondern immer auch für andere Verantwortung zu übernehmen (vgl. DÖRNER 1991, 40 f.).

Individualisierung hat ihr Gegengewicht in der Verantwortlichkeit für die Gemeinschaft. Diese Balance zwischen den Interessen eines einzelnen und der Gruppe sollte als wichtiges Thema sozialen Lernens erkannt und z. B. in Teamkonzepten und individuellen Entwicklungsplänen für alle Nutzer entsprechend berücksichtigt werden. Es geht also darum, die Möglichkeiten zu erkennen und auszuschöpfen, die in der Chance der Individualisierung liegen, ohne dabei ihre Gegenpole – die Gleichwertigkeit und Verantwortlichkeit für die Gemeinschaft – zu vernachlässigen.

Literatur

BIERHOFF, H.-W.: Personenwahrnehmung. Vom ersten Eindruck zur sozialen Interaktion. Berlin, Heidelberg, New York, Tokyo 1986

Deutscher Verein für öffentliche und private Fürsorge (Hrsg.): Fachlexikon der sozialen Arbeit. Frankfurt a. M. 1993

DÖRNER, K.: Mosaiksteine für ein Menschen- und Gesellschaftsbild – Zur Orientierung psychiatrischen Handelns. In: Bock, Th.; Weigand, H. (Hrsg.): Handwerks-buch Psychiatrie. Bonn 1991, 38 – 6

FLADE, A.: Wohnen psychologisch betrachtet. Bern 1987

KRAUSZ, M.: Der Mensch, eine atomisierte, überstimulierte Konsummonade? In: Bock, Th.; Mitzlaff, St. (Hrsg.): Von Langzeitpatienten für Akutpsychiatrie lernen – „Die Entdeckung der Langsamkeit". Bonn 1990, 62 – 72

MAHLKE, W.; SCHWARTE, N.: Wohnen als Lebenshilfe: Ein Arbeitsbuch zur Wohnfeldgestaltung in der Behindertenhilfe. Weinheim, Basel 1985

MÜLLER, E.; THOMAS, A.: Einführung in die Sozialpsychologie. Göttingen, Toronto, Zürich 1974

OERTER, R.: Erkennen. Donauwörth 1974

SCHWARTE, N.: Anthropologische Aspekte des Wohnens unter erschwerten Bedingungen. In: Pape, F. W. (Hrsg.): Leben mit einer Körperbehinderung. Stuttgart 1994, 9 – 26

THESING, T.: Betreute Wohngruppen und Wohngemeinschaften für Menschen mit geistiger Behinderung. Freiburg i. Br. 1993

WOLFENSBERGER, W.; THOMAS, S.: PASSING. Toronto 1983, 277 – 285

Zusammenleben • Privatheit und Individualisierung

Nutzerbezogene Indikatoren:
Privatheit und Individualisierung

	trifft zu	trifft eher zu	trifft eher nicht zu	trifft nicht zu
1. Der Nutzer hat bislang in seinem Leben nur wenig Privatheit kennengelernt. Er hat nur selten eine individuelle Behandlung erfahren.	❑	❑	❑	❑
2. Der Nutzer befindet sich in einem Alter, in dem die meisten Menschen besondere Bedürfnisse im Hinblick auf Privatheit haben.	❑	❑	❑	❑
3. Der Nutzer benötigt einen größeren Privatraum, um individuellen Rückzug, Intimität und Ungestörtheit zu sichern.	❑	❑	❑	❑
4. Der Nutzer benötigt die Möglichkeit, ungestört Besuch zu empfangen, der gegebenenfalls auch in der Wohnung bzw. im wohnbezogenen Dienst übernachten kann.	❑	❑	❑	❑
5. Der Nutzer benötigt besondere Hilfen bei der Ausbildung seiner Individualität.	❑	❑	❑	❑
6. Der Nutzer braucht besondere Hilfen für eine weitgehend selbstbestimmte Gestaltung seines Alltags.	❑	❑	❑	❑
7. Der Nutzer benötigt besondere Unterstützung bei der Auswahl individueller, in Qualität und Design altersgerechter und der jeweiligen Jahreszeit entsprechender Kleidung. Er braucht Hilfen zum Erwerb von Kenntnissen und Fertigkeiten, die zu einem von der Umwelt positiv bewerteten Erscheinungsbild beitragen.	❑	❑	❑	❑

Gesamteinschätzung

Aus den individuellen Bedürfnissen und den Erfahrungen des Nutzers ergibt sich ein besonderer Unterstützungsbedarf zur Sicherung von Privatheit und zur Ausprägung eines individuellen Lebensstils.	❑	❑	❑	❑

Angebotsbezogene Indikatoren:
Privatheit und Individualisierung

	trifft zu	trifft eher zu	trifft eher nicht zu	trifft nicht zu
1. Der wohnbezogene Dienst fördert die Privatheit der Nutzer, indem er für alle Nutzer nicht nur ausreichend Privatraum, sondern auch ein Klima schafft, in dem eine weitgehende Verfügungsgewalt über den Privatbereich ermöglicht und individueller Rückzug, Intimität und Ungestörtheit gesichert werden (Mitabeiterinnen und Mitbewohner klopfen grundsätzlich an, bevor sie das Zimmer eines Nutzers betreten; die Ausgabe von Zweitschlüsseln für Privatzimmer erfolgt nur mit ausdrücklicher Zustimmung der Nutzer; in den Privaträumen der Nutzer finden Aufräumarbeiten von Mitarbeiterinnen nur mit Zustimmung der Nutzer statt; die Nutzer können das eigene Zimmer sowie Bad und Toilette abschließen; es besteht die Gelegenheit zu ungestörten Telefonkontakten nach außen, das Briefgeheimnis wird gewahrt usw.).	❏	❏	❏	❏
2. Der wohnbezogene Dienst stellt sicher, daß der Nutzer ungestört Besuch empfangen kann. Er bemüht sich um ein Klima, in dem sich Gäste willkommen fühlen (Ermöglichung von Übernachtungen für auswärtige Gäste, Einladung zu Festen usw.).	❏	❏	❏	❏
3. Die Nutzer werden in der Ausbildung ihrer Individualität unterstützt (unterschiedliche Arten, Dinge zu erledigen; Unterstützung der individuellen Gestaltung des Privatraums usw.). Individuelle Interessen, die von Gruppeninteressen abweichen, werden akzeptiert. Gruppenaktivitäten haben prinzipiell den Charakter von Angeboten.	❏	❏	❏	❏
4. Der wohnbezogene Dienst gestaltet die organisatorischen Abläufe so flexibel, daß jeder Nutzer den Alltag weitgehend selbstbestimmt verbringen kann (keine vorgegebenen, sondern vereinbarte Essenszeiten; Gelegenheit zur individuellen Zubereitung und Einnahme von Mahlzeiten; keine vorgegebenen „Schließ"- oder Besuchszeiten; keine einheitlichen Nachtruhezeiten; keine sogenannten „Badetage" usw.).	❏	❏	❏	❏

6.3

Zusammenleben • Privatheit und Individualisierung

	trifft zu	trifft eher zu	trifft eher nicht zu	trifft nicht zu
5. Die Mitarbeiterinnen unterstützen die Nutzer darin, ihr äußeres Erscheinungsbild individuell zu gestalten. Dabei sind sie sich ihrer Orientierungsfunktion bewußt und vermitteln den Nutzern Kenntnisse und Fertigkeiten, die zu einem von der Umwelt positiv bewerteten Erscheinungsbild beitragen.	❏	❏	❏	❏
6. Biographisch bedeutsame Daten (Geburtstage, Namenstage, Jubiläen usw.) werden individuell gestaltet und finden im Zusammenleben eine angemessene Berücksichtigung.	❏	❏	❏	❏

Gesamteinschätzung

Der wohnbezogene Dienst unternimmt alle erforderlichen Bemühungen, um den Nutzern im Bereich des Wohnens angemessene Privatheit und eine individualisierte Lebensführung zu ermöglichen.	❏	❏	❏	❏

6.3

Gegenstandsbereich:
Umgang mit Krisen

Im Kontext wohnbezogener Dienste für Menschen mit geistiger Behinderung ist Krise ein recht unbestimmter, relativ beliebig verwendeter Sammelbegriff für Ereignisse, die als problematisch, störend, bedrohlich, offen und ungewiß wahrgenommen werden. Die Krisen, um die es hier geht, entstehen fast immer zwischen Personen und innerhalb sozialer Beziehungen. Sie sind daher nicht primär als Ausdruck von Persönlichkeitsstörungen zu verstehen.

Menschen mit geistiger Behinderung machen in ihrer Persönlichkeitsentwicklung nicht selten extrem belastende Erfahrungen. Dies kann u. a. zur Folge haben, daß sie bedeutsame Veränderungen in ihrem Leben (wie z. B. ein Umzug oder der Ausfall einer engen Bezugsperson) ausschließlich als seelische Belastung erleben, während die herausfordernden und förderlichen Elemente solcher Veränderungen kaum gesehen werden können. In Übergangssituationen ist daher eine kontinuierliche Beratung, Begleitung und Unterstützung durch die Mitarbeiterinnen im begleiteten Wohnen von besonderer Bedeutung.

Für das Zusammenleben aller Menschen gilt, daß verläßliche Hilfen auf der Grundlage stabiler persönlicher Beziehungen das beste Mittel sind, Krisen zu bewältigen. Krisenhafte Situationen sollten also nicht am Verhalten einer einzelnen Person festgemacht werden, indem man z. B. einem Menschen mit geistiger Behinderung vorschnell eine psychische Störung zuschreibt. Bei einem gegen die eigene Person oder gegen andere gerichteten Verhalten sollte aus diesem Grund nicht von „Aggression" gesprochen werden (was das Problem einer Person zuschiebt), sondern vielmehr von „Auffälligkeit", wodurch das „Zwischenmenschliche" des Problems deutlicher zum Ausdruck kommt. Nicht ein Verhalten an sich ist auffällig, sondern nur das Verhalten eines Menschen, das von einer anderen Person als auffällig wahrgenommen wird (vgl. LINGG, THEUNISSEN 1993).

Bedeutung auffälligen Verhaltens

Der Ausgangspunkt sollte in jedem Fall keine diagnostische, sondern eine beschreibende und verstehende Sichtweise sein. Dementsprechend sollten sich die Maßnahmen vorrangig auf den Abbau der Belastungen in der Lebenswelt einer Person richten. Zu fragen ist aber nicht nur nach den Ursachen und Bedingungen eines bestimmten Verhaltens, sondern auch nach den möglichen Bedeutungen, die dieses Verhalten für einen Menschen haben könnte.

Verhaltensauffälligkeiten sind immer auch als individuell sinnvolle Problemlösungs- und Kommunikationsversuche unter dem Einfluß einer gestörten Beziehung zwischen einem Menschen und seiner sozialen und materiellen Umwelt zu verstehen. Sie sind meist gelernt und werden oft ganz gezielt von einer Person eingesetzt, um bestimmte Bedürfnisse, z. B. nach Zuwendung, Achtung oder Selbstbestimmung, zu befriedigen. Dieser Gesichtspunkt ist zu berücksichtigen, wenn nach Ursachen für Krisen gesucht und Möglichkeiten zur Krisenbewältigung geplant werden. In jedem Fall muß dabei einbezogen werden:

- das beobachtbare Verhalten der Mitarbeiterinnen und Nutzer;
- die sozialen Beziehungen zwischen ihnen (zwischenmenschliche Probleme, mangelhafte Kommunikationsangebote, Stigmatisierung);
- Aspekte der Biographie (z. B. negative Erfahrungen, kritische Lebensereignisse);
- die gegenwärtige Lebenssituation der Nutzer (z. B. fehlende Bezugspersonen, fehlende personale Kontinuität);
- die organisatorischen Rahmenbedingungen des wohnbezogenen Dienstes (z. B. Streßfaktoren im Umfeld wie räumliche Enge, wenig anregendes oder überbehütendes Milieu, Arbeitssituation der Mitarbeiterinnen).

Möglichkeiten zur Bewältigung von Krisen

Wie aus einer Untersuchung von SEIFERT (1993, 128 ff.) in 44 Berliner Wohnheimen hervorgeht, die Menschen mit schwerer geistiger Behinderung betreuen, halten 70 % der Wohnheime die ihnen zur Verfügung stehenden Maßnahmen zur Krisenintervention für nicht ausreichend. Die beanstandeten Mängel beziehen sich in erster Linie auf strukturelle Probleme: zu große Gruppen, mangelnde Personalausstattung, schlechte räumliche Bedingungen, fehlende vorbeugende Maßnahmen (z. B. therapeutische Unterstützung, Praxisberatung, Supervision), mangelnde Qualifikation der Fachkräfte für den Umgang mit Krisen, mangelnde Zusammenarbeit zwischen den verschiedenen Berufsgruppen, fehlende Fortbildungsangebote und unzureichende Versorgungsangebote in der Region. Damit deutlich wird, daß es bislang kaum Konzeptionen und „gemeinsam erarbeitete Strategien für ein einheitliches, von den Bedürfnissen der Bewohnerinnen und Bewohner abgeleitetes Konflikthandeln" (SEIFERT 1993, 131) gibt.

Als praktizierte Maßnahmen zur Krisenintervention gaben die befragten Einrichtungen an: Gespräche (in über 70 % der Wohnheime) und Spazierengehen (über 60 %). Daneben haben sich nach der Untersuchung von SEIFERT offenbar auch eine Reihe anderer Methoden der Entspannung (z. B. Wasserbett, warmes Bad, Massage, Musik) und Beschäftigung bewährt. Den Einsatz von Bedarfsmedikation in Krisen gaben fast 60 % an; dabei bekommt fast ein Viertel der Bewohner Neuroleptika. Fixierungen wurden von ca. 6 % der Einrichtungen genannt, zeitweisen Gruppenausschluß von über 40 %. Auch dauerhafte Verlegungen in eine andere Gruppe (ca. 16 %), in andere Einrichtungen (ca. 11 %) und in die Psychiatrie (fast 25 %) sind demnach an der Tagesordnung. Immerhin fast 40 % der Einrichtungen waren nach eigenen Angaben in der Lage, in Krisensituationen vorübergehend mehr Personal einzusetzen. Dies wurde allerdings nicht durch Neueinstellungen möglich, sondern meist nur durch eine zeitweise Verlagerung vorhandenen Personals.

Auf der Grundlage ihrer Ergebnisse gelangt SEIFERT (1993, 132) zu einigen Vorschlägen für notwendige strukturelle Verbesserungen in den Einrichtungen:

- Kleinstgruppen mit nur einem, höchstens zwei Menschen mit Verhaltensauffälligkeiten;
- insgesamt kleinere Gruppen;
- größtmögliche Kontinuität der Beziehungen;
- Problemklärung im Lebensraum der Bewohner;
- Veränderung des Raumangebotes zum Abbau von Streß und zur Ermöglichung individueller Lösungen (mehr Platz, Einzelzimmer);
- Personalaufstockung, besonders nachmittags und am Wochenende;
- gegebenenfalls Einzelbetreuungen und Sitzwachen;
- mehr Personal mit heilpädagogischen Kenntnissen;
- gezielte Maßnahmen zur vorbeugenden Vermeidung von Krisen.

Krisenverständnis klären

Der Umgang mit Krisen kann als besondere Herausforderung für die Qualität eines sozialen Dienstes gelten. Ein „guter" wohnbezogener Dienst zeichnet sich u. a. dadurch aus, daß unter „Krise" nur wenige, eng gefaßte Situationen verstanden werden, während sich „schlechte" Dienste häufig dadurch zu erkennen geben, daß sie nach eigener Einschätzung entweder immer oder aber grundsätzlich nie mit Krisen zu tun haben.

Es gehört daher zu den Aufgaben wohnbezogener Dienste, das eigene Krisenverständnis aufzuklären. Zu diesem Zweck sind zwischen Mitarbeiterinnen und Nutzern individuelle und verbindliche Absprachen darüber zu treffen, wie in bestimmten, als Krise definierten Situationen zu verfahren ist. Dabei ist zwischen den Beteiligten die verbindliche Übereinkunft anzustreben, daß Interventionsformen, die Zwang und Gewalt einschließen (Festhalten, Fixierung, Bedarfsmedikation zur „Ruhigstellung", Isolierung usw.), auf einen eng gefaßten Bereich notwehrähnlicher Situationen beschränkt werden.

Die Voraussetzungen und Bedingungen, unter denen bestimmte Zwangsmaßnahmen zum Einsatz kommen, sollten schriftlich festgelegt und regelmäßig darauf überprüft werden, ob sie noch angemessen sind.

Verlegungen in eine andere Gruppe, eine andere Einrichtung oder eine psychiatrische Klinik sollten als Zwangsmaßnahme möglichst ganz ausscheiden. Die Anzahl solcher Verlegungen ist ein verläßlicher Indikator für das Krisenbewältigungspotential eines wohnbezogenen Dienstes.

Der Verlauf von Krisensituationen, ihre mutmaßlichen Ursachen und alle durchgeführten Interventionen sollten prinzipiell schriftlich dokumentiert und von allen Beteiligten gründlich nachbesprochen werden, um daraus lernen zu können.

Kompetenzen der Mitarbeiterinnen

Aus Erfahrungen mit ambulanten Diensten für Menschen in psychischen Krisensituationen (NOUVERTNÉ 1993, 80 ff.) geht hervor, daß neben der fachlichen Qualifikation vor allem die soziale und kommunikative Kompetenz des Beraters darüber entscheidet, ob eine Krise aufgefangen werden kann.

Wesentlich für einen positiven Umgang mit Menschen in psychischen Krisen ist offenbar, daß den Betroffenen im Gespräch vermittelt wird, sie zu verstehen und die geschilderte Situation einschätzen zu können. Auch die Fähigkeit, eine emotional belastende Situation auszuhalten (Ruhe bewahren) und sich abgrenzen zu können, ist von großer Bedeutung.

Vor diesem Hintergrund wurden von den Betroffenen eine Reihe von Forderungen an professionelle Mitarbeiter(innen) gestellt. Dabei wurde die „Fachkompetenz im engeren Sinne" erst an fünfter Stelle genannt. Im folgenden führen wir hier die ersten vier Forderungen (entsprechend ihrer Rangfolge) in der Überzeugung auf, daß sich auch Menschen mit geistiger Behinderung in Krisensituationen mit hoher Wahrscheinlichkeit diese Fähigkeiten von den Mitarbeiterinnen wohnbezogener Dienste wünschen werden (spezielle Untersuchungen dazu liegen uns bisher nicht vor):

1. Eigene Krisenkompetenz

Die Mitarbeiterinnen sollten selbst schon persönliche Erfahrungen mit (psychischen) Krisen gemacht und bewältigt haben. Umgekehrt wird es eher ungünstig beurteilt, wenn Fachkräfte den Eindruck vermitteln, ihr Leben bisher ohne erwähnenswerte persönliche Krisen bewältigt zu haben. Ungeachtet ihrer fachlichen Kompetenz könnte solchen Mitarbeiterinnen – so die Befürchtung – das nötige Einfühlungsvermögen fehlen.

2. Menschliche Anteilnahme

Die Mitarbeiterinnen sollten sich in einer Krisensituation einer Person als Mensch mit eigenen Gefühlen gegenüberstellen. Sie sollten also nicht nur als Fachmann oder -frau, sondern als mit-leidender Mensch handeln und den anderen dabei auch die eigene Unsicherheit und Hilflosigkeit spüren lassen: Immer steht eine menschliche Begegnung im Mittelpunkt, kein „fachliches Problem"!

3. Offenheit und Einfühlungsvermögen

Gegenüber Menschen mit anderen Lebensstilen und Ausdrucksformen sollten Mitarbeiterinnen in der Lage sein, Fremdheit auszuhalten und auch dort Nähe empfinden, wo andere mit Angst und Abwehr reagieren (z. B. bei starken Verhaltensauffälligkeiten).

4. Teamkompetenz

Mitarbeiterinnen sollten fähig sein, in einem Team zu arbeiten, ohne zu sehr den eigenen Erfolg zu suchen oder Neid und Eifersucht auf andere zu entwickeln.

In Anlehnung an NOUVERTNÉ (1993, 87 f.) lassen sich diese Forderungen noch um *zwei weitere Punkte* ergänzen:

• Authentizität

Fachkräfte sollten die Fähigkeit besitzen, sich selbst und anderen gegenüber aufrichtig und „echt" zu sein, d. h., die eigenen Befürchtungen, Ängste und Widerstände in Krisensituationen bewußt wahrzunehmen. Diese Gefühle sollten nicht unterdrückt oder verborgen, sondern dem Gegenüber verständlich gemacht werden. Man kann sich darauf verlassen, daß die bloße Vortäuschung von Einfühlungsvermögen oder Verständnis meist sehr schnell entlarvt wird, wodurch die Angst und Verwirrung der betreffenden Person gesteigert wird.

• Distanz oder Abgrenzung

Statt den Anspruch zu haben, jederzeit alle Probleme lösen zu müssen, sollten Mitarbeiterinnen in der Lage sein, auch in Krisen nicht alles „persönlich" zu nehmen und sich abzugrenzen, indem sie z. B. ein gegen sie gerichtetes Verhalten nicht sofort als einen persönlichen Angriff werten, sondern daran denken, daß man in solchen Situationen oft stellvertretend für andere Personen angegriffen wird.

Die hier angesprochenen Fähigkeiten sind nur bedingt während einer Ausbildung lernbar, denn sie sind zum großen Teil Persönlichkeitseigenschaften – also *persönliche Voraussetzungen* für Mitarbeiterinnen, die im Rahmen ihrer Aufgaben im begleiteten Wohnen auch Krisen zu bewältigen haben.

Als nützliche fachliche Qualifikationen im engeren Sinne sollten nach Möglichkeit hinzukommen:

- das Beherrschen unterschiedlicher Interventionsstrategien;
- spezielle psychotherapeutische (vor allem körper-, gestalt- und verhaltenstherapeutische) Techniken;
- die eigene (fachliche) Sichtweise der fremden gegenüberstellen können;
- berufliche Erfahrung und selbstkritische Wahrnehmung der eigenen beruflichen Rolle.

Für ein verantwortliches Handeln in Krisensituationen eignen sich grundsätzlich am ehesten „gestandene" Persönlichkeiten, die über ein hohes Maß an beruflicher Praxis verfügen. Dagegen sind Berufsanfänger, unzureichend ausgebildete Kräfte oder sehr junge Mitarbeiterinnen meist überfordert.

Günstig ist es auch, wenn Fachkräfte Krisen bewußt als Herausforderung ansehen, um ihr berufliches Können und ihre eigene Persönlichkeit weiterzuentwickeln. Diese Einstellung kann durch eine entsprechende Konzeptualisierung der Arbeit eines wohnbezogenen Dienstes maßgeblich gefördert werden.

Ein wohnbezogener Dienst sollte es sich deshalb zur Aufgabe machen, mit seinen Mitarbeiterinnen und seinen Nutzern gezielte Handlungsmöglichkeiten für Krisensituationen einzuüben (z. B. durch interne Fortbildungsveranstaltungen). Sollte es problematisch sein, eine dauerhafte Krisensituation innerhalb eines überschaubaren Zeitraums angemessen und für alle Beteiligten befriedigend zu lösen, kann unter Umständen eine Beratung durch externe Fachleute, z. B. Therapeut(inn)en, weiterhelfen.

Nähe und Distanz in Krisensituationen

Wenn ein Nutzer von Mitarbeiterinnen als problematisch oder verhaltensauffällig eingeschätzt wird, spielen dabei deren Erfahrungen und Erwartungen eine große Rolle. Für viele Fachkräfte ergibt sich bei Personen mit auffälligem Verhalten ein Widerspruch zwischen ihrem eigenen Anspruch, diese Menschen emotional anzunehmen und eine tragfähige soziale Beziehung zu ihnen aufzubauen, und der Ablehnung, die sie häufig empfinden.

Die Mitarbeiterinnen reagieren auf diesen Zwiespalt häufig hilflos oder auch aggressiv und geraten durch dieses Verhalten wiederum mit ihrem Selbstbild in Konflikt, verständnisvolle Mitarbeiterinnen zu sein (vgl. TÜLLMANN 1994, 115 ff.). Die zwiespältige Haltung bleibt in aller Regel auch dem betreffenden Nutzer nicht lange verborgen, was den Umgang miteinander noch schwieriger macht.

Zu Menschen mit auffälligem Verhalten ist die persönliche Distanz oft sehr groß; Einfühlung und Solidarisierung scheinen kaum möglich zu sein. Um als Mitarbeiterin auch mit solchen Nutzern eine individuelle Beziehung aufzubauen, ist daher zunächst die Distanz zu ihnen zu verringern, damit sich quasi der „normale Abstand" wiederherstellt.

Eine erste Annäherung kann dabei über die Beschäftigung mit der individuellen Lebensgeschichte der Person erfolgen. Dabei wird man vermutlich darauf stoßen, daß gerade Nutzer mit auffälligem Verhalten in der Vergangenheit oft unter schwierigsten Umständen leben mußten (z. B. langer Psychiatrie- oder Heimaufenthalt).

Macht man sich diese Lebensbedingungen bewußt, strukturiert sich die Sicht einer Verhaltensauffälligkeit oftmals um: Es scheint dann eher bewundernswert, daß solche Menschen trotz extrem belastender Bedingungen „nicht aufgegeben haben" und noch genug Kraft aufbringen, ihre Bedürfnisse – in welch „störender" Weise auch immer – mitzuteilen.

Krisensituationen bedeuten für alle Beteiligten immer Angst, Verunsicherung und erhöhten Streß. Die eigene Wahrnehmung wird in solchen Situationen eingeengt, aber zugleich wird man auch empfindlicher und aufnahmefähiger. Ein Mensch in einer Krise kann gegen seine Emotionen kaum mehr ankämpfen. Gerade dadurch besteht in Krisensituationen eine besonders große Chance zu einer Beziehungsaufnahme – bildhaft gesprochen: In der Krise öffnet sich eine Tür zu den sonst verborgenen Seiten eines Menschen. Geht die Mitarbeiterin eines wohnbezogenen Dienstes durch die Tür hindurch, kann eine echte Begegnung möglich werden, auch wenn diese zunächst sehr belastend ist und oftmals recht „dramatisch" verläuft. Wenn die Krisensituation vorüber ist, schließt sich diese Tür, d. h., der Betreffende hat dann wieder wesentlich geringere Möglichkeiten, zu seiner emotionalen Befindlichkeit vorzudringen.

Bei jeder Form der Krisenintervention ist besonders auf die Verhältnismäßigkeit der Mittel zu achten. In kritischen Situationen kann zunächst der Versuch unternommen werden, auf eine erregte Person durch beruhigende Worte und Gesten Einfluß zu nehmen. Dem Gegenüber wird dadurch gewissermaßen ein Angebot gemacht, seine eigene (in der Regel nicht bewußte) Angst mit der Mitarbeiterin zu teilen. Daher sollte die eigene Angst und Unsicherheit auch nicht verborgen werden.

Selbstverständlich muß es für Mitarbeiterinnen auch möglich sein, sich aus einer bedrohlichen Situation ohne „schlechtes Gewissen" zurückzuziehen. Oft aber wird dies unmöglich gemacht, da man sonst den betreffenden Nutzer allein lassen müßte oder weil allgemein von den Mitarbeiterinnen erwartet wird, daß sie solche Angelegenheiten zu „regeln" haben.

Unter solchen Umständen wird die alleinige Verantwortung für eine Krisensituation wiederum auf eine einzelne Person geschoben, diesmal auf die Mitarbeiterin. Eine derartige Praxis ist fast immer ein Hinweis auf gravierende strukturelle und organisatorische Mängel des wohnbezogenen Dienstes im internen Umgang mit Krisen.

Selbst- und fremdverletzendes Verhalten

Auf eine spezielle Handlungsweise mancher Menschen mit geistiger Behinderung, die von Fachkräften wohnbezogener Dienste häufig als besonders krisenhaft und belastend erlebt werden, soll hier noch etwas ausführlicher eingegangen werden: das selbstverletzende (autoaggressive) Verhalten. Es ist einer der häufigsten Gründe für die Aufnahme in eine Einrichtung (KANE 1994, 85), ebenso aber auch für die Ablehnung einer Aufnahme. Es scheint sich also um ein besonderes Problem zu handeln, mit dem sich viele wohnbezogene Dienste für Menschen mit geistiger Behinderung auseinanderzusetzen haben und das im Alltag oft nur schwer zu handhaben ist.

Ein bestimmtes Maß an selbstverletzendem Verhalten kommt in der frühkindlichen Entwicklung fast jedes Menschen vor und häufig auch bei Jugendlichen, die in Heimen aufwachsen. Auffälligkeiten wie selbstverletzende Handlungen werden in der Regel als „unerwünschtes Verhalten" definiert, das es zu verändern gilt. Dies führt in der Praxis nicht selten zu Interventionen, die vor allem darauf abzielen, dieses Verhalten zunächst zu unterdrücken.

In den 70er und 80er Jahren war es unter dem Einfluß lerntheoretischer Konzepte eine gängige Praxis, selbst- und fremdaggressive Auffälligkeiten bewußt zu ignorieren, um das Verhalten nicht noch durch Aufmerksamkeit zu bestätigen. Im Alltag war diese Strategie jedoch nur mit großen Schwierigkeiten umzusetzen. Wird z. B. das selbstaggressive Verhalten eines Nutzers von den Mitarbeiterinnen ignoriert, erfolgt nicht selten ein fremdaggressiver Angriff auf Mitbewohner.

Darüber hinaus ist zu bedenken, daß gerade Menschen mit auffälligem Verhalten oft unter Kontaktarmut und Isolation leiden, so daß das gestörte Verhältnis zu ihren Mitmenschen durch die Nichtbeachtung ihres Verhaltens eher noch verstärkt wird. Jeder „Korrekturversuch" sollte daher mit äußerster Vorsicht, nur nach sorgfältiger fachlicher Abstimmung, individualisiert und auf den Alltag der betreffenden Person bezogen unternommen werden. Sogenannte „Sonderbehandlungen" wie z. B. der gezielte Ausschluß von gemeinsamen Aktivitäten durch räumliche Isolierung sollten überhaupt nicht zum Tragen kommen. Gebräuchliche Schutzmittel (wie Helme, Handschuhe, Manschetten) sollten regelmäßig darauf überprüft werden, ob sie noch angemessen sind. Sie können pädagogische und therapeutische Bemühungen keinesfalls ersetzen.

Aus der Unfähigkeit, die beobachteten Verhaltensweisen erklären zu können, war es lange Zeit üblich, selbstverletzendes Verhalten als Ausdruck der einer geistigen Behinderung zugrundeliegenden hirnorganischen Störung zu betrachten. Damit bestand weder Anlaß zur therapeutischen Behandlung noch zur kritischen Analyse der Lebensbedingungen der betreffenden Person. Als Mittel blieben nur Zwangsmaßnahmen und Psychopharmaka übrig (vgl. GAEDT 1986, 11).

Erfahrungsberichten zufolge (KANE 1994, 79) ist selbstverletzendes Verhalten aber selbst durch Zwangsmaßnahmen kaum zu unterdrücken. Auch eine medikamentöse Behandlung unterdrückt nur das Symptom durch die „Beruhigung" der betreffenden Person. Sie vermindert dabei aber gleichzeitig auch alle anderen vitalen Funktionen und macht es auf diese Weise einem Menschen mit geistiger Behinderung nahezu unmöglich, noch aufnahmefähig für Lernerfahrungen zu sein. Hinzu kommt bei den meisten Psychopharmaka die Gefahr von Langzeitschädigungen. Das Spektrum möglicher Nebenwirkungen ist breit und so ernst zu nehmen, daß eine langfristige medikamentöse Behandlung nur unter sorgfältiger Abwägung der Risiken und niemals isoliert von psychotherapeutischen und sozialpädagogischen, milieubezogenen Interventionen vorgenommen werden sollte (vgl. SAND 1986).

Eine auf Dauer wirkungsvollere Strategie könnte demgegenüber darin bestehen, die subjektive Bedeutung zu verändern, die das Verhalten für die betreffende Person hat. Meist konnten die Betroffenen nicht lernen, ihre Bedürfnisse und Wünsche auf übliche und sozial akzeptierte Weise auszudrücken. Autoaggressive Verhaltensweisen dienen vor diesem Hintergrund u. a. der Befriedigung von Bedürfnissen nach Aufmerksamkeit, Kommunikation und Körpererfahrung.

Gewalt, wird sie nun gegen die eigene Person, gegen andere oder gegen Sachen gerichtet, ist fast immer Folge von abgewehrter oder nicht zugelassener Angst (vgl. DÖRNER 1991, 32 ff.). Da sich die sogenannten Ichfunktionen bei einer gravierenden hirnorganischen Störung nicht voll entwickeln können, sind Reizabschirmung, Impuls- und Realitätskontrolle nicht so ausgebildet, daß sie z. B. Trennungssituationen, wie sie in wohnbezogenen Diensten durch Schichtwechsel, Personalfluktuation oder Verlegungen vielfach gegeben sind, standhalten könnten (vgl. GAEDT 1990).

Jede Intervention sollte daher damit beginnen, angstmachende Bedingungen in der sozialen und materiellen Umwelt des Nutzers aufzuspüren und dauerhaft zu beseitigen. Nach den Erfahrungen von

KANE (1994, 92 f.) gelingt es damit zwar nur in seltenen Fällen, ein selbstverletzendes Verhalten völlig abzubauen. Die Häufigkeit und Intensität autoaggressiver Verhaltensweisen wird jedoch nach einiger Zeit fast immer deutlich zurückgehen. Entscheidend sind auch hier verläßliche soziale Beziehungen und Angebote zu individuell sinnvoller, gemeinsamer Tätigkeit, die den Nutzer beanspruchen, ohne ihn dabei zu überfordern. Begleitend dazu können auch gezielt eingesetzte gestalt- und körpertherapeutische Verfahren hilfreich sein. Die Unterstützung vertrauter Personen ist dabei unabdingbar.

Es geht also nicht darum, Menschen durch eine therapeutische Behandlung wieder „gemeinschaftsfähig" oder „brauchbar" für eine sinnvolle Tätigkeit zu machen, sondern umgekehrt: Das Erleben von Gemeinschaft, Kommunikation, Anteilnahme und sinnvoller Tätigkeit ist die beste Therapie. Auf bloße Verhaltensveränderung gerichtete Interventionen führen dagegen in den meisten Fällen nicht zum Erfolg.

Räumliche Trennung als Kriseninterventionen

In größeren wohnbezogenen Diensten wird häufig diskutiert, ob es sinnvoll sein könnte, besondere „Krisengruppen" für Nutzer mit auffälligem Verhalten einzurichten. Erfahrungsgemäß spricht sich meist eine Mehrheit der Fachkräfte dagegen aus, nicht zuletzt auch deshalb, weil für die Mitarbeiterinnen in einer solchen Gruppe fast immer außergewöhnliche Belastungen zu erwarten sind.

In Krisen kann es vielfach durchaus günstig sein, einen oder mehrere betroffene Nutzer vorübergehend in ein anderes Wohnumfeld zu bringen, um eine dauerhaft schwierige Situationen zunächst zu entspannen. Dieses Umfeld sollte aber nach Möglichkeit die Betroffenen nicht zusätzlich aussondern.

Desweiteren sind häufig insbesondere solche Personen von Verlegungen betroffen, die in ihrem Leben ohnehin schon oft die Erfahrung machen mußten, verlegt und abgeschoben zu werden. Ein weiterer Gruppen- oder Wohnortwechsel kann sie unter Umständen dazu veranlassen, alte „Überlebensstrategien" des Rückzugs oder des offenen Protests in Form weiterer Verhaltensauffälligkeiten wieder zu aktivieren. Mit einer vorübergehenden Verlegung allein darf es daher nicht getan sein. Nicht selten kehrt der Betreffende nach einer kürzeren oder längeren Unterbrechung wieder in das unverändert problematische soziale Umfeld seiner Gruppe zurück, und nach einiger Zeit treten die alten Probleme erneut zutage.

Eine vorübergehende räumliche Trennung bekämpft also nur Symptome und verändert auf Dauer überhaupt nichts, wenn nicht gleichzeitig an den sozialen und/oder materiellen Lebensbedingungen gearbeitet wird. Im Einzelfall kann dies selbstverständlich auch bedeuten, daß die Wohnbedingungen eines Nutzers dauerhaft verändert werden müssen (durch eine andere Wohnform, durch andere Mitbewohner usw.).

Generell gilt: Je weniger durchlässig und veränderbar das System der einzelnen Wohnangebote (bzw. Gruppen) eines wohnbezogenen Dienstes ist, um so leichter kann es durch einen Menschen, der sich nicht „ins System" einfügen will, gesprengt werden. Daher ist im Zweifelsfall nicht zuerst an eine Verlegung zu denken, sondern vielmehr an gezielte Veränderungen des Hilfeangebots, z. B. durch intensive Einzelbetreuung, Erweiterung der Kommunikationsmöglichkeiten oder der Gelegenheiten zu individuell sinnvoller Tätigkeit für einen Nutzer (vgl. TÜLLMANN 1994, 122).

Literatur

Bundesvereinigung Lebenshilfe für geistig Behinderte e. V. (Hrsg.): Wenn Verhalten auffällt ... Eine Arbeitshilfe zum Wohnen von Menschen mit geistiger Behinderung. Marburg 1996

DÖRNER, K.: Wie gehe ich mit Bewohnern um? In: Dörner, K. (Hrsg.): Aufbruch der Heime. Gütersloh 1991, 32 – 58

GAEDT, Ch.: Überlegungen zu der Anwendung von Psychopharmaka bei geistig Behinderten. In: Gaedt, Ch. (Hrsg.): Besonderheiten der Behandlung psychisch gestörter geistig Behinderter mit Neuroleptika. Neuerkeröder Beiträge 1. Neuerkerode 1986, 11 ff.

GAEDT, Ch.: Selbstentwertung. Depressive Inszenierungen bei Menschen mit geistiger Behinderung. Neuerkeröder Beiträge 6. Neuerkerode 1990

KANE, J. F.: Schwere geistige Behinderung und selbstverletzendes Verhalten: Neuere Überlegungen in der internationalen Diskussion. In: Fischer, U.; Hahn, M.

Th.; Klingmüller, B.; Seifert, M. (Hrsg.): Wohnen im Stadtteil für Erwachsene mit schwerer geistiger Behinderung. Reutlingen 1994, 78 – 96

LINGG, A.; THEUNISSEN, G.: Psychische Störungen bei geistig Behinderten: Erscheinungsformen, Ursachen und Handlungsmöglichkeiten aus pädagogischer und psychiatrischer Sicht. Freiburg i. Br. 1993

NOUVERTNÉ, K.: Die Helfer: Was müssen MitarbeiterInnen mitbringen und welche Hilfen brauchen sie? In: Wienberg, G. (Hrsg.): Bevor es zu spät ist ... Außerstationäre Krisenintervention und Notfallpsychiatrie: Standards und Modelle. Bonn 1993, 80 – 96

SAND, A.: Inszenierung der Medikamentengabe. In: Gaedt, Ch. (Hrsg.): Besonderheiten der Behandlung psychisch gestörter geistig Behinderter mit Neuroleptika. Neuerkeröder Beiträge 1. Neuerkerode 1986, 21 ff.

SEIFERT, M.: Zur Wohnsituation von Menschen mit geistiger Behinderung in Berlin – unter besonderer Berücksichtigung der Personen mit hohem Betreuungsbedarf. Bestandsaufnahmen und Perspektiven. Berlin 1993

SIEKER, H.: Der schwierige Mensch im Heim – oder was an uns macht den Menschen so schwierig? In: Dörner, K. (Hrsg.): Aufbruch der Heime. Gütersloh 1991, 81 – 98

TÜLLMANN, M.: Die „Verhaltensauffälligen" sprengen das System. In: Dörner, K. (Hrsg.): Aus leeren Kassen Kapital schlagen. Gütersloh 1994, 115 – 136

Zusammenleben • Umgang mit Krisen

Nutzerbezogene Indikatoren:
Umgang mit Krisen

	trifft zu	trifft eher zu	trifft eher nicht zu	trifft nicht zu
1. Der Nutzer hat in seinem bisherigen Leben in Krisensituationen nur wenig Unterstützung gefunden.	❏	❏	❏	❏
2. Der Nutzer muß gegenwärtig Lebensereignisse bewältigen (Übergänge im Arbeitsleben, Krankheit, Verlust oder Trennung von Bezugspersonen usw.), die zu Krisensituationen führen können.	❏	❏	❏	❏
3. Die institutionellen Bedingungen des Wohnens sind für den Nutzer belastend und führen häufig zu Krisensituationen.	❏	❏	❏	❏
4. Der Nutzer benötigt in Krisen die Hilfe bestimmter Personen, denen er vertraut und die nicht durch andere ersetzt werden können.	❏	❏	❏	❏
5. Der Nutzer ist aufgrund der Schwere seiner Behinderung in seinen Kommunikationsmöglichkeiten beeinträchtigt. In Krisen benötigt er daher besondere Aufmerksamkeit und Unterstützung.	❏	❏	❏	❏

Gesamteinschätzung

Aus der gegenwärtigen Lebenssituation, den individuellen Bedürfnissen und den Erfahrungen des Nutzers ergibt sich ein besonderer Unterstützungsbedarf im Umgang mit Krisen.	❏	❏	❏	❏

Angebotsbezogene Indikatoren:
Umgang mit Krisen

	trifft zu	trifft eher zu	trifft eher nicht zu	trifft nicht zu
1. Für den Umgang mit Krisen existiert ein einheitliches Konzept. Maßnahmen, die Zwang und Gewalt einschließen, sind auf notwehrähnliche Situationen beschränkt. Für die Bedingungen, unter denen bestimmte Zwangsmaßnahmen (Festhalten, Fixierung, Bedarfsmedikation zur „Ruhigstellung", Isolierung) zum Einsatz kommen, bestehen schriftliche Vereinbarungen. Verlegungen in eine andere Gruppe scheiden als Zwangsmaßnahme aus.	❑	❑	❑	❑
2. Im Umgang mit Krisen kommen prinzipiell keine mehr oder weniger subtilen „Sonderbehandlungen" vor (mangelnde Beachtung; Vernachlässigung; Ausschluß von gemeinsamen Aktivitäten; spezielle, auf das Krisenverhalten bezogene Anredeformen, Anspielungen usw.).	❑	❑	❑	❑
3. Für den Umgang mit Krisen bestehen zwischen Mitarbeiterinnen und Nutzern verbindliche Absprachen, die eine individualisierende und situationsgemäße Abstufung von Interventionen ermöglichen.	❑	❑	❑	❑
4. Krisenverläufe werden grundsätzlich schriftlich festgehalten. Die Ursachen krisenhafter Situationen und die getroffenen Maßnahmen werden in Nachbesprechungen aufgearbeitet, um zukünftig Krisen bzw. Zwangsmaßnahmen als Reaktion auf Eskalationen möglichst zu vermeiden.	❑	❑	❑	❑
5. Bei der Analyse krisenhafter Ereignisse werden die belastenden biographischen und aktuellen Faktoren der Lebenssituation der Nutzer ebenso berücksichtigt wie die institutionellen Rahmenbedingungen und die sozialen Beziehungen zwischen Mitarbeiterinnen und Nutzern.	❑	❑	❑	❑
6. Für den Umgang mit Krisen werden Handlungsalternativen für Mitarbeiterinnen gezielt entwickelt und eingeübt.	❑	❑	❑	❑
7. Institutionelle Rahmenbedingungen, die für die Nutzer besonders belastend sind, werden so weit wie möglich verändert.	❑	❑	❑	❑

Zusammenleben • Umgang mit Krisen

	trifft zu	trifft eher zu	trifft eher nicht zu	trifft nicht zu
8. Für die Bearbeitung krisenhafter Situationen werden externe, unabhängige Berater hinzugezogen, wenn es intern nicht möglich ist, innerhalb eines überschaubaren Zeitraums eine für alle Beteiligten zufriedenstellende Lösung herbeizuführen.	❏	❏	❏	❏

Gesamteinschätzung

Der wohnbezogene Dienst unternimmt alle erforderlichen Bemühungen zur Prävention und produktiven Bewältigung von Krisen.	❏	❏	❏	❏

6.3

Aufgabenfeld:
Nichtprofessionelle Beziehungen und Netzwerke

Wie alle anderen Menschen haben auch Menschen mit geistiger Behinderung das Bedürfnis, gesellschaftlich anerkannte Rollen zu übernehmen und ihren Alltag im allgemeinen Sozialraum ihres Gemeinwesens, d. h., in ihrer Nachbarschaft, ihrer Gemeinde oder ihrem Stadtviertel zu leben. Das Recht auf soziale Teilhabe ist gesetzlich (§§ 39, 40 BSHG) zwar verbürgt, bedarf aber zu seiner praktischen Einlösung erheblicher Anstrengungen. Soziale Zugehörigkeit ist ein Grundbedürfnis aller Menschen (MASLOW 1977). Betrachtet man die Beziehungen von Menschen mit geistiger Behinderung, so lassen sich zwei grundlegend verschiedene Beziehungsformen unterscheiden: professionelle Beziehungen, d. h., Beziehungen zu Menschen, die für den Umgang mit geistig behinderten Menschen bezahlt werden, und nichtprofessionelle Beziehungen.

Nichtprofessionelle Beziehungen bestehen zum einen zu Personen, die im Leben eines Menschen die wichtigsten sind, z. B. Eltern, Geschwister, Ehe- oder Lebenspartner(in), Kinder – also Menschen, die das Leben für eine gewisse Zeit oder auf Dauer miteinander teilen.

Eine zweite Ebene umfaßt diejenigen Personen, die in einem Freundschaftsverhältnis zu dem betreffenden Menschen mit Behinderung stehen oder aus Personen, auf die er trifft wie z. B. Freunde und gute Bekannte in Vereinen, am Arbeitsplatz, in Kirchengemeinden, Parteien, in VHS-Kursen, bei Sport- oder Kulturveranstaltungen, in Gaststätten, beim Einkaufen.

Zugehörigkeit zum Gemeinwesen

Das Leben in einem Wohnhaus, in dem nicht nur Menschen mit Behinderung leben, ist zweifellos eine bessere Voraussetzung für die soziale Integration geistig behinderter Menschen als das Leben in Wohnstätten, die ausschließlich für Menschen mit Behinderung vorgesehen sind. Zugehörigkeit zum Gemeinwesen, der Aufbau von wechselseitigen Verbindungen und Verpflichtungen setzt physische Präsenz, d. h., die tatsächliche Nutzung der im Gemeinwesen vorhandenen sozialen Räume (Straßen, Plätze, öffentliche und private Gebäude) und der materiellen Infrastruktur (öffentlicher Nahverkehr, andere Dienstleistungen), voraus.

Es mag banal klingen, aber persönliche Beziehungen können nur entstehen, wenn Menschen mit geistiger Behinderung die Möglichkeit haben und nutzen, ihren Nachbarn und anderen Personen des Gemeinwesens auch zu begegnen. Je intensiver und je zahlreicher diese Begegnungen sind und je mehr sie in gemeinsamen Aktivitäten bestehen, um so mehr entstehen persönliche Beziehungen zwischen behinderten und nichtbehinderten Menschen.

„Je mehr Menschen miteinander tun, um so besser lernen sie sich kennen", lautet das sogenannte Homanssche Axiom in der Theorie sozialer Gruppen (vgl. HOMANS 1978). Es zeigt die Chancen auf, die das intensivere Kennenlernen geistig behinderter Menschen für die nichtbehinderten Mitglieder des Gemeinwesens bietet. Sie können ihre Vorurteile gegenüber diesem Personenkreis korrigieren und die Spontaneität und Herzlichkeit erfahren, die viele Menschen mit geistiger Behinderung auszeichnet. Es bietet auch die Chance, im eigenen Gemeinwesen eine lebendige Kultur der Vielfalt des sozialen Miteinanders aufzubauen, die auf Respekt vor Minderheiten, Toleranz und gegenseitiger Hilfeleistung beruht (vgl. v. LÜPKE 1992).

Es kann nicht ohne weiteres davon ausgegangen werden, daß es bei vielen nichtbehinderten Menschen eine große Bereitschaft gibt, sich auf Begegnungen und auf gemeinsames Tun mit geistig behinderten Menschen einzulassen, wenn auch die Bedingungen für Integration positiver sind als vor zwanzig Jahren (vgl. KLAUSS 1996, 66). Zu groß sind in der Gesellschaft der Nichtbehinderten trotz wichtiger positiver Veränderungen die Unsicherheiten und Ängste gegenüber Menschen, die vermehrt von Hilfe abhängig sind, bis hin zu ablehnenden Haltungen, die aus überzogenem Individualismus oder nacktem Egoismus herrühren. Dies macht den Aufbau persönlicher Beziehungen zwischen den Nutzern mit geistiger Behinderung und Personen im Gemeinwesen zu einer anforderungsreichen Aufgabe, die einer überlegten und kompetenten Herangehensweise bedarf. Auf beiden Seiten sind Anknüpfungspunkte für persönliche Beziehungen zu suchen.

6.4

Bezogen auf seine Nutzer ist es Aufgabe wohnbezogener Dienste, mit ihnen zusammen ihre Vorstellungen zur persönlichen Lebensgestaltung und zum persönlichen Lebensstil zu erarbeiten und nach Wegen ihrer Umsetzung zu suchen. Dabei sollte die Schaffung von Sondersituationen, in denen nur Menschen mit geistiger Behinderung anwesend sind (z. B. Freizeitveranstaltungen im Wohnheim), beständig daraufhin überprüft werden, ob sie von allen Teilnehmern tatsächlich in dieser Form gewünscht werden oder ob nicht vergleichbare Aktivitäten im Gemeinwesen vorgezogen würden.

Damit Menschen mit geistiger Behinderung sich für eine Teilnahme am Gemeindeleben entscheiden können, müssen sie anschauliche Informationen darüber erhalten, was es in der Gemeinde gibt und wie es dort ist. Um im Hinblick auf eine solche Entscheidung assistieren zu können, sind auf seiten des wohnbezogenen Dienstes möglichst aktuelle und genaue Kenntnisse der sozialen Infrastruktur und der sozialen und kulturellen Aktivitäten im Gemeinwesen notwendig. Nur wenn ein wohnbezogener Dienst das kommunale Leben, die Palette der örtlichen Vereine, vom Angelclub über den Gesangs- und Sportverein bis zur örtlichen Künstlergilde kennt und Zugang hat zu Verantwortlichen, kann er Verbindungen herstellen und das persönliche Beziehungsnetz eines Menschen mit geistiger Behinderung erweitern helfen.

„Mitmach-Kultur" fördern und Barrieren abbauen

Wie bereits ausgeführt, treffen Menschen mit geistiger Behinderung im Gemeinwesen noch vielfach auf Ablehnung. Daher sollte ein wohnbezogener Dienst neben der individuellen Unterstützung seiner Nutzer auch auf kommunaler Ebene aktiv werden und dazu beitragen, daß in der Gemeinde breit gefächerte Angebote einer „Mitmach-Kultur" entstehen, die auch für Menschen mit geistiger Behinderung offen sind.

Ihre Teilnahme an Theateraufführungen und Konzertveranstaltungen, Festivals und Stadtteilfesten bzw. Straßenfesten u. ä. sollte eine Selbstverständlichkeit sein.

Die bauliche und technische Ausgestaltung von Läden, Kaufhäusern, Cafés, Restaurants, Nahverkehrsmitteln, Straßen und Plätzen ist ständig auf Barrieren- und Gefährdungsfreiheit zu überprüfen, um gleiche Zugangs- und Zugehörigkeitsmöglichkeiten für alle zu schaffen (vgl. Bundesvereinigung Lebenshilfe 1995, 70).

Lernmöglichkeiten durch soziale Integration

Nichtprofessionelle Beziehungen zu Mitgliedern des Gemeinwesens fördern die soziale Integration geistig behinderter Menschen und erleichtern die Entwicklung individueller Lebensstile. Sie sind jedoch auch noch in anderer Hinsicht von großer Bedeutung: Persönliche Beziehungen zu anderen Menschen im Gemeinwesen können zur persönlichen Weiterentwicklung beitragen. Wenn es sich um kompetentere Personen handelt, bieten sie die Möglichkeit, sich an ihnen zu orientieren und von ihnen zu lernen, z. B. wie man sich in bestimmten Situationen verhalten kann. Solche Lernmöglichkeiten sind für Menschen mit geistiger Behinderung besonders wichtig, weil sie in ihrer Lebensgeschichte oft nur sehr reduzierte Erfahrungen in den verschiedenen sozialen Feldern machen konnten.

Menschen eignen sich die Erfahrungen und Verhaltensweisen derjenigen Gruppen an, in denen sie leben (vgl. GALPERIN, in: FEUSER 1985, 32). Will man also Menschen mit Behinderung darin unterstützen, sich nicht nur im „Schonraum" der Sondereinrichtung, sondern auch im Alltag des Gemeinwesens möglichst kompetent zu verhalten, so müssen entsprechende Erfahrungsmöglichkeiten umfassend zur Verfügung stehen.

Beziehungen zu sozial angesehenen Personen

Menschen mit geistiger Behinderung sind massiv von sozialer Abwertung bedroht oder betroffen. In der Folge werden ihnen oft persönlicher Respekt, Bürgerrechte und Lebenschancen verweigert. Stehen Menschen mit geistiger Behinderung aber in persönlichen Beziehungen zu sozial angesehen Personen im Gemeinwesen, dann fördert dies ihr soziales Ansehen. Gleiches gilt auch für die Orte, an denen sie sich aufhalten oder die Art der Aktivitäten, an denen sie teilnehmen (vgl. WOLFENSBERGER, THOMAS 1983, 209 ff). Andererseits kann der von gegenseitigem Respekt getragene Umgang angesehener Personen mit geistig behinderten Menschen auch Orientierungs- und Aufforderungscharakter für andere nichtbehinderte Gemeindemitglieder haben.

Persönliche Beziehungen zu angesehenen Personen bieten für Menschen mit geistiger Behinderung auch Schutz vor Benachteiligung, Machtmißbrauch und Gewalt. Wer Freunde und Bekannte hat, die kompetent und angesehen sind, kann in schwierigen Situationen auf Unterstützung hoffen und darauf, daß seine Rechte verteidigt werden. Daß dies bei sozial abgewerteten Menschen, die nur Beziehungen zu Personen haben, die ihrerseits sozial abgewertet sind, weniger der Fall ist, liegt auf der Hand.

Der französische Soziologe *Pierre Bourdieu* (1982) hat für die Beziehungsressourcen, die Menschen haben, den Begriff des „sozialen Kapitals" eingeführt. Beziehungen zu wichtigen Personen des Gemeinwesens anzuknüpfen, bedeutet also auch für Menschen mit geistiger Behinderung, sich „soziales Kapital" zu schaffen, das die Verwirklichung individueller Interessen und Ziele erleichtert.

Um Mißverständnisse zu vermeiden, sei an dieser Stelle deutlich darauf hingewiesen, daß die Hervorhebung der Beziehungen von Menschen mit geistiger Behinderung zu angesehenen Personen des Gemeinwesens keine Diskriminierung anderer Beziehungen bedeutet, etwa zwischen Menschen mit geistiger Behinderung untereinander oder zu anderen Personen, die benachteiligten Gruppen angehören. Dies wäre nicht zu akzeptieren, belegen doch die ersten Erfahrungen z. B. aus den schulischen Integrationsmodellen in den Sekundarstufen, daß mit dem Älterwerden der Schüler mit geistiger Behinderung die Wünsche nach Beziehungen zu ebenfalls behinderten Gleichaltrigen wachsen, vor allem, wenn es um intimere Beziehungen geht (vgl. Bundesvereinigung Lebenshilfe 1995, 15).

Subkultur – soziale Integration – Empowerment

In der aktuellen Diskussion um „Lebensqualität" wird gelegentlich die Auffassung vertreten, Menschen mit Behinderung müsse es ermöglicht werden, in einer eigenen „Subkultur" mit anderen behinderten Menschen zu leben, eigene Lebensformen zu finden, die ihrer Identität entsprechen und in denen sie sich nicht an die repressive „Normalität" der Nichtbehinderten anpassen müßten (HOLM, HOLST, PERLT 1994). Es bleibt aber stets zu fragen, ob das Zustandekommen einer „Subkultur", d. h., eines abgegrenzten Lebensraums geistig behinderter Menschen, deren eigene, informierte Entscheidung war oder – wie wohl in den meisten Fällen – Ergebnis institutioneller Fremdbestimmung. Das Konzept ist also mit aller Vorsicht zu bedenken; aus soziologischer Perspektive stellen Menschen mit Behinderung strenggenommen keine Subkultur dar, und ob dieser Begriff außerhalb soziologischer Diskurse hilfreich ist, scheint uns höchst fraglich.

Aber auch eine Entscheidung für die „Subkultur" reduziert nicht die Bedeutung von Beziehungen zu nichtbehinderten Menschen im Gemeinwesen. Wenn Menschen mit geistiger Behinderung keine oder nur sehr wenige Kontakte zu nichtbehinderten Personen haben, besteht immer die Gefahr, daß diese in der Regel unfreiwillige Beschränkung ihrer sozialen Beziehungen zu einem Bedürfnis der Menschen mit Behinderung uminterpretiert wird. Dies gilt vor allem dann, wenn wohnbezogene Dienste ihren Nutzern „Sonderbedürfnisse" zuschreiben und zu wenig berücksichtigen, daß Menschen mit geistiger Behinderung die gleichen Grundbedürfnisse haben wie Nichtbehinderte auch.

Dennoch verweist das Konzept der „Subkultur" auf einen für das Zusammenleben vielfältiger Personen und Personengruppen in einem Gemeinwesen zentralen Punkt. Es geht um die Frage, was von der Mehrheit an individuellen Verhaltensweisen oder Lebensstilen ohne Sanktionen akzeptiert wird, also um die Bandbreite dessen, was als „normal" betrachtet wird.

Die Geschichte der Bürgerrechtsbewegungen zeigt, daß die gesellschaftliche Gleichstellung von Minderheiten nicht konfliktfrei ablaufen kann. Sie muß der Mehrheit in Auseinandersetzungen abgerungen werden, die von den betroffenen Personen ein hohes Maß an Selbstbewußtsein und Selbstbehauptung erfordern. Diese Eigenschaften aber sind gerade bei Menschen mit geistiger Behinderung aus verschiedenen Gründen in der Regel nur schwach entwickelt (vgl. HOFMANN, KUNISCH, STADLER 1996, 96 ff.).

Daher ist es wichtig, daß ein wohnbezogener Dienst Wege findet, seine Nutzer darin zu bestärken, sich gegen Fremdbestimmung und Gewalt zu wehren und eigene Wünsche und Interessen zu formulieren. Eine solche Bestärkung (Empowerment) läßt sich – wie Erfahrungen zeigen – am intensivsten in Selbsthilfegruppen gewinnen. Dies gilt auch für Menschen mit geistiger Behinderung; daher ist die Initiierung und Begleitung solcher Gruppen eine weitere wichtige Aufgabe eines wohnbezogenen Dienstes.

Ein positives Selbstwertgefühl kann den Mut und die Bereitschaft geistig behinderter Menschen, nichtprofessionelle Beziehungen einzugehen, erhöhen. Dies ist letztlich entscheidend, denn die Veränderung von Einstellungen und Wahrnehmungsgewohnheiten vieler Nichtbehinderter hin zu mehr Verständnis und Akzeptanz gegenüber Menschen mit geistiger Behinderung ist ohne häufige, unmittelbare Begegnungen nicht zu erreichen.

Das vorliegende Aufgabenfeld ist nicht das einzige im Rahmen des LEWO-Instruments, das sich mit der sozialen Integration geistig behinderter Menschen in ihr Gemeinwesen befaßt. Der Schwerpunkt liegt hier bei der Frage, was der wohnbezogene Dienst tun kann, um nichtprofessionelle Beziehungen zwischen seinen Nutzern und Personen des Gemeinwesens anzuknüpfen, zu unterstützen oder zu erleichtern.

Literatur

Bundesvereinigung Lebenshilfe für geistig Behinderte e.V. (Hrsg.): Offene Hilfen zum selbstbestimmten Leben für Menschen mit geistiger Behinderung und ihre Angehörigen. Marburg 1995

BOURDIEU, P.: Die feinen Unterschiede. Kritik der gesellschaftlichen Urteilskraft. Frankfurt a. M. 1982

FEUSER, G.: Gemeinsame Erziehung behinderter und nichtbehinderter Kinder als Regelfall?! In: Diakonisches Werk Bremen e. V. (Hrsg.): Informationen zur gemeinsamen Erziehung und Bildung behinderter und nichtbehinderter Kinder in Kindergarten, Kindertagesheim und Schule. Bremen 1985, 21 – 67

HOFMANN, Ch.; KUNISCH, M.; STADLER, B.: „Ich spiel jetzt in Zukunft den Depp". Geistige Behinderung und Selbstbild. In: Geistige Behinderung 1/1996, 26 – 41

HOLM, P.; HOLST, J.; PERLT, B.: Co-Write Your Own Life: Quality of Life as Discussed in the Danish Context. In: Goode, D. (Hrsg.): Quality of Life for Persons with Disabilities: International Perspectives and Issues. Cambridge 1994, 1 – 21

HOMANS, G. C.: Theorie der sozialen Gruppe. Opladen 1978

KLAUSS, Th.: Ist Integration leichter geworden? Zur Veränderung von Einstellungen für die Realisierung von Leitideen. In: Geistige Behinderung 1/1996, 56 – 69

MASLOW, A. H.: Motivation und Persönlichkeit. Olten 1977

v. LÜPKE, K.: Mobile Integrationsdienste für Menschen mit Behinderungen. Ev. Gesamtkirchengemeinde Essen. Essen 1992

WOLFENSBERGER, W.; THOMAS, S.: PASSING. Toronto 1983

Gegenstandsbereich:
Beziehungen zwischen den Nutzern

Aus eigener Wohnerfahrung wissen wir, daß das Zusammenleben mit einer oder mehreren Personen immer eine Herausforderung an die Toleranz, das Einfühlungsvermögen, die Kooperationsbereitschaft und die Selbstdisziplin aller Beteiligten darstellt. Fachkräfte, die in wohnbezogenen Diensten tätig sind, haben die Aufgabe, das Zusammenleben der Mitbewohner in einer Gruppe fachlich kompetent zu begleiten. Sie sollten dazu nicht nur die einzelnen Bewohner, sondern stets auch die Gruppe als solche in ihrer Entwicklung im Auge behalten. Um eine Gruppe kompetent begleiten zu können, müssen die Mitarbeiterinnen u. a. über entsprechende gruppenpsychologische Kenntnisse verfügen.

Soll der Alltag im begleiteten Wohnen für alle zufriedenstellend organisiert werden, sind viele Absprachen, Arbeitsverteilungen und Koordinationsleistungen erforderlich. Bei der Verteilung der im Haushalt anfallenden Aufgaben muß Einigung erzielt werden, ebenso bei der Planung gemeinsamer Vorhaben und Unternehmungen oder der Anschaffung von Gegenständen für den gemeinsamen Gebrauch. Dabei müssen z. B. Menschen mit geistiger Behinderung, die aus dem Elternhaus ausziehen, oft erst die Erfahrung machen, daß es im Zusammenleben mit anderen ohne Absprachen und gegenseitige Hilfestellung nicht geht. Daher sollten die Nutzer ganz gezielt zur Respektierung der Bedürfnisse und Wünsche anderer und zu gegenseitiger Hilfe angeleitet werden. Darüber hinaus will aber auch das Streiten und Auseinandersetzen durchaus gelernt sein.

Umgang mit Konflikten

Konflikte und Auseinandersetzungen sind überall dort, wo Menschen in Gruppen zusammenwohnen, völlig normal. Gerade in Auseinandersetzungen kann man lernen, mit Nähe und Distanz zu anderen umzugehen und sich als eigenständige Person zu erfahren. Das gemeinsame Durchleben schwieriger Situationen und Krisen läßt ein Zusammengehörigkeitsgefühl bei allen Beteiligten entstehen, das auf lange Sicht jedem einzelnen Selbstvertrauen und emotionale Sicherheit verleihen kann. Konflikte zwischen Nutzern sollten daher auch nicht unterdrückt, vorschnell beurteilt oder rasch unterbunden, sondern vielmehr als Erfahrungsfeld für soziales Lernen genutzt werden.

Mitarbeiterinnen im begleiteten Wohnen kommt bei Streitigkeiten also weniger die Rolle des Richters als vielmehr die eines Moderators und Vermittlers zu, der um Verständnis für die unterschiedlichen Positionen der Beteiligten wirbt und – so weit es möglich ist – einen Ausgleich der verschiedenen Interessen herbeiführt. Dabei sollten Mitarbeiterinnen sich in der Kunst üben, gelegentlich „hinter" die Anliegen der beteiligten Parteien zu schauen. Machen sich Mitbewohner z. B. gegenseitig Vorhaltungen, sind diese auch als „Vorschläge zur Verhaltensänderung" zu deuten und können den Nutzern so vermittelt werden, daß keine Kränkungen entstehen.

Während Privates privat bleiben muß, sollte ein Problem, das die Gemeinschaft aller Mitbewohner betrifft, auch in der Gruppe unter Anwesenheit aller Bewohner besprochen werden (z. B. ein Nutzer, der zu später Stunde noch so fernsieht oder Musik hört, daß andere gestört werden oder die Gruppe, die einen bestimmten Mitbewohner mit ihrem Verhalten ausgrenzt).

Den Mitarbeiterinnen sollte bewußt sein, daß ihr Verhalten im Umgang miteinander und gegenüber den Nutzern für die Beziehungen der Mitbewohner untereinander immer Vorbildfunktion besitzt, und zwar im positiven wie im negativen Sinne. Fachkräfte, die sich untereinander bekämpfen, werden den Bewohnern nicht verständlich machen können, warum man sich mit Achtung und Respekt begegnen sollte. Ein zerstrittenes Team, in dem sich jeder nur noch um sich selbst kümmert, wird niemandem die Vorzüge gegenseitigen Helfens nahebringen können. Ein Nutzer, der von Mitarbeiterinnen herablassend behandelt wird, wird dazu neigen, die empfundene Verletzung an einen schwächeren Mitbewohner weiterzugeben.

Gegenseitige Hilfen

Grundsätzlich gilt, daß die Bewohner darin unterstützt werden sollten, selbst angemessene Lösungen für ein Problem zu entwickeln, statt „vorgefertigte" Lösungen der Mitarbeiterinnen zu übernehmen. Das Bewußtsein, für andere da zu sein und ihnen helfen zu können, stärkt das Selbstwertgefühl und die Selbstachtung jedes Menschen. Für viele Menschen mit geistiger Behinderung kann diese Erfahrung ein wichtiger Schritt sein, aus ihrer sonst eher passiven Rolle herauszukommen und sich als Person zu erfahren, die aktiv für einen anderen Menschen oder eine Gruppe handelt und dabei Verantwortung trägt. Umgekehrt lernen Nutzer, denen von Mitbewohnern geholfen wird, daß es nicht immer der Unterstützung der Fachkräfte bedarf, um mit alltäglichen Problemen zurecht zu kommen.

Gegenseitige Hilfen können in vielen Fällen besser angenommen werden als Hilfen von Fachkräften, vor allem dann, wenn sich die beteiligten Personen gut verstehen. Sie bedrohen das eigene Selbstwertgefühl längst nicht so sehr wie das ständige Angewiesensein auf professionelle Helfer(innen). Nicht zuletzt deshalb ist es den meisten Menschen immer noch lieber, sich mit ihren Freund(inn)en über persönliche Probleme auszutauschen, als psychotherapeutische Hilfe in Anspruch zu nehmen.

Für die Mitarbeiterinnen eines wohnbezogenen Dienstes bedeutet die praktizierte, gegenseitige Hilfe der Nutzer eine Chance, die Bewohner nicht nur als passiv und hilfebedürftig, sondern sie in ihren individuellen Stärken, ihren Kompetenzen und Möglichkeiten wahrzunehmen. Auf diese Weise können problematische Machtstrukturen und gegenseitige Abhängigkeiten, die in Diensten des begleiteten Wohnens immer entstehen, in Grenzen gehalten werden.

6.4 Sozial unverträgliches Verhalten und seine Ursachen

In vielen wohnbezogenen Diensten leben Nutzer, die in ihrer Lebensgeschichte bisher kaum Solidarität und gegenseitige Anteilnahme erfahren konnten. Manche von ihnen, die zuvor in Großeinrichtungen oder psychiatrischen Kliniken lebten, konnten dort oft nur mit auffälligem und unerwünschtem Verhalten auf ihre Bedürfnisse in einer größeren Gruppe hinweisen. Untersuchungen (vgl. GOFFMAN 1973, 252 ff.) belegen, daß in Einrichtungen, in denen Menschen struktureller Gewalt ausgesetzt sind (z. B. strenge und unangebrachte Rationierung von Eigengeld als Strafe), stets Mittel und Wege gefunden werden, diese Maßnahmen zu unterlaufen.

Menschen mit geistiger Behinderung, die über Jahre in der Psychiatrie leben mußten, haben sich gezwungenermaßen nicht selten erfolgreiche Strategien des Handelns, Tauschens, Erbettelns oder gar Erpressens von Geld und Waren (Kaffee, Zigaretten, Alkohol) angeeignet. Auf das Zusammenleben mit anderen wirken sich solche Verhaltensweisen extrem negativ aus. Hier müssen meist über einen längeren Zeitraum individuelle Hilfen gegeben werden, damit die betreffenden Bewohner allmählich darauf vertrauen können, daß es sich für sie lohnt, sozial verträglichere und selbstbestimmtere Umgangsformen zu entwickeln.

An diesen Beispielen wird sichtbar, daß in wohnbezogenen Diensten in der Regel Personen zusammentreffen, die einen sehr unterschiedlichen Erfahrungshintergrund mitbringen. Noch ein anderer Aspekt kommt hinzu: Menschen mit geistiger Behinderung müssen häufig aufgrund dieser Merkmalszuschreibung in Gruppen zusammenwohnen, auch wenn sie sich selbst keineswegs als „geistig Behinderte" betrachten.

Erwachsene mit geistiger Behinderung sind in dieser Hinsicht fast ständig zwei widersprüchlichen Einflüssen ausgesetzt. Zwar wird ihnen (von Angehörigen, Mitarbeiterinnen) meist vermittelt, sie seien „Menschen wie alle anderen", doch machen sie im Alltag innerhalb und außerhalb des wohnbezogenen Dienstes immer wieder gegenteilige Erfahrungen: hilflos zu sein, weniger ernst genommen und abgewiesen zu werden, beschimpft oder bedroht und im schlimmsten Fall sogar angegriffen zu werden. Viele von ihnen können sich daher weder als „ganz normal" begreifen, noch sind sie in der Lage, sich vollständig mit der Gruppe ihrer Mitbewohner zu identifizieren.

Manche Menschen mit geistiger Behinderung lernen unter diesen Bedingungen auch, die erfahrene Mißachtung und Abwertung auf ihre Mitbewohner zu übertragen. Sie zeigen dann gegenüber schwächeren Nutzern häufig ein ähnliches Verhalten, wie sie es selbst in anderen Situationen erdulden müssen oder zu einem früheren Zeitpunkt erdulden mußten. Bei schikanösen oder auf Ausbeutung beruhenden Beziehungen zwischen Mitbewohnern sollte den Fachkräften eines wohnbezogenen Dienstes bewußt sein, daß es sich auf der Seite des „Täters" vielleicht weniger um Lust an der Demütigung anderer handelt, sondern vielleicht eher um eine gegen andere Personen gerichtete Form des Selbsthasses aufgrund mangelnden Selbstwertgefühls. Dieser Hinweis soll die beschriebenen Verhaltensweisen nicht entschuldigen. Er ist im übrigen auch kein Argument gegen das Zusammenleben von Menschen mit unterschiedlich schweren Behinderungen. Er verweist vielmehr auf ein Grundproblem des Zusammenwohnes von abgewerteten Personen in Gruppen (vgl. Gegenstandsbereich „Gruppengröße und Gruppenzusammensetzung", S. 190 ff.).

Nur wenn sich ein wohnbezogener Dienst aktiv darum bemüht, die Bedürfnisse und Wünsche seiner Nutzer, die sich auf die sozialen Beziehungen zu ihren Mitbewohnern beziehen, intensiv zu erkunden und individuell zu unterstützen, lassen sich die Auswirkungen dieser grundsätzlichen Schwierigkeit unter Kontrolle halten. Allgemein gilt, daß Menschen sich und ihre Handlungen um so eher als „normal", d. h. anerkannt und geachtet empfinden, je häufiger und intensiver sie mit angesehenen, nichtbehinderten Menschen zusammen sind.

„Freie" Wahl und Gestaltung sozialer Beziehungen

Eine Person, die bisher im Elternhaus mit nichtbehinderten Menschen zusammenwohnte und daher vielleicht nur wenig Veranlassung hatte, sich als „anders" oder als „nicht normal" zu begreifen, wird oftmals erst mit dem Umzug in einen wohnbezogenen Dienst auf ihre Besonderung gestoßen. Es ist nicht schwer zu verstehen, daß diese neue Situation häufig Unsicherheit und höchst widersprüchliche Gefühle gegenüber den künftigen Mitbewohnern auslöst. Ein wohnbezogener Dienst sollte aus diesem Grund neuen ebenso wie „etablierten" Bewohnern genügend Zeit geben, um sich langsam kennen- und schätzen zu lernen. Die Mitarbeiterinnen können dies fördern, indem die Nutzer Gelegenheit erhalten, miteinander positive Erfahrungen bei gemeinsamen Tätigkeiten zu machen, indem Personen mit gleichen Interessen darin unterstützt werden, ihren Neigungen und Freizeitbeschäftigungen auch gemeinsam nachzugehen.

Die Mitarbeiterinnen eines wohnbezogenen Dienstes sollten freundschaftliche Beziehungen zwischen den zusammenwohnenden Menschen mit Behinderung unterstützen, begleiten und gegebenenfalls auch aktiv fördern: etwa durch Beratung, aber auch durch die Gestaltung struktureller und materieller Bedingungen (z. B. durch Umgestaltung und Umwidmung von Räumlichkeiten, wenn zwei Nutzer miteinander leben wollen). Dabei wird es sich im Regelfall um Freundschaften zwischen Mitbewohnern handeln, die auf einer möglichst ausgewogenen Gegenseitigkeit des Nehmens und Gebens in materieller und emotionaler Hinsicht beruhen.

Kritisch hingegen müssen Verbindungen betrachtet werden, die offen oder verdeckt auf Ausbeutung, Nötigung oder Gewalt von Nutzern gegen ihre Mitbewohner gerichtet sind. Ähnlich problematisch sind auch Beziehungen zu sehen, bei denen eine Person ausschließlich die Rolle des Helfenden ausübt, während sich die andere immer nur hilfebedürftig zeigt und keinerlei Gegenleistungen zu geben bereit ist. Es ist nur im Einzelfall und nach sorgfältiger Prüfung aller verfügbaren Informationen zu entscheiden, ob Mitarbeiterinnen derartige Verbindungen verhindern bzw. zum Abbruch bringen sollten, da hier immer in das Recht von Nutzern auf die freie Wahl und Gestaltung ihrer sozialen Beziehungen eingegriffen wird.

Generell gilt, daß die Freiheit des einen dort aufhört, wo die Freiheit des anderen beginnt. Nicht selten begeben sich Menschen mit geistiger Behinderung in Abhängigkeiten zu anderen Personen, weil sie zu dieser Beziehung für sich keine Alternative sehen und nicht selten bisher auch keine anderen Partner kennengelernt haben.

Fachkräfte im begleiteten Wohnen sollten sich daher intensiv darum bemühen, die individuellen Beweggründe von Nutzern in problematischen Beziehungen zu verstehen und sich dazu beispielsweise auch die Frage stellen, welche auf den ersten Blick häufig nicht erkennbaren Bedürfnisse die Beteiligten mit ihrer Handlungsweise abdecken. Bedacht werden sollte, daß einem erwachsenen Menschen ein sozialer Kontakt nicht einfach verboten, aber auch nicht „ausgeredet" werden kann, ohne ihm gleichzeitig realistische und individuell sinnvolle Alternativen aufzuzeigen.

Zeit und Raum zum Alleinsein

Über alle Bemühungen um die Begleitung und Förderung sozialer Beziehungen sollte nicht vergessen werden, daß jeder Mensch auch gelegentlich das individuell verschieden ausgeprägte Bedürfnis hat, mit sich allein zu sein. In wohnbezogenen Diensten ist das Für-sich-Sein jedoch nicht unproblematisch, weil Kontakte mit anderen und eine damit verbundene äußere Kontrolle fast immer und überall gegeben sind.

Einerseits kann dies im Einzelfall einen gewissen Schutz vor Isolation bieten, andererseits lassen sich Bedürfnisse nach Abgrenzung und Rückzug nicht so leicht befriedigen wie in „normalen" Privatwohnungen. So ist mancher Streit zwischen Mitbewohnern nicht zuletzt auf eine zu geringe Distanz und auf fehlende Möglichkeiten des Alleinseins zurückzuführen. Ein wohnbezogener Dienst kann also einigen Konflikten schon im Vorfeld begegnen, indem er dazu beiträgt, daß allen Nutzern bei der Alltagsgestaltung genügend Zeit zum Alleinsein und Raum für individuelle Aktivitäten verbleibt.

Literatur

GOFFMAN, E.: Asyle – Über die soziale Situation psychiatrischer Patienten und anderer Insassen. Frankfurt a. M. 1973

GOFFMAN, E.: Stigma – Über die Techniken der Bewältigung beschädigter Identität. Frankfurt a. M. 1975

KRISOR, M.: Auf dem Weg zur gewaltfreien Psychiatrie – Das Herner Modell im Gespräch. Bonn 1992

SEIFERT, M.: Lebensqualität und Wohnen bei schwerer geistiger Behinderung. Theorie und Praxis. „Berliner Beiträge", Band 3. Reutlingen 1996

SEIFERT, M.: Wohnalltag von Erwachsenen mit schwerer geistiger Behinderung. Eine Studie zur Lebensqualität. Band 4 der „Berliner Beiträge". Reutlingen 1996

WEIGAND, H.: Rückkehr in die Heimatgemeinde – eine Zwischenbilanz. In: Koenning, K. (Hrsg.): Spät kommt ihr ... Gütersloher Wege mit Langzeitpatienten. Gütersloh 1986, 103 – 146

Nutzerbezogene Indikatoren:
Beziehungen zwischen den Nutzern

	trifft zu	trifft eher zu	trifft eher nicht zu	trifft nicht zu
1. Der Nutzer hat bisher im Hinblick auf seine sozialen Beziehungen zu Mitbewohnern überwiegend negative Erfahrungen gemacht.	❑	❑	❑	❑
2. Der Nutzer hat gegenwärtig in der Wohngruppe und im Bereich des wohnbezogenen Dienstes keine oder nur sehr wenige positive soziale Beziehungen bzw. Freundschaften.	❑	❑	❑	❑
3. Der Nutzer hat in der Gruppe seiner Mitbewohner gegenwärtig eine Position, die ihm schadet oder für ihn problematisch ist (Außenseiter, Sündenbock usw.).	❑	❑	❑	❑
4. Der Nutzer hat mit einem oder mehreren Mitbewohnern dauerhafte Auseinandersetzungen.	❑	❑	❑	❑
5. Der Nutzer hat zur Zeit eine soziale Beziehung zu einem Mitbewohner, die von großer Einseitigkeit (starke Abhängigkeit, Ausbeutung, Gewalt) geprägt ist.	❑	❑	❑	❑
6. Der Nutzer hat genügend Zeit und Raum, sich frei von Gruppenzwängen zurückzuziehen und individuellen Betätigungen nachzugehen.	❑	❑	❑	❑

Gesamteinschätzung

Aus den individuellen Bedürfnissen und den Erfahrungen des Nutzers ergibt sich ein besonderer Unterstützungsbedarf hinsichtlich der Gestaltung der Beziehungen zu seinen Mitbewohnern.	❑	❑	❑	❑

Angebotsbezogene Indikatoren:
Beziehungen zwischen den Nutzern

	trifft zu	trifft eher zu	trifft eher nicht zu	trifft nicht zu
1. Der wohnbezogene Dienst fördert positive Beziehungen zwischen den Nutzern dadurch, daß er Wünsche der Nutzer, die sich auf das Zusammenleben beziehen, erkundet, dokumentiert und individualisiert bearbeitet.	❑	❑	❑	❑
2. Der wohnbezogene Dienst fördert bei der Alltagsgestaltung die gemeinsame Tätigkeit der Nutzer (Anleitung zu gegenseitiger Hilfe der Nutzer im Haushalt, bei Einkäufen, Arztbesuchen und bei gemeinsamer Freizeitgestaltung von Nutzern mit gleichen Interessen usw.).	❑	❑	❑	❑
3. Der wohnbezogene Dienst fördert freundschaftliche Beziehungen zwischen einzelnen Nutzern (durch Beratung und Vermittlung in Konflikten, durch die Schaffung gemeinsamer Wohngelegenheiten usw.).	❑	❑	❑	❑
4. Der wohnbezogene Dienst läßt neben gruppengebundenen Aktivitäten genügend Raum für Alleinsein und individuelle Betätigungen.	❑	❑	❑	❑
5. Die Mitarbeiterinnen verfügen über einschlägige Kenntnisse der Entwicklung und Dynamik von Gruppen. Sie sind imstande, diese Kenntnisse anzuwenden und eine Gruppe in ihrer Entwicklung kompetent zu begleiten.	❑	❑	❑	❑
6. Die Mitarbeiterinnen gestalten ihre Arbeitsbeziehungen so, daß sie für die Beziehungen der Nutzer untereinander beispielhaft sein können.	❑	❑	❑	❑

Gesamteinschätzung

Der wohnbezogene Dienst unternimmt alle erforderlichen Bemühungen, um positive soziale Beziehungen zwischen den Nutzern zu fördern.	❑	❑	❑	❑

Gegenstandsbereich:
Soziale Netzwerke, bedeutsame Beziehungen und Freundschaften

Bei der Neuorientierung professioneller Dienste für Menschen mit geistiger Behinderung hin zu Selbstbestimmung, Bedürfnisorientierung und sozialer Integration spielt der Begriff und das Verständnis „Sozialer Netzwerke" eine entscheidende Rolle (BECK 1994). Die Betrachtung sozialer Netzwerke von Menschen mit geistiger Behinderung erleichtert es, die gewünschten professionellen Dienstleistungen an ihrem Alltagsleben anzusetzen und die Ressourcen der Lebenswelt miteinzubeziehen.

In der sozialen Rehabilitation übernehmen professionelle Dienste grundsätzlich zwei verschiedene Funktionen: Zum einen ersetzen sie nicht vorhandene oder nicht mehr leistungsfähige natürliche Unterstützungssysteme wie das der Familie. Dies ist ihre substituierende Funktion. Zum anderen entwickeln, fördern und unterstützen sie soziale Netzwerke. Dies ist ihre subsidiäre Funktion. Unter dem Stichwort „neue Fachlichkeit" (ENGELKE 1993) ist die letztgenannte Funktion in den Versuchen zur Standortbestimmung der sozialen Arbeit in jüngster Zeit zunehmend deutlicher herausgestellt worden.

Der Begriff „Soziales Netzwerk" wird dem norwegischen Anthropologen *Arthur Barnes* zugeschrieben (vgl. KEUPP 1987, 143; SCHILLER 1987, 78), der es sich in den fünfziger Jahren zu seiner Aufgabe gemacht hatte, die innere soziale Struktur eines norwegischen Fischerdorfes zu untersuchen. Als er den Fischern beim Ausbreiten ihrer Netze zusah und die Nachmittagssonne durch das Muster von Schnüren und Knoten durchschien, hatte *Barnes* seine erklärungsreiche Metapher für das Netz sozialer Beziehungen gefunden: „Menschen werden mit Knoten gleichgesetzt, die durch Linien oder Bänder mit anderen Menschen, die ihrerseits Knoten darstellen, in Verbindung stehen" (BRÄHLER 1983, zit. nach KEUPP 1987, 143).

In der sozialwissenschaftlichen Diskussion wurde das Netzwerkkonzept zuerst in der amerikanischen Gemeindepsychiatrie entfaltet (vgl. CAPLAN 1981; KEUPP 1987). Dabei ging es um die Frage, inwieweit Menschen bei der Bewältigung psychosozialer Krisen von Personen in ihrer sozialen Umgebung unterstützt werden können. Über sozialepidemiologische Forschungen, die nach Unterstützungsquellen (Ressourcen) bei der Bewältigung von Streß und kritischen Lebensereignissen fragten, gelangte der Netzwerkbegriff auch nach Deutschland (vgl. BADURA, v. FERBER 1981).

Soziale Netzwerke für Menschen mit geistiger Behinderung

Im Bereich der Hilfen für Menschen mit geistiger Behinderung war es v. FERBER, der unter dem bezeichnenden Titel „Soziale Netzwerke – ein neuer Name für eine alte Sache" (v. FERBER 1983, 250) auf die Möglichkeiten informeller Hilfen hinwies, die Menschen mit geistiger Behinderung und ihre Familien aus ihrem Beziehungsnetz erfahren und zur besseren Bewältigung auftretender Belastungen nutzen können.

Soziale Netzwerke sind dabei als „das dynamische Geflecht der sozialen Beziehungen zu verstehen, die für Menschen in ihrem Alltag bedeutsam sind", weil sie soziale Unterstützung bieten (vgl. SCHUMANN, SCHÄDLER, FRANK 1989, 95). Das soziale Netzwerk eines Menschen mit geistiger Behinderung besteht demnach aus den Personen in seiner räumlichen und sozialen Nähe (Familie, Freundeskreis, Nachbarschaft, Arbeitsplatz), zu denen starke oder auch schwache Bindungen existieren. Professionelle Beziehungen werden in diese Betrachtung nicht einbezogen.

In Anlehnung an WALKER, Mc BRIDE und VACHON (1977, 36 ff.) können die Unterstützungsleistungen sozialer Netzwerke für Menschen mit geistiger Behinderung so beschrieben werden:

- *Emotionale Unterstützung*

Das Lebensgefühl geistig behinderter Menschen ist häufig geprägt durch tiefgreifende Ängste, Selbstzweifel, Verunsicherung und ein negatives Selbstkonzept (vgl. NIEDECKEN 1989; HOFMANN; KUNISCH, STADLER 1996). Alltagsbeziehungen, in denen Menschen mit geistiger Behinderung Anerkennung, Bestätigung und Verständnis erfahren, ohne daß dies auf bezahlter Grundlage stattfindet, können zu einer emotionalen Bestärkung führen, Gefühlen der Einsamkeit entgegenwirken und Anteilnahme, Freude, Trost oder allgemein Zuwendung erfahrbar machen.

- *Instrumentelle Unterstützung*

Die Lebenssituation von Menschen mit geistiger Behinderung ist in vielen Alltagsbereichen durch eine ausgeprägte Abhängigkeit von der praktischen Hilfe anderer gekennzeichnet (vgl. HAHN 1983). Die Mitglieder des sozialen Netzwerkes können bei allen Aktivitäten des täglichen Lebens praktische Hilfestellungen geben: von der Hilfe bei der Körperpflege, bei der Haushaltsführung, bei der Kommunikation bis hin zur Unterstützung und Begleitung bei sozialen Aktivitäten außerhalb der Wohnung.

- *Kognitive Unterstützung*

Menschen mit geistiger Behinderung sind wie alle Menschen auf vielfältige Informationen über Alltagszusammenhänge angewiesen. Solche Informationen bieten die Grundlage für die Entwicklung von Alltagsorientierungen sowie für das Erkennen und Formulieren eigener Interessen. Menschen mit geistiger Behinderung haben Schwierigkeiten, komplexe Zusammenhänge zu verstehen. Sie sind auf vereinfachende und anschauliche Vermittlung von Informationen angewiesen. Je größer das individuelle Beziehungsnetz ist, um so größer ist die Wahrscheinlichkeit, an relevante Informationen zu gelangen bzw. diese auch in verständlicher Weise vermittelt zu bekommen. Diese Informationen können sich auf finanzielle Hilfen, auf kulturelle und soziale Angebote im Gemeinwesen, auf Mitfahrmöglichkeiten, auf Anregungen, z. B. wie man sein Zimmer einrichten kann, und viele andere alltägliche Dinge beziehen.

- *Aufrechterhaltung der sozialen Identität*

Die Identitätsbildung ist eine der zentralen Herausforderungen, vor der Menschen stehen. Dabei ist die *soziale Identität* (so zu sein wie andere, Teil einer Gruppe zu sein) in ein Gleichgewicht mit der *personalen Identität* (eine einzigartige Persönlichkeit zu sein) zu bringen (vgl. KRAPPMANN 1982). Die Erfahrung der Zugehörigkeit zu einem kleinen sozialen Beziehungsgeflecht mit hoher Kontaktdichte und starken Bindungen, mit großer kultureller Homogenität und großer räumlicher Nähe fördert die Herausbildung einer Gruppenidentität.

Solche Netzwerkkonstellationen sind häufig typisch für Wohnheime für Menschen mit geistiger Behinderung. Sie bieten emotionale Unterstützung, sie tendieren aber zur „Bildung und Aufrechterhaltung eines Identitätsmusters, das relativ einfach strukturiert ist und sich nicht verändert" (KEUPP 1987, 31). Gleichzeitig wird dabei die Seite der persönlichen Identität in den Hintergrund gedrängt.

Die Zugehörigkeit zu mehreren Netzwerken, die unterschiedlich strukturiert sind, bietet verschiedene Rollenanforderungen und Handlungsmöglichkeiten und fördert so die Identitätsbildung.

Nichtbehinderte Menschen sind meist in verschiedene Netzwerke eingebunden, die sich zum Teil personal überschneiden, aber oft auch relativ getrennt voneinander existieren, z. B. Familie, Nachbarschaft, Freunde, Bekannte, Arbeitskolleg(inn)en, Verein oder Hobbygruppen, Kirchengemeindemitglieder.

Menschen mit geistiger Behinderung verfügen meist nicht über eine vergleichbare Anzahl sozialer Netzwerke; auch ist die Zahl der Netzwerkmitglieder weitaus kleiner als bei Nichtbehinderten (vgl. SCHILLER 1987, 249). Dies verringert die Unterstützungsmöglichkeiten und beinhaltet darüber hinaus noch weitere Probleme. Treten z. B. Schwierigkeiten mit einzelnen Netzwerkmitgliedern auf, so hat die betreffende Person nur sehr eingeschränkte Möglichkeiten, diese mit positiven Erfahrungen und Erlebnissen in anderen sozialen Zusammenhängen auszugleichen. Kommt es zu Problemen in der WfB, ist oft auch das Zusammenleben in der Wohnstätte beeinträchtigt, weil es sich nicht selten um dieselben Personen handelt, die davon berührt werden.

- *Vermittlung neuer sozialer Kontakte*

Beim Knüpfen neuer Kontakte sind Menschen mit geistiger Behinderung mehr als andere auf vermittelnde Hilfen angewiesen. Die Mitglieder des sozialen Netzwerks geistig behinderter Menschen verfügen auch ihrerseits über soziale Netzwerke, die häufig sehr verschieden voneinander sind. Diese Beziehungsnetze bieten auch Anknüpfungspunkte für Menschen mit geistiger Behinderung, die zur Erweiterung ihres sozialen Netzwerks und ihres Potentials an sozialer Unterstützung genutzt werden können.

In einer Untersuchung von HOFMANN, MAURER und RIVERA (1993, 106 ff.) über soziale Kontakte und Freizeitverhalten von WfB-Mitarbeiterinnen mit geistiger Behinderung wird deutlich, daß alle befragten Frauen das Problem hatten, Freunde zu finden, daß sich ihre sozialen Kontakte überwiegend auf Familienangehörige und andere WfB-Mitarbeiter(innen) beschränkten (wobei der Kontakt meist auf die Arbeitszeit begrenzt war) und im Bereich der Freizeitaktivitäten komsumorientierte Tätigkeiten sowie Tätigkeiten, die allein oder zu Hause durchgeführt werden, dominierten (Fernsehen, Musik hören, Handarbeiten, Hausarbeiten, Spazierengehen, Lesen, Familienaktivitäten usw.).

Befragt wurden nur wenige Frauen. Daher ist die Untersuchung nicht repräsentativ. Sie bestätigt aber Erfahrungen, die die meisten Menschen, die mit Erwachsenen mit geistiger Behinderung zu tun haben, häufig machen. Obgleich die beschriebenen Probleme für die betreffenden Menschen oft äußerst drängend sind und von ihnen häufig auch thematisiert werden, wird von seiten wohnbezogener Dienste meist wenig dagegen unternommen. Die wenigsten wohnbezogenen Dienste verstehen es als eine ihrer zentralen Aufgaben, ihre Nutzer bei der Anbahnung und der Aufrechterhaltung von Beziehungen zu nichtbehinderten Menschen, die nicht auch gleichzeitig Angehörige des wohnbezogenen Dienstes sind (Mitarbeiterinnen, Nutzer oder Ehrenamtliche), zu unterstützen.

Bedeutsame Beziehungen und Freundschaften

Natürlich lassen sich bedeutsame Beziehungen und Freundschaften nicht einfach herstellen oder vermitteln. Sie wachsen meist über einen längeren Zeitraum. Der wohnbezogene Dienst kann jedoch eine Reihe von Dingen tun, um Grundbedingungen zu schaffen, damit sich solche Beziehungen entwickeln können.

Zunächst können sich die Mitarbeiterinnen in Auseinandersetzung und Absprache mit jedem einzelnen Nutzer ein Bild über dessen bestehende Beziehungen verschaffen. Nicht jede Beziehung wird jedoch als bedeutsam erlebt, z. B. dann, wenn eine Beziehung trotz häufiger Kontakte nicht sehr persönlich und individualisiert ist.

Die folgenden Kriterien können als Orientierungspunkte dafür dienen, welche Eigenschaften soziale Beziehungen, die als bedeutsam erlebt werden, im allgemeinen aufweisen. Bedeutsame Beziehungen und Freundschaften

- sind auf Dauer angelegt;
- sind nicht beliebig ersetzbar;
- sind von Respekt und Wertschätzung geprägt;
- sind unbezahlt;
- sind wechselseitig;
- sind solche, in denen beide Personen häufigen und regelmäßigen Kontakt miteinander haben;
- vermitteln das Gefühl, dem Freund oder der Freundin etwas Bedeutsames zu geben und von ihm oder ihr etwas Bedeutsames zu erhalten;
- sind solche, in denen persönliche Probleme besprochen werden können;

- sind relativ krisenbeständig und unterstützend in Krisensituationen;
- sind positiv für das Selbstbild eines Menschen;
- sind günstig für die Weiterentwicklung eines Menschen (WOLFENSBERGER, THOMAS 1983, 429 ff.).

In welchem Maße Freunde, Nachbar(inne)n, Berufskolleg(inn)en oder andere wichtige Bekannte einen Menschen mit geistiger Behinderung unterstützen können, indem sie etwa über Gespräche oder Zuwendung emotionalen Halt geben, wichtige Informationen anschaulich übermitteln oder konkrete Hilfestellungen im Alltag geben, ist von der Beschaffenheit des sozialen Netzwerks abhängig.

Das soziale Ansehen von Netzwerkmitgliedern

Es fördert das soziale Ansehen von Menschen mit geistiger Behinderung, wenn zu ihrem sozialen Netzwerk sozial angesehene Menschen gehören, mit denen sie gemeinsam kulturüblichen und altersangemessenen Aktivitäten nachgehen und diese Interaktionen an allgemein zugänglichen, positiv bewerteten Orten stattfinden (Kurse an der VHS, Musikvorträge im Konzertsaal, Fußballspiel im Stadion, Essen im Restaurant, Urlaub im Hotel usw.; vgl. WOLFENSBERGER, THOMAS 1983, 209 ff.). Die Beziehungen von Menschen mit geistiger Behinderung zu Personen mit hohem sozialen Ansehen fördern jedoch nicht nur das individuelle „Image", sondern stellen auch „soziales Kapital" (BOURDIEU 1982) dar.

Mit dem sozialen Status der Netzwerkmitglieder wächst das Maß an wichtigen Informationen, die im Netzwerk vorhanden bzw. über Netzwerkmitglieder zugänglich sind. Die persönliche „Macht" angesehener Netzwerkmitglieder bietet darüber hinaus einen gewissen Schutz vor Übergriffen gegen die persönliche Integrität von Menschen mit geistiger Behinderung und kann ihnen bei der Durchsetzung ihrer Wünsche und Interessen behilflich sein.

Erreichbarkeit der Netzwerkmitglieder

Inwieweit Menschen mit geistiger Behinderung Unterstützungsleistungen aus ihrem Beziehungsnetz erhalten können, hängt wesentlich von der geographischen Erreichbarkeit der Netzwerkmitglieder (räumliche Nähe) ab. Je näher die Beziehungspartner räumlich zueinander leben, um so geringer ist der Aufwand an Zeit, Energie und Geld, um den Kontakt herzustellen. Dies unterstreicht die Bedeutung persönlicher Beziehungen von Menschen mit geistiger Behinderung zu Personen in ihrer Nachbarschaft und im umgebenden Gemeinwesen.

Die räumliche Entfernung ist u. a. auch ein Faktor für die Häufigkeit und Dauer der Kontakte. Da Menschen mit geistiger Behinderung aufgrund äußerer Gegebenheiten (z. B. eingeschränkte Mobilität) eine intensive Pflege von Beziehungen oftmals schwerfällt, besteht die Gefahr, daß einmal geknüpfte Kontakte allmählich wieder abbrechen.

Die Sicherstellung gewünschter Mobilität durch begleitende Hilfen (Fahrdienste oder Hilfen für die Benutzung öffentlicher Verkehrsmittel) ist daher eine Aufgabe des wohnbezogenen Dienstes.

Gleiches gilt auch für die beständige Ermutigung und Erinnerung, bestehende Beziehungen zu pflegen, d. h. Besuche machen, gemeinsam kulturelle, sportliche oder soziale Angebote wahrnehmen oder Einladungen aussprechen und gemeinsame Aktivitäten attraktiv gestalten.

Wichtig ist, daß für Gäste ein unbeschränkter Zugang zur Wohnung des Menschen mit geistiger Behinderung besteht und von den Nutzern Privatheit mit ihren Gästen gelebt werden kann.

Merkmale sozialer Netzwerke

Auch strukturelle Merkmale des Netzwerks beeinflussen die verfügbaren Hilfeleistungen. Zu nennen sind die Dichte der Beziehungen, d. h. das Ausmaß, in dem sich die Netzwerkmitglieder untereinander kennen, und die Größe des Netzwerks, d. h. die Anzahl der bedeutsamen Personen im Alltag eines Menschen mit geistiger Behinderung. Die Wahrscheinlichkeit, informell an wichtige Informationen und Hilfestellungen zu gelangen, wächst mit der Zahl der Netzwerkmitglieder sowie mit ihrer Verschiedenartigkeit im Hinblick auf Alter, Beruf, materielle und zeitliche Ressourcen.

Die Qualität an emotionaler und instrumenteller Unterstützung, die das soziale Netzwerk einem Menschen mit geistiger Behinderung bieten kann, ist abhängig von intensiven, vertrauensvollen und solidarischen Beziehungsformen zwischen den Beteiligten. Je enger und intensiver die Beziehungen, um so häufiger finden in der Regel gemeinsame Alltagsaktivitäten statt, in denen praktische Hilfestellung und emotionale Unterstützung erfahrbar werden.

Die Netzwerkforschung hat gezeigt, daß im sozialen Beziehungsnetz ganz häufig ein „confident" (HENDERSON, nach SCHILLER 1987, 92) existiert, d. h. eine oder auch mehrere Personen, zu denen ein besonders vertrauensvolles Verhältnis besteht und von denen in besonderer Weise soziale Unterstützung erwartet werden kann.

Neben direkten, intimen und intensiven Beziehungen sind jedoch im Blick auf kognitive Unterstützung auch vielfältige und weniger ausgeprägte Beziehungen von Bedeutung, die für die Informationsbeschaffung und für die Anknüpfung neuer sozialer Kontakte nützlich sind. Von grundsätzlicher Wichtigkeit neben dem Wissen sind die Einstellungen der Netzwerkmitglieder gegenüber Menschen mit geistiger Behinderung. Wenn ablehnende Einstellungen vorherrschen, wirken sich diese negativ auf die Unterstützungsleistungen für den Menschen mit geistiger Behinderung aus; positive Haltungen dagegen fördern die Hilfsbereitschaft.

Mitarbeiterinnen wohnbezogener Dienste sollten sehen, daß Einstellungen veränderbar sind und zwar am ehesten in realen Begegnungen zwischen behinderten und nichtbehinderten Menschen, in denen beide Partner neue Erfahrungen machen können. Auch dies unterstreicht die Notwendigkeit, die Anknüpfung und Pflege vielfältiger Kontakte zwischen den Nutzern wohnbezogener Dienste und nichtbehinderten Mitgliedern des Gemeinwesens zu fördern.

Die Beschreibung der möglichen Leistungen sozialer Netzwerke sagt noch nichts darüber aus, in welchem Maße dieses informelle Hilfepotential von Menschen mit geistiger Behinderung im Einzelfall genutzt werden kann. Dies ist von objektiven Lebensbedingungen und den subjektiven Bedingungen im individuellen Netzwerk abhängig. Einige dieser Bedingungen wurden schon genannt. Von besonderer Bedeutung aber ist die subjektive Perspektive für Menschen mit Behinderung, d. h., ob und inwieweit sie die vorhandenen Ressourcen als für sie selbst verfügbar wahrnehmen und in welcher Weise sie diesbezüglich von den Mitarbeiterinnen des wohnbezogenen Dienstes unterstützt werden.

Möglichkeiten zur „Netzwerkförderung"

Ehe Vorschläge dargestellt werden, wie „Netzwerkförderung" bei Menschen mit geistiger Behinderung aussehen kann, ist an dieser Stelle ein wichtiger Hinweis erforderlich: Es geht bei der Vorstellung des Arbeitskonzepts „Soziale Netzwerke" nicht darum, die Leistungen der informellen, unbezahlten „kleinen Netze" zu idealisieren. In der Regel werden sich dort zunächst die bekannten widersprüchlichen Einstellungen gegenüber diesem Personenkreis zeigen – neben Ablehnung, Ängsten, Unsicherheit und Intoleranz werden sich Haltungen wie Zuneigung, Toleranz, Mitleid, Solidarität und Akzeptanz oder auch Gleichgültigkeit und Duldung finden.

Auch bei einer stärkeren Einbeziehung informeller Hilfen bleibt die Abhängigkeit geistig behinderter Menschen von öffentlicher Hilfe und die Notwendigkeit professioneller Dienstleistungen bestehen (vgl. SCHILLER 1987, 250). Allerdings ergeben sich aus dieser Konzeption neue professionelle Perspektiven und praktische Aufgaben. Die vorhandenen und die potentiellen Möglichkeiten der sozialen Unterstützung geistig behinderter Menschen durch verläßliche soziale Netzwerke können ihre Unabhängigkeit, ihre soziale Eingliederung in das Gemeindeleben und ihr Selbstwertgefühl stärken.

Die Anbahnung und Unterstützung von Beziehungen jedes Nutzers und die Erweiterung seines sozialen Netzwerkes sollte Teil der Stellenbeschreibungen der Mitarbeiterinnen sein; für darauf bezogene Aktivitäten muß ausreichend Zeit eingeplant werden. Es gibt verschiedene Wege und Strategien, im Sinne der Nutzer Netzwerkförderung zu betreiben. Grundsätzlich aber sollten alle Aktivitäten in dieser Richtung mit den Nutzern abgestimmt werden.

Im Sinne einer Netzwerkanalyse ist es zunächst wichtig, daß zusammen mit dem Menschen mit geistiger Behinderung ein genaues Bild seiner Beziehungsstrukturen erstellt wird. Dies erleichtert die Feststellung von bisher noch unbefriedigten Wünschen und Interessen.

Erfahrungen zeigen, daß graphische Darstellungen des Beziehungsnetzes zu sehr aufschlußreichen Ergebnissen führen (vgl. SCHUMANN, SCHÄDLER, FRANK 1989, 99). Auf der Grundlage der Netzwerkanalyse können die Mitarbeiterinnen des wohnbezogenen Dienstes Personen, die ihnen selbst bekannt sind, gezielt ansprechen. Dies können Menschen sein, die vielleicht die gleichen Freizeitinteressen haben wie der betreffende Nutzer. Es könnten auch Personen sein, die ein generelles Interesse an Kontakten zu Menschen mit geistiger Behinderung haben. Wichtig ist, möglichst zu Beginn Erwartungen und Vorstellungen auf beiden Seiten abzuklären, um Mißverständnissen vorzubeugen. Allerdings sollten nicht zu viele potentielle Probleme im voraus diskutiert werden, die dann unnötige „Beziehungshürden" aufbauen.

Sinnvoll könnte es sein, daß Mitarbeiterinnen des wohnbezogenen Dienstes „Schlüsselpersonen" in der Gemeinde ansprechen, d. h. Menschen, die aufgrund ihrer Position im Gemeinwesen mit vielen anderen Menschen Kontakt haben, daher gut bekannt und von vielen akzeptiert sind wie z. B. Pfarrer(innen), Vereinsvorsitzende oder Geschäftsleute im Gemeinwesen.

Schlüsselpersonen, Mitarbeiterinnen und Nutzer könnten auch bei gemeinsamen Treffen überlegen, auf welche Weise der Nutzer in Gemeindeaktivitäten einbezogen werden kann, welche Rollen und Aufgaben er übernehmen könnte, mit welchen Personen man ihn bekannt machen sollte usw. Denkbar sind auch „Netzwerktreffen" (RÖHRLE, STARK 1987, 36), bei denen möglichst viele Netzwerkmitglieder zusammenkommen und darüber beraten, auf welche Weise die Unterstützungsleistungen des sozialen Netzwerks verbessert werden können.

Bei Bedarf sollten die Mitarbeiterinnen einzelne Nutzer des Dienstes zu bestimmten Veranstaltungen begleiten oder ihn in neue Gruppen einführen. Diese Begleitung ist solange sinnvoll, bis der Nutzer in der Lage ist, selbständig teilzunehmen oder andere ihn begleiten.

Darüber hinaus sollten sich die Mitarbeiterinnen um gute Beziehungen zwischen den Nutzern des wohnbezogenen Dienstes und der Nachbarschaft bemühen. Dies kann beinhalten, neue Bewohner den Nachbarn vorzustellen, kleine nachbarschaftliche Dienste zu übernehmen (z. B. Schneeräumen, Blumengießen, Haustierversorgung im Urlaub) oder auch gegenseitige Einladungen zum Essen oder Kaffeetrinken.

Zur Unterstützung bestehender Beziehungen gehört, daß die Mitarbeiterinnen bei Bedarf als Ansprechpartnerinnen fungieren und in Konfliktfällen als Vermittlerinnen zur Verfügung stehen.

Bedeutsam für die Aufrechterhaltung von Beziehungen ist auch, daß sich Besucher und Besucherinnen in der Wohnung oder im Haus des wohnbezogenen Dienstes willkommen fühlen. Hierzu gehören neben einer angenehmen Atmosphäre auch Einladungen zum Essen oder zur Teilnahme an Festen und Feiern.

Die Möglichkeit zum Rückzug aus den Gruppenräumen in die Privaträume des Nutzers sollte dabei eine Selbstverständlichkeit sein.

Institutionell bedingte Erschwernisse für die Pflege persönlicher Beziehungen wie einzuhaltende Essenszeiten, abendliche „Schließzeiten", fehlende telefonische Erreichbarkeit, fehlende individuelle Transportmöglichkeiten usw. sind zu beseitigen oder auf ein Mindestmaß zu reduzieren.

Literatur

BADURA, B.; v. FERBER, Ch. (Hrsg.): Selbsthilfe und Selbstorganisation im Gesundheitswesen. München, Wien 1981

BECK, I.: Zur Neuorganisation pädagogischer und sozialer Dienstleistungen. Frankfurt, Bern, New York 1994

BOURDIEU, P.: Die feinen Unterschiede. Kritik der gesellschaftlichen Urteilskraft. Frankfurt a. M. 1982

BRÄSIG, H.: Fein geknüpft und gut gesponnen – Postmoderne Netzwerkdiskurse und vormoderne Praxis. In: Soziologische Praxis 4/1989, 237 – 245

CAPLAN, G.: Support Systems and Community Mental Health. In: Badura, B.; v. Ferber, Ch. (Hrsg.): Selbsthilfe und Selbstorganisation im Gesundheitswesen. München, Wien 1981, 23 – 24

ENGELKE, E.: Soziale Arbeit als Wissenschaft: Eine Orientierung. Freiburg i. Br. 1993

v. FERBER, Ch.: Soziale Netzwerke – ein neuer Name für eine alte Sache. In: Geistige Behinderung 4/1983, 250 – 258

HAHN, M. Th: Geistige Behinderung und soziale Abhängigkeit. Gammertingen 1983

HOFMANN, Ch.; MAURER, P.; RIVERA, B.: Versuch, mit geistig behinderten Frauen ins Gespräch zu kommen. In: Geistige Behinderung 2/1993, 99 – 115

HOFMANN, Ch.; KUNISCH, M.; STADLER, B.: „Ich spiel jetzt in Zukunft den Depp" – Geistige Behinderung und Selbstbild. In: Geistige Behinderung 1/1996, 26 – 41

KEUPP, H.: Psychosoziale Praxis im gesellschaftlichen Umbruch. Bonn 1987

KRAPPMAN, L.: Soziologische Dimensionen der Identität. Strukturelle Bedingungen für die Teilnahme an Interaktionsprozessen. Stuttgart 1982

NIEDECKEN, D.: Namenlos – geistig Behinderte verstehen. Hamburg 1989

RÖHRLE, B.; STARK, W. (Hrsg.): Soziale Netzwerke und Stützsysteme. Tübingen 1985

SCHILLER, B.: Soziale Netzwerke behinderter Menschen. Frankfurt a. M. 1987

SCHUMANN, W.; SCHÄDLER, J.; FRANK, H.: Soziale Netzwerke – eine neue Sichtweise der Lebenssituation von Kindern mit Behinderungen. In: Zeitschrift für Heilpädagogik 2/1989, 95 – 105

WALKER, K. W.; Mc BRIDE, A.; VACHON, M. L. S.: Social support network. In: Social Science and Medicine 11/1977, 35 – 41

WOLFENSBERGER, W.; THOMAS, S.: PASSING. Toronto 1983

Nutzerbezogene Indikatoren:
Soziale Netzwerke, bedeutsame Beziehungen und Freundschaften

	trifft zu	trifft eher zu	trifft eher nicht zu	trifft nicht zu
1. Der Nutzer hat in seinem bisherigen Leben kaum auf zuverlässige soziale Netzwerke zurückgreifen können.	❑	❑	❑	❑
2. Der Nutzer hat in der Vergangenheit außerhalb professioneller Dienstleistungen keine oder nur wenige bedeutsame soziale Beziehungen und Freundschaften entwickeln können.	❑	❑	❑	❑
3. Der Nutzer verfügt gegenwärtig nicht über zuverlässige soziale Netzwerke.	❑	❑	❑	❑
4. Der Nutzer verfügt gegenwärtig nicht über bedeutsame soziale Beziehungen und Freundschaften.	❑	❑	❑	❑
5. Der Nutzer wünscht sich intensivere soziale Beziehungen zu bestimmten Personen außerhalb seines Wohnbereichs.	❑	❑	❑	❑
6. Die Unterstützung sozialer Netzwerke findet in der individuellen Entwicklungsplanung des Nutzers keine Berücksichtigung.	❑	❑	❑	❑
7. Der Nutzer benötigt besondere Unterstützung bei der Pflege der Beziehungen zu Eltern und Angehörigen.	❑	❑	❑	❑
8. Der Nutzer benötigt besondere Hilfen, um nachbarschaftliche Beziehungen aufzubauen und zu pflegen.	❑	❑	❑	❑
9. Nichtprofessionelle Bezugspersonen des Nutzers benötigen Beratung durch Mitarbeiterinnen des wohnbezogenen Dienstes.	❑	❑	❑	❑
10. Der Nutzer braucht besondere Unterstützung, um Orte und Veranstaltungen aufsuchen zu können (Kneipen, Cafés, Feste, Musikveranstaltungen usw.), an denen er neue Kontakte knüpfen und bestehende pflegen kann.	❑	❑	❑	❑

Gesamteinschätzung

Aus den individuellen Bedürfnissen und den Erfahrungen des Nutzers ergibt sich ein besonderer Unterstützungsbedarf beim Aufbau und bei der Aufrechterhaltung sozialer Netzwerke und zur Pflege bedeutsamer sozialer Beziehungen und Freundschaften.	❑	❑	❑	❑

Angebotsbezogene Indikatoren:
Soziale Netzwerke, bedeutsame Beziehungen und Freundschaften

	trifft zu	trifft eher zu	trifft eher nicht zu	trifft nicht zu
1. Die Mitarbeiterinnen des wohnbezogenen Dienstes verschaffen sich einen Überblick über die Qualität und Dynamik der sozialen Beziehungen, in die die Nutzer eingebunden sind (z. B. auf der Grundlage individueller Netzwerkanalysen).	❏	❏	❏	❏
2. Der wohnbezogene Dienst unterscheidet in seinem Leistungsangebot für jeden einzelnen Nutzer zwischen Hilfen, die natürliche Netzwerke ersetzen (substituierende Funktion) und Hilfen, die vorhandene soziale Beziehungen unterstützen bzw. neue, nichtprofessionelle Beziehungen aufbauen (subsidiäre Funktion).	❏	❏	❏	❏
3. Der wohnbezogene Dienst bemüht sich so weit wie möglich darum, substituierende durch subsidiäre Hilfen zu ersetzen. Darauf bezogene Aktivitäten sind Bestandteil der individuellen Förderplanung.	❏	❏	❏	❏
4. Aktivitäten der Netzwerkförderung sind im Leistungsprofil des wohnbezogenen Dienstes und in den Stellenbeschreibungen der Mitarbeiterinnen verankert. Sie werden bei der Dienstplangestaltung mit einem angemessenen Zeitbudget berücksichtigt.	❏	❏	❏	❏
5. Die Beziehungen der Nutzer zu Eltern und Angehörigen werden kontinuierlich gepflegt. Diesbezügliche Aktivitäten beschränken sich nicht auf Besuche, sondern sehen auch gemeinsame Unternehmungen vor.	❏	❏	❏	❏
6. Die Mitarbeiterinnen des wohnbezogenen Dienstes verschaffen sich einen Überblick über die in der Gemeinde vorhandenen Kontakt- und Begegnungsmöglichkeiten, die für einzelne Nutzer von Bedeutung sein könnten.	❏	❏	❏	❏
7. Die Mitarbeiterinnen des wohnbezogenen Dienstes pflegen Kontakte zu „Schlüsselpersonen" in der Gemeinde, die aufgrund ihrer Funktion oder ihres sozialen Engagements Kontakte zu vielen Menschen haben und vermitteln (aktive Mitglieder von Vereinen oder Interessengruppen, Pfarrer[innen] und Mitglieder von Kirchenkreisen usw.), um Nutzer gezielt in Gemeindeaktivitäten einzubinden.	❏	❏	❏	❏

6.4

	trifft zu	trifft eher zu	trifft eher nicht zu	trifft nicht zu

8. Die Mitarbeiterinnen des wohnbezogenen Dienstes unterstützen die einzelnen Nutzer darin, nachbarschaftliche Beziehungen aufzubauen und zu pflegen. Diesbezügliche Aktivitäten sind nicht auf herausgehobene Veranstaltungen wie z. B. Sommerfeste beschränkt, sondern Bestandteil des Alltags (Erledigen kleiner Hilfsdienste für die Nachbar[inne]n, Ausleihen benötigter Gegenstände, Einladung zum Kaffee usw.). ❏ ❏ ❏ ❏

9. Die Mitarbeiterinnen des wohnbezogenen Dienstes bieten nichtprofessionellen Bezugspersonen einzelner Nutzer Beratung an und stehen bei Problemen und Konflikten als Vermittlerinnen zur Verfügung. ❏ ❏ ❏ ❏

10. Die Mitarbeiterinnen des wohnbezogenen Dienstes unterstützen die einzelnen Nutzer darin, Orte und Veranstaltungen aufzusuchen (Kneipen, Cafés, Feste, Musikveranstaltungen usw.), an denen neue Kontakte geknüpft und alte gepflegt werden können. ❏ ❏ ❏ ❏

11. Die Mitarbeiterinnen sorgen innerhalb des wohnbezogenen Dienstes für eine Atmosphäre, in der sich bedeutsame soziale Beziehungen und Freundschaften entfalten können. Dazu gehört die Sicherung von Rückzugsmöglichkeiten und Privatheit, Gastfreundlichkeit, die Einbeziehung von Verwandten und Freunden in Feste und Feiern, Verzicht auf einschränkende Besuchsregelungen, die Möglichkeit zur Übernachtung auswärtiger Gäste usw. ❏ ❏ ❏ ❏

12. Der wohnbezogene Dienst trägt Sorge dafür, daß Außenkontakte und nichtprofessionelle Beziehungen einzelner Nutzer nicht an fehlenden äußeren Rahmenbedingungen scheitern (fehlende Transportmöglichkeiten und Begleitung, unbesetzte Telefone usw.). ❏ ❏ ❏ ❏

Gesamteinschätzung

Der wohnbezogene Dienst unternimmt alle erforderlichen Bemühungen, um die Nutzer beim Aufbau und bei der Aufrechterhaltung sozialer Netzwerke und bei der Pflege bedeutsamer Beziehungen und Freundschaften zu unterstützen. ❏ ❏ ❏ ❏

Gegenstandsbereich:
Fürsprecher(innen) und Selbsthilfegruppen

Das Grundgesetz garantiert die Unantastbarkeit der Würde eines jeden Menschen (Art. 1 GG) und die Freiheit der Person (Art. 2 GG). Menschen mit geistiger Behinderung verfügen nur über eingeschränkte Möglichkeiten, ihre Interessen und Wünsche ohne Unterstützung auszudrücken und die Anforderungen des täglichen Lebens in ihrem Sinne zu bewältigen. Zur Gestaltung ihres Lebens benötigen sie in verschiedenen Bereichen Hilfestellungen von unterschiedlicher Intensität und Dauer. Diese vermehrte Angewiesenheit auf die Hilfe anderer beinhaltet gleichzeitig die Gefahr, daß über oft gutgemeinte Fürsorglichkeit und über beschützendes Verhalten von Eltern und professionellen Helferinnen die Selbstbestimmungsrechte von Menschen mit geistiger Behinderung verletzt werden. Es ist auch davon auszugehen, daß die Verletzung von Grundrechten in Behinderteneinrichtungen verbreitet ist (vgl. Bundesvereinigung Lebenshilfe 1995, 92; NOACK, SCHMIDT 1994).

Die Wahrnehmung und Durchsetzung eigener Interessen wird dadurch erschwert, daß das System verfügbarer professioneller Hilfen und dessen Funktionsweisen schon für viele nichtbehinderte Menschen nur schwer zu durchschauen ist. Um so mehr stehen Menschen mit geistiger Behinderung vor unüberwindbaren Hindernissen, wenn sie dieses zersplitterte Dickicht an Hilfen optimal für sich nutzen wollen und nicht von anderen dabei unterstützt werden.

Gleichzeitig werden sie aufgrund ihres geringen gesellschaftlichen Ansehens und ihrer erhöhten Abhängigkeit schlechter behandelt als andere Menschen. Soziale Rechte und Chancen müssen von ihnen oft erst mühsam durchgesetzt oder geschaffen werden. Zwar sind Hilfen bei der Bewältigung des Alltags, Information über verfügbare professionelle Hilfen und die Schaffung neuer Erfahrungsmöglichkeiten unter anderem zentrale Aufgaben professioneller Dienste. Professionelle Dienste in der Behindertenhilfe arbeiten jedoch nicht allein im Interesse ihrer Nutzer. Sie verfolgen zwangsläufig auch andere (gesellschaftliche, wirtschaftliche, berufsständische, arbeitsplatzbezogene, organisationsspezifische) Interessen, die mit denen der Nutzer in Konflikt geraten können (BECK 1996, 10 ff.).

Im Geflecht der vielfältigen, von unterschiedlichen Seiten an sie herangetragenen Interessen geraten bei Mitarbeiterinnen wohnbezogener Dienste die eigentlichen Bedürfnisse der Nutzer leicht in den Hintergrund. In diesem Zusammenhang ist es notwendig, sich mit verschiedenen Konzepten und Organisationsformen zu befassen, die die Stärkung der Interessenvertretung von Menschen mit geistiger Behinderung zum Ziel haben.

Von entscheidender Bedeutung ist dabei der gesetzliche Rahmen, den das 1992 in Kraft getretene Betreuungsgesetz (BtG) geschaffen hat. Es stärkt über verschiedene Maßnahmen die Selbstbestimmungsrechte und die formale Rechtsstellung von Menschen mit geistiger Behinderung, indem z. B. freiheitsentziehende Maßnahmen (Fixierungen, Bettgitter, Einschließen, Medikation zur Ruhigstellung) durch gesetzliche Regelungen nur noch sehr restriktiv zulässig sind oder die Verfahrensfähigkeit bei Gericht eingeräumt wurde (vgl. HELLMANN 1995, 223 ff.).

Von zentraler Bedeutung aber ist, daß die Anordnung einer Betreuung eine auf den Einzelfall bezogene differenzierte Überprüfung erfordert, ob überhaupt – und wenn, in welchem Umfang – die Bestellung eines Betreuers gesetzlich geboten ist. Betreuungen sind nur dann einzurichten, wenn die für einen Nutzer notwendigen Hilfen nicht durch Personen seines sozialen Umfeldes oder durch soziale Dienste erbracht werden können (vgl. Gegenstandsbereich „Bürgerliche Rechte", S. 271 ff.).

Persönliche Fürsprecher(innen)

Eine geeignete Möglichkeit, die Durchsetzung der Interessen von Menschen mit geistiger Behinderung zu unterstützen, liegt in der Gewinnung persönlicher Fürsprecher(innen), die auf freiwilliger Basis für einzelne Nutzer des wohnbezogenen Dienstes anwaltschaftlich tätig sind. Persönliche Fürsprecher(innen) sind insbesondere dann von Bedeutung, wenn ein Nutzer keine stabilen persönlichen Beziehungen zu nichtbehinderten Menschen außerhalb des wohnbezogenen Dienstes hat.

Das Konzept der persönlichen Fürsprecher(innen) orientiert sich am amerikanischen „Citizen-Advocacy-Modell" (vgl. O'BRIEN, WOLFENSBERGER 1988). In diesem Modell kommen die Fürsprecher(innen) aus einem örtlichen „Citizen-

Advocacy-Verein", in dem sich Bürgerinnen und Bürger ehrenamtlich engagieren.

Ziel dieser Vereine ist es, Menschen als „Anwalt" (advocate) zur Seite zu stehen, die z. B. aufgrund einer geistigen Behinderung Schwierigkeiten haben, ihre Rechte und Interessen wahrzunehmen. Wichtig ist dabei, daß persönliche Fürsprecher(innen) unabhängig sind von sozialen Diensten, die Menschen mit geistiger Behinderung professionelle Hilfe anbieten. Nur so können bei der „anwaltschaftlichen Unterstützung" Interessenkonflikte auf seiten der Fürsprecher(innen) vermieden werden.

Einzelne Betreuungsvereine arbeiten bereits unter dem Begriff „Vorfeldarbeit" in eine ähnliche Richtung wie die „Citizen-Advocacy-Organisationen" (Bundesvereinigung Lebenshilfe 1996, 14); eine Kooperation mit diesen Vereinen liegt daher sehr im Interesse wohnbezogener Dienste.

Erwartungen an die Mitarbeiterinnen

Mitarbeiterinnen wohnbezogener Dienste fällt die Aufgabe zu, ihren Nutzern solche persönlichen Fürsprecher(innen) zu vermitteln, solange es vor Ort keine entsprechenden Organisationen gibt. Dies kann über verschiedene Formen der Öffentlichkeitsarbeit des wohnbezogenen Dienstes und durch aktives Zugehen auf in Frage kommende Personen in der Nachbarschaft oder im Gemeinwesen erfolgen.

Diese Vermittlungsaufgabe ist für wohnbezogene Dienste eine schwierige, weil in sich widersprüchliche Aufgabe. Personen, die aus der Sicht des wohnbezogenen Dienstes als geeignet erscheinen, müssen nicht diejenigen sein, die am offensivsten die Nutzer bei der Durchsetzung ihrer Interessen unterstützen. Voraussetzung für „anwaltschaftliches Handeln" ist bei Interessenskollisionen zwischen Nutzer und wohnbezogenem Dienst eine weitestmögliche Unabhängigkeit. Hier ist ein bis auf weiteres nicht auflösbarer struktureller Konflikt angelegt, über den sich die Fachkräfte wohnbezogener Dienste bewußt sein sollten.

Es ist daher um so notwendiger, daß die Mitarbeiterinnen wohnbezogener Dienste die Unabhängigkeit der persönlichen Fürsprecher(innen) respektieren, indem sie

- die Fürsprecher(innen) nie für Aufgaben oder Zwecke des wohnbezogenen Dienstes heranziehen und sie auch nicht als Ehrenamtliche des Dienstes betrachten;
- den Fürsprecher(innen) keine finanziellen oder anderen Kompensationen anbieten (z. B. Anrechnung der Zeit als Praktikumszeit für eine Ausbildung oder Angebot eines späteren Arbeitsplatzes im wohnbezogenen Dienst);
- nicht versuchen, die Tätigkeit der Fürsprecher(innen) zu beeinflussen;
- sich um ein gutes Verhältnis auch zu den Fürsprecher(inne)n bemühen, deren Tätigkeit für sie unbequem ist, weil sie z. B. ihre Arbeit kritisieren oder eine andere Meinung vertreten;
- die Fürsprecher(innen) in die Bemühungen zur Beurteilung und Verbesserung der Qualität des wohnbezogenen Dienstes miteinbeziehen.

Die Beziehungen zwischen Menschen mit geistiger Behinderung und ihren Fürsprecher(innen) sind informelle Beziehungen. Doch hängt auch in diesem Rahmen die Frage, ob eine Person zum Fürsprecher/zur Fürsprecherin wird, von der Anerkennung in Rolle und Funktion von dem jeweiligen Nutzer ab. Auch Menschen mit geistiger Behinderung haben gegenüber ihren Fürsprecher(inne)n jederzeit das Recht, ihnen „ihr Mandat zu entziehen", d. h., durch eine Willensbekundung deutlich zu machen, daß sie nicht mehr von dieser Person vertreten werden wollen. Dies ist dann zu respektieren.

Es ist möglich, daß ein Nutzer mehrere persönliche Fürsprecher(innen) hat, die ihm in verschiedenen Alltagsbereichen zur Seite stehen. Vor allem Nutzern mit sehr schwerer Behinderung kann dies sehr hilfreich sein, um die zahlreichen Aufgaben zu verteilen und somit gut zu bewältigen.

Fürsprecher(innen) können Menschen mit geistiger Behinderung in vielen alltäglichen Angelegenheiten beraten, emotionale Unterstützung leisten, bei Freizeitaktivitäten unterstützen, beim Umgang mit ihrem Besitz helfen und ihnen bei Konflikten mit Mitarbeiterinnen den Rücken stärken.

Selbst wenn Mitarbeiterinnen den Eindruck haben, daß sich Fürsprecher(innen) einzelnen Nutzern gegenüber unangemessen verhalten, z. B. bevormundend oder unnötig einschränkend, können sie durch den wohnbezogenen Dienst nicht „entlassen" werden. Neben offenen Gesprächen kann eine mögliche Lösung darin bestehen, andere Personen zusätzlich als Fürsprecher(innen) zu gewinnen, die dann zur Lösung eines Problems herangezogen werden.

Selbsthilfegruppen

Ein anderer, neuer Weg, um die Interessen und Wünsche geistig behinderter Menschen besser durchsetzen zu können, stellt die Mitwirkung in einer Selbsthilfegruppe dar. In vielen Feldern der psychosozialen Arbeit haben Selbsthilfegruppen mittlerweile einen anerkannten Stellenwert als Ergänzung zu professioneller Fremdhilfe. Dem liegt die Erfahrung zugrunde, daß sich Menschen, die in gleicher Weise von einer Krankheit oder Behinderung oder einem kritischen Lebensereignis (wie Verlust eines Angehörigen) betroffen sind, sich gegenseitig stützen, helfen und beraten können.

Die Erfahrungen der „People-First-Bewegung" in Skandinavien, England, Holland und Nordamerika (ILSMH 1994) sowie erste Erfahrungen mit deutschen Selbsthilfegruppen zeigen, daß diese Form des Handelns auch für Menschen mit geistiger Behinderung viele Möglichkeiten bietet, ihr Selbstbestimmungspotential zu vergrößern (vgl. Bundesvereinigung Lebenshilfe 1995, 15 ff.). Auch inhaltlich entsprechen die Erfahrungen den Berichten aus Selbsthilfegruppen anderer Bereiche.

Die gemeinsame Betroffenheit erleichtert das emotionale Verständnis für die Situation der anderen Gruppenmitglieder und den Austausch über Ängste, Sorgen, Enttäuschungen, Diskriminierungen, Beleidigungen, Wünsche und Interessen. Die Gruppe bietet neben praktischer Unterstützung und der Vermittlung von Informationen die Möglichkeit zur Bestärkung für den Umgang mit professionellen Helfer(inne)n, Institutionen und Behörden, zu denen man sich in Abhängigkeit befindet. Im Gespräch und in anderen Aktivitäten mit anderen Gruppenmitgliedern ist es möglich zu erfahren, wie diese mit ihrer Behinderung im kleinen Kreis, aber auch in der Öffentlichkeit umgehen.

Die Selbsthilfegruppe ist ein Instrument, um innerhalb des Hilfesystems Verbesserungen anzuregen und sich für ihre Verwirklichung politisch einzusetzen. Die Gruppe schafft Gelegenheit, um Geselligkeit zu erfahren und neue soziale Kontakte anzuknüpfen (TROJAN 1986; SCHILLER 1987; NIEHOFF 1994).

Vor dem Hintergrund erweiterter Möglichkeiten des Wohnens geistig behinderter Menschen in kleinen Wohngemeinschaften, alleine oder mit einem Partner/einer Partnerin zusammen, gewinnen Selbsthilfegruppen für Menschen mit geistiger Behinderung an Bedeutung. Durch die darin gegebenen Möglichkeiten des Zusammenseins mit anderen Menschen, die geistig behindert sind, kann einer möglichen Vereinsamung und Vereinzelung entgegengewirkt werden, ohne die gewünschte integrative Wohnform aufzugeben.

Die Fähigkeit zum gegenseitigen Helfen ist bei Menschen mit geistiger Behinderung sicherlich sehr unterschiedlich ausgeprägt. Gleiches gilt für die Fähigkeiten und Fertigkeiten, die notwendig sind, um Selbsthilfegruppen zu initiieren und Abläufe zu organisieren. Das Einbeziehen professioneller Helfer(innen) kann daher sinnvoll sein, wenn dies von der Gruppe gewünscht wird.

Dennoch legen die Konzepte der „People-First-Bewegung" großen Wert darauf, daß die Eigenständigkeit und der Selbsthilfecharakter der Gruppen gewahrt bleiben. Gefordert wird, daß die professionellen Helfer(innen) sich ihrer „Assistenz-Rolle" bewußt sind und nur in diesem Rahmen agieren (vgl. Bundesvereinigung Lebenshilfe 1994). Vorgeschlagen wird sogar, die Helfer(innen) in Form einer vertraglichen Vereinbarung zur Zurückhaltung zu verpflichten (vgl. Bundesvereinigung Lebenshilfe 1994).

Erwartungen an die Mitarbeiterinnen

Die Mitarbeiterinnen wohnbezogener Dienste sollten die Nutzer darin unterstützen, Kontakt zu einer lokalen Selbsthilfegruppe aufzunehmen und an den Aktivitäten dieser Gruppe teilzunehmen. Dies beinhaltet die Weitergabe von Informationen über Existenz und Aktivitäten einer Selbsthilfegruppe für Menschen mit geistiger Behinderung, die Ermutigung zur Teilnahme, eine anfängliche Begleitung zu Gruppentreffen, die Sicherung von Fahrmöglichkeiten, um zum Treffpunkt zu kommen usw.

Falls keine Selbsthilfegruppe vor Ort existiert, gehört es zu den Aufgaben wohnbezogener Dienste, die Nutzer zum Aufbau solcher Gruppen zu ermutigen und in der Anfangsphase organisatorische und inhaltliche Hilfestellungen zu geben (z. B. bei der Raumsuche, bei der Gewinnung von Mitgliedern, bei der Organisation von Fahrmöglichkeiten, bei der Planung des Ablaufs).

Mittlerweile gibt es sehr anschauliche Handreichungen für Menschen mit geistiger Behinderung zum Aufbau von Selbsthilfegruppen (vgl. Bundesvereinigung Lebenshilfe 1994), das den Nutzern zur Verfügung gestellt werden soll.

Häufig führen Erfahrungen in Selbsthilfegruppen dazu, daß sich die Teilnehmer ihrer Lebenssituation bewußter werden und in der Folge unzufrieden mit den Bedingungen des eigenen Wohnens und der erfahrenen professionellen Hilfe sind.

Gleichzeitig ist zu beobachten, daß eine Selbsthilfegruppe das Selbstbewußtsein und den Mut stärkt, in bestimmten Bereichen auf Veränderungen zu drängen (vgl. BADELT 1984). Die Mitarbeiterinnen wohnbezogener Dienste sollten dies nicht als Bedrohung ihrer Arbeit betrachten, sondern als eine erfreuliche persönliche Weiterentwicklung der Nutzer sowie als Chance für sie selbst, Rückmeldungen über ihre Arbeit zu erhalten und die Qualität ihrer Angebote und Hilfen im Interesse der Nutzer weiterentwickeln zu können.

Literatur

BADELT, I.: Selbsterfahrungsgruppen geistig behinderter Erwachsener – eine Hilfe zu größerer Selbständigkeit. In: Geistige Behinderung 4/1984, 243 – 253

BECK, I.: Qualitätsentwicklung im Spannungsfeld unterschiedlicher Interessenslagen. In: Geistige Behinderung 1/1996, 3 – 17

Bundesvereinigung Lebenshilfe für geistig Behinderte e. V. (Hrsg.): Wie man eine „People First" Gruppe aufbaut und unterstützt. Marburg 1994

Bundesvereinigung Lebenshilfe für geistig Behinderte e. V. (Hrsg.): Offene Hilfen zum selbstbestimmten Leben für Menschen mit (geistiger) Behinderung und ihre Angehörigen. Marburg 1995

Bundesvereinigung Lebenshilfe für geistig Behinderte e. V.: Betreuung – Gesetz – Verein. Konzeption und Arbeitsweise von Betreuungsvereinen. Marburg 1996

HELLMAN, U.: Betreuungsgesetz und gemeindenahes Wohnen. In: Bundesvereinigung Lebenshilfe für geistig Behinderte e. V. (Hrsg.): Wohnen heißt zu Hause sein. Handbuch für die Praxis gemeindenahen Wohnens von Menschen mit geistiger Behinderung. Marburg 1995, 223 – 231

ILSMH – International League of Societies for Persons with Mental Handicap: The Beliefs, Values and Principles of Self-Advocacy. Brüssel 1994

NIEHOFF, U.: Wege zur Selbstbestimmung. In: Geistige Behinderung 3/1994, 186 – 201

NOACK, C.; SCHMIDT, H. J.: Sexuelle Gewalt gegen Menschen mit geistiger Behinderung. Eine verleugnete Realität. Hrsg.: Verband Evangelischer Einrichtungen für Menschen mit geistiger und seelischer Behinderung (VEEMB). Veröffentlicht von der Fachhochschule für Sozialwesen. Eßlingen/N. 1994

O'BRIEN, J.; WOLFENSBERGER, W.: CAPE: Standards for Citizen Advocacy Program Evaluation. Syracuse NY 1988

SCHILLER, B.: Soziale Netzwerke behinderter Menschen. Frankfurt a. M, Bern, New York 1987

TROJAN, A. (Hrsg.): Wissen ist Macht. Eigenständig durch Selbsthilfe in Gruppen. Frankfurt 1986

Nutzerbezogene Indikatoren:
Fürsprecher(innen) und Selbsthilfegruppen

	trifft zu	trifft eher zu	trifft eher nicht zu	trifft nicht zu
1. Der Nutzer hat bisher kaum oder nie die Erfahrung machen können, daß seine Interessen von nichtprofessionellen Fürsprecher(inne)n aktiv vertreten wurden.	❑	❑	❑	❑
2. Der Nutzer kann seine Bedürfnisse und Wünsche sprachlich nicht oder nur unzureichend äußern. Es ist deshalb besonders bedeutsam, daß seine Interessen von Fürsprecher(inne)n aktiv vertreten werden.	❑	❑	❑	❑
3. Der Nutzer befindet sich in einer Lebenssituation (belastende institutionelle Bedingungen, Konflikte im Zusammenleben usw.), in der es von besonderer Bedeutung ist, daß seine Interessen von Fürsprecher(inne)n aktiv vertreten werden.	❑	❑	❑	❑
4. Der Nutzer braucht besondere Unterstützung, um einen kontinuierlichen Kontakt zu seinen Fürsprecher(inne)n zu halten.	❑	❑	❑	❑

Gesamteinschätzung

	trifft zu	trifft eher zu	trifft eher nicht zu	trifft nicht zu
Aus den individuellen Bedürfnissen und den Erfahrungen des Nutzers ergibt sich ein besonderer Unterstützungsbedarf bei der Vermittlung und der Kontaktpflege zu nichtprofessionellen Fürsprecher(inne)n.	❑	❑	❑	❑

Angebotsbezogene Indikatoren:
Fürsprecher(innen) und Selbsthilfegruppen

	trifft zu	trifft eher zu	trifft eher nicht zu	trifft nicht zu
1. Die Mitarbeiterinnen des wohnbezogenen Dienstes bahnen Beziehungen zwischen Nutzern und Menschen an, die für sie als Fürsprecher(innen) (ehemalige Mitarbeiterinnen des Dienstes, Mitglieder kirchlicher Gruppen, Mitglieder der örtlichen [Lebenshilfe-] Vereinigung usw.) tätig werden, solange keine anderen Gruppen oder Organisationen diese Vermittlungsaufgabe übernehmen.	❏	❏	❏	❏
2. Der wohnbezogene Dienst bemüht sich um Fürsprecher(innen) für *alle* Nutzer, insbesondere für solche, die stark behindert oder benachteiligt sind und/oder nur über geringe Angehörigenunterstützung verfügen.	❏	❏	❏	❏
3. Die Mitarbeiterinnen des wohnbezogenen Dienstes akzeptieren und fördern die Unabhängigkeit der Fürsprecher(innen) vom wohnbezogenen Dienst. Dazu gehört, daß sie die Fürsprecher(innen) nicht als Ehrenamtliche des Dienstes, sondern allein als dem einzelnen Nutzer verpflichtet ansehen, sie umfassend informieren, ihnen keine Vergütung für ihre Tätigkeit anbieten und einen kontinuierlichen Kontakt zwischen Nutzern und Fürsprecher(inne)n ermöglichen.	❏	❏	❏	❏
4. Der wohnbezogene Dienst bezieht die Sichtweisen der Fürsprecher(innen) in die Beurteilung und Weiterentwicklung der Qualität seiner Arbeit ein. Er beteiligt sie an der individuellen Förderplanung und der Evaluation des Dienstes.	❏	❏	❏	❏
5. Der wohnbezogene Dienst pflegt Kontakte zu Selbsthilfegruppen, die alternative Konzepte sozialer Dienste für Menschen mit Behinderung vertreten. Solange noch keine Selbsthilfegruppen für Menschen mit geistiger Behinderung bestehen, können dies auch Vereinigungen körper- und sinnesbehinderter sowie psychiatrieerfahrener Menschen sein. Die Nutzer werden darin unterstützt, ihrerseits Kontakte zu diesen Gruppen zu pflegen.	❏	❏	❏	❏

Gesamteinschätzung

Der wohnbezogene Dienst unternimmt alle erforderlichen Bemühungen, um den Nutzern nichtprofessionelle Fürsprecher(innen) zu vermitteln. Er fördert die Entwicklung verläßlicher Kontakte zwischen ihnen und den Nutzern.	❏	❏	❏	❏

Gegenstandsbereich:
Geschlechtliche Identität, Sexualität und Partnerschaft

Das Verständnis über Sexualität geistig behinderter Menschen hat sich in den letzten Jahren stark gewandelt. Traditionell reichten die pauschalen Vorurteile von der vermeintlichen „Geschlechtslosigkeit" bis hin zur beängstigenden „Triebhaftigkeit". Solche Unterstellungen führten zu sexualfeindlichen Rahmenbedingungen im Familienleben, in der Schule und in Einrichtungen für erwachsene Menschen mit geistiger Behinderung. Die Unterdrückung der Sexualität hat schwerwiegende Folgen für die Persönlichkeitsentwicklung, denn sexuelle Entwicklung ist eng mit dem Erwachsenwerden verbunden. Die Herausbildung einer positiven Erwachsenen-Identität wird durch sexuelle Repression blockiert; in der Folge finden sich dann „infantile Geistigbehinderte in einer infantilen Umgebung" (WALTER 1994, 1).

Es spricht viel für die Annahme, daß die sexuelle Entwicklung von Menschen mit geistiger Behinderung wesentlich durch Probleme bestimmt ist, die ihre Eltern oder Betreuungspersonen damit haben. Joachim WALTER (1994, 1) kommt zu dem Schluß, „daß Sexualität geistig behinderter Menschen und ihr jeweiliges Sexualverhalten abhängig sind von der Toleranzbreite der moralischen Einstellungen und den Ge- bzw. Verboten ihrer Eltern und BetreuerInnen".

Mittlerweile haben in der Behindertenpädagogik, in Verbandspositionen, in vielen Wohn- und Werkstätten und Freizeitclubs Liberalisierungs- und Normalisierungsprozesse bezüglich des Umgangs mit der Sexualität von Menschen mit geistiger Behinderung stattgefunden. Viele Mitarbeiterinnen wohnbezogener Dienste wurden zum Umdenken motiviert.

Alle neueren Konzepte gehen davon aus, daß die Selbstverwirklichung und die Entfaltung ihrer Persönlichkeit auch für Menschen mit geistiger Behinderung ein Grundrecht darstellt. Die Entwicklung einer geschlechtlichen Identität, das Bedürfnis nach Sexualität und der Wunsch nach Partnerschaft werden als Bestandteile individueller Persönlichkeitsentwicklung verstanden und sexuelle Entfaltung als Persönlichkeitsrecht gesehen. Im Grundsatzprogramm der Lebenshilfe wird ein neues Verständnis über Sexualität von Menschen mit geistiger Behinderung unter der Überschrift „Ja zu Sexualität und Partnerschaft" folgendermaßen zusammengefaßt:

„Sexualität ist mit dem Menschsein untrennbar verbunden. Sie umfaßt alle Aspekte des Mann- oder Frauseins und ist bereits Teil der kindlichen Persönlichkeit. In der zwischenmenschlichen Beziehung ist Sexualität von großer Bedeutung für Werte wie Liebe, Nähe und Wärme, Zärtlichkeit, Sinnlichkeit und Erotik. Sie ist Ausdruck des Grundbedürfnisses, nicht allein sein zu wollen" (Bundesvereinigung Lebenshilfe 1991, 41).

Fragen zur Sexualität geistig behinderter Menschen müssen deren individuelle Situation berücksichtigen, die entsprechend der jeweiligen Lebens- und Lerngeschichte sehr vielfältig ist und differenzierte Antworten erfordert. Moderne Ansätze in der Sexualpädagogik meiden Verallgemeinerungen. Ein Betrachtungsmodell zum sexuellen Verhalten von Menschen mit geistiger Behinderung, das von dem niederländischen Pädagogen Paul SPORKEN erarbeitet wurde, erleichtert die geforderte Differenzierung. In diesem Modell ist das weite Feld zwischenmenschlicher Beziehungen in einen äußeren, mittleren und einen engen Bereich unterteilt (vgl. SPORKEN 1974, 159 ff.).

Bereiche sexuellen Verhaltens

Im äußeren Bereich der Sexualität kommen die allgemein menschlichen Verhaltensweisen, die auf unterschiedliche Geschlechtsrollen und Geschlechtsidentitäten verweisen, zum Ausdruck. Für Menschen mit geistiger Behinderung bedeutet Sexualität im äußeren Bereich, daß auch sie ihre Geschlechtsrolle als Junge oder Mädchen, als Frau oder Mann finden müssen. Für einen Teil der Menschen mit sehr schwerer Behinderung stellt der äußere Bereich die einzige Möglichkeit dar, ihre Geschlechtsrolle für sich selbst und andere erfahrbar zu machen. Um so wichtiger ist es, daß auch Menschen mit sehr schwerer Behinderung ermöglicht wird, ihre Geschlechtlichkeit über ihr äußeres Erscheinungsbild zu leben und im alltäglichen Umgang mit anderen geachtet zu sehen.

Mitarbeiterinnen wohnbezogener Dienste müssen sich bei ihren alltäglichen Hilfestellungen, insbesondere im Bereich der Körperpflege, darüber im klaren sein, daß sie einen erwachsenen Mann oder eine erwachsene Frau vor sich haben. Der

Wunsch nach Hilfen bei der Körperpflege durch Personal des gleichen Geschlechts muß respektiert werden.

Der mittlere Bereich der Sexualität umfaßt im wesentlichen die Lebensäußerungen der persönlichen Empfindungen wie Gefühle, Zärtlichkeit und Erotik. Da diese Elemente erst in der Begegnung mit anderen Menschen Bedeutung erhalten, bleiben die Grenzen zum äußeren und engen Bereich fließend. Zu diesem mittleren Bereich gehört, daß wir einen Menschen sympathisch finden, daß wir ihn gern haben, daß wir für ihn schwärmen, verliebt sind, daß wir uns für jemanden schön machen. Zum mittleren Bereich gehört das Flirten, der Austausch von liebevollen Komplimenten, von Berührungen und von Zärtlichkeiten, doch wird hier Sexualität nicht genital orientiert verstanden.

Für eine qualifizierte sexualpädagogische Begleitung ergibt sich hieraus, daß Wünsche nach Zärtlichkeit, nach Partnerschaft ernstgenommen und unterstützt werden. Gleichzeitig kommt es darauf an, soziale Regeln zu vermitteln, die für sexuelle Aktivitäten üblicherweise gelten. Dies beinhaltet Formen der Kontaktaufnahme (Wie lerne ich jemanden kennen? Wie zeige ich ihm, daß ich ihn mag?), aber auch Orientierungen darüber, wie man eine Freundschaft oder Partnerschaft lebt (Was können wir gemeinsam unternehmen? Streit und Versöhnung usw.).

Der engere Bereich der Sexualität bezeichnet nach SPORKEN die Sphäre der intensivsten Formen körperlicher Lust und der zärtlichen sexuellen Gemeinsamkeit von Menschen: die Genitalsexualität. Dieser Bereich ist vielfach tabuisiert und angstbesetzt. Nahezu traumatisch lastet auf vielen Eltern und Helferinnen die Vorstellung einer möglichen Schwangerschaft. Oftmals kommen die eigentlichen Motive zur offensiven Unterdrückung sexueller Handlungen aus dieser Vorstellung, die bei Eltern nicht selten mit der bedrückenden Phantasie verbunden ist, als „Großeltern" die ganze Leidensgeschichte mit ihrem behinderten Kind noch einmal durchmachen zu müssen. Manchmal resultiert daraus auch die Überlegung, sich durch eine Sterilisation der behinderten Tochter davor zu schützen.

Wichtige Aufgabe der Mitarbeiterinnen eines wohnbezogenen Dienstes ist es, diese Ängste ernst zu nehmen, sie auch mit Eltern zu bearbeiten und eine verantwortungsbewußte sexualpädagogische Konzeption für die eigene Arbeit zu entwickeln.

Sexualentwicklung und sexuelle Verhaltensweisen

Die Sexualentwicklung von Menschen mit geistiger Behinderung unterscheidet sich im allgemeinen nicht von der nichtbehinderter Menschen. Die Tatsache, daß die körperliche Reifung bei Menschen mit geistiger Behinderung überwiegend altersangemessen verläuft, ist allerdings auf die psychosexuelle Entwicklung nur eingeschränkt zu übertragen. Ähnlich der Verarbeitung der intellektuellen und der psychischen Entwicklung erfolgt auch die seelische Verarbeitung der sexuellen Entwicklung häufig vergleichsweise langsamer: „Was nichtbehinderte Jugendliche im Durchschnitt in ihrer Pubertät durchleben und -arbeiten, die integrierende Bewältigung der Sexualität durch wachsende Ich-Identität, machen Menschen mit geistiger Behinderung als junge und mittlere Erwachsene durch, also später, länger andauernd, dramatischer ..." (WUNDER 1990, 18).

Auch wenn man von einer Verlangsamung der sexuellen Entwicklung ausgeht, kann es sein, daß bestimmte Verhaltensmuster, die üblicherweise eher der frühen Sexualentwicklung zugeschrieben werden, auf Dauer als angemessen zu akzeptieren sind (z. B. Selbstbefriedigung anstelle von partnerbezogener Sexualität). Das heißt, daß z. B. Formen sexuellen Verhaltens, die nicht auf einen Partner bezogen sind, als gleichwertig betrachtet werden müssen und nicht abgewertet werden dürfen.

Partnerbeziehungen sind für Menschen mit geistiger Behinderung ebenso bedeutsam wie für nichtbehinderte Menschen. Die Partnerbeziehung bietet die Chance, sich der eigenen Attraktivität für andere bewußt zu werden und so das häufig beschädigte Selbstwertgefühl zu stärken. Durch die Akzeptanz ihrer partnerbezogenen Sexualität und damit ihrer Geschlechtsrolle als Mann und Frau erfahren Menschen mit geistiger Behinderung gleichzeitig die Bestätigung und die Akzeptanz ihres Erwachsenseins durch ihre „mächtige" nichtbehinderte Umgebung. „Gelebte Partnerschaft bekommt so in einer Welt von Partnerbeziehungen die Funktion, aus der ewigen ‚Kindrolle', in die ein Mensch durch seine geistige Behinderung leicht hineingedrängt wird, für sich selbst und andere sichtbar zum Erwachsenen zu werden" (Bundesvereinigung Lebenshilfe 1995, 11).

Die verschiedenen sexuellen Verhaltensweisen geistig behinderter Menschen können nur angemessen verstanden werden, wenn sie im Rahmen der allgemeinen Persönlichkeitsentwicklung gesehen werden. Entwicklungspsychologisch kann Persönlichkeitsentwicklung auch als erfolgreiche Bewältigung von Krisen gesehen werden, mit denen ein Mensch durch seine körperliche Reifung, aber auch durch soziale Anforderungen seiner Umgebung konfrontiert ist (ERIKSON 1966; FILIPP 1990). Gerade die Entwicklung der sexuellen Identität ist bei jungen Menschen generell mit der Bewältigung von vielfältigen Konflikten verbunden. Daher darf nicht erwartet werden, daß die sexuelle Entwicklung geistig behinderter Menschen konfliktfrei und ohne Probleme verläuft. Allerdings brauchen Menschen mit geistiger Behinderung auch in diesem Bereich häufig mehr Hilfe und Beratung als nichtbehinderte Menschen, um Partnerschaftskonflikte erfolgreich bewältigen zu können.

Sexuelle Gewalt

In den vergangenen Jahren ist die Fachöffentlichkeit zunehmend dafür sensibel geworden, daß Menschen mit geistiger Behinderung zu den Personengruppen gehören, die besonders von sexueller Gewalt betroffen sind. Dennoch ist es noch immer vielerorts so, daß Signale geistig behinderter Menschen, die auf aktuelle sexuelle Übergriffe hindeuten, häufig genauso übersehen werden wie auffällige Verhaltensweisen, die von früher erfahrener sexueller Gewalt herrühren. Solche Anzeichen zeigen sich z. B. in sozialem Rückzug, ständigem Davonlaufen, Schlafstörungen, depressivem Verhalten, Angstgefühlen, zwanghaftem Verhalten, Autoaggression, Vernachlässigung der Körperpflege, Einnässen oder Kotschmieren. Andererseits kann aber aus solchen Verhaltensweisen auch nicht unmittelbar auf sexuelle Gewalt geschlossen werden.

Manchmal deuten Menschen mit geistiger Behinderung auch in Zeichnungen, im Spiel oder direkt verbal darauf hin, daß ihnen sexuelle Gewalt angetan wurde (vgl. NOACK, SCHMID 1994, 100 ff.). Grundsätzlich ist bei verbalen Hinweisen zunächst davon auszugehen, daß sie keine Phantasien beschreiben, sondern zutreffend sind, vor allem dann, wenn auch Details berichtet werden. Ein Grund für die besondere Gefährdung von Menschen mit geistiger Behinderung besteht darin, daß ihre Glaubwürdigkeit von ihren Eltern und Betreuer(inne)n, aber auch von der Polizei und vor Gericht oft pauschal in Frage gestellt wird.

Hinzu kommt, daß Menschen mit geistiger Behinderung es aufgrund ihrer Sozialisationserfahrungen vielfach nicht gelernt haben, selbstbewußt „Nein" zu sagen und sich gegen Verletzungen ihrer körperlichen Integrität zu wehren. Dies führt dazu, daß bei bekannt gewordenen sexuellen Übergriffen nicht selten den betroffenen Menschen mit geistiger Behinderung die Schuld dafür zugewiesen wird, meist mit der Begründung ihres „distanzlosen Verhaltens" und dem Verweis darauf, das Geschehene sei mit ihrer Zustimmung passiert (vgl. Bundesvereinigung Lebenshilfe 1995, 121). Diese Aspekte können zum Kalkül von Tätern gehören und die Hemmschwellen bei sexuellen Übergriffen gegen Menschen mit geistiger Behinderung senken.

Untersuchungen zufolge stammen die Täter vor allem aus dem sozialen Nahbereich (Eltern, Großeltern, Geschwister, Verwandte, Freunde sowie Betreuungspersonen aus Einrichtungen der Behindertenhilfe) und sind fast immer (98 %) männlich (NOACK, SCHMID 1994, 64).

Vor diesem Hintergrund wird deutlich, daß eine Sterilisation bei Frauen mit geistiger Behinderung auch den Charakter eines „Freibriefes" für potentielle Täter bekommen kann, denn die in Frage kommenden Personen sind auch über die Sterilisation der Frauen informiert, müssen nicht mit einer Schwangerschaft rechnen und können auf Vertuschung hoffen.

Die psychischen Folgen sexueller Gewalt beschädigen oft für lange, wenn nicht für immer die Lebensfreude und den Lebenswillen betroffener Frauen und Männer und können u. a. zu Gefühlen abgrundtiefer Auswegslosigkeit, Selbstekel durch die erlebte Entwürdigung, dauerhaft gestörter Beziehungsfähigkeit und tiefem Vertrauensverlust führen (zu den Auswirkungen sexueller Gewalt vgl. NELDNER 1993; SENN u. a. 1993; NOACK, SCHMID 1994).

Die besonderen Gefährdungen durch sexuelle Übergriffe, denen die Nutzer wohnbezogener Dienste ausgesetzt sind, erfordern von den Mitarbeiterinnen präventive Maßnahmen. Es hat sich gezeigt, daß der beste Schutz vor sexueller Gewalt durch eine qualifizierte sexualpädagogische Begleitung geistig behinderter Menschen erreicht werden kann. Teil der sexualpädagogischen Konzeption eines wohnbezogenen Dienstes muß es in diesem Zusammenhang sein, Menschen mit geistiger Behinderung zu vermitteln,

- welche Berührungen an welchen Körperteilen durch welche Menschen angenehm oder unangenehm bzw. angemessen oder unangemessen sind;
- welche Strategien der Gegenwehr gegen sexuelle Gewalt es für sie gibt;

- welche möglichen Ansprechpartner(innen) ihnen zur Verfügung stehen;
- welche Situationen gefährlich sein können (vgl. Bundesvereinigung Lebenshilfe 1995, 123).

Zu einer sexualpädagogischen Konzeption gehören auch Antworten auf die Frage, wie mit einem Verdacht auf sexuellen Mißbrauch umgegangen werden kann. Hierzu zählen Kenntnisse über mögliche Anzeichen für sexuelle Gewalt, über mögliche Interventionsschritte, über die Zuständigkeit von Polizei und Behörden sowie über fachliche Hilfen in entsprechenden Beratungsstellen.

Sexualpädagogische Konzeption und Qualifizierung

Aus einer bejahenden Haltung zu Sexualität und Partnerschaft von Menschen mit geistiger Behinderung ergeben sich vielfältige und oft neue Anforderungen an die Mitarbeiterinnen wohnbezogener Dienste. Die geforderte sexualpädagogische Kompetenz macht häufig Qualifikationslücken deutlich. Oft fehlen in den wohnbezogenen Diensten Konzepte, auf die die Mitarbeiterinnen zurückgreifen könnten, um Nutzer auf die erste sexuelle Kontaktaufnahme vorbereiten zu können oder um mit auffälligen sexuellen Verhaltensweisen oder sexuellen Konflikten kompetent umzugehen.

Meist fehlt es auch an einer gemeinsamen Sprache zwischen Mitarbeiterinnen, Nutzern und ihren Angehörigen, um über sexuelle Themen sprechen zu können. So benutzen manche Menschen mit geistiger Behinderung die Vulgärsprache, die bei einigen Fachkräften innere Hemmschwellen aufbaut; Mitarbeiterinnen bewegen sich ihrerseits auf einem Abstraktionsniveau, das von den Nutzern nicht verstanden wird, während es Eltern in diesem schwierigen Tabubereich auch teilweise ganz „die Sprache verschlägt" (vgl. ACHILLES 1990; Bundesvereinigung Lebenshilfe 1995, 13 ff.).

Auch innerhalb des Mitarbeiterinnen-Teams kann es unterschiedliche Vorstellungen über Inhalte und Formen der sexualpädagogischen Begleitung von Menschen mit geistiger Behinderung geben, die ihre Ursprünge in individuell unterschiedlichen Haltungen zur eigenen Sexualität oder eigenen Ängsten, Unsicherheiten und Hemmungen haben können. Darüber hinaus sind Mitarbeiterinnen wohnbezogener Dienste konfrontiert mit einer Vielzahl unterschiedlicher Erwartungen und Ansprüche an die zu erbringende professionelle Dienstleistung. Das Spannungsfeld reicht von den individuellen Zielen über die Wünsche der Nutzer und ihrer Eltern bis hin zu den Erwartungen des Mitarbeiterinnen-Teams und den Vorgaben der Einrichtungsleitung.

Für eine qualifizierte Arbeit ist es daher notwendig, im wohnbezogenen Dienst über eine gemeinsam erarbeitete sexualpädagogische Konzeption zu einer Verständigung und zu verbindlichen Absprachen zu gelangen. Damit einhergehen sollte die sexualpädagogische Qualifizierung der Mitarbeiterinnen durch den Besuch von Fortbildungsseminaren und/oder die Veranstaltung von Teamschulungen durch sexualpädagogische Fachkräfte. Auf diese Weise kann bei den Mitarbeiterinnen die Grundlage für Handlungssicherheit und bewußtes sexualpädagogisches Arbeiten geschaffen werden. Für die Erarbeitung einer sexualpädagogischen Konzeption in wohnbezogenen Diensten liegen qualifizierte fachliche und praxisnahe Hilfen vor (vgl. Bundesvereinigung Lebenshilfe 1995).

Sozialpädagogische Handlungskompetenz

Im Bereich der eigenen Einstellungen und Emotionen sind Selbsterfahrung und die individuelle Auseinandersetzung mit Fragen des Menschenbildes, dem beruflichen Selbstverständnis und sexuellen Wertmaßstäben zentrale Bestandteile sexualpädagogischer Kompetenz, denn die Mitarbeiterinnen spielen „als Vorbild und als Begleiterinnen in ihrem eigenen Umgang mit Sexualität in der Wert- und Normbildung und in der Aneignung sozialer Kompetenzen eine wichtige Rolle" (Bundesvereinigung Lebenshilfe 1995, 15).

Zu reflektieren ist die eigene Sexualität und die sexuelle Sozialisation. Dabei geht es darum, sich den Zusammenhang der persönlichen Lern- oder gar Leidensgeschichte mit der eigenen Sexualität und der Beurteilung der Sexualität behinderter Menschen bewußt zu machen. Anschauliche Hinweise über didaktische und methodische Möglichkeiten, sexuelle Zusammenhänge an Menschen mit geistiger Behinderung zu vermitteln, finden sich z. B. in den oben genannten sexualpädagogischen Materialien (Bundesvereinigung Lebenshilfe 1995, 33 ff.).

Zur sexualpädagogischen Handlungskompetenz von Mitarbeiterinnen wohnbezogener Dienste gehört es auch, informiert darüber entscheiden zu können, welche Form der Unterstützung angemessen ist. Nicht immer ist das Beratungsgespräch oder eine sonstige Intervention durch die Mitarbeiterinnen des wohnbezogenen Dienstes sinnvoll. Dem

Prinzip der Normalisierung folgend, sollen Menschen mit geistiger Behinderung die Hilfen wahrnehmen können, die anderen Mitgliedern des Gemeinwesens auch zur Verfügung stehen. Das heißt, daß in bestimmten Situationen auch sexualpädagogische Beratungsstellen (z. B. Pro Familia) oder psychotherapeutische Hilfen genutzt werden sollen. Dies wiederum setzt bei Mitarbeiterinnen des wohnbezogenen Dienstes entsprechende Informationen über das örtliche System psychosozialer Hilfen voraus.

Die sexualpädagogische Konzeption muß auch die institutionellen Rahmenbedingungen des Wohnens reflektieren. Intimität muß möglich sein. Neben Einzelzimmern gehören dazu auch abschließbare Toiletten und Badezimmer. Ähnliches gilt für Freizeit- und Ferienangebote, die vom wohnbezogenen Dienst organisiert werden und bei denen es für Paare die Möglichkeit geben muß, sich ungestört zurückziehen oder gemeinsam reisen zu können.

Literatur

ACHILLES, I.: Was macht ihr Sohn denn da? München 1990

Bundesvereinigung Lebenshilfe für geistig Behinderte e.V. (Hrsg.): Grundsatzprogramm der Lebenshilfe. Marburg 1991

Bundesvereinigung Lebenshilfe für geistig Behinderte e.V. (Hrsg.): Sexualpädagogische Materialien für die Arbeit mit geistig behinderten Menschen. Marburg 1995

ERIKSON, E. H.: Wachstum und Krisen der gesunden Persönlichkeit. Stuttgart 1966

FILIPP, S. H. (Hrsg.): Kritische Lebensereignisse. München 1990

NELDNER, S.: Sexuelle Gewalt an Menschen mit geistiger Behinderung. In: Geistige Behinderung 3/1993, 248 – 253

NOACK, C.; SCHMID, H. J.: Sexuelle Gewalt gegen Menschen mit geistiger Behinderung. Eine verleugnete Realität. Stuttgart 1994

SENN, C. u. a.: Gegen jedes Recht. Sexueller Mißbrauch und geistige Behinderung. Berlin 1993

SPORKEN, P.: Der geistig behinderte Mensch. Frankfurt 1974

WALTER, J.: Sexualität und geistige Behinderung. Unveröff. Referat, gehalten bei der Tagung „Sexualpädagogische Konzeptionen in der Arbeit mit geistig behinderten Menschen" der Bundesvereinigung Lebenshilfe. Marburg, im Juni 1994

WALTER, J.; HOYLER-HERRMANN, A.: Erwachsensein und Sexualität in der Lebenswirklichkeit geistig behinderter Menschen. Heidelberg 1987

WUNDER, M.: Sexualität und Sexualverhalten von Menschen mit geistiger Behinderung. In: Zur Orientierung 3/1990, S. 17 ff.

Nutzerbezogene Indikatoren:
Geschlechtliche Identität, Sexualität und Partnerschaft

	trifft zu	trifft eher zu	trifft eher nicht zu	trifft nicht zu
1. Der Nutzer hat in seinem Leben kaum Hilfen zur Ausbildung und Stabilisierung seiner geschlechtlichen Identität erhalten. Er hat nur wenige und/oder überwiegend negative Erfahrungen mit Sexualität und Partnerschaft machen können.	❑	❑	❑	❑
2. Der Nutzer ist in einem Alter, in dem die meisten Menschen besondere Probleme hinsichtlich der Stabilisierung ihrer geschlechtlichen Identität haben (junges Erwachsenenalter).	❑	❑	❑	❑
3. Der Nutzer befindet sich in einer Lebenssituation, in der die Stabilisierung seiner geschlechtlichen Identität besondere Bedeutung hat (Ablösungsprozeß vom Elternhaus, erste feste Partnerschaft usw.).	❑	❑	❑	❑
4. Der Nutzer oder die Nutzerin benötigt besondere Hilfen zur Stabilisierung der geschlechtlichen Identität.	❑	❑	❑	❑
5. Der Nutzer braucht besondere Unterstützung, um Kontakte und Freundschaften zu nichtbehinderten Gleichaltrigen beiderlei Geschlechts aufzubauen oder aufrechtzuerhalten, die Orientierungsfunktionen zur Stabilisierung seiner geschlechtlichen Identität wahrnehmen können.	❑	❑	❑	❑
6. Die Wünsche des Nutzers nach partnerschaftlichem Zusammenleben und nach genitaler Sexualität werden gegenwärtig nicht oder nur unzureichend durch geeignete psychosoziale Hilfen sowie materielle Maßgaben (Schaffung gemeinsamer Wohnmöglichkeiten, Sicherung von Privatheit und Intimität im Wohnbereich) unterstützt.	❑	❑	❑	❑
7. Im Umgang mit geschlechtlicher Identität und Sexualität erfährt der Nutzer gegenwärtig keinen hinreichenden Schutz seiner Intimität. Seine Schamgrenzen und Ängste werden zu wenig respektiert.	❑	❑	❑	❑

6.4

Nichtprofessionelle Beziehungen ... • Geschlechtliche Identität ... Partnerschaft

	trifft zu	trifft eher zu	trifft eher nicht zu	trifft nicht zu
8. Der Nutzer benötigt Hilfen zu einem kulturüblichen Umgang mit Distanz und Nähe in der Begegnung mit anderen Menschen und zu einem differenzierten Ausdruck von Gefühlen der Zärtlichkeit und Erotik.	❏	❏	❏	❏
9. Der Nutzer zeigt auffällige Verhaltensweisen, die auf Erfahrungen sexueller Gewalt hindeuten.	❏	❏	❏	❏
10. Der Nutzer benötigt Informationen und besondere Unterstützungsleistungen mit dem Ziel der Gewaltprävention.	❏	❏	❏	❏

Gesamteinschätzung

Aus den individuellen Bedürfnissen und den Erfahrungen des Nutzers ergibt sich ein besonderer Unterstützungsbedarf bei der Stabilisierung der geschlechtlichen Identität sowie in bezug auf Sexualität und Partnerschaft.	❏	❏	❏	❏

Angebotsbezogene Indikatoren:
Geschlechtliche Identität, Sexualität und Partnerschaft

	trifft zu	trifft eher zu	trifft eher nicht zu	trifft nicht zu
1. Die Mitarbeiterinnen geben den Nutzern individuelle Hilfen zur Stabilisierung der Geschlechtsrolle. Die Nutzer werden als erwachsene Männer bzw. Frauen behandelt (in bezug auf Anrede, Umgangsformen usw.), Unterschiede und Gemeinsamkeiten der Geschlechter werden alltagsbezogen thematisiert (in bezug auf die Geschlechtsmerkmale, auf geschlechtsspezifische bzw. kulturabhängige Unterschiede und Gemeinsamkeiten des Verhaltens und Erlebens, das äußere Erscheinungsbild, Kleidung usw.).	❏	❏	❏	❏
2. Die Mitarbeiterinnen sind sich ihrer Orientierungsfunktion für die Stabilisierung der geschlechtlichen Identität bewußt und vermeiden in ihrem Verhalten, ihrer Sprache und im Umgang mit den Nutzern geschlechtsspezifische Rollenstereotypien (z. B.: „Frauen sind immer für den Haushalt zuständig" oder „Männer weinen nicht").	❏	❏	❏	❏
3. Die Nutzer werden darin unterstützt, Kontakte und Freundschaften zu nichtbehinderten Gleichaltrigen beiderlei Geschlechts aufzubauen oder aufrechtzuerhalten, die Orientierungsfunktionen zur Stabilisierung der geschlechtlichen Identität wahrnehmen können.	❏	❏	❏	❏
4. Der wohnbezogene Dienst trägt zur Ausprägung geschlechtlicher Identität dadurch bei, daß das Zusammenleben von Männern und Frauen im gruppengegliederten Wohnen die Regel bildet und die Begleitung der Nutzerinnen und Nutzer gleichermaßen von Mitarbeiterinnen und Mitarbeitern wahrgenommen wird.	❏	❏	❏	❏
5. Die Mitarbeiterinnen geben den Nutzern individuelle Hilfen zu einem kulturüblichen Umgang mit Distanz und Nähe in der Begegnung mit anderen Menschen und zu einem differenzierten Ausdruck von Gefühlen der Zärtlichkeit und Erotik.	❏	❏	❏	❏
6. Für die Einschätzung und den Umgang mit der Sexualität behinderter Menschen gelten grundsätzlich keine anderen Normen als für Nichtbehinderte. Das heißt, homosexuelle Partnerschaften werden ebenso akzeptiert wie heterosexuelle Partnerschaften; Formen der Autoerotik werden akzeptiert; sexuelle Beziehungen, die auf Abhängigkeit, Ausbeutung, Zwang und Gewalt beruhen, werden nicht toleriert.	❏	❏	❏	❏

6.4

	trifft zu	trifft eher zu	trifft eher nicht zu	trifft nicht zu
7. Die Wünsche der Nutzer nach partnerschaftlichem Zusammenleben und nach genitaler Sexualität werden ernstgenommen und durch psychosoziale Hilfen (Beratung zur Schwangerschaftsverhütung, Vermittlung in Konflikten usw.) sowie materielle Maßgaben (Schaffung gemeinsamer Wohnmöglichkeiten, Sicherstellung von Privatheit und Intimität im Wohnbereich) unterstützt.	❏	❏	❏	❏
8. Im Umgang mit geschlechtlicher Identität und Sexualität wird Intimität gesichert. Schamgrenzen und Ängste werden respektiert (z. B. keine Pflege im Intimbereich durch Fachkräfte des anderen Geschlechts), verletzende oder herabsetzende Begriffe und Bezeichnungen werden vermieden bzw. problematisiert.	❏	❏	❏	❏
9. Die sexualpädagogische Begleitung der Nutzer schließt Informationen mit dem Ziel der Gewaltprävention ein. Die Nutzer werden individuell über die Angemessenheit körperlicher Kontakte, über potentiell riskante Situationen und über Möglichkeiten der Abwehr sexueller Übergriffe aufgeklärt. Darüber hinaus wird auch fachliche Beratung außerhalb des wohnbezogenen Dienstes in Anspruch genommen.	❏	❏	❏	❏
10. Auffällig veränderte Verhaltensweisen einzelner Nutzer werden als mögliche Signale für erlittene sexuelle Gewalt ernstgenommen und entsprechend thematisiert.	❏	❏	❏	❏
11. Die Vermittlung sexualpädagogischer Kenntnisse und die auf geschlechtliche Identität, Sexualität und Partnerschaft bezogene Begleitung der Nutzer basiert auf einer verschrifteten sexualpädagogischen Konzeption, die in Zusammenarbeit mit den Angehörigen der Nutzer auf der Grundlage allgemein zugänglicher sexualpädagogischer Arbeitsmaterialien erstellt wurde.	❏	❏	❏	❏
12. Der wohnbezogene Dienst gewährleistet, daß Fragen der geschlechtlichen Identität, Sexualität und Partnerschaft in interner oder externer Fort- und Weiterbildung thematisiert werden. Dabei wird den Mitarbeiterinnen auch Gelegenheit gegeben, ihre eigenen Einstellungen und Werthaltungen zu klären.	❏	❏	❏	❏

Gesamteinschätzung

Der wohnbezogene Dienst unternimmt alle erforderlichen Bemühungen, um die Nutzer bei der Stabilisierung ihrer geschlechtlichen Identität sowie in bezug auf Sexualität und Partnerschaft zu unterstützen.	❏	❏	❏	❏

Aufgabenfeld:
Rechte/Schutz

Menschen mit geistiger Behinderung haben gesetzlich verankerte Rechte, die den Ausgleich behinderungsbedingter Nachteile betreffen und ihre medizinische, berufliche und soziale Rehabilitation regeln. Aufgrund klarer gesetzlicher Vorgaben ist es meist nicht allzu schwer, z. B. das Recht auf einen Schwerbehindertenausweis durchzusetzen oder medizinische Rehabilitationsleistungen in Anspruch zu nehmen, wenn die dafür notwendigen Voraussetzungen gegeben sind.

Demgegenüber sind Rechte, die sich auf die soziale Rehabilitation beziehen, längst nicht so einfach einzulösen. Noch immer ist es nicht selbstverständlich, daß Menschen mit geistiger Behinderung die gleichen Rechte in Anspruch nehmen können, die für nichtbehinderte Bürger gelten. Daher geht es hier nicht um „Sonderregelungen" für Behinderte, sondern um die jedem Bürger und jeder Bürgerin dieses Landes gesetzlich zustehenden Rechte, die ein menschenwürdiges Dasein sichern, die freie Entfaltung der Persönlichkeit ermöglichen und besondere Belastungen des Lebens abwenden oder ausgleichen (vgl. GG [Grundgesetz] der BRD, Art. 20 Abs. 1 und Art 28 Abs. 1 Satz 1).

Ein wohnbezogener Dienst sollte innerhalb seines Aufgabenbereichs gewährleisten, daß die Nutzer ihre bürgerlichen Rechte so weit wie möglich wahrnehmen können (Gegenstandsbereich „Bürgerliche Rechte", siehe S. 271 ff.) bzw. ihnen bei Bedarf entsprechende Hilfen zur Durchsetzung dieser Rechte zur Verfügung gestellt werden.

Gesundheitsfürsorge

Eine optimale Gesundheitsfürsorge für alle Nutzer fällt in die Mitverantwortung jedes wohnbezogenen Dienstes. Unter Gesundheitsfürsorge ist in diesem Kontext eine umfassende Bereitstellung aller medizinischen, therapeutischen und pflegerischen Hilfeleistungen personeller und materieller Art zu verstehen, die ein Nutzer benötigen könnte (Gegenstandsbereich „Gesundheitsfürsorge", siehe S. 278 ff.).

Transparenz und Datenschutz

Nimmt ein nichtbehinderter Bürger einen sozialen oder medizinischen Dienst (z. B. einen Beratungsdienst oder eine therapeutische Behandlung) in Anspruch, so erscheint es ihm selbstverständlich, daß er über die Inhalte der zu erwartenden Leistungen, ihre Art und Dauer, seine eigenen Rechte und Pflichten, die entstehenden Kosten sowie über mögliche Konsequenzen und Begleitumstände so genau wie möglich informiert wird. Ist dieser Bürger ein Mensch mit geistiger Behinderung, werden ihm diese Informationen häufig vorenthalten.

In der Praxis vieler Dienste des begleiteten Wohnens werden täglich Entscheidungen getroffen und Maßnahmen vereinbart oder eingeleitet, die unmittelbar in die persönliche Sphäre von Nutzern eingreifen, ohne daß diesen zuvor Sinn und Absicht dieser Handlungen erläutert worden wären und sie Gelegenheit erhalten hätten, dazu Stellung zu nehmen. Auf diese Weise bleiben nicht nur die organisatorischen Abläufe eines wohnbezogenen Dienstes für die Nutzer undurchschaubar, unverständlich und oft genug auch bedrohlich. Auch viele Verhaltensweisen und Handlungen von Mitarbeiterinnen müssen ihnen zwangsläufig fremd bleiben, wenn sie nicht in den Stand gesetzt werden, die Hintergründe dafür kennenzulernen. Hier gibt es noch vielfach ein erhebliches Ausmaß an Fremdbestimmung.

Ein wohnbezogener Dienst hat die Pflicht, seine Aufgaben und Ziele, Maßnahmen, Methoden und organisationsbezogenen Abläufe gegenüber seinen Nutzern so transparent wie möglich zu machen. So sind z. B. (nach § 4 Abs. 4 Heimgesetz) behinderte Menschen und ihre Angehörigen, die sich um einen Wohnplatz bewerben, durch den Träger des wohnbezogenen Dienstes schon vor Abschluß eines Heimvertrages schriftlich über die Vertragsinhalte, insbesondere über die Leistungen und die Ausstattung des Heimes sowie die Rechte und Pflichten der künftigen Nutzer zu informieren (siehe auch Bundesvereinigung Lebenshilfe 1993,

1 ff.). Auch in seiner Außendarstellung sollte der Dienst eine größtmögliche Transparenz hinsichtlich seiner Ziele, Aufgaben, Leistungen und organisatorischen Abläufe anstreben. Die Privatsphäre seiner Nutzer sollte er dabei jederzeit zuverlässig schützen können (Gegenstandsbereich „Transparenz und Datenschutz", siehe S. 286 ff.).

Nutzer- und Angehörigenmitwirkung

Erst seit wenigen Jahren werden Erwachsene mit geistiger Behinderung in Deutschland als Sprecher und Sachwalter für ihre eigenen Interessen wahrgenommen. In dem Maße, in dem ihnen das Recht auf die weitestmögliche Selbstvertretung ihrer Angelegenheiten zugestanden wird, wird sich auch ihre Rolle verändern.

Für den Kontext wohnbezogener Dienste verwenden wir im Instrument LEWO u. a. deshalb nicht den Begriff des (passiven) „Heimbewohners", sondern sprechen vom „Nutzer", der aktiv ein spezielles Leistungsangebot im Bereich des Wohnens in Anspruch nimmt. Wird auch ein Mensch mit geistiger Behinderung grundsätzlich als „Experte seiner eigenen Lebensumstände" anerkannt, müssen seine Wünsche, Bedürfnisse und nicht zuletzt auch seine Bewertung der Leistungen eines wohnbezogenen Dienstes zur wichtigsten Bezugsgröße für seine professionellen Helferinnen werden. Wohnbezogene Dienste sollten aus diesem Grund die kritischen Äußerungen ihrer Bewohner und deren Angehörigen und Fürsprecher(innen) nicht nur sehr ernst nehmen, sondern auch gezielt abfragen und produktiv damit umgehen.

Die systematische und kontinuierliche Beteiligung der Nutzer und ihrer Angehörigen an allen Planungs-, Durchführungs- und Kontrollmaßnahmen zur Organisationsentwicklung (Gegenstandsbereich „Formelle Nutzer- und Angehörigenmitwirkung", siehe S. 297 ff.) sollte zur Regel werden. Dies ist keine moralische Forderung, sondern eine notwendige Konsequenz, die sich aus dem Tatbestand ergibt, daß die Nutzer und ihre Angehörigen nicht nur Konsumenten, sondern stets auch Mitproduzenten der Angebote und Hilfen eines wohnbezogenen Dienstes sind.

An dieser Stelle ist darauf zu verweisen, daß Personen mit geistiger Behinderung vielfach nicht gelernt haben, Kritik an ihren Lebensumständen oder an der Qualität der ihnen zugedachten Hilfeleistungen zu äußern. Der geforderte „produktive Umgang" mit der Kritik von Nutzern bedeutet für einen Dienst daher, zunächst die strukturellen und zwischenmenschlichen Voraussetzungen für eine offene, angst- und gewaltfreie Atmosphäre herzustellen, in der auch kritische Standpunkte unbefangen vertreten und besprochen werden können.

Schutz vor Zwangsmaßnahmen und Mißhandlungen

Der Einfluß der Atmosphäre, des spezifischen „Milieus" von sozialen Institutionen auf ihre Bewohner wurde lange erheblich unterschätzt. Erst mit der grundlegenden Psychiatriekritik der 60er und 70er Jahre gerieten große Anstalten und Heime als „totale Institutionen" (E. Goffman) in die öffentliche Diskussion. Unzählige Menschen wurden erst durch ihren jahrelangen Aufenthalt in einer Anstalt oder einem Heim zu sogenannten „Schwer-", „Schwerst-" oder „Mehrfachbehinderten". Als Anfang der 80er Jahre in Nordrhein-Westfalen die Behindertenbereiche der Rheinischen Landeskliniken organisatorisch von der Psychiatrie abgekoppelt wurden, mußten einige erwachsene Heimbewohner mühsam das Laufen wiedererlernen, da ihnen diese Fähigkeit durch erzwungene, jahrelange Bettlägerigkeit vollständig abhanden gekommen war.

Noch bis in die heutige Zeit prägt die strukturelle Gewalt großer Anstalten die Lebensrealität vieler Menschen mit geistiger Behinderung. Auch zahlreiche Nutzer, die schon längst in kleineren, dezentralen Wohnformen leben, tragen noch die Hypothek der Erinnerung an einen oft jahrzehntelangen Aufenthalt in einer psychiatrischen Klinik unter oft menschenunwürdigen Verhältnissen.

Vernachlässigt es ein Dienst, die Auswirkungen seiner Strukturen und Bedingungen auf die Lebensrealität der Nutzer kritisch zu beleuchten, so wird er früher oder später dazu tendieren, seine Angebote und Leistungen eher auf die Belange der Einrichtung als auf die seiner Nutzer auszurichten – und zwar auch dann, wenn es sich um einen kleineren, dezentralen Dienst oder etwa eine betreute Wohngemeinschaft handelt. Bei dem Versuch, die Lebens- und Wohnqualität von Menschen mit geistiger Behinderung zu sichern und zu verbessern, muß daher neben einer Sicherstellung von allgemeinen und besonderen Rechten auch dem Schutzaspekt besondere Aufmerksamkeit gewidmet werden.

In einem Artikel über den Umgang mit schwerst- und mehrfachgeschädigten Menschen in der Vergangenheit zieht SCHRÖDER (1983, 59) eine erschreckende Bilanz: „Die Geschichte unserer Behindertenarbeit ist gekennzeichnet durch Brutalitäten und Unmenschlichkeiten, für die wir ein Stück Verantwortung und Kollektivschuld mitzutragen haben."

Zwar versteht es sich heute in der Mehrzahl der wohnbezogenen Dienste von selbst, daß den Nutzern ein hinreichender Schutz vor Übergriffen oder Repressionen garantiert werden kann. Insofern mögen Berichte über körperliche Mißhandlungen, Isolierungen, mechanische Fixierungen und Zwangsmedikation vielen jüngeren Mitarbeiterinnen gemeindeintegrierter Wohnformen wie Überlieferungen aus der Vergangenheit psychiatrischer Anstalten und Großheime anmuten. Die Praxis zeigt jedoch immer wieder, daß es keineswegs genügt, lediglich auf die Verwerflichkeit von Zwangsmaßnahmen hinzuweisen.

Auch in kleineren, gemeindeintegrierten Wohnformen sollte keinesfalls darauf verzichtet werden, konkrete Schutzmaßnahmen zu etablieren, die es Nutzern wie Mitarbeiterinnen eines wohnbezogenen Dienstes erlauben, ihren Umgang miteinander so weit wie möglich frei von Gewalt und Repression gestalten zu können (Gegenstandsbereich „Schutz vor Zwangsmaßnahmen und Mißhandlungen", S.262 ff.).

Sprachliche Darstellung

Ein Teil der strukturellen Gewalt, die behinderte Menschen erfahren, wird durch Sprache vermittelt. Dabei geht es nicht nur um den Gebrauch von abwertenden Bezeichnungen, sondern auch um die Art und Weise, wie mit und über Menschen mit Behinderung gesprochen wird. In der Sprache dokumentieren sich einerseits unsere Einstellungen und Werthaltungen, andererseits beeinflußt aber auch die Verwendung eines bestimmten Sprachstils wiederum unser Denken und letztlich auch unser Handeln.

Es ist also viel mehr als nur eine Formsache, wenn sich die Mitarbeiterinnen wohnbezogener Dienste darum bemühen sollten, für den alltäglichen sprachlichen Umgang miteinander eine besondere Sensibilität zu entwickeln und dabei jede Form von Diskriminierung, soziale Distanzierung oder Abwertung gegenüber den Nutzern zu vermeiden (Gegenstandsbereich „Sprachliche Darstellung", siehe S. 292 ff.).

Literatur

Bundesvereinigung Lebenshilfe für geistig Behinderte e. V. (Hrsg.): Empfehlungen der Bundesvereinigung Lebenshilfe zu Mustervertrag und -ordnung für Wohnstätten. Marburg 1993

DAHLINGER, E.: Die Eingliederung Behinderter. Frankfurt a. M. 1991

SCHRÖDER, S.: Historische Skizzen zur Betreuung schwerst- und mehrfachgeschädigter geistigbehinderter Menschen. In: Hartmann, N. (Hrsg.): Beiträge zur Pädagogik der Schwerstbehinderten. Heidelberg 1983, 17 – 61

THUST, W.; TRENK-HINTERBERGER, P.: Recht der Behinderten. Weinheim 1989

Gegenstandsbereich:
Schutz vor Zwangsmaßnahmen und Mißhandlungen

Zwangsmaßnahmen und Gewalt gegen Menschen mit geistiger Behinderung zählen in vielen wohnbezogenen Diensten noch immer zu den Tabuthemen. Sollen aber diejenigen Voraussetzungen und Bedingungen wirksam verändert werden, die zu Zwang und Gewaltanwendung führen können, darf sich ein wohnbezogener Dienst der Konfrontation mit dieser Thematik nicht verweigern, sondern muß bereit sein, die tägliche Praxis des Zusammenlebens im begleiteten Wohnen auch hinsichtlich ihres Potentials an Zwang und struktureller Gewalt kritisch zu beleuchten.

Strukturelle Gewalt

Die Beziehungen zwischen Mitarbeiterinnen und Nutzern wohnbezogener Dienste sind zumeist durch ein deutliches Machtgefälle gekennzeichnet. Die Kritik der 60er und 70er Jahre an den „totalen Institutionen" mit ihrer „Welt des Personals" und ihren oft menschenverachtenden Methoden und alltäglichen Zwangsritualen gegenüber den „Insassen" beschrieb auch die Realität in zahlreichen Behindertenheimen. Es wäre verfehlt, würde man annehmen, daß mit den Bemühungen um die Dezentralisierung der großen Behindertenheime die Gefahr gewaltsamer Übergriffe des Personals auf die Nutzer endgültig gebannt sei. Die Größe von Einrichtungen mit ihrem Charakter als Ort der Verwahrung und Isolation von Menschen kann die Entstehung von Gewalt zwar außerordentlich begünstigen. Dies sind jedoch keineswegs die einzigen Faktoren, die Zwangsmaßnahmen und Mißhandlungen gegenüber Menschen mit geistiger Behinderung hervorrufen können.

Wie aus Untersuchungen in psychiatrischen Einrichtungen hervorgeht, lassen sich Gewalthandlungen des Personals in der Regel nicht als Phänomene einzelner, besonders „unfähiger" Mitarbeiterinnen interpretieren. Vielmehr können in wohl jeder sozialen Einrichtung eine Reihe von strukturellen Bedingungen entstehen, die ganz allgemein ein Klima der Angst und Unterdrückung begünstigen. Dies muß nicht notwendigerweise körperliche Gewalt zur Folge haben, sondern kann sehr unterschiedliche Formen annehmen, die unter dem Begriff strukturelle Gewalt zusammengefaßt werden können. Solche in der Tendenz gewaltfördernden Bedingungen eines wohnbezogenen Dienstes sind u. a. die im folgenden beschriebenen:

- *Strukturelle Überforderung*
  Arbeiten Fachkräfte über einen längeren Zeitraum unter extrem ungünstigen und belastenden Bedingungen (z. B. häufige Einzeldienste, fehlende Unterstützung, hohe emotionale Belastung durch spezielle Bedürfnisse und Verhaltensweisen von Nutzern, krisenhafte Teamsituation, Probleme im privaten Umfeld), entstehen in immer kürzeren Abständen Streßsituationen, mit denen die Betroffenen überfordert sind. So kann es unter bestimmten Bedingungen zu extremen Reaktionen von Mitarbeiterinnen kommen.

- *Mangelnde Unterstützung*
  Das Gefühl, in einer belastenden Situation ganz auf sich allein gestellt zu sein und keine Hilfe erwarten zu können, kann bei Mitarbeiterinnen in hohem Maße Streß und Angst auslösen und auf diese Weise auch den Einsatz von Zwangsmaßnahmen und Gewalt begünstigen.

- *Mangelnde Kommunikation/soziale Isolation*
  Auch kleinere, gemeindeintegrierte Dienste sind nicht grundsätzlich gegen „Sprachlosigkeit" unter den Beschäftigten und Isolationstendenzen nach außen gefeit. Je mehr sich die Mitarbeiterinnen eines wohnbezogenen Dienstes in ihrer Arbeit gegeneinander und gegenüber der sozialen Umwelt des Dienstes abgrenzen, desto größer ist die Gefahr, daß sich negative Praktiken und Umgangsformen etablieren, da sie keiner internen und öffentlichen Kontrolle mehr unterliegen.

- *Mangelnde Konzeptualisierung und Zielkontrolle von Tätigkeiten*
  Die Formen des Umgangs zwischen Nutzern und Mitarbeiterinnen sind zwar so individuell, wie Beziehungen zwischen Menschen im allgemeinen sein können; sie sind jedoch keineswegs als „Privatsache" zu betrachten. Diese Beziehungen finden in einem professionellen Kontext statt und müssen sich daher den fachlichen Anforderungen an eine qualifizierte pädagogische Arbeit unterwerfen, für die sich klare Leitlinien formulieren lassen. Handeln die Fachkräfte eines wohnbezogenen Dienstes aber so, als sei der Umgang

mit den Nutzern ausschließlich in ihr Belieben gestellt, dann wird einzelnen Mitarbeiterinnen auch die versteckte oder offene Anwendung von Gewaltmaßnahmen (als „letztes Mittel") legitim erscheinen.

- *Anonyme Verwaltung nutzerbezogener Belange*
  Werden für die Nutzer wesentliche Entscheidungen regelmäßig durch Mitarbeiterinnen getroffen, die mit der individuellen Lebenssituation der Betroffenen kaum oder nur unzulänglich vertraut sind oder diese nicht angemessen berücksichtigen, wird der einzelne Nutzer schnell zum bloßen „Gegenstand" von Maßnahmen. Da die Entscheidungen und ihre Hintergründe meist weder transparent noch glaubhaft zu vermitteln sind, werden sie subjektiv als Willkür und Zwang erlebt.

- *Unzureichende räumliche und materielle Ausstattung*
  Überall dort, wo Menschen in Großgruppen mit ihrer Mischung aus extremer Nähe und Anonymität leben oder arbeiten müssen, werden sie gezwungen, innerlich auf Distanz und Abwehr zu schalten, weil äußerlich keine Möglichkeiten persönlicher Abgrenzung gegeben sind. Diese Abwehr kann in bestimmten Situationen in Gewalt umschlagen.

Belastung und Überforderung

Zwischen diesen strukturellen Bedingungen und der Ausübung von Gewalt oder Zwang besteht kein direkter (kausaler) Zusammenhang. Die objektiv gleichen Belastungsfaktoren einer Tätigkeit können von einzelnen Mitarbeiterinnen subjektiv sehr unterschiedlich wahrgenommen und verarbeitet werden. Daher spielen bei der Einschätzung möglicher, gewaltfördernder Umstände neben den Strukturbedingungen auch die von Person zu Person unterschiedlichen persönlichen Voraussetzungen und Handlungsmöglichkeiten zur Bewältigung von Belastungen eine entscheidende Rolle.

Fühlen sich Menschen den Anforderungen einer bestimmten Situation nicht gewachsen, werden sie unsicher und geraten in eine Lage, in der sie glauben, sich verteidigen zu müssen. Damit erhöht sich meist auch ihre Bereitschaft, mit Aggression und Gewalt zu reagieren. Das subjektiv empfundene Gefühl der Überforderung kann dabei aus unzureichender Qualifikation, fehlender Erfahrung mit ähnlichen Situationen (z. B. bei sehr jungen Mitarbeiterinnen) oder auch mangelndem Vetrautsein mit geeigneten Handlungsalternativen resultieren.

Auch negative Einstellungen gegenüber Nutzern können die Schwelle für den Einsatz von Gewalt herabsetzen. Ablehnende Einstellungen und Haltungen äußern sich allerdings seltener durch die Anwendung offener Gewalt. Weit häufiger sind subtilere Formen wie z. B. psychischer Druck, der auf die Nutzer ausgeübt wird oder ein abwertender Sprachgebrauch (vgl. Gegenstandsbereich „Sprachliche Darstellung", S. 292 ff.).

Formen der Gewalt

Im folgenden werden einige der möglichen Formen struktureller Gewalt beschrieben, die sich im Extremfall als Zwangsmaßnahmen und Mißhandlungen von Nutzern manifestieren können.

1. Strafen

Außerhalb des Bereichs von Verletzungen und Verstößen gegen geltendes Recht kommen Strafen im Umgang von Erwachsenen miteinander nicht vor. Eine außerhalb der Rechtssphäre angesiedelte Strafpraxis signalisiert immer Abhängigkeit, Ungleichheit und Unmündigkeit. Deshalb sind Strafen auch im Zusammenhang rehabilitativer Dienste für erwachsene Menschen mit Behinderung prinzipiell unangemessen.

Veränderungen nicht sozial verträglichen Verhaltens müssen auf anderen Wegen angebahnt werden. Gewiß ist es gelegentlich unumgänglich, einem Nutzer zu demonstrieren, daß bestimmte Verhaltensweisen nicht toleriert werden können und Konsequenzen nach sich ziehen müssen. Voraussetzung dazu ist jedoch, daß der Nutzer den Sinn einer bestimmten Regel oder Verhaltensvorgabe tatsächlich auch verstehen kann und ihm die Konsequenzen einer Regelverletzung im voraus bekannt sind.

Bei unverträglichem Verhalten sollte also bereits im Vorfeld mit dem Nutzer über die Konsequenzen einer bestimmten Handlungsweise gesprochen werden. Tritt das problematische Verhalten dennoch auf, dann erhält die Konsequenz eher den Charakter der Erfüllung einer Vereinbarung und weniger den einer einseitig verhängten Strafe.

Statt ein festes System von Sanktionen für alle nur denkbaren Verstöße auszuarbeiten, sollten sich die Mitarbeiterinnen wohnbezogener Dienste darum bemühen, jedem Nutzer die Grundprinzipien eines gelingenden Zusammenlebens in der Gemeinschaft immer wieder verständlich zu machen.

2. Psychische Druckmittel

Das Machtgefälle zwischen Mitarbeiterinnen und Nutzern eines wohnbezogenen Dienstes kann zahlreiche Arten subtiler Gewalt fördern, die oft nur schwer als solche zu erkennen sind. Derartige Mittel sind z. B. direkte oder indirekte Androhung körperlicher Gewalt oder Strafen, Provokationen und abwertende Äußerungen sowie Entzug wichtiger Ressourcen (Geld, Eigentum, Nahrungs- und Genußmittel usw.).

Psychische Druckmittel werden nicht nur von Fachkräften gegen Nutzer eingesetzt, sondern ebenso von Nutzern und Mitarbeiterinnen untereinander. Ihre Ausübung kann nur dann wirksam eingedämmt werden, wenn die Problematik des Machtmißbrauchs im Umgang von Mitarbeiterinnen und Nutzern untereinander und miteinander offensiv angesprochen und kontinuierlich reflektiert wird.

3. Vernachlässigung

Die in den meisten wohnbezogenen Diensten übliche personelle Konstellation bringt es mit sich, daß jede Mitarbeiterin möglichst persönliche Beziehungen zu den einzelnen Nutzern einer kleinen oder größeren (Wohn-)Gruppe unterhalten sollte. Dabei ist es ganz natürlich, daß sich bestimmte Beziehungen sehr freundschaftlich, andere hingegen eher nüchtern und distanziert gestalten.

Menschen mit geistiger Behinderung sind grundsätzlich ebenso sympathisch oder unsympathisch wie alle anderen Menschen auch. Die Erwartung an Fachkräfte, alle Nutzer einer Wohngruppe oder eines wohnbezogenen Dienstes besonders liebenswert finden zu müssen, wäre daher völlig unrealistisch. Es ist also absolut normal, auch Antipathien gegen bestimmte Nutzer zu empfinden. Dies darf allerdings keinesfalls dazu führen, daß Mitarbeiterinnen ihre Antipathien gegenüber bestimmten Nutzern offen ausleben oder – bewußt oder unbewußt – die Betreffenden im täglichen Zusammenleben vernachlässigen. Alle Nutzer haben selbstverständlich den gleichen Anspruch auf Kommunikation, Annahme ihrer Person, Förderung, Hilfestellung und Anteilnahme an ihren Problemen und Nöten.

Durch einen offenen Umgang mit Sympathie und Antipathie gegenüber Nutzern innerhalb eines Mitarbeiterinnenteams sollte darauf hingewirkt werden, daß sich die Sympathien für einzelne Nutzer möglichst gleichmäßig verteilen und vorhandene Ungleichheiten gezielt bearbeitet werden können (z. B. durch ein Bezugsbetreuerinnensystem).

Ein wohnbezogener Dienst sollte sicherstellen können, daß seine Nutzer vor Zwangsmaßnahmen, Mißhandlungen und Vernachlässigung geschützt sind. Neben den zuvor beschriebenen, „alltäglichen" Formen struktureller Gewalt existieren jedoch eine Reihe von Verfahrensweisen und Methoden im Umgang mit Nutzern wohnbezogener Dienste, die durch einschlägige Gesetze zwar hinreichend geregelt sind, sich aber trotzdem in ihren Auswirkungen und Konsequenzen für einzelne Nutzer als Zwang und Gewalt darstellen können.

4. Zwangsunterbringung

Aus Mangel an geeigneten Wohn- und Betreuungsmöglichkeiten, aber auch, um einem (vielfach nur angenommenen) Schutzbedürfnis von Menschen mit geistiger Behinderung Rechnung zu tragen, wurden viele von ihnen zwangsweise in psychiatrischen Krankenhäusern untergebracht. Wie aus den Erfahrungsberichten von Psychiatriebetroffenen hervorgeht, stellt eine Zwangsunterbringung nach dem PsychKG (Gesetz über Hilfen und Schutzmaßnahmen bei psychischen Krankheiten) oft ein schockierendes und häufig auch nachhaltig traumatisierendes Erlebnis dar.

Die Zahl der Zwangseinweisungen von Menschen mit geistiger Behinderung in die Psychiatrie ist durch den Ausbau regionaler Wohnangebote der Behindertenhilfe zwar bundesweit deutlich rückläufig. Doch noch immer werden viele Nutzer wohnbezogener Dienste in die Psychiatrie „abgeschoben", weil sie im begleiteten Wohnen nicht die erforderlichen Hilfen erhalten können.

Auch an dieser Stelle sei noch einmal darauf verwiesen, daß psychiatrische Einrichtungen grundsätzlich kein Lebensort für Menschen mit geistiger Behinderung sind, auch nicht für einen begrenzten Zeitraum. Um denjenigen Nutzern eines wohnbezogenen Dienstes therapeutische Hilfen zukommen zu lassen, die – im Regelfall durch jahrelange Hospitalisierung und Vernachlässigung – deutlich erkennbare psychische Störungen aufweisen, sollte man sich in erster Linie an die ambulanten und teilstationären Dienste wenden, die im sozialpsychiatrischen Sektor mittlerweile entstanden sind.

In vielen, aus der Psychiatrie hervorgegangenen Wohneinrichtungen existieren unverändert einige sogenannte „geschlossene" Gruppen. Zur unmittelbaren Gefahrenabwehr mag es im Einzelfall unumgänglich sein, einen Nutzer kurzzeitig auch geschlossen unterzubringen. Eine solche Maßnahme sollte jedoch unter Beteiligung möglichst vieler für den Betroffenen wichtiger Bezugspersonen und möglichst auch mit dem Einverständnis des Nutzers selbst erfolgen.[1]

In jedem Fall ist die Notwendigkeit der geschlossenen Unterbringung stets aufs neue zu überprüfen und diese gegebenenfalls sofort rückgängig zu machen. Die Praxis einiger wohnbezogener Dienste, vormundschaftsgerichtliche Unterbringungsbeschlüsse für die Höchstdauer von zwei Jahren zu erwirken, muß somit als ungerechtfertigte Zwangsmaßnahme beurteilt werden.

5. Zwangsmedikation

Sie ist eine weitere, leider noch überaus lebendige Hypothek aus der Psychiatrie. Durch den Einsatz von Psychopharmaka wurden seit ihrer Einführung gegen Ende der 50er Jahre die fachlichen und strukturellen Unzulänglichkeiten des psychiatrischen Systems, die Bedürfnisse der ihr anvertrauten behinderten Menschen zu erkennen und angemessen zu berücksichtigen, kompensiert – oft genug mit katastrophalen Folgen für die psychische und körperliche Gesundheit der Betroffenen.

Psychopharmaka sind keine Heilmittel. Sie stellen vorrangig ruhig und werden primär auch mit dieser Indikation verabreicht. Vor allem Neuroleptika wirken auf das Nervensystem des gesamten Körpers und führen bei langzeitiger Anwendung zu zahlreichen und weitreichenden Nebenwirkungen wie Spätdyskinesien (Bewegungsstörungen), Parkinson-Syndrom, vegetative Störungen, Dämpfung des seelischen Antriebs und der geistigen Beweglichkeit und nicht selten auch zu depressiven Verstimmungen und Angst. Auf Dauer führt die Einnahme von Neuroleptika fast immer zu mehr oder weniger massiven Persönlichkeitsveränderungen.

Besonders Depot-Neuroleptika sind aufgrund schwerster Nebenwirkungen strikt abzulehnen. Nur dann, wenn alle anderen Hilfen versagen, sollte daher an einen *kurzzeitigen* Einsatz niedrig dosierter Psychopharmaka gedacht werden.[2]

Bessere Alternativen als die Vergabe von Psychopharmaka sind in fast jedem Fall

- das „Herauslassen" von intensiven Gefühlen wie Wut oder Trauer bei entprechender Begleitung;
- die aktive Veränderung belastender Umstände;
- Hilfen durch Gespräche oder Psychotherapie;
- Methoden basaler Kommunikation;
- Entspannungstechniken und körperliche Betätigung.

In wohnbezogenen Diensten, die sich in Theorie und Praxis vollständig von ihren psychiatrischen Wurzeln lösen konnten, wurde auch die Verabreichung von Psychopharmaka an die Nutzer des Dienstes eingestellt oder wenigstens auf ein Mindestmaß reduziert.

Medikamentöse „Ruhigstellung" als Mittel zur Verhaltenskontrolle wird jedoch überall dort früher oder später wieder zum Thema, wo aufgrund inhaltlicher oder struktureller Mängel pädagogische und andere personale Hilfen nicht ausreichend verfügbar sind. Die in den letzten Jahren verschärfte Personalsituation führte aus eben diesen Gründen in vielen wohnbezogenen Diensten zu einer Wiederaufnahme oder zur Steigerung des Einsatzes von Psychopharmaka. So geht aus einer von Monika SEIFERT (1993, 164) im Rahmen des Forschungsprojekts „Wohnen mit schwerer geistiger Behinderung" in Berlin durchgeführten Erhebung hervor, daß in vollstationären Enrichtungen etwa die Hälfte der dort untergebrachten behinderten Menschen (51 % in Krankenhäusern, 49 % in pflegerischen Einrichtungen) Neuroleptika erhalten.

6. Mechanische Fixierung und Isolierung (Absonderung) als Mittel der Ruhigstellung

Diese Zwangsmaßnahmen haben ebenfalls einen psychiatrischen Hintergrund. Auffällige Verhaltensweisen (Fremd- und Selbstaggressionen), die mit diesen Mitteln verhindert werden sollen, treten vor allem dann verstärkt auf, wenn den Bedürfnissen von Nutzern, etwa nach Zuwendung oder aktiver Tätigkeit, nicht genügend entsprochen werden kann. Abgesehen von eindeutigen medizinischen Erfordernissen (z.B. Fixierung der Arme, um das Abreißen eines Verbandes zu verhindern) geben Fixierungen und Isolierungen zuverlässige Hinweise auf tiefgreifende (meist strukturell angelegte) Män-

---

[1] Die mit einer Freiheitsentziehung verbundene Unterbringung von unter Betreuung stehenden Nutzern in einer Einrichtung nach § 1906 BGB (Bürgerliches Gesetzbuch) ist nur dann zulässig, solange sie zum Wohl des Betreuten erforderlich ist und entweder Selbstgefährdung oder Untersuchungs- und Behandlungsbedürftigkeit vorliegen. Sie bedarf immer der Zustimmung durch den Betreuer *und* durch das Vormundschaftsgericht.

[2] Eine „Freiheitsentziehung" durch Psychopharmaka im Sinne von § 1906 Abs. 4 BGB wird in der juristischen Fachwelt generell als Option abgelehnt; zur Klarstellung wird deshalb bereits die Streichung dieses Gesetzespassus' gefordert. Die Verabreichung von Psychopharmaka sollte nur als „ärztliche Heilmaßnahme" nach § 1904 BGB genehmigungsfähig sein.

gel der pädagogischen Arbeit.[1] Ihr Einsatz ist daher ein Indikator für dringlichen Handlungsbedarf auf der Ebene der fachlichen und organisatorischen Leistungen eines wohnbezogenen Dienstes.

7. Zwangssterilisation

Auch sie war noch bis vor kurzem ein Tabuthema in unserem Land. Während der Nazi-Diktatur wurden mindestens 400.000 Menschen nach den Bestimmungen des „Gesetzes zur Verhütung erbkranken Nachwuchses" zwangssterilisiert, und auch nach dem Krieg wurden in vielen Einrichtungen weiterhin ohne Einwilligung der Betroffenen Sterilisationen (meist an Minderjährigen) durchgeführt. Erst durch Inkrafttreten des Betreuungsgesetzes im Jahre 1992 ist eine Sterilisation gegen den Willen des oder der Betroffenen grundsätzlich ausgeschlossen, doch wirft die betreffende Regelung noch immer einige Probleme auf. So hat sich der Gesetzgeber nicht zu einem Verbot der Sterilisation sogenannter einwilligungsunfähiger Menschen mit Behinderung entscheiden können.[2] Unverändert ist auch die Gefahr gegeben, daß aus Gründen übergroßer Vorsicht Menschen mit geistiger Behinderung von Personen ihres sozialen Umfelds zur Einwilligung in eine Sterilisation gedrängt werden.

Es besteht die gesetzliche Verpflichtung, daß alle zu einer Sterilisation denkbaren Alternativen bevorzugt auf ihre Eignung geprüft werden müssen. Bei der Entscheidungsfindung sollten neben dem oder der Betroffenen auch möglichst viele seiner oder ihrer Bezugspersonen gehört werden. Die Mitarbeiterinnen eines wohnbezogenen Dienstes stehen in jedem Fall in der Verantwortung, selbst bei einer eindeutigen Willensbekundung des Nutzers oder der Nutzerin für eine Sterilisation dem oder der Betroffenen die Folgen dieses Entschlusses mehrmals verständlich zu machen und für den Entscheidungsprozeß ausreichend Zeit einzuräumen. Bei Personen, die das Problem nicht in voller Tragweite erfassen können, sollte auf eine Sterilisation im Zweifelsfall verzichtet werden.[3]

8. Sexuelle Übergriffe, primär auf Frauen mit geistiger Behinderung

Sie kommen vermutlich weit häufiger vor, als gemeinhin angenommen wird. Ihr Angewiesensein auf andere Personen und bestimmte strukturelle Bedingungen machen Menschen in Heimen und anderen wohnbezogenen Diensten zu leichten Opfern. Aus Gründen falsch verstandener Solidarität können die Täter dabei in den meisten Fällen auf die Verschwiegenheit von Nutzern und Mitarbeiterinnen rechnen. Da sexuelle Übergriffe extrem tabuisiert werden und die Frauen oft keine Chance haben, die Täter anzuzeigen oder sich auch nur über ihre Erfahrungen mitzuteilen, existieren z. B. über Vergewaltigungen behinderter Frauen keinerlei Statistiken.

Präventive Möglichkeiten

Sicherlich ist es nicht einfach, etwa als Mitarbeiterin einen Kollegen offen auf einen beobachteten oder vermuteten Übergriff anzusprechen. Ebenso wird es keine Patentrezepte geben, um Gewalt, Mißhandlung, Vernachlässigung oder sexuelle Nötigung vollständig auszuschließen. Es gibt jedoch eine Anzahl präventiver Vorkehrungen, die jeder wohnbezogene Dienst treffen kann, um die Wahrscheinlichkeit solcher Übergriffe drastisch zu reduzieren und geeignete Bedingungen dafür zu schaffen, daß Nutzer und Fachkräfte weitgehend gewaltfrei miteinander umgehen können:

1. Ein wohnbezogener Dienst sollte interne Schutzvorkehrungen treffen, damit sich der „Umgangsstil" einzelner Mitarbeiterinnen mit den Nutzern nicht unbemerkt von den Kolleginnen vollziehen kann. Methodische Möglichkeiten hierzu sind u. a.:

- täglicher Erfahrungsaustausch von Mitarbeiterinnen mit anderen Teammitgliedern und/

---

1 Ständige oder widerholte mechanische Fixierungen und Isolierungen unterliegen den Bestimmungen des § 1906 Abs. 4 BGB; sind also durch das Vormundschaftsgericht zu genehmigen. Diese Maßnahmen sind nach § 1906 Abs. 4 BGB nur bei Gefahr der Selbsttötung oder sonstiger Eigengefährdung genehmigungsfähig, nicht wegen *Fremd*gefährdung.

2 Mit § 1631 c BGB wurde immerhin das ausnahmslose Verbot der Sterilisation Minderjähriger gesetzlich verankert. Kann ein volljähriger Betreuter in eine Sterilisation einwilligen, entscheidet er selbst; das Votum des Betreuers ist in diesem Fall ohne Bedeutung. Hierbei wird der natürliche Wille des Betreuten berücksichtigt. Allerdings besteht ein erheblicher Ermessensspielraum bei der Definition des Begriffs der Einwilligungsunfähigkeit.

3 Es ist umstritten, ob hier für eine gesetzliche Regelung überhaupt ein Bedarf besteht. Schwangerschaften von nicht einwilligungsfähigen Menschen mit in der Regel schwerer Behinderung sind de facto unbekannt (vgl. DÖRNER 1990, 103 ff.), so daß sich dieses Problem in der Praxis gar nicht stellt.

oder anderen Personen innerhalb und außerhalb des wohnbezogenen Dienstes;
- strikte Regelungen für den Einsatz von Zwangsmitteln (z. B. klares Verbot von körperlichen Strafen, situationsbezogene Vorgaben, schriftliche Dokumentation, Überprüfung durch mindestens eine weitere Person);
- regelmäßige Nutzerversammlungen und Gremien der formellen Nutzer- und Angehörigenmitwirkung;
- regelmäßige Anwesenheit von externen Fürsprecher(inne)n, die eine wirksame Interessenvertretung der Nutzer leisten können.

2. Ein wohnbezogener Dienst sollte dafür Sorge tragen, daß das Machtgefälle zwischen Nutzern und Fachkräften reduziert wird. Die Nutzer sollten so oft wie möglich zu offener Meinungsäußerung und Kritik motiviert werden und auch Gelegenheiten bekommen, ihre Beschwerden an geeigneter Stelle zu artikulieren.
3. Strukturelle Überlastungssituationen sollten verhindert bzw. auf ein Minimum reduziert werden. Einzeldienste in Gruppen, vor allem über einen längeren Zeitraum, sollten möglichst die Ausnahme bleiben. Für Notfälle sollte jederzeit kompetente Hilfe erreichbar sein.
4. Ein wohnbezogener Dienst sollte gegenüber Isolationstendenzen wachsam sein und alles unternehmen, damit sowohl Nutzer als auch Mitarbeiterinnen in einen möglichst umfassenden Austausch miteinander und mit ihrer sozialen Umwelt treten (Angehörige, Freunde und Bekannte, Nachbarschaft, Fachöffentlichkeit, allgemeine Öffentlichkeit).
5. Mitarbeiterinnen sollten kontinuierlich angeleitet und durch Supervision begleitet werden. Solchen Mitarbeiterinnen, die ihrer Aufgabe erkennbar (noch) nicht gewachsen sind, sollte Gelegenheit gegeben werden, ihre Erfahrungen zunächst unter Anleitung zu machen.
6. Die Arbeit des wohnbezogenen Dienstes sollte gut strukturiert, hinsichtlich ihrer Inhalte, Ziele und Methoden klar definiert sein und regelmäßig überprüft (evaluiert) werden. Besonders wichtig sind dabei verbindliche (schriftlich fixierte) Absprachen über Handlungsmöglichkeiten in Krisensituationen und die gezielte Aufarbeitung krisenhafter Situationen.
7. Die Praxis des Umgangs mit den Nutzern und die dahinter wirksamen Einstellungen und Werthaltungen von Mitarbeiterinnen sollten regelmäßig reflektiert und aufgearbeitet werden.

Menschen mit geistiger Behinderung sind in ihrem Alltag nicht selten gewalttätigen Übergriffen Dritter ausgesetzt. Die Mitarbeiterinnen wohnbezogener Dienste müssen in solchen Fällen eine anwaltschaftliche Funktion für die betroffenen Nutzer übernehmen, den Vorkommnissen nachgehen und sie gegebenenfalls auch zur Anzeige bringen.

Literatur

DEMAND, J.: Zwangsmaßnahmen – Umgang mit Gefahr und Gewalt. In: Bock, Th.; Weigand, H. (Hrsg.): Hand-werks-buch Psychiatrie. Bonn 1991, 400 – 411

DÖRNER, K.: Die unfreiwillige Sterilisation – Eingriff in ein Grundrecht. In: Brill, K.-E. (Hrsg.): „Zum Wohle der Betreuten". Bonn 1990, 103 – 113

FINZEN, A.: Medikamentenbehandlung bei psychischen Störungen. Rehburg-Loccum 1984

KÖBSELL, S.: Eingriffe – Zwangssterilisation geistig behinderter Frauen. München 1987

SEIFERT, M.: Zur Wohnsituation von Menschen mit geistiger Behinderung in Berlin unter besonderer Berücksichtigung von Menschen mit hohem Betreuungsbedarf. Berlin 1993

WIENAND, M.: Betreuungsrecht. Neuwied 1991

ZEHENTBAUER, J.: Psychopharmaka – Beruhigung für die Seele oder chemischer Knebel? In: Heider, Ch.; Schwendter, R.; Weiß, R. (Hrsg.): Politik der Seele. München 1987, 29 – 39

Rechte/Schutz • Zwangsmaßnahmen/Mißhandlungen

Nutzerbezogene Indikatoren:
Schutz vor Zwangsmaßnahmen und Mißhandlungen

	trifft zu	trifft eher zu	trifft eher nicht zu	trifft nicht zu
1. Der Nutzer war in seinem bisherigen Leben von Zwangsmaßnahmen betroffen. Er hat Erfahrungen mit Mißhandlungen, Vernachlässigung und struktureller Gewalt gemacht.	❏	❏	❏	❏
2. Der Nutzer zeigt Verhaltensweisen, die darauf hindeuten, daß er das Opfer von Gewalt war bzw. ist (auffällige Abwehr bestimmter Personen, Demutsgesten, Erinnerungen an Gewalt im Sprachgebrauch).	❏	❏	❏	❏
3. Der Nutzer ist gegenwärtig von Zwangsmaßnahmen (Zwangsmedikation, Fixierung, Isolierung, Ausschluß von der Teilnahme am Gemeinschaftsleben) betroffen.	❏	❏	❏	❏
4. Der Nutzer hat im Falle von Gewalterfahrungen oder ungerechtfertigtem Zwang keine oder nur wenig Möglichkeiten, sich zu beschweren und seine Interessen zu vertreten.	❏	❏	❏	❏
5. Der Nutzer benötigt die Unterstützung von Mitarbeiterinnen, um möglichen Übergriffen Dritter zu begegnen und/oder erlittene Gewalterfahrungen aufzuarbeiten.	❏	❏	❏	❏

Gesamteinschätzung

Aus den Erfahrungen des Nutzers ergibt sich ein besonderer Unterstützungsbedarf zum Schutz vor Zwangsmaßnahmen und Mißhandlungen.	❏	❏	❏	❏

Rechte/Schutz • Zwangsmaßnahmen/Mißhandlungen

Angebotsbezogene Indikatoren:
Schutz vor Zwangsmaßnahmen und Mißhandlungen

	trifft zu	trifft eher zu	trifft eher nicht zu	trifft nicht zu
1. Der Einsatz von Zwangsmitteln (Zwangsmedikation, Isolierung, Fixierung, Anwendung körperlicher Gewalt) ist strikt auf Situationen begrenzt, in denen eine unmittelbare Gefahr für Leib und Leben der Nutzer, Mitarbeiterinnen oder dritter Personen abgewehrt werden muß.	❏	❏	❏	❏
2. Die geschlossene Unterbringung von Nutzern wird auf ein zur Abwehr akuter Fremd- oder Eigengefährdung erforderliches Mindestmaß beschränkt und schnellstmöglich wieder aufgehoben. Sie dient in keinem Fall als Ersatz für personell aufwendige Hilfen in psychosozialen Krisen oder als präventive Maßnahme (z. B. bei Verhaltensauffälligkeiten oder Suchtgefährdung).	❏	❏	❏	❏
3. Der wohnbezogene Dienst trägt Sorge dafür, daß kein Nutzer und keine Nutzerin ohne Einwilligung sterilisiert wird und keine Nutzerin gezwungen wird, eine Abtreibung vorzunehmen. Er stellt insbesondere sicher, daß Einwilligungen von Nutzern nicht durch subtilen Druck zustande kommen.	❏	❏	❏	❏
4. Der wohnbezogene Dienst sichert den Schutz der Nutzer vor Mißhandlungen und Zwangsmaßnahmen, die über Notwehr hinausgehen, durch ein klares Verbot körperlicher Strafen, entwürdigender und herabsetzender verbaler Sanktionen sowie von Nichtbeachtung und Vernachlässigung. Diesbezügliches Fehlverhalten von Mitarbeiterinnen wird arbeitsrechtlich sanktioniert.	❏	❏	❏	❏
5. Alle Vorfälle, die als Zwangsmaßnahmen interpretiert werden könnten, werden schriftlich dokumentiert und mit den betroffenen Nutzern unter der Zielsetzung aufgearbeitet, in Zukunft vergleichbare Situationen zu vermeiden.	❏	❏	❏	❏
6. Um Zwangsmaßnahmen und Mißhandlungen präventiv zu begegnen, werden strukturell angelegte Überlastungssituationen von Mitarbeiterinnen (permanente Einzeldienste, fehlender Austausch, fehlende Hilfe in krisenhaften Situationen usw.) sowie Isolationstendenzen infolge zu starker Binnenzentrierung (keine Kontakte zur Nachbarschaft, Abschottung gegenüber Angehörigen und Besuchern usw.) so weit wie möglich vermieden.	❏	❏	❏	❏

6.5

N. Schwarte/R. Oberste-Ufer: LEWO. Hrsg.: Bundesvereinigung Lebenshilfe

Rechte/Schutz • Zwangsmaßnahmen/Mißhandlungen

	trifft zu	trifft eher zu	trifft eher nicht zu	trifft nicht zu
7. Der wohnbezogene Dienst sichert eine regelmäßige fachliche Anleitung, den kollegialen Austausch über Einstellungen und Werthaltungen sowie die Begleitung der Arbeit der Mitarbeiterinnen durch kontinuierliche Supervision.	❏	❏	❏	❏
8. Die Gewährleistung des Schutzes vor Zwangsmaßnahmen und Mißhandlungen ist verbindlicher Bestandteil bei der Einführung neuer Mitarbeiterinnen und wird in der internen und externen Fort- und Weiterbildung angemessen berücksichtigt.	❏	❏	❏	❏
9. Die Mitarbeiterinnen übernehmen im Hinblick auf Übergriffe Dritter eine anwaltschaftliche Funktion für die Nutzer. Sie gehen derartigen Vorkommnissen nach und bringen sie gegebenenfalls zur Anzeige.	❏	❏	❏	❏

Gesamteinschätzung

Der wohnbezogene Dienst unternimmt alle erforderlichen Bemühungen, um die Nutzer zuverlässig vor Zwangsmaßnahmen und Mißhandlungen zu schützen. Der Umgang mit unabwendbaren Zwangsmaßnahmen entspricht den genannten Qualitätskriterien.	❏	❏	❏	❏

Gegenstandsbereich:
Bürgerliche Rechte

Für Menschen mit geistiger Behinderung ist es bis heute keineswegs selbstverständlich, daß sie ihre gesetzlich garantierten Bürgerrechte (Verfügung über individuelles Eigentum, Vertragsfreiheit, Vereinigungsfreiheit, Vererblichkeit des Vermögens, Testierfreiheit) auch tatsächlich wahrnehmen können. Der im Bürgerlichen Gesetzbuch verankerte größtmögliche Schutz der Freiheit des Individuums stößt dort an seine Grenzen, wo es Menschen mit Behinderung von vornherein nicht zugestanden wird, ihr Leben selbstverantwortlich gestalten zu können.

So war bis zum Jahre 1992 die Entmündigung von Menschen mit geistiger Behinderung auf der Grundlage des bereits im Jahre 1900 eingeführten Vormundschafts- und Pflegschaftsrechts fast immer eine reine Routineangelegenheit. Die tiefgreifenden Auswirkungen dieser Maßnahme auf die einzelne Person waren dabei nicht von Belang.

Besonders auf psychiatrischen Langzeitstationen und in großen Pflegeeinrichtungen wurde die Entmündigung jahrzehntelang völlig unkritisch als Instrument genutzt, um die Einrichtung und ihre Methoden gegen alle rechtlichen Anfechtungen ein für alle Mal abzusichern. Offiziell wurde freilich stets das Argument ins Feld geführt, die besondere Lage des betroffenen Menschen mache es notwendig, daß er auf jede nur denkbare Weise vor sich selbst geschützt werden müsse. Nachdem ein Mensch auf diese Weise seine bürgerlichen Rechte eingebüßt hatte, konnte er als Objekt von Maßnahmen weitgehend unproblematisch verwaltet werden – nicht selten für den Rest seines Lebens.

Es ist festzuhalten, daß das alte Vormundschafts- und Pflegschaftsrecht nicht nur wesentlich dazu beigetragen hat, das Bild vom „unmündigen und unberechenbaren Geistigbehinderten" zu verbreiten. Es hat darüber hinaus auch über einen langen Zeitraum einen erheblichen Beitrag dazu geleistet, die im Text der Psychiatrie-Enquête von 1975 beschriebenen „elenden, menschenunwürdigen Umstände" der psychiatrischen Anstalten und Großheime gegenüber der Öffentlichkeit zu rechtfertigen und aufrechtzuerhalten.

Das neue Betreuungsgesetz

Mit der Einführung des Betreuungsgesetzes (BtG) im Jahre 1992, das an die Stelle des bisherigen Vormundschafts- und Pflegschaftsrechts getreten ist, wurde die Entmündigung endlich abgeschafft (auf eine eingehende Kritik des sprachlich problematischen Begriffs der Betreuung, der aus dem „Wörterbuch des Unmenschen" stammt, soll an dieser Stelle verzichtet werden). Lag im alten Recht der Schwerpunkt der Tätigkeit des Vormunds eindeutig auf der Vermögenssorge und der meist anonymen Verwaltung von „Fällen", soll nach dem neuen Betreuungsrecht die persönliche Betreuung im Mittelpunkt stehen. Statt völliger Entrechtung sollen den Betroffenen nunmehr gezielte und qualifizierte Hilfen in klar definierten Betreuungsbereichen gegeben werden.

Besondere Aufmerksamkeit verdient die Tatsache, daß nach dem Willen des Gesetzgebers das Instrument der Betreuung nicht etwa behördliche oder einrichtungsbezogene Maßnahmen legitimieren, sondern ausdrücklich die Persönlichkeitsrechte des betreuten Menschen schützen soll – notfalls auch vor Übergriffen durch Mitarbeiterinnen professioneller Hilfsdienste. Nicht verschwiegen werden sollte allerdings, daß das neue Betreuungsrecht für Menschen mit geistiger Behinderung nicht nur Schutz und Hilfe bedeutet, sondern die Betroffenen auch weiterhin mit einer erheblichen Stigmatisierung belastet.

Nach unserer Einschätzung ist es jedoch gar nicht so entscheidend, in welchem rechtlichen Rahmen sich der Umgang mit den Bedürfnissen und Wünschen der Nutzer wohnbezogener Dienste vollzieht. Von viel größerer Bedeutung ist die Art und Weise, wie bestehende gesetzliche Regelungen in der Praxis umgesetzt werden und ob Mitarbeiterinnen im begleiteten Wohnen in ihrer Arbeit die fachlichen Leitlinien der größtmöglichen Selbstbestimmung und die Einbeziehung der Nutzer bei Entscheidungen in allen Bereichen ihres Lebens ernstnehmen und konsequent in die Tat umsetzen.

Dies beginnt schon bei der Entscheidung darüber, ob für einen Nutzer in einem bestimmten Aufgabenbereich ein Betreuer bestellt werden sollte oder nicht. Betreuung nach dem Betreuungsgesetz bedeutet, daß ein bestellter Betreuer bestimmte Interessen für eine volljährige Person wahrnimmt, die z. B. aufgrund einer geistigen Behinderung ihre Angelegenheiten ganz oder teilweise nicht besorgen kann (§ 1896 Abs. 1 Satz 1 BGB). Dabei sind die soziale Situation des Betroffenen und seine Möglichkeiten der Lebensbewältigung mit eigener und fremder Hilfe entscheidend, nicht etwa eine medizinische Diagnose (§ 1896 Abs. 2 Satz 2 BGB).

Das Gesetz schreibt nicht vor, in welchen Fällen an die Einrichtung einer Betreuung zu denken ist, sondern läßt einen breiten Ermessensspielraum. Hieraus erwächst den Bezugspersonen eines Menschen mit geistiger Behinderung (Mitarbeiterinnen wohnbezogener Dienste, Angehörige, Fürsprecher[innen], Freunde) eine besondere Verantwortung für die Person des Nutzers.

Der Erforderlichkeitsgrundsatz

Der sogenannte Erforderlichkeitsgrundsatz besagt, daß eine Betreuung für einen bestimmten Aufgabenbereich nur dann einzurichten ist, wenn andere Hilfen (von Freunden, Nachbarn, sozialen Diensten) nicht ausreichen. Die Einrichtung einer Betreuung bedeutet also, daß bestimmte Probleme eines Menschen auf absehbare Zeit weder durch eigene Möglichkeiten noch durch die Ausschöpfung der personellen oder materiellen Hilfsquellen seines sozialen Umfelds lösbar sind (inklusive der Ressourcen des wohnbezogenen Dienstes!).

Es sollte in jedem Einzelfall sorgfältig geprüft werden, ob ein Nutzer seine Angelegenheiten tatsächlich nicht selbst angemessen wahrnehmen kann und darüber hinaus auch andere, „natürliche" oder professionelle Hilfen nicht oder nicht mehr dazu ausreichen.

Die Bestellung eines Betreuers erfolgt von Amts wegen oder auf Antrag, z. B. durch den Menschen mit Behinderung selbst. Wenn möglich, sollte ein Nutzer ausdrücklich selbst eine Person seines Vertrauens berufen, wenn die Erforderlichkeit einer Betreuung besteht (§ 1896 Abs. 1 BGB).

Häufig wird die Betreuung von den Eltern des Nutzers übernommen. Wenn dies nicht möglich ist, sollte der Nutzer darin unterstützt werden, eine andere geeignete Person zu finden.

Grundsätze der persönlichen Betreuung

Wie schon erwähnt, besteht ein wesentlicher Grundsatz des neuen Rechts darin, daß nach § 1897 Abs. 1 BGB die Person des Betreuers neben der Eignung, die Angelegenheiten des Betreuten im gerichtlich bestimmten Aufgabenkreis zu besorgen, auch in der Lage sein muß, den Betreffenden im erforderlichen Umfang persönlich zu betreuen. Daher sollten Betreuungen stets von natürlichen Personen wahrgenommen werden (keine Vereine als juristische Personen). Dies können allerdings auch Vereinsbetreuer sein (§ 1897 Abs. 1 BGB).

Bei der Auswahl eines geeigneten Betreuers sollten in jedem Fall nur solche Personen berücksichtigt werden, die eine persönliche, individuelle Betreuung des betreffenden Nutzers auch wirklich gewährleisten können und wollen. Dabei dürfen nach § 1897 Abs. 3 BGB die Mitarbeiterinnen des wohnbezogenen Dienstes, in dem der Nutzer lebt, aufgrund wahrscheinlicher Interessenkonflikte nicht zu Betreuern bestellt werden. Sie sollten es sich jedoch zur Aufgabe machen, im Falle der Notwendigkeit einer Betreuung die für den einzelnen Nutzer optimale Lösung zu finden und bestehende Betreuungen kritisch zu begleiten. Dies erfordert grundsätzlich eine möglichst enge und für die Belange des Betreuten konstruktive Zusammenarbeit mit den bestellten Betreuern.

Vielfach ist den Fachkräften wohnbezogener Dienste jedoch nicht bekannt, über welche Befugnisse ein Betreuer tatsächlich verfügt. Es würde zu weit führen, an dieser Stelle alle dafür wichtigen Bestimmungen des Betreuungsgesetzes darzustellen. Auf einige für die Praxis der täglichen Arbeit im begleiteten Wohnen wesentliche Punkte soll aber im folgenden verwiesen werden:

- Die Rechtsstellung eines betreuten Nutzers wird auch durch die Einrichtung einer Betreuung grundsätzlich keinen Einschränkungen unterworfen. Seine Geschäftsfähigkeit bleibt erhalten, es sei denn, das Vormundschaftsgericht ordnet einen sogenannten Einwilligungsvorbehalt an (§ 1903 BGB). Dies darf aber nur dann geschehen, wenn es zur Abwehr einer erheblichen Gefahr für die Person oder das Vermögen des Betreuten erforderlich ist. Die Angelegenheiten des täglichen Lebens (alltägliche Bargeschäfte über geringwertige Gegenstände wie z. B. der Kauf von Lebensmitteln) sind davon nach § 1903 Abs. 3 Satz 2 BGB ausdrücklich ausgenommen.
- Ein Betreuer darf nur für klar umgrenzte Aufgabenbereiche bestellt werden, in denen die Betreuung erforderlich ist (§ 1896 Abs. 2). Die Eingrenzung der Betreuung auf das erforderliche Mindestmaß läßt das Selbstbestimmungsrecht des Betreuten in allen anderen Bereichen seines Lebens unangetastet, es sei denn, es besteht ein Einwilligungsvorbehalt. Auch in den Aufgabenbereichen, in denen ein Betreuer seine Interessen vertritt, ist der Nutzer selbstverständlich weiterhin so weit wie möglich zu beteiligen.
- Auch die Möglichkeiten, die Ehe zu schließen und ein Testament zu machen, bleiben einem

Nutzer nach Bestellung eines Betreuers erhalten. Sie können nur infolge „natürlicher Geschäftsunfähigkeit" (§ 104 Nr. 2 BGB) entfallen.
- Der § 1901 Abs. 1 Satz 2 BGB legt den „Vorrang des natürlichen Willens" fest. Dies bedeutet u. a., daß der Betreuer den Wünschen des Betreuten zu entsprechen hat, soweit sie zumutbar sind und dem Wohl des Betreuten nicht zuwiderlaufen (§ 1901 Abs. 2 Satz 1 BGB).
- Alle wichtigen Angelegenheiten hat der Betreuer mit dem Betreuten nach § 1901 Abs. 2 Satz 3 BGB vorab zu besprechen. Gibt ein Betreuer also z. B. regelmäßig Einverständniserklärungen für einen Nutzer ab, ohne mit ihm vorher darüber beraten zu haben, erfüllt er seinen gesetzlich definierten Auftrag nicht und sollte auf diesen Umstand deutlich hingewiesen werden.

Kriterien für den Umgang mit Betreuungen

Ein wohnbezogener Dienst sollte dazu beitragen, daß die Rechte einzelner Nutzer durch das Instrument der Betreuung nur in absolut notwendigen Fällen und immer nur für einen begrenzten Zeitraum eingeschränkt werden. Auf dieser Grundlage können folgende Kriterien – für Nutzer, ihre Angehörigen, Fürsprecher(innen) und Freunde sowie für die Mitarbeiterinnen im begleiteten Wohnen – für einen sinnvollen Umgang mit Betreuungen nach dem Betreuungsgesetz benannt werden:

1. Um Selbstbestimmungsmöglichkeiten zu fördern, ohne dabei Schutzfunktionen zu vernachlässigen, sollten Betreuungen grundsätzlich so spät, so befristet und inhaltlich so eingegrenzt wie möglich eingerichtet und umgesetzt werden.
2. Bei der Entscheidung über die Einrichtung einer Betreuung sollten zunächst alle anderen denkbaren Hilfsquellen sorgfältig geprüft werden, bevor die Betreuung als Ersatzleistung gewählt wird.
3. Bei der Auswahl eines Betreuers sind die Wünsche des betroffenen Nutzers vorrangig zu berücksichtigen. Ist er nicht in der Lage, diesbezüglich Wünsche zu äußern, sollten alle ihm nahestehenden Personen in die Entscheidungsfindung einbezogen werden. In jedem Fall sollte der künftige Betreuer willens und in der Lage sein, eine persönliche Betreuung zu gewährleisten.
4. Ein Betreuer sollte grundsätzlich keine Aufgaben übernehmen, die der Nutzer selbst wahrnehmen kann. Darüber hinaus sollte er auch keine Hilfen leisten, die von anderen Personen aus dem sozialen Umfeld des Nutzers oder von Mitarbeiterinnen des wohnbezogenen Dienstes im Rahmen ihrer Tätigkeit erbracht werden. Ein bestellter Betreuer sollte sich so eng wie möglich an seine durch den Umfang der Betreuung definierte Aufgabenstellung halten.
5. Die Arbeit eines Betreuers sollte vom betreffenden Nutzer und seinen unmittelbaren Bezugspersonen konstruktiv und kritisch begleitet werden. Als methodische Möglichkeit kann empfohlen werden, gemeinsam (unter Beteiligung des Nutzers, seines Betreuers und gegebenenfalls weiterer Bezugspersonen) einen Betreuungsplan zu erstellen, in dem die Rechte, Aufgaben und Pflichten von Betreuer und Betreutem im einzelnen aufgeführt werden und dadurch jederzeit transparent und überprüfbar sind.
6. Die Notwendigkeit einer bestehenden Betreuung bzw. die Angemessenheit des Betreuungsumfangs für einen einzelnen Nutzer ist ständig zu überprüfen. Im Zweifelsfall sollte der wohnbezogene Dienst dem Grundsatz der weitestgehenden Förderung von Selbständigkeit und Eigenverantwortung des Nutzers eher folgen als dem Bestreben, sich gegen jedes nur denkbare Risiko hundertprozentig abzusichern.

Literatur

WIENAND, M.: Betreuungsrecht. Neuwied 1992
CREFELD, W.: Aufgabe und Selbstverständnis des Sachverständigen im Entmündigungs- bzw. Betreuungsverfahren. In: Brill, K.-E.: Zum Wohle des Betreuten – Beiträge zur Reform des Vormundschafts- und Pflegschaftsrechts: Betreuungsgesetz. Bonn 1990, 66 – 90
DAMRAU, J.; ZIMMERMANN, W.: Betreuungsgesetz. Stuttgart 1991
GUTZEIT, K.: Das Betreuungsgesetz in Praxis und Alltag – Stolperstein oder Leitfaden. In: Brill, K.-E.: Zum Wohle des Betreuten – Beiträge zur Reform des Vormundschafts- und Pflegschaftsrechts: Betreuungsgesetz. Bonn 1990, 57 – 65
SCHÄDLE, J.: Das Betreuungsgesetz – Neues Etikett für alte Handlungsweisen oder neues Menschenbild? In: Brill, K.-E.: Zum Wohle des Betreuten – Beiträge zur Reform des Vormundschafts- und Pflegschaftsrechts: Betreuungsgesetz. Bonn 1990, 35 – 44

Rechte/Schutz • Bürgerliche Rechte

Nutzerbezogene Indikatoren:
Bürgerliche Rechte

	trifft zu	trifft eher zu	trifft eher nicht zu	trifft nicht zu
1. Der Nutzer hat seine bürgerlichen Rechte bisher kaum wahrnehmen können.	❑	❑	❑	❑
2. Der Nutzer hat bisher mit Betreuungen nach dem Betreuungsgesetz (BtG) bzw. mit Vormundschaften/Pflegschaften überwiegend negative Erfahrungen gemacht.	❑	❑	❑	❑
3. Der Nutzer benötigt zur Wahrnehmung seiner bürgerlichen Rechte (freie Wahl des Wohnorts, Verfügung über Eigentum, Abschluß von Verträgen, Möglichkeit zur Eheschließung, Inanspruchnahme des Wahlrechts) besondere Unterstützung.	❑	❑	❑	❑
4. Bei der Einrichtung einer Betreuung nach dem Betreuungsgesetz als Ersatzleistung wurde nicht geprüft, welche Alternativen dazu bestehen könnten.	❑	❑	❑	❑
5. Bei der Auswahl des Betreuers wurden die Wünsche des Nutzers nicht berücksichtigt. Für den Nutzer bedeutsame Personen wurden nicht in die Entscheidungsfindung einbezogen.	❑	❑	❑	❑
6. Bei der Auswahl des Betreuers wurde nicht berücksichtigt, ob dieser tatsächlich willens und in der Lage ist, eine individuelle und durch direkte persönliche Kontakte bestimmte Betreuung des Nutzers zu gewährleisten.	❑	❑	❑	❑
7. Der Umfang der Betreuung bezieht sich auch auf Aufgaben, die der Nutzer selbst wahrnehmen kann.	❑	❑	❑	❑
8. Die Aufgaben, Rechte und Pflichten von Betreuer und Betreutem sind wenig transparent. Ein Betreuungsplan existiert nicht.	❑	❑	❑	❑
9. Die Notwendigkeit der Betreuung für den Nutzer und die Angemessenheit des Betreuungsumfangs wird nicht in regelmäßigen Abständen überprüft.	❑	❑	❑	❑

6.5

Rechte/Schutz • Bürgerliche Rechte

	trifft zu	trifft eher zu	trifft eher nicht zu	trifft nicht zu
10. Die Beziehung zwischen dem Nutzer und seinem Betreuer ist wenig persönlich, individuell und vertrauensvoll.	❑	❑	❑	❑
11. Der Betreuer spricht sein Handeln gar nicht oder nur in Ausnahmefällen mit dem Nutzer ab.	❑	❑	❑	❑
12. Zwischen dem Betreuer und den Mitarbeiterinnen des wohnbezogenen Dienstes besteht keine gute Zusammenarbeit.	❑	❑	❑	❑

Gesamteinschätzung

Aus den individuellen Bedürfnissen und den Erfahrungen des Nutzers ergibt sich ein besonderer Unterstützungsbedarf bei der Wahrnehmung seiner bürgerlichen Rechte und für Betreuungsleistungen nach dem Betreuungsgesetz.	❑	❑	❑	❑

Rechte/Schutz • Bürgerliche Rechte

Angebotsbezogene Indikatoren:
Bürgerliche Rechte

	trifft zu	trifft eher zu	trifft eher nicht zu	trifft nicht zu
1. Der wohnbezogene Dienst setzt sich dafür ein, daß jeder Nutzer seine bürgerlichen Rechte (freie Wahl des Wohnorts, Verfügung über Eigentum, Abschluß von Verträgen, Möglichkeit zur Eheschließung, Inanspruchnahme des Wahlrechts) grundsätzlich wahrnehmen kann.	❏	❏	❏	❏
2. Der wohnbezogene Dienst stellt sicher, daß Betreuungen nach dem Betreuungsgesetz grundsätzlich erst dann eingegangen werden, wenn alle Alternativen dazu sorgfältig geprüft worden sind.	❏	❏	❏	❏
3. Bei der Auswahl von Betreuern werden die Wünsche der Nutzer vorrangig berücksichtigt. Wenn diesbezügliche Wünsche eines Nutzers nicht vorhanden oder erkennbar sind, werden für den Nutzer bedeutsame Personen in die Entscheidungsfindung einbezogen.	❏	❏	❏	❏
4. Bei der Auswahl von Betreuern wird darauf geachtet, daß diese tatsächlich willens und in der Lage sind, eine individuelle und durch direkte persönliche Kontakte bestimmte Betreuung der Nutzer zu gewährleisten.	❏	❏	❏	❏
5. Der wohnbezogene Dienst achtet darauf, daß der Umfang von Betreuungen sich nicht auf Aufgaben bezieht, die die Nutzer selbst wahrnehmen können. Er achtet ferner darauf, daß sich die Betreuer möglichst eng an ihre durch den Umfang der Betreuung definierte Aufgabenstellung halten.	❏	❏	❏	❏
6. Der wohnbezogene Dienst achtet darauf, daß die Betreuer, wie in § 1901 Abs. 2 Satz 3 BGB vorgeschrieben, tatsächlich alle wichtigen Angelegenheiten mit den Betreuten vorab besprechen und in ihrem Handeln den Wünschen der Nutzer entsprechen, soweit sie zumutbar sind und dem Wohl der Betreuten nicht zuwiderlaufen (§ 1901 Abs. 2 Satz 1 BGB).	❏	❏	❏	❏

6.5

	trifft zu	trifft eher zu	trifft eher nicht zu	trifft nicht zu
7. Der wohnbezogene Dienst sorgt dafür, daß die Notwendigkeit bestehender Betreuungen bzw. des Betreuungsumfangs für einzelne Nutzer regelmäßig überprüft wird.	❏	❏	❏	❏
8. Der wohnbezogene Dienst bemüht sich darum, daß die Aufgaben, Rechte und Pflichten von Betreuern und Betreuten in Form von Betreuungsplänen konkretisiert und damit transparent und überprüfbar gemacht werden.	❏	❏	❏	❏

Gesamteinschätzung

Der wohnbezogene Dienst unternimmt alle erforderlichen Bemühungen, um die Nutzer darin zu unterstützen, ihre bürgerlichen Rechte so weit wie möglich selbständig wahrzunehmen. Im Bedarfsfall unterstützt er eine individualisierte Betreuung nach dem Betreuungsgesetz.	❏	❏	❏	❏

Gegenstandsbereich: Gesundheitsfürsorge

Nach einer weitgefaßten Definition der Weltgesundheitsorganisation WHO ist Gesundheit nicht allein das Fehlen von Krankheit oder Gebrechen, sondern der Zustand vollkommenen körperlichen, psychischen und sozialen Wohlbefindens. Natürlich wird hier ein kaum erreichbarer Idealzustand beschrieben. Die Definition verweist jedoch darauf, daß bei allen Bemühungen um eine umfassende Gesundheitsfürsorge körperliche, psychische und gesellschaftliche (soziale) Faktoren in ihrem Zusammenwirken zu berücksichtigen sind.

Ein wohnbezogener Dienst für erwachsene Menschen mit geistiger Behinderung sollte Aufgaben der Gesundheitsfürsorge für seine Nutzer auf allen drei Ebenen wahrnehmen und dabei gewährleisten, daß die Nutzer die gesellschaftlich üblichen Maßnahmen zur Gesundheitsvorsorge und -erhaltung in vollem Umfang in Anspruch nehmen können und zu diesem Zweck angemessen informiert, unterstützt und begleitet werden.

Faktoren, die für das *psychische und soziale Wohlbefinden* von Menschen im Kontext wohnbezogener Dienste bedeutsam sind, werden in den meisten Gegenstandsbereichen des Instruments LEWO immer wieder direkt oder indirekt angesprochen. Im vorliegenden Gegenstandsbereich „Gesundheitsfürsorge" sollen daher ausschließlich die primär *körperbezogenen Aspekte* der Gesundheit angesprochen werden.

Menschen mit geistiger Behinderung sind in mindestens ebenso hohem Maße von den Auswirkungen sogenannter Zivilisationskrankheiten (Herz- und Kreislauferkrankungen, Nervosität, vegetative Störungen) als Folge von falscher Ernährung und Bewegungsarmut, Genußmittelmißbrauch und zuwenig frischer Luft betroffen wie der Bevölkerungsdurchschnitt. Dank gesundheitlicher Aufklärung ist es den meisten Menschen mittlerweile zumindest bewußt, daß sich durch verantwortungsbewußtes Verhalten viele der genannten Risiken weitgehend vermeiden bzw. vermindern lassen.

Da die individuelle Gesundheit also nicht zuletzt vom Verhalten des einzelnen abhängig ist, sollte es ein wohnbezogener Dienst als seine Aufgabe ansehen, seine Nutzer zu einem verantwortlichen Handeln gegenüber der eigenen Gesundheit und derjenigen ihrer Mitmenschen zu befähigen.

Aus unseren Alltagserfahrungen wissen wir, daß sich eingefahrene Verhaltensweisen nur dann wirksam verändern lassen, wenn zum einen eine ausreichend starke Motivation hierfür besteht und zum anderen das angestrebte, alternative Verhalten möglichst kontinuierlich geübt werden kann. Daher sollten die Mitarbeiterinnen eines wohnbezogenen Dienstes den Nutzern die Bedeutung gesundheitsbewußten Verhaltens nicht nur angemessen erläutern, sondern auch dafür Sorge tragen, daß jedem einzelnen Nutzer individuelle Hilfen gegeben werden, um gesundheitsbewußtes Verhalten wirkungsvoll zu unterstützen. Dabei ist im Einzelfall immer abzuwägen, ob mehr auf die Eigenverantwortlichkeit und Selbsthilfekompetenzen des Nutzers gesetzt werden sollte oder ob stärkere Interventionen in Form von direkten Handlungsanweisungen und Hilfeleistungen erforderlich sind. In jedem Fall ist auch hier das Lernen am Modell der Mitarbeiterinnen bedeutsam.

Aufgaben der Gesundheitsfürsorge

Die einzelnen Aufgaben der Gesundheitsfürsorge eines wohnbezogenen Dienstes sind äußerst vielfältig und sollen hier nur im Überblick dargestellt werden. In den nachfolgend aufgeführten Bereichen sollte der wohnbezogene Dienst seinen Nutzern individualisierte und kontinuierliche Hilfen bereitstellen können.

1. Allgemeine Körperhygiene
Waschen, Baden, Duschen, Eincremen, Zahnpflege usw.

2. Auswahl der Kleidung
regelmäßiger Wäschewechsel; saubere, alters- und jahreszeitgemäße Kleidung.

3. Gesundheitsförderndes Ernährungsverhalten
Wesentliche Punkte sind die Gewährleistung ausgewogener Ernährung, frische Lebensmittel, abwechslungsreiche Ernährung, ausreichend Flüssigkeit, Beachtung ernährungsphysiologischer Grundsätze und besondere Fürsorgepflicht gegenüber Nutzern, die aufgrund medizinischer Indikationen besondere Ernährungsvorschriften beachten müssen.

4. Pflege
Mitarbeiterinnen in wohnbezogenen Diensten sollten über ausreichende medizinische Grundkennt-

nisse verfügen, um im Krankheitsfall oder bei Verletzungen die jeweils notwendigen pflegerischen Leistungen erbringen und z. B. bei chronischem Leiden oder der Anpassung an eine durch chronische Krankheit eingeschränkte Lebensweise kompetente Hilfen geben zu können. Von besonderer Bedeutung sind diese Hilfen, wenn sie dazu beitragen, eine dauerhafte Verlegung in ein Krankenhaus oder eine Pflegeeinrichtung zu verhindern oder zumindest hinauszuzögern.

Dem eingangs erwähnten, umfassenden Gesundheitsbegriff trägt ein seit einigen Jahren erheblich erweitertes, „ganzheitliches" Pflegeverständnis Rechnung. Demnach bezieht sich Pflege grundsätzlich auf alle Aktivitäten des täglichen Lebens: Neben der „Förderpflege" körperlicher Befindlichkeiten wie Waschen, Hygiene, Anziehen oder Schlafverhalten werden damit auch z. B. Hilfen im lebenspraktischen Bereich und bei der Tagesstrukturierung einbezogen. Auf diesem Hintergrund wandelt sich Pflege zur individuellen Alltagsbegleitung, die sich nicht länger nur an einer zu behandelnden Krankheit, sondern an den spezifischen Bedürfnissen und Möglichkeiten des einzelnen Menschen orientiert: Pflege wird zur individuellen Fürsorge auf der Grundlage persönlicher Beziehungen. Dieser Ansatz hat eine Reihe pädagogischer Grundsätze der Beziehungsgestaltung, Entwicklungsorientierung und individuellen Förderung übernommen, was grundsätzlich positiv zu bewerten ist.

Die Übernahme eines Teils der Leistungen des Bundessozialhilfegesetzes im Kontext des begleiteten Wohnens durch die Pflegeversicherung ändert nichts daran, daß der eindeutige Schwerpunkt der Tätigkeit von Mitarbeiterinnen im begleiteten Wohnen Erwachsener mit geistiger Behinderung im Bereich der sozialen Rehabilitation liegt. Dafür bilden pflegerische Leistungen zwar oft eine Voraussetzung. Bei der Mehrzahl der Erwachsenen mit geistiger Behinderung sind sie jedoch ein eher geringer Bestandteil dieser Aufgabenstellung. Versuche, pädagogische Inhalte zugunsten einer auf Pflege reduzierten Aufgabenstellung abzuwerten, vernachlässigen den integrativen und emanzipatorischen Charakter der Arbeit und sollten daher nicht unwidersprochen bleiben.

5. Sterbebegleitung

Jeder Mensch sollte seinen letzten Lebensabschnitt – wenn dem nicht zwingende medizinische Gründe entgegenstehen – in der gewohnten Umgebung und in der Begleitung vertrauter Personen verbringen können. Verfügt ein Nutzer nicht über Angehörige oder Freunde, die dies leisten können oder wollen, so ist der wohnbezogene Dienst gefordert, in einer solchen besonderen Situation die meist notwendige zusätzliche Betreuung zu ermöglichen.

6. Umgang mit Medikamenten

Über die im Gegenstandsbereich „Schutz vor Zwangsmaßnahmen und Mißhandlungen" erläuterten Aspekte hinaus stehen hier folgende Aufgaben für Mitarbeiterinnen im Vorgergrund:

- Wirkungen und Nebenwirkungen von Medikamenten (nicht nur körperlicher, sondern auch psychischer und sozialer Art!) sollten gezielt und strukturiert beobachtet werden; mit dem verschreibenden Arzt ist eine enge Kooperation erforderlich.
- Den Nutzern und ihren Angehörigen/Fürsprecher(inne)n sollten ausführliche Erklärungen über die Notwendigkeit, die Wirkungen und Risiken von Medikamenten gegeben werden.
- Falls erforderlich, sollten die Nutzer zu einer sinnvollen Einnahme der Medikamente angehalten werden.
- Es sollte kontinuierlich überprüft werden, ob eine bestimmte Medikation (noch) sinnvoll ist und welche möglicherweise verträglicheren Alternativen in Frage kommen.

7. Umgang mit Alkohol, Nikotin und Koffein

Hier sind generell keine anderen Maßstäbe anzulegen als bei nichtbehinderten erwachsenen Menschen. Bei Suchtproblematiken von Nutzern sollte kompetente therapeutische Hilfe gesucht werden. Den Mitarbeiterinnen des wohnbezogenen Dienstes sollte bewußt sein, daß sie oft eine nicht zu unterschätzende Vorbildfunktion für die Einstellung und das Verhalten von Nutzern innehaben (z. B. in bezug auf den Umgang mit Alkohol und Tabak).

8. Sicherstellung geeigneter Maßnahmen bei Unfällen bzw. zur Unfallverhütung

Mitarbeiterinnen und Nutzer sollten dazu die im Bereich des wohnbezogenen Dienstes geltenden Sicherheitsbestimmungen kennen, die Grundlagen der Erste-Hilfe-Maßnahmen beherrschen und diese Fähigkeiten in regelmäßigen Zeitabständen immer wieder auffrischen. Gegenüber Menschen mit Anfallsleiden oder Bewegungsstörungen besteht darüber hinaus eine besondere Fürsorgepflicht (bei der Begleitung im Straßenverkehr, beim Treppensteigen usw.).

9. Wahrnehmung von Vorsorgeuntersuchungen und ärztlichen Behandlungen

Krebsvorsorge, Schutzimpfungen usw.

10. Kooperation mit niedergelassenen Ärzten, Zahnärzten und Krankenhäusern

Ein wohnbezogener Dienst sollte die Nutzer darin unterstützen, in der Gemeinde oder im Stadtteil einen Arzt und Zahnarzt als feste Ansprechpartner zu finden. Erfahrungsgemäß sind nicht alle Ärzte vorbehaltlos dazu bereit, sich auf Menschen mit geistiger Behinderung als Patienten einzulassen, so daß die Fachkräfte sich zunächst informieren und ihre Zusammenarbeit anbieten müssen.

Die Praxis zeigt auch, daß es gelegentlich unvermeidlich ist, einen Nutzer dahingehend zu beraten, seinen Arzt zu wechseln.

Soweit erforderlich, sollten Nutzer bei Arztbesuchen durch Personen ihres Vertrauens – Mitarbeiterinnen des wohnbezogenen Dienstes, Angehörige, Fürsprecher(innen) – begleitet werden, um Ängste abzubauen und z. B. belastende Untersuchungen und Behandlungen vor- und nachbesprechen zu können.

In jedem Fall hat jeder Nutzer ein Recht darauf, über die Gründe und Begleitumstände ärztlicher Untersuchungen oder Behandlungsformen ausführlich und angemessen unterrichtet zu werden und über Art und Verlauf seiner Behandlung so weit wie möglich selbst zu entscheiden.

Nach dem Betreuungsgesetz darf eine Untersuchung des Gesundheitszustandes, eine Heilbehandlung oder ein ärztlicher Eingriff nur mit der Einwilligung des Betroffenen durchgeführt werden. Für die Wirksamkeit dieser Einwilligung kommt es nicht auf die Geschäftsfähigkeit des Betroffenen an, sondern auf seine natürliche Einsichts- und Steuerungsfähigkeit. Nur wenn der Betroffene einwilligungsunfähig ist, kann der Betreuer – im Rahmen seines Aufgabenkreises – für ihn oder sie diese Einwilligung erteilen, unter bestimmten Voraussetzungen unter dem Vorbehalt der vormundschaftsgerichtlichen Genehmigung (vgl. § 1904 BGB).

Besondere Probleme sind oftmals mit stationären Krankenhausaufenthalten von Menschen mit geistiger Behinderung verbunden. Das medizinische Personal der meisten Krankenhäuser ist auf die Versorgung dieser Patienten nur unzureichend eingestellt und zeigt sich schnell überfordert, vor allem dann, wenn über pflegerische Hilfen hinaus noch andere Aufgaben der Begleitung und Unterstützung zu erfüllen sind. Nicht selten wird an die Mitarbeiterinnen des wohnbezogenen Dienstes dann die Forderung herangetragen, diese Leistungen doch durch möglichst dauerhafte Anwesenheit im Krankenhaus selbst zu erbringen oder den Patienten viel früher als üblich wieder zurückzunehmen.

Diesen Versuchen, Menschen mit geistiger Behinderung aus Einrichtungen der öffentlichen Gesundheitsfürsorge auszugrenzen, sollte eine deutliche Absage erteilt werden (abgesehen von dem Umstand, daß kaum ein wohnbezogener Dienst über ausreichende personelle Kapazitäten verfügt, um eine längere Begleitung und Unterstützung eines Nutzers im Krankenhaus leisten zu können). Dagegen sollte es für einen wohnbezogenen Dienst selbstverständlich sein, den behandelnden Ärzten und dem Personal des Krankenhauses alle notwendigen Informationen über einen Nutzer zur Verfügung zu stellen.

Für die Genesung eines Kranken ist es hilfreich, regelmäßige Besuche von vertrauten Personen – möglichst nicht nur von Angestellten des Dienstes, sondern vor allem auch von Angehörigen, Freund(inn)en und Bekannten – zu erhalten.

11. Vermittlung spezieller Förderangebote und Therapiemaßnahmen

Krankengymnastik, logopädische Behandlung, motopädische Therapien usw. Spezielle Fördermaßnahmen und Therapien sollten die Nutzer grundsätzlich bei anderen Diensten und außerhalb des eigenen Wohnbereichs in Anspruch nehmen.

12. Durchsetzung gesundheits- und versorgungsrechtlicher Ansprüche zum Ausgleich behinderungsbedingter Nachteile

Menschen mit Behinderung haben vielfach Anspruch auf Hilfen zur medizinischen Rehabilitation und auf eine Anzahl versorgungsrechtlicher Leistungen. Zu nennen sind hier spezielle Heilbehandlungen, Kuren und Therapien, ambulante Pflegeleistungen, Zahnersatz, Körperprothesen, orthopädische und andere Hilfsmittel, Befreiung von Zuzahlungen zu Arznei- und Verbandsmitteln bzw. Krankentransporten, Schwerbehindertenausweis, unentgeltliche Beförderung im ÖPNV (Öffentlicher Personennahverkehr), kommunale Fahrdienste, Befreiung von Rundfunk- und Fernsehgebührenpflicht usw. Es liegt in der Verantwortung eines wohnbezogenen Dienstes, die Ansprüche jedes einzelnen Nutzers auf diese Leistungen zu prüfen und die Nutzer bei der Durchsetzung ihrer Rechte individuell zu beraten und gegebenenfalls zu unterstützen.

13. Körperliche Betätigung der Nutzer

Bewegung und Sport für Menschen mit geistiger Behinderung wird häufig auf motopädagogische Gesichtspunkte eingeengt oder aber als spezielle Therapie zum Ausgleich funktioneller Beeinträchtigungen verstanden. Dabei stellt der chronische Bewegungsmangel (z. B. aufgrund überwiegend sitzender Tätigkeiten) für Menschen mit geistiger Behinderung ebenso wie für einen Großteil der Gesamtbevölkerung eine nicht zu unterschätzende gesundheitliche Gefährdung dar.

Eine regelmäßige, auf die individuellen Voraussetzungen und Möglichkeiten des einzelnen Nutzers abgestimmte Bewegung kann neben Freude und Selbstbewußtsein auch neue Erfahrungen der eigenen Handlungsfähigkeit und Solidarität innerhalb einer Gemeinschaft von Gleichgesinnten vermitteln. So werden z. B. beim Radfahren oder Schwimmen nicht nur die senso- und psychomotorischen Fähigkeiten eines Menschen geschult, sondern es ergeben sich auch neue Kontakte und zahlreiche soziale Interaktionsmöglichkeiten.

Unverzichtbare Voraussetzungen für alle planvoll gestalteten oder spontanen sportlichen Aktivitäten sind u. a.:

- die Berücksichtigung des individuellen Anspruchs- und Leistungsniveaus;

- eine gelöste und angstfreie Atmosphäre ohne Leistungsdruck;

- ein hoher Aufforderungscharakter der Betätigungen (z. B. durch gemeinsame Aktivitäten von Mitarbeiterinnen und Nutzern).

Literatur

Bundesvereinigung Lebenshilfe für geistig Behinderte e. V. (Hrsg.): Die Auswirkungen des Pflegeversicherungsgesetzes auf das Wohnen von Menschen mit geistiger Behinderung. Marburg 1995

Deutscher Verein für öffentliche und private Fürsorge e. V. (Hrsg.): Lexikon der sozialen Arbeit. Frankfurt 1986

HUBER, N.: Rehabilitation: Worauf es ankommt. Freiburg i. Br. 1992

SCHÄDLE-DEININGER, H.: Pflege: „Statt Betten Menschen". In: Bock, Th.; Weigand, H. (Hrsg.): Handwerks-buch Psychiatrie. Bonn 1991, 286 – 301

SCHILLING, F.: Erziehung durch Bewegung und Persönlichkeitsentwicklung bei geistig Behinderten. In: Bundesvereinigung Lebenshilfe für geistig Behinderte e. V. (Hrsg.): Bewegungserziehung und Sport mit geistig behinderten Menschen. Marburg/Lahn 1982

WIENAND, M.: Betreuungsrecht – Textausgabe des Betreuungsgesetzes (BtG) mit einer systematischen Darstellung. Neuwied 1991

Rechte/Schutz • Gesundheitsfürsorge

Nutzerbezogene Indikatoren:
Gesundheitsfürsorge

	trifft zu	trifft eher zu	trifft eher nicht zu	trifft nicht zu
1. In seinem bisherigen Leben wurde der Gesundheitsfürsorge des Nutzers nicht die notwendige Aufmerksamkeit gewidmet.	❏	❏	❏	❏
2. Der Nutzer befindet sich in einer gesundheitlichen Verfassung, die seinem Lebensalter wenig angemessen ist.	❏	❏	❏	❏
3. Der Nutzer leidet gegenwärtig an besonderen gesundheitlichen Beeinträchtigungen.	❏	❏	❏	❏
4. Der Nutzer benötigt besondere Vorkehrungen und individuelle Schutzmaßnahmen, um seine körperliche Unversehrtheit sicherzustellen.	❏	❏	❏	❏
5. Der Nutzer braucht individuelle Unterstützung zu einem verantwortlichen Handeln gegenüber der eigenen Gesundheit.	❏	❏	❏	❏
6. Der Nutzer benötigt individuelle Hilfen bei der Körperhygiene und der Auswahl gesundheitsgerechter Kleidung.	❏	❏	❏	❏
7. Der Nutzer benötigt häusliche Pflegeleistungen.	❏	❏	❏	❏
8. Der Nutzer braucht Hilfen zu einem angemessenen Ernährungsverhalten und/oder bei der Einhaltung besonderer Ernährungsvorschriften.	❏	❏	❏	❏
9. Der Nutzer benötigt Hilfen zu einem verantwortungsvollen Umgang mit Medikamenten.	❏	❏	❏	❏
10. Der Nutzer benötigt Hilfen zu einem verantwortungsvollen Umgang mit Alkohol, Nikotin und Koffein.	❏	❏	❏	❏
11. Der Nutzer braucht Unterstützung zu einer gesundheitsfördernden körperlichen Betätigung.	❏	❏	❏	❏

Rechte/Schutz • Gesundheitsfürsorge

	trifft zu	trifft eher zu	trifft eher nicht zu	trifft nicht zu
12. Der Nutzer benötigt Hilfen bei der Wahrnehmung von Vorsorgeuntersuchungen und ärztlichen Behandlungen (z. B. Begleitung durch eine vertraute Person, Vor- und Nachbereitung belastender Untersuchungen oder Behandlungen).	❑	❑	❑	❑
13. Der Nutzer benötigt einen festen Hausarzt (niedergelassenen Arzt), der eine kontinuierliche und vertrauensvolle ärztliche Versorgung gewährleistet.	❑	❑	❑	❑
14. Der Nutzer benötigt spezielle Therapiemaßnahmen (Krankengymnastik, logopädische Behandlung, motopädische Therapien usw.).	❑	❑	❑	❑
15. Der Nutzer braucht Unterstützung zur Durchsetzung seiner gesundheits- und versorgungsrechtlichen Ansprüche zum Ausgleich behinderungsbedingter Nachteile (Kuren und Therapien, unter Umständen ambulante Pflegeleistungen, Zahnersatz, orthopädische und andere Hilfsmittel, Schwerbehindertenausweis usw.).	❑	❑	❑	❑

Gesamteinschätzung

	trifft zu	trifft eher zu	trifft eher nicht zu	trifft nicht zu
Aus den individuellen Bedürfnissen und den Erfahrungen des Nutzers ergibt sich ein besonderer Unterstützungsbedarf bei der Gesundheitsfürsorge.	❑	❑	❑	❑

6.5

Rechte/Schutz • Gesundheitsfürsorge

Angebotsbezogene Indikatoren:
Gesundheitsfürsorge

	trifft zu	trifft eher zu	trifft eher nicht zu	trifft nicht zu
1. Der wohnbezogene Dienst gewährleistet die körperliche Unversehrtheit der Nutzer durch geeignete Vorkehrungen und individuelle Schutzmaßnahmen (Maßnahmen zur Unfallverhütung bei Personen mit Anfallsleiden oder Bewegungsstörungen, bei selbstgefährdendem Verhalten, Sicherstellen von Begleitung im Straßenverkehr, beim Treppensteigen usw.).	❏	❏	❏	❏
2. Die Mitarbeiterinnen des wohnbezogenen Dienstes leiten die Nutzer zu einem verantwortlichen Handeln gegenüber der eigenen Gesundheit an und geben ihnen dabei individuelle Unterstützung.	❏	❏	❏	❏
3. Die Mitarbeiterinnen des wohnbezogenen Dienstes geben den Nutzern individuelle Hilfen bei der Körperhygiene und unterstützen sie bei der Auswahl gesundheitsgerechter Kleidung.	❏	❏	❏	❏
4. Der wohnbezogene Dienst stellt sicher, daß die Nutzer bei Bedarf Pflegeleistungen in der vertrauten Wohnumgebung erhalten. Der Personalbedarf wird flexibel darauf abgestimmt. Die Mitarbeiterinnen verfügen über ausreichende medizinische und pflegerische Grundkenntnisse, die sie in der Regel durch entsprechende Fortbildungen oder Zusatzqualifikationen erworben haben.	❏	❏	❏	❏
5. Der wohnbezogene Dienst stellt sicher, daß sterbende Nutzer in ihrer vertrauten Wohnumgebung verbleiben können, solange medizinische Gründe dem nicht widersprechen. Die Mitarbeiterinnen erhalten für diese Aufgabe die notwendige fachliche und personale Unterstützung.	❏	❏	❏	❏
6. Der wohnbezogene Dienst gewährleistet eine ausgewogene, gesundheitsfördernde Ernährung. Die Mitarbeiterinnen geben den Nutzern Hilfen zu einem gesundheitsfördernden Ernährungsverhalten und kommen ihrer Fürsorgepflicht gegenüber Nutzern nach, die aufgrund medizinischer Indikationen besondere Ernährungsvorschriften beachten müssen.	❏	❏	❏	❏

Rechte/Schutz • Gesundheitsfürsorge

	trifft zu	trifft eher zu	trifft eher nicht zu	trifft nicht zu
7. Die Mitarbeiterinnen gewährleisten einen verantwortungsvollen Umgang mit Medikamenten durch strukturierte Beobachtung der Wirkungen und Nebenwirkungen, eine enge Kooperation mit den Hausärzt(inn)en der Nutzer, gegebenenfalls Informationen über Hintergrund und Bedarf von Medikation gegenüber den Nutzern und ihren Angehörigen sowie die Prüfung individueller Alternativen zur jeweiligen Medikation.	❏	❏	❏	❏
8. Die Mitarbeiterinnen sorgen für einen verantwortungsvollen Umgang mit Alkohol, Nikotin und Koffein. Dabei werden grundsätzlich keine anderen Maßstäbe angelegt als bei nichtbehinderten erwachsenen Menschen. Die Mitarbeiterinnen verhalten sich in bezug auf den eigenen Umgang mit Alkohol, Nikotin und Koffein so, daß sie für die Nutzer eine „Vorbildfunktion" einnehmen können.	❏	❏	❏	❏
9. Die Mitarbeiterinnen geben den Nutzern individuelle Hilfen zu einer gesundheitsfördernden körperlichen Betätigung (Laufen, Radfahren, Schwimmen, Gymnastik, durch die Mitgliedschaft in Sportvereinen usw.).	❏	❏	❏	❏
10. Der wohnbezogene Dienst verzichtet auf die Inanspruchnahme von Vertragsärzten. Die Mitarbeiterinnen geben den Nutzern individuelle Hilfen bei der Wahrnehmung von Vorsorgeuntersuchungen und ärztlichen Behandlungen. Sie unterstützen die Nutzer darin, in der Gemeinde oder im Stadtteil Ärzte ihrer Wahl aufzusuchen.	❏	❏	❏	❏
11. Die Mitarbeiterinnen vermitteln den Nutzern bei Bedarf spezielle Therapiemaßnahmen grundsätzlich außerhalb des wohnbezogenen Dienstes (Krankengymnastik, logopädische Behandlung, motopädische Therapien usw.).	❏	❏	❏	❏
12. Der wohnbezogene Dienst unterstützt die Nutzer bei der Durchsetzung gesundheits- und versorgungsrechtlicher Ansprüche zum Ausgleich behinderungsbedingter Nachteile (Kuren und Therapien, unter Umständen ambulante Pflegeleistungen, Zahnersatz, orthopädische und andere Hilfsmittel, Schwerbehindertenausweis usw.).	❏	❏	❏	❏

Gesamteinschätzung

Der wohnbezogene Dienst unternimmt alle erforderlichen Bemühungen, damit die Gesundheitsfürsorge für die Nutzer den genannten Qualitätskriterien entspricht.	❏	❏	❏	❏

Gegenstandsbereich:
Transparenz und Datenschutz

Transparenz ist eine Forderung, die sich auf den wohnbezogenen Dienst bezieht, nicht aber auf die Lebensverhältnisse seiner Nutzer. Hier sind im Gegenteil die Datenschutzbestimmungen, so wie sie das Sozialgesetzbuch vorsieht, einzuhalten. Nach § 35 Abs. 1 SGB I unterliegen personenbezogene Daten dem „Sozialgeheimnis", d.h., sie dürfen nur unter bestimmten Voraussetzungen erhoben und an Dritte weitergegeben werden. Ferner sind sie organisatorisch und technisch zu schützen, so daß sie dem Zugriff unbefugter Dritter entzogen bleiben. Die Erhebung und Verwendung personenbezogener Daten ist nur insoweit erlaubt, wie dies für einen bestimmten Zweck unbedingt erforderlich ist. Dabei gilt der Grundsatz der Verhältnismäßigkeit.

Für die Arbeit von Mitarbeiterinnen in wohnbezogenen Diensten ist es in vielen Fällen unumgänglich, auch persönliche Informationen über Nutzer zu sammeln, zu verwenden und an andere Personen oder Institutionen weiterzugeben. Als problematisch muß dies vor allem dann gesehen werden, wenn – wie in den meisten Fällen – die Nutzer und ihre Angehörigen oder Fürsprecher(innen) keinerlei Einfluß darauf haben, ob und welche Daten gesammelt, verwendet und an andere Stellen weitergegeben werden.

Es sollte den Mitarbeiterinnen wohnbezogener Dienste bewußt sein, daß die Erhebung und Weitergabe persönlicher Informationen von Menschen mit Behinderung ein besonders sensibles Thema ist: Die Nationalsozialisten haben in Vorbereitung der systematischen Ermordung behinderter und psychisch kranker Menschen zunächst – meist unter Mithilfe vieler Anstaltsmitarbeiter(innen) – alle als behindert oder psychisch krank geltenden Personen mit Hilfe von Meldebögen systematisch erfaßt und klassifiziert, wobei sie sich nicht nur die in Großanstalten üblichen bürokratischen Abläufe zunutze machten, sondern auch darauf setzen konnten, daß die todbringenden Anweisungen routinemäßig befolgt und nur selten hinterfragt wurden.

Wirkungen der Fachsprache

Die Tendenz, Menschen mit geistiger Behinderung zu bloßen Objekten bürokratischer Vorgänge zu machen, zeigt sich u.a. daran, daß Entwicklungsberichte, Tests und medizinische Gutachten über die Nutzer wohnbezogener Dienste – legitimiert durch die Fachlichkeit ihrer Autoren (Ärzte, Psychologen, Pädagogen oder auch Sozialarbeiter) – oft auch dann als glaubwürdig angesehen werden, wenn sie extrem negativ und defizitorientiert formuliert sind.

Für Mitarbeiterinnen im Gruppendienst ist es aufgrund ihres geringeren Status' nicht leicht, das Bild von Menschen mit Behinderung, das durch Berichte und Gutachten vielfach vermittelt wird, einfach zu ignorieren. Erfahrungsgemäß trägt dieses Bild erheblich dazu bei, welche Haltungen die Mitarbeiterinnen gegenüber den Nutzern einnehmen. Negative Darstellungen können das Ansehen eines Nutzers und die Erwartungshaltungen ihm gegenüber selbst dann herabsetzen, wenn dazu keine realen Erfahrungen vorliegen, die diese Haltungen rechtfertigen würden.

Da wohl jeder Mensch die Einstellungen und das Verhalten seiner Umwelt ihm gegenüber genau registriert, wird auf diese Weise auch das Selbstbild eines Nutzers negativ beeinflußt. In manchen wohnbezogenenen Diensten besteht daher die Regelung, daß sich die Mitarbeiterinnen beim Einzug eines „neuen" Nutzers ganz bewußt erst dann mit seiner Akte beschäftigen, wenn sie den Nutzer eine Zeitlang im täglichen Zusammensein erlebt und kennengelernt haben.

Im dienstinternen und -externen Schriftverkehr sollten sich die Mitarbeiterinnen intensiv darum bemühen, besonders sensibel mit der Sprache umzugehen, d.h., Nutzer sollten in möglichst positiver Weise beschrieben und abwertende Klassifizierungen vermieden werden (vgl. Gegenstandsbereich „Sprachliche Darstellung", S. 292 ff.).

Einbeziehung der Nutzer

Bei allen Berichten oder Gutachten, die von Mitarbeiterinnen wohnbezogener Dienste anzufertigen sind, sollten die betreffenden Nutzer und gegebenenfalls auch ihre Angehörigen und Fürsprecher(innen) in angemessener Form beteiligt werden. Dabei verlieren die Mitarbeiterinnen – z.B. beim gemeinsam mit einem Nutzer erarbeiteten Entwicklungsbericht – keineswegs ihre Eigenständigkeit (zumal sie die Verantwortung für den Bericht uneingeschränkt behalten), sondern sie gewinnen durch diese Zusammenarbeit vielmehr die Chance,

- den Umgang mit dem Nutzer offener zu gestalten und so das bestehende Machtgefälle zu verringern;
- eine unmittelbare Rückmeldung über ihre Einschätzung des Nutzers zu erhalten;
- die soziale Beziehung zu ihm möglicherweise sogar völlig neu zu arrangieren.

Darüber hinaus tragen kooperativ erstellte Berichte auch dazu bei, nicht länger über, sondern mit geistig behinderten Menschen zu sprechen.

Ist eine solche Zusammenarbeit nicht möglich, sollten die Nutzer zumindest genau darüber informiert werden, was konkret in den Berichten behandelt wird und an wen sie – mit welchem Zweck und welchen möglichen Konsequenzen – weitergegeben werden. Nimmt man den Grundsatz größtmöglicher Transparenz wirklich ernst, so wird es durchaus möglich sein, den meisten Menschen mit geistiger Behinderung verständlich zu machen, welche Informationen zu welchem Zweck über sie beispielsweise in einer „Bewohnerakte" zusammengetragen sind oder was in einem Entwicklungsbericht steht.

In jedem Fall sollten Mitarbeiterinnen vor der Weitergabe von Informationen das Einverständnis des betreffenden Nutzers oder gegebenenfalls seines gesetzlichen Vertreters einholen, so daß es Nutzern bzw. deren Angehörigen, Fürsprecher(inne)n und Betreuer(inne)n erleichtert wird, die Weitergabe personenbezogener Informationen und Daten zu kontrollieren.

Grundsätzlich ebenso eng sollten Mitarbeiterinnen ihre Verschwiegenheits- und Datenschutzpflicht auslegen, wenn sie im offiziellen oder informellen Gespräch mit Außenstehenden persönliche Informationen über Nutzer sammeln oder weiterleiten. Auch hier sollten es sich die Mitarbeiterinnen zur Gewohnheit machen, sich bei der Ermittlung und Weitergabe nutzerbezogener Daten auf eindeutige Erfordernisse zu beschränken und in jedem Fall zuvor die Einwilligung der Nutzer einzuholen. Dabei ist zwischen dem Anspruch des Nutzers auf die autonome Verfügung über ihn betreffende Daten und dem Anspruch der Angehörigen bzw. Fürsprecher(innen) und gegebenenfalls Dritter (andere Soziale Dienste, Kostenträger usw.) auf umfassende Information stets individuell abzuwägen.

Umgang mit personenbezogenen Daten der Nutzer

In größeren wohnbezogenen Diensten mit separater Verwaltung ist es an der Tagesordnung, daß auch die dort beschäftigten Mitarbeiterinnen mit persönlichen Daten umgehen und Entscheidungen treffen für Nutzer, die sie nur flüchtig oder überhaupt nicht kennen. Oberhalb einer bestimmten Größe von Einrichtungen ist es Mitarbeiterinnen mit Verwaltungsaufgaben auch kaum mehr zuzumuten, tatsächlich alle Nutzer persönlich kennenzulernen.

Mitarbeiterinnen aber, die bei ihrer Arbeit statt ihnen bekannte Personen abstrakte „Fälle" bearbeiten, werden es schwer haben, die möglichen Folgen ihres Handelns für einzelne Nutzer zu überschauen und sich dafür verantwortlich zu fühlen. Daher sollte ein wohnbezogener Dienst unter allen Umständen darauf bestehen, daß seine Verwaltungsangestellten sich zumindest durch regelmäßige Besuche in den Wohngruppen ein Bild über die Lebenssituation der Nutzer machen können. Erfahrungsgemäß profitieren auch die Mitarbeiterinnen im Gruppendienst davon: Zwischen ihnen und den Beschäftigten in der Verwaltung entsteht eine größere Gleichwertigkeit, was die Zusammenarbeit für beide Seiten wesentlich angenehmer gestalten kann.

Für alle Mitarbeiterinnen wohnbezogener Dienste ist es wichtig, sich nicht nur bewußt zu machen, welche Informationen zu welchem Zweck benötigt werden, sondern auch, welche Folgen für den betreffenden Nutzer daraus entstehen könnten. Immer dann, wenn mehr als die sogenannten personenbezogenen Daten (Name, Alter, Geburtsdatum, Wohnort usw.) über einen Menschen übermittelt werden, besteht die Gefahr, daß private Bereiche zur öffentlichen Angelegenheit werden und der Schutz der Persönlichkeitsrechte mißachtet wird. Ein wohnbezogener Dienst sollte die bestehenden Datenschutzbestimmungen daher genau beachten und die ihm gegebenen Ermessensspielräume bei der Erhebung und Weitergabe personenbezogener Daten bewußt eng und restriktiv auslegen.

Transparenz und Offenheit

In einer vernetzten Informationsgesellschaft werden die Probleme, die von einem System ausgehen, in dem alle wesentlichen Daten über jeden Menschen immer und überall verfügbar sind, greifbar. Dabei wird in der Regel übersehen, daß dies u.a. für Menschen mit geistiger Behinderung schon seit

6.5

langem Realität ist, zumindest dann, wenn sie in größeren Wohneinrichtungen leben. Die Strukturen und Abläufe, Zuständigkeiten und Regeln in großen Einrichtungen sind für sie meist nur sehr schwer durchschaubar. Auch hier kann uns die eigene Erfahrung den Zugang zu ihrer Situation erleichtern: Wer schon einmal für längere Zeit in einem Krankenhaus behandelt wurde, wird sich erinnern, mit welchen gemischten Gefühlen er kurz nach seiner Aufnahme konfrontiert war.

Beim Eintritt in eine größere Institution werden die gewohnten Sicherheiten, Routinen und alltäglichen Schutzmechanismen mit einem Schlag hinfällig. Man ist gezwungen, für einen (meist absehbaren) Zeitraum mit einer größeren Gruppe unbekannter Menschen auf relativ engem Raum zusammenzuleben und dabei einen Teil der gewohnten Selbstbestimmung und Bewegungsfreiheit aufzugeben (vgl. GOFFMAN 1972, 146 f.). Kommt dann auch noch das Empfinden hinzu, die Abläufe der Organisation nicht durchschauen zu können, nicht zu wissen, was einen erwartet und welche Erwartungen von anderen gestellt werden, kann sich die Unsicherheit zum Gefühl der Machtlosigkeit und Bedrohung verstärken.

In manchen wohnbezogenen Diensten ist es schon an der Atmosphäre spürbar, ob den Menschen mit geistiger Behinderung Mitarbeiterinnen gegenüberstehen, die sich um eine größtmögliche Offenheit des Umgangs bemühen oder ob die Beschäftigten vor allem als Teil eines Systems handeln, dessen Absichten und Funktionsweisen gegenüber den Nutzern verborgen gehalten werden. Manchmal kann es schon ausreichen, daß Nutzern nur das unbestimmte Gefühl vermittelt wird, die Mitarbeiterinnen könnten ihnen aufgrund ihres Wissens schaden, um bei den Bewohnern Angst und Mißtrauen hervorzurufen. Eben diese Gefühle aber sind die wohl größten Hindernisse, wenn es darum geht, persönliche und vertrauensvolle soziale Beziehungen zwischen Nutzern und Mitarbeiterinnen aufzubauen.

Zur Selbstbestimmung jedes Menschen gehört auch das Wissen über sich selbst und die Sicherheit, daß kein anderer Informationen über ihn besitzt, die gegen ihn verwendet werden könnten. Nur so kann im übrigen gelernt werden, die Absichten anderer Menschen realistisch einzuschätzen (vgl. LUGER 1990, 107 ff.).

Daher ist es wichtig, daß sich die Mitarbeiterinnen – nicht nur im Gruppendienst, sondern z. B. auch in der Leitung und der Verwaltung eines wohnbezogenen Dienstes – stets aufs Neue darum bemühen, gegenüber den Nutzern ihre Aufgaben, Absichten und Handlungen so klar und transparent wie möglich darzustellen. Zu diesem Zweck sollte es selbstverständlich werden, daß ein wohnbezogener Dienst seinen Nutzern und – ihre Zustimmung vorausgesetzt – auch deren Angehörigen und Fürsprecher(inne)n Einblick in alle sie betreffenden Vorgänge, Akten und Berichte gewährt.

Wie bedeutsam es ist, daß Menschen das Recht eingeräumt wird, die über sie angelegten Akten und Berichte einzusehen, wurde z. B. in der Diskussion über die Stasi-Akten deutlich: Den betreffenden Personen wird mit der Möglichkeit, in ihre Akten Einsicht zu nehmen, im übertragenden Sinne auch ein Stück ihrer Identität und Selbstbestimmung wieder zurückgegeben, das ihnen von anderen genommen wurde.

Daneben sollte für Nutzer und Angehörige immer Gelegenheit bestehen, personenbezogene Unterlagen zu kopieren. Dies bezieht sich auch auf den Schriftverkehr mit Behörden, sozialen Diensten oder dem Betreuer nach dem Betreuungsgesetz (für den Informationsaustausch des wohnbezogenen Dienstes mit einem gesetzlichen Betreuer sind die Bestimmungen des BtG maßgebend; vgl. Gegenstandsbereich „Bürgerliche Rechte", S. 271 ff.).

Falls notwendig, sollten die Mitarbeiterinnen den Nutzern bei der Durchsicht der Akten auch aktive Unterstützung leisten. Schriftliches Material, das überholt bzw. für den wohnbezogenen Dienst und den betreffenden Nutzer bedeutungslos geworden ist, sollte der Dienst auf Wunsch des Nutzers vernichten, selbst wenn hierfür keine gesetzliche Verpflichtung besteht.

Aufgaben der Fachkräfte

Die Mitarbeiterinnen des wohnbezogenen Dienstes sollten eine hohe Transparenz nach innen und außen herstellen, indem sie allen Nutzern sowie ihren Angehörigen und Fürsprecher(inne)n regelmäßig und möglichst umfassend Auskünfte über alle nutzerbezogenen Vorgänge innerhalb und außerhalb des Dienstes geben. Dies sind insbesondere:

- die eigenen Ziele sowie die Ziele des wohnbezogenen Dienstes;
- die Arbeitsweisen und Methoden, um diese Ziele zu erreichen;
- alle konkreten Maßnahmen, die für einen Nutzer geplant sind oder durchgeführt werden (z. B. auch Verhandlungen, Absprachen und informelle Gespräche mit Behörden, anderen sozialen Diensten und deren mögliche Konsequenzen);

- geplante personelle Veränderungen (z.B. Ein- oder Auszüge von Mitbewohnern, Ausscheiden oder Neueinstellung von Mitarbeiterinnen);
- Finanzierungsverhandlungen mit den Kostenträgern (der wohnbezogene Dienst sollte sich nach Möglichkeit dafür einsetzen, daß Sprecher und Angehörige der Nutzer an den Verhandlungen beteiligt werden);
- die Verwendung von Geldern, die dem Nutzer zustehen oder für ihn bereitgestellt werden (Eigengeld, Betrag der Sozialhilfe, Rückzahlungen von Einkünften aus WfB-Tätigkeit an den Kostenträger usw.);
- geplante strukturelle Veränderungen des wohnbezogenen Dienstes und deren mögliche Folgen für den Nutzer;
- allgemeine sozialpolitische Entwicklungen, die Auswirkungen auf einen Nutzer haben können.

Indem der nutzerbezogene Schriftverkehr sowie Strukturen, Arbeitsweisen und Ziele des wohnbezogenen Dienstes gegenüber den Nutzern so weit wie möglich offengelegt und verdeutlicht werden, entsteht die Grundlage für eine möglichst gleichberechtigte Beziehung zwischen Mitarbeiterinnen und Nutzern bzw. dessen Angehörigen und Fürsprecher(inne)n. Darüber hinaus trägt eine hohe Transparenz innerhalb eines wohnbezogenen Dienstes und gegenüber Außenstehenden wesentlich dazu bei, daß Nutzer vor Vernachlässigungen, Zwangsmaßnahmen und herabsetzenden Behandlungsweisen wirksam geschützt werden können (vgl. Gegenstandsbereich „Schutz vor Zwangsmaßnahmen und Mißhandlungen", S. 262 ff.).

Auch für zukünftige Nutzer des wohnbezogenen Dienstes, ihre Angehörigen und Fürsprecher(innen) sollte eine größtmögliche Transparenz hergestellt werden, indem ihnen der Dienst schon vor einem Einzug oder Umzug detailliert Auskunft über das Leistungsangebot gibt. Eine Mindestvoraussetzung dazu ist der Abschluß eines Heimvertrages in schriftlicher Form (in der Regel von unbefristeter Dauer, soweit nicht im Einzelfall eine nur vorübergehende Aufnahme beabsichtigt ist). Den Trägern wohnbezogener Dienste ist dies in § 4 Abs. 2 Satz 1 Heimgesetz (vgl. Bundesvereinigung Lebenshilfe 1996, 4) zwingend vorgeschrieben.

Der Heimvertrag legt die Bedingungen der Aufnahme, der Entlassung und einer eventuellen Probezeit fest und regelt die Rechte und Pflichten des Nutzers und seiner gesetzlichen Vertreter einerseits und die des Einrichtungsträgers andererseits. Darüber hinaus hat er eine genaue Beschreibung der vom Einrichtungsträger zu erbringenden Leistungen zu enthalten (§ 4 Abs. 2 Satz 2 Heimgesetz).

Literatur

Bundesvereinigung Lebenshilfe für geistig Behinderte e. V. (Hrsg.): Mustervertrag und -ordnung für Wohnstätten. Eine Empfehlung. 2. Aufl. Marburg 1996

Klee, E.: „Euthanasie" im NS-Staat – Die „Vernichtung lebensunwerten Lebens". Frankfurt a. M. 1983

Goffman, E.: Asyle – Über die soziale Situation psychiatrischer Patienten und anderer Insassen. Frankfurt a. M. 1972

Luger, H.: KommRum – Der andere Alltag mit Verrückten. Bonn 1990

Wolfensberger, W.: Der neue Genozid an den Benachteiligten, Alten und Behinderten. Gütersloh 1991

Rechte/Schutz • Transparenz und Datenschutz

Nutzerbezogene Indikatoren:
Transparenz und Datenschutz

	trifft zu	trifft eher zu	trifft eher nicht zu	trifft nicht zu
1. Der Nutzer hatte in seinem bisherigen Leben keine oder nur sehr eingeschränkte Möglichkeiten, die Verwendung seiner personenbezogenen Daten durch soziale Dienste zu kontrollieren.	❏	❏	❏	❏
2. Bei der Erhebung und Weitergabe persönlicher Informationen und Daten bemüht sich der wohnbezogene Dienst nicht regelmäßig um die Einwilligung des Nutzers und seiner Angehörigen bzw. Fürsprecher(innen).	❏	❏	❏	❏
3. Wohnbezogene Dienste hat der Nutzer bislang aufgrund ihrer Größe, Zentralisierung und/oder geringen Transparenz als undurchschaubare Institutionen erfahren.	❏	❏	❏	❏
4. Nutzerbezogene Vereinbarungen mit anderen Diensten oder Behörden (Schule, Werkstatt, Kostenträger usw.) werden nicht regelmäßig in bezug auf Ziele, Inhalte, Ergebnisse und konkrete Konsequenzen mit dem Nutzer abgesprochen.	❏	❏	❏	❏
5. Pädagogische oder therapeutische Angebote und Entwicklungsziele werden gar nicht oder nur selten mit dem Nutzer abgesprochen.	❏	❏	❏	❏
6. Der Nutzer und seine Angehörigen und Fürsprecher(innen) haben keinen Einblick in nutzerbezogene Akten und Berichte sowie in finanzierungsbezogene Angelegenheiten des wohnbezogenen Dienstes.	❏	❏	❏	❏
7. Der Nutzer sowie seine Angehörigen und Fürsprecher(innen) werden nicht regelmäßig über wichtige Veränderungen, von denen der Nutzer betroffen ist, informiert.	❏	❏	❏	❏
8. Vor dem Einzug des Nutzers wurden er und seine Angehörigen nur unzureichend über Leistungsangebote, Rechte und Pflichten sowie konzeptionelle Grundlagen und Arbeitsweisen des wohnbezogenen Dienstes informiert.	❏	❏	❏	❏

Gesamteinschätzung

Aus den Erfahrungen des Nutzers ergibt sich ein besonderer Bedarf in bezug auf die Sicherung von Transparenz und Datenschutz.	❏	❏	❏	❏

Angebotsbezogene Indikatoren:
Transparenz und Datenschutz

	trifft zu	trifft eher zu	trifft eher nicht zu	trifft nicht zu
1. Der wohnbezogene Dienst berücksichtigt den Grundsatz, daß der Schutz personenbezogener Daten auch für Menschen mit geistiger Behinderung gilt. Dazu gehört, daß er sich bei der Ermittlung personenbezogener Daten auf klar definierte Erfordernisse beschränkt, die Weitergabe der Daten an eng definierte Voraussetzungen bindet und Sorge dafür trägt, daß diese Daten dem Zugriff unbefugter Dritter entzogen bleiben.	❑	❑	❑	❑
2. Der wohnbezogene Dienst bemüht sich bei der Erhebung und Weitergabe personenbezogener Informationen und Daten um die Einwilligung der Betroffenen und ihrer Angehörigen bzw. Fürsprecher(innen).	❑	❑	❑	❑
3. Der wohnbezogene Dienst gewährt den Nutzern – und mit deren Zustimmung auch Angehörigen und Fürsprecher(inne)n – Einblick in alle den jeweiligen Nutzer betreffende Akten und Berichte sowie in alle finanzierungsbezogenen Angelegenheiten des wohnbezogenen Dienstes.	❑	❑	❑	❑
4. Der wohnbezogene Dienst informiert die Nutzer, ihre Angehörigen und Fürsprecher(innen) regelmäßig über wichtige Veränderungen, von denen die Nutzer betroffen sind.	❑	❑	❑	❑
5. Vor dem Einzug eines Nutzers informiert der wohnbezogene Dienst den Betroffenen bzw. seine Angehörigen umfassend über Leistungsangebote, Rechte und Pflichten sowie konzeptionelle Grundlagen und Arbeitsweisen des Dienstes.	❑	❑	❑	❑
6. Der wohnbezogene Dienst setzt sich dafür ein, daß Sprecher der Nutzer und ihrer Angehörigen an den Finanzierungsverhandlungen mit den Kostenträgern beteiligt werden.	❑	❑	❑	❑

Gesamteinschätzung

	trifft zu	trifft eher zu	trifft eher nicht zu	trifft nicht zu
Der wohnbezogene Dienst unternimmt alle erforderlichen Bemühungen, um den Nutzern größtmögliche Transparenz zu bieten und den Schutz nutzerbezogener Daten zu gewährleisten.	❑	❑	❑	❑

Gegenstandsbereich:
Sprachliche Darstellung

Die Sprache ist unser wohl wichtigstes Hilfsmittel, mit dem wir die komplexe Welt um uns herum verstehbar und vor allem auch kontrollierbar machen. Wenn wir im Gespräch mit anderen Menschen Dinge oder Handlungen mit Worten bezeichnen, sie also „auf den Begriff" bringen, bilden wir die Welt um uns herum nicht nur ab, sondern erschaffen zu einem Teil die soziale Wirklichkeit, in der wir leben, selbst. Somit läßt sich sagen, daß unsere Wirklichkeit in hohem Maße eine durch Sprache vermittelte, kommunikative Wirklichkeit ist (MATURANA, VARELA 1987). Dabei wird unsere Sprache in hohem Maße von der sozialen Umgebung beeinflußt, in der wir uns bewegen. Bei Jugendlichen, die eine besondere Gruppensprache verwenden, um in der Clique anerkannt zu werden und sich von den Erwachsenen abzugrenzen, leuchtet dies unmittelbar ein. Aber auch das Umfeld des begleiteten Wohnens prägt einen eigenen Sprachstil.

Sprache und ihre Wirkung

Die Art und Weise, wie wir über eine Person oder eine Gruppe von Menschen sprechen und mit welchen Bezeichnungen wir sie versehen, sagt einerseits viel über unsere dahinter wirkenden Einstellungen und Haltungen aus und gibt andererseits auch Aufschluß über die Realität unserer Beziehungen zu diesen Personen. Die Bezeichnung „an den Rollstuhl gefesselt" macht deutlich, daß ein gelähmter Mensch als völlig hilflos gilt, wobei völlig verkannt wird, daß gerade der Rollstuhl ein wichtiges Zeichen seiner Mobilität ist (RADTKE 1995, 95). Letztlich diskriminiert weniger die Sprache, sondern vielmehr der Sprecher, der das Gesagte in einen bestimmten Kontext stellt und mit bestimmten Wertmaßstäben verbindet (RADTKE 1995, 89). Die Aussonderung findet also in den Köpfen statt, die Sprache dokumentiert nur diesen Prozeß.

Viele Begriffe, mit denen Menschen mit geistiger Behinderung bis heute bezeichnet werden, sind gleichzeitig Symbole für die Abwertung und soziale Ausgrenzung, der sie ausgesetzt waren bzw. noch immer ausgesetzt sind. Dies wird an Wörtern wie „Idiot", „Debiler" oder „Schwachsinniger" besonders anschaulich, die ursprünglich nichts anderes als die medizinischen Fachbegriffe ihrer Epoche darstellten, bald aber als extrem abwertende Bezeichnungen in den allgemeinen Sprachgebrauch eingingen. Durch den Begriff „geistig Behinderter" sollten die älteren diskriminierenden Bezeichnungen abgelöst werden.

Wenn aber ein Mensch, ein Gegenstand oder eine Handlung mit einer negativen Vorstellung behaftet ist, wird jeder Begriff, der darauf hinweist, über kurz oder lang ebenfalls einen negativen Beigeschmack erhalten. So ist auch die Bezeichnung „geistig Behinderter" mittlerweile unter Jugendlichen schon zum Schimpfwort geworden (Ich bin doch nicht behindert!). „Politisch korrekter" Sprachgebrauch allein hebt also noch keine Diskriminierung auf. Daher das Argument der Krüppelbewegung: Man soll nichts beschönigen, wenn die Verhältnisse nicht den neuen Begriffen entsprechen (RADTKE 1995, 91 ff.).

Die Suche nach möglichst unverfänglichen Begriffen wird häufig auch deshalb betrieben, um die Realität gezielt zu verschleiern. So wird der in vielen Ländern legal oder halb legal praktizierte Mord an neugeborenen Kindern mit Behinderung nicht selten als „Akt der Menschlichkeit" umgedeutet. Neuerdings wird der Begriff „Lebensqualität" dazu mißbraucht, Menschen mit Behinderung die Menschenwürde und das Lebensrecht abzusprechen. Auch der Begriff „Betreuung" ist nicht unproblematisch, da er Machtanspruch und Abhängigkeit signalisiert.

Die offiziell und informell von Mitarbeiterinnen des wohnbezogenen Dienstes verwendeten Bezeichnungen für Nutzer und ihre Handlungen, für fachbezogene Tätigkeiten und Angebote, für das materielle Umfeld usw. sollten daher stets altersangemessen, frei von Abwertung und dazu geeignet sein, anderen Personen die Identifikation mit den Nutzern zu erleichtern.

Die Suche nach einer angemessenen Sprache wird langfristig nur dann erfolgreich sein, wenn sie einhergeht mit dem Erlernen einer anderen Haltung gegenüber abgewerteten Menschen. Statt nur positive Wörter zu suchen, sollte daher bewußt nach den positiven Seiten von Behinderung gesucht werden. Solche Seiten oder Begriffe können sein: Spontaneität, Gefühlswärme, Ehrlichkeit, Gradlinigkeit usw.

Fachsprache und allgemeiner Sprachgebrauch

Zwar wird geistige Behinderung in der Fachwelt heute nicht mehr als Krankheit betrachtet, so daß eigentlich auch die damit verbunden Bezeichnungen mittlerweile überflüssig sein sollten. Doch auch die Heil- und Sonderpädagogik, die vor noch nicht allzu langer Zeit den Platz der Psychiatrie als die für geistige Behinderung „zuständige Wissenschaft" einnahm, hat die einseitig an Defiziten orientierte Sicht der Medizin zunächst weitgehend übernommen und bis heute noch nicht überwunden.

Selbst in der Behindertenhilfe dominiert nach wie vor eine von diskriminierenden Bezeichnungen geprägte Fachsprache. Viele Einrichtungen und Organisationen tragen schon durch ihren Namen (Aktion Sorgenkind) oder durch die von ihnen benutzten Symbole dazu bei, ein verzerrtes und unbeabsichtigt diskriminierendes Bild von Menschen mit geistiger Behinderung aufrechtzuerhalten. Die Lebenshilfe hat deshalb konsequenterweise ihr ursprünglich durchaus angemessenes Symbol durch ein neutrales Signet ersetzt.

Ein wohnbezogener Dienst sollte darauf achten, daß er nicht schon durch seinen Namen bzw. den Namen des Hauses oder durch die Postadresse negative Vorstellungen über die Nutzer vermittelt. Nichtbehinderte Menschen wohnen z.B. ganz einfach in der Hauptstraße 63 oder im Nachtigallenweg 40, nicht aber in einer „Wohnstätte für geistig Behinderte" oder im „Haus Sonnenschein". Auch auf entsprechende Tafeln am Haus oder Hinweisschilder sollte ein wohnbezogener Dienst möglichst verzichten.

Eine zentrale Funktion beinahe jeder Form von Fachsprache ist es, sich durch einen Begriff vom bezeichneten Menschen zu distanzieren. Durch die Art der sprachlichen Darstellung (in der Medizin, in der Heilpädagogik) werden Menschen zu Objekten degradiert, die dann zum „Gegenstand" einer fachlichen Erörterung werden. Die Sprachform „der Behinderte" macht aus dem Beiwort ein Hauptwort und reduziert einen Menschen auf dieses eine Merkmal. Eine solche Sprachform ist charakteristisch, wenn von abgewerteten Menschen die Rede ist. Bei der Verwendung der Mehrzahl („die Ausländer", „die Asylanten") wird der Eindruck erweckt, es gehe um eine homogene Gruppe, die nur durch das eine Merkmal, das sie von der Gemeinschaft der „Normalbürger" abgrenzt, gekennzeichnet ist. So kann durch Sprache Fremdheit, Distanz und Ablehnung erzeugt werden (vgl. RADTKE 1995, 93 f.). Oft wird von der „Integration behinderter Bürger in die Gesellschaft" gesprochen, als handle es sich dabei um zwei verschiedene Personengruppen. Dabei sind Menschen mit Behinderung ebenso Gesellschaft wie Nichtbehinderte (RADTKE 1995, 95).

Begriffe können neue Realitäten schaffen. Weitertransportiert in ärztlichen Diagnosen, Fachgutachten und Entwicklungsberichten können sie für den Lebenslauf eines Menschen mit Behinderung geradezu als Fluch wirken. Zum einen bestimmen sie das Bild, das seine Mitmenschen sich von ihm machen, zum anderen prägen sie auch das Selbstbild der betroffenen Menschen, indem sie Gefühle der Angst und Minderwertigkeit erzeugen.

Die noch immer von Medizinern und auch vielen Pädagogen verwendete Fachsprache muß vor diesem Hintergrund als Etikettierung aufgefaßt werden. Gegenüber Menschen mit geistiger Behinderung stellt sie eine Form der strukturellen Gewalt dar (vgl. Gegenstandsbereich „Schutz vor Zwangsmaßnahmen und Mißhandlungen", S. 262 ff.).

Vor diesem Hintergrund sind Personen für die Arbeit mit Menschen mit geistiger Behinderung ungeeignet, die – offen oder verdeckt – einen abwertenden Sprachgebrauch gegenüber den Nutzern wohnbezogener Dienste erkennen lassen.

Die angemessene Sprache in wohnbezogenen Diensten

Damit die Individualität und die einzigartige Biographie eines Menschen nicht hinter Begriffen wie „oligophren" oder auch „geistig behindert" verschwindet, ist ein anderer, sensiblerer Sprachgebrauch angezeigt – dies auch auf die Gefahr hin, daß man als Mitarbeiterin eines wohnbezogenen Dienstes oder Angehörige(r) eines Menschen mit geistiger Behinderung gegenüber Ärzt(inn)en, Behörden oder professionellen Helfer(inne)n (scheinbar) als pädagogischer Laie eingeschätzt wird.

Im folgenden sind einige Prinzipien für einen von Respekt und Sensibilität gegenüber den Nutzern wohnbezogener Dienste getragenen Sprachgebrauch aufgelistet:

1. Sprechen Sie (im Kolleginnenkreis, in Gegenwart Dritter) nicht nur über, sondern so oft wie möglich mit den Nutzern.
2. Gebrauchen Sie sprachliche Wendungen über die Nutzer in Wort und Schrift bewußt und machen Sie sich die Bedeutungen und Folgen Ihres Sprachgebrauchs klar.

3. Vermeiden Sie Begriffe, die einen Menschen mit seiner Behinderung, seiner Diagnose oder besonders negativ assoziierten Lebensumständen gleichsetzen (z. B. „Mongo", „Alkoholiker" oder „Heimbewohner").
4. Bemühen Sie sich stattdessen darum, in Erzählungen und Berichten über Nutzer diese *als Inhaber gesellschaftlich anerkannter Rollen* (als Mitbürger, Freund, Arbeitnehmer usw.) darzustellen und ihre Kompetenzen hervorzuheben, ohne dabei Probleme und Defizite ihrer Lebensumstände zu beschönigen.
5. Versuchen Sie, bei Erzählungen, in schriftlichen Berichten über Nutzer oder bei der Erstellung von Informationsmaterial zur Darstellung des wohnbezogenen Dienstes in der Öffentlichkeit notfalls lieber umständlich zu *beschreiben*, statt stigmatisierende „Diagnosen" oder „wissenschaftliche Fachbegriffe" und Kürzel zu verwenden. Orientieren Sie sich dabei am allgemeinen Sprachgebrauch und bemühen Sie sich, keine Sonderbegriffe für Menschen mit geistiger Behinderung, den wohnbezogenen Dienst und seine Angebote zu benutzen (Wohnen statt „Wohntraining", Urlaub statt „Freizeitmaßnahme").
6. Legen Sie – z. B. bei der Beschreibung eines problematischen Verhaltens – in jedem Fall die Vorläufigkeit und Veränderbarkeit von Definitionen und Begriffen offen und stellen Sie Probleme und Kompetenzen der Nutzer stets im Zusammenhang dar.
7. Vermeiden Sie soziale Distanzierung gegenüber den Nutzern durch Ironie oder Sarkasmus und bemühen Sie sich, sprachliche Abwertungen der Nutzer durch Kolleginnen, Angehörige, Besucher(innen), Bekannte oder andere Nutzer nicht zu „überhören", sondern offensiv anzusprechen.
8. Tragen Sie dafür Sorge, daß im Alltag des begleiteten Wohnens der Erwachsenenstatus der Nutzer durch einen freundlichen Umgangston und eine respektvolle, altersgemäße Sprache betont wird.

Literatur

MATURANA, H. R.; VARELA, F. J.: Der Baum der Erkenntnis. Die biologischen Wurzeln des menschlichen Erkennens. Bern, München 1987

LUGER, H.: KommRum – Der andere Alltag mit Verrückten. Bonn 1989

RADTKE, P.: Sprache ist Denken – Über den gedankenlosen Umgang mit Sprache. In: Strubel, W.; Weichselgartner, H. (Hrsg.): Behindert und verhaltensauffällig: Zur Wirkung von Systemen und Strukturen. Freiburg i. Br. 1995, 86 – 96

STERNBERGER, D.; STORZ, G.; SÜSKIND, W. E.: Aus dem Wörterbuch des Unmenschen. München 1970

WOLFENSBERGER, W.: Der neue Genozid an den Benachteiligten, Alten und Behinderten. Gütersloh 1991

Nutzerbezogene Indikatoren:
Sprachliche Darstellung

	trifft zu	trifft eher zu	trifft eher nicht zu	trifft nicht zu
1. Der Nutzer hat in der Vergangenheit besonders negative Erfahrungen mit abwertenden Bezeichnungen und Darstellungsweisen gemacht, die auf ihn gerichtet waren (Diagnosen, Entwicklungsberichte, täglicher Sprachgebrauch, Spitznamen usw.).	❏	❏	❏	❏
2. Die Kommunikation mit dem Nutzer ist wenig respektvoll und altersangemessen.	❏	❏	❏	❏
3. Der Nutzer ist gegenwärtig dienstintern und/oder extern mit abwertenden Urteilen oder Bezeichnungen seiner Person konfrontiert (z. B. stigmatisierende Klassifizierungen, die den Nutzer abwerten oder auf seine Behinderung, auf Krankheitsbilder oder negativ definierte Verhaltensweisen reduzieren).	❏	❏	❏	❏
4. Die Mitarbeiterinnen erzeugen gegenüber dem Nutzer soziale Distanz durch Ironie, Sarkasmus, indirekte Rede, Imitation und durch die Betonung von Unterschieden zwischen ihnen und dem Nutzer.	❏	❏	❏	❏
5. Der Nutzer spricht in der Öffentlichkeit meist nicht für sich selbst. Er wird in Gesprächen mit Dritten häufig übergangen und auch dann, wenn er selbst anwesend ist, wird nicht mit ihm, sondern über ihn gesprochen.	❏	❏	❏	❏

Gesamteinschätzung

Aus den Erfahrungen des Nutzers ergibt sich eine besondere Sorgfaltspflicht bei der sprachlichen Darstellung.	❏	❏	❏	❏

Rechte/Schutz • Sprachliche Darstellung

Angebotsbezogene Indikatoren:
Sprachliche Darstellung

	trifft zu	trifft eher zu	trifft eher nicht zu	trifft nicht zu
1. Die sprachliche Darstellung der Nutzer und ihrer Handlungen geschieht bewußt unter Berücksichtigung der möglichen negativen Wirkungen. Sie ist respektvoll und altersangemessen.	❏	❏	❏	❏
2. Stigmatisierende Klassifizierungen, die einen Menschen abwerten oder auf seine Behinderung, auf Krankheitsbilder oder negativ definierte Verhaltensweisen reduzieren („unruhiger Patient", „Epileptiker", „Oligophrener", „Mongoloider", „Spastiker", „Sorgenkind", „Pflegebefohlener" usw.), werden ausgeschlossen.	❏	❏	❏	❏
3. Die sprachliche Darstellung der Nutzer (sowohl im alltäglichen Sprachgebrauch als auch in Konzepten, Broschüren, Arbeitsunterlagen usw.) betont deren Kompetenzen und stellt sie gezielt in gesellschaftlich anerkannten Rollen und positiv bewerteten Lebenszusammenhängen dar, ohne dabei Probleme und Defizite ihrer Lebensumstände zu verleugnen oder zu beschönigen.	❏	❏	❏	❏
4. Die Mitarbeiterinnen vermeiden gegenüber den Nutzern soziale Distanzierung durch Ironie, Sarkasmus, indirekte Rede, Imitation und durch die Betonung von Unterschieden zwischen behinderten und nichtbehinderten Menschen.	❏	❏	❏	❏
5. In der öffentlichen Darstellung des wohnbezogenen Dienstes, seiner Aufgaben und Leistungen werden Kompetenzen und Hilfebedarfe der Nutzer stets im Zusammenhang präsentiert.	❏	❏	❏	❏

6.5

Gesamteinschätzung

Der wohnbezogene Dienst unternimmt alle erforderlichen Bemühungen, um sprachliche Diskriminierung zu verhindern und eine möglichst positive Darstellung der Nutzer und ihrer Lebensweise zu sichern.	❏	❏	❏	❏

Gegenstandsbereich:
Formelle Nutzer- und Angehörigenmitwirkung

Die Berechtigung von Mitwirkungsgremien für Nutzer (Heimbeirat, Wohnstättenbeirat) und deren Angehörige (Elternbeirat) in wohnbezogenen Diensten ist inzwischen unbestritten. Diese Gremien können entscheidend dazu beitragen, „ ... Entwicklungen zu Einseitigkeit, Routine und Mißbrauch von Befugnissen vorzubeugen", wie es in einer Empfehlung der Bundesvereinigung Lebenshilfe (1993, 2) heißt. Sie sind auch der Ort, an dem die Nutzer des wohnbezogenen Dienstes bzw. deren Angehörige und Fürsprecher(innen) ihre Interessen und Wünsche in einem „offiziellen Rahmen" artikulieren und gemeinsam mit den Vertreter(inne)n der Leitung des Dienstes besprechen.

Für den wohnbezogenen Dienst selbst liegt in einer engen Zusammenarbeit mit den formellen Gremien der Angehörigen- und Nutzermitwirkung die Chance, diese als Instanzen der internen Kontrolle bei der Sicherung und Weiterentwicklung der Qualität der angebotenen Hilfen zu nutzen. Jeder wohnbezogene Dienst, der eine Größe erreicht hat, die es einzelnen Nutzern nicht mehr erlaubt, auf direktem Wege bei bestimmten Fragen und Problemstellungen mitzuwirken, sollte daher den Aufbau eines Heim- oder Wohnstättenbeirats fördern.

Mit den formellen Mitwirkungsgremien der Nutzer und ihrer Angehörigen sollte eine möglichst partnerschaftliche Kooperation angestrebt werden. Das setzt allerdings voraus, daß diese Gremien seitens der Leitung und der Mitarbeiterinnen des wohnbezogenen Dienstes als echte Partner bei der Bewältigung gemeinsamer Aufgaben eingeschätzt und angesprochen werden.

Aushandeln verschiedener Interessen

Die Interessen und Auffassungen der verschiedenen Gruppen, die unmittelbar oder mittelbar von den Hilfen eines wohnbezogenen Dienstes betroffen sind (Nutzer, Angehörige, Fürsprecher[innen], Mitarbeiterinnen, Trägervertreter) sind naturgemäß oft sehr unterschiedlich und nicht selten auch gegensätzlich. Mögliche Konflikte sind daher nicht ungewöhnlich und zunächst als Ausdruck realer Interessengegensätze zu betrachten, bei denen jede Seite ihre berechtigten Anliegen vertritt.

So streben z. B. die Fachkräfte eines wohnbezogenen Dienstes im Interesse eines Nutzers dessen größtmögliche Selbständigkeit an, während die Eltern dieses Nutzers – ebenso in seinem Interesse – im konkreten Fall vielleicht eher mehr Wert auf die Schutzaufgaben des Dienstes legen und daher für ein langsameres Tempo der Autonomiebestrebungen ihrer Tochter/ihres Sohnes eintreten.

Auch aus dem täglichen Zusammensein von Nutzern und Mitarbeiterinnen im begleiteten Wohnen können eine Reihe von Konflikten entstehen, die z. B. durch die oftmals unterschiedlichen Interessen in bezug auf Dienstzeiten und Verfügbarkeit der Mitarbeiterinnen hervorgerufen werden.

Es wird also deutlich, daß es im Alltag eines wohnbezogenen Dienstes häufig um das Aushandeln von Interessengegensätzen zwischen verschiedenen Gruppen und Personen geht. In diesem Kontext kommt den Organen der formellen Angehörigen- und Nutzermitwirkung eine wichtige Bedeutung zu.

Die formelle Mitwirkung der Angehörigen

Die formelle Mitwirkung der Angehörigen in wohnbezogenen Diensten geschieht in der Regel durch gewählte Elternbeiräte. Neben den Mitwirkungsorganen der Nutzer selbst – wie Heimbeirat oder Wohnstättenbeirat – ist der Elternbeirat das Gremium, das sich für die Belange der Nutzer des wohnbezogenen Dienstes einsetzt und deren Interessen im Konfliktfall sowohl gegenüber dem Dienst als auch gegenüber Außenstehenden wahrnimmt. Daneben kommt dem Elternbeirat auch die wichtige Funktion zu, „... als ein Bindeglied zwischen den Eltern und der Einrichtung" zu wirken (Bundesvereinigung Lebenshilfe 1983, 11). Über die Kooperation mit den verschiedenen Organen und Personengruppen des wohnbezogenen Dienstes hinaus sollten sich Angehörige im Sinne von Selbsthilfe und gegenseitiger Unterstützung auch um Kontakte zu den Elternbeiräten anderer sozialer Dienste bzw. zu nicht einrichtungsbezogenen Angehörigenvertretungen und Selbsthilfegruppen bemühen.

Von besonderer Bedeutung ist die intensive Zusammenarbeit eines wohnbezogenen Dienstes mit den Eltern und Angehörigen immer dann, wenn es darum geht, Phasen der Veränderung im Leben eines Nutzers zu begleiten wie z. B. den Auszug aus dem Elternhaus oder den Übergang von der Schule in ein Beschäftigungsverhältnis. Aber auch dann, wenn ein Nutzer schon jahrelang weitgehend unabhängig von seiner Familie lebt, bleiben die Angehörigen in aller Regel wichtige Bezugspersonen. Diese besondere Bedeutung und die über Jahre gewachsenen Erfahrungen machen die Eltern und Angehörigen zu Partner(inne)n eines wohnbezogenen Dienstes, auf deren Mitwirkung nicht verzichtet werden sollte.

Die Mitarbeiterinnen des wohnbezogenen Dienstes und die Angehörigen der Nutzer haben eine gemeinsame Verantwortung, verfügen dabei aber über unterschiedliche Aufgabenstellungen *und Kompetenzen.* Den persönlichen Erfahrungen und der besonderen Bedeutung der Elternrolle stehen auf seiten der Mitarbeiterinnen ihre Fachlichkeit, ihr öffentlicher Auftrag und die Tatsache gegenüber, für das Zusammenleben und -arbeiten mit den Nutzern bezahlt zu werden. Neben den Gemeinsamkeiten sollten diese Unterschiede in der Zusammenarbeit jederzeit deutlich werden.

Die formelle Mitwirkung der Nutzer

Die formelle Mitwirkung der Nutzer ist in der Heimmitwirkungsverordnung (HeimmitwV) festgelegt. Nach den §§ 1 und 2 HeimmitwV haben die Träger von Wohneinrichtungen auf die Bildung von Heimbeiräten hinzuwirken. Dazu ist zu bemerken, daß die Heimmitwirkungsverordnung in ihrer Form und dem Inhalt ihrer Bestimmungen nur sehr unzureichend auf die Möglichkeiten und Probleme von Menschen mit geistiger Behinderung eingeht.

Es ist daher unerläßlich, daß die geltenden Regelungen auf die besondere Situation der Nutzer vor Ort abgestimmt und vor allem stets im Interesse der Nutzer des wohnbezogenen Dienstes angewendet werden. So ist es z. B. durchaus vertretbar, daß bei der Wahl eines Heimbeirats neben dem Stimmzettel auch andere, individualisierte Formen zur Geltung kommen, um die Stimme abzugeben.

Ebenso sollte eine Sitzung des Heimbeirats durchaus auch am Bett eines Mitglieds stattfinden können, wenn sich dies als sinnvoll erweisen sollte. Über die Bestimmungen der Heimmitwirkungsverordnung hinaus sollte die Möglichkeit geprüft werden, einzelne Nutzer bei entsprechender Unterstützung in die Arbeit des Trägervereins, gegebenenfalls auch als Mitglied des Vereinsvorstandes einzubeziehen.

Die angedeuteten Schwierigkeiten bei der Umsetzung der Heimmitwirkungsverordnung haben in der Vergangenheit in vielen wohnbezogenen Diensten für Menschen mit geistiger Behinderung zur Einrichtung von gemischten Gremien geführt. Dies sind meist Beiräte, bestehend aus Angehörigen bzw. Betreuer(inne)n im Sinne des Betreuungsgesetzes und manchmal einigen wenigen Nutzern.

Die Ausgangsbedingungen der wohnbezogenen Dienste und die Erfahrungen, die mit den verschiedenen Formen von Mitwirkungsgremien mittlerweile gemacht werden konnten, sind überaus unterschiedlich. Daher ist es kaum zweckmäßig, über die Zusammensetzung von (Heim-)Beiräten eindeutige Empfehlungen auszusprechen.

Grundsätzlich ist der Heimbeirat jedoch per Gesetz ausschließlich ein Nutzergremium. Daher sollte jede Person, die in dieses Gremium gewählt oder berufen wird und nicht Nutzer des wohnbezogenen Dienstes ist, für diese Aufgabe durch einen formellen Beschluß der Nutzer im Heimbeirat legitimiert werden.

Die doppelte Funktion von Heimbeiräten

Die verhältnismäßig geringe Zahl von Heimbeiräten, die sich ausschließlich aus Nutzern eines wohnbezogenen Dienstes zusammensetzen, muß sicherlich auch darauf zurückgeführt werden, daß Menschen mit geistiger Behinderung noch immer zu wenig zugetraut wird, einer solchen Aufgabe wirklich gewachsen zu sein. Dazu sollte man bedenken, daß viele Nutzer wohnbezogener Dienste zeit ihres Lebens nie ernsthaft dazu ermutigt wurden, sich mit ihren eigenen Bedürfnissen und Interessen einzubringen, geschweige denn, daß sie lernen konnten, auch die Interessen anderer Personen zu vertreten.

So sollten Mitwirkungsorgane für Menschen mit geistiger Behinderung wie Heimbeirat oder Wohnstättenbeirat immer unter einer zweifachen Perspektive betrachtet werden:

- zum einen als formelles Gremium mit dem Auftrag der Vertretung aller Nutzer eines wohnbezogenen Dienstes und mit klar umschriebenen Kompetenzen und Pflichten;
- zum anderen aber auch als Forum für jeden einzelnen im Heimbeirat beteiligten Nutzer, das die Gelegenheit bietet, in einer durch einen besonde-

ren Status hervorgehobenen Gruppe individuelle Lernerfahrungen zu sammeln und insbesondere die eigenen Kompetenzen weiterzuentwickeln.

In diesem Zusammenhang sieht eine in der Heimbeiratsarbeit bewährte methodische Regelung vor, daß nicht nur diejenigen Nutzer Redezeit bekommen, die zum jeweiligen Punkt der Tagesordnung etwas beitragen können, sondern jedes Heimbeiratsmitglied während der Sitzung ausreichend Zeit erhält, seine aktuellen Probleme, Erfahrungen und Erlebnisse einzubringen. Dies setzt voraus, daß die Mitglieder des Heimbeirats bei ihrer Arbeit individuell und kontinuierlich von mindestens einer fachkundigen Begleiterin unterstützt werden. In vielen Heimbeiräten verbindet sich dieses Engagement mit der Position der Schriftführerin des Heimbeirats.

Eine weitere, in diesem Kontext bislang noch kaum genutzte Möglichkeit zur Unterstützung der Nutzer ist die Einbeziehung von Fürsprecher(inne)n (keine Mitarbeiterinnen, Angehörigen oder Betreuer[innen] im Sinne des Betreuungsgesetzes!).

Aufgaben und Kompetenzen des Heimbeirats

Die Teilnahme der Heimleiterin an den Sitzungen des Heimbeirats sollte – auf Wunsch/Einladung des Heimbeirats – obligatorisch sein. Ebenso selbstverständlich sollte es aber auch jederzeit möglich sein, daß sich die Mitglieder des Heimbeirats ohne die Anwesenheit der Leiterin oder anderer Mitarbeiterinnen des wohnbezogenen Dienstes beraten.

Von besonderer Bedeutung bei der Heimbeiratsarbeit ist die Handlungsbezogenheit aller Aktivitäten. Die Mitglieder des Heimbeirats sollten nicht nur Gelegenheit erhalten, sich über Probleme auszutauschen und Beschlüsse zu fassen, sondern auch intensiv in die Umsetzung von Maßnahmen einbezogen sein oder zumindest ausführliche Rückmeldung über deren Verlauf erhalten (so sollten die Nutzervertreter z. B. regelmäßig über die Verhandlungen mit Kostenträgern informiert werden).

Auf zwei in Verbindung mit den Aufgaben und Kompetenzen des Heimbeirats oder Wohnstättenbeirats häufig auftretende Fragestellungen soll an dieser Stelle noch verwiesen werden:

Die erste Fragestellung betrifft die Vertretung derjenigen Nutzer, denen die Bedeutung des Heimbeirats kaum oder nur sehr schwer zu vermitteln ist. Erfahrungsgemäß geraten sie schnell aus dem Blickfeld der Aktivitäten des Heimbeirats, wenn nicht besondere Maßnahmen getroffen werden, dies zu verhindern. Eine solche Maßnahme kann z. B. darin bestehen, daß ein Mitglied (idealerweise in Zusammenarbeit mit der Begleiterin oder Schriftführerin) vom Heimbeirat offiziell beauftragt wird, als „interner Fürsprecher" die Interessen dieses Personenkreises wahrzunehmen. Bei jeder Beiratssitzung sollte ein angemessener Zeitraum zur Verfügung stehen, um die Belange dieser Personengruppe zu besprechen.

Die zweite Fragestellung berührt die Akzeptanz des Heimbeirats innerhalb des wohnbezogenen Dienstes. Da die Heimmitwirkungsverordnung nur eine Mitwirkung (und nicht etwa Mitbestimmung) vorsieht, bleibt das Betätigungsfeld oft auf Probleme von untergeordneter Bedeutung beschränkt, und die Beschlüsse erhalten schnell den Charakter von bloßen Empfehlungen. In der Arbeit des Heimbeirats sollten aber prinzipiell alle für die Nutzer bedeutsamen Fragestellungen aufgegriffen werden.

In den §§ 29 bis 33 HeimmitwV hat der Gesetzgeber zwar umfangreiche Mitwirkungsaufgaben der Heimbeiräte vorgesehen, doch die Praxis stellt sich nicht selten ganz anders dar. So wird z. B. gegen die Bestimmungen des § 32 Abs. 2 und 3, nach denen der Heimbeirat durch die Heimleitung vor allen wichtigen Entscheidungen rechtzeitig zu informieren ist, um die gegebene Problematik mit dem Ziel einer Verständigung gemeinsam zu erörtern (auch z. B. in bezug auf Entscheidungen, die die Finanzierung des Dienstes betreffen), in vielen wohnbezogenen Diensten verstoßen.

Heimbeirat und Elternbeirat sollten in allen Fragen, in denen es sinnvoll erscheint, so weit wie möglich zusammenarbeiten. Das kann z. B. dadurch geschehen, daß zu bestimmten Tagesordnungspunkten Mitglieder des Heimbeirats zu Sitzungen des Elternbeirats eingeladen werden oder umgekehrt.

Eine Einberufung gemeinsamer Sitzungen sollte dagegen nur im Ausnahmefall erfolgen, da dies dem Status des Heimbeirats als eigenständigem Gremium erfahrungsgemäß eher abträglich ist.

Literatur

Bundesvereinigung Lebenshilfe für geistig Behinderte e. V. (Hrsg.): Mustersatzung: Elternbeiräte in Wohneinrichtungen für erwachsene Menschen mit geistiger Behinderung. Eine Empfehlung der Bundesvereinigung Lebenshilfe. Marburg 1993

Bundesvereinigung Lebenshilfe für geistig Behinderte e. V. (Hrsg.): Elterngruppen und Lebenshilfe – Bedeutung, Aufgaben und praktische Tips. Eine Empfehlung und Arbeitshilfe der Bundesvereinigung Lebenshilfe. Marburg 1995

Bundesvereinigung Lebenshilfe für geistig Behinderte e. V. (Hrsg.): Personalausstattung und Personalstruktur in Einrichtungen und Diensten der Lebenshilfe für geistig Behinderte. 2., überarb. und korrig. Aufl. Marburg 1996

DAHLEM, O. u. a.: Heimgesetz – Kommentar zum Heimgesetz (HeimG). Loseblattausgabe. Köln o. J.

KRÄLING, K.: Heimbeiräte in Wohneinrichtungen. In: Fachdienst der Lebenshilfe 2/1996, 12 – 19

ROBERT, R.: Möglichkeiten und Grenzen der Mitwirkung geistig Behinderter in Wohneinrichtungen unter Einbeziehung praktischer Beispiele. In: Bundesvereinigung Lebenshilfe für geistig Behinderte e. V. (Hrsg.): Humanes Wohnen – seine Bedeutung für das Leben geistig behinderter Erwachsener. Marburg/Lahn 1982, 136 – 144

Rechte/Schutz • Mitwirkung

Nutzerbezogene Indikatoren:
Formelle Nutzer- und Angehörigenmitwirkung

	trifft zu	trifft eher zu	trifft eher nicht zu	trifft nicht zu
1. Der Nutzer hat bisher nicht die Erfahrung machen können, daß seine Interessen durch formelle Gremien vertreten werden.	❏	❏	❏	❏
2. Der Nutzer ist in besonderem Maße auf andere Personen angewiesen, die seine Interessen regelmäßig zur Sprache bringen und aktiv vertreten (z. B. aufgrund fehlender oder unzureichender sprachlicher Ausdrucksmittel).	❏	❏	❏	❏
3. Der Nutzer ist über die Bedeutung des Heimbeirats nicht oder nur wenig informiert. Obwohl er seine Belange gegenüber dem Heimbeirat vorbringen könnte, nimmt er den Heimbeirat nicht in Anspruch.	❏	❏	❏	❏
4. Die Interessen des Nutzers werden von der Tätigkeit des Heimbeirats und/oder des Angehörigenbeirats nur unzureichend berührt.	❏	❏	❏	❏
5. Der Nutzer benötigt für das Wahlverfahren und/oder die Beiratsarbeit eine individuell angepaßte, flexible Regelung der betreffenden Bestimmungen der Heimmitwirkungsverordnung.	❏	❏	❏	❏
6. Der Nutzer benötigt als Mitglied des Heimbeirats besondere Unterstützung, um die Interessen derjenigen Nutzer zu vertreten, die sich nicht selbst äußern können.	❏	❏	❏	❏
7. Der Nutzer kann seine Tätigkeit im Heimbeirat nicht als Lernfeld für seine individuelle Entwicklung nutzen.	❏	❏	❏	❏

Gesamteinschätzung

Aus den individuellen Bedürfnissen und den Erfahrungen des Nutzers ergibt sich ein besonderer Unterstützungsbedarf bei seinem Umgang mit den Gremien der formellen Nutzer- und Angehörigenmitwirkung.	❏	❏	❏	❏

N. Schwarte/R. Oberste-Ufer: LEWO. Hrsg.: Bundesvereinigung Lebenshilfe

Rechte/Schutz • Mitwirkung

Angebotsbezogene Indikatoren:
Formelle Nutzer- und Angehörigenmitwirkung

	trifft zu	trifft eher zu	trifft eher nicht zu	trifft nicht zu
1. Die für Heime vorgesehenen Gremien der formellen Nutzer- und Angehörigenmitwirkung – Heimbeirat und Elternbeirat – sind fest in die Organisationsstrukturen des wohnbezogenen Dienstes eingebunden. Sie wirken an allen Entscheidungen mit, die Einfluß auf die Lebenssituation der Nutzer haben, sind in den Organisationsablaufplänen des Dienstes ausgewiesen, sind in ihrer personellen Zusammensetzung und in bezug auf ihre Aufgaben und Kompetenzen den Mitarbeiterinnen, Nutzern und deren Angehörigen bekannt und kommen in regelmäßigen Abständen zusammen.	❑	❑	❑	❑
2. Heimbeirat und Elternbeirat besitzen eine hohe Akzeptanz. Sie werden rechtzeitig und umfassend informiert; ihre Meinungen und Stellungnahmen werden vor Entscheidungen eingeholt. Die Leiterin des wohnbezogenen Dienstes nimmt regelmäßig an den Beiratssitzungen teil. Unbeschadet davon haben die Mitwirkungsgremien die Möglichkeit, jederzeit auch ohne Anwesenheit der Leitung oder anderer Mitarbeiterinnen zusammenzukommen.	❑	❑	❑	❑
3. Die Mitwirkungsgremien werden an der Umsetzung von Entscheidungen beteiligt (z. B. Teilnahme von Nutzern und deren Angehörigen an Verhandlungen mit Kostenträgern) bzw. regelmäßig über den Stand der Umsetzung informiert.	❑	❑	❑	❑
4. Der wohnbezogene Dienst bemüht sich darum, die Nutzer und ihre Angehörigen an Entscheidungen zu beteiligen, die die Finanzierung des Dienstes betreffen (z. B. Leistungs-, Vergütungs- und Prüfvereinbarungen).	❑	❑	❑	❑
5. Der wohnbezogene Dienst legt die rechtlichen Vorgaben der Heimmitwirkungsverordnung nicht eng „nach den Buchstaben des Gesetzes", sondern flexibel und nutzerorientiert aus. Dies gilt insbesondere für das Wahlverfahren, die Beiratsarbeit, die Informationspflicht und die Beteiligung an Entscheidungen.	❑	❑	❑	❑

6.5

	trifft zu	trifft eher zu	trifft eher nicht zu	trifft nicht zu

6. Der wohnbezogene Dienst stellt die aktive Unterstützung und kontinuierliche Begleitung der Mitglieder des Heimbeirats sicher (Mitarbeiterinnen übernehmen bei Bedarf die Funktion der Protokollführerin, Fürsprecher[innen] übernehmen auf Wunsch der Mitglieder beratende oder moderierende Funktionen, der Dienst stellt geeignete Räumlichkeiten und Arbeitsmittel zur Verfügung usw.). ❑ ❑ ❑ ❑

7. Die Mitglieder des Heimbeirats werden darin unterstützt, auch die Interessen derjenigen Nutzer zu vertreten, die sich nicht selbst äußern können. ❑ ❑ ❑ ❑

8. Der wohnbezogene Dienst betrachtet den Heimbeirat als gestaltetes Lernfeld für die individuelle Entwicklung einzelner Nutzer. Im Hinblick auf die Zusammensetzung des Heimbeirats steht deshalb nicht die Funktionsfähigkeit des Gremiums im Mittelpunkt, sondern der mögliche Entwicklungsfortschritt der beteiligten Nutzer. ❑ ❑ ❑ ❑

Gesamteinschätzung

Der wohnbezogene Dienst unternimmt alle erforderlichen Bemühungen, um die Gremien der formellen Nutzer- und Angehörigenmitwirkung bei der Wahrnehmung ihrer Aufgaben zu unterstützen. ❑ ❑ ❑ ❑

Aufgabenfeld:
Mitarbeiterinnenführung

Die hauptamtlichen Mitarbeiterinnen sind für viele Nutzer wohnbezogener Dienste nach wie vor die wichtigsten Bezugspersonen. Dieser Umstand ist im Hinblick auf die Ziele der sozialen Rehabilitation zwar eher kritisch zu sehen, für diejenigen Nutzer aber, die (noch) nicht über verläßliche nichtprofessionelle Beziehungen und Freundschaften verfügen (vgl. Gegenstandsbereich „Soziale Netzwerke, bedeutsame Beziehungen und Freundschaften", S. 235), ist die individuelle Lebens- und Wohnqualität neben grundlegenden materiellen Voraussetzungen vor allem auch von den Mitarbeiterinnen eines wohnbezogenen Dienstes abhängig.

Aufgaben- und Rollenverständnis von Mitarbeiterinnen

Die Aufgaben, mit denen Mitarbeiterinnen im Gruppendienst des begleiteten Wohnens befaßt sind, unterscheiden sich in der Regel nur wenig. So fällt es meist nicht schwer, einen verbindlichen Mindestaufgabenkatalog aufzustellen, wie ihn z. B. die Bundesvereinigung Lebenshilfe für die Beschäftigten in ihren Wohnstätten empfiehlt.

In der Art und Weise jedoch, *wie* die Fachkräfte diese Aufgaben wahrnehmen und welche Rolle sie dabei gegenüber den Nutzern einnehmen, zeigt sich von Einrichtung zu Einrichtung und sogar zwischen verschiedenen Gruppen innerhalb eines wohnbezogenen Dienstes nicht selten ein höchst unterschiedliches Bild. Dabei reicht die Bandbreite des Aufgabenverständnisses bei Mitarbeiterinnen von der Aufrechterhaltung der unbedingt nötigen gesundheitlichen Mindestversorgung bis zur Überbetreuung und von buchstabengetreuer Pflichterfüllung im Sinne der Dienstvorschriften bis zur bedingungslosen Parteilichkeit für die Interessen der Nutzer.

Auch die Skala der möglichen Rollen von Mitarbeiterinnen ist groß. Sie reicht von der eher auf Distanz zu den Nutzern bedachten „professionellen pädagogischen Fachkraft" bis hin zu überzeugten „Ersatzvätern" bzw. „Ersatzmüttern".

Motive für eine Beschäftigung in wohnbezogenen Diensten

Personen, die sich dafür entscheiden, in einem wohnbezogenen Dienst zu arbeiten und damit für eine gewisse Zeit mit Menschen mit geistiger Behinderung zusammenzuleben, haben erfahrungsgemäß sehr unterschiedliche Gründe für ihren Entschluß: Bei den einen stehen idealistische oder religiöse Motive (z. B. Schwächeren zu helfen) im Vordergrund, andere sind eher sozialpolitisch motiviert (z. B. die Chancen Benachteiligter zu verbessern und zu einem öffentlichen Bewußtseinswandel hinsichtlich der Einschätzung von Menschen mit Behinderung beizutragen), wieder andere verfolgen möglicherweise primär sicherheitsbezogene Interessen (fester Arbeitsplatz, regelmäßiges Einkommen).

Grundsätzlich sind alle diese Motive gleichermaßen legitim und daher zu akzeptieren – vorausgesetzt, die Mitarbeiterinnen verschaffen sich Klarheit darüber, aus welchen Motiven sie eigentlich helfen, welche „Belohnungen" (materieller, persönlichkeitsbezogener und sozialer Art) sie dafür erwarten und welche Gefühle und Empfindungen sie gegenüber Menschen mit Behinderung haben.

Einstellungen und Werthaltungen

So unterschiedlich die Motive für eine Beschäftigung im begleiteten Wohnen sein können, so verschieden sind auch die persönlichen Einstellungen und Werthaltungen von Fachkräften gegenüber Menschen mit geistiger Behinderung, gegenüber den Hilfen, die diese erhalten, sowie den Beziehungen zwischen ihnen und den Fachkräften.

Häufig trifft man in diesem Zusammenhang die Auffassung an, daß den Mitarbeiterinnen im begleiteten Wohnen doch wohl kaum vorgeschrieben werden könne, wie sie ihre Tätigkeit auszuüben hätten. Es hänge nun mal einzig und allein von der einzelnen Persönlichkeit einer Mitarbeiterin ab, ob z. B. ein stark „familiärer" oder ein eher „unterkühltprofessioneller" Umgang mit den Nutzern praktiziert werde.

Dieser Auffassung möchten wir die Gegenstandsbereiche und Indikatoren des Aufgabenfeldes „Mitarbeiterinnenführung" gewissermaßen entgegensetzen. Sie sollen veranschaulichen, daß eine große Bandbreite des Aufgaben- und Rollenverständnisses der Fachkräfte wohnbezogener Dienste zwar notwendig und unter bestimmten Bedingungen auch förderlich ist, daß es aber nicht beliebig sein darf, wie Mitarbeiterinnen ihre Aufgaben verrichten. So erscheinen uns nur solche Fachkräfte für eine Arbeit in wohnbezogenen Diensten als wirklich geeignet, die bereit sind, ihre aufgabenbezogenen Einstellungen und Werthaltungen für sich selbst, aber auch gemeinsam mit anderen kritisch zu hinterfragen.

Untersuchungen über die Einstellungen von Fachkräften in helfenden Berufen (CLOERKES 1985) belegen, daß Mitarbeiterinnen in sozialrehabilitativen Diensten generell nicht weniger Vorurteile gegenüber Menschen mit Behinderung haben als Angehörige anderer Berufsgruppen auch. Selbst tagtägliche Erfahrungen mit behinderten Menschen allein vermögen offenbar negativ geprägte Einstellungen nicht zu verändern.

Als besonders negativ muß es betrachtet werden, wenn Mitarbeiterinnen gegenüber den Entwicklungsmöglichkeiten der Nutzer eines wohnbezogenen Dienstes eine eher pessimistische Haltung einnehmen. Nach einer Untersuchung, die in den 70er Jahren in Heimen und Übergangseinrichtungen für ehemalige Psychiatrie-Langzeitpatienten durchgeführt wurde (KUNZE 1981, 152 f.), war die Einstellung der Mitarbeiterinnen diejenige Komponente, die den größten Einfluß auf die Entwicklungsaussichten der Heimbewohner ausübte: Je optimistischer die Mitarbeiterinnen waren, desto größer waren die Aussichten der Bewohner auf eine positive Entwicklung. Je negativer die Mitarbeiterinnen eingestellt waren, desto größer war die Wahrscheinlichkeit, daß sich die Bewohner auch entsprechend dieser pessimistischen Erwartungen verhielten.

Positive und realitätsbezogene, optimistische Erwartungen des sozialen Umfelds sowie ein entwicklungsorientiertes Bild sind grundsätzlich für die Entwicklung und die Lebensqualität aller Menschen förderlich. Für den Bereich des begleiteten Wohnens sind daher solche Mitarbeiterinnen besonders geeignet, die ein realistisches Vertrauen in die Fähigkeiten der Nutzer zur Selbsthilfe, zur Entwicklung individueller Interessen und Kompetenzen, zur Aufnahme und Gestaltung positiver sozialer Beziehungen und zur Entwicklung individueller Zukunftsperspektiven haben und dies den Nutzern auch vermitteln.

Veränderung von Einstellungen

Natürlich ist es weder möglich, unterschiedliche Einstellungen von Mitarbeiterinnen in eine Schablone zu pressen, noch können als unpassend empfundene Haltungen einzelner Mitarbeiterinnen „per Anordnung" verändert werden. Jeder Versuch, über Jahre erworbene Einstellungsmuster geplant zu verändern, wird bei den Betroffenen auf erhebliche Widerstände stoßen. Aus eigener Erfahrung kennen wir die Tendenz, solche Informationen und Wahrnehmungen, die sich mit unseren Einstellungen nicht vereinbaren lassen, im Zweifelsfall eher auszublenden (also aus unserer Wahrnehmung quasi „herauszufiltern"), als uns die Frage zu stellen, ob wir nicht stattdessen unsere Einstellungen überprüfen sollten.

Eine gewisse „Trägheit der Einstellung" gegenüber neuen Erfahrungen und Erkenntnissen ist also normal und darüber hinaus sogar unerläßlich, um in der Vielzahl unterschiedlicher sozialer Situationen, die wir bewältigen müssen, über die nötige Handlungssicherheit zu verfügen. Zudem sind die Einstellungen eines Menschen für sein konkretes Handeln keineswegs allein ausschlaggebend. Es hängt u. a. auch von der Interaktion der beteiligten Personen in einer bestimmten Situation sowie von der Qualität ihrer Beziehung ab, ob sich z. B. eine langsame und geduldig-abwartende oder eine eher aktiv-motivierende Haltung eher günstig oder ungünstig auswirkt. Ein wohnbezogener Dienst kann jedoch eine Reihe von förderlichen Voraussetzungen dafür schaffen, daß sich negative Einstellungen gegenüber Nutzern durch neue Erfahrungen und Einsichten allmählich verändern.

Negative Einstellungen gegenüber Menschen mit geistiger Behinderung stehen oft in unmittelbarer Verbindung mit besonders engen und eingefahrenen Vorstellungen über die „richtigen" pädagogischen Methoden und Verfahren. So läßt sich immer wieder beobachten, daß Nutzern nur dann mehr Autonomie und Selbstkontrolle zugestanden wird, wenn sie sich zuvor besonders gut an bestehende Vorschriften oder Regelungen angepaßt haben, z. B.: Für einen Platz in einer betreuten Wohngemeinschaft muß eine Person erst „beweisen", daß sie zuverlässig die Hausordnung der Wohnstätte befolgt; für eine Erhöhung des frei zur Verfügung stehenden Eigengeldbetrags muß sich ein

Nutzer erst dazu verpflichten, alle Ausgaben genau nachzuweisen.

Dabei wird häufig übersehen, daß jede verantwortbare Erweiterung des persönlichen Freiraums „zugunsten" eines Nutzers, die nicht von vornherein mit bestimmten Voraussetzungen oder Bedingungen verknüpft wird, für die betreffende Person immer auch einen wichtigen Vertrauensvorschuß bedeutet. Wohnbezogene Dienste sollten ihre Fachkräfte darin bestärken, solche „Vertrauensbeweise" zu wagen. Sie sind für jeden Menschen von nicht zu unterschätzender Bedeutung. Ohne sie könnten viele positive Entwicklungen gar nicht zustande kommen.

Positive Erfahrungen mit den Nutzern wiederum sind das beste Mittel, um eingefahrene Sichtweisen von Fachkräften zu verändern, denn Einstellungen und Werthaltungen bilden sich vor allem auf der Grundlage tätigkeitsbezogener Erfahrungen. Aus diesem Grund sollte ein wohnbezogener Dienst dafür sorgen, daß das Aufgabenbild der Mitarbeiterinnen nicht in Routine erstarrt, sondern stets auch Freiraum für neue Aufgaben und Erfahrungen läßt. Auf diese Weise wird den Fachkräften auch ermöglicht, hinsichtlich ihrer Rollen, Beziehungen und Handlungen eine gewisse Flexibilität zu erwerben (z. B. begleiten statt betreuen, zurücknehmen statt Einfluß nehmen, vertrauen statt kontrollieren). Notwendig ist also, daß die Mitarbeiterinnen immer wieder Distanz zu den eigenen Erfahrungen herstellen und ihre subjektiven Einstellungen im Vergleich mit anderen Haltungen und Wertorientierungen kritisch überprüfen.

Es ist bekannt, daß Vorurteile und defizitorientierte Haltungen gegenüber Personen oder Gruppen um so leichter gedeihen, je weniger differenziert Informationen über diese Personen oder Gruppen aufgenommen werden oder zur Verfügung stehen. Daraus kann abgeleitet werden, daß diejenigen Mitarbeiterinnen, die sich intensive Kenntnisse über die Bedürfnisse und Interessen, die Biographie und die gegenwärtige Lebenssituation von Nutzern aneignen und auf diese Weise die Bedeutung von gelebten Erfahrungen verstehen lernen, grundsätzlich weniger anfällig dafür sind, bestimmte Verhaltensweisen von Nutzern vorschnell durch die Behinderung zu erklären, sondern diese aus ihrem jeweiligen biographischen und sozialen Kontext heraus begreifen.

Einstellungen und Werthaltungen sind also keineswegs unveränderlich festgeschrieben. Sie wurden einmal gelernt und sind damit – abhängig von der Gelegenheit, neue Erfahrungen zu machen und der Bereitschaft, die eigenen Werturteile auch in Frage stellen zu lassen – grundsätzlich als dynamisch und veränderbar zu verstehen.

Hilfebedürftigkeit – Grundbedingung menschlichen Lebens

Wer mit Menschen mit geistiger Behinderung zusammenarbeiten will, sollte sich auch intensiv mit der Frage auseinandersetzen, in welchen Situationen er sich selbst konkret behindert fühlt, in der Wahrnehmung eines anderen Menschen als behindert angesehen wird oder auch durch andere behindert wird. So fühlen sich z.B. ältere Arbeitnehmer(innen) oft unzulänglich und behindert, wenn sie mit jüngeren Kolleg(inn)en in Konkurrenz treten oder den Anschluß an den technologischen Fortschritt finden müssen, um ihren Arbeitsplatz zu sichern.

Wohl jeder Mensch kennt das Gefühl, manchmal den eigenen oder fremden Erwartungen nicht gewachsen zu sein, mit bestimmten Problemen nur schwer zurecht zu kommen oder etwas viel schlechter zu können als alle anderen. Dieses Gefühl ist fast immer begleitet von Empfindungen der Angst, Unsicherheit und Fremdheit. Aus solchen Erfahrungen wissen wir, daß wir uns in der einen Situation unbedingt Hilfe wünschen, während uns in einer anderen Lage die gleiche Hilfe eher unwillkommen ist, da sie uns bevormunden würde oder einfach überflüssig wäre.

Ebenso ist es uns meistens alles andere als egal, wer uns unterstützt, wenn wir einmal Hilfe brauchen. Jeder Mensch muß grundsätzlich mit vielerlei Unzulänglichkeiten leben und kann aufgrund dessen niemals völlig autonom sein. In beinahe allen Lebenslagen sind wir mehr oder weniger auf die Hilfe unserer Mitmenschen angewiesen. Die zentrale menschliche Grundbedingung dieser „Angewiesenheit" offenbart eine wichtige Unterscheidung: Jeder Mensch ist in manchen Situationen hilfebedürftig und in manchen nicht – völlig unabhängig von einer Behinderung.

Diese Sichtweise verlagert den Schwerpunkt in der Aufgabenstellung von Mitarbeiterinnen im begleiteten Wohnen: Statt Nutzer aufgrund ihrer „fehlenden Kompetenzen" in allen Lebenslagen zu versorgen und zu fördern, sollte es zuerst einmal darum gehen, über das Wissen um die eigene Schwäche und Hilfebedürftigkeit auch die eines Menschen mit geistiger Behinderung zu akzeptieren, ohne ihm deshalb von vornherein die Verantwortung für seine eigenen Entscheidungen und Handlungsweisen abzusprechen.

In Anlehnung an DÖRNER (1991, 57) läßt sich die wesentliche Aufgabe von Mitarbeiterinnen in wohnbezogenen Diensten demnach etwa wie folgt beschreiben: die Nutzer für eine bestimmte Zeit auf ihrem Lebensweg begleiten und ihnen dabei nach dem Prinzip der „Hilfe zur Selbsthilfe" alle nötige Unterstützung zukommen lassen; mit ihnen zusammen („in gemeinsamer Tätigkeit") ihre materiale und soziale Lebenswelt individuell sinnvoll gestalten, gegebenenfalls auch gemeinsam mit ihnen ihre Lebensgeschichte aufarbeiten und ihnen dabei behilflich sein, sich Wahl-, Entscheidungs- und Kritikfähigkeit anzueignen. Der (nicht materielle) „Lohn" der Mitarbeiterinnen besteht dann in aller Regel darin, besonders intensive soziale Erfahrungen zu machen und sich darüber selbst besser kennenzulernen und als Persönlichkeit weiterzuentwickeln.

Überblick über die Gegenstandsbereiche der Mitarbeiterinnenführung

Jeder Versuch, bestimmte Standards für die Arbeit mit den Nutzern festzulegen, weist zurück auf die Qualifikationen, die Mitarbeiterinnen für ihre Tätigkeit mitbringen bzw. sich aneignen sollten. Es ist daher unverzichtbar, die notwendigen formalen (ausbildungsbezogenen) und informellen (persönlichkeitsbezogenen) Qualifikationen für Mitarbeiterinnen in wohnbezogenen Diensten zu benennen und darüber hinaus geeignete Verfahren für eine aufgabengerechte Auswahl und Einführung neuer Mitarbeiterinnen zu beschreiben (Gegenstandsbereich „Qualifikation, Auswahl und Einarbeitung", siehe S. 309 ff.).

Die Art und Weise, wie Mitarbeiterinnen im Team, aber auch funktions- und hierarchieübergreifend zusammenarbeiten und wie sie dabei von ihren Vorgesetzten geführt und angeleitet werden, hat fast immer unmittelbare Auswirkungen auf die Qualität bei der Erfüllung ihrer Aufgaben und auf ihr Verhältnis zu den Nutzern eines wohnbezogenen Dienstes. Daher geben wir eine kurze Darstellung von Führungsgrundsätzen und Voraussetzungen für eine effektive Zusammenarbeit von Mitarbeiterinnen (Gegenstandsbereich „Führung und Zusammenarbeit", siehe S. 317 ff.).

Es bedarf wohl keiner besonderen Erläuterung, daß sich auf Dauer nur diejenigen Mitarbeiterinnen wohnbezogener Dienste für die Interessen der Nutzer einsetzen werden, die für ihre Aufgaben motiviert und mit den Bedingungen ihrer Tätigkeit zufrieden sind. Aus diesem Grund werden die bedeutsamsten objektiven und individuellen Voraussetzungen und Bedingungen für eine möglichst hohe Motivation und Arbeitszufriedenheit der Mitarbeiterinnen benannt (Gegenstandsbereich „Arbeitszufriedenheit", siehe S. 327 ff.).

Alle hauptberuflich Beschäftigten in wohnbezogenen Diensten haben ein sogenanntes Doppelmandat: Zum einen ist es ihr Auftrag, die Nutzer individuell zu begleiten, zu unterstützen, zu fördern und ihre Interessen wahrzunehmen. Zum anderen sind sie aber auch Angestellte einer Institution, die die Belange sehr verschiedener Gruppen (Nutzer, Angehörige, Mitarbeiterinnen, Nachbarschaft, Kostenträger) miteinander zu koordinieren hat und aus diesem Grund an ihre Angestellten bestimmte Anforderungen stellt, die mit den Nutzerinteressen bisweilen nur schwer vereinbar sind.

Hinzu kommt, daß Mitarbeiterinnen im begleiteten Wohnen – wie Arbeitnehmer(innen) in anderen Berufen auch – eine Reihe von Eigeninteressen haben, die den Bedürfnissen der Nutzer entgegenstehen können. So ist das Interesse daran, sich beruflich weiterzuentwickeln, oft mit einem Wechsel des residentiellen Dienstes verbunden, was sich im Einzelfall gegen die Bedürfnisse von Nutzern nach einer hohen Kontinuität ihrer Beziehungspersonen richten würde.

Die Bedeutung personaler Kontinuität wird von Mitarbeiterinnen wohnbezogener Dienste häufig erheblich unterschätzt. Wir betrachten sie jedoch als eine zentrale Voraussetzung für jede Form bedürfnisorientierter Arbeit (Gegenstandsbereich „Personale Kontinuität", siehe S. 334 ff.).

Literatur

CLOERKES, G.: Einstellung und Verhalten gegenüber Behinderten. Berlin 1985

DÖRNER, K.: Wie gehe ich mit Bewohnern um? In: Dörner, K. (Hrsg.): Aufbruch der Heime. Gütersloh 1991, 32 – 58

DÖRNER, K.; PLOG, U.: Irren ist menschlich: Lehrbuch der Psychiatrie/Psychotherapie. Bonn 1990

KNEBEL, H.: Taschenbuch für Bewerberauslese. Heidelberg 1992

KUNZE, H.: Psychiatrische Übergangseinrichtungen und Heime – Psychisch Kranke und Behinderte im Abseits der Psychiatrie-Reform. Stuttgart 1981

NOUVERTNÉ, K.: Die Helfer: Was müssen Mitarbeiter mitbringen und welche Hilfen brauchen sie? In: Wienberg, G. (Hrsg.): Bevor es zu spät ist ... Bonn 1993, 80 – 96

ROSSRUCKER, K.: Arbeitszufriedenheit und ihre Folgen in helfenden Berufen. Frankfurt a. M. 1990

SIEKER, H.: Der schwierige Mensch im Heim – oder was an uns macht den Menschen so schwierig? In: Dörner, K. (Hrsg.): Aufbruch der Heime. Gütersloh 1991, 81 – 98

SJÖLUND, A.: Gruppenpsychologische Übungen. Weinheim, Basel 1982

TÜLLMANN, M.: Die „Verhaltensauffälligen" sprengen das System. In: Dörner, K. (Hrsg.): Aus leeren Kassen Kapital schlagen. Gütersloh 1994, 115 – 136

Gegenstandsbereich:
Qualifikation, Auswahl und Einarbeitung

Bis heute vertreten Sozialpolitiker, aber auch Fachkräfte wohnbezogener Dienste und nicht selten Trägervertreter die Auffassung, daß Mitarbeiterinnen für eine Tätigkeit im begleiteten Wohnen für Menschen mit geistiger Behinderung in erster Linie „ein gutes Herz" haben oder allgemein „sozial eingestellt" sein sollten. Das ist gewiß notwendig, hinreichend ist es aber nicht.

Wir sind bei der Entwicklung des Instruments LEWO davon ausgegangen, daß die Arbeit in wohnbezogenen Diensten von allen dort Beschäftigten spezifische und umfassende Qualifikationen auf einem hohen Niveau erfordert. Die soziale Rehabilitation ist kein Tummelfeld für Ungelernte, Angelernte und in Kurzlehrgängen Umgeschulte, die ihre neue Tätigkeit als sozialen Abstieg erleben. Wenn ein wohnbezogener Dienst die Qualität seiner Leistungen auf Dauer sichern und weiterentwickeln will, muß er auf die Auswahl und Einarbeitung seiner Mitarbeiterinnen ein besonderes Gewicht legen.

Der niedrige gesellschaftliche Status sozialer Berufe und die wenig reizvollen Rahmenbedingungen einer Tätigkeit in wohnbezogenen Diensten (z. B. ungünstige Arbeitszeiten, vergleichsweise geringes Gehalt) tragen dazu bei, daß sich das allgemeine Qualifikationsniveau der Mitarbeiterinnen im begleiteten Wohnen nur langsam erhöht. Nach einer Umfrage der Bundesvereinigung Lebenshilfe (1992, 22 ff.) hatten im Jahre 1991 fast drei Viertel aller Wohneinrichtungen der Lebenshilfe Probleme, ausgeschriebene Stellen mit qualifiziertem Personal zu besetzen. Über 40 % (in manchen Bundesländern bis zu zwei Drittel) der Einrichtungen beschäftigten Aushilfskräfte auf Stellen für Fachpersonal.

Künftig wird die Finanzierung wohnbezogener Dienste für erwachsene Menschen mit Behinderung nicht nur durch die Träger der Sozialhilfe, sondern anteilig auch durch die Pflegekassen erfolgen. Noch ist unabsehbar, welche Konsequenzen solche Regelungen für die Mitarbeiterinnen im begleiteten Wohnen haben werden. Es ist zu befürchten, daß sich die Beschäftigungschancen für pädagogisch ausgebildete Fachkräfte auf lange Sicht eher verschlechtern.

Formale Qualifikation der Fachkräfte

Wenn an dieser Stelle aus fachlichen Gründen gefordert wird, daß die formale Qualifikation für hauptamtliche Mitarbeiterinnen in wohnbezogenen Diensten eindeutig im Bereich der sozialen Rehabilitation, nicht aber im medizinischen oder pflegerischen Bereich liegen sollte, dann wird damit der Berufsgruppe der Krankenschwestern und Krankenpfleger nicht die Befähigung abgesprochen, im begleiteten Wohnen für Menschen mit geistiger Behinderung zu arbeiten, und schon gar nicht, wenn z. B. bei alten Menschen pflegerische Aufgaben in den Vordergrund rücken.

Der formale berufliche Abschluß kann bei der Einschätzung der Eignung von Mitarbeiterinnen immer nur einer von mehreren zu berücksichtigenden Faktoren sein. Dennoch: Menschen mit geistiger Behinderung sind nicht krank, und Pflegeleistungen benötigen sie prinzipiell in keinem größeren Umfang als nichtbehinderte Menschen. Für pflegerisches Personal besteht also die generelle Schwierigkeit, daß medizinisches Wissen im Kontext der sozialen Rehabilitation eher gering in Anspruch genommen wird. Somit stellt sich für viele Krankenschwestern und -pfleger die Frage, auf welche Weise sie ihre in der Ausbildung erworbenen Fähigkeiten eigentlich anwenden sollen.

Das über lange Zeit gültige medizinische Paradigma, demzufolge Behinderung als Krankheit verstanden wurde, hat den Blick auf den geistig behinderten Menschen als lernfähig und entwicklungsorientiert über Jahrzehnte verstellt. Eine erneute medizinische Orientierung der Behindertenhilfe wäre ein eindeutiger Rückschritt.

Medizinische und pädagogische Ausbildungsgänge unterscheiden sich jedoch nicht nur durch ihre unterschiedlichen inhaltlichen Schwerpunkte, sondern ebenso durch verschiedene handlungsleitende Normen. Auch aus diesem Grund halten wir es für unbedingt erforderlich, daß alle Mitarbeiterinnen eines wohnbezogenen Dienstes entweder über eine einschlägige pädagogische Berufsausbildung verfügen oder aber durch gleichwertige Nachqualifizierungen für ihr Aufgabenfeld ausreichend vorbereitet sind. Den Abschluß einer Erzieher(innen)ausbildung sehen wir dabei grundsätzlich als formale Mindestqualifikation an, die allerdings durch spezifische, auf das Feld der Behindertenhilfe gerichtete Angebote der Fort- und Weiterbildung ergänzt werden muß.

Persönliche Voraussetzungen der Mitarbeiterinnen

An Mitarbeiterinnen wohnbezogener Dienste werden von Nutzern unterschiedliche Rollenerwartungen herangetragen: Mitarbeiterinnen sollen Freundin, (Ersatz-)Elternteil, Partnerin, Kameradin usw. sein. Dabei bestimmt das Lebensalter der Mitarbeiterinnen die Bandbreite der möglichen Rollen, die sie gegenüber den Nutzern einnehmen können. So wird z. B. ein junger Mitarbeiter nicht in der Lage sein, die Rolle des „väterlichen Freundes" zu übernehmen, während sich ein älterer wahrscheinlich schwer damit tun wird, für jüngere Nutzer etwa die Rolle des Kameraden auszufüllen. Die personelle Situation in vielen wohnbezogenen Diensten ist davon gekennzeichnet, daß ein großer Teil der (meist weiblichen) Fachkräfte noch sehr jung ist und mit Nutzern arbeitet, die oft mehr als doppelt so alt sind wie sie.

Damit die jeweils in einem Team zusammenarbeitenden Mitarbeiterinnen den unterschiedlichen Rollenerwartungen von Nutzern zumindest annähernd gerecht werden können, sollte ein wohnbezogener Dienst darauf achten, daß die Zusammensetzung eines Teams nach Alter und Geschlecht möglichst der Zusammensetzung der Gruppe der Nutzer entspricht, auch wenn sich jüngere Mitarbeiterinnen aus betriebswirtschaftlicher Sicht besser „rechnen". Sehr junge Fachkräfte haben nicht selten Probleme, wenn sie ältere Nutzer in einer Lebensphase begleiten sollen, deren spezifische Umstände ihnen weitgehend unbekannt sein müssen, während es umgekehrt meist weniger problematisch ist, wenn ältere Mitarbeiterinnen jüngere Nutzer unterstützen.

Um Menschen, die in ihrem Leben vielfältige Erfahrungen von Benachteiligung und Abwertung machen mußten, kompetent begleiten und unterstützen zu können, sollten Mitarbeiterinnen über eine möglichst stabile und ausgeglichene Persönlichkeit verfügen und mit sich selbst und anderen grundsätzlich „im Reinen" sein. Die berufliche Biographie einer Bewerberin für eine Tätigkeit im begleiteten Wohnen sollte daher nach Möglichkeit Verläßlichkeit und Stabilität signalisieren. Vorteilhaft sind grundsätzlich vor- oder außerberufliche persönliche Erfahrungen mit behinderten oder anderen von Stigmatisierung bedrohten oder betroffenen Menschen – immer vorausgesetzt, daß die Mitarbeiterinnen in der Lage sind, diese Erfahrungen auch angemessen zu reflektieren.

Kriterien zur Personalauswahl

Im Unterschied zur Praxis vieler wohnbezogener Dienste ist dazu zu raten, mit der Suche nach geeigneten Mitarbeiterinnen nicht erst dann zu beginnen, wenn eine Stelle (z. B. durch Kündigung) kurzfristig besetzt werden muß. Durch den entstehenden Zeitdruck und die generellen Probleme, freie Stellen mit qualifiziertem Personal zu besetzen (vgl. SEIFERT 1993, 110; Bundesvereinigung Lebenshilfe 1992, 18 ff.), kommen leicht Entscheidungen ohne vorhergehende Prüfung, ob Arbeitsplatz und Bewerberin wirklich zueinander passen, zustande. Dies kann verhindert werden, wenn in bezug auf die Gewinnung von Nachwuchskräften – wie in der Wirtschaft längst üblich – eine langfristige Kooperation mit den regionalen Ausbildungsstätten besteht.

Bei der Besetzung einer freien oder frei werdenden Stelle sollte auf ein Anforderungsprofil des Arbeitsplatzes (oder eine Stellenbeschreibung) zurückgegriffen werden können. Liegt dies nicht vor, sollte es so bald wie möglich erarbeitet werden (idealerweise nicht allein von der Leitung, sondern in Zusammenarbeit mit den Fachkräften der betreffenden Wohngruppe).

Während es in der freien Wirtschaft durchaus üblich ist, bei der Auswahl von Bewerberinnen eine ganze Reihe unterschiedlicher Verfahren anzuwenden, beschränken sich soziale Dienste in der Regel auf die Analyse der Bewerbungsunterlagen, die Durchführung von Vorstellungsgesprächen und (in den meisten Fällen) auf die Auferlegung eines Probetages für diejenigen Bewerberinnen, die sich in der engeren Auswahl befinden.

Da schriftliche Bewerbungsunterlagen wie z. B. Zeugnisse oder Personalfragebögen nur begrenzt aussagefähig sind und sich ein deutlicheres Bild über Qualifikationen, Ziele, Erwartungen und Motive einer Person noch am besten im persönlichen Gespräch ergibt, sollte ein wohnbezogener Dienst alle für eine Stelle ernsthaft in Frage kommenden Bewerberinnen zu einem Vorstellungsgespräch einladen. Umgekehrt gilt, daß der Bewerberin ein möglichst realistisches Bild der künftigen Aufgaben und der strukturellen Rahmenbedingungen der Tätigkeit vermittelt werden sollte.

Im folgenden geben wir einige Hinweise zur *Gestaltung eines Bewerbungsgesprächs*:

- Das Gespräch sollte strukturiert verlaufen (inklusive einer angemessenen Vor- und Nachbereitung) und sich auf diejenigen Punkte beschränken, die für eine Beurteilung der Bewerberin wesentlich sind.
- Besonders bei größeren Bewerberinnenzahlen empfiehlt es sich, die wichtigsten Gesprächsinhalte nach einem einheitlichen Schema schriftlich festzuhalten, um möglichst objektive Vergleiche ziehen zu können.
Wichtig ist in jedem Fall eine Atmosphäre, die ein entspanntes Gespräch ermöglicht (Ruhe, Ungestörtheit).
- Ein bewerberinnenorientierter Gesprächsstil (Freundlichkeit, Entgegenkommen, aufmerksames Zuhören) sollte selbstverständlich sein.
- Soll die Bewerberin in einem bestimmten Team arbeiten, kann es von Vorteil sein, wenn neben der verantwortlichen pädagogischen Leiterin des wohnbezogenen Dienstes und den Personalvertreterinnen auch Mitarbeiterinnen dieses Teams beim Vorstellungsgespräch anwesend sind.
- In jedem Fall sollte die Bewerberin im Rahmen der persönlichen Vorstellung auch Gelegenheit erhalten, mit den Nutzern des wohnbezogenen Dienstes in Kontakt zu treten.

In der Wirtschaft gebräuchliche psychologische Testverfahren wie Leistungs-, Intelligenz- und Persönlichkeitstests erscheinen uns zur Bewerberinnenauswahl für soziale Dienste nur von geringer Aussagekraft und sind daher zu vernachlässigen. Auch sogenannte „Wissensprüfungen" sind kritisch zu bewerten. Andererseits kann es bei Bewerberinnen mit entsprechender formaler Qualifikation durchaus aufschlußreich sein, sich während der Erläuterung der fachlichen Anforderungen der Stelle beispielsweise danach zu erkundigen, welches Verständnis die Bewerberin von fachspezifischen Theorien und Konzepten besitzt, die für ihre künftige Aufgabe von Belang sind.

Je deutlicher bei einer rehabilitativen Tätigkeit materielle oder zwischenmenschliche Probleme im Vordergrund stehen, desto mehr sind fachliche Kenntnisse gefragt (z.B. bei klassischen Beratungstätigkeiten der sozialen Arbeit oder organisatorisch-verwaltungstechnischen Inhalten). Je stärker sich die Aufgaben aber auf eine langfristige, alltagspraktische Begleitung und die gemeinsame Tätigkeit mit Nutzern richten, wie sie für eine Tätigkeit in wohnbezogenen Diensten charakteristisch sind, desto mehr fallen neben fachlichen Kenntnissen und Fertigkeiten auch persönlichkeitsbezogene (sogenannte informelle) Qualifikationen wie Einstellungen und Werthaltungen, soziale Kompetenzen und Interessen ins Gewicht.

Um so zuverlässig wie möglich beurteilen zu können, ob Mitarbeiterinnen für ihre Aufgabe wirklich geeignet sind, sollte es ein wohnbezogener Dienst für sich zum Standard erheben, daß Bewerberinnen Probetage am zukünftigen Arbeitsplatz absolvieren. Untersuchungen zufolge (HUTH, nach KNEBEL 1992, 116) sind Persönlichkeitseigenschaften nur zu 4% durch Zeugnisse, zu 37% durch Tests, aber zu 98% durch Dauerbeobachtung zu erkunden. Dabei ist es günstig, wenn Kandidatinnen in der engeren Auswahl nicht nur einen, sondern mehrere Probetage absolvieren. Zum einen läßt sich die Bandbreite der Aufgaben im begleiteten Wohnen innerhalb eines Arbeitstages kaum vermitteln, zum anderen haben Probetage immer einen „Prüfungscharakter", dessen Künstlichkeit sich nur mit zunehmender Zeit abbaut. Obligatorisch sollte am Ende jedes Probetages ein ausführliches Auswertungsgespräch mit der Bewerberin, der zuständigen Vorgesetzten und den jeweils beteiligten Mitarbeiterinnen der Gruppe geführt werden.

Nachdem eine Bewerberin einen oder mehrere Probetage absolviert hat und erste Einschätzungen über ihre künftige Tätigkeit abgeben kann, sollte sie nach Möglichkeit auch an einer regulären Teamsitzung teilnehmen und sich mit den bisher erworbenen Eindrücken in die Diskussion einbringen. Auf diese Weise können alle Mitarbeiterinnen des Teams zumindest indirekt in das Auswahlverfahren einbezogen werden.

Darüber hinaus sollte sich ein wohnbezogener Dienst bemühen, auch seine Nutzer bei der Einstellung neuer Mitarbeiterinnen so weit wie möglich zu beteiligen und diese Mitwirkung formal festzuschreiben, z.B. in Form einer Vorgabe, bei der Einschätzung eines Probetages stets auch das Votum der Nutzer einzuholen (durch Diskussion in der Gruppenversammlung oder im Heimbeirat).

Nach Abschluß des Auswahlverfahrens sollte die Entscheidung für eine Kandidatin auf der Grundlage einer sorgfältigen (systematischen) Analyse und Interpretation aller Ergebnisse und Eindrücke erfolgen (methodische Möglichkeiten: Erstellen eines Qualifikationsprofils der Bewerberinnen, Bildung einer Rangfolge). Es muß dabei herausgestellt werden, daß Personalentscheidungen nie ausschließlich nach rationalen Kriterien erfolgen, sondern in hohem Maße immer auch von emotionalen Faktoren (Sympathie und Antipathie) beeinflußt werden.

Mitarbeiterinnen in der Probezeit

In Zeiten, in denen viele pädagogisch ausgebildete Bewerberinnen nur schwer einen angemessenen Arbeitsplatz finden, sollte man eigentlich davon ausgehen, daß soziale Dienste neue Mitarbeiterinnen auch noch während der Probezeit intensiv begutachten. Nach unserer Einschätzung fehlen in vielen wohnbezogenen Diensten bislang jedoch verläßliche Richtlinien, die über die Eignung einer Mitarbeiterin Auskunft geben könnten. Daher sind im folgenden einige mögliche Kriterien aufgeführt (vgl. KNEBEL 1992, 13 ff.).

- *Ein entwicklungsorientiertes Bild der Nutzer:* Mitarbeiterinnen sollten zeigen, daß sie ihre Arbeit vor dem Hintergrund eines entwicklungsorientierten Bildes der Nutzer verstehen. Ungeachtet ihrer sonstigen Qualifikationen sind solche Mitarbeiterinnen ungeeignet, die schon während der Einarbeitungszeit ein defizitorientiertes Bild der Nutzer offenbaren (vgl. Einführung zum Aufgabenfeld „Mitarbeiterinnenführung", S. 304 ff.);
- *persönliche Anteile:* Mitarbeiterinnen sollten klar zu erkennen geben, daß sie in der Lage und bereit sind, über ihre persönlichen Anteile (Motive, Ziele, Gefühle) im Umgang mit den Nutzern zu reflektieren und sich darüber auch mit anderen auszutauschen;
- *„Hilfe zur Selbsthilfe":* Mitarbeiterinnen sollten sichtbar machen, daß sie weder überkontrollierend noch überversorgend sind, sondern sich in ihrer Rolle primär dem Prinzip der „Hilfe zur Selbsthilfe" (vgl. Gegenstandsbereich: „Fürsprecher(innen) und Selbsthilfegruppen", S. 244 ff.) verpflichtet sehen;
- *personale Gebundenheit von Lernprozessen:* Mitarbeiterinnen sollten zu erkennen geben, daß sie sich der personalen Gebundenheit von Lernprozessen (Lernen am Modell, Nachahmung) im Zusammenleben und -arbeiten mit den Nutzern des wohnbezogenen Dienstes bewußt und in der Lage sind, mit ihrer Vorbildfunktion produktiv und kritisch umzugehen;
- *Alltag als Lern- und Erfahrungsfeld:* Mitarbeiterinnen sollten zu erkennen geben, daß sie in der Lage sind, innerhalb ihres Aufgabenfeldes eigenständig zu arbeiten und den Nutzern dabei den Alltag als Lern- und Erfahrungsfeld zu erschließen;
- *Verhaltensweisen selbst leben:* Mitarbeiterinnen sollten unter Beweis stellen, daß sie im Umgang mit den Nutzern diejenigen Verhaltensweisen (Respekt, Partnerschaftlichkeit usw.), die sie von anderen einfordern, selbst leben (Nachbarn, Öffentlichkeit);
- *aktive Beteiligung am Gemeindeleben:* Mitarbeiterinnen sollten bereit sein, sich nach Möglichkeit am Gemeindeleben aktiv zu beteiligen und dabei die strukturellen und sozialen Möglichkeiten innerhalb der Gemeinde für die Nutzer im Sinne der Netzwerkorientierung zu öffnen.

Von besonderer Bedeutung erscheint es uns, daß während der Probezeit auch die Meinungen der Nutzer gezielt eingeholt und bei der Entscheidung über eine Weiterbeschäftigung in angemessener Form berücksichtigt werden.

Einführung und Anleitung neuer Mitarbeiterinnen

In vielen wohnbezogenen Diensten findet die Einarbeitung neuer Mitarbeiterinnen kaum oder gar nicht statt (vgl. SCHILLER 1994, 98). Neue Kolleginnen können froh sein, wenn sie zum Dienstantritt die Gelegenheit haben, einige Tage mit erfahrenen Mitarbeiterinnen „mitzulaufen" und dadurch zumindest in einen gewissen Teil der Arbeitsabläufe eingewiesen werden. Für die Beantwortung von Fragen hingegen bleibt meist wenig Zeit, und regelmäßige und längere Gespräche, in denen die Erfahrungen der ersten Tage und Wochen aufgearbeitet werden könnten, gelten vielerorts schlicht als überflüssiger Luxus. Dabei sind die Folgen einer mangelhaften Einarbeitung beinahe allen Mitarbeiterinnen im sozialen Bereich aus eigenen Erfahrungen bekannt:

- beträchtliche Unsicherheit über die mit der Aufgabe verbundenen Erwartungen, Aufgaben und Ziele;
- unzureichende Klärung der eigenen beruflichen Rolle;
- reale Überforderung aufgrund fehlender Informationen und Kenntnisse;
- das Gefühl, daß der wohnbezogene Dienst dem persönlichen Engagement offenbar eher gleichgültig gegenübersteht.

Gelingt es neuen Mitarbeiterinnen in der Anfangszeit vielfach noch, ihre Überforderung und Verunsicherung durch eine besonders hohe Motivation auszugleichen, kommt es meist bereits nach einigen Monaten, wenn der Anfangselan allmählich verbraucht ist, zu Frustrationen und erheblicher Unzufriedenheit.

Unter dem Druck von Personalknappheit und drohenden Einsparungen ist es zwar verständlich, wenn neue Mitarbeiterinnen so schnell wie möglich als „vollwertige" Arbeitskräfte zum Einsatz kommen sollen. Dabei darf aber nicht übersehen werden, daß für eine große Zahl der Beschäftigten in sozialen Diensten gerade der Verlauf der ersten Wochen ihrer Tätigkeit maßgeblich darüber entscheidet, ob sie sich in der neuen Umgebung wohlfühlen und ihrem Arbeitgeber auf lange Sicht „erhalten bleiben".

Durch eine qualifizierte und individuell gestaltete Einarbeitung kann ein wohnbezogener Dienst daher wesentliche Grundlagen für die Sicherung der Qualität seiner Arbeit schaffen: personelle Kontinuität, Arbeitszufriedenheit und Zielorientierung der Mitarbeiterinnen, produktive Zusammenarbeit im Team und nicht zuletzt auch ein gutes Betriebsklima.

Bei der Einführung neuer Mitarbeiterinnen wird das größte Potential, das neue Kolleginnen in die gemeinsame Arbeit einbringen können, häufig nicht genutzt: die Fähigkeit, das Geschehen in einem wohnbezogenen Dienst in den ersten Wochen noch aus einer Außenperspektive wahrzunehmen. Diese Sichtweise, die den „etablierten" Mitarbeiterinnen im Laufe der Zeit naturgemäß verloren gegangen ist, könnte als kreatives Element genutzt werden. Stattdessen wird die Einarbeitungszeit häufig so gestaltet, als ginge es nur um eine schnelle und kritiklose Anpassung der „Neuen" an die gewohnten Abläufe und Routinen des wohnbezogenen Dienstes.

Eine neue Mitarbeiterin wäre für die Weiterentwicklung der gemeinsamen Arbeit im Team jedoch viel wertvoller, wenn sie Gelegenheit erhielte, in den ersten Wochen der Tätigkeit vor allem zu beobachten, Fragen zu stellen, sich intensiv mit Kolleginnen und Nutzern auszutauschen, sich nicht nur Informationen und Routinen anzueignen, sondern diese auch zu hinterfragen, neugierig zu sein, Zusammenhänge zu erfassen usw. Dies setzt natürlich voraus, daß diese „Freiheiten" im Rahmen eines einvernehmlich entwickelten Konzeptes zur Einarbeitung neuer Mitarbeiterinnen ausdrücklich zugestanden werden.

Für die Zeit der Einarbeitung ist es wichtig, daß den „Neuen" feste Ansprechpartnerinnen zur Verfügung stehen, mit denen sie sich einerseits während der Erledigung der täglichen Aufgaben kontinuierlich austauschen können und die sich andererseits aber auch Zeit für fest vereinbarte, regelmäßige Gespräche nehmen. Handlungskompetenz im Kontext des begleiteten Wohnens erwirbt man nicht allein durch Beobachtung und Nachahmung.

Die Anleitung sollte also nicht nach dem „Lehrlingsmodell" betrieben werden, sondern genügend Raum für Reflexionen, für die Bearbeitung von Zweifeln und den Austausch von Ideen und Anregungen bieten. Ungeeignet für die Tätigkeit einer Anleiterin sind daher grundsätzlich solche Mitarbeiterinnen, die es nicht verstehen, sich ihrem eigenen Handeln gegenüber in eine kritische Distanz zu setzen.

Potentielle Anleiterinnen sind im übrigen auch die Bewohner einer Gruppe. Naturgemäß sind sie mit den dienstlichen Strukturen und alltäglichen Abläufen viel besser vertraut als neue Mitarbeiterinnen. Bei entsprechender Unterstützung durch erfahrene Fachkräfte können sie ihr Wissen und ihre Erfahrungen gezielt einbringen und somit bei der Einarbeitung eine verantwortungsbewußte und wertvolle Rolle einnehmen.

Die Möglichkeit zur Einrichtung von Praktikantinnenplätzen und Zivildienststellen versetzt wohnbezogene Dienste im Prinzip in die Lage, auch langfristig qualifizierte Mitarbeiterinnen an sich zu binden: wenn ein Dienst die jungen Kolleginnen nicht als „billige Arbeitskräfte" behandelt, sondern sie als potentielle Nachwuchskräfte entsprechend einarbeitet und sich darum bemüht, ihnen – Eignung vorausgesetzt – auch konkrete berufliche Perspektiven zu eröffnen. Auf diese Weise können vor allem größere wohnbezogene Dienste oder Verbundsysteme ihren Mitarbeiterinnennachwuchs zum Teil selbst ausbilden. Vor diesem Hintergrund wird die intensive Zusammenarbeit mit ausgewählten Ausbildungsinstitutionen sozialer Berufe wie Erzieher(innen)fachschulen, Fachhochschulen für Sozialarbeit/Sozialpädagogik usw. zum unverzichtbaren Bestandteil einer professionellen Personalpolitik.

Literatur

Bundesvereinigung Lebenshilfe für geistig Behinderte e.V. (Hrsg.): Drohender Betreuungsnotstand in der Behindertenhilfe. Marburg 1992

KNEBEL, H.: Taschenbuch für Bewerberauslese. Heidelberg 1992

SCHILLER, B.: Normalisierung der Mitarbeiterführung. In: Fischer, U.; Hahn, M.Th.; Klingmüller, B.; Seifert, M. (Hrsg.): Wohnen im Stadtteil für Erwachsene mit schwerer geistiger Behinderung. Reutlingen 1994, 97 – 118

SEIFERT, M.: Zur Wohnsituation von Menschen mit geistiger Behinderung in Berlin unter besonderer Berücksichtigung der Personen mit hohem Betreuungsbedarf. Berlin 1993

WEINERT, A.: Lehrbuch der Organisationspsychologie. München, Weinheim 1987

Mitarbeiterinnenführung • Qualifikation ... Einarbeitung

Nutzerbezogene Indikatoren:
Qualifikation, Auswahl und Einarbeitung

	trifft zu	trifft eher zu	trifft eher nicht zu	trifft nicht zu
1. Der Nutzer hat in seinem bisherigen Leben keinen Einfluß darauf nehmen können, wer ihn im Alltag unterstützt und betreut.	❏	❏	❏	❏
2. Der Nutzer wird an der Personalauswahl nicht beteiligt, obwohl er bei entsprechender Unterstützung dazu in der Lage wäre. Seine Erfahrungen während der Probezeit neuer Mitarbeiterinnen werden nicht berücksichtigt.	❏	❏	❏	❏
3. Der Nutzer wird an der Einführung neuer Mitarbeiterinnen nicht beteiligt, obwohl er bei entsprechender Unterstützung dazu in der Lage wäre.	❏	❏	❏	❏

Gesamteinschätzung

Zur Einbeziehung des Nutzers in die Auswahl und Einarbeitung neuer Mitarbeiterinnen bedarf es besonderer Unterstützung.	❏	❏	❏	❏

6.6

Angebotsbezogene Indikatoren:
Qualifikation, Auswahl und Einarbeitung

	trifft zu	trifft eher zu	trifft eher nicht zu	trifft nicht zu

1. Im Mittelpunkt wohnbezogener Dienste stehen Aufgaben der sozialen Rehabilitation. Der Dienst beschäftigt deshalb überwiegend Mitarbeiterinnen, die entweder über eine einschlägige pädagogische Berufsausbildung verfügen oder aber durch eine entsprechende Nachqualifizierung für das Aufgabenfeld geeignet sind. ❑ ❑ ❑ ❑

2. Der wohnbezogene Dienst orientiert sich bei der Personalauswahl – wie jeder andere Betrieb – an qualitativen Gesichtspunkten. Er leitet aus seinem sozialen Auftrag nicht die Verpflichtung ab, bei der Personalauswahl auch an sich ungeeigneten Mitarbeiterinnen eine Chance zu geben. ❑ ❑ ❑ ❑

3. Bei der Auswahl von Mitarbeiterinnen (Bewerbungsverfahren und Probezeit) wird insbesondere auf folgende Kriterien geachtet:

    - Wird die Mitarbeiterin von den Nutzern akzeptiert?
    - Ist die Mitarbeiterin in der Lage, zu den Nutzern eine persönliche Beziehung aufzubauen, und ist sie sich ihrer Modellfunktion im Zusammenleben mit den Nutzern bewußt?
    - Ist das Bild der Mitarbeiterin von Menschen mit geistiger Behinderung eher defizit- oder entwicklungsorientiert?
    - Fördert die Mitarbeiterin die Autonomie und das selbstbestimmte Handeln der Nutzer oder verhält sie sich eher überkontrollierend und überversorgend?
    - Bringt die Mitarbeiterin neue Impulse in die Arbeit ein?
    - Ist die Mitarbeiterin in der Lage, in einem eher gering strukturierten Aufgabenfeld eigenständig zu arbeiten?
    - Ist die Mitarbeiterin in der Lage, im Team zusammenzuarbeiten und dabei auch ihre eigenen Einstellungen und Handlungsweisen in Frage zu stellen? ❑ ❑ ❑ ❑

4. Bei der Auswahl von Mitarbeiterinnen werden auch berufliche oder außerberufliche Vorerfahrungen mit behinderten oder anderen von Stigmatisierung betroffenen Menschen berücksichtigt. ❑ ❑ ❑ ❑

Mitarbeiterinnenführung • Qualifikation ... Einarbeitung

	trifft zu	trifft eher zu	trifft eher nicht zu	trifft nicht zu
5. Bei der Auswahl von Mitarbeiterinnen wird auch berücksichtigt, ob sie in der Gemeinde wohnen und den Nutzern soziale Kontakte im Umfeld des Dienstes vermitteln können.	❏	❏	❏	❏
6. Der wohnbezogene Dienst kooperiert zum Zweck der Rekrutierung künftiger Mitarbeiterinnen und des Wissenstransfers zwischen Ausbildung und Praxis mit den regionalen Erzieher(innen)fachschulen und Fachhochschulen für Sozialarbeit/Sozialpädagogik.	❏	❏	❏	❏
7. Die Zusammensetzung der in einem Team zusammenarbeitenden Mitarbeiterinnen entspricht nach Alter und Geschlecht etwa der Zusammensetzung der Gruppe der Nutzer, d.h., es wird vermieden, daß z.B. einer Gruppe älterer Nutzer ausschließlich sehr junge Mitarbeiterinnen gegenüberstehen.	❏	❏	❏	❏
8. Die Nutzer des wohnbezogenen Dienstes werden an der Personalauswahl dadurch beteiligt, daß ihre Erfahrungen und Meinungen während der Probezeit neuer Mitarbeiterinnen eingeholt und in die Entscheidungsfindung miteinbezogen werden.	❏	❏	❏	❏
9. Der wohnbezogene Dienst stellt sicher, daß eine gezielte Einführung und Anleitung neuer Mitarbeiterinnen erfolgt. Dies geschieht auf der Grundlage eines gemeinsam erarbeiteten Konzeptes.	❏	❏	❏	❏
10. Die Nutzer des wohnbezogenen Dienstes werden an der Einführung neuer Mitarbeiterinnen gezielt beteiligt und auf diese Aufgabe individuell vorbereitet.	❏	❏	❏	❏

Gesamteinschätzung

Der wohnbezogene Dienst unternimmt alle erforderlichen Bemühungen, um die Auswahl und Einarbeitung seiner Mitarbeiterinnen nach den genannten Qualitätskriterien sicherzustellen.	❏	❏	❏	❏

Gegenstandsbereich:
Führung und Zusammenarbeit

Idealerweise sollte ein wohnbezogener Dienst alle Anstrengungen unternehmen, sowohl die äußeren Bedingungen der Arbeit seiner Beschäftigten als auch die internen Strukturen der Kommunikation und Zusammenarbeit seiner Mitarbeiterinnen fortlaufend weiterzuentwickeln. Zwischen den verschiedenen Funktions- und Arbeitsbereichen eines wohnbezogenen Dienstes (Leitung, Fachkräfte im Gruppendienst, begleitender Dienst, Verwaltung) und zwischen den einzelnen Mitarbeiterinnen dieser Aufgabenbereiche sollten die mit einer Tätigkeit verbundenen Einzelaufgaben, Kompetenzen und Informationsbeziehungen (Rechte und Pflichten) eindeutig geregelt und gegeneinander abgegrenzt sein. Zur klaren Abgrenzung von Aufgaben und Kompetenzen haben sich gemeinhin kooperativ (von allen Betroffenen gemeinsam) erstellte und fortzuschreibende Stellenbeschreibungen bewährt.

Formale und informelle Hierarchien

Die Formen der Zusammenarbeit zwischen den verschiedenen Untergruppen oder Teams innerhalb eines wohnbezogenen Dienstes lassen sich jedoch nicht allein durch eine klare Aufgaben- und Kompetenzverteilung regeln, da es in Gruppen aufgrund verschiedener Fähigkeiten, Erfahrungen oder Temperamente der einzelnen Personen naturgemäß zur Herausbildung von Hierarchien (einem „Oben und Unten") kommt. Meist sind diese Hierarchien zu einem Teil bereits durch Qualifikation und Funktion innerhalb des wohnbezogenen Dienstes vorgegeben (eine Person ist Leiterin, eine andere wird als Gruppenleiterin eingestellt, eine weitere wird aufgrund ihrer fehlenden Ausbildung voraussichtlich nicht in eine verantwortlichere Position gelangen können usw.).

Neben dieser formalen Hierarchie bildet sich auch stets eine informelle Hierarchie aus, die mit Ausbildungsabschluß und Funktion nicht unbedingt zusammenhängen muß. Immer dann, wenn mehrere Menschen in einer Gruppe zusammenarbeiten, nehmen die Mitglieder innerhalb kürzester Zeit eine bestimmte Position innerhalb der Gruppe ein und müssen sich mit den Verhaltenserwartungen, die an diese Position und die damit verbundene Rolle gestellt werden, auseinandersetzen. Position und Wahrnehmung einer Rolle begründen den Status einer Person innerhalb der Gruppe (z.B. offizielle oder inoffizielle Gruppenführerin, Mitläuferin, Außenseiterin).

Über die gemeinsame Tätigkeit in einem Team entstehen vielfältige persönliche Kontakte, Sympathien und Abneigungen. Auf diese Weise bilden sich informelle Beziehungen oder Gruppen heraus (Mitarbeiterinnen, die sich gut verstehen und vielleicht auch privat befreundet sind). Diese informellen Beziehungen befriedigen die sozialen Bedürfnisse von Mitarbeiterinnen nach Zusammengehörigkeit, Kommmunikation und sozialer Anerkennung (siehe auch Gegenstandsbereich „Arbeitszufriedenheit", S. 327 ff.).

In Arbeitsgruppen entsteht eine mehr oder weniger stark ausgeprägte Gruppenidentität, die es den Mitgliedern ermöglicht, einheitliche Normen und Standards auszubilden. Diese Normen beeinflussen die arbeitsbezogenen Einstellungen und Ziele, die Verhaltensweisen, die Motivation und letztlich auch die Qualität der Arbeit aller Gruppenmitglieder.

Wie entsprechende Untersuchungen gezeigt haben (vgl. WEINERT 1987, 79), sind die Normen informeller Gruppen für einzelne Mitarbeiterinnen hinsichtlich ihrer Ziele und ihrer Arbeitsmotivation oft weitaus verbindlicher als die offiziell (vom wohnbezogenen Dienst oder der Vorgesetzten) übermittelten Werte und Ziele. So kann z.B. die von der Leitung geforderte Norm der „Pünktlichkeit zum Dienstbeginn" für das Handeln der Mitarbeiterinnen eines Teams völlig unverbindlich werden, wenn sie in der Gruppe zu der Auffassung gelangt sind, es sei in Ordnung, eine halbe Stunde zu spät zu kommen und hieraus keine negativen Konsequenzen folgen.

Negative und positive Konflikte

Ob die Mitglieder einer Gruppe produktiv zusammenarbeiten, hängt also u.a. von ihren Werten und Zielen, von ihrer Ausbildung und ihren beruflichen Erfahrungen, aber auch von ihrer Persönlichkeit und ihren informellen Beziehungen zueinander ab. Bestehen zwischen den Mitgliedern eines Teams erhebliche ausbildungs-, erfahrungs- und persönlichkeitsbedingte Unterschiede, kann es zu Konflikten kommen. Besonders in kleineren Teams kann es daher von Vorteil sein, wenn die Kolleginnen in bezug auf die oben genannten Punkte eine gewisse Einheitlichkeit aufweisen. Andererseits sollten sich die Mitglieder einer Gruppe aber auch nicht allzu ähnlich sein, da sie sich ansonsten in der Zusammenarbeit nur wenig gegenseitig anregen und ergänzen können.

Konflikte in einem Team oder einer Arbeitsgruppe müssen allerdings keineswegs nur schädlich sein. Manchmal sind sie sogar notwendig, damit sich festgefahrene Strukturen verändern und bessere Formen der Zusammenarbeit zustande kommen können. Konflikte haben somit auch positive, d. h. funktionale Aspekte:

- Konflikte verhelfen der Organisation zu einer angemessenen Flexibilität und Wandlungsfähigkeit bei der Verarbeitung interner und externer Informationen;
- Konflikte können durch das Austragen von Spannungen für den Verbleib von Mitarbeiterinnen in der Organisation sorgen, stellen also eine Art „Sicherheitsventil" dar;
- Konflikte stützen die Autonomie der Subsysteme (z. B. einzelne Gruppen und Teams) gegenüber dem Gesamtsystem einer Organisation.

Gruppen verändern sich durch die Handlungen ihrer Mitglieder ebenso wie durch äußere Einflüsse (Arbeitsbedingungen, Erwartungen, Führungsstil von Vorgesetzten). Damit besteht auch für konfliktreiche Teams bei entsprechender Anleitung und Begleitung (z. B. in Form von Organisations- und Teamentwicklung) immer die Chance, sich zu wandeln, sich untereinander besser zu verstehen und in der Zusammenarbeit effektiver zu werden.

Kooperation und Kommunikation

Teams sind sogenannte „interagierende Gruppen" (FIEDLER 1967, nach WEINERT 1987, 320), d. h., jedes Mitglied eines Teams ist bei der Wahrnehmung seiner Arbeitsaufgaben auf die jeweils anderen Angehörigen des Teams unmittelbar angewiesen. In vielen wohnbezogenen Diensten ist jedoch der Einzeldienst zur Regel und die direkte Zusammenarbeit mit einer Kollegin eher zur Ausnahme geworden. Damit geraten die Mitarbeiterinnen in vielerlei Nöte:

- Ohne die enge Kooperation mit den Kolleginnen lassen sich viele Anforderungen des beruflichen Alltags gar nicht oder nur mit erheblichem Aufwand und Streß bewältigen;
- ohne intensive und regelmäßige Absprachen über pädagogische Konzepte ist kein nutzerorientiertes Handeln einer einzelnen Mitarbeiterin möglich;
- ohne eine gezielte und hinreichend ausführliche Dienstübergabe sind wichtige Informationen für den bevorstehenden Dienstabschnitt oft nicht verfügbar.

Wirkliche Kooperation kann nur da gedeihen, wo die Kooperationspartner auch die Gelegenheit erhalten, sich direkt, d. h., ohne den Umweg über dritte Personen oder über Hilfsmittel wie Übergabebuch oder Protokolle miteinander zu verständigen. Kommt ein Team aber nur einmal wöchentlich oder in noch größeren Abständen zur Dienstbesprechung zusammen, werden die Absprachen fast zwangsläufig auf organisatorische Probleme und die jeweils drängendsten Fragen eingeschränkt. Die Vielzahl an Wahrnehmungen, Eindrücken, Erlebnissen mit Nutzern, Emotionen, Ideen und Anregungen, die eine einzelne Mitarbeiterin in ihren Dienststunden aufnimmt und entwickelt, bleibt dabei regelmäßig „auf der Strecke". Gerade diese Informationen wären aber oft entscheidend für das Verständnis der Kolleginnen untereinander und für den gegenseitigen Austausch über die Bedürfnisse und Wünsche der Nutzer.

Für eine gute Zusammenarbeit im Team ist gerade das Erleben des gemeinsamen Tuns und der quasi beiläufige Austausch über durchaus „banale" Dinge des Alltags von großer Bedeutung. Dies gilt im übrigen generell, also nicht nur für die Arbeitsbeziehungen zwischen Mitarbeiterinnen, sondern ebenso zwischen Nutzern und selbstverständlich auch für den Umgang zwischen Mitarbeiterinnen und Nutzern. Ein wohnbezogener Dienst sollte aus diesen Gründen

- Einzeldienste von Mitarbeiterinnen nach Möglichkeit vermeiden und in jedem Fall für angemessene Übergabezeiten und regelmäßige Teamsitzungen sorgen;
- hochgradig transparente Informationsbeziehungen (Regelung von Informationsrechten und -pflichten) zwischen den einzelnen Arbeitsbereichen und Hierarchieebenen schaffen;
- insbesondere formale Besprechungsformen (wie Übergabegespräche, Dienstbesprechungen, Entwicklungsplanungsgespräche) regelmäßig daraufhin überprüfen, ob sie wirklich für alle Mitarbeiterinnen (also auch für diejenigen, die nicht daran teilnehmen!) nachvollziehbar sind;

- Kommunikationsmittel zur Weitergabe von Informationen miteinander kombinieren, z. B. bei der Einführung von neuen Dienstvereinbarungen neben dem mündlichen Informationsgespräch auch schriftliche Hinweise als „Gedächtnisstütze" verteilen. Untersuchungen (DAHLE 1954, nach NEUBERGER 1973, 96 f.) haben gezeigt, daß sich auf diese Weise Informationen besonders nachhaltig im Bewußtsein der Empfänger verankern;
- in formalen Besprechungsformen neben organisatorischen und inhaltlichen Fragen auch Probleme der Interaktion (Teamklima) regelmäßig auf die Tagesordnung setzen. Erfahrungsgemäß drängen sich organisatorische Fragen in den Vordergrund, wenn in Dienstbesprechungen die Themenbereiche „Organisation/Planung" und „Interaktion/Pädagogische Fragen" nicht deutlich getrennt voneinander behandelt werden.

Wohnbezogene Dienste, die ihre Verantwortung gegenüber ihrem Personal professionell wahrnehmen, werden darüber hinaus Angebote der Gruppen- und Einzelsupervision für prinzipiell alle pädagogischen Mitarbeiterinnen als unverzichtbaren Standard ansehen und ermöglichen.

Gruppenleitung in wohnbezogenen Diensten

In den meisten wohnbezogenen Diensten ist es üblich, daß bestimmte herausgehobene Aufgaben in einem Team durch eine Gruppenleiterin wahrgenommen werden. In einem sehr kleinen Team ist auch eine arbeitsteilige Aufgabenstruktur denkbar, die verschiedene Tätigkeiten so auf die einzelnen Mitarbeiterinnen verteilt, daß keine Leitungsposition innerhalb des Teams benötigt wird. Generell sollten in kleineren Teams (etwa bis zu vier Mitarbeiterinnen) alle fachbezogenen Aufgaben (Ausnahmen: spezielle therapeutische Tätigkeiten), auch organisatorischer und verwaltungstechnischer Art, grundsätzlich von allen Mitgliedern des Teams gleichermaßen wahrgenommen werden („alle sollten alles können").

Werden spezielle Aufgaben (z. B. Leitungsaufgaben oder Verwaltungstätigkeiten) über einen längeren Zeitraum nur von einer Person wahrgenommen, sollte dies nur mit einvernehmlicher Absprache innerhalb des Teams geschehen. Dabei sollte unbedingt gesichert sein, daß diese Aufgaben im Vertretungs- oder Krankheitsfall auch von anderen Teammitgliedern ausgeführt werden können.

In einigen Teams, in denen diese Voraussetzungen erfüllt sind und in denen sich die einzelnen Kolleginnen darüber hinaus noch gut verstehen, nehmen die Teammitglieder Gruppenleiterinnenfunktionen auch abwechselnd wahr (beispielsweise im jährlichen Wechsel).

Je größer die Teams sind, um so sinnvoller kann es sein, bestimmte Tätigkeiten der Planung, Organisation und Kontrolle dauerhaft auf einzelne Personen (z. B. Gruppenleiterinnen) zu verteilen – einvernehmliche Absprachen und angemessene Vertretungsregelungen natürlich vorausgesetzt. Neben der Größe eines Teams können weitere Gründe für die Position einer Gruppenleiterin z. B. darin liegen, sehr jungen oder unerfahrenen Teammitgliedern eine erfahrene Kollegin als „Orientierungs- und Leitperson" an die Seite zu stellen. Auch in Zeiten starker Personalfluktuation kann es sinnvoll sein, eine dienstältere Mitarbeiterin mit dieser Aufgabe zu betrauen.

Steuerung von Kommunikation und Zusammenarbeit

Mit zunehmender Größe eines wohnbezogenen Dienstes ist es allerdings erforderlich, Kommunikations- und Koordinationsprozesse zwischen einzelnen Gruppen und Mitarbeiterinnen intensiver zu steuern. Je mehr aber in einem wohnbezogenen Dienst die hervorgehobenen Aufgaben der Leitung, Verwaltung, Vertretung und Repräsentation (z. B. in dienstinternen und -externen Arbeitsgruppen) auf einige wenige Personen (etwa Dienstleitung, Gruppenleiterinnen) verteilt sind, desto schwerer wird es für die übrigen Kolleginnen, alle für ihre Arbeit wichtigen Informationen auch tatsächlich zu erhalten.

In größeren wohnbezogenen Diensten oder Diensten mit ausgelagerten Gruppen müssen daher für die Weitergabe von Informationen in der Regel stärker formalisierte Wege beschritten werden (Teamsitzungen, Konferenzen, Mitteilungsblatt, „schwarzes Brett"), da die einzelne Vorgesetzte schon aus zeitlichen Gründen gar nicht in der Lage ist, regelmäßig persönlich mit allen Mitarbeiterinnen ihres Verantwortungsbereichs zu sprechen.

Aber auch in kleineren wohnbezogenen Diensten werden die von Vorgesetzten im persönlichen Gespräch vermittelten Informationen meist nur den jeweils gerade diensthabenden Mitarbeiterinnen zugänglich, welche die Informationen dann an ihre Teamkolleginnen (bei der nächsten Übergabe oder durch eine Eintragung ins Teambuch) weitergeben.

So bleiben z. B. Teilzeitkräfte oder Mitarbeiterinnen, die über längere Zeitintervalle ihre Überstunden abbauen, von wichtigen Entwicklungen und den damit verbundenen Informationen oft ausgeschlossen. Dennoch sollen sie während ihrer Dienstzeiten die gleichen Aufgaben in gleicher Qualität wahrnehmen wie ihre vollzeitarbeitenden und besser informierten Kolleginnen.

Autonomie von Wohngruppen

Je größer ein wohnbezogener Dienst ist, desto undurchschaubarer werden seine institutionellen Strukturen und Abläufe – für die Mitarbeiterinnen ebenso wie für die Nutzer. Für größere wohnbezogene Dienste kann daher fast immer pauschal als Ziel formuliert werden, hierarchische Strukturen abzubauen und den einzelnen Teams oder Gruppen ein hohes Maß an Autonomie und Verantwortung einzuräumen (dezentrale Entscheidungsstrukturen). Voraussetzung ist jedoch, daß alle Hierarchieebenen und Funktionsgruppen des wohnbezogenen Dienstes in einen solchen Prozeß einbezogen werden. Wenn Veränderungen hingegen ausschließlich „von oben", also von der Leitung geplant werden, sind Widerstände und Bremseffekte an der „Basis" unvermeidlich. Die Vorteile einer solchen „Autonomisierung" von Gruppen innerhalb einer (größeren) Organisation sind u. a.:

- Die Kreativität, die jede Mitarbeiterin einbringt, wird besser genutzt;
- die Kommunikation und Kooperation der verschiedenen Gruppen und Mitarbeiterinnen wird gesteigert; die Arbeitsprozesse werden durch die intensivere Zusammenarbeit optimiert;
- die Mitarbeiterinnen lernen, ihre Probleme selbst zu lösen („Problemträger werden zu Problemlösern");
- das Gruppengefühl erhöht sich, individuelle Leistungsschwankungen können in der Gruppe aufgefangen werden (Integration von Schwächeren, gegenseitiges Lernen);
- die Einarbeitung und Integration neuer Kolleginnen wird erleichtert;
- durch den Zuwachs an Selbstverantwortung erhöht sich die Motivation der einzelnen Mitglieder der Gruppe oder des Teams, ihre Arbeitsaufgaben so gut wie möglich wahrzunehmen;
- die Führungskräfte werden von Planungs- und Kontrollaufgaben entlastet.

Gruppenübergreifende Zusammenarbeit

In größeren wohnbezogenen Diensten besteht eine allgemeine Tendenz, daß sich in den einzelnen Abteilungen, Wohngruppen oder Teams unterschiedliche Zielvorstellungen und Routinen herausbilden und mit der Zeit immer mehr verfestigen. Dies ist einerseits zu begrüßen, weil es die Autonomie der einzelnen Funktionsbereiche fördern kann. Andererseits sollte mehr Autonomie nicht mit Isolierung verwechselt werden.

Die Neigung einzelner Teams oder Gruppen, sich voneinander abzuschotten und dabei die Gesamtheit des wohnbezogenen Dienstes mit seinen Zielen und Aufgaben aus dem Blickfeld zu verlieren, schränkt die Möglichkeiten zu einer fachlichen Zusammenarbeit über Teamgrenzen hinaus erheblich ein. Nicht selten wird kollegiale Solidarität (etwa bei unumgänglichen Vertretungen) nur unter den Mitgliedern des eigenen Teams praktiziert, während man sich für die Probleme anderer Gruppen nicht zuständig fühlt. Dabei wird häufig übersehen, daß die gegenwärtigen Schwierigkeiten des Nachbarteams in den meisten Fällen keine gruppenspezifischen, sondern strukturelle Probleme sind, die früher oder später auch die eigene Gruppe betreffen können. Anstatt gemeinsame Lösungen zu erarbeiten (z. B. bei längerfristigen personellen Engpässen einer Gruppe oder bei der Erschließung besonderer pädagogischer oder therapeutischer Hilfen für einzelne Nutzer), wird oft die gesamte Energie darauf verwendet, den eigenen Arbeitsbereich gegenüber der Verantwortung für die Nutzer anderer Gruppen abzugrenzen.

Ein wohnbezogener Dienst sollte daher seine besondere Aufmerksamkeit darauf legen, die zielorientierte Zusammenarbeit zwischen den verschiedenen Funktionsgruppen gezielt zu verbessern und die Gesamtverantwortung der Mitarbeiterinnen gegenüber den Nutzern des wohnbezogenen Dienstes zu fördern.

Eigenverantwortung und Führung

Eigenverantwortlich arbeitende Gruppen oder Teams benötigen bei ihren Vorgesetzten ein verändertes Führungsverständnis: vom Führen und Anleiten zu Moderation und Kooperation. Den bis heute bestehenden unterschiedlichen Auffassungen über den geeigneten Führungsstil gehen gegensätzliche Grundannahmen über die Natur des arbeitenden Menschen voraus. Diese verschiedenen Menschenbilder lassen sich in zwei Theorien auf den Punkt bringen (WEINERT 1987, 103 f.):

1. Bei der sogenannten „Theorie X" betrachten Vorgesetzte den Menschen grundsätzlich als eher arbeitsunwillig, wenig ehrgeizig und nicht an Verantwortung, sondern nur an der Befriedigung seiner physischen und materiellen Bedürfnisse interessiert. Als Konsequenz dieser Annahme müssen Mitarbeiterinnen eng geführt, mit Druck oder Belohnungen (extrinsische Motivation) auf den „Kurs" der Organisation gebracht und möglichst umfassend kontrolliert werden.
2. Bei der „Theorie Y" *(Maslow, Herzberg, Hawthorne-Studien)* stellen Vorgesetzte die Bedeutung nicht-materieller Anreize für die Arbeitsmotivation in den Vordergrund. Demnach arbeiten Menschen freiwillig und gern, wenn sie ihre individuellen Ziele und Bedürfnisse mit den Zielen der Organisation in Einklang bringen können und in ihrer Tätigkeit Herausforderungen, individuelle Entwicklungsmöglichkeiten und Verantwortung gegeben sehen (intrinsische Motivation). Mit zunehmender Autonomie entwickeln die Mitarbeiterinnen dabei von sich aus Verantwortungsbewußtsein und nehmen Kontrollaufgaben hinsichtlich der Qualität ihrer Arbeit selbst wahr.

Aus Untersuchungen geht hervor, daß in „flachen" Organisationen (wenige Hierarchieebenen) ein demokratischer Führungsstil zu mehr Erfolg führt als in „steilen". Dort ist offenbar ein höherer Formalisierungsgrad der Zusammenarbeit (z. B. mehr fest vereinbarte Termine und Arbeitsgruppen, klare Anweisungen von Vorgesetzten) notwendig. Grundsätzlich aber ist der Stil der kooperativen Führung dem autoritären Stil (Theorie X) immer dann überlegen, wenn nicht eintönige, stets wiederkehrende und relativ einfach zu bewältigende Aufgaben im Vordergrund der Tätigkeit stehen.

Methoden mitarbeiterinnenorientierter Führung

Soziale Dienstleistungen sind sehr komplexe Tätigkeiten. Daher können wohnbezogene Dienste ihren vielfältigen Aufgaben nur dann gerecht werden, wenn sie die Initiative und Kreativität ihrer Mitarbeiterinnen möglichst optimal zu nutzen verstehen.

Vorgesetzte in wohnbezogenen Diensten sollten ihre Führungsaufgabe (im Sinne der „Theorie Y") primär als Interaktionsprozeß verstehen, in dem unterschiedliche Erwartungen, Bedürfnisse, Vorstellungen und Ziele möglichst einvernehmlich miteinander auszuhandeln sind. Insbesondere sollte die Motivation der Mitarbeiterinnen gefördert werden, etwa durch anspruchsvolle und eigenverantwortlich wahrzunehmende Aufgaben und die Beteiligung an arbeitsplatzübergreifenden Entscheidungen. Auch die Ziele der Arbeit und die methodischen Wege, diese Ziele zu erreichen, sollten gemeinsam formuliert und geplant werden. Um notwendige Veränderungen planvoll und strukturiert vollziehen zu können, sollten Mitarbeiterinnen aller Funktionsbereiche und Gruppen innerhalb eines wohnbezogenen Dienstes in Entwicklungsprozesse einbezogen werden.

Ein wohnbezogener Dienst ist daher gut beraten, wenn er über die üblichen Vierteljahresgespräche zwischen Leitung und Personalvertretung hinaus auch einen regelmäßigen Austausch zwischen der Leitung und allen Mitarbeiterinnen (in größeren wohnbezogenen Diensten z. B. in Form von funktions- und hierarchieübergreifend zusammengesetzten Steuergruppen) über die Ziele und die weitere Entwicklung des wohnbezogenen Dienstes sowie über Probleme der Führung und Zusammenarbeit organisiert.

Bei neuen Aufgaben und Herausforderungen (z. B. Differenzierung der Angebotsstruktur eines wohnbezogenen Dienstes oder Anwendung neuer Rechtsgrundlagen in der Arbeit) bieten sich auch Formen des Projektmanagements an. Die Einbindung in teamübergreifende Projekte und Vorhaben ist im übrigen ein probates Mittel, um insbesondere Mitarbeiterinnen im Gruppendienst mit Aufgaben zu betrauen, die über die Routine alltagsbegleitender Tätigkeiten hinausgehen und ihnen Freiräume für neue Erfahrungen eröffnen.

In jedem Fall sollte der Führung innerhalb eines sozialen Dienstes ein klares, in sich stimmiges und verschriftetes Konzept (Führungsgrundsätze) zugrunde liegen. In der Verantwortung der Vorgesetzten (Abteilungs- bzw. Gruppenleiterinnen) liegt es dann, die für den gesamten wohnbezogenen Dienst geltenden Grundsätze über Führung und Zusammenarbeit auf die Ebene der einzelnen Teams zu übertragen und umzusetzen. Dabei sind u. a. folgende Punkte maßgeblich:

- Die kontinuierliche fachliche Anleitung und Unterstützung der Arbeit der Mitarbeiterinnen (Er-

fahrungswerten zufolge sollten Führungskräften nur wenige Mitarbeiterinnen unmittelbar nachgeordnet sein, wenn eine problemnahe Anleitung gewährleistet werden soll);
- die strukturierte Einführung und Anleitung neuer Mitarbeiterinnen (vgl. Gegenstandsbereich „Qualifikation, Auswahl und Einarbeitung", S. 309 ff.);
- die Erstellung von tätigkeitsbezogenen und eng an den Bedürfnissen von Mitarbeiterinnen und Nutzern orientierten Fortbildungsplänen (in Kooperation mit den einzelnen Teams);
- regelmäßige Personalentwicklungsgespräche für alle hauptamtlichen Mitarbeiterinnen (im Regelfall mit der direkten Vorgesetzten).

Führungsstil und Führungssituation

In der Fachliteratur wird häufig zwischen einem aufgabenorientierten und einem personenorientierten Führungsstil unterschieden (vgl. LIKERT 1972; WEINERT 1987, 352 ff.). In der Praxis ist diese Unterscheidung meist jedoch nur wenig hilfreich.

Gute Vorgesetzte sollten in der Lage sein, die in einer bestimmten Situation jeweils günstigste Strategie auszuwählen. So erfordert die Zusammenarbeit einer Vorgesetzten mit Teams oder Gruppen, die sich mehrheitlich aus sehr jungen und/oder unerfahrenen Mitarbeiterinnen zusammensetzen, einen stärker aufgaben-, ziel- und strukturbezogenen Führungsstil (mehr direkte Anleitung und konkrete Hilfestellung bei Organisation und Konzeptualisierung der zu bewältigenden Aufgaben). Bei der Kooperation mit Teams von berufserfahrenen Mitarbeiterinnen treten demgegenüber verstärkt Moderations- und Koordinationstätigkeiten (also primär personenzentrierte Aufgaben) in den Vordergrund.

Sicherlich gibt es nicht den einzig richtigen Führungsstil (vgl. WEINERT 1987, 362 ff.). Stattdessen sind eine ganze Reihe von Faktoren daran beteiligt, ob das Führungsverhalten einer Vorgesetzten positive oder negative Auswirkungen auf die Mitarbeiterinnen hat: Die Persönlichkeit der Vorgesetzten und ihrer Mitarbeiterinnen, die beruflichen Erfahrungen, Ziele, Menschenbilder und Bedürfnisse aller Beteiligten sowie die Art ihrer persönlichen Beziehung spielen dabei ebenso eine Rolle wie die Struktur der Aufgabe, das Organisationsklima, die Macht bzw. Autorität der Führungsposition und die Situation, in der ein bestimmter Führungsstil praktiziert wird.

Führungsstil und Führungssituation sollten also jeweils aufeinander bezogen sein und zusammenpassen. Dabei hat die Vorgesetzte sowohl das eigene Führungsverhalten als auch die Bedingungen der Situationen, in denen Führung verlangt ist, aktiv mitzugestalten*. Besteht ein Team z. B. vorwiegend aus beruflich sehr unerfahrenen oder wenig qualifizierten Mitarbeiterinnen, kann es (für eine Übergangszeit) notwendig sein, die fachlichen Ziele durch die Leitungsebene weitgehend vorzugeben, indem jede Funktionsgruppe und jede einzelne Mitarbeiterin für einen bestimmten Zeitraum konkrete Arbeitsziele erhält (Management by Objectives). Diese Vorgaben sollten sich eng an den individuellen Möglichkeiten bzw. den Möglichkeiten der Gruppe orientieren und laufend kooperativ überprüft werden.

Der Führungsstil einer Vorgesetzten beeinflußt nicht nur die Kommunikation und Kooperation innerhalb eines Teams, sondern auch die persönlichen Ziele und die Motivation der einzelnen Mitarbeiterinnen. Vorgesetzte sollten ihre Mitarbeiterinnen ausdrücklich darin unterstützen, sich zum einen für ihre konkrete Tätigkeit, zum anderen aber auch für ihre berufliche Laufbahn feste Ziele zu setzen und diese mit den Erwartungen und Möglichkeiten des wohnbezogenen Dienstes zu koordinieren. Dafür sind u. a. regelmäßige Personalentwicklungsgespräche eine geeignete Methode.

Menschen erleben ihre Arbeit nur dann als wirklich sinnvoll und für ihre Entwicklung bereichernd, wenn sie sich gefordert und „gefördert" fühlen. Dabei kann zum einen die gleiche Aufgabenstellung von verschiedenen Personen als unter- oder auch überfordernd wahrgenommen werden. Zum anderen werden Personen in verschiedenen Abschnitten ihrer beruflichen Laufbahn auch sehr unterschiedlich beansprucht: Während z. B. Berufsanfängerinnen ihre Aufgaben im begleiteten Wohnen zunächst oft überaus schwierig und komplex erscheinen, kann sich die gleiche Tätigkeit nach einigen Jahren eher als monoton und reizlos erweisen.

Somit kommt es in jedem Einzelfall darauf an, die Möglichkeiten einer Person mit den Anforderungen ihrer Tätigkeit in das richtige Verhältnis zu bringen, d. h., die Ziele der Arbeit sollten so gesteckt

---

* Vorgesetzte müssen in besonderem Maße die Ziele eines wohnbezogenen Dienstes transportieren und sind für diese Aufgabe mit Macht und Autorität ausgestattet. Autorität stellt das *formale* Recht dar, Kontrolle über andere Personen auszuüben, Macht ist als die *Fähigkeit* zu verstehen, diese Kontrolle tatsächlich ausüben zu können.

werden, daß sie Mitarbeiterinnen fordern, ohne dabei unrealistisch oder überfordernd zu sein. Bei neuen Mitarbeiterinnen wird dies zu anderen Zielvorgaben führen als bei etablierten, von denen in stärkerem Maße Verantwortungsbereitschaft, Eigeninitiative und eigenständige Problemlösungen erwartet werden können.

In jedem Fall müssen die Erwartungen der Leitung des wohnbezogenen Dienstes an einzelne Mitarbeiterinnen klar formuliert werden.

Führung durch Zielvereinbarung

Nach der sogenannten „Path-Goal"-(Weg-Ziel-) Theorie ist eine Vorgesetzte immer dann besonders erfolgreich, wenn es ihr gelingt, die Mitarbeiterinnen bei der Bestimmung ihrer persönlichen und arbeitsbezogenen Ziele zu unterstützen (vgl. WEINERT 1987, 371 ff.). Wesentliche Aufgaben von Vorgesetzten bestehen demnach darin, die Ziele und Aufgaben aus der Dienstperspektive möglichst klar darzustellen, den Teammitgliedern bei der Erreichung ihrer persönlichen Ziele die größtmögliche Unterstützung zu geben und die grundsätzlich verschiedenen Ziele und Interessen der Mitglieder eines Teams oder einer Gruppe mit denen des wohnbezogenen Dienstes weitgehend in Einklang zu bringen. Im günstigsten Fall kann sich jedes Teammitglied mit der eigenen und der von der Gruppe geleisteten Arbeit identifizieren, ohne deshalb die Fähigkeit zu verlieren, sich zur eigenen Tätigkeit gelegentlich in eine kritische Distanz zu setzen.

Die für einzelne Mitarbeiterinnen oder für eine Gruppe vereinbarten Ziele sollten demnach

- auf die tätigkeitsbezogenen Einstellungen, Erwartungen und Möglichkeiten der einzelnen Mitarbeiterinnen abgestimmt sein;
- auf den gegenwärtigen Entwicklungsstand der betreffenden Mitarbeiterinnengruppe bezogen sein (fordernd, aber nicht überfordernd sein);
- konkret auf die täglichen Aufgaben, Handlungsweisen und Routinen der Mitarbeiterinnen bezogen sein;
- auf die Bedürfnisse und Interessen der Nutzer abgestimmt sein;
- in deutlich erkennbarer Verbindung zu den Rahmenzielen des wohnbezogenen Dienstes stehen (d.h., dienstliche Vorgaben und gesellschaftliche Zusammenhänge der eigenen Tätigkeit sollten transparent werden);
- in Übereinstimmung mit fachlichen Standards und allgemeinen ethischen Grundsätzen stehen;

- kooperativ formuliert und verbindlich festgeschrieben werden (z.B. in Form von Teamkonzepten oder Stellenbeschreibungen);
- klar umrissen sein (möglichst konkrete Formulierungen);
- in eine Hierarchie gebracht werden (Gewichtung von Zielen, z.B. nach ihrer Dringlichkeit);
- realistisch sein (d.h., auf der Basis der verfügbaren personellen und materiellen Ressourcen des wohnbezogenen Dienstes erstellt werden);
- durch eigene Anstrengungen erreichbar sein (d.h., sie dürfen nicht abhängig sein von Prozessen oder Entscheidungen, die von den Mitarbeiterinnen nicht zu beeinflussen sind);
- nach festgelegten Verfahren von den Mitarbeiterinnen selbst überprüfbar sein;
- in regelmäßigen Abständen daraufhin kontrolliert werden, in welchem Maße sie erreicht wurden und ob sie gegebenenfalls zu verändern sind.

Anerkennung und Kritik

Vorgesetzte kommen nicht umhin, die Leistungen der Mitarbeiterinnen ihres Funktionsbereichs zu beurteilen und zu bewerten, d.h., sie müssen ständig mit Anerkennung und Kritik arbeiten. Anerkennung und Kritik sind jedoch keineswegs das Privileg von Vorgesetzten. Schließlich erhalten Mitarbeiterinnen in wohnbezogenen Diensten jeden Tag auch von Kolleginnen, Nutzern, deren Angehörigen und Fürsprecher(inne)n sowie von außenstehenden Personen Rückmeldungen über die Qualität ihrer Leistungen.

Die Bedeutung und die wesentlichen Wirkungen von Anerkennung und Kritik für Mitarbeiterinnen werden daher kurz benannt (vgl. NEUBERGER 1973, 165 ff.):

- Anerkennung und Kritik dienen zum einen der Überprüfung, in welchem Ausmaß ein vorgegebenes Ziel erreicht wurde und welche Ziele in welchem Zeitrahmen für die Zukunft angestrebt werden sollen (Informationsaspekt);
- zum anderen bewirken sie eine Verstärkung bzw. Vermeidung bestimmter Verhaltensweisen (Lernaspekt) und eine Steigerung bzw. Verminderung der Arbeitsmotivation (Motivationsaspekt);
- schließlich üben sie auch einen beträchtlichen Einfluß auf das Selbstbild der Mitarbeiterinnen und die persönliche Beziehung zwischen ihnen und der Person aus, die sie beurteilt (sozialer Aspekt).

Um Anerkennung produktiv einzusetzen, sollten Vorgesetzte, Kolleginnen und andere Personen

- mit Anerkennung nicht zu sparsam umgehen;
- bei schwierigen Aufgaben nicht nur herausragende Leistungen loben, sondern auch Bemühungen und Motivation würdigen;
- Anerkennung sofort nach bestimmten Leistungen aussprechen (je länger gewartet wird, desto mehr entsteht der Eindruck, daß die Leistung nicht genügend beachtet wird);
- differenziert und angemessen anerkennen: Besonderes herausheben; nicht pauschal, sondern individuell anerkennen; keine Vorbilder aufbauen („Nehmen Sie sich mal ein Beispiel an ..."); den richtigen Ton treffen;
- Anerkennung leistungs-, nicht personenbezogen aussprechen (kein Mensch produziert nur Herausragendes oder ausschließlich Schlechtes);
- der Anerkennung so oft wie möglich auch konkrete Taten folgen lassen (z.B. Verbesserung der Zusammenarbeit; Übertragung neuer, herausfordernder Aufgaben).

Um konstruktive Kritik zu üben, sollten Vorgesetzte, Kolleginnen und andere Personen

- sich darüber klar werden, welche Ziele und Absichten sie mit ihrer Kritik verbinden (geht es um Ursachenforschung, um die Verbesserung der Zusammenarbeit oder um die Warnung vor möglichen Konsequenzen?);
- eine positive und sachliche Atmosphäre für das Gespräch herstellen (eine gereizte Atmosphäre produziert Abwehrhaltungen und verhindert eine inhaltliche Auseinandersetzung);
- sich bemühen, die Position des anderen zu verstehen (dem Gegenüber sollte ausreichend Gelegenheit zur Darstellung der eigenen Sichtweise und Motivation gegeben werden);
- die eigene Meinung mit gebotener Höflichkeit, aber unmißverständlich zum Ausdruck bringen (nichts beschönigen oder beschwichtigen);
- grundsätzlich nur „unter vier Augen" kritisieren (öffentliche Kritik wird häufig als Bloßstellung empfunden und produziert Abwehr- und Verteidigungshaltungen);
- präzise und sachlich kritisieren (die wesentlichen Kritikpunkte herausstellen statt „Generalabrechnungen" durchzuführen, keine personenbezogene Kritik äußern, mit Emotionen sparsam umgehen);
- problemorientiert kritisieren (gemeinsam Lösungen erarbeiten statt Schuldige zu suchen);
- einen positiven Gesprächsschluß finden („Verlierer" neigen zu Racheaktionen – es sollte deutlich werden, daß die Zusammenarbeit weitergeht und nichts nachgetragen wird).

Literatur

BOSKAMP, P.; KNAPP, R. (Hrsg.): Führung und Leitung in sozialen Organisationen – Handlungsorientierte Ansätze für neue Managementkompetenz. Neuwied 1996

KNEBEL, H.: Taschenbuch für Personalbeurteilung. Heidelberg 1992

LIKERT, R.: Neue Ansätze der Unternehmensführung. Bern, Stuttgart 1972

NEUBERGER, O.: Das Mitarbeitergespräch. München 1973

SCANLAN, B.: Erfolgreiche Mitarbeitermotivation. Berlin 1990

SCHWARZ, P.: Management in Nonprofit-Organisationen. Bern 1992

SCHWARZ, P. u.a.: Das Freiburger Management-Modell für Nonprofit-Organisationen. Bern 1995

ULRICH, A.: Management. Bern 1984

WEINERT, A.: Lehrbuch der Organisationspsychologie. München, Weinheim 1987

Angebotsbezogene Indikatoren:
Führung und Zusammenarbeit

	trifft zu	trifft eher zu	trifft eher nicht zu	trifft nicht zu
1. Führung und Zusammenarbeit innerhalb des wohnbezogenen Dienstes basieren auf einem gemeinsam erarbeiteten, verschrifteten Konzept (Führungsgrundsätze und Regeln der Zusammenarbeit, Regelung von Informationsrechten und -pflichten zwischen den einzelnen Arbeitsbereichen und Hierarchieebenen usw.).	❏	❏	❏	❏
2. Der wohnbezogene Dienst ist so strukturiert, daß er eine möglichst große Autonomie der einzelnen Funktionsbereiche und der unmittelbar zusammenarbeitenden Gruppen sichert, d.h., alle Aufgaben und Entscheidungen werden grundsätzlich so „basisnah" wie möglich wahrgenommen bzw. getroffen und verantwortet.	❏	❏	❏	❏
3. Um eine kontinuierliche und problemnahe fachliche Unterstützung sicherzustellen, sind Fachkräften in Führungsfunktion stets nur wenige Mitarbeiterinnen unmittelbar nachgeordnet (aufgrund der Komplexität der Aufgaben von Führungskräften in wohnbezogenen Diensten liegt die Obergrenze der sogenannten Kontrollspanne erfahrungsgemäß bei etwa sieben nachgeordneten Mitarbeiterinnen).	❏	❏	❏	❏
4. Für jede hauptamtliche Mitarbeiterin liegt eine Stellenbeschreibung vor, in der Aufgaben und Kompetenzen eindeutig beschrieben sind. Die Stellenbeschreibungen sind kooperativ erarbeitet und werden bei Bedarf aktualisiert.	❏	❏	❏	❏
5. Der wohnbezogene Dienst sorgt dafür, daß das Aufgabenbild der Mitarbeiterinnen Freiraum für neue Aufgaben und Erfahrungen läßt und nicht in Routine erstarrt. Er stellt sicher, daß die Mitarbeiterinnen im Gruppendienst nicht nur Tätigkeiten der Alltagsbegleitung im engeren Sinne ausüben, sondern darüber hinaus auch in solche Aufgaben, Vorhaben und Projekte eingebunden sind, die tätigkeitsbezogene Erfahrungen mit den Nutzern in anderen Lebensbereichen und außerhalb des Dienstes ermöglichen.	❏	❏	❏	❏

Mitarbeiterinnenführung • Führung und Zusammenarbeit

	trifft zu	trifft eher zu	trifft eher nicht zu	trifft nicht zu
6. Zwischen vorgesetzten und nachgeordneten Mitarbeiterinnen finden in regelmäßigen Abständen (ca. zweimal jährlich) Personalentwicklungsgespräche statt. Diese Gespräche dienen der Auswertung der Arbeit, der Erörterung der Arbeitszufriedenheit, der kritischen Prüfung des Arbeitsauftrags und seiner Weiterentwicklung (Anreicherung des Aufgabenbildes durch neue, herausfordernde Aufgaben), der Erörterung der Arbeitsbedingungen und der Entwicklung beruflicher Perspektiven.	❑	❑	❑	❑
7. Der wohnbezogene Dienst sorgt für eine strukturierte Gestaltung formaler Besprechungsformen (Übergabegespräche, Dienstbesprechungen, Entwicklungsplanungsgespräche usw.). In Dienstbesprechungen wird zwischen der Behandlung von organisatorischen und pädagogisch-inhaltlichen Fragen klar unterschieden, um zu vermeiden, daß organisatorische Absprachen die gesamte Zeit beanspruchen.	❑	❑	❑	❑
8. Der wohnbezogene Dienst organisiert einen regelmäßigen, auf überprüfbare Daten gestützten Austausch zwischen Leitung und Mitarbeiterinnen über die Ziele und die weitere Entwicklung des Dienstes sowie über Probleme der Führung und Zusammenarbeit.	❑	❑	❑	❑
9. Zur Bearbeitung teamübergreifender, neuer Aufgaben und Probleme (Differenzierung der Angebotsstruktur, Erweiterung des Leistungsangebots, Anwendung neuer Rechtsgrundlagen in der Arbeit usw.) richtet der wohnbezogene Dienst funktions- und hierarchieübergreifende Arbeitsgruppen ein (Projektmanagement).	❑	❑	❑	❑

Gesamteinschätzung

	trifft zu	trifft eher zu	trifft eher nicht zu	trifft nicht zu
Der wohnbezogene Dienst unternimmt alle erforderlichen Bemühungen, um Führung und Zusammenarbeit nach den genannten Qualitätskriterien zu gestalten.	❑	❑	❑	❑

Gegenstandsbereich:
Arbeitszufriedenheit

Arbeitszufriedenheit betrachten wir als ein System emotionaler Empfindungen, das eine Person gegenüber ihrer Arbeit entwickelt und ihren möglichen Reaktionen auf diese Empfindungen. Zwar ist jeder berufstätige Mensch mal mehr und mal weniger mit seiner Arbeit zufrieden. Im begleiteten Wohnen gibt es jedoch eine beträchtliche Anzahl von Mitarbeiterinnen, die mit ihrer Tätigkeit auf Dauer unzufrieden sind. Von ihnen muß man annehmen, daß sie sich weder für die Ziele des wohnbezogenen Dienstes noch für die individuellen Bedürfnisse einzelner Nutzer mit dem nötigen Engagement einsetzen. Aus diesem Grund sollte ein wohnbezogener Dienst der Arbeitszufriedenheit seiner Fachkräfte eine große Bedeutung beimessen.

Um zu verstehen, warum eine Mitarbeiterin im begleiteten Wohnen mit ihrer Arbeitssituation zufrieden bzw. unzufrieden ist, muß man nicht nur die gegenwärtigen Arbeitsverhältnisse, sondern auch den Kontext ihrer Lebenssituation kennen und die Bedeutungen untersuchen, die sie den eigenen, auf die berufliche Tätigkeit bezogenen Gefühlen und Verhaltensweisen beimißt. Vor allem aber sollte man herausfinden, was sie eigentlich zur Arbeit motiviert, wo sie persönliche Schwerpunkte setzt und welchen Wertmaßstäben sie sich verpflichtet fühlt.

Arbeitsmotivation und soziale Bedürfnisse

Gerade in sozialen Berufen dient die Arbeit für viele Beschäftigte nicht nur dazu, den Lebensunterhalt zu verdienen. Sie soll darüber hinaus auch eine Reihe persönlicher Bedürfnisse, Ziele und Erwartungen erfüllen. Die Entscheidung für einen sozialen Beruf ist dabei erfahrungsgemäß besonders eng mit sozialen Bedürfnissen nach Kommunikation und Zugehörigkeit verbunden. Materielle Aspekte (z.B. ein gutes Einkommen) und Sicherheitsbedürfnisse (z.B. Sicherheit des Arbeitsplatzes) sind dagegen oft weniger ausschlaggebend.

Dies belegen auch die von *E. Mayo* (1933), *F.J. Roethlisberger* und *W.J. Dickson* (1943), *K. Lewin* (1939) sowie *D. Katz* und *R.L. Kahn* (Michigan 1951; Ohio 1953) durchgeführten Untersuchungen, in denen sie sich mit den Beziehungen einer Person zu ihrer Arbeitsgruppe (inklusive der informellen Beziehungen) beschäftigten. Demnach hat die Gruppe oder das Team einen erheblichen Einfluß auf die Arbeitszufriedenheit und Arbeitsmotivation ihrer Mitglieder (vgl. WEINERT 1987, 288 ff.). Entscheidende Faktoren sind dabei die sozialen (Verhaltens-)Normen der Gruppe, die Kommunikation im Team, die sogenannten nicht-ökonomischen Be- und Entlohnungen (wie Anerkennung und Teilhabe) sowie die Rolle der Vorgesetzten.

Motivation zur Arbeit erfolgt also vor allem durch die Befriedigung sozialer Bedürfnisse nach Akzeptanz, Integration, Zugehörigkeit und Identifikation. Die in einem Team vorherrschenden Normen und Anschauungen über die Arbeit können bedeutsamer für das Verhalten und die Arbeitsleistung der einzelnen Mitarbeiterinnen sein als das Gehalt oder die Vorgaben und Kontrollen durch die Leiterin des wohnbezogenen Dienstes.

Motivationsfaktoren

Auf die Arbeit bezogene Bedürfnisse lassen sich u.a. danach unterscheiden, ob sie durch die Ausführung der Tätigkeit selbst oder durch Einflüsse der Situation, in der die Arbeit geleistet wird, befriedigt werden. Nach der „Zwei-Faktoren-Theorie" *(F. Herzberg 1967)* stellt sich Arbeitszufriedenheit dann ein, wenn solche Bedürfnisse befriedigt werden, die mit dem *Inhalt der Arbeit* selbst (Motivatoren oder *intrinsische Motivationsfaktoren*) verbunden sind wie z.B. Interesse an der Tätigkeit, Gefordertsein, Verantwortung oder Anerkennung. Das bedeutet, daß der individuelle Sinn, den eine Person ihrer Arbeit zuerkennt, letztlich den Ausschlag über ihre Arbeitszufriedenheit gibt.

Diejenigen Bedingungen einer Arbeit hingegen, die sich nicht direkt auf den Arbeitsprozeß beziehen, sondern eher den *Kontext der Arbeit* (sogenannte "Umweltfaktoren" oder *extrinsische Motivatonsfaktoren*) ausmachen (z.B. die Entlohnung, die physischen Arbeitsbedingungen, der Führungsstil von Vorgesetzten, die zwischenmenschlichen Beziehungen am Arbeitsplatz oder der Status, der mit einer Tätigkeit verbunden ist), haben danach primär die Funktion, Arbeitsunzufriedenheit unter positiv gestalteten Bedingungen zu vermeiden.

In diesem Sinne ist es erforderlich, die Polarisierung zwischen „zufrieden" und „unzufrieden" um einen dritten Pol – „nicht unzufrieden" – zu erweitern. Sind die letztgenannten Faktoren (auch „Hygienefaktoren" genannt) nicht erfüllt, kommt es zur Arbeitsunzufriedenheit. Die optimale Gestaltung der sogenannten Hygienefaktoren ist also eine notwendige, nicht aber zugleich auch schon hinreichende Bedingung für Arbeitszufriedenheit. Wenn gute Arbeitsbedingungen allein also Mitarbeiterinnen nicht zufrieden, sondern „nur" nicht unzufrieden machen können, ist daraus abzuleiten, daß Arbeit generell so gestaltet werden sollte, daß sie der einzelnen Mitarbeiterin ein hohes Maß an *Eigenverantwortung und Selbstentfaltung* gestattet.

Arbeitspsychologische Untersuchungen (NICK 1974) bestätigen diese Annahme. Sie haben ergeben, daß Mitarbeiterinnen in Organisationen immer dann eine vergleichsweise hohe Arbeitszufriedenheit aufweisen, wenn ihnen innerhalb ihres Aufgabenbereichs selbstverantwortliches Handeln, Autonomie und Gestaltungsspielräume eingeräumt werden (in wohnbezogenen Diensten z. B. in bezug auf pädagogische Konzeptualisierung, auf organisatorische Freiheiten wie Dienstplangestaltung oder Urlaubsregelungen). Umgekehrt gehören mehr Autorität, Selbst- und Mitbestimmung zu den am häufigsten genannten Wünschen bei Unzufriedenheit am Arbeitsplatz.

In der Regel steigt die Arbeitszufriedenheit mit der *Position* in der Hierarchie einer Organisation, obwohl auch hier natürlich immer individuelle Unterschiede wie Gesamtpersönlichkeit, Intelligenz und individuelle Zielsetzungen zu beachten sind. Grundsätzlich aber sollte jede Mitarbeiterin für die Wahrnehmung ihrer Aufgaben auch alle erforderlichen Kompetenzen erhalten und die volle Verantwortung übernehmen (Einheit von Aufgabe, Kompetenz und Verantwortung).

Natürlich spielen für die individuelle Motivation auch *Persönlichkeitsvariablen* eine Rolle. Ein stark ausgeprägtes Sicherheitsdenken beispielsweise läßt die Hygienefaktoren stärker in den Vordergrund treten als die sogenannten „intrinsischen", auf die Tätigkeit als solche bezogenen Motivationsfaktoren. Allerdings ist die Ausformung solcher Persönlichkeitsmerkmale auch abhängig vom Kontext und somit veränderbar. Es besteht also kein Anlaß, gezielte Bemühungen zur Motivation von Mitarbeiterinnen unter Hinweis auf „ungeeignete Persönlichkeitsmerkmale" zu unterlassen.

Es kann als gesichert gelten, daß für die meisten Menschen kooperative *Arbeitsformen* (in Teams, Projektgruppen, Arbeitsgemeinschaften) motivierender und auf Dauer zufriedenstellender sind als nach dem Prinzip „Befehl und Ausführung" geregelte Arbeitsbeziehungen – vor allem dann, wenn die Aufgabenstellung sehr komplex ist und nur in Zusammenarbeit mit anderen hinlänglich bewältigt werden kann. Daher sollten alle bedeutsamen inhaltlichen und organisatorischen Fragen innerhalb eines wohnbezogenen Dienstes im Regelfall im Team besprochen und – soweit sinnvoll – auch entschieden werden – idealerweise in hierarchie- und funktionsübergreifenden Gruppen (z. B. bei Einstellung neuer Mitarbeiterinnen: Anhörung nach Hospitation in der Wohngruppe, Teilnahme von Gruppendienstmitarbeiterinnen an Auswahlgesprächen). In diesem Sinne sollte auch die Leitung des wohnbezogenen Dienstes ihre Aufgaben nach den Grundsätzen eines demokratischen und personenzentrierten Führungsstils wahrnehmen (vgl. Gegenstandsbereich „Führung und Zusammenarbeit", S. 317 ff.) und sich bei allen Entscheidungsprozessen um größtmögliche Transparenz (z. B. durch formell festgelegte, umfassende Informationsrechte und -pflichten) bemühen.

Bedingungen für Arbeitszufriedenheit

Einige sozialrehabilitative Dienste bieten ihren Mitarbeiterinnen zwar genügend Autonomie bei der Durchführung ihrer Aufgaben, schaffen jedoch nicht die Bedingungen dafür, daß sich diese Gestaltungsfreiheit auch produktiv für die Nutzer dieser Dienste auswirken kann. Arbeitsbedingungen, die langfristig zur Isolation oder Überlastung von Fachkräften führen (z. B. regelmäßige Einzel- oder Nachtdienste, erhebliche Überstundenleistung) führen ebenso zu Arbeitsunzufriedenheit wie eine übermäßige Routine des Aufgabenbildes (insbesondere bei Beschäftigten im Gruppendienst).

Bei Mitarbeiterinnen, die aus unterschiedlichen Gründen (z. B. geringe fachliche Qualifikation, Berufsanfängerinnen, „ausgebrannte" Mitarbeiterinnen) nicht oder nicht mehr in der Lage sind, ihr Arbeitsfeld eigenständig zu strukturieren und ihre Tätigkeit im Sinne der Nutzer zu konzeptualisieren, ist falsch verstandene Autonomie und gegebenenfalls sogar fahrlässig: Immer dann, wenn Mitarbeiterinnen überfordert sind, besteht die Gefahr, daß Nutzer nicht genügend geschützt werden können.

Mehr Selbstbestimmung im Bereich des begleiteten Wohnens sollte daher immer mit fachlicher Anleitung und Unterstützung gefördert werden. Nur dann, wenn sie gezielt und kontinuierlich allen pädagogisch Tätigen zur Verfügung steht, können selbstbestimmte Arbeitsformen entwickelt und strukturelle Belastungen von Mitarbeiterinnen aufgefangen werden. Auch bei der Analyse der Gründe für Mitarbeiterinnenfluktuation und Ausfallzeiten sollten wohnbezogene Dienste den strukturellen Wirkungsfaktoren besondere Aufmerksamkeit widmen.

Aus der Betonung der Bedeutung „intrinsischer Motivatoren" wie Selbstverantwortung und individuelle Sinnhaftigkeit der Arbeit sollte also nicht geschlossen werden, daß die benannten „Hygienefaktoren" in der Aufgabenstellung eines wohnbezogenen Dienstes zu vernachlässigen sind. An der Frage des angemessenen Gehalts für die Beschäftigten sozialpädagogischer Berufe wird dies immer wieder deutlich.

In unserer Gesellschaft werden Status und Anerkennung einer Person nach wie vor wesentlich auch über das Einkommen bestimmt. Zwar sollte es selbstverständlich sein, daß allen Fachkräften im begleiteten Wohnen ein Gehalt zu zahlen ist, das ihren formalen Qualifikationen entspricht und nicht hinter den tariflichen Einstufungen für vergleichbare Tätigkeiten in anderen Diensten der sozialen Rehabilitation zurückfällt. Der Kostendruck führt jedoch seit einigen Jahren in vielen sozialrehabilitativen Diensten zur Praxis, besonders für den Gruppendienst immer mehr Bewerberinnen ohne oder mit geringer fachlicher Qualifikation einzustellen („Dequalifizierungsschub").

Sozialpädagog(inn)en, Heilpädagog(inn)en und Erzieher(innen) geraten verstärkt in Konkurrenz zu diesen gering qualifizierten Kräften und erklären sich daher nicht selten zur Aufnahme einer untertariflich bezahlten Beschäftigung bereit, um Arbeitslosigkeit zu vermeiden oder zu beenden. Ihre faktische Unterbezahlung ist für diese Mitarbeiterinnen dann aber oftmals eine Quelle ständiger Unzufriedenheit.

Die beschriebenen Bedingungen begünstigen auch die Praxis einiger wohnbezogener Dienste, so oft wie möglich befristete Arbeitsverträge abzuschließen. Damit erreichen sie, daß sich zum einen die betreffenden Beschäftigten meist bewußt angepaßt verhalten (wer um seinen Arbeitsplatz fürchten muß, wird sich kaum allzu kritisch geben), zum anderen halten sie sich alle personellen Alternativen nach Ablauf der Verträge offen.

Unklarheiten über die eigene berufliche Zukunft und die Sicherheit des Arbeitsplatzes jedoch schaffen in erster Linie Unsicherheit, Angst und Unzufriedenheit. Aus diesem Grund sollten grundsätzlich nur unbefristete Arbeitsverträge geschlossen bzw. bei befristeten Beschäftigungsverhältnissen (z. B. Schwangerschaftsvertretungen, Übernahme nach Jahrespraktika) so früh wie möglich Einigungen über eine Weiterbeschäftigung hergestellt werden.

Organisationsziele und Selbstverwirklichung

Ein wohnbezogener Dienst ist eine formale Organisation. Aufgrund seines Auftrags und der Notwendigkeit, viele verschiedene Interessen, Ansprüche und Arbeitsabläufe miteinander zu koordinieren, muß er seinen Mitarbeiterinnen einen bestimmten strukturellen Rahmen vorgeben: Er muß Hierarchien ausbilden, Rechte und Pflichten (z. B. in bezug auf Entscheidungsbefugnisse und Kontrolle) regeln und die Verteilung von Aufgaben organisieren. Dies kann den Interessen einzelner Mitarbeiterinnen nach Selbstbestimmung, Autonomie oder dem Erreichen bestimmter Ziele zuwiderlaufen.

Als Folge von Konflikten zwischen den individuellen Bedürfnislagen von Beschäftigten und den Interessen eines wohnbezogenen Dienstes als Organisation (etwa nach Anpassung seiner Mitarbeiterinnen oder größerer Effektivität der Leistung) treten z. B. Machtkämpfe oder Arbeitsunzufriedenheit auf. Demokratische Arbeitsstrukturen können diese Probleme zwar in Grenzen halten, doch vermögen sie dabei die Herausbildung von Macht- und Statusunterschieden nicht zu verhindern. Ein wohnbezogener Dienst sollte sich der möglichen negativen Dynamik solcher Unterschiede bewußt sein, offen damit umgehen und daraus resultierende Konflikte gezielt bearbeiten (vgl. Gegenstandsbereich „Beziehungsgestaltung zwischen Mitarbeiterinnen und Nutzern", S. 197 ff.).

Individuelle Selbstverwirklichung am Arbeitsplatz und Organisationsziele müssen nicht notwendig im Widerspruch zueinander stehen: ein Ausgleich ist überall dort möglich, wo Gelegenheiten für eine sinnvolle und autonome Gestaltung der Arbeit eingeräumt und Mitbestimmung und Kreativität der Mitarbeiterinnen nicht beschnitten, sondern gefördert werden. Eine Leitungstätigkeit innerhalb wohnbezogener Dienste ist insofern eine höchst anspruchsvolle Aufgabe, für die neben administrativ-organisatorischen vor allem auch kommunikative Kompetenzen unabdingbar sind.

Burn out

Ein unmittelbarer Zusammenhang zwischen Arbeitszufriedenheit und Arbeitsleistung konnte bislang nicht festgestellt werden. Offenbar ist die Arbeitsleistung einer Mitarbeiterin nicht nur von der Zufriedenheit, sondern noch von einer Reihe anderer Variablen abhängig wie z. B. von der Arbeitsplatzgestaltung, der fachlichen Begleitung, dem individuellen Anspruch an die Tätigkeit oder den eigenen Zielsetzungen. Umgekehrt ist allerdings davon auszugehen, daß über längere Zeit unzufriedene Beschäftigte auch geringer motiviert und damit gegenüber der Qualität ihrer Arbeit allmählich gleichgültig werden (oder dem wohnbezogenen Dienst nicht sehr lange erhalten bleiben).

Seit einigen Jahren wird in diesem Zusammenhang der aus den USA übernommene Begriff „Ausgebranntsein" (Burn out) von Fachkräften in sozialpädagogischen Arbeitsfeldern diskutiert. „Burn out" wird allgemein als Gefühlszustand von andauerndem Streß und als Energieverschleiß und Erschöpfung aufgrund innerer oder äußerer Überforderung definiert (durch Arbeitsanforderungen, aber auch durch Familie, Partnerschaft, individuelle Werte und Ansprüche usw.), der der betroffenen Person allmählich alle Energie und innere Kraft raubt.

Zwar arbeiten z. B. in den Wohneinrichtungen der Lebenshilfe etwa zwei Drittel Frauen, doch sind die meisten Leitungspositionen nach wie vor von Männern besetzt. Diese strukturell männliche Dominanz wirkt sich sowohl auf die Führungs- und Arbeitsstile (z. B. Umgang mit Macht und Statusunterschieden) als auch auf die Informationsbeziehungen (Besprechungen, Teamsitzungen, formelle und informelle Kontakte) innerhalb eines wohnbezogenen Dienstes aus.

Hinzu kommt, daß zahlreiche Aufgaben von Mitarbeiterinnen im begleiteten Wohnen den Aufgaben ähnlich sind, die traditionell mit der weiblichen Rolle der „uneigennützigen und idealistischen Umsorgerin" identifiziert werden (dadurch begründet sich u. a. der allgemein niedrige gesellschaftliche Stellenwert sozialpädagogischer Arbeit). Burnout läßt sich somit auch als ein strukturell bedingtes, spezifisch weibliches Problem begreifen.

Anerkennung und Arbeitszufriedenheit

Meist ist es kaum im Bewußtsein von Vorgesetzten und auch von Kolleginnen im Team, wie bedeutsam und motivierend positive Rückmeldungen im Grunde wären (dies gilt im übrigen nicht nur für weibliche Beschäftigte). So erhalten Mitarbeiterinnen in den seltensten Fällen ausreichende Anerkenung für die geleistete Arbeit. Gerade fehlende Anerkennung wird jedoch von Frauen oft als gravierendster Streßfaktor und „Energieräuber" im Kontext ihrer beruflichen Tätigkeit bezeichnet. Die Folgen sind nicht selten Apathie und innerer Rückzug bzw. innere Kündigung.

Ein weiteres Problem kommt noch hinzu: Zum Beispiel lassen sich die Qualität eines produzierten Autos oder ein günstiger Verkaufsabschluß als erkennbarer Erfolg der eigenen Leistung bewerten und nach außen auch so darstellen. Aus diesem Grund haben Beschäftigte in Produktionsberufen oder nach wirtschaftlichen Kriterien ausgerichteten Dienstleistungsberufen in der Regel wenig Probleme, den Stellenwert der eigenen Arbeit über das Produkt bzw. über ihre Dienstleistung zu bestimmen und sich damit zu identifizieren.

Der besondere Charakter beinahe jeder Form von sozialer Arbeit ist darin zu sehen, daß das „Produkt" der Bemühungen häufig unbestimmt bleibt: Die Tätigkeit von Mitarbeiterinnen im begleiteten Wohnen besteht zum überwiegenden Teil aus sogenannter „Beziehungsarbeit", d. h. aus Begleitung, Anleitung, Beratung oder menschlicher Anteilnahme. Soziale Arbeit ist ein tendenziell unabschließbarer Prozeß.

„Herstellung" und „Produkt" sozialrehabilitativen Handelns sind in der Praxis kaum zu trennen. Daraus folgt, daß etwa die Mitarbeiterinnen im begleiteten Wohnen die Ergebnisse ihres eigenen Tuns erst dann zuverlässig feststellen können, wenn zuvor präzise und in Übereinstimmung mit den Bedürfnissen und Vorstellungen der Nutzer vereinbart wurde, was konkret als positives Arbeitsergebnis gelten soll. Unterbleibt dieser notwendige Arbeitsschritt (aus mangelndem Problembewußtsein oder fehlender Gelegenheit zum Austausch im Kolleginnenkreis), so sind die „Ergebnisse" der eigenen Bemühungen oft wenig greifbar. Dadurch wird es der einzelnen Mitarbeiterin erheblich erschwert, sich mit den Inhalten ihrer Arbeit (intrinsische Motivation) zu identifizieren.

Aus diesem Grund ist es für die Motivation und Arbeitszufriedenheit von nicht zu unterschätzender Bedeutung, daß die Mitarbeiterinnen eine regelmäßige und gezielte Rückmeldung (durch Kolleginnen, Vorgesetzte, Nutzer, deren Angehörige, andere Fachdienste usw.) darüber erhalten, wie ihre Tätigkeit von anderen Personen wahrgenommen wird. Rückmeldung bedeutet dabei nicht nur Austausch über Inhalte, sondern vor allem auch Anerkennung der geleisteten Arbeit: die Erfüllung des zentralen Bedürfnisses, akzeptiert und geachtet zu werden.

Ein wohnbezogener Dienst sollte sich daher darum bemühen, Arbeitsbedingungen zu schaffen, die es seinen Mitarbeiterinnen gestatten, die Ziele, Inhalte und Methoden ihrer Arbeit kooperativ zu vereinbaren. Dies bedeutet auch, daß etwa entwicklungsbezogene Fortschritte einzelner Nutzer oder einer Gruppe dokumentiert und intern wie extern angemessen dargestellt werden, so daß die Mitarbeiterinnen auch auf diese Weise eine kontinuierliche Rückmeldung über ihre Tätigkeit erhalten.

Personalentwicklungsgespräche

Ein bedeutender Faktor bei Arbeitsplatzwechseln oder der sogenannten „inneren Kündigung" ist die berufliche Perspektivlosigkeit von hauptamtlich Beschäftigten in wohnbezogenen Diensten. In der Tat bieten die meisten Dienste nur sehr eingeschränkte Perspektiven für Mitarbeiterinnen, sich beruflich zu entwickeln und neue, anspruchsvolle und herausfordernde Aufgaben wahrzunehmen. Bei großen Trägern (Wohlfahrtsverbände, öffentliche Einrichtungen) und innerhalb größerer Verbundsysteme bestehen diese Möglichkeiten jedoch grundsätzlich immer. Ein wohnbezogener Dienst sollte daher in regelmäßigen Abständen (ca. zweimal jährlich) mit allen hauptamtlich beschäftigten Fachkräften sogenannte Personalentwicklungsgespräche durchführen (in der Regel angeregt und geleitet von der direkten Vorgesetzten). Diese vertraulichen Gespräche sind der geeignete Rahmen für Rückmeldungen über gegenseitige Erwartungen und Einschätzungen sowie für einen Austausch über berufliche Perspektiven von Mitarbeiterinnen, z. B. Veränderungswünsche und deren dienst- oder verbandsinterne Realisierungsmöglichkeiten oder die Übernahme neuer, verantwortungsvoller Aufgaben innerhalb der bisherigen Position (job enrichment).

Literatur

ENZMANN, D.; KLEIBER, D.: Helfer-Leiden: Streß und Burnout in psychosozialen Berufen. Heidelberg 1989

FENGLER, J.: Helfen macht müde – Zur Analyse und Bewältigung von Burnout und beruflicher Deformation. München 1991

FREUDENBERGER, H.; NORTH, G.: Burn-out bei Frauen: Über das Gefühl des Ausgebranntseins. Frankfurt a. M. 1992

NEUBAUER, W.: Bedingungen der Arbeitsmotivation. Forschungstrends und Befunde. In: Heidack, C. (Hrsg.): Arbeitsstrukturen im Umbruch. München 1995

NEUBERGER, O.: Theorien der Arbeitszufriedenheit. Stuttgart 1974

NICK, F. R.: Management durch Motivation. Stuttgart 1974

WEINERT, A.: Lehrbuch der Organisationspsychologie. München, Weinheim 1987

Angebotsbezogene Indikatoren:
Arbeitszufriedenheit

	trifft zu	trifft eher zu	trifft eher nicht zu	trifft nicht zu
1. Der wohnbezogene Dienst vermeidet Arbeitsbedingungen, die langfristig zur Isolation und zur Arbeitsunzufriedenheit von Mitarbeiterinnen führen (permanente Einzel-, Nacht- oder Wochenenddienste; stark vermehrte Überstunden bei Krankheit oder Urlaub von Kolleginnen usw.).	❏	❏	❏	❏
2. Der wohnbezogene Dienst sichert für die Mitarbeiterinnen innerhalb ihres Aufgabenfeldes durch Delegation ein Höchstmaß an Eigenverantwortung und Autonomie (u.a. auch in bezug auf Dienstplangestaltung oder Urlaubsregelungen).	❏	❏	❏	❏
3. Die Ursachen für Ausfallzeiten und Fluktuationen werden kontinuierlich analysiert und bearbeitet.	❏	❏	❏	❏
4. Der wohnbezogene Dienst sorgt dafür, daß das Aufgabenbild der Mitarbeiterinnen Freiraum für neue Aufgaben und Erfahrungen läßt und nicht in Routine erstarrt. Er stellt sicher, daß die Mitarbeiterinnen im Gruppendienst nicht nur Tätigkeiten der Alltagsbegleitung im engeren Sinne versehen, sondern darüber hinaus auch in solche Aufgaben, Vorhaben und Projekte eingebunden sind, die tätigkeitsbezogene Erfahrungen mit den Nutzern in anderen Lebensbereichen und außerhalb des Dienstes ermöglichen.	❏	❏	❏	❏
5. Bei befristeten Beschäftigungsverhältnissen (Schwangerschaftsvertretungen, Übernahme nach Jahrespraktika usw.) erkundet der wohnbezogene Dienst gegebenenfalls Möglichkeiten der Weiterbeschäftigung. Über die entsprechenden Bemühungen werden die betroffenen Mitarbeiterinnen rechtzeitig und umfassend informiert.	❏	❏	❏	❏
6. Der wohnbezogene Dienst trägt zur Arbeitszufriedenheit der Fachkräfte bei, indem den Mitarbeiterinnen im Wohnbereich ein Gehalt gezahlt wird, das ihrer formalen Qualifikation und Aufgabenstellung sowie den tariflichen Einstufungen für vergleichbare Tätigkeiten in anderen Diensten sozialer Rehabilitation entspricht.	❏	❏	❏	❏

	trifft zu	trifft eher zu	trifft eher nicht zu	trifft nicht zu

7. Die Arbeit des wohnbezogenen Dienstes ist so konzeptualisiert, daß Inhalte und Ziele gemeinsam vereinbart und schriftlich festgehalten werden (z. B. in Form von individuellen Förderplänen, Wochen- und Jahresplänen). Dies gilt sowohl für den Dienst insgesamt als auch für die Arbeitsziele einzelner Funktionsbereiche bzw. Wohngruppen. Die Mitarbeiterinnen des wohnbezogenen Dienstes werden, soweit ihre Tätigkeit davon betroffen ist, an Verfahren der Qualitätskontrolle und -entwicklung beteiligt. ❏ ❏ ❏ ❏

8. Die Mitarbeiterinnen erhalten eine kontinuierliche Rückmeldung über ihre Tätigkeit, d. h., daß entwicklungsbezogene Fortschritte (von einzelnen Nutzern, Gruppenentwicklung) kontinuierlich dokumentiert und intern wie extern angemessen dargestellt werden. Intern geschieht dies durch gruppenbezogene Dokumentationssysteme, nach außen durch eine Öffentlichkeitsarbeit, die die Tätigkeiten und Leistungen der Mitarbeiterinnen angemessen würdigt. ❏ ❏ ❏ ❏

9. Den Mitarbeiterinnen stehen für die Durchführung ihrer Aufgaben genügend fachliche Anleitung und Supervisionsangebote zur Verfügung. Darüber hinaus stellt der wohnbezogene Dienst einen regelmäßigen kollegialen Austausch sicher. ❏ ❏ ❏ ❏

10. Zwischen vorgesetzten und nachgeordneten Mitarbeiterinnen finden in regelmäßigen Abständen (ca. zweimal jährlich) Personalentwicklungsgespräche statt. Diese Gespräche dienen der Auswertung der Arbeit, der Erörterung der Arbeitszufriedenheit, der kritischen Prüfung des Arbeitsauftrags und seiner Weiterentwicklung (Anreicherung des Aufgabenbildes durch neue, herausfordernde Aufgaben), der Erörterung der Arbeitsbedingungen und der Entwicklung beruflicher Perspektiven. ❏ ❏ ❏ ❏

Gesamteinschätzung

Der wohnbezogene Dienst unternimmt alle erforderlichen Bemühungen, um günstige Voraussetzungen für eine hohe Arbeitszufriedenheit seiner Mitarbeiterinnen zu schaffen. ❏ ❏ ❏ ❏

Gegenstandsbereich:
Personale Kontinuität

Das Leben vieler Menschen mit Behinderung ist davon gekennzeichnet, daß ihre Bezugspersonen häufig wechseln. Oft reduzieren Bekannte und Freunde, manchmal selbst Angehörige den Kontakt zu ihnen oder brechen ihn sogar ganz ab. Im Extremfall haben Menschen mit Behinderung nur noch Beziehungen zu anderen Menschen mit Behinderung und zu Mitarbeiterinnen sozialer Dienste. Frei gewählte zwischenmenschliche Beziehungen werden so durch bezahlte, professionelle Beziehungen ersetzt. Oft sind auch diese Beziehungen nicht von Dauer: Bewohner von Wohngruppen werden innerhalb der Einrichtung in andere Gruppen verlegt, Mitarbeiterinnen wechseln ihren Arbeitsplatz bzw. sind von vornherein (z. B. als Zivildienstleistende oder Aushilfskräfte) nur für eine bestimmte Dauer angestellt usw.

So müssen sich Menschen mit Behinderung ständig mit neuen Bezugspersonen arrangieren, die oft in Lebensbereiche eingreifen, die allgemein als privat und intim gelten. Was üblicherweise der Privatsphäre zugerechnet wird, wird auf diese Weise öffentlich. Mitarbeiterinnen, die aufgrund ihrer kurzen Verweildauer in einem wohnbezogenen Dienst die einzelnen Nutzer nur oberflächlich kennenlernen können, besitzen dann unter Umständen einen unangemessen großen Einfluß auf das Leben der betreffenden Menschen.

Wenn Bezugspersonen kommen und gehen, wird dies von den betreffenden Menschen häufig als Ausdruck dafür gesehen, daß niemand ein Interesse daran zu haben scheint, eine dauerhaftere Beziehung mit ihnen einzugehen. Negative Auswirkungen auf das Selbstbild und Selbstwertgefühl sind die Folge.

Auch aus der Perspektive des wohnbezogenen Dienstes, der ein gutes Angebot sicherstellen will, ist es wichtig, daß Mitarbeiterinnen kontinuierliche Beziehungen zu einzelnen Nutzern entwickeln können. Erst eine genaue Kenntnis individueller Bedürfnisse, Wünsche und Vorstellungen der einzelnen Nutzer ermöglicht individualisierte und verläßliche Angebote.

An dieser Stelle ist auf einen grundsätzlichen Widerspruch zu verweisen, der in der Organisation der meisten wohnbezogenen Dienste angelegt ist: Einerseits ist eine intensive persönliche Beziehung zwischen Nutzern und Fachkräften unabdingbare Voraussetzung für förderliche Entwicklungsprozesse; andererseits ist die Situation in vielen Einrichtungen aber dadurch gekennzeichnet, daß eine Mitarbeiterin überwiegend für eine größere Gruppe von Menschen gleichzeitig zuständig ist, so daß enge persönliche Kontakte die Ausnahme bleiben.

Kriterien für das Bedürfnis nach personaler Kontinuität

Die Kontinuität zwischenmenschlicher Beziehungen ist grundsätzlich für alle Menschen bedeutsam. Bei der Bestimmung, ob ein Nutzer ein besonders hohes Maß an personaler Kontinuität benötigt, sind die im folgenden aufgeführten Kriterien zu berücksichtigen:

- *die Lebensbereiche des Nutzers, in die die Mitarbeiterinnen eingreifen*
  Nutzer, die z. B. Unterstützung in intimen Bereichen der Körperpflege benötigen, wird ein Wechsel schwerer fallen als solchen Nutzern, die lediglich Unterstützung bei der Organisation einer Fahrgelegenheit benötigen. Personale Kontinuität ist um so wichtiger, je stärker Mitarbeiterinnen in private und intime Bereiche eines Nutzers eingreifen;

- *der zeitliche Anteil und die Intensität professioneller Unterstützung im Leben des betreffenden Menschen*
  Menschen, die ein hohes Maß an professioneller Hilfe erhalten, wird der Wechsel der jeweiligen Mitarbeiterinnen schwerer fallen als Menschen, in deren Leben professionelle Dienste nur eine untergeordnete Rolle spielen. Je größer der zeitliche Anteil professioneller Unterstützung im Wohnbereich des Nutzers ist, desto bedeutsamer ist personale Kontinuität;

- *das soziale Netz des Nutzers*
  Menschen, die über enge Beziehungen zu Personen verfügen, die nicht Teil des professionellen Dienstleistungssystems sind und die ihnen in unterschiedlichen Bereichen ihres Lebens Unterstützung anbieten, werden den Wechsel professioneller Mitarbeiterinnen besser verkraften als solche, die keine oder nur wenige Beziehun-

gen außerhalb des sozialen Dienstleistungssystems haben. Personale Kontinuität ist um so wichtiger, je geringer die Anzahl der Menschen ist, die zum Nutzer enge Beziehungen unterhalten;

- *die Vorerfahrungen des Nutzers*
Menschen, deren Leben von häufig wechselnden (professionellen und nichtprofessionellen) Beziehungen gekennzeichnet ist, werden entweder nur langsam Vertrauen zu Menschen fassen, die neu in ihr Leben eintreten oder aber allzu rasch Nähe zu fremden Personen aufbauen wollen. Beides wird in der Regel als Wesensmerkmal von Menschen mit Behinderung interpretiert, stellt sich aber bei näherem Hinsehen als Ergebnis eines durch Sondereinrichtungen und negative Erfahrungen geprägten Lebens dar. Personale Kontinuität ist um so dringlicher, je negativer die Erfahrungen des Nutzers mit Beziehungswechseln waren;

- *die zeitliche, räumliche und personale Orientierung des Nutzers*
Menschen, die aufgrund eingeschränkter Orientierungsmöglichkeiten in hohem Maße auf ihnen vertraute Personen angewiesen sind, werden durch einen Beziehungswechsel oft besonders verunsichert. Personale Kontinuität ist um so wichtiger, je verunsicherter der jeweilige Nutzer auf Beziehungswechsel reagiert und je stärker er auf vertraute Personen angewiesen ist;

- *besondere Ereignisse im Leben des Nutzers*
Besondere Ereignisse wie z.B. der Wechsel des Wohnortes, des Arbeitsplatzes, der Auszug von Mitbewohnern oder persönliche Krisen sind oft mit erheblichen Belastungen für die betreffenden Menschen verbunden und sollten nicht durch den Wechsel von Mitarbeiterinnen zusätzlich erschwert werden. Personale Kontinuität ist besonders wichtig, wenn im Leben des Nutzers bedeutsame Ereignisse oder Veränderungen stattfinden oder absehbar sind;

- *das Alter des Nutzers*
Ältere Menschen wünschen sich im Vergleich zu jüngeren im allgemeinen eine stärkere Kontinuität ihrer Bezugspersonen. Hier ist jedoch zu berücksichtigen, daß auch junge Menschen neben einer Vielfalt unterschiedlicher und wechselnder Beziehungen immer auch zumindest einige kontinuierliche Beziehungen besitzen (sollten). Personale Kontinuität ist um so wichtiger, je älter der betreffende Mensch ist.

Sicherung personaler Kontinuität

Obgleich personale Kontinuität grundsätzlich für alle Nutzer wohnbezogener Dienste wünschenswert ist, gibt es doch Bedingungen, unter denen es sinnvoll sein kann, daß bestimmte Fachkräfte wechseln, z.B. wenn ein Nutzer mit einer Mitarbeiterin nicht zurecht kommt bzw. umgekehrt. Dies darf jedoch nicht dazu führen, daß man einzelne Nutzer als so problematisch einstuft, daß niemand kontinuierlich für sie arbeiten kann. Eine Möglichkeit, das Auftreten von Antipathien von vornherein zu reduzieren, liegt z.B. darin, die Nutzer bei der Einstellung von Mitarbeiterinnen zu beteiligen (vgl. Gegenstandsbereich „Qualifikation, Auswahl und Einarbeitung", S. 309 ff.).

Der wohnbezogene Dienst sollte sich also bemühen, die Anzahl der Mitarbeiterinnen, die regelmäßig für einen einzelnen Nutzer arbeiten, gering zu halten, um überhaupt persönliche Beziehungen zu ermöglichen. Dies sollte durch eine Organisation der Arbeitszeiten geschehen, die sich weniger an institutionellen Erfordernissen orientiert als vielmehr am zeitlichen Unterstützungsbedarf einzelner Nutzer.

Das bereits in vielen wohnbezogenen Diensten übliche sogenannte „Bezugsbetreuersystem" kann ein erster Schritt in diese Richtung sein, jedoch nur dann, wenn die Arbeitszeit der betreffenden Mitarbeiterin auch tatsächlich so organisiert ist, daß sie sich mit dem individuellen zeitlichen Unterstützungsbedarf des Nutzers deckt.

Ist der zeitliche Unterstützungsbedarf des einzelnen Nutzers hoch, so sollte die Anzahl der vollzeitbeschäftigten Mitarbeiterinnen größer sein als die Anzahl der teilzeitbeschäftigten.

Ferner sollte der wohnbezogene Dienst das Interesse der Fachkräfte fördern, dauerhaft für einzelne Nutzer tätig zu sein. So sind z.B. bereits im Rahmen von Einstellungsgesprächen Bedeutung und Möglichkeiten personaler Kontinuität zu klären, grundsätzlich unbefristete Arbeitsverträge anzustreben, Ursachen für Fehlzeiten und Fluktuationen zu analysieren sowie gezielte Maßnahmen zur Personalentwicklung durchzuführen (vgl. Gegenstandsbereich „Arbeitszufriedenheit", S. 327 ff.).

Das Problem von Beziehungswechseln tritt auch dann auf, wenn der Nutzer umzieht. Hier ist unter Umständen ein besonderer Unterstüzungsbedarf gegeben.

Nutzer, die über ein Netz nichtprofessioneller, dauerhafter Beziehungen verfügen, die den Wechsel von Mitarbeiterinnen des wohnbezogenen Dienstes zumindest zum Teil auffangen können, sind im allgemeinen von Personalfluktuationen innerhalb eines wohnbezogenen Dienstes weniger betroffen als solche Nutzer, die nicht über ein derartiges Netz verfügen. Von daher hat der wohnbezogene Dienst nicht nur die Aufgabe, für personale Kontinuität zu sorgen, sondern auch, die Nutzer darin zu unterstützen, dauerhafte nichtprofessionelle Beziehungen zu entwickeln und zu erhalten (vgl. auch Aufgabenfeld „Nichtprofessionelle Beziehungen und Netzwerke", S. 225 ff.).

Trotz aller Bemühungen des wohnbezogenen Dienstes wird es von Zeit zu Zeit immer einen Wechsel einzelner Mitarbeiterinnen geben. Personalwechsel sollten so langfristig wie möglich geplant und die betroffenen Nutzer angemessen darauf vorbereitet und begleitet werden.

Literatur

Bundesvereinigung Lebenshilfe für geistig Behinderte e.V. (Hrsg.): Drohender Betreuungsnotstand in der Behindertenhilfe. Marburg 1992

ENZMANN, D.; KLEIBER, D.: Helfer-Leiden: Streß und Burnout in psychosozialen Berufen. Heidelberg 1989

FENGLER, J.: Helfen macht müde – Zur Analyse und Bewältigung von Burnout und beruflicher Deformation. München 1991

FREUDENBERGER, H.; NORTH, G.: Burn-out bei Frauen: Über das Gefühl des Ausgebranntseins. Frankfurt a. M. 1992

SCHILLER, B.: Normalisierung der Mitarbeiterführung. In: Fischer, U.; Hahn, M.Th.; Klingmüller, B.; Seifert, M. (Hrsg.): Wohnen im Stadtteil für Erwachsene mit schwerer geistiger Behinderung. Reutlingen 1994, 97 – 118

Nutzerbezogene Indikatoren:
Personale Kontinuität

	trifft zu	trifft eher zu	trifft eher nicht zu	trifft nicht zu
1. Der Nutzer hat in der Vergangenheit besonders negative Erfahrungen mit dem Wechsel von Bezugspersonen gemacht.	❏	❏	❏	❏
2. Der Nutzer ist in einem Alter, in dem sich Menschen gewöhnlich eine besonders hohe Kontinuität ihrer sozialen Beziehungen wünschen.	❏	❏	❏	❏
3. Der Nutzer erhält Hilfen in intimen Lebensbereichen, die ein besonderes Vertrauensverhältnis erfordern.	❏	❏	❏	❏
4. Der zeitliche Umfang der Hilfen ist besonders hoch.	❏	❏	❏	❏
5. Die nichtprofessionellen Beziehungen des Nutzers können eine schwache personale Kontinuität nicht oder nur unzureichend ausgleichen.	❏	❏	❏	❏
6. Der Nutzer reagiert auf den Wechsel von Bezugspersonen besonders sensibel.	❏	❏	❏	❏
7. Gegenwärtig oder in absehbarer Zeit gibt es für den Nutzer kritische Lebensereignisse (z. B. Umzug, Arbeitsplatzwechsel, Ausfall einer wichtigen Bezugsperson).	❏	❏	❏	❏
8. Bei der Auswahl von Bezugsbetreuerinnen wurden die Wünsche des Nutzer nicht oder nur unzureichend berücksichtigt.	❏	❏	❏	❏
9. Die Arbeitszeiten der Mitarbeiterinnen, die den Nutzer unterstützen und betreuen, sind seinem individuellen Unterstützungsbedarf nur unzureichend angepaßt.	❏	❏	❏	❏

Gesamteinschätzung

Aus den individuellen Bedürfnissen und den Erfahrungen des Nutzers ergibt sich die Notwendigkeit einer besonders hohen personalen Kontinuität.	❏	❏	❏	❏

Mitarbeiterinnenführung • Personale Kontinuität

Angebotsbezogene Indikatoren:
Personale Kontinuität

	trifft zu	trifft eher zu	trifft eher nicht zu	trifft nicht zu
1. In der Regel arbeiten dieselben Mitarbeiterinnen kontinuierlich für dieselben Nutzer (Bezugsbetreuerinnensystem). Bei der Auswahl von Bezugsbetreuerinnen werden die Wünsche der Nutzer besonders berücksichtigt.	❏	❏	❏	❏
2. Der wohnbezogene Dienst bemüht sich um personale Kontinuität, indem er die Arbeitszeiten der Mitarbeiterinnen dem individuellen Unterstützungsbedarf der einzelnen Nutzer anpaßt, d. h. in der Regel: verstärkte Präsenz am frühen Vormittag und nach der Rückkehr von der Arbeit sowie an Wochenenden und Feiertagen.	❏	❏	❏	❏
3. Die Nutzer werden darin unterstützt, dauerhafte Beziehungen zu Personen außerhalb des wohnbezogenen Dienstes zu entwickeln, die den Wechsel von Mitarbeiterinnen zumindest zum Teil kompensieren können.	❏	❏	❏	❏
4. Nutzer, die den wohnbezogenen Dienst wechseln, werden individuell begleitet. Nach Umzügen halten die Mitarbeiterinnen den Kontakt zu ehemaligen Nutzern aufrecht.	❏	❏	❏	❏
5. Auf den Wechsel von Mitarbeiterinnen werden die Nutzer angemessen vorbereitet. Bei unvermeidbarem Wechsel verstärkt der wohnbezogene Dienst seine Bemühungen um personale Kontinuität für die betroffenen Nutzer.	❏	❏	❏	❏
6. Die Personalpolitik des wohnbezogenen Dienstes basiert darauf, daß grundsätzlich unbefristete Arbeitsverträge abgeschlossen werden.	❏	❏	❏	❏

Gesamteinschätzung

Der wohnbezogene Dienst unternimmt alle erforderlichen Bemühungen, um personale Kontinuität zu sichern.	❏	❏	❏	❏

Aufgabenfeld:
Organisationsentwicklung

In der Organisationssoziologie wird zwischen manifesten (oder offiziellen, formalen) und latenten (oder operativen, faktischen) Funktionen bzw. Zielen von Organisationen unterschieden. Manifeste Ziele sozialer Dienste für Menschen mit Behinderung sind etwa die Leitlinien sozialer Rehabilitation wie z. B. Integration, Normalisierung, Selbstbestimmung oder Lebensqualität. Daneben bestehen latente Ziele und Funktionen. Sie umfassen u. a. das gesellschaftliche Interesse an der Kontrolle als abweichend definierter Menschen. Diese latenten Ziele bestehen im übrigen nicht nur in großen Heimen und Anstalten, sondern auch in kleineren Wohnformen (vgl. FEUSER 1991, 203 ff.).

Die an der Organisation und Durchführung der Angebote und Hilfen eines wohnbezogenen Dienstes beteiligten Gruppen verbinden mit ihrem Engagement zum Teil sehr unterschiedliche Ziele (z. B. Sicherung des Arbeitsplatzes, finanzielle Einsparungen, Bestandsicherung der Organisation), die mit den Bedürfnissen und Interessen der Nutzer nicht immer übereinstimmen. Insofern sollte es nicht einfach vorausgesetzt werden, daß die an einem wohnbezogenen Dienst beteiligten Personengruppen – Nutzer, Mitarbeiterinnen, Angehörige, Fürsprecher(innen) – gemeinsame Grundsätze und Ziele teilen. Nur dann, wenn sich alle Beteiligten unter Berücksichtigung übergeordneter Vorgaben (fachliche Standards sozialer Rehabilitation, Interesse der Kostenträger an einer effizienten Mittelverwendung usw.) in einen kontinuierlichen Austausch über die Weiterentwicklung von Inhalten, Strukturen und organisatorischen Abläufen begeben, wird es dauerhaft gelingen, produktiv zusammenzuarbeiten und mit auftretenden Spannungen und Konflikten konstruktiv umzugehen.

Geplante und kontinuierliche Weiterentwicklung

Organisationsentwicklung verstehen wir im Anschluß an eine geläufige Definition „ ... als langfristige Bemühung, die Problemlösungs- und Erneuerungsprozesse in einer Organisation zu verbessern, vor allem durch eine wirksamere und auf Zusammenarbeit gegründete Steuerung der Organisationskultur – unter besonderer Berücksichtigung der Kultur formaler Arbeitsteams – durch die Hilfe externer Beratung und die Anwendung zugewandter qualitativer Sozialforschung" (FRENCH, BELL 1977, 31). Organisationsentwicklung kann eine Methode sein, um den „strukturellen Rahmen" zu optimieren, die Zusammenarbeit der verschiedenen Menschen und Gruppen eines wohnbezogenen Dienstes kontinuierlich zu verbessern und damit auch die Qualität der angebotenen Leistungen zu erhöhen (vgl. WEINERT 1987, 248 f.).

Viele soziale Einrichtungen (nicht nur) in der Behindertenhilfe widmen der geplanten Weiterentwicklung ihrer Hilfen und Leistungen eine zu geringe Aufmerksamkeit. Dies ist zum einen sicherlich in der häufig unzureichenden personellen Ausstattung der Dienste begründet, die es den Mitarbeiterinnen über das „Tagesgeschäft" hinaus nur selten gestattet, sich mit konzeptionellen und strukturellen Fragestellungen ihrer Tätigkeit zu befassen. Gebunden an die Vorgaben der Sozialbürokratie des öffentlichen Sektors, tun sich soziale Dienste schwer, Initiativen zu entwickeln, die nicht unmittelbar auf finanzielle Aspekte bezogen sind. Es ist sogar zu erwarten, daß die mit der Neuregelung des § 93 Abs. 2 BSHG beabsichtigte marktwirtschaftliche Orientierung der Einrichtungen die einseitige Fixierung auf die Kostenseite der Arbeit noch weiter verstärken wird.

Zum anderen muß aber festgestellt werden, daß das Bewußtsein über die Notwendigkeit einer geplanten Organisationsentwicklung bei vielen „Praktikerinnen" eher unzureichend ausgeprägt ist. Vorherrschend ist zwar die Auffassung, die Alltagsbewältigung sei Arbeit genug, gleichzeitig aber wird oft eine unbestimmte Unzufriedenheit darüber empfunden, daß die Richtung der eigenen Bemühungen offenbar um so mehr verloren geht, je intensiver man sich in die Herausforderungen des Alltags „hineinstürzt".

Häufig wird von Beschäftigten im Gruppendienst auch die Meinung geäußert, daß eine Auseinandersetzung mit strukturellen und entwicklungsbezogenen Inhalten eher die Sache von Spezialisten und Leitungskräften sei, während die „Basis" sich vorrangig um gute Beziehungen zu den behinderten Menschen kümmern sollte. Wir vertreten dagegen ausdrücklich die Überzeugung, daß Organisationsentwicklung, d. h. die geplante und kontinuierliche Weiterentwicklung eines wohnbezogenen Dienstes und der von ihm erbrachten Hilfen, die Sache aller Beteiligten sein muß.

Das Interesse an Organisationsentwicklung

1. Die *Mitarbeiterinnen* sind als Vermittlerinnen zwischen den Bedürfnissen und Wünschen der Nutzer und den Leistungen, den organisatorischen Anforderungen und strukturellen Bedingungen des wohnbezogenen Dienstes das eigentliche „Potential" jeder Einrichtung. Sie haben ein selbstverständliches Interesse daran, daß sie für ihre Arbeit die bestmöglichen Rahmenbedingungen erhalten. Dies bedeutet nicht nur, ihre Wünsche in bezug auf humane Arbeitszeiten oder eine angemessene Bezahlung zu berücksichtigen, sondern auch die *ideellen* Motive ihrer Tätigkeit verstärkt ins Blickfeld zu nehmen: das Bedürfnis, eine sinnvolle Arbeit zu verrichten; sich im Rahmen der Aufgabendefinition mit eigenen Vorstellungen und Ideen einbringen zu können; sich sowohl innerhalb des beruflichen Profils als auch berufsübergreifend weiterzuqualifizieren; die Inhalte und Bedingungen der eigenen Tätigkeit so weit wie möglich mitgestalten zu können.

2. Die systematische Einbeziehung von *Nutzern* bei der Planung und Gestaltung von Angeboten und Hilfen ist für die Weiterentwicklung der Qualität wohnbezogener Dienste unverzichtbar.

3. Das Interesse der *Angehörigen und Fürsprecher(innen)* besteht vor allem darin, daß der wohnbezogene Dienst seinen Nutzern eine bedürfnisorientierte und individualisierte Begleitung und Unterstützung bietet. Darüber hinaus nehmen die Angehörigen von Menschen mit geistiger Behinderung im Rahmen ihres Rechts auf eine formelle Mitwirkung auch aktiv Einfluß auf die Ausgestaltung und Weiterentwicklung des Angebots. In dieser Funktion stellen sie ein wichtiges Korrektiv für die Arbeit der Fachkräfte dar.

4. Der *Träger* des wohnbezogenen Dienstes muß sicherstellen, daß die Angebote und Leistungen den Nutzerbedürfnissen entsprechen und fachliche Standards nachprüfbar eingehalten und effizient erbracht werden. Durch die Neuregelung der Pflegesatzvereinbarungen nach § 93 Abs. 2 BSHG müssen Träger von Einrichtungen in Kostenverhandlungen mit den Sozialhilfeträgern zukünftig Bestimmungen über Inhalt, Umfang, Qualität und Kosten der zu erbringenden Leistungen treffen. Im Hinblick auf die angestrebte Qualitätssicherung wird auf Dauer kein wohnbezogener Dienst umhin kommen, seine Organisationsformen und -abläufe geplant und kontinuierlich ins Blickfeld zu nehmen. Organisationsentwicklung bietet in diesem Kontext die Chance, die Qualität der eigenen Leistungen durch eine genaue Beschreibung der Hilfeangebote inklusive der dafür zur Verfügung stehenden personellen und materiellen Ressourcen zu sichern, produktiv weiterzuentwickeln und gleichzeitig sowohl intern als auch nach außen transparent zu machen.

Organisationsentwicklung als Aufgabe wohnbezogener Dienste

Vor diesem Hintergrund stellen sich einem wohnbezogenen Dienst folgende Aufgaben:

- eine dienstinterne Festlegung konsensfähiger Qualitätsziele und deren kontinuierliche Überprüfung (Gegenstandsbereich „Konzeptualisierung und Evaluation", siehe S. 342 ff.);
- Sicherstellung einer systematischen und umfassenden internen und externen Fortbildung aller Mitarbeiterinnen, gegebenenfalls auch unter Beteiligung der Nutzer und ihrer Angehörigen, sowie angemessener Angebote der Supervision für die pädagogischen Fachkräfte (Gegenstandsbereich „Fortbildung und Supervision", siehe S. 353 ff.);
- eine effektive Darstellung der Arbeit des wohnbezogenen Dienstes, seiner Nutzer und der Mitarbeiterinnen in der allgemeinen und fachbezogenen Öffentlichkeit sowie gegenüber den Angehörigen der Nutzer (Gegenstandsbereich „Öffentlichkeitsarbeit", siehe S. 360 ff.);
- die Sicherstellung einer kontinuierlichen Interessenvertretung des wohnbezogenen Dienstes bei sozialpolitischen Aktivitäten und bei der Sozialplanung in den entsprechenden Gremien der Stadt oder Region (Gegenstandsbereich „Aktive Teilnahme an der regionalen Sozialplanung und der Sozialpolitik", siehe S. 366 ff.).

Literatur

BÖHM, J.: Einführung in die Organisationsentwicklung. Heidelberg 1981

DECKER, H.; LANGOSCH, I.: Produktivität und Menschlichkeit. Organisationsentwicklung und ihre Anwendungen in der Praxis. Stuttgart 1984

FEUSER, G.: Die Lebenssituation geistig behinderter Menschen. In: fib e.V. (Hrsg.): Ende der Verwahrung?! Perspektiven geistig behinderter Menschen zum selbständigen Leben. München 1991, 195 – 219

FRENCH, W.L.; BELL, C.H.: Organisationsentwicklung. Bern 1977

WEINERT, A.: Lehrbuch der Organisationspsychologie. München, Weinheim 1987

Gegenstandsbereich:
Konzeptualisierung und Evaluation

Im Alltag erscheint es uns als selbstverständlich, daß wir mit unseren bewußten Handlungen auch immer eine bestimmte Absicht oder ein Ziel verfolgen. Je abstrakter jedoch Ziele definiert werden und je komplexer die Handlungen zum Erreichen dieser Ziele sein müssen, desto notwendiger ist es, sich in bestimmten Abständen darüber zu vergewissern, ob sich zum einen das anvisierte Ziel selbst noch als richtig und erreichbar erweist und ob zum anderen der zwischenzeitlich eingeschlagene Weg auch tatsächlich zum angestrebten Ziel führt. Geht es ganz konkret darum, beim Einkauf an bestimmte Lebensmittel zu denken, reicht ein einfacher Einkaufszettel, um das „Ziel" der Handlungen zuverlässig kontrollieren zu können. Heißt das Ziel aber z. B. „Integration von Menschen mit geistiger Behinderung", gestaltet sich die Evaluation etwas aufwendiger.

Vor dem Hintergrund der Qualitätssicherung und -entwicklung der Hilfen und Angebote eines wohnbezogenen Dienstes müssen die Inhalte und Methoden der pädagogischen Arbeit (der „eingeschlagene Weg") unter Berücksichtigung der strukturellen Rahmenbedingungen gezielt und differenziert festgelegt (konzeptualisiert) und ebenso gezielt und kontinuierlich überprüft werden.

Vorstellungen und Ziele von Fachkräften

Die Mitarbeiterinnen in wohnbezogenen Diensten für erwachsene Menschen mit geistiger Behinderung verbinden mit ihrer Arbeit erfahrungsgemäß sehr unterschiedliche Vorstellungen und Zielsetzungen. Dabei spielt u. a. eine Rolle, welche tätigkeitsbezogenen Einstellungen und Werthaltungen sie vertreten, welche formalen Qualifikationen sie besitzen, welche spezifischen oder allgemeinen beruflichen Erfahrungen sie erworben haben und nicht zuletzt, welche persönlichen Ziele sie mit ihrer Tätigkeit im begleiteten Wohnen verbinden. Die Bandbreite möglicher Ziele von Mitarbeiterinnen ist außerordentlich groß und reicht von der Verwirklichung persönlicher Wünsche (z. B. Streben nach beruflichem Erfolg) und sozialer Bedürfnisse (mit Menschen zusammen sein) über ideelle oder religiös motivierte Vorstellungen (einen Beitrag zu einer humaneren Gesellschaft leisten, Benachtei-

ligten helfen, Nächstenliebe praktizieren) bis hin zu materiell begründeten Zielen (berufliche Absicherung, Geld verdienen).

Man muß also davon ausgehen, daß in jedem Team eines wohnbezogenen Dienstes Menschen zusammenarbeiten, die bei der Wahrnehmung der gleichen Aufgaben mitunter sehr verschiedene persönliche Ziele verfolgen. Den meisten Mitarbeiterinnen sind diese Ziele auch nicht immer völlig bewußt. So kann es z. B. ein Ziel der Arbeit einer Mitarbeiterin sein, den Nutzern zu gesellschaftlich anerkannteren, „normaleren" Verhaltensweisen zu verhelfen. Für ihre Kollegin ist es aber vielleicht viel bedeutsamer, die Nutzer grundsätzlich darin zu bestärken, daß sie auch mit problematischen Verhaltensweisen zunächst so akzeptiert werden, wie sie sind.

Charakteristisch für die Zusammenarbeit in vielen Teams ist, daß bei unterschiedlichen Auffassungen über „den richtigen Weg" im pädagogischen Alltag selten danach gefragt wird, worin die subjektiven Ziele der einzelnen Teammitglieder eigentlich bestehen. Stattdessen wird die Diskussion vielfach nur auf einer pragmatisch-technischen Ebene geführt (z. B.: Was ist zu tun, damit eine Verhaltensänderung erzielt wird?).

Fachliche Ziele

Ebenso wie die Beschäftigten eines wohnbezogenen Dienstes unterschiedliche persönliche Ziele verfolgen, ist es häufig auch umstritten, welche fachlichen Ziele (Normalisierungsprinzip, Lebensqualität, ethische Grundsätze usw.) man sich für die Arbeit setzen sollte. Als Einstieg in die Diskussion empfiehlt sich u. a. ein systematischer Austausch über die konzeptionellen Rahmenziele eines wohnbezogenen Dienstes.

Solche Rahmenziele sind meist sehr abstrakt und allgemein formuliert. So wird zweifellos niemand gegen die konzeptionelle Vorgabe protestieren, „das Wohl geistig behinderter Menschen und ihrer Familien" (Bundesvereinigung Lebenshilfe 1991, 5) in den Mittelpunkt seiner Tätigkeit zu stellen. Soll jedoch eine Übereinkunft darüber erreicht werden, wie diese Zielstellung für jeden Nutzer im Arbeitsalltag umgesetzt werden kann, werden die zum Teil sehr unterschiedlichen Auffassungen einzelner Mitarbeiterinnen meist sehr schnell deutlich.

Hier stellt sich das für jede pädagogische Tätigkeit typische Problem, daß sich allgemeine Rahmenziele wie „Integration" oder „Normalisierung" nicht vollständig und widerspruchsfrei operationalisieren lassen.

Im Konkreten wird es immer wieder umstritten sein, auf welche Weise und mit welchen Mitteln diese oder andere allgemeine Ziele der sozialen Rehabilitation umgesetzt werden sollen. Daher erfüllen Rahmenziele nur dann ihre Funktion, eine allgemeine Basis für das gemeinsame Handeln aller Beschäftigten eines wohnbezogenen Dienstes darzustellen, wenn es gelingt, sie für den Arbeitsalltag der Fachkräfte zu konkretisieren. Dabei ist es normal, daß die Sicht der Mitarbeiterinnen eines wohnbezogenen Dienstes von der Perspektive der Nutzer und diese wiederum von der Einschätzung der Angehörigen abweicht.

Fachliche Ziele lassen sich nie allein aus nur einer Perspektive ableiten. Den persönlichen Zielen der Mitarbeiterinnen stehen zum einen die Ziele des wohnbezogenen Dienstes (Verwirklichung vorgegebener Rahmenziele, optimaler Einsatz der Mitarbeiterinnen, positive Darstellung der eigenen Arbeit in der Öffentlichkeit usw.) und zum anderen diejenigen der Nutzer gegenüber. Konflikte zwischen diesen Zielvorstellungen sind dabei oft unvermeidlich, zumal die Mitarbeiterinnen sowohl den Vorgaben des wohnbezogenen Dienstes als auch den Ansprüchen und Wünschen der Nutzer verpflichtet sind. Man kommt daher nicht umhin, bei der Konzeptualisierung und Evaluation der Angebote und Hilfen eines wohnbezogenen Dienstes alle Beteiligten in einen kontinuierlichen Diskurs und so oft wie möglich „an einen Tisch" zu bringen.

Qualifizierung der Arbeit durch Konkretisierung der Ziele

Gelegentlich wird von Fachkräften sogar in Zweifel gezogen, ob die komplexen Aufgaben im begleiteten Wohnen es überhaupt ermöglichen, sich konkrete Ziele zu setzen. Immerhin kommt es bei ihrer Tätigkeit vor allem auf eine langfristige Begleitung von Menschen mit geistiger Behinderung an und weniger darauf, „Resultate" in Form von Veränderungen bei den Nutzern selbst zu bewirken. Daher ist zunächst festzuhalten, daß es in diesem Zusammenhang nicht darum gehen soll, Ziele für die Nutzer festzulegen, sondern sich als Mitarbeiterin fachliche Ziele für das eigene Handeln (und das gemeinsame Handeln im Team) zu setzen. Verzichten Mitarbeiterinnen jedoch darauf, für sich selbst und in der Zusammenarbeit im Team konkrete Ziele für ihr Handeln festzulegen, bringen sie sich um eine Reihe von Chancen, ihre Tätigkeit zu qualifizieren:

- Werden fachliche Ziele nicht übereinstimmend festgelegt, „vereinzeln" sich die Mitarbeiterinnen, indem sie vorrangig ihren eigenen, subjektiven Zielsetzungen nachgehen. Als Folge wirken die Handlungen der Mitarbeiterinnen eines Teams oft unkoordiniert und nicht selten auch widersprüchlich.
- Ohne Zielbestimmung ist methodisches Handeln nicht möglich. Die Wahl von Methoden und Techniken ist immer maßgeblich abhängig von zuvor definierten Zielen.
- Viele Entwicklungen, z. B. der Zuwachs an Selbständigkeit von Nutzern, gehen im Alltag deshalb unter, weil weder ein Ausgangspunkt noch ein konkretes Ziel festgelegt wurde.
- Über Ziele läßt sich auch bestimmen, welche Leistungen von den Mitarbeiterinnen erwartet werden und mit welchen Maßstäben diese Leistungen bewertet werden sollen.
- Klar umrissene Ziele geben den individuellen Anstrengungen eine Richtung und schaffen die Voraussetzung, die eigenen Ansprüche mit dem Erreichten in eine Beziehung setzen zu können. Damit bietet eine präzise Zielorientierung für Mitarbeiterinnen im begleiteten Wohnen oft die einzige Möglichkeit, den „Erfolg" der eigenen Handlungen zu bestimmen. Unterbleibt sie, erleben die Mitarbeiterinnen ihren beruflichen Alltag nicht selten als eine weitgehend unstrukturierte Ansammlung verschiedener Einzelaufgaben, die Tag für Tag „abzuarbeiten" sind, ohne daß die Wirkungen der eigenen Bemühungen erkennbar werden.
- Die Festlegung einverständlicher Ziele ist erste Voraussetzung für jede Form von Zielkontrolle im Sinne einer Selbstevaluation.

Jede Mitarbeiterin eines wohnbezogenen Dienstes sollte es als Teil ihrer beruflichen Tätigkeit begreifen, sich über ihre mit der Arbeit verbundenen Bedürfnisse, Wünsche, Ziele und Pläne Klarheit zu verschaffen. Erst auf dieser Grundlage lassen sich Absprachen im Team treffen (Teamkonzept) oder mögliche Widersprüche mit dienstlichen Vorgaben und Richtlinien (z. B. Rahmenkonzeption eines Dienstes) offenlegen und bearbeiten.

Damit sich einzelne Mitarbeiterinnen oder Teams geeignete Ziele für ihre Arbeit setzen können, sollten die allgemeinen Zielvorgaben des wohnbezogenen Dienstes ebenso klar nachvollziehbar sein wie die zur Verfügung stehenden Mittel, um diese Ziele zu erreichen (materielle und personelle Ressourcen).

Konzeptualisierung der Arbeit

Um die Fachkräfte eines wohnbezogenen Dienstes bei der Konzeptualisierung und Evaluation kontinuierlich einzubeziehen, ist ihre Mitwirkung zu institutionalisieren, d. h., ihre Beteiligung darf nicht „freigestellt", sondern sollte zwingend vorgeschrieben sein. Beschäftigte, die hartnäckig darauf bestehen, ihre Arbeit grundsätzlich „aus dem Bauch heraus" versehen zu wollen, sollten in wohnbezogenen Diensten keine Perspektive haben.

Für hauptamtliche Mitarbeiterinnen bildet die geplante Weiterentwicklung des eigenen Aufgabenbereichs einen zentralen Tätigkeitsschwerpunkt. Aus diesem Grund sollten sie ausreichend Gelegenheit erhalten, sich sowohl in den einzelnen Teams als auch teamübergreifend über die persönlichen Ziele und Motivationen ihrer inhaltlichen Arbeit (Berufsidentität) zu verständigen und sich zu vergegenwärtigen, welche Vor- und Nachteile aus unterschiedlichen Zielorientierungen resultieren können.

Dies kann z. B. in Form von regelmäßigen Zielgesprächen oder auch im Rahmen von übergreifenden Arbeits- oder Projektgruppen geschehen. Auf dieser Basis sollten auch die fachlichen Standards der Arbeit (z. B. Grundlagen der sozialen Rehabilitation, Normalisierungsprinzip) aufgearbeitet und für den beruflichen Alltag fruchtbar gemacht werden.

Getroffene Vereinbarungen über Arbeitsprinzipien (z. B. Sicherung personaler Kontinuität, Vorrang der Vermittlung allgemein zugänglicher Freizeitangebote gegenüber eigenen Angeboten usw.) sollten generell schriftlich festgehalten (dies geschieht üblicherweise in Form von Teamkonzepten oder eines Rahmenkonzeptes für den wohnbezogenen Dienst) und in regelmäßigen Abständen auf ihre Gültigkeit überprüft werden.

Verfahren zur Konzeptualisierung

Wohl jeder wohnbezogene Dienst setzt – mehr oder weniger zielgerichtet – interne Verfahren zur Konzeptualisierung der eigenen Arbeit ein. Unterscheiden lassen sich dabei

- Verfahren, die eher organisatorischen Zielen dienen;

- Verfahren, die sich im engeren Sinne mit inhaltlich-methodischen Aspekten der pädagogischen Tätigkeit auseinandersetzen.

Die Dienstbesprechung

Die „klassische" Variante der ersten Form ist die Dienstbesprechung. Sie dient neben der Weitergabe aktueller Informationen vor allem dazu, Probleme der Arbeitsorganisation gemeinsam zu erörtern und über den Austausch von Alternativen zu verbindlichen Entscheidungen zu gelangen. Die Effektivität dieses Instruments wird in der Praxis jedoch häufig aus mindestens drei Gründen stark herabgesetzt:

1. Dienstbesprechungen werden von manchen Mitarbeiterinnen als „Plauderrunden" mißverstanden (und entsprechend gestaltet). Der geringe Stellenwert, der dieser Besprechungsform damit zugebilligt wird, läßt sich oft schon an der Teilnahmehäufigkeit der Teammitglieder ablesen.

2. Es hat sich noch längst nicht überall die Erkenntnis durchgesetzt, daß bei der Weitergabe von Informationen, vor allem aber bei der Erörterung von Problemen, generell alle direkt davon Betroffenen (also soweit möglich, selbstverständlich auch die Nutzer!) an einen Tisch gehören. Nur so kann verhindert werden, daß Informationen auf langen Kommunikationswegen „verloren gehen" und verzerrt werden oder daß von wichtigen Entscheidungen unmittelbar Betroffene erst gar nicht gefragt bzw. vor vollendete Tatsachen gestellt werden.

Natürlich ist es – vor allem in größeren wohnbezogenen Diensten – manchmal auch sinnvoll, mehrere voneinander getrennte Teams oder berufsgruppenspezifische Besprechungen durchzuführen. Die Zusammensetzung einer Besprechungsrunde sollte im allgemeinen allerdings aufgabenbezogen und weniger berufsgruppen- oder gar statusbezogen erfolgen.

In fast jeder Hinsicht ineffektiv ist die in vielen Diensten noch immer verbreitete hierarchische Organisation von Dienstbesprechungen: Zunächst bespricht sich eine Leitungsrunde, anschließend werden Gruppenleiterinnensitzungen einberufen, die Gruppenleiterinnen wiederum gehen in die Teams, die Teammitglieder teilen die Informationen den Nutzern mit ... Neben dem schon erwähnten Informationsverlust auf dem Weg von der „Spitze" zur „Basis" macht es eine hierarchische Zusammensetzung von Besprechungsrunden den Teilnehmerinnen auch schwerer, ihre Meinungen und Interessen frei auszusprechen und miteinander zu verhandeln.

3. Bei der Strukturierung von Dienstbesprechungen wird oftmals nicht klar genug getrennt zwischen

- der Informationsweitergabe,
- der Diskussion aktueller Probleme,
- der Entscheidung über bestimmte Fragen.

Um zu vermeiden, daß bestimmte Fragen immer wieder diskutiert, aber nie einer Entscheidung zugeführt werden, ist es unbedingt notwendig, diese drei Elemente deutlich voneinander zu trennen und innerhalb der Dienstbesprechung nacheinander zu bearbeiten.

Ein Problemlösungs- oder Entscheidungsprozeß sollte dabei idealtypisch nach folgendem Modell verlaufen:

a) Anzeige des Problems;
b) Informationsphase (Herstellung eines gemeinsamen Bildes der Situation, um Lösungsalternativen entwickeln zu können);
c) Urteilsbildung anhand von Ziel- und Bedingungskriterien;
d) Entscheidung und Planung der Umsetzung;
e) Kontrolle der Umsetzung.

Teamkonzepte

Zwar ist es mittlerweile weithin unbestritten, daß sich die Mitarbeiterinnen im begleiteten Wohnen innerhalb eines Teams auf gemeinsame Ziele ihrer pädagogischen Arbeit verständigen sollten. Dennoch sind kooperativ erstellte und regelmäßig fortgeschriebene Teamkonzepte als Verfahren zur inhaltlich-methodischen Konzeptualisierung der Arbeit in wohnbezogenen Diensten noch immer eher die Ausnahme. Dabei bietet die Entwicklung einer Teamkonzeption den einzelnen Mitgliedern eines Teams nicht nur die Möglichkeit, einen verbindlichen Rahmen für die eigene pädagogische Arbeit zu schaffen, sondern birgt auch die Chance, über die gemeinsame Arbeit bei der Bestimmung von Zielen, Inhalten und Methoden auch die informellen Beziehungen innerhalb des Teams zu klären und positiv zu verändern. Teamkonzepte sollten immer – so weit dies möglich ist – mit den Nutzern, gegebenenfalls auch mit deren Angehörigen und Fürsprecher(innen) besprochen und von ihnen „abgesegnet" werden.

Projektgruppen

Zur Bearbeitung teamübergreifender Probleme und zur Entwicklung neuer Arbeitsweisen und Angebote empfiehlt sich in größeren Diensten die Zusammenstellung von Projektgruppen. Eine Projektgruppe ist idealerweise multiperspektivisch zusammengesetzt, d. h., neben Nutzern und deren Angehörigen bzw. Fürsprecher(innen) sollten Fachkräfte verschiedener Berufsgruppen und Hierarchiestufen sowie – wenn möglich – auch externe Berater(innen) vertreten sein.

Eine Projektgruppe stellt sich jeweils eine spezielle Aufgabe (z. B. die Vorbereitung und Durchführung eines Festes oder einer Fortbildungsveranstaltung oder die Begleitung des Auszugs einer Gruppe von Nutzern) und kommt ausschließlich zu diesem Zweck zusammen. Hat sie ihre Aufgabe erfüllt, kann sie sich auflösen oder einer neuen Aufgabe zuwenden.

Das klar definierte Ziel, die unmittelbare Handlungsbezogenheit (konkrete Arbeitsaufträge für alle Beteiligten), der überschaubare Zeitrahmen der Zusammenarbeit und nicht zuletzt der Verzicht auf eine hierarchische Struktur machen die Projektgruppe anderen teamübergreifenden Arbeitsformen wie z. B. der Arbeitsgemeinschaft meist deutlich überlegen.

Individuelle Entwicklungsplanung

Zum festen Bestandteil zielorientierten Arbeitens in vielen wohnbezogenen Diensten der Behindertenhilfe ist die sogenannte „Fallbesprechung" (auch „Einzelfallbesprechung") geworden. Uns erscheint dieser Begriff überaus fragwürdig, da er die Stilisierung von Menschen zu „Fällen" nahelegt und insofern den allgemeinen rehabilitativen Leitlinien einer von Partnerschaftlichkeit und beiderseitigem Respekt getragenen pädagogischen Arbeit entgegensteht. Wir schlagen daher vor, ihn durch die Bezeichnung „individuelle Entwicklungsplanung" zu ersetzen.

Die individuelle Entwicklungsplanung ermöglicht es, die Inhalte und Methoden der Arbeit des wohnbezogenen Dienstes und die Zusammenarbeit zwischen dem Nutzer, seinen Angehörigen und den Mitarbeiterinnen gezielt auf die Bedürfnisse, Interessen, Wünsche, Stärken und Schwächen eines einzelnen Nutzers abzustimmen und in regelmäßigen zeitlichen Abständen auf ihre Angemessenheit zu überprüfen. Rahmenbedingungen und Ablauf eines solchen Gesprächs sollten jedoch bestimmten „Gütekriterien" standhalten:

- Gespräche zur individuellen Entwicklungsplanung sollten grundsätzlich unter Beteiligung des Nutzers sowie aller für ihn oder sie bedeutsamen Personen wie vertraute Mitarbeiterinnen, Angehörige, Fürsprecher(innen), andere Personen wie Freunde, WfB-Gruppenleiterinnen usw. stattfinden. Während der Besprechung sollte der Nutzer – sofern dies möglich ist – nicht nur zuhören, sondern eine aktive Rolle einnehmen. Dazu sollte er ermutigt und unterstützt werden, seine eigenen Wünsche und Vorstellungen zu artikulieren und die Arbeit der Fachkräfte gegebenenfalls auch zu kritisieren.
- Grundlage individueller Entwicklungsplanung sollte ein ganzheitlicher (nicht defizitorientierter) Zugang zur Lebensrealität eines Nutzers sein (Einbeziehung seiner Biographie, der verschiedenen Lebensbereiche, seines Lebensalters, seiner Bedürfnisse, Interessen, Wünsche und Erwartungen).
- Die Ergebnisse jedes Gesprächs zur individuellen Entwicklungsplanung sollten stets schriftlich fixiert und allen Teilnehmer(inne)n in Form eines Ergebnisprotokolls zugänglich gemacht werden (dem betroffenen Nutzer müssen die Resultate der Besprechung unter Umständen mehrmals mündlich erläutert werden).
- Die zwischen den beteiligten Personen ausgehandelten Ergebnisse sollten – unter besonderer Berücksichtigung der Vorstellungen des Nutzers bzw. seiner Fürsprecher(innen) – innerhalb eines vereinbarten und überschaubaren Zeitraums in konkrete Maßnahmen und Handlungen umgesetzt werden.
- Wichtiger Bestandteil jeder Besprechung sollte die interne Evaluation sein: Was wurde bisher erreicht? Sind die in früheren Entwicklungsgesprächen vereinbarten Ziele und Maßnahmen noch realistisch und effektiv? Wo liegen Gründe für eventuelle Fehlentwicklungen?

Die Vorteile einer solchen Gestaltung von Besprechungen zur individuellen Entwicklungsplanung liegen auf der Hand: Der Nutzer gestaltet gemeinsam mit seinen engsten Bezugspersonen die eigenen Entwicklungsperspektiven und die darauf bezogenen Angebote des Dienstes aktiv mit und erfährt auf diese Weise eine erhebliche Statusaufwertung – vom passiven Empfänger von Hilfemaßnahmen zum aktiven Mitgestalter eines Leistungsangebots. Auf diese Weise werden dem Nutzer auch einige dienstinterne Strukturen und Abläufe deutlicher, und ganz beiläufig werden auch Lernerfahrungen gemacht (im übrigen nicht nur vom Nutzer). Für viele Nutzer wohnbezogener Dienste werden solche Aufgaben allerdings ungewohnt und unter Umständen auch bedrohlich sein. Daher sollten sie auf ihren Beitrag im Rahmen der individuellen Entwicklungsplanung individuell vorbereitet und gegebenenfalls auch dabei begleitet und unterstützt werden.

Die beteiligten Mitarbeiterinnen des wohnbezogenen Dienstes gewinnen durch den Prozeß der kooperativen Mitgestaltung und Mitentscheidung während der Entwicklungsgespräche größere Klarheit über den Bereich ihrer Aufgaben und Kompetenzen. Die Rückmeldungen der anderen Teilnehmer(innen) tragen dazu bei, die eigene Arbeit realistischer einzuschätzen und angemessen weiterzuentwickeln. Statt permanent auf problematische Entwicklungen nur reagieren zu müssen, werden die Mitarbeiterinnen somit in die Lage versetzt, ihren Tätigkeitsbereich gezielt zu planen und dadurch u. a. hochgradig konfliktvorbeugend zu arbeiten.

Für den Träger des wohnbezogenen Dienstes können zielorientierte Entwicklungsgespräche ein unaufwendiges Mittel der effektiven Weiterentwicklung seiner Angebote und Leistungen sein. Die kooperative Konzeptualisierung und Kontrolle der pädagogischen Ziele und Maßnahmen macht es möglich, daß über den Einsatz von Angeboten und Hilfen bedürfnisgerecht und flexibel entschieden werden kann. Entwicklungsbedarf wird auf diese Weise schneller deutlich, notwendige Veränderungs- und Steuerprozesse können früher eingeleitet werden. Die Dokumentation der Planungsgespräche erlaubt es darüber hinaus, die Leistungen eines wohnbezogenen Dienstes nach außen hin adäquat darzustellen – selbstverständlich im Rahmen der geltenden Datenschutzbestimmungen.

Selbst- und Fremdevaluation

Viele Beschäftigte in sozialen Berufen neigen dazu, ihre eigenen Leistungen eher unterzubewerten. Von daher haben sie nicht selten erhebliche Vorbehalte gegen eine systematische Überprüfung ihrer Arbeit. Dieser Sachverhalt ergibt jedoch auch umgekehrt einen Sinn: Überall dort, wo keine geplante und gezielte Bewertung der eigenen Leistung erfolgt, haben die Mitarbeiterinnen wohnbezogener und anderer Dienste nur sehr wenige und hinreichend verläßliche Kriterien zur Beurteilung ihres Tuns, so daß sie ihre Tätigkeit und – damit eng verbunden – auch ihren Status eher geringschätzen. Dies hat meist nicht nur negative Konsequenzen für die eigene Berufsidentität und die Leistungsmotivation, sondern auch für ihre Beziehungen zu den Nutzern eines wohnbezogenen Dienstes.

Hier kann eine gezielte und regelmäßig durchgeführte Evaluation, d.h. eine Bewertung und Deutung der eigenen Tätigkeit, ein realistischeres Bild vermitteln. Evaluation ist in diesem Zusammenhang definierbar als systematische Erhebung von Informationen zur Beurteilung der Konzeption, der Ausgestaltung, der Umsetzung und des Nutzens sozialer Dienstleistungen (vgl. ROSSI, FREEMAN, HOFMANN 1988). Im Gegensatz zur *Fremdevaluation* – Evaluation durch externe Wissenschaftler(innen) – ist mit *Selbstevaluation* die Untersuchung der professionellen Tätigkeit durch die Mitarbeiterinnen eines wohnbezogenen Dienstes selbst gemeint sowie durch andere, direkt von den Leistungen eines wohnbezogenen Dienstes betroffene Personen wie Nutzer, Angehörige/Fürsprecher(innen).

Eine kontinuierliche Evaluation der Tätigkeit im begleiteten Wohnen läßt die Konturen der eigenen Arbeit deutlicher hervortreten und die Strukturen, Möglichkeiten und Grenzen der unterschiedlichen Aufgabenstellungen transparenter werden. Durch die systematische Dokumentation und Auswertung der Arbeitsprozesse und -ergebnisse geraten auch kleinere oder nur langfristig erkennbare Erfolge der eigenen Tätigkeit ins Blickfeld. Auf diese Weise ist das Geleistete sowohl nach innen als auch nach außen besser darstellbar. Somit ist eine kontinuierliche Evaluation eine notwendige Voraussetzung für die langfristige Sicherung und Weiterentwicklung der Qualität von Angeboten und Hilfeleistungen eines wohnbezogenen Dienstes. Sie sollte sowohl auf der Ebene des gesamten Dienstes als auch auf der Ebene einzelner Funktionsbereiche und auf der Ebene der zusammenlebenden und -arbeitenden Menschen (z.B. Teams, Wohngruppen) erfolgen.

Einbeziehung verschiedener Perspektiven

Die besondere Qualität psychosozialer Arbeit bringt es mit sich, daß sich viele Mitarbeiterinnen wohnbezogener Dienste für Menschen mit geistiger Behinderung in hohem Maße mit ihrer Aufgabe identifizieren. Dieser an sich überaus positive Umstand kann unter Umständen jedoch auch zum Nachteil geraten, z.B. dann, wenn die eigene berufliche Rolle zum Gegenstand einer evaluativen Untersuchung wird. Zum einen hängt der „Erfolg" einer bestimmten Maßnahme oder Intervention (als Intervention definieren wir hier jede geplante Handlung von Mitarbeiterinnen eines wohnbezogenen Dienstes) immer maßgeblich von ihrer Wahrnehmung und Bewertung durch die beteiligten Personen selbst ab. Daher sollten Verfahren zur Evaluation möglichst multiperspektivisch, d.h. unter Einbeziehung von Fachkräften aller Hierarchieebenen und Funktionsbereiche des wohnbezogenen Dienstes sowie mit weitestgehender Beteiligung der Nutzer und ihrer Angehörigen und/oder Fürsprecher(innen) durchgeführt werden. Die Mitarbeit der Nutzer erhöht ihren Einfluß auf die Gestaltung der Angebote und vermittelt ihnen überdies eine höhere Transparenz der Strukturen und Leistungen eines wohnbezogenen Dienstes.

Bedeutung externer Expert(inn)en

Zum anderen ist es für eine fundierte und möglichst umfassende Bewertung der eigenen Arbeit unerläßlich, auch das Bild kennenzulernen, das sich Außenstehende von den Angeboten und Leistungen des Dienstes machen. Aus dieser Überlegung heraus sollte man sich bei der Durchführung einer Evaluation nach Möglichkeit der Beratung durch auswärtige und dienstunabhängige Expert(inn)en versichern. Dies können feldkundige Wissenschaftler(innen), aber ebenso z.B. die Mitarbeiterinnen und Nutzer anderer wohnbezogener Dienste sein (etwa im Rahmen eines regelmäßig stattfindenden, gegenseitigen Besuchsdienstes).

Die Perspektive der „auswärtigen Beobachter(innen)" kann von Beschäftigten des wohnbezogenen Dienstes oder von durch den Dienst direkt betroffenen Personen nicht ersetzt werden und stellt insofern immer eine wesentliche Bereicherung der verschiedenen „Innensichten" dar (aus diesem Grund sollte auch das Instrument LEWO als Selbstevaluation mit einer fremdevaluativen Beratung eingesetzt werden).

Ein bewährtes Verfahren ist in diesem Kontext die Befragung von Mitarbeiterinnen und Nutzern anderer wohnbezogener Dienste. Durch Einladungen zu Hospitationen und Besuche anderer wohnbezogener Dienste können sich Fachkräfte und Nutzer mit Alternativen zum eigenen Arbeiten und Wohnen vertraut machen. Der „Verband Evangelischer Einrichtungen für geistig und seelisch Behinderte" führte bereits in den 70er Jahren einen „Beratungs- und Besuchsdienst" (BBD) als Instrument „kollegialer Beratung" zur kontinuierlichen Entwicklung der Hilfen in seinen Einrichtungen ein (vgl. SCHWARTE 1978, 10 ff.). Diese Besuche sollten am besten als regelmäßige, gegenseitige Konsultationen verschiedener wohnbezogener Dienste gestaltet werden. Neben den Mitarbeiterinnen verschiedener Berufs- und Funktionsgruppen und den Nutzern sollten auch deren Angehörige und Fürsprecher(innen) einbezogen werden.

In jedem Fall ist der ständige Austausch der unterschiedlichen Perspektiven unverzichtbar. Weder das alltägliche Befaßtsein der Praktiker(innen) mit der Lebensrealität der Nutzer im begleiteten Wohnen noch die Sichtweise der externen Berater(innen) garantieren ein objektives Bild der Qualität der Arbeit eines wohnbezogenen Dienstes. Erst der gemeinsame Arbeits- und Diskussionsprozeß aller beteiligten Gruppen macht die einzelnen Einschätzungen objektivierbarer und garantiert zuverlässige und praktikable Ergebnisse im Rahmen der Evaluation.

Zur zuverlässigen Bewertung der eigenen Arbeit und als Voraussetzung zur Sicherung und Weiterentwicklung der Qualität seiner Hilfen sollte ein wohnbezogener Dienst unter gezielter Einbeziehung von Vertreter(inne)n aller relevanten Gruppen seine Arbeit kontinuierlich evaluieren lassen. Dabei sollten die Nutzer des Dienstes so weit wie möglich einbezogen werden und für ihre Mitwirkung individuelle Unterstützung erhalten.

Konzepte und Verfahren der Evaluation

Bisher fehlen hinreichend praxistaugliche Konzepte und Methoden zur systematischen Dokumentation, Auswertung und Darstellung professioneller Angebote und Hilfeleistungen wohnbezogener Dienste. Stattdessen werden Akten über Nutzer geführt, Tagesprotokolle und Teamkonzepte – meist widerwillig und in bezug auf Regelmäßigkeit, Form und Inhalt sehr individuell – verfaßt, die nur selten Aussagen über die Qualität der geleisteten Arbeit treffen und als Materialien zur gezielten Analyse von Arbeitsprozessen und -ergebnissen in der Regel wenig geeignet sind.

Ein wesentlicher Grundsatz effektiver Verfahren zur Bewertung der eigenen Arbeit liegt aber in der direkten Aufeinander-Bezogenheit von Konzeptualisierung, Intervention und Evaluation, d. h., evaluative Verfahren sollten nicht als seltene „Sonderveranstaltung" zum Einsatz kommen, sondern fest in den beruflichen Alltag integriert sein und mindestens so selbstverständlich benutzt werden wie der Dienstplan oder das Teambuch. Nur auf diese Weise können sie gleichzeitig als Bewertungsinstrument laufender oder bereits durchgeführter und als Planungsinstrument für zukünftige Interventionen verwendet werden. Dies wiederum setzt voraus, daß die eingesetzten Verfahren in hohem Maße alltagstauglich, also einfach und übersichtlich konzipiert sowie schnell verfügbar sein müssen.

Ein standardisierter Beobachtungsbogen z. B. erfüllt im Normalfall diese Kriterien, läßt aber möglicherweise zu viele wichtige Gesichtspunkte unberücksichtigt. Das Instrument LEWO wiederum ermöglich durch seine Komplexität und den multiperspektivischen Zugang eine fundierte Überprüfung der Qualität der eigenen Arbeit, eignet sich aber nur bedingt dazu, aktuelle Beobachtungen im Alltag „arbeitsbegleitend" festzuhalten.

In der Praxis wird es daher unerläßlich sein, daß sich die Mitarbeiterinnen eines wohnbezogenen Dienstes selbst – in Kooperation mit den Nutzern und deren Angehörigen und Fürsprecher(innen) – darum bemühen, einige Verfahren zu entwickeln, die speziell auf ihren beruflichen Alltag abgestimmt sind. Dies können pädagogische Dokumentationssysteme sein, abgewandelte Beobachtungsbögen oder erweiterte und standardisierte Tagesprotokolle. Es kann aber auch einfach die Übereinkunft innerhalb eines Teams sein, nach jeder gemeinsamen Aktivität oder Maßnahme regelmäßig das Urteil der daran beteiligten Nutzer einzuholen und diese schriftlich festzuhalten.

In jedem Fall ist es günstig, wenn neben dem Verlauf und den Ergebnissen von Interventionen auch die zentralen Problemstellungen und Prognosen der beteiligten Personen deutlich werden und Begründungen für Entscheidungen und ihr Zustandekommen im nachhinein noch nachvollziehbar sind.

Verfahren zur selbstevaluativen Untersuchung der Arbeit sollten im Idealfall

1. eine Problemanalyse leisten (Wo liegt das Problem? Sind meine Informationen ausreichend? Welche Zusammenhänge sollten darüber hinaus berücksichtigt werden?);
2. Entscheidungswege nachvollziehbar machen (Wie kam die Entscheidung zustande? Was spricht dafür und was dagegen? Welche Alternativen sind denkbar?);
3. Begründungen für Interventionen berücksichtigen (Wie begründe ich meine Entscheidung? Welche anderen Erklärungen sind denkbar? Welche Prognose verbinde ich mit der Intervention?);
4. Prozeßverläufe dokumentieren (Wie ist die Intervention abgelaufen? Wer hat welche Aufgaben und Rollen übernommen?);
5. Aufschluß über die Ergebnisse der Intervention geben (Welche Resultate hatte die Intervention? Inwieweit wurde das zentrale Problem gelöst? War meine Prognose zutreffend? Wie beurteilen die Beteiligten die Ergebnisse der Intervention?).

Literatur

ADAM, I.; SCHMIDT, E. R.: Gemeindeberatung – Ein Arbeitsbuch zur Methodik, Begründung und Beschreibung der Entwicklung von Gemeinden. Gelnhausen 1977

Bundesvereinigung Lebenshilfe für geistig Behinderte e. V. (Hrsg.): Grundsatzprogramm der Lebenshilfe. Marburg 1991

HEINER, M.: Von der forschungsorientierten zur praxisorientierten Selbstevaluation. Entwurf eines Konzeptes. In: Heiner, M. (Hrsg.): Selbstevaluation in der sozialen Arbeit. Freiburg i. Br. 1988, 7 – 40

KARDORFF, E. v.: Praxisforschung als Forschung der Praxis. In: Heiner, M. (Hrsg.): Praxisforschung in der sozialen Arbeit. Freiburg i. Br. 1988, 73 – 100

KNEBEL, H.: Taschenbuch für Personalbeurteilung. Heidelberg 1992

Lebenshilfe Wien: Sicherung von Qualität. Wien 1993

NICK, F. R.: Management durch Motivation. Stuttgart 1974

SCANLAN, B.: Erfolgreiche Mitarbeitermotivation. Berlin 1990

SCHWARTE, N.: Der Beratungs- und Besuchsdienst in der Behindertenhilfe. In: Sozialpädagogik 1/1978, 10 – 17

SPIEGEL, H. v.: Aus Erfahrung lernen – Qualifizierung durch Selbstevaluation. Münster 1993

ROSSI, P. H.; FREEMAN, H. E.; HOFMANN, G.: Programm-Evaluation: Einführung in die Methoden angewandter Sozialforschung. Stuttgart 1988

WEINERT, A.: Lehrbuch der Organisationspsychologie. München, Weinheim 1987

Organisationsentwicklung • Konzeptualisierung/Evaluation

Nutzerbezogene Indikatoren:
Konzeptualisierung und Evaluation

	trifft zu	trifft eher zu	trifft eher nicht zu	trifft nicht zu
1. Der Nutzer hatte bisher keine oder nur unzureichende Möglichkeiten, an der Konzeptualisierung und Evaluation der auf ihn bezogenen Hilfen (z. B. individuelle Entwicklungsplanung) mitzuwirken.	❏	❏	❏	❏
2. Der Nutzer ist gegenwärtig nicht an der Konzeptualisierung und Evaluation der auf ihn bezogenen Hilfen beteiligt.	❏	❏	❏	❏
3. Der Nutzer wird über die Ergebnisse und Folgen von Planungen, Besprechungen und Handlungen, die sich auf seine Person beziehen, kaum oder nur unzureichend informiert.	❏	❏	❏	❏
4. Der Nutzer wird nie oder nur selten ermutigt und darin unterstützt, Anregungen und Kritik zu äußern.	❏	❏	❏	❏
5. An Verfahren der Qualitätskontrolle und -entwicklung der Arbeit des wohnbezogenen Dienstes ist der Nutzer nicht beteiligt.	❏	❏	❏	❏

Gesamteinschätzung

Aus den Erfahrungen des Nutzers ergibt sich für die Mitwirkung an der Konzeptualisierung und Evaluation der Arbeit des wohnbezogenen Dienstes ein besonderer Unterstützungsbedarf.	❏	❏	❏	❏

Angebotsbezogene Indikatoren:
Konzeptualisierung und Evaluation

	trifft zu	trifft eher zu	trifft eher nicht zu	trifft nicht zu
1. Den Leistungsangeboten und Arbeitsweisen des wohnbezogenen Dienstes liegen verschriftete Konzepte zugrunde. Die Konzepte orientieren sich an den sozialpolitischen Leitlinien der Rehabilitation, den Rahmenvorgaben des Trägers (z. B. Grundsatzprogramm der Bundesvereinigung Lebenshilfe), den fachlichen Standards der sozialen Arbeit sowie den gesicherten Ergebnissen der einschlägigen Forschung.	❏	❏	❏	❏
2. Die Konzepte der Leistungsangebote und Arbeitsweisen des wohnbezogenen Dienstes werden prinzipiell unter Beteiligung aller Betroffenen – Mitarbeiterinnen, Nutzer, Angehörige/Fürsprecher(innen) – erarbeitet. Für die Mitarbeiterinnen stellen sie eine verbindliche Arbeitsgrundlage dar.	❏	❏	❏	❏
3. Die Konzeptualisierung der Arbeit erfolgt auf zwei Ebenen: Sie bezieht sich zum einen auf die Angebote und Leistungen des wohnbezogenen Dienstes (Angebotsprofil und Aktionsplanung) und zum anderen auf die bedürfnisbezogene Entwicklung der Nutzer (Bedürfnisprofil und individuelle Entwicklungsplanung).	❏	❏	❏	❏
4. Der wohnbezogene Dienst setzt kontinuierlich und verbindlich Verfahren zur Qualitätskontrolle und -entwicklung seiner Arbeit ein. Daran werden die Nutzer des Dienstes, deren Angehörige bzw. Fürsprecher(innen) sowie Mitarbeiterinnen unterschiedlicher Funktionsbereiche und Hierarchieebenen beteiligt.	❏	❏	❏	❏
5. Evaluative Verfahren werden auf drei Ebenen eingesetzt: auf der Ebene des gesamten wohnbezogenen Dienstes, auf der Ebene der einzelnen Funktionsbereiche bzw. Wohngruppen und als interne Selbstevaluation der zusammenlebenden und -arbeitenden Menschen. Die Selbstevaluation ist in die Planung, Dokumentation und Auswertung von Aufgaben und Tätigkeiten des beruflichen Alltags integriert.	❏	❏	❏	❏
6. Insbesondere den Nutzern wird zur Beteiligung an Aufgaben der Qualitätskontrolle und -entwicklung individuelle Unterstützung gegeben.	❏	❏	❏	❏

Organisationsentwicklung • Konzeptualisierung/Evaluation

	trifft zu	trifft eher zu	trifft eher nicht zu	trifft nicht zu
7. In bestimmten zeitlichen Abständen werden zur Qualitätskontrolle und -entwicklung auch auswärtige Expert(inn)en – z. B. feldkundige, aber institutionsunabhängige Wissenschaftler(innen), Mitarbeiterinnen und Nutzer anderer wohnbezogener Dienste – an der Durchführung einer Evaluation beteiligt.	❏	❏	❏	❏
8. Mitarbeiterinnen werden darin unterstützt, eigene, auf ihre tägliche Arbeitspraxis zugeschnittene Evaluationsverfahren zu entwickeln und anzuwenden. Der wohnbezogene Dienst bedient sich dazu externer Beratung.	❏	❏	❏	❏
9. Der wohnbezogene Dienst vermittelt den Mitarbeiterinnen Kenntnisse und Erfahrungen mit alternativen Wohnformen und Arbeitsweisen (z. B. Assistenzmodell, betreutes Wohnen), indem er Exkursionen organisiert und sich um eine aufgabenbezogene Zusammenarbeit mit den Nutzern und Mitarbeiterinnen dieser Wohnformen bemüht.	❏	❏	❏	❏

Gesamteinschätzung

	trifft zu	trifft eher zu	trifft eher nicht zu	trifft nicht zu
Der wohnbezogene Dienst unternimmt alle erforderlichen Bemühungen, um seine Arbeit nach den genannten Qualitätskriterien zu konzeptualisieren und zu evaluieren.	❏	❏	❏	❏

Gegenstandsbereich:
Fortbildung und Supervision

Eine Weiterentwicklung von Angeboten und Hilfen im Bereich des Wohnens, die an den Bedürfnissen der Nutzer orientiert ist, läßt sich ohne engagierte und fachlich kompetente Mitarbeiterinnen nur schwer vorstellen. In vielen wohnbezogenen Diensten steht den überaus vielfältigen und komplexen Aufgaben innerhalb des begleiteten Wohnens jedoch eine vergleichsweise schwache formale Qualifikation der hauptamtlichen Mitarbeiterinnen gegenüber.

Bei einer Erhebung der Bundesvereinigung Lebenshilfe zum Betreuungsnotstand gaben im Jahr 1991 etwa 73 % der befragten Wohnstätten an, Probleme mit der Besetzung ausgeschriebener Stellen durch qualifiziertes Personal zu haben (Bundesvereinigung Lebenshilfe 1992, 22 f.). Vor diesem Hintergrund besitzt die berufsbegleitende Fort- und Weiterbildung der Mitarbeiterinnen einen erheblichen Stellenwert. Dabei ist es keinesfalls ins Belieben der Träger wohnbezogener Dienste gestellt, ob sie ihren Beschäftigten die Teilnahme an Fort- und Weiterbildungen ermöglichen:

Nach § 8 der Heimpersonalverordnung (Verordnung über personelle Anforderungen für Heime) sind die Träger dazu „... verpflichtet, dem Leiter des Heims und den Beschäftigten Gelegenheit zur Teilnahme an Veranstaltungen berufsbegleitender Fort- und Weiterbildung zu geben. Mehrjährig Beschäftigten, die die Anforderungen des § 6 (Fachkräfte) nicht erfüllen, ist Gelegenheit zur Nachqualifizierung zu geben".

Um einer nutzerbezogenen Weiterentwicklung der Hilfen Rechnung tragen zu können, sollten jedoch nicht nur die Fachkräfte, sondern grundsätzlich alle von den Angeboten und Hilfeleistungen eines wohnbezogenen Dienstes unmittelbar betroffenen Gruppen – also Nutzer, Mitarbeiterinnen und Angehörige/Fürsprecher(innen) – kontinuierlich die Gelegenheit bekommen, sich gezielt fort- und weiterzubilden.

Diejenigen Mitarbeiterinnen, die unmittelbar mit Nutzern zusammenarbeiten, sollten darüber hinaus auch Angebote zur Gruppen- und gegebenenfalls Einzelsupervision erhalten.

Die Auswahl, Konzeption und Durchführung von Fortbildungsmaßnahmen sollte dabei an ausgewiesenen Standards orientiert sein.

Inhalte der Fort- und Weiterbildung

Die Anforderungen an die Inhalte von Fort- und Weiterbildung sind überaus anspruchsvoll zu formulieren. Unter anderem sollte den Mitarbeiterinnen im begleiteten Wohnen in regelmäßigen Abständen die Möglichkeit gegeben werden, durch Fort- und Weiterbildung

- die Bedeutung einer bedürfnis- und entwicklungsorientierten Arbeit zu erkennen (Vermittlung von Werthaltungen und Leitzielen für die Beziehungsgestaltung und für Angebote und Hilfen);
- ihre sozialen und reflexiven Kompetenzen zu erweitern (normativ geleitete Auseinandersetzung mit den eigenen Einstellungen und der beruflichen Rolle);
- ihr fachbezogenes Wissen zu aktualisieren bzw. zu erweitern (Vermittlung von heilpädagogischen, individual- und gruppenpädagogischen, psychologischen, pflegerischen und rechtlichen Basis- und Spezialkenntnissen);
- spezifische, methodische Handlungskompetenzen zu erwerben (Vermittlung von situationsgerechten und handlungsbezogenen Methodenkenntnissen, z.B. für den Umgang mit Krisen und Konflikten);
- gezielt mit Kolleginnen über tätigkeitsbezogene Erfahrungen zu reflektieren;
- mit anderen von den Angeboten des wohnbezogenen Dienstes betroffenen Gruppen besser zusammenzuarbeiten;
- übergreifende gesellschaftliche Wechselwirkungen im Umfeld rehabilitativer Hilfen sowie institutionelle Strukturen und deren Veränderbarkeit kennenzulernen.

Praxistransfer – Probleme und mögliche Folgen

Erfahrungsgemäß geben neben der Qualität der Inhalte und ihrer Aufbereitung vor allem die Umstände, wie das Erlernte in die Praxis umgesetzt wird, den Ausschlag dafür, ob eine Fortbildung letztlich als „erfolgreich" einzustufen ist.

Als größte Schwachstelle von Fort- und Weiterbildungsmaßnahmen wird daher gemeinhin ihr Praxistransfer angesehen:

Die innerhalb oder außerhalb des Dienstes angeeigneten Kenntnisse und Fertigkeiten lassen sich allzu oft nicht angemessen in den (Arbeits-)Alltag integrieren. Mal fehlen die materiellen Voraussetzungen (z. B. separate Räume, bestimmte Materialien, Musikinstrumente), mal läuft das größte Engagement einer Mitarbeiterin ins Leere (weil die Kolleginnen andere Kenntnis- oder Interessenschwerpunkte haben und die eigenen Bemühungen nicht mittragen können oder wollen), mal erweisen sich die Inhalte der Fortbildung auch schlicht als zu akademisch und praxisfern. Als Folge dieser Probleme entsteht nicht selten Unzufriedenheit auf allen Seiten:

- Die Mitarbeiterinnen fragen sich, wozu sie sich überhaupt fortgebildet haben und werden sich in Zukunft überlegen, ob sie überhaupt noch an Fortbildungen teilnehmen;
- die Leitung des Dienstes stellt fest, daß sich offenbar nichts verändert und wird zukünftig weniger dazu bereit sein, Mitarbeiterinnen für Fortbildungsveranstaltungen freizustellen;
- die Nutzer des wohnbezogenen Dienstes schließlich müssen immer wieder erleben, daß bestimmte Angebote oder Fördermaßnahmen zunächst mit viel Aufwand begonnen werden, aber nach kurzer Zeit wieder „einschlafen".

Wichtig ist, sich an dieser Stelle bewußt zu machen, daß mit jeder neu begonnenen Fördermaßnahme gleichzeitig eine Veränderung der Beziehungsstruktur zwischen einem Nutzer und der betreffenden Mitarbeiterin einhergeht. Der Nutzer erlebt diese Veränderung immer auch als besonderes Interesse an der eigenen Person und wird sich entsprechend seiner individuellen Möglichkeiten früher oder später auf diese neue Beziehungsqualität einlassen. Kommt es dann jedoch nach kurzer Zeit zum Abbruch der Maßnahme, erlebt der Nutzer dies als Bruch der gerade erst – oft zögerlich und angstvoll – aufgebauten Gefühlsbindung. Die plötzliche, schmerzvolle und in der Regel kaum durchschaubare Zurückweisung wird ihn darüber hinaus zukünftig noch mißtrauischer und ängstlicher machen.

In zahlreichen Akten von Menschen, die über Jahrzehnte in psychiatrischen Kliniken und Anstalten leben mußten, läßt sich nachlesen, welche fatalen Auswirkungen der unbedachte, sporadische Einsatz von Förderaktivitäten haben kann. Daher sollten spezielle Förderaktivitäten nie begonnen werden, ohne zum einen ihre individuelle Bedeutung für den Nutzer und ihre Einbettung in seinen Alltag zu klären und zum anderen ihre zeitliche und personale Kontinuität garantieren zu können.

Richtlinien für die Fort- und Weiterbildung

Vor dem Hintergrund der genannten Probleme lassen sich nun einige unverzichtbare „Standards" für die Planung und Durchführung von Fortbildungsmaßnahmen formulieren.

1. Fort- und Weiterbildung ist gezielt, koordiniert und langfristig zu planen.

Statt den eigenen, oft situativen Wünschen oder flüchtigen „Trends" der kaum noch überschaubaren Fortbildungsszene zu folgen, sollten alle geplanten Maßnahmen zumindest innerhalb des wohnbezogenen Dienstes, noch besser aber dienstübergreifend im Sinne regionaler Kooperation, besprochen und aufeinander abgestimmt werden. Eine Möglichkeit hierzu besteht darin, eine hierarchie- und funktionsbereichsübergreifende Arbeitsgruppe einzurichten, welche die Fortbildungsaktivitäten langfristig koordiniert.

2. Bei der Auswahl von Fortbildungen sollten die Interessen der Nutzer im Mittelpunkt stehen.

Fortbildung sollte die Fachkräfte eines wohnbezogenen Dienstes grundsätzlich in die Lage versetzen, ihre Arbeit besser auf die Bedürfnisse und Hilfebedarfe einzelner Nutzer ausrichten zu können. Daher sollte bei der Auswahl von Fortbildungen nicht nur von den Interessen der Mitarbeiterinnen ausgegangen werden, sondern insbesondere auch von denen der einzelnen Nutzer eines wohnbezogenen Dienstes. Somit sind vor einer Entscheidung über die Teilnahme an einer Fortbildungsmaßnahme immer mindestens zwei Fragen zu stellen:

- Welche Fortbildungsangebote fehlen unserem Team, um unseren Aufgabenstellungen besser gerecht werden zu können? Dabei ist zu unterscheiden zwischen solchen Hilfen, die natürliche Unterstützungssysteme ersetzen (substituierende Funktion) und Hilfen, die dazu dienen, vorhandene nichtprofessionelle Beziehungen der Nutzer zu unterstützen bzw. neue soziale und materielle Ressourcen zu erschließen (subsidiäre Funktion).

- Was werden die einzelnen Nutzer einer Wohneinheit/Wohngruppe konkret davon haben, wenn Mitarbeiterinnen an einer bestimmten Fortbildung teilnehmen?

Anhand dieser Fragestellungen läßt sich im übrigen auch der Ertrag von Fortbildungsmaßnahmen einschätzen.

3. An Fortbildungen sollte möglichst das gesamte Team teilnehmen.

Nach Fortbildungen entsteht nicht selten ein „Gefälle" im Team: Die Teilnehmerinnen der Maßnahme sind motiviert und wollen etwas Neues ausprobieren; ihre Kolleginnen hingegen sind demgegenüber eher kritisch, zumal sie die neuen Ideen „aus zweiter Hand" präsentiert bekommen. Um diesen Konflikt von vornherein auszuschließen, sollte so oft wie möglich das gesamte Team oder die Arbeitsgruppe der Mitarbeiterinnen (bzw. die miteinander kooperierenden Teams innerhalb einer Region) an Fortbildungen teilnehmen. Teambezogen organisierte Fortbildung schafft die Voraussetzung, daß erworbene Kenntnisse und Fähigkeiten gemeinsam in die Praxis umgesetzt werden. Die für einen gelingenden Praxistransfer unabdingbare zeitliche und personale Kontinuität der Maßnahmen wird dadurch erheblich begünstigt.

4. Fortbildungen sollten kooperatives Lernen verschiedener Personengruppen ermöglichen.

Bei der Auswahl von Fortbildungsinhalten sollte man sich nicht nur daran orientieren, welche Inhalte den teilnehmenden Mitarbeiterinnen (und Nutzern) nützen könnten. Auch die (positiven und negativen) Konsequenzen einer Fortbildungsmaßnahme für das gesamte Mitarbeiterinnenteam, die Gruppe der Nutzer und die Angebotsstruktur innerhalb einer Region müssen bedacht werden. Daher sollten Fortbildungen auch ein kooperatives Lernen verschiedener Personengruppen ermöglichen.

So sollten *Mitarbeiterinnen und Angehörige* gelegentlich an bestimmten Fortbildungen gemeinsam teilnehmen. Immer dann, wenn die Maßnahme ihre gemeinsame Aufgabenstellung berührt, als unmittelbare Bezugspersonen die Beziehungen zum Nutzer zu gestalten, eröffnet eine gemeinsame Fortbildung für beide Gruppen die Chance, die jeweils andere Perspektive besser kennenzulernen und darüber hinaus informelle Kontakte zu knüpfen bzw. auszubauen.

Die gemeinsame Teilnahme von *Mitarbeiterinnen und Nutzern* an Fortbildungsmaßnahmen fördert nicht nur die Kompetenzen der Nutzer, sondern läßt sich vor allem auch als bedeutsamer sozialer Entwicklungsprozeß verstehen. Mitarbeiterinnen und Nutzer haben so die Gelegenheit, sich einmal in anderen Rollen zu erleben: als gemeinsam von anderen und als voneinander Lernende. Für die Nutzer haben diese Veranstaltungen, da sie (zumindest in der Regel) nicht ihrer beruflichen Fort- oder Weiterbildung dienen, den Charakter von Maßnahmen zur Erwachsenenbildung (vgl. Gegenstandsbereich „Freizeitaktivitäten und Erwachsenenbildung", S. 153 ff.).

Formen des kooperativen Lernens von Menschen aus verschiedenen Gruppen erfordern ein gewisses Maß an Kreativität und Flexibilität bei der Gestaltung und Duchführung von Fortbildungsangeboten. Überall dort, wo der Gedanke partnerschaftlicher Fortbildung konsequent umgesetzt wurde, hat sich jedoch gezeigt, daß die auf den ersten Blick so unterschiedlichen Lernbedürfnisse und -voraussetzungen sehr wohl aufeinander zu beziehen und miteinander abzustimmen sind, und zwar mit großen Vorteilen für alle Beteiligten.

5. Zur Auffrischung und Erweiterung der Kenntnisse sollten Fortbildungsreihen angeboten werden.

Auch dann, wenn es gelingt, die bei Fortbildungen erworbenen Fähigkeiten und Kompetenzen in der täglichen Praxis umzusetzen, kann es notwendig sein, die eigenen Kenntnisse über bestimmte Inhalte in festen zeitlichen Abständen immer wieder aufzufrischen oder zu erweitern. Daher sollten zu bestimmten Themen (z. B. rechtliche Grundlagen, Erste-Hilfe-Maßnahmen) Fortbildungsreihen angeboten werden. Auf diese Weise können auch neue Mitarbeiterinnen relativ schnell auf den allgemeinen Kenntnisstand gebracht werden.

6. Fortbildungen sollten generell stark tätigkeitsbezogen sein.

Schon bei der Auswahl von Angeboten ist also daran zu denken, auf welche Weise die erworbenen Kenntnisse gemäß den Bedürfnissen der Nutzer und Fachkräfte in den Alltag des begleiteten Wohnens zu integrieren sind. Als „Faustregel" kann dabei gelten: Je mehr der Praxistransfer von Fortbildungsinhalten davon abhängt, daß zunächst eine Reihe von dienstinternen, strukturellen Voraussetzungen verändert werden müßten, desto kritischer sollte der Sinn der betreffenden Maßnahme überdacht werden.

Natürlich können sich manche Fortbildungsinhalte auch dann als sinnvoll erweisen, wenn sie nur mittelbar für die praktische Arbeit nutzbar gemacht werden können. So kann die Teilnahme an einer Fortbildungsveranstaltung bei einer Mitarbeiterin – unabhängig von den Inhalten – ihre Motivation und Arbeitszufriedenheit erhöhen oder dazu beitragen, bestimmte Routinen und Einstellungen zu überprüfen. Auch die Zusammenarbeit zwischen Mitarbeiterinnen eines wohnbezogenen Dienstes, die gemeinsam an einer Fortbildung teilnehmen, kann sich anschließend positiver gestalten.

7. Fortbildungen sollten Möglichkeiten eröffnen, voneinander zu lernen.

In den meisten Einrichtungen der Behindertenhilfe sind die Potentiale und Möglichkeiten der Mitarbeiterinnen, gezielt voneinander zu lernen, noch nicht annähernd ausgeschöpft. Dabei ist die Durchführung von Fortbildungen durch qualifizierte Fachkräfte des wohnbezogenen Dienstes selbst – insbesondere für größere Dienste – eine besonders praxisbezogene und unaufwendige Form der internen Weiterqualifizierung. Die in diesem Kontext häufig aufgeworfene Frage, ob Fortbildungen extern oder besser innerhalb der Räumlichkeiten eines wohnbezogenen Dienstes durchgeführt werden sollten, ist nur im Einzelfall zu entscheiden. Beide Varianten haben spezifische Vor- und Nachteile:

Die externe Fortbildung schafft durch die räumliche Distanz zum Arbeitsplatz – bzw. für die Nutzer zum Wohnort – auch einen größeren „inneren Abstand" zum eigenen Arbeits- bzw. Wohnumfeld. Dies macht es meist leichter, die eigene Tätigkeit in einem neuen Licht zu sehen. Darüber hinaus besteht bei externen Veranstaltungen normalerweise mehr Gelegenheit zum Austausch mit Kolleginnen (Nutzern, Angehörigen) anderer Dienste.

Dienstinterne Fortbildungen haben demgegenüber prinzipiell den Vorteil größerer Praxisnähe. Zeitaufwand und „Dienstausfallzeiten" sind im allgemeinen geringer; die Teilnahme ganzer Teams oder Gruppen läßt sich leichter organisieren.

Literatur

Arbeitskreis Pflege in der DGSP (Hrsg.): Lernzielkatalog für die praktische Ausbildung in der Psychiatrie. Köln 1992

Bundesvereinigung Lebenshilfe für geistig Behinderte e.V. (Hrsg.): Drohender Betreuungsnotstand in der Behindertenhilfe – Ergebnisse einer Umfrage. Marburg 1992

DAHLEM, O.; GIESE, D. u.a.: Heimgesetz: Heimpersonalverordnung (Verordnung über personelle Anforderungen für Heime). Loseblattausgabe. Köln o.J.

KLOTZ, D.: Hilfen für Helfer: Fortbildung und Organisationsentwicklung. In: Bock, Th.; Weigand, H. (Hrsg.): Hand-werks-buch Psychiatrie. Bonn 1991, 412 – 431

Nutzerbezogene Indikatoren:
Fortbildung und Supervision

	trifft zu	trifft eher zu	trifft eher nicht zu	trifft nicht zu
1. Der Nutzer konnte bisher nicht gemeinsam mit Mitarbeiterinnen des wohnbezogenen Dienstes an Fortbildungsveranstaltungen teilnehmen.	❑	❑	❑	❑
2. Der Nutzer benötigt besondere Unterstützung, um an dienstinternen und/oder -externen Angeboten zur Fort- und Weiterbildung der Mitarbeiterinnen teilnehmen zu können.	❑	❑	❑	❑
3. Der Nutzer hat bisher nicht oder kaum von den in Fortbildungen erworbenen Kenntnissen oder Fähigkeiten der Mitarbeiterinnen profitiert.	❑	❑	❑	❑

Gesamteinschätzung

Aus den individuellen Bedürfnissen und den Erfahrungen des Nutzers ergibt sich ein besonderer Unterstützungsbedarf in bezug auf seine Teilnahme an gemeinsamen Fortbildungsveranstaltungen mit den Mitarbeiterinnen.	❑	❑	❑	❑

Organisationsentwicklung • Fortbildung und Supervision

Angebotsbezogene Indikatoren:
Fortbildung und Supervision

	trifft zu	trifft eher zu	trifft eher nicht zu	trifft nicht zu
1. Der wohnbezogene Dienst stellt sicher, daß die Fortbildung seiner Mitarbeiterinnen auf der Grundlage einer differenzierten Planung erfolgt. Die Planung geschieht auf der Grundlage einer Analyse des Fortbildungsbedarfs der einzelnen Mitarbeiterinnen und der Funktionsgruppen bzw. Teams. Sie setzt inhaltliche Schwerpunkte und legt im Rahmen einer Jahresplanung fest, welche Fortbildungsangebote intern und extern wahrgenommen werden sollen.	❑	❑	❑	❑
2. Fortbildungen werden insbesondere unter dem Kriterium ausgewählt, inwieweit die erworbenen Kenntnisse in den Arbeitsalltag integriert werden können. Die Chancen der Umsetzung neuer Kenntnisse und Förderangebote werden bereits bei der Planung berücksichtigt (Sicherstellung materieller und organisatorischer Voraussetzungen, hinreichendes Zeitbudget, personelle Kontinuität der Angebote).	❑	❑	❑	❑
3. Die Fortbildungsplanung wird von einer hierarchie- und funktionsübergreifenden Projekt- oder Arbeitsgruppe vorgenommen; in kleineren Diensten wird sie durch eine Fortbildungsbeauftragte koordiniert.	❑	❑	❑	❑
4. Zur Verbesserung der Kooperation und zur Sicherung von Fortbildung bei knappen finanziellen Mitteln bemüht sich der wohnbezogene Dienst im Rahmen der Fortbildungsplanung um eine regionale Kooperation mit vergleichbaren sozialen Diensten.	❑	❑	❑	❑
5. Die Fortbildungsplanung orientiert sich primär an den Aufgaben des wohnbezogenen Dienstes und den Entwicklungsbedürfnissen der Nutzer, wie sie in den individuellen Förderplänen ausgewiesen sind. Sie richtet sich zum einen auf eine Verbesserung der Hilfen, die natürliche Netzwerke ersetzen (substituierende Funktion), und zum anderen auf den Ausbau von Hilfen, die vorhandene soziale Beziehungen der Nutzer unterstützen bzw. neue, nichtprofessionelle Beziehungen aufbauen (subsidiäre Funktion).	❑	❑	❑	❑

6. Im Mittelpunkt der Fortbildungsplanung steht der gelingende Alltag der Nutzer unter normalisierten Lebensbedingungen, nicht aber die Vermittlung freizeitpädagogischer oder therapeutischer Spezialkenntnisse. In diesem Sinne sind folgende Inhalte zentral:

	trifft zu	trifft eher zu	trifft eher nicht zu	trifft nicht zu

- heilpädagogische, individual- und gruppenpädagogische (Gruppendynamik und -entwicklung), psychologische, medizinische, pflegerische und rechtliche Basiskenntnisse;
- Kenntnisse zur Gestaltung eines „therapeutischen Milieus" und zur Gestaltung des Alltags als Lernfeld (vgl. Einleitungstext zum Aufgabenfeld „Wohnort, Einrichtung und Gestaltung der Wohnung und des Hauses", S. 75 ff.; Gegenstandsbereich „Selbstversorgung und Alltagshandeln", S. 130 ff.);
- Kenntnisse für den Umgang mit Krisen und Konflikten;
- Kenntnisse über fachliche Standards der Arbeit (Grundlagen und Leitlinien sozialer Rehabilitaion, Normalisierungsprinzip, systemischer Ansatz der Hilfen usw.), Auseinandersetzung mit den eigenen Einstellungen und der beruflichen Rolle;
- Kenntnisse über den gesellschaftlichen Kontext und die Wirkung institutioneller Strukturen auf die Lebenswelt der Nutzer.

Der wohnbezogene Dienst stellt sicher, daß diese grundlegenden Kenntnisse, soweit sie nicht Gegenstand der Ausbildung waren, von jeder Mitarbeiterin in einem überschaubaren Zeitraum erworben werden können. ❏ ❏ ❏ ❏

7. Der wohnbezogene Dienst fördert neben der individuellen auch teambezogene Fortbildung, insbesondere bei internen Angeboten. ❏ ❏ ❏ ❏

8. Der wohnbezogene Dienst fördert die gemeinsame Teilnahme von Mitarbeiterinnen und Nutzern an Fortbildungsmaßnahmen. ❏ ❏ ❏ ❏

9. Entsprechend qualifizierte Mitarbeiterinnen des wohnbezogenen Dienstes werden in die interne Fortbildung aktiv einbezogen. ❏ ❏ ❏ ❏

10. Der wohnbezogene Dienst sorgt dafür, daß die Inhalte der Fortbildung hinsichtlich ihres Ertrags kontinuierlich ausgewertet werden. ❏ ❏ ❏ ❏

11. Der wohnbezogene Dienst bemüht sich darum, daß die Mitarbeiterinnen, die unmittelbar mit den Nutzern zusammenarbeiten, Gruppen- und gegebenenfalls auch Einzelsupervision erhalten. ❏ ❏ ❏ ❏

Gesamteinschätzung

Der wohnbezogene Dienst unternimmt alle erforderlichen Bemühungen, um Fortbildung und Supervision nach den genannten Qualitätskriterien zu sichern. ❏ ❏ ❏ ❏

Gegenstandsbereich:
Öffentlichkeitsarbeit

Das Verhältnis einer breiten Öffentlichkeit zu Menschen mit geistiger Behinderung ist vielfach noch geprägt von einer Mischung aus Angst, Ablehnung und Mitleid. Zwar haben sich in den letzten Jahren durch den Ausbau integrativer Angebote und Hilfen die Chancen grundsätzlich erhöht, daß sich behinderte und nichtbehinderte Mitbürger(innen) einer Gemeinde besser kennenlernen. In den meisten Fällen folgt die soziale Integration der räumlichen Nähe jedoch nur sehr zögerlich und unvollkommen.

In der bereits an anderer Stelle erwähnten Befragung in 136 betreuten Wohngruppen für Menschen mit geistiger Behinderung (THESING 1993, 165 ff.) ergab sich, daß einerseits Schwierigkeiten und Probleme mit den unmittelbaren Nachbarn zwar eher selten waren (76,5 % der befragten WGs gaben an, keine nennenswerten Probleme zu haben). Auch die genannten Konfliktpunkte wie laute Musik, Feiern usw. unterschieden sich nicht von denen „normaler" Nachbarschaftsverhältnisse. Andererseits wurden aber die Kontakte zur (politischen) Gemeinde und Kirchengemeinde als schlecht bis sehr schlecht bezeichnet (Antworten von über 70 % bzw. 76 % der Befragten). Ähnlich schwach wurde auch die Vereinseinbindung von den Nutzern der Wohngruppen eingeschätzt.

Der Schluß liegt also nahe, daß kleine, gemeindeintegrierte Wohnangebote für Menschen mit geistiger Behinderung zwar in der Regel eher unauffällig sind und sich aus diesem Grund mit dem unmittelbaren sozialen Umfeld nur wenig Probleme ergeben, daß aber im Sinne der sozialen Integration offenbar nur wenige Begegnungen innerhalb der Nachbarschaft und der Gemeinde zustande kommen.

Öffentlichkeitsarbeit als Aufgabe wohnbezogener Dienste

Ein wohnbezogener Dienst sollte sich im Interesse seiner integrativen Aufgabenstellung darum bemühen, durch eine gezielte Öffentlichkeitsarbeit aktiv auf sein soziales Umfeld einzuwirken. Der wohnbezogene Dienst sollte sich dabei sowohl intern wie auch nach außen so darstellen, daß das Ansehen seiner Nutzer und Mitarbeiterinnen verbessert wird und diesbezügliche Vorurteile abgebaut werden können. Ziele der sozialen Rehabilitation wie die umfassende gesellschaftliche Teilhabe von Menschen mit geistiger Behinderung lassen sich nur dann durchsetzen, wenn dafür – im unmittelbaren sozialen Umfeld ebenso wie im gesamtgesellschaftlichen Kontext – eine sensibilisierte und unterstützende Öffentlichkeit hergestellt werden kann.

Öffentlichkeitsarbeit kann als das Herstellen von Öffentlichkeit und die Durchsetzung von Interessen durch ihre öffentliche Legitimation definiert werden *(J. Habermas)*. Ein sozialer Dienst muß sich mit seinen Zielen und seinem Selbstverständnis permanent ins Verhältnis zu allgemeinen gesellschaftlichen Ansprüchen setzen. Dabei darf er sich nicht nur darauf beschränken, seine Angebote und Leistungen möglichst glaubwürdig darzustellen.

Ein weiteres Ziel sollte es sein, den vorherrschenden Umgang zwischen Nichtbehinderten und Menschen mit geistiger Behinderung zu verändern, bestehende Vorurteile abzubauen und partnerschaftliche Einstellungen auf beiden Seiten zu fördern. Dazu sollten die Nutzer so oft wie möglich in einer Weise dargestellt oder beschrieben werden, die sie als selbständige Erwachsene in gesellschaftlich positiv bewerteten Rollen zeigen (vgl. Gegenstandsbereich „Sprachliche Darstellung", S. 292 ff.). Auf defizitorientierte oder auf Mitleid abzielende Präsentationsformen sollte konsequent verzichtet werden.

Die Ziele von Öffentlichkeitsarbeit eines wohnbezogenen Dienstes können sich generell auf *interne Wirkungen* (Vermittlung eines positiven Bildes des wohnbezogenen Dienstes bei Mitarbeiterinnen und Nutzern) und *externe Wirkungen* (Vermittlung der Ziele und Aktivitäten des Dienstes nach außen) richten. Träger der Öffentlichkeitsarbeit sind primär die Fachkräfte des wohnbezogenen Dienstes. Sie sollten den Dienst, die Nutzer und nicht zuletzt auch ihre eigene Arbeit nach außen hin (in der Nachbarschaft, der Gemeinde, im Verein, im privaten Freundes- und Bekanntenkreis) möglichst positiv und stimmig darstellen können. Dies wird nur dann wirklich glaubwürdig sein, wenn die Mitarbeiterinnen selbst ein dementsprechendes Bild des wohnbezogenen Dienstes besitzen. Aus diesem Grund sollte die interne der externen Öffentlichkeitsarbeit vorausgehen.

Interne Öffentlichkeitsarbeit

Interne Öffentlichkeitsarbeit bedeutet zunächst, daß sich die Mitarbeiterinnen im begleiteten Wohnen darüber klar werden müssen, daß ihre Darstellung des wohnbezogenen Dienstes, der Nutzer und der eigenen Arbeit die lokale öffentliche Meinung erheblich beeinflussen wird. Das von ihnen vermittelte Bild wirkt letztlich auch wieder auf ihre eigene Befindlichkeit zurück, denn je intensiver ihnen von außen Aufmerksamkeit und Anerkennung für ihre Tätigkeit entgegengebracht wird, um so mehr werden sie ihre Tätigkeit auch als sinnvoll und zufriedenstellend empfinden.

Um aber als „Botschafter in eigener Sache" gegenüber fachfremden Personen überzeugend auftreten zu können, benötigen Mitarbeiterinnen auch eine Reihe von Informationen, die über ihre konkrete Aufgabenstellung hinausgehen. Leider wird die Bedeutung einer offenen Informationspolitik von vielen Einrichtungsträgern und Leitungen wohnbezogener Dienste noch immer stark unterschätzt.

Immer wieder kommt es vor, daß neue Mitarbeiterinnen nur mit den für ihre Tätigkeit unmittelbar notwendigen Bedingungen vertraut gemacht werden, während übergreifende Kenntnisse – z.B. über die Aktivitäten des wohnbezogenen Dienstes in bezug auf die kommunale Behindertenplanung, das psychosoziale Gesamtangebot der Region oder über die behindertenpolitische Arbeit des Trägerverbandes – als „Herrschaftswissen" behandelt und nur einem kleinen Kreis von (meist leitenden) Mitarbeiterinnen zugänglich gemacht werden.

Mancher wohnbezogene Dienst beraubt sich auf diese Weise eines großen Potentials an Kreativität, denn nur gut informierte Fachkräfte sind letztlich dazu fähig, die Qualität der Arbeit eines wohnbezogenen Dienstes dauerhaft zu sichern und kompetent weiterzuentwickeln. Daher sollte jede Mitarbeiterin neben einem fundierten Wissen um die Bedingungen und fachlichen Grundlagen ihrer Aufgabe auch die organisatorischen Rahmenbedingungen des wohnbezogenen Dienstes und das sozialpolitische Umfeld der eigenen Tätigkeit genau kennen.

Relativ unaufwendige, aber in ihrer Wirkung äußerst effektive Instrumente der internen Öffentlichkeitsarbeit sind dabei u. a.:

1. Die Zukunftswerkstatt
Leitgedanke ist die gemeinsame Entwicklung neuer Ideen offensiver Öffentlichkeitsarbeit im Rahmen einer bereichs- und hierarchieübergreifenden Projektarbeit. Dabei sollten auch die Nutzer so weit wie möglich einbezogen werden. Der Ablauf gliedert sich in eine

- Kritikphase zur Bestandsaufnahme der bisherigen Öffentlichkeitsarbeit eines Dienstes;
- sogenannte Phantasiephase zum Austausch von Lösungsmöglichkeiten und Ideen für die zukünftige Öffentlichkeitsarbeit;
- Umsetzungsphase, in der die Planung und Arbeitsaufteilung zur Verwirklichung der Vorschläge vorgenommen wird.

2. Der Arbeitskreis Öffentlichkeitsarbeit
Hier handelt es sich um eine bereichs- und hierarchieübergreifende Teamarbeit von Mitarbeiterinnen und Nutzern zur Koordination der Außendarstellung des Dienstes. Ein solcher Arbeitskreis ist auch dienstübergreifend denkbar als regelmäßiges Kooperationsinstrument verschiedener sozialrehabilitativer Dienste einer Region. Wesentliche Voraussetzungen sind:

- Freiwilligkeit der Teilnahme;
- für die Mitarbeiterinnen ist Arbeitskreis-Zeit Arbeitszeit;
- Nutzer werden bei der Wahrnehmung von Aufgaben individuell begleitet;
- der Arbeitskreis erhält ein kleines und frei verfügbares Budget für seine Tätigkeit und hat ein Mitspracherecht bei größeren PR-Aktionen der verschiedenen sozialen Dienste.

Externe Öffentlichkeitsarbeit

Externe Öffentlichkeitsarbeit sollte durch eine klare Zielgruppenorientierung gekennzeichnet sein. Wichtige Zielgruppen für die Außendarstellung eines wohnbezogenen Dienstes sind die lokale (allgemeine) Öffentlichkeit, die Fachöffentlichkeit und nicht zuletzt die Eltern und Angehörigen der Nutzer und künftige Nutzer. Jede dieser Zielgruppen erfordert spezifische Formen der Öffentlichkeitsarbeit, da jeweils unterschiedliche Informationen benötigt werden und verschiedene Arten der Zusammenarbeit angestrebt werden sollten.

Lokale Öffentlichkeit

Die lokale Öffentlichkeit (Gemeinde, Nachbarschaft, Kirchen, Vereine und Verbände) läßt sich am günstigsten über die Tätigkeit des wohnbezogenen Dienstes in Kenntnis setzen, wenn Mitarbeiterinnen und Nutzer regelmäßig bei lokalen Veranstaltungen wie Gemeinde-, Kirchen- und Vereinsfesten, aber auch z. B. in Bürgerbeiräten, kommunalen Fachgremien (Gesundheitsausschuß) und dienstübergreifenden Arbeitsgemeinschaften präsent sind und dort über ihre Anliegen informieren.

Weitere Möglichkeiten zur Präsentation der Arbeit des wohnbezogenen Dienstes in der lokalen Öffentlichkeit ergeben sich durch eine regelmäßige Kontaktpflege zu anderen Einrichtungen, Verbänden und Vereinen. Die Gründung eines Fördervereins kann ebenfalls von Vorteil sein: Die Mitgliedschaft von Vertretern kommunaler Interessengruppen und Repräsentanten des öffentlichen Lebens im Förderverein stellt einen Teil „privater" Öffentlichkeit her. Zudem wird dadurch die Arbeit des wohnbezogenen Dienstes nachhaltig im Bewußtsein der lokalen Entscheidungsträger verankert.

Von großer Bedeutung ist erfahrungsgemäß auch ein guter Kontakt zu den örtlichen Medien (Presse, lokale Rundfunksender). Geeignete Mittel, eine kontinuierliche, fachlich angemessene und vielseitige Berichterstattung über die Arbeit des Dienstes zu fördern, bestehen z. B. in der Erstellung einer Pressemappe mit jeweils aktualisierten Informationen und Bildmaterial über die Einrichtung oder in einer langfristigen Zusammenarbeit mit einem Journalisten der führenden örtlichen Tageszeitung (als „Hausjournalisten").

Im Sinne einer aktiven Gemeindeintegration sollten Maßnahmen der Öffentlichkeitsarbeit grundsätzlich „vom wohnbezogenen Dienst aus in die Gemeinde hinein" entwickelt werden. Parallel dazu kann es zur Verbreitung der eigenen Sache aber auch förderlich sein, wenn der wohnbezogene Dienst einen kleineren Teil seiner materiellen (und gegebenenfalls auch personellen) Ressourcen in begrenztem Umfang auch externen Gruppen zur Verfügung stellt, also „die Gemeinde zu sich hineinholt". Wichtig dabei ist, daß solche Besuche nicht einmalig bleiben, sondern eingebettet sind in eine Reihe von weitergehenden Kontakten zwischen den Besucher(inne)n und den Nutzern.

Fachöffentlichkeit

Auch gegenüber der Fachöffentlichkeit (andere wohnbezogene und rehabilitative Einrichtungen, Behindertengruppen, Club 68, Ämter, Erzieher[innen]fachschulen usw.) sollte die Arbeit des Dienstes aktiv und möglichst fortlaufend präsentiert und dokumentiert werden. Hierzu eignen sich regelmäßig aktualisierte Broschüren, verschriftete Berichte über Aktivitäten oder Videodokumentationen. Möglichkeiten des Austauschs bestehen bei gemeinsamen Unternehmungen und Veranstaltungen mit anderen regionalen Diensten sowie durch einen gegenseitigen Besuchs- und Beratungsdienst, wie er von einigen diakonischen Einrichtungen bereits seit längerem praktiziert wird. Einer breiteren Fachöffentlichkeit können die Ziele und Leistungen des Dienstes u. a. auf Fachtagungen und durch Artikel in einschlägigen Fachzeitschriften nähergebracht werden.

Zum Zweck der internen Nachwuchsgewinnung sollte ein wohnbezogener Dienst eine enge Kooperation mit weiterführenden Schulen, Fachschulen für Erzieher(innen) und Heilerziehungspfleger(innen) sowie Fachhochschulen für Sozialarbeit/Sozialpädagogik anstreben. Methodische Möglichkeiten in diesem Zusammenhang sind die Einbeziehung der Ausbildungsstätten in die internen Fortbildungsaktivitäten des wohnbezogenen Dienstes, der Austausch von Referent(inn)en, das Angebot einer Berufserkundung an die Abschlußklassen allgemeinbildender Schulen der Umgebung usw.

Eltern und Angehörige

Eltern und Angehörige der Nutzer des wohnbezogenen Dienstes sind eine weitere wichtige Zielgruppe von Öffentlichkeitsarbeit. Der Dienst sollte daher ein Gesamtkonzept für seine Elternarbeit entwickeln, das an den allgemein verbindlichen Grundsätzen und Zielvorstellungen seiner Arbeit orientiert ist und konkrete Formen der Zusammenarbeit vorsieht. Möglichkeiten sind hierbei: Elternarbeit als Schwerpunkt interner Fortbildung des Dienstes, regelmäßige aktuelle Informationen für Angehörige, gemeinsame Unternehmungen, Kooperation des wohnbezogenen Dienstes mit ambulanten Hilfen für Eltern wie den Familienentlastenden Diensten (FED).

Künftige Nutzer

Für mögliche künftige Nutzer und deren Angehörige sollte der wohnbezogene Dienst nicht nur über aktuelle schriftliche Informationen (Broschüren usw.) zur Darstellung von Leistungen und Hilfen verfügen. Er sollte potentiellen Nutzern darüber hinaus durch Besuchsangebote und Gelegenheiten zum Probewohnen dazu verhelfen, sich ein realitätsgerechtes Bild von den verschiedenen Wohnmöglichkeiten zu machen.

Prinzipien für eine effektive Öffentlichkeitsarbeit

Um die Öffentlichkeitsarbeit eines wohnbezogenen Dienstes möglichst effektiv zu gestalten, sollten folgende grundlegende Prinzipien beachtet werden.

- *Zielgruppenorientierung:* Methoden und Ziele bei der Außendarstellung des Dienstes sollten auf die verschiedenen, oben genannten Zielgruppen abgestimmt sein.
- *Aktive Beteiligung von Mitarbeiterinnen und Nutzern:* Werden Fachkräfte funktions- und hierarchieübergreifend aktiv in die Öffentlichkeitsarbeit des wohnbezogenen Dienstes einbezogen, hat dies neben einer motivierenden Erweiterung ihres Aufgabenbereichs (im Sinne eines „job-enrichment") in aller Regel auch positive Auswirkungen auf ihre Arbeitszufriedenheit und ihre Identifikation mit den Zielen der Einrichtung (corporate identity). Die Nutzer des wohnbezogenen Dienstes nehmen durch ihre Beteiligung an der Öffentlichkeitsarbeit aktiv Einfluß darauf, wie sie selbst nach außen dargestellt werden. Indem sie z. B. nichtbehinderte Menschen über ihren Alltag und ihre Lebensumstände informieren, ergeben sich überdies noch eine Fülle zusätzlicher Lern- und Begegnungsmöglichkeiten.
- *Differenzierte Außendarstellung:* Der wohnbezogene Dienst sollte nicht nur in seiner Funktion als Wohneinrichtung, sondern in der gesamten Spannbreite seiner Aufgaben präsentiert werden. Sofern es die Konzeption des wohnbezogenen Dienstes vorsieht, sollte dabei die Orientierung der Arbeit am Assistenz- bzw. Dienstleistungsmodell hervorgehoben werden.

Literatur

MAIER, E.; HUG, W.: Was kann ich als Mitarbeiter tun, damit meine Umwelt das spezielle Problem der Behinderten besser einordnen kann? – Gedanken zukünftiger Heilerziehungspfleger. In: Zur Orientierung 2/1981, 168 – 171

SCHWARTE, N.; SCHNEIDER, R.: Außendarstellung und Öffentlichkeitsarbeit – Situationsanalyse einer Kinder- und Jugendhilfeeinrichtung. Unveröff. Manuskript. Siegen 1994

STEDEN, H.-P.: Das Heim als Gemeinwesen – Öffentlichkeitsarbeit im Heilpädagogischen Heim Viersen. In: Landschaftsverband Rheinland (Hrsg.): Neue Nachbarn. Köln 1991, 71 – 77

THESING, T.: Betreute Wohngruppen und Wohngemeinschaften für Menschen mit geistiger Behinderung. Freiburg i. Br. 1993

Organisationsentwicklung • Öffentlichkeitsarbeit

Angebotsbezogene Indikatoren:
Öffentlichkeitsarbeit

	trifft zu	trifft eher zu	trifft eher nicht zu	trifft nicht zu

1. Die Mitarbeiterinnen eines wohnbezogenen Dienstes sind die primären Träger von Öffentlichkeitsarbeit. Von ihrer Darstellung der Nutzer, der eigenen Arbeit und des wohnbezogenen Dienstes (in der Nachbarschaft, in der Gemeinde, im Verein, im privaten Freundes- und Bekanntenkreis usw.) wird die lokale öffentliche Meinung erheblich beeinflußt. Sie bemühen sich deshalb darum, die Kompetenzen der Nutzer hervorzuheben und sie gezielt in gesellschaftlich anerkannten Rollen und positiv bewerteten Lebenszusammenhängen darzustellen. ❏ ❏ ❏ ❏

2. Der wohnbezogene Dienst stellt sicher, daß die Mitarbeiterinnen neben der Kenntnis der fachlichen Erfordernisse ihrer Aufgaben auch über Vorgänge, die den gesamten Dienst betreffen (Entscheidungswege, Finanzierungsmodalitäten, Gremienarbeit, sozialpolitische Entwicklungen usw.), informiert und imstande sind, die Ziele und Aufgaben sozialer Rehabilitation in der Öffentlichkeit offensiv zu vertreten. ❏ ❏ ❏ ❏

3. Die Öffentlichkeitsarbeit des wohnbezogenen Dienstes wird nicht zur „Chefsache" oder zur Sonderaufgabe einer einzelnen Mitarbeiterin gemacht, sondern von einer funktions- und hierarchieübergreifenden Projektgruppe getragen. Dabei werden auch die Nutzer aktiv einbezogen. ❏ ❏ ❏ ❏

4. Die Öffentlichkeitsarbeit des wohnbezogenen Dienstes ist nach Zielgruppen differenziert:

   - *lokale Öffentlichkeit* (Gemeinde, Nachbarschaft, Kirchen, Vereine und Verbände): Präsenz von Mitarbeiterinnen und Nutzern bei Gemeinde-, Kirchen- und Vereinsveranstaltungen, in Bürgerbeiräten, kommunalen Fachgremien (Gesundheitsausschuß), dienstübergreifenden Arbeitsgemeinschaften usw.;
   - *Fachöffentlichkeit* (andere wohnbezogene und rehabilitative Dienste, Behindertengruppen, Ämter): fortlaufende Dokumentation der Arbeit, Fachtagungen usw.;
   - *Eltern und Angehörige von Nutzern*: regelmäßige aktuelle Informationen für Angehörige, gemeinsame Aktionen usw.;
   - *mögliche zukünftige Nutzer*: Informationsbroschüre, Besuchsangebote usw. ❏ ❏ ❏ ❏

	trifft zu	trifft eher zu	trifft eher nicht zu	trifft nicht zu
5. Die Öffentlichkeitsarbeit des wohnbezogenen Dienstes ist frei von defizitorientierten oder auf Mitleid abzielenden Präsentationsformen. Sie zeigt die Nutzer so oft wie möglich als kompetente Erwachsene in gesellschaftlich allgemein anerkannten Rollen und bezieht sich auf die gesamte Spannbreite der Aufgaben des wohnbezogenen Dienstes (substituierende *und* subsidiäre Tätigkeiten).	❏	❏	❏	❏
6. Der wohnbezogene Dienst unterhält kontinuierliche Kontakte zu den örtlichen Medien, um eine fachlich angemessene und vielseitige Berichterstattung über die Arbeit des Dienstes zu begünstigen (durch Erstellen einer Pressemappe mit jeweils aktualisierten Informationen und Bildmaterial, langfristige Zusammenarbeit mit bestimmten Journalisten als „Hausjournalisten", nicht nur Berichte über Spendenaktionen usw.).	❏	❏	❏	❏

Gesamteinschätzung

Der wohnbezogene Dienst unternimmt alle erforderlichen Bemühungen, um seine Öffentlichkeitsarbeit nach den genannten Qualitätskriterien zu gestalten.	❏	❏	❏	❏

Gegenstandsbereich:
Aktive Teilnahme an der regionalen Sozialplanung und der Sozialpolitik

Um den unterschiedlichen Wohnbedürfnissen von Menschen mit geistiger Behinderung auch in Zukunft angemessen Rechnung tragen zu können, sollten wohnbezogene Dienste dazu imstande sein, die Qualität ihrer Angebote und Leistungen langfristig zu sichern und weiterzuentwickeln. Zu diesem Zweck sollten sie über ihre unmittelbaren Belange hinaus auch aktiven Einfluß auf die Sozialplanung und -politik in ihrer Region nehmen.

Koordination und Kooperation

Es ist – nicht nur im Wohnbereich – ein mittlerweile weithin anerkannter Prüfstein der fachlichen Qualität professioneller psychosozialer Hilfen, ob diese isoliert von anderen in der Gemeinde vorhandenen (oder noch aufzubauenden) Diensten oder vielmehr koordiniert und in enger Zusammenarbeit zwischen den verschiedenen Institutionen erbracht werden. Träger und Leitungen wohnbezogener Dienste sollten sich daher um eine intensive Koordination und Kooperation mit anderen Trägern und Diensten rehabilitativer Leistungen und Hilfen für Menschen mit geistiger Behinderung in der Region bemühen. Dabei sollten sich diese Bemühungen auch auf regionale psychiatrische Kliniken und Großheime beziehen.

Neben der wirksameren Berücksichtigung von Nutzerinteressen ergeben sich für wohnbezogene Dienste durch eine gezielte Koordination und Kooperation bei gemeinsamen Aufgaben auch eine Reihe struktureller und organisatorischer Vorteile. So wird es z. B. möglich, Fahrdienste gemeinsam zu nutzen, Fortbildungsaktivitäten dienstübergreifend zu planen und durchzuführen sowie gemeinsame Anliegen und Interessen in der Öffentlichkeit nachdrücklicher zu vertreten (vgl. Bundesvereinigung Lebenshilfe 1988, 7 f.).

Die verschiedenen Dienste einer Region sollten einerseits formell in regionalen Arbeitsgemeinschaften (Regionalkonferenzen oder Psychosozialen Arbeitsgemeinschaften) zusammenarbeiten und dabei nach Möglichkeit zu festen Kooperationsvereinbarungen gelangen, andererseits sollten auch informelle Beziehungen zwischen den Mitarbeiterinnen wohnbezogener Dienste gefördert werden.

Zusammenarbeit mit kommunalen Stellen

Bedürfnisgerechte Angebote und Hilfen des begleiteten Wohnens sollten nicht als gemeindenah, sondern als kommunal, d. h. in die allgemeine Sozial- und Gesundheitsplanung einer Stadt oder eines Kreises integriert verstanden werden. Daraus ergibt sich, daß die Zusammenarbeit mit den kommunalen Stellen zu den Pflichtaufgaben eines wohnbezogenen Dienstes zählen muß. Wichtige Aufgaben können dabei u. a. sein: die Einrichtung einer Koordinationsstelle für Behinderte, die Einrichtung eines städtischen Beirats mit Trägervertreter(inne)n, Nutzer- und Angehörigenvertreter(inne)n oder die Erarbeitung eines kommunalen Behindertenplans.

Kriterien zur Planung von Wohnangeboten

Zur Klärung, welche Kriterien bei der Planung von Wohnangeboten innerhalb einer Gemeinde oder Region unbedingt Beachtung finden sollten, ist es auch an dieser Stelle hilfreich, konsequent die Perspektive der Nutzer einzunehmen. Potentielle Nutzer eines wohnbezogenen Dienstes und deren Angehörige werden mehrheitlich daran interessiert sein, innerhalb ihres unmittelbaren Lebensbereichs ein dezentrales, hinreichend differenziertes und durchlässiges Angebot vorzufinden. Wünschenswert wäre demnach die Berücksichtigung folgender „Prüfsteine":

1. Regionalisierung und verbindlicher Versorgungsauftrag
Jeder Neuaufbau von Wohnangeboten und sozialrehabilitativen Dienstleistungen sollte grundsätzlich kommunal bzw. stadtteilbezogen erfolgen. Planungsgrundlage aller künftigen Hilfen im Bereich des Wohnens sollte also eine konsequente Regionalisierung der Angebote und Leistungen sein. Dazu sind regionale Wohnangebote so lange flächendeckend auszubauen, bis jeder Mensch mit Behinderung nach seinem Auszug aus dem Elternhaus oder

nach erfolgter Entlassung aus einem Großheim oder einer psychiatrischen Klinik im vertrauten Lebensumfeld eine seinen Bedürfnissen angemessene Wohnung findet (vgl. dazu die rehabilitative Intention des § 39 BSHG: Die geleistete Hilfe hat die Eingliederung des behinderten Menschen in die Gesellschaft und eine Teilnahme am Leben der Gemeinschaft zu ermöglichen).

Dabei sollte die Region, für die ein wohnbezogener Dienst zuständig ist, einerseits nicht zu groß sein, um überschaubar zu bleiben und für die Nutzer und deren Angehörige eine gute Erreichbarkeit zu garantieren; andererseits sollte sie aber nicht zu klein sein, damit auch spezialisiertere Dienste eine entsprechende Nachfrage haben.

Unbedingt anzustreben ist, daß der Träger eines wohnbezogenen Dienstes einen verbindlichen Versorgungsauftrag für einen Stadtteil, eine Stadt oder einen Kreis übernimmt, sich also der Pflichtversorgung für alle Erwachsenen mit geistiger Behinderung aus seiner Region widmet. Nur auf diese Weise kann verhindert werden, daß die sogenannten „problematischen Fälle" von gemeindeintegrierten Wohnangeboten ausgegrenzt werden. Daher ist die Aufnahmepraxis immer ein Indikator für das Ausmaß der sozialpolitischen Verantwortung eines wohnbezogenen Dienstes. Gemeindeintegrierte Dienste sollten dabei insbesondere ihre Verantwortung gegenüber den als problematisch eingeschätzten Menschen mit Behinderung wahrnehmen, d. h., die Voraussetzungen und Bedingungen schaffen, damit enthospitalisierte, verhaltensauffällige oder besonders hilfebedürftige Menschen in gemeindeintegrierten Wohnformen leben können. In der Empfehlung der Bundesvereinigung Lebenshilfe über Gemeindenahes Wohnen (1992, 8) heißt es dazu:

„Auch Menschen mit schwerer Behinderung, mit Problemverhalten sowie alte geistig Behinderte finden innerhalb des Wohnverbundes ihren Platz. Den jeweiligen Bedürfnissen entsprechend sind Angebote mit unterschiedlich intensiver Betreuung notwendig. Der Träger steht in der Verantwortung, durch Ausbau und Erweiterung seiner Wohnangebote diesen Ansprüchen gerecht zu werden ..."

Die Gesamtheit der wohnbezogenen Dienste innerhalb einer Region sollte im Idealfall alle potentiellen Nutzer einer festumrissenen Region aufnehmen und ihnen ein dezentrales und hinreichend differenziertes Wohnangebot machen. Da hier die in § 10 BSHG (Bundessozialhilfegesetz) verankerte Trägerfreiheit berührt ist, läßt sich in dieser Frage bis auf weiteres allerdings nur immer wieder an die Verantwortungsbereitschaft der Trägervertreter(innen) appellieren.

2. Dezentralisierung der Angebote und Hilfen

Die regionalen Hilfen sollten dezentralisiert erbracht werden, so daß die gesellschaftlich übliche räumliche Trennung der Lebensbereiche Wohnen, Arbeiten, Bildung und gegebenenfalls Therapie gewährleistet ist. Wohnung und Arbeitsplatz sollten sich im Regelfall „in zumutbarer Entfernung" befinden, d. h., zu Fuß oder mit öffentlichen Verkehrsmitteln gut erreichbar sein.

3. Differenzierung von Wohnformen

Innerhalb einer Region sollten unterschiedliche wohnbezogene Dienste existieren, damit eine gewisse Auswahl an differenzierten Wohnformen zur Verfügung steht (Einzel- und Paarwohnen, Kurzzeitplätze, Wohnangebote für unterschiedliche Altersgruppen, einzelne Wohnplätze für Personen mit hohem Hilfebedarf usw.). Dies würde die potentiellen Nutzer von wohnbezogenen Diensten bzw. ihre Angehörigen in die Lage versetzen, zwischen verschiedenen, ihren jeweiligen Bedürfnissen entsprechenden Wohnangeboten eine Auswahl zu treffen und bei Problemen auch auf angemessene Alternativen zurückgreifen zu können.

Die Begleitung und Unterstützung wirklich aller Menschen mit geistiger Behinderung in einzelnen Wohnungen wäre gegenwärtig nur mit einer personellen Ausstattung zu leisten, die den sonst im Wohnbereich üblichen Personalschlüssel deutlich überschreitet. So werden für die Zukunft wohl vielerorts Verbundsysteme aus mehreren kleinen, dezentralen Wohnangeboten das Mittel der Wahl sein. Im Verbundsystem können die vorhandenen personellen Ressourcen flexibler eingesetzt und bedürfnisgerechter gehandhabt werden, z. B. um auch für Menschen mit höherem Hilfebedarf eine angemessene Tagesstrukturierung gewährleisten und in Krisensituationen jederzeit schnelle Hilfe garantieren zu können.

Derartige Verbundlösungen sollten – je nach den institutionellen Besonderheiten einer Region – auch trägerübergreifend angestrebt werden. Aus dem Kontext der sozialpsychiatrischen Versorgung werden die kommunalen Gebietskörperschaften (kreisfreie Städte bzw. Stadtbezirke und Landkreise) in diesem Zusammenhang als Planungseinheiten empfohlen (Größe nach den Empfehlungen der Expertenkommission der Bundesregierung von 1988: jeweils 100.000 bis 150.000 Einwohner).

4. Flexibilisierung der Wohnangebote

Angesichts der wachsenden Nachfrage nach Wohnangeboten wird es zukünftig verstärkt darauf ankommen, diese so flexibel zu strukturieren, daß sie auch zukünftigen Bedarfssituationen gerecht werden. Hier stellt sich in vielen Bundesländern die Schwierigkeit, daß ausreichend präzise Zahlen über den tatsächlichen Bedarf (z. B. über die Zahl derjenigen Menschen mit geistiger Behinderung, die in den nächsten Jahren ihr Elternhaus verlassen oder in absehbarer Zeit enthospitalisiert werden sollen) kaum verfügbar sind. Schätzungsweise sind in psychiatrischen Krankenhäusern und medizinisch orientierten Großeinrichtungen der alten Bundesländer noch immer etwa 10.000 Menschen mit geistiger Behinderung fehlplaziert; für die neuen Bundesländer dürfte die Zahl mindestens ebenso hoch sein (ROEPKE 1993, 10).

Trotz dieser Unwägbarkeiten muß der Anspruch aufrechterhalten werden, ambulante und teilstationäre Hilfen vollstationären Lösungen vorzuziehen. Nur ein bedarfsgerechter Ausbau von Angeboten Familienentlastender Dienste (FED) und vor allem des betreuten Wohnens würde den Leitlinien sozialer Rehabilitation entsprechen. Die gegenwärtig vielerorts zu beobachtende und weitgehend unreflektierte Erweiterung bestehender Wohnheimkapazitäten hingegen muß insgesamt als Rückfall auf den Stand der 70er Jahre beurteilt werden.

5. Durchlässigkeit der Hilfen

Die angebotenen Hilfen sollten ausreichend durchlässig sein und sich ergänzen, d. h., ambulante, teilstationäre und vollstationäre Angebote sind stets aufeinander zu beziehen und jeweils individuell miteinander abzustimmen. So sollte es z. B. selbstverständlich werden, in einer Werkstatt für Behinderte zu arbeiten, aber nicht im Wohnheim, sondern in der eigenen Wohnung zu wohnen – oder umgekehrt: in der Wohnstätte zu leben und mit psychosozialer Unterstützung einer Tätigkeit auf dem freien Arbeitsmarkt nachzugehen (vgl. Gegenstandsbereich „Regelmäßige Tätigkeit außerhalb des Wohnbereichs", S. 140 ff.).

6. Förderung nichtprofessioneller Hilfen

Hilfen und Angebote, die fest an eine Einrichtung gebunden sind, haben die Tendenz, im Laufe der Zeit immer „perfekter" zu werden (sich immer weiter zu professionalisieren) und dabei die natürlichen Hilferessourcen der Nutzer selbst oder ihres sozialen Umfelds zu vernachlässigen. Um dieser Entwicklung zu begegnen, sollte ein wohnbezogener Dienst die Mobilisierung bzw. den Aufbau vorhandener oder potentieller Netzwerke (Selbsthilfepotentiale) in der Gemeinde wie z. B. Kirchengruppen, Vereine und Verbände, ehrenamtliche Helfer(innen) ins Zentrum seiner Bemühungen stellen mit dem Ziel, so viele professionelle Leistungen wie möglich langfristig durch „natürliche" Unterstützungspotentiale zu ersetzen.

7. Erschließung von Finanzierungsquellen

Die Kürzung von öffentlichen Geldern und die zunehmende Konkurrenz unter den Anbietern sozialer Dienstleistungen zwingt auch wohnbezogene Dienste für Menschen mit geistiger Behinderung zur Erschließung von Finanzierungsquellen, die nicht durch Rechtsansprüche begründet sind (z. B. „social sponsoring"). Über den Sinn solcher Aktivitäten läßt sich sicherlich streiten. Unstrittig aber sollte sein, daß die Nutzer durch derartige Maßnahmen keinesfalls weiter stigmatisiert werden dürfen (z. B. indem sie als Objekte des Mitleids dargestellt werden).

Literatur

Bundesvereinigung Lebenshilfe für geistig Behinderte e. V. (Hrsg.): Errichtung und Führung von Wohnstätten für geistig Behinderte. Eine Empfehlung. Marburg 1988

Bundesvereinigung Lebenshilfe für geistig Behinderte e. V. (Hrsg.): Gemeindenahes Wohnen. Eine Empfehlung. Marburg 1992

Deutscher Bundestag – 11. Wahlperiode (Hrsg.): Empfehlungen der Expertenkommission der Bundesregierung zur Reform der Versorgung im psychiatrischen und psychotherapeutisch/psychosomatischen Bereich – auf der Grundlage des Modellprogramms Psychiatrie der Bundesregierung – vom 11.11.1988. Drucksache 11/8494

RICHTER, S.: Wider den Hospitalismus ambulanter Dienste oder: Vorschlag, wie es vielleicht doch möglich sei, ambulante Dienste einzurichten, die einen erkennbaren Nutzen hätten. In: Bock, Th.; Weigand, H. (Hrsg.): Hand-werks-buch Psychiatrie. Bonn 1991, 522 – 538

ROEPKE, R.: Zur Lebenssituation geistig behinderter Menschen in psychiatrischen Krankenhäusern, Pflegeheimen und isolierenden Großeinrichtungen in West- und Ostdeutschland. In: Konferenzreader: „Nicht ohne Not ins Krankenhaus – Perspektiven der Enthospitalisierung geistig behinderter Menschen ..." am 16./17. Dezember 1993 in Magdeburg. Magdeburg 1993, 1 – 16

Organisationsentwicklung • Sozialplanung/Sozialpolitik

Angebotsbezogene Indikatoren:
Aktive Teilnahme an der regionalen Sozialplanung und der Sozialpolitik

	trifft zu	trifft eher zu	trifft eher nicht zu	trifft nicht zu
1. Regionalisierte und differenzierte Wohnangebote mit deutlich unterscheidbarem Leistungsprofil liegen im Interesse geistig behinderter Menschen und ihrer Angehörigen. Der wohnbezogene Dienst bemüht sich deshalb um eine Regionalisierung seiner Angebote und koordiniert seine Aktivitäten mit anderen sozialen Diensten, um eine regionale „Pflichtversorgung" sicherzustellen.	❏	❏	❏	❏
2. Der wohnbezogene Dienst beteiligt sich an der Erstellung kommunaler Behindertenpläne und wirkt darauf hin, daß die dort ausgewiesenen Bedarfe nicht nur quantitativ, sondern auch qualitativ bestimmt sind. In der Planung wird die Integration enthospitalisierter, verhaltensauffälliger oder besonders hilfebedürftiger Menschen in bestehende und künftige gemeindenahe Wohnangebote ausdrücklich berücksichtigt.	❏	❏	❏	❏
3. Der wohnbezogene Dienst beteiligt sich an der Erbringung ambulanter, teil- und vollstationärer Hilfen in der Region, um ein bedürfnisorientiertes und durchlässiges Hilfesystem zu sichern. Um die Wahlfreiheit der Nutzer und ihrer Angehörigen zu garantieren, wirkt der wohnbezogene Dienst einer monopolartigen Trägerstruktur in der Regionalversorgung entgegen.	❏	❏	❏	❏
4. Um ein bedürfnisorientiertes und flexibles Hilfeangebot sicherzustellen, prüft der wohnbezogene Dienst kontinuierlich, inwieweit vollstationär erbrachte Leistungen durch teilstationäre oder ambulante Hilfen ohne Qualitätsminderung ersetzt werden können.	❏	❏	❏	❏
5. Der wohnbezogene Dienst bemüht sich perspektivisch um die Dezentralisierung seiner Leistungsangebote. Er strebt den Aufbau von Wohnverbundsystemen mit kleinen Wohneinheiten anstelle von Wohnheimen an.	❏	❏	❏	❏
6. Bei allen nicht durch Rechtsanspruch begründeten Finanzierungsformen (z. B. social sponsoring) wird darauf geachtet, daß behinderte Menschen nicht durch die Verstärkung negativer Vorstellungen stigmatisiert werden (behinderte Menschen als „ewige Kinder", als Objekte des Mitleids usw.).	❏	❏	❏	❏

Gesamteinschätzung

Der wohnbezogene Dienst beteiligt sich aktiv an der regionalen Sozialplanung und der Sozialpolitik. Er orientiert sich dabei an den genannten Qualitätskriterien.	❏	❏	❏	❏

Arbeitsmaterialien LEWO

Strukturfragebogen I: Wohnbezogener Dienst/Wohneinheit 372

Strukturfragebogen II: Nutzerbezogene Informationen 389

Instrumentarium zur Ersteinschätzung wohnbezogener Dienste 398

Vergleich zwischen Angebotsprofil und Nutzerprofil – Individuelle Einschätzung 412

Vergleich zwischen Angebotsprofil und Nutzerprofil – Einschätzung des Evaluationsteams 413

Bestimmung des vorrangigen Unterstützungs- und Veränderungsbedarfs 414

Leitfragen zur individuellen Entwicklungsplanung 415

Leitfragen zur Organisationsentwicklung 416

N. Schwarte/R. Oberste-Ufer: LEWO. Hrsg.: Bundesvereinigung Lebenshilfe

Strukturfragebogen I: Wohnbezogener Dienst/Wohneinheit

A. Informationen, die sich auf den wohnbezogenen Dienst insgesamt beziehen

1. Bezeichnung und Anschrift der Wohnung bzw. des wohnbezogenen Dienstes:

   ....

   ....

2. Träger des wohnbezogenen Dienstes:

   ....

   ....

3. Welchen Dach-/Fachverbänden gehört der wohnbezogene Dienst über seinen Träger an?

   ....

   ....

4. Seit wann besteht der wohnbezogene Dienst?   ....

5. Welche Wohnformen mit wievielen Plätzen bietet der Dienst an?   ....

   - Plätze im gruppengegeliederten Wohnen   ....   davon belegt   ....
   - Anzahl der Wohneinheiten/Gruppen   ....   davon belegt   ....
   - Plätze im betreuten Einzel- und Paarwohnen ....   davon belegt   ....
   - Plätze im betreuten Gruppenwohnen   ....   davon belegt   ....
   - Kurzzeitplätze   ....
   - sonstige Wohnplätze   ....   davon belegt   ....
   - Wohnplätze insgesamt   ....   davon belegt   ....

6. Wieviele Menschen mit einem Bedarf an Hilfen zur Tagesstrukturierung (Nutzer, die aufgrund von Alter, Krankheit usw. keine Tätigkeit in der WfB oder anderswo ausüben) nutzen zur Zeit die Wohnangebote des Dienstes?   ....

   6.1 Wieviele davon wurden in den letzten zwei Jahren aufgenommen?   ....

Strukturfragebogen I: Wohnbezogener Dienst/Wohneinheit

7. Wieviele Menschen, die aus einer Großeinrichtung/aus der Psychiatrie gekommen sind, nutzen zur Zeit die Wohnangebote des Dienstes? ....

    7.1 Wieviele davon wurden in den letzten zwei Jahren aufgenommen? ....

8. Wieviele Menschen sind direkt aus dem Elternhaus oder aus der Familie Angehöriger in den wohnbezogenen Dienst gekommen? ....

    8.1 Wieviele davon wurden in den letzten zwei Jahren aufgenommen? ....

9. Wieviele Menschen sind in den letzten zwei Jahren ausgezogen? ....

10. In welchen Wohnformen leben sie heute?

- ❑ Elternhaus/in der Familie Angehöriger
- ❑ betreutes Einzel-/Paarwohnen
- ❑ betreutes Gruppenwohnen
- ❑ Psychiatrie/Großeinrichtung
- ❑ gruppengegliedertes Wohnen anderer Träger
- ❑ sonstige Wohnformen
- ❑ gegenwärtiger Aufenthalt unbekannt
- ❑ verstorben

11. Gibt es zur Zeit eine Warteliste?   ❑ Ja ❑ Nein

    11.1 Wenn Ja, wieviele Anmeldungen liegen vor? ....

    11.2 Wieviele Menschen, die sofort aufgenommen werden müßten, stehen auf der Warteliste? ....

    11.3 Wieviele sogenannte fehlplazierte Menschen mit geistiger Behinderung (Bewohner von Altenpflegeheimen, psychiatrischen Krankenhäusern usw.) befinden sich auf der Warteliste? ....

    11.4 Wieviele Menschen mit einem Bedarf an Hilfen zur Tagesstrukturierung befinden sich auf der Warteliste? ....

    11.5 Wie hat sich die Zahl der Nachfragen nach Wohnplätzen in den letzten drei Jahren verändert?

        Zunahme: .... %   Rückgang: .... %   ❑ keine Veränderung

12. Werden durch die bestehende Aufnahmepraxis des Dienstes Menschen mit geistiger Behinderung aufgrund bestimmter Merkmale (Alter, Grad des Hilfebedarfs, Bedarf an Tagesstrukturierung oder Pflege, besondere Auffälligkeiten usw.) von einer Aufnahme ausgeschlossen?   ❑ Ja ❑ Nein

    12.1 Wenn Ja, aufgrund welcher Merkmale? ....

    ....

    12.2 Beabsichtigt der wohnbezogene Dienst, seine Aufnahmepraxis zu verändern?   ❑ Ja ❑ Nein

A

Strukturfragebogen I: Wohnbezogener Dienst/Wohneinheit

12.3 Wenn Ja, in welche Richtung? ....

....

13. Wieviele Menschen mit geistiger Behinderung in der Region benötigen
    gegenwärtig ein Wohnangebot außerhalb der Herkunftsfamilie?   ca. ....

14. Wieviele Menschen, für die der wohnbezogene Dienst kein adäquates
    Wohnangebot bereithielt, wurden in den letzten zwei Jahren an andere
    wohnbezogene Dienste in der Region vermittelt?   ....

15. Über wieviele Planstellen verfügt der wohnbezogene Dienst insgesamt?   ....

    - Bereich des begleiteten Wohnens   ....
    - Begleitende Dienste (medizinische/therapeutische Dienste, Sozialarbei-
      terinnen usw.)   ....
    - hauswirtschaftlicher/technischer Bereich   ....
    - Leitung und Verwaltung   ....

16. Wie hoch ist die Anzahl der gegenwärtig beschäftigten Personen insgesamt? ....

    - Bereich des begleiteten Wohnens   ....
    - Begleitende Dienste   ....
    - hauswirtschaftlicher/technischer Bereich   ....
    - Leitung und Verwaltung   ....

17. Wieviele Planstellen sind gegenwärtig im begleiteten Wohnen mit
    Aushilfskräften besetzt?   ....

18. Wieviele einschlägig qualifizierte Mitarbeiterinnen sind gegenwärtig im
    Bereich des begleiteten Wohnens beschäftigt?   ....

    - Erzieherinnen   ....
    - Heilpädagoginnen   ....
    - Sozialarbeiterinnen/Sozialpädagoginnen   ....
    - Heilerziehungspflegerinnen/Heilerziehungspflegehelferinnen   ....

19. Wieviele Mitarbeiterinnen mit einer medizinisch-pflegerischen Ausbildung
    sind gegenwärtig im Bereich des begleiteten Wohnens beschäftigt?   ....

20. Wieviele angelernte Mitarbeiterinnen mit einschlägiger Zusatzqualifikation
    bzw. angelernte Mitarbeiterinnen sind gegenwärtig im Bereich des begleiteten
    Wohnens beschäftigt?   ....

Strukturfragebogen I: Wohnbezogener Dienst/Wohneinheit

21. Wie viele Mitarbeiterinnen im Alter unter 25 Jahren sind gegenwärtig im wohnbezogenen Dienst beschäftigt (inklusive Zivildienstleistende, Praktikantinnen)? ....

B. Informationen, die sich auf die untersuchte Wohneinheit beziehen

22. Bezeichnung und Anschrift der Wohneinheit:

   ....

   ....

   ....

23. Gibt es eine besondere offizielle oder inoffizielle Bezeichnung für die Wohneinheit, z. B. Außenwohnung, Schwerbehindertengruppe, Wohntrainingsgruppe? ❑ Ja ❑ Nein

   23.1 Wenn Ja, Bezeichnung: ....

   ....

24. Seit wann besteht die Wohneinheit? ....

25. Wie hoch ist der gegenwärtige Pflegesatz der Wohneinheit? DM ....

26. Wie stellt sich der gegenwärtige Personalschlüssel der Wohneinheit dar? ....

27. Wieviele Mitarbeiterinnen sind gegenwärtig in der Wohneinheit beschäftigt? ....

   • Vollzeitmitarbeiterinnen ....
   • Teilzeitmitarbeiterinnen ....
   • davon mit befristeten Arbeitsverträgen ....
   • geringfügig Beschäftigte ....
   • Zivildienstleistende ....
   • Praktikantinnen ....
   • gegenwärtig unbesetzte Stellen ....
   • ehrenamtlich Tätige ....

28. Wieviele Menschen leben in der Wohneinheit insgesamt? ....

   • Männer ....
   • Frauen ....

A

Strukturfragebogen I: Wohnbezogener Dienst/Wohneinheit

Aufgabenfeld:

Wohnort, Einrichtung und Gestaltung der Wohnung und des Hauses

29. Liegt das Haus in einem reinen oder gemischten Wohngebiet mindestens durchschnittlicher Qualität? ❏ Ja ❏ Nein

30. Kann die Wohngegend als relativ sicher bezeichnet werden? ❏ Ja ❏ Nein

31. Ist der Standort des Hauses übermäßig durch Lärm oder Schadstoffe belastet? ❏ Ja ❏ Nein

32. Liegt das Haus an einer verkehrsreichen Straße bzw. wird der Zugang zu Geschäften, Haltestellen usw. durch eine solche Straße erschwert? ❏ Ja ❏ Nein

33. Gehört zum Haus/zur Wohnung ein Garten oder eine Freifläche, die der Erholung dienen können? ❏ Ja ❏ Nein

34. Wieviele Gehminuten sind folgende Einrichtungen entfernt?

- Zentrum der Gemeinde/des Stadtteils ca. .... Min.
- Kirche ca. .... Min.
- Supermarkt ca. .... Min.
- Kiosk ca. .... Min.
- Bäcker ca. .... Min.
- Sparkasse/Post ca. .... Min.
- Arztpraxis ca. .... Min.
- Bus- oder Straßenbahnhaltestelle ca. .... Min.
- Möglichkeiten der Naherholung (Parks, Waldgebiet, Schwimmbad usw.) ca. .... Min.

35. Ist das Haus für Besucher(innen) gut erreichbar?

- mit öffentlichen Verkehrsmitteln? ❏ Ja ❏ Nein
- mit dem PKW? ❏ Ja ❏ Nein

36. Vermitteln Haus und Wohnung einen freundlichen, gepflegten Eindruck? ❏ Ja ❏ Nein

37. Wie groß ist die Wohnung/Wohneinheit insgesamt? .... qm

37.1 Wie groß ist der gemeinschaftlich genutzte Bereich? .... qm

37.2 Wie groß ist der Bereich, der den Nutzern als Privatraum zur Verfügung steht? .... qm

37.3 Wie groß ist die hauptsächlich von Mitarbeiterinnen genutzte Fläche (Dienstzimmer, Funktionsräume usw.)? .... qm

38. Hat sich die materielle Einrichtung der Gemeinschaftsräume in den letzten zwei Jahren auf Initiative oder nach den Wünschen der Nutzer verändert? ❏ Ja ❏ Nein

   38.1 Wenn Ja, in welcher Form? ....

   ....

   ....

39. Wie werden die in der Wohnung/Wohneinheit vorhandenen privaten Räumlichkeiten (Schlaf- und Rückzugsbereich) genutzt?

   • Wieviele Nutzer verfügen über ein Einzelzimmer? ....
   • Wieviele Nutzer leben zu zweit in einem Zimmer? ....
   • Wieviele Nutzer leben zu dritt in einem Zimmer? ....
   • Wieviele Nutzer leben zu mehr als drei Personen in einem Zimmer? ....

40. Gibt es innerhalb der Wohnung/Wohneinheit ein Dienstzimmer? ❏ Ja ❏ Nein

41. Gibt es innerhalb der Wohnung/Wohneinheit oder des Hauses ein Gästezimmer? ❏ Ja ❏ Nein

42. Gibt es innerhalb der Wohnung/Wohneinheit oder des Hauses Räume, die als Aufenthalts-, Vorrats- oder Abstellräume verwendet werden, sich aber als Nutzerzimmer eignen würden? ❏ Ja ❏ Nein

43. Gibt es in der Wohnung/Wohneinheit

   • Ausstattungsmängel (Beschreibung in Stichworten): ....

   ....

   • Sicherheitsmängel (Beschreibung in Stichworten): ....

   ....

   • räumliche Enge im gemeinschaftlich genutzten Bereich (Beschreibung in Stichworten):

   ....

A

Strukturfragebogen I: Wohnbezogener Dienst/Wohneinheit

- schlechter Zustand des Mobiliars oder technischer Geräte (Beschreibung in Stichworten):

  ....

- bauliche Mängel/Reparaturstau (Beschreibung in Stichworten): ....

  ....

Aufgabenfeld:
Alltagsstrukturen, Routinen, Angebote und Tätigkeiten

44. Welche Versorgungsleistungen werden für die Nutzer zentral durch den wohnbezogenen Dienst erbracht?

    ❑ Warmverpflegung   ❑ therapeutische Fachdienste
    ❑ Kaltverpflegung   ❑ Fahrdienste
    ❑ Reinigungsdienste   sonstige zentrale Dienste: ....
    ❑ Wäschedienste   ....
    ❑ ärztliche Versorgung

45. Welche generellen Regelungen bestehen zur Zeit?

    ❑ gemeinsame Essenszeiten   ❑ einheitliche Badetage
    ❑ einheitliche Nachtruhezeiten   ❑ einheitliche Ausgangsregelungen
    ❑ einheitliche Besuchszeiten   ❑ Nutzerzimmer bleiben tagsüber verschlossen
    ❑ feste Zeiten für regelmäßige Gruppen-   ❑ Reinigung der Nutzerzimmer, auch ohne
      aktivitäten   Zustimmung der Nutzer

    sonstige generelle Regelungen: ....
    ....

46. Gibt es ein für die Nutzer jederzeit frei zugängliches Telefon, von dem aus ungestört gesprochen werden kann?   ❑ Ja   ❑ Nein

47. Werden durch den Dienst Leistungsangebote aus verschiedenen Lebensbereichen (z. B. Wohnheim und WfB) in unmittelbarer räumlicher Nähe erbracht?   ❑ Ja   ❑ Nein

    47.1 Wenn Ja, welche? ....

    ....

A

Strukturfragebogen I: Wohnbezogener Dienst/Wohneinheit

48. Wieviele Nutzer der Wohnung/Wohneinheit arbeiten außerhalb des Wohnbereichs?

   - in der WfB ....
   - in arbeits- bzw. beschäftigungs-
     therapeutischen Maßnahmen ....
   - in anderen Beschäftigungsverhältnissen ....

49. Wieviele Nutzer der Wohnung/Wohneinheit arbeiten innerhalb des Wohnbereichs?

   - in hauswirtschaftlicher oder ähnlicher
     Tätigkeit ....
   - in arbeits- bzw. beschäftigungsthera-
     peutischen Maßnahmen ....

50. Wieviele Nutzer der Wohnung/Wohneinheit haben gegenwärtig weder ein Arbeits-/
    Beschäftigungsverhältnis noch eine regelmäßige Tagesstrukturierung? ....

51. Welche durch den wohnbezogenen Dienst organisierten Freizeitaktivitäten und Bildungsangebote finden regelmäßig innerhalb der Räumlichkeiten des Dienstes statt?

Aktivität	Häufigkeit
1.	
2.	
3.	
4.	
5.	

52. Welche dieser Aktivitäten werden auch von Vereinen, Freizeitgemeinschaften usw. in der Gemeinde des wohnbezogenen Dienstes angeboten?

Aktivität	Häufigkeit
1.	
2.	
3.	
4.	
5.	

A

N. Schwarte/R. Oberste-Ufer: LEWO. Hrsg.: Bundesvereinigung Lebenshilfe

Strukturfragebogen I: Wohnbezogener Dienst/Wohneinheit

Aufgabenfeld:
Zusammenleben

53. Wieviele Nutzer der Wohneinheit benötigen besonders intensive pflegerische Hilfen (Pflegestufen 2 und 3)?   ....

54. Wie ist die Altersstruktur der in der Wohneinheit zusammenlebenden Nutzer?

    - Anzahl der Nutzer unter 25 Jahren   ....
    - zwischen 25 und 35 Jahren   ....
    - zwischen 36 und 45 Jahren   ....
    - zwischen 46 und 55 Jahren   ....
    - zwischen 56 und 65 Jahren   ....
    - über 65 Jahre   ....

55. Wie ist die Altersstruktur der Mitarbeiterinnen?

    - Anzahl der Mitarbeiterinnen unter 25 Jahren ....
    - zwischen 25 und 35 Jahren   ....
    - zwischen 36 und 45 Jahren   ....
    - zwischen 46 und 55 Jahren   ....
    - zwischen 56 und 65 Jahren   ....

56. Seit wann arbeiten die Mitarbeiterinnen in der Gruppe/Wohneinheit?

Name der Mitarbeiterin	tätig seit
....	....
....	....
....	....
....	....
....	....

57. Wieviele hauptamtliche Mitarbeiterinnen verfügen über weniger als zwei Jahre Berufserfahrung?   ....

58. Gibt es ein Bezugsbetreuerinnensystem? ❏ Ja ❏ Nein

    58.1 Wenn Ja, für wieviele Nutzer ist eine Bezugsbetreuerin im Durchschnitt zuständig? .... Nutzer

59. Wieviele Nutzer sind in den letzten zwei Jahren in die Wohnung/Wohneinheit gezogen? .... Nutzer

60. Wieviele Nutzer haben die Wohnung/Wohneinheit in den letzten zwei Jahren verlassen? .... Nutzer

61. Nehmen Mitarbeiterinnen und Nutzer die Mahlzeiten in der Regel gemeinsam ein? ❏ Ja ❏ Nein

62. Gibt es eine Nachtbetreuung für die in der Wohnung/Wohneinheit zusammenlebenden Nutzer? ❏ Ja ❏ Nein

    62.1 Wenn Ja, wie wird die Nachtbetreuung erbracht?

        ❏ durch eine Nachtwache in der Gruppe
        ❏ durch eine Nachtwache im Haus
        ❏ durch eine zentrale Nachtwache (z. B. für einen Wohnverbund)
        ❏ durch eine Bereitschaft in der Gruppe
        ❏ durch eine Bereitschaft im Haus
        ❏ durch eine zentrale Rufbereitschaft

63. Gibt es für den wohnbezogenen Dienst schriftliche Regelungen für das Verhalten in Krisensituationen? ❏ Ja ❏ Nein

Aufgabenfeld:
Nichtprofessionelle Beziehungen und Netzwerke

64. Welche stationär erbrachten Hilfen oder Angebote des wohnbezogenen Dienstes konnten in den letzten zwei Jahren durch ambulante Hilfen ersetzt werden (z. B. Inanspruchnahme niedergelassener Ärzte statt Vertragsarzt, Nutzung allgemein zugänglicher Freizeitangebote statt eigener freizeitpädagogischer Dienste)?

....

....

....

Strukturfragebogen I: Wohnbezogener Dienst/Wohneinheit

65. Welche durch den wohnbezogenen Dienst erbrachten Hilfen konnten in den letzten zwei Jahren durch nachbarschaftliche oder ehrenamtliche Hilfen (soziale Netzwerke) ersetzt werden?

....

....

....

Aufgabenfeld:
Rechte / Schutz

66. Gab es im letzten Jahr innerhalb der Räumlichkeiten/auf dem Gelände des wohnbezogenen Dienstes vermehrt dokumentierte/meldepflichtige Unfälle mit Personenschaden? ❏ Ja ❏ Nein

67. Gibt es für den gesamten Dienst schriftlich fixierte Vorgaben für die Anwendung von Zwangsmitteln? ❏ Ja ❏ Nein

68. Wie oft sind in einer durchschnittlichen Arbeitswoche von Mitarbeiterinnen Einzeldienste zu leisten? ....

69. Wie oft kommt es vor, daß neue, gering qualifizierte oder noch unerfahrene Mitarbeiterinnen Einzeldienste leisten müssen?

    ❏ nie   ❏ selten   ❏ häufiger   ❏ oft

70. Wieviele dokumentierte Auseinandersetzungen, bei denen Zwang und/oder Gewalt angewendet wurde, gab es im letzten Jahr?

    • zwischen Nutzern   ....
    • zwischen Mitarbeiterinnen und Nutzern   ....

71. Wie hoch liegt der Tagesverpflegungssatz? .... DM

72. Gibt es einen Heimbeirat? ❏ Ja ❏ Nein

    72.1 Wenn Nein, gibt es ein Ersatzgremium? ❏ Ja ❏ Nein

    72.2 Wenn Ja, welche(s)?   ❏ Elternbeirat   ❏ Betreuer(innen)beirat
                                ❏ Heimfürsprecher(in) sonstige: ....

A

73. Wer ist im Heimbeirat tätig?

    ❏ ausschließlich Nutzer

    ❏ ausschließlich Nutzer mit einer anderen Person als Begleitung, z. B. als Schriftführer(in)

    ❏ gemischtes Gremium, z. B. aus Nutzern, Angehörigen bzw. Fürsprecher(inne)n, Mitarbeiterinnen, Betreuer(inne)n nach dem Betreuungsgesetz

74. Wie oft kommt der Heimbeirat zusammen? ....

75. Nimmt die Leiterin des wohnbezogenen Dienstes regelmäßig an den Sitzungen des Heimbeirats teil?   ❏ Ja ❏ Nein

76. Wie oft haben sich die Nutzer des wohnbezogenen Dienstes im letzten Jahr an den Heimbeirat gewandt?

    ❏ gar nicht   ❏ selten   ❏ häufiger   ❏ oft

Aufgabenfeld:
Mitarbeiterinnenführung

77. Gibt es derzeit Schwierigkeiten, Stellen im begleiteten Wohnen mit qualifizierten Bewerberinnen zu besetzen?   ❏ Ja ❏ Nein

78. Wie werden neue Mitarbeiterinnen (auch Praktikantinnen, Zivildienstleistende) in ihre Aufgaben eingearbeitet?

    ❏ alltagsbegleitend durch die jeweils anwesenden Kolleginnen

    ❏ durch feste Ansprechpartnerinnen im Team

    ❏ durch eine zentrale Ansprechpartnerin im wohnbezogenen Dienst

    ❏ unter aktiver Beteiligung von Nutzern

    ❏ andere Formen der Einarbeitung: ....

    ....

79. Gibt es aktualisierte Stellenbeschreibungen für alle hauptamtlichen Mitarbeiterinnen?   ❏ Ja ❏ Nein

A

Strukturfragebogen I: Wohnbezogener Dienst/Wohneinheit

80. Wie hoch war die Mitarbeiterinnenfluktuation innerhalb der Wohneinheit in den letzten drei Jahren?

Jahr	neue Mitarbeiterinnen	ausgeschiedene Mitarbeiterinnen
......	....	....
......	....	....
......	....	....
......	....	....
......	....	....

81. Wie hoch waren die Fehlzeiten in den letzten drei Jahren (Angabe in Stunden)?

Jahr	krankheitsbedingt	andere Ursachen
......	....	....
......	....	....
......	....	....
......	....	....
......		

    81.1 Weichen die Fehlzeiten in der Wohneinheit/Wohngruppe von den durchschnittlichen Fehlzeiten des gesamten Dienstes erheblich ab? ❏ Ja ❏ Nein

82. Wie lange sind die durchschnittlichen Übergabezeiten bei Dienstwechseln? ca. .... Min.

83. Wie oft kommt es aufgrund von Ausfallzeiten, verkürzten Diensten usw. vor, daß Mitarbeiterinnen ihren Dienst ohne ein direktes Übergabegespräch antreten?

    ❏ nie   ❏ selten   ❏ häufiger   ❏ oft

84. Gibt es ein Teambuch, das täglich geführt wird?   ❏ Ja ❏ Nein

85. Gibt es eine Gruppenleiterin innerhalb des Mitarbeiterinnenteams?   ❏ Ja ❏ Nein

A

85.1 Wenn Ja, welche herausgehobenen Aufgaben nimmt die Gruppenleiterin gegenüber dem Team wahr?

....

....

86. Welche Aufgaben nehmen die ehrenamtlich Tätigen hauptsächlich wahr?

....

....

87. Gibt es regelmäßige Personalentwicklungsgespräche, deren Ergebnisse schriftlich festgehalten werden? ❏ Ja ❏ Nein

Aufgabenfeld:
Organisationsentwicklung

88. Wie häufig finden Dienstbesprechungen statt?

- im Team .... • durchschnittliche Dauer .... Min.
- teamübergreifend .... • durchschnittliche Dauer .... Min.

89. Wie häufig finden funktions- und hierarchieübergreifende Gespräche über organisatorische und konzeptionelle Entwicklungen des wohnbezogenen Dienstes statt?

a) Arbeitsgemeinschaften:

Bezeichnung	Häufigkeit	Teilnehmerinnen der Wohneinheit
....	....	....
....	....	....
....	....	....

Strukturfragebogen I: Wohnbezogener Dienst/Wohneinheit

b) Projektgruppen:

Bezeichnung	Häufigkeit	Teilnehmerinnen
....	....	....
....	....	....
....	....	....

90. Welche Aufgaben und Entscheidungsbefugnisse sind innerhalb des letzten Jahres aus übergeordneter Verantwortung in die Kompetenz der Mitarbeiterinnen des begleiteten Wohnens oder bestehender Gremien und Arbeitsgruppen delegiert worden?

....

....

91. Welche Angebote der Fort- und Weiterbildung führt der wohnbezogene Dienst gegenwärtig durch?

....

....

....

92. An welchen Fortbildungen haben die Mitarbeiterinnen der untersuchten Wohneinheit in den letzten beiden Jahren teilgenommen?

Angebot	Dauer	Teilnehmerinnen aus dem Team
....	....	....
....	....	....
....	....	....

93. An welchen dieser Fortbildungen haben Mitarbeiterinnen und Nutzer gemeinsam teilgenommen?

....

....

....

A

Strukturfragebogen I: Wohnbezogener Dienst/Wohneinheit

94. Wie hoch ist der Etat des wohnbezogenen Dienstes für Fortbildungsmaßnahmen? .... DM

95. Wieviele Mitarbeiterinnen der untersuchten Wohneinheit haben in den
letzten drei Jahren Supervision erhalten oder nehmen gegenwärtig an
einer Supervision teil? ....

96. Welche Formen von Öffentlichkeitsarbeit wurden im letzten Jahr praktiziert?

  ....

  ....

  96.1 Welche Aspekte der Arbeit des wohnbezogenen Dienstes wurden dabei besonders herausgestellt?

  ....

  ....

  96.2 In welcher Form waren Mitarbeiterinnen der untersuchten Wohngruppe/Wohneinheit an der
  Öffentlichkeitsarbeit beteiligt?

  ....

97. Wie oft gab es im letzten Jahr in den lokalen Medien (Zeitung, Rundfunk, Fernsehen) Informationen über die Arbeit des Dienstes? ....

  97.1 Was waren die Berichtsanlässe?

  ....

  ....

98. Welche Formen der Zusammenarbeit des wohnbezogenen Dienstes mit anderen sozialen Diensten
oder Institutionen (z. B. mit kommunalen Stellen, Kirchen, Verbänden, Ausbildungsstätten usw.)
bestehen gegenwärtig?

Kooperationspartner	Kooperationsgegenstand
....	....
....	....
....	....
....	....

A

N. Schwarte/R. Oberste-Ufer: LEWO. Hrsg.: Bundesvereinigung Lebenshilfe

Strukturfragebogen I: Wohnbezogener Dienst/Wohneinheit

99. Welche Verfahren der internen und/oder externen Evaluation bzw. Qualitätsprüfung kommen innerhalb des wohnbezogenen Dienstes zum Einsatz?

....

....

99.1 In welchen zeitlichen Abständen finden sie statt? ....

99.2 Wer wird *regelmäßig* daran beteiligt? ....

....

....

....

100. Gibt es einen regionalen Behindertenplan? ❏ Ja ❏ Nein

    100.1 Wenn Ja, welche Wohnformen mit welchen Platzzahlen stehen in der Region insgesamt zur Verfügung?

- gruppengegliedertes Wohnen   Anzahl: ....   Plätze: ....
- Einzel- und Paarwohnen   Anzahl: ....   Plätze: ....
- betreutes Gruppenwohnen   Anzahl: ....   Plätze: ....
- Kurzzeitplätze   Anzahl: ....   Plätze: ....

Strukturfragebogen II: Nutzerbezogene Informationen

Allgemeine Informationen

1. Name, Vorname: ....

2. Geburtsdatum: ....

3. Geburtsort: ....

4. Familienstand: ....

5. Nationalität: ....

6. Religionszugehörigkeit: ....

7. Schulbesuch: ....

8. Ist der Nutzer neben der geistigen Behinderung von erheblichen funktionellen Beeinträchtigungen betroffen (Körper- oder Sinnesbehinderungen, chronische Krankheiten)?   ❏ Ja   ❏ Nein

    8.1 Wenn Ja, welche? ....

9. Name und Anschrift der Eltern: ....

    ....

    ....

10. Name und Anschrift weiterer Angehöriger: ....

    ....

    ....

    ....

Strukturfragebogen II: Nutzerbezogene Informationen

11. Wo hat der Nutzer bisher gelebt?

bisherige Wohnorte	von – bis	Art der Wohnform
....	....	....
....	....	....
....	....	....
....	....	....
....	....	....

11.1 Seit wann lebt der Nutzer in der gegenwärtigen Wohnung/ Wohneinheit? ....

12. Zuständiger Kostenträger: ....

13. Existiert für den Nutzer eine individuelle Entwicklungsplanung?   ❏ Ja   ❏ Nein

   13.1 Wenn Ja, wer ist *unmittelbar und regelmäßig* an der Erstellung beteiligt?

   ❏ die Mitarbeiterinnen des begleiteten Wohnens
   ❏ andere Fachkräfte des wohnbezogenen Dienstes
   ❏ Fachkräfte anderer Dienste (z. B. Gruppenleiterin WfB)
   ❏ Angehörige oder Fürsprecher(innen) des Nutzers
   ❏ der Nutzer selbst

   13.2 Wer verfaßt die Entwicklungsberichte? ....

   13.3 In welchen zeitlichen Abständen wird die Entwicklungsplanung fortgeschrieben? ....

14. Wie häufig finden nutzerbezogene Gespräche (sogenannte „Fallbesprechungen") statt?

   ❏ nie   ❏ etwa einmal monatlich
   ❏ nur bei besonderen Vorkommnissen ❏ häufiger als einmal monatlich
   ❏ mehrmals im Jahr

A

Strukturfragebogen II: Nutzerbezogene Informationen

Aufgabenfeld:

Wohnort, Einrichtung und Gestaltung der Wohnung und des Hauses

15. Seit wann lebt der Nutzer am gegenwärtigen Wohnort? ....

16. Wie weit entfernt lebt der Nutzer von seinem letzten Wohnort? .... km

17. Wie weit entfernt leben Personen, zu denen der Nutzer gegenwärtig eine bedeutsame Beziehung hat?

    • Eltern/Angehörige: .... km   • Partner/Partnerin: .... km   • Freunde/Freundinnen......... km

18. Ist absehbar, daß der Nutzer in naher Zukunft aufgrund dienstinterner Entscheidungen oder auf eigenen Wunsch seinen Wohnort bzw. die Wohnform wechseln wird? ❏ Ja ❏ Nein

    18.1 Wenn Ja, wohin und in welche Wohnform wird er ziehen?

    ....

19. Wie groß ist der Privatraum, über den der Nutzer verfügt?

    • Anzahl der Räume: ....   • Quadratmeterzahl: ....

20. Mit wievielen Mitbewohnern teilt sich der Nutzer seine privaten Räumlichkeiten?

    20.1 Mit wievielen Mitbewohnern teilt er sich das Bad? ....

    20.2 Mit wievielen Mitbewohnern teilt er sich die Toilette? ....

21. Mit welchen Möbeln und Gebrauchsgegenständen ist der Privatbereich des Nutzers ausgestattet?

    ....

    ....

    21.1 Wohnt der Nutzer überwiegend mit eigenen Möbeln? ❏ Ja ❏ Nein

    21.2 Womit ist das Zimmer des Nutzers ausgestattet?

    ❏ Tapeten   ❏ Blumen/Pflanzen
    ❏ Gardinen   ❏ gerahmte Bilder

A

Strukturfragebogen II: Nutzerbezogene Informationen

❏ Vorhänge
❏ private Erinnerungsgegenstände/ Sammlungen

❏ Gerahmte Bilder
❏ Fotografien von Freunden, Angehörigen

sonstiges: ....

22. Womit ist das Badezimmer des Nutzers ausgestattet?

❏ verstellbare Spiegel
❏ Badewanne, die den Ein- und Ausstieg erleichtert

❏ warmer Bodenbelag/Badteppiche
❏ Platz für persönliche Körperpflegeutensilien

23. Wie lange liegt es zurück, daß sich der Nutzer neu eingerichtet hat oder seine Privaträume renoviert wurden? ....

24. Welche größeren Anschaffungen hat der Nutzer für seinen privaten Wohnbereich im letzten Jahr getätigt?

....

....

25. Hält der Nutzer ein Haustier? ❏ Ja ❏ Nein

Aufgabenfeld:

Alltagsstrukturen, Routinen, Angebote, Tätigkeiten

26. Welche alltagspraktischen Aufgaben bewältigt der Nutzer ohne fremde Hilfe?

....

....

27. Bei welchen alltagspraktischen Aufgaben hilft der Nutzer regelmäßig seinen Mitbewohnern?

....

....

28. Welche Absprachen werden getroffen, wenn der Nutzer die Wohnung/Wohneinheit verlassen möchte?

❏ keine Absprache erforderlich
❏ Abmeldung bei Mitarbeiterinnen

❏ Einholen einer Erlaubnis

A

Strukturfragebogen II: Nutzerbezogene Informationen

29. Welche Freizeitinteressen/Hobbys hat der Nutzer?

   ....

   ....

30. An welchen gruppeninternen bzw. vom wohnbezogenen Dienst angebotenen Aktivitäten nimmt der Nutzer regelmäßig teil?

Angebot	Häufigkeit

31. An welchen gemeindebezogenen Aktivitäten (externen Freizeit- und Bildungsangeboten) nimmt der Nutzer regelmäßig teil?

Angebot	Häufigkeit

32. Wie oft war der Nutzer in den letzten 14 Tagen in seiner Freizeit mit nichtbehinderten Menschen zusammen, die nicht Mitarbeiterinnen sozialer Dienste sind? ....

33. Mit wem verbringt der Nutzer überwiegend seine Freizeit?

   ❏ in Gruppen gemeinsam mit Mitbewohnern ❏ mit einzelnen Mitbewohnern
   ❏ mit Menschen, die ebenfalls behindert sind ❏ mit nichtbehinderten Menschen
   ❏ allein

34. Welche Verkehrsmittel nimmt der Nutzer regelmäßig in Anspruch?

   ....

   ....

Strukturfragebogen II: Nutzerbezogene Informationen

35. Welcher regelmäßigen Beschäftigung geht der Nutzer nach?

    ❏ Beschäftigung/Tagesstrukturierung innerhalb der Wohnung/Wohngruppe
    ❏ Beschäftigung/Tagesstrukturierung innerhalb des wohnbezogenen Dienstes
    ❏ Beschäftigung/Tagesstrukturierung außerhalb des wohnbezogenen Dienstes
    ❏ Arbeitstätigkeit innerhalb des wohnbezogenen Dienstes
    ❏ Arbeitstätigkeit in der WfB
    andere externe Arbeitstätigkeit
    Bezeichnung: ....

36. Wieviele Wochenstunden übt der Nutzer gegenwärtig seine Tätigkeit aus? ....

37. Seit wann übt er seine gegenwärtige Tätigkeit aus? ....

38. Wie erreicht der Nutzer seinen Arbeitsplatz?

    ❏ zu Fuß/mit dem Fahrrad
    ❏ mit öffentlichen Verkehrsmitteln
    ❏ mit speziellen Fahrdiensten

Aufgabenfeld:
Zusammenleben

39. Hat der Nutzer zu einem oder mehreren Mitbewohnern eine besonders freundschaftliche Beziehung?   ❏ Ja ❏ Nein

40. Wie schätzen die Mitarbeiterinnen die Position des Nutzers in der Gruppe der Mitbewohner ein?

    ❏ gut integriert   ❏ schwach integriert   ❏ nicht integriert

41. Mit wievielen Mitarbeiterinnen des wohnbezogenen Dienstes hat der Nutzer in einer durchschnittlichen Woche zu tun?   ....

42. Hat der Nutzer zu einer oder mehreren Mitarbeiterinnen eine besonders vertrauensvolle Beziehung?   ❏ Ja ❏ Nein

43. Verfügt der Nutzer über eigene Schlüssel?

    • zur Wohnung/zum Haus   ❏ Ja ❏ Nein
    • zum eigenen Zimmer   ❏ Ja ❏ Nein

Strukturfragebogen II: Nutzerbezogene Informationen

- zu Schränken usw. ❏ Ja ❏ Nein
- zu Bad und Toilette ❏ Ja ❏ Nein

44. Erhält der Nutzer seine Post ungeöffnet? ❏ Ja ❏ Nein

45. Wie und wo nimmt der Nutzer überwiegend seine Mahlzeiten ein?

   ❏ gemeinsam mit der Gruppe der Mitbewohner ❏ in der Küche
   ❏ allein ❏ auf seinem Zimmer
   ❏ im Speiseraum

46. In welcher Form verfügt der Nutzer über seine monatlichen Einkünfte?

   ❏ uneingeschränkte Verfügung
   ❏ Einteilung eines täglichen/wöchentlichen Taschengeldes durch Mitarbeiterinnen
   ❏ Einteilung eines monatlichen Betrages
   ❏ keine Eigenverfügung

Aufgabenfeld:
Nichtprofessionelle Beziehungen und Netzwerke

47. Wie oft hatte der Nutzer in den letzten 14 Tagen Kontakte zu Nachbarn (bei Einkäufen, Spaziergängen, Gartenaufenthalten usw.)? ....

48. Hat der Nutzer zu Nachbarn intensivere Beziehungen (durch regelmäßige Besuche, häufige Begegnungen usw.)? ❏ Ja ❏ Nein

49. Wie wird der Nutzer von den Nachbarn angesprochen? ❏ mit Du ❏ mit Sie

50. Wie häufig trifft der Nutzer im Durchschnitt seine Angehörigen?

   ❏ einmal wöchentlich oder öfter ❏ einmal jährlich
   ❏ ein- bis zweimal monatlich ❏ weniger als einmal jährlich
   ❏ mehrmals im Jahr

51. Wo finden die Treffen in der Regel statt?

   ❏ innerhalb der Wohnung/Wohneinheit des Nutzers
   ❏ bei den Angehörigen
   ❏ außerhalb des wohnbezogenen Dienstes

A

Strukturfragebogen II: Nutzerbezogene Informationen

52. Hat der Nutzer außerhalb seines Wohn- und Arbeitsumfeldes Freunde oder gute Bekannte? ❏ Ja ❏ Nein

53. Wie oft trifft er diese Personen im Durchschnitt?

    ❏ einmal wöchentlich oder öfter ❏ einmal jährlich
    ❏ ein- bis zweimal monatlich ❏ weniger als einmal jährlich
    ❏ mehrmals im Jahr

54. Wo finden die Treffen in der Regel statt?

    ❏ innerhalb der Wohnung/Wohneinheit des Nutzers
    ❏ bei Freunden/Bekannten
    ❏ außerhalb des wohnbezogenen Dienstes

55. Gibt es eine Person, die als Fürsprecher(in) die Interessen des Nutzers vertritt? ❏ Ja ❏ Nein

56. Hat der Nutzer/die Nutzerin gegenwärtig eine Paarbeziehung? ❏ Ja ❏ Nein

    56.1 Wenn Ja, zu einem Mitbewohner/einer Mitbewohnerin? ❏ Ja ❏ Nein

    56.2 Lebt er oder sie mit dem Partner/der Partnerin in gemeinsamen Räumlichkeiten? ❏ Ja ❏ Nein

Aufgabenfeld:
Rechte / Schutz

57. Werden dem Nutzer gegenwärtig Psychopharmaka verabreicht? ❏ Ja ❏ Nein

58. Wurde der Nutzer im letzten Jahr medikamentös zwangsbehandelt oder war er von Zwangsmaßnahmen betroffen (z. B. Fixierung, Isolierung, Verlegung aufgrund problematischen Verhaltens)? ❏ Ja ❏ Nein

59. Hat der Nutzer einen Hausarzt eigener Wahl? ❏ Ja ❏ Nein

60. Erhält der Nutzer gegenwärtig spezielle Therapieangebote?

    ❏ Krankengymnastik/Mototherapie ❏ innerhalb des Wohnbereichs ❏ extern
    ❏ psychomotorische Behandlungen ❏ innerhalb des Wohnbereichs ❏ extern
    ❏ Logopädie ❏ innerhalb des Wohnbereichs ❏ extern
    ❏ Ergotherapie ❏ innerhalb des Wohnbereichs ❏ extern

❏ andere körperbezogene Therapien ❏ innerhalb des Wohnbereichs ❏ extern
❏ Musiktherapie ❏ innerhalb des Wohnbereichs ❏ extern
❏ Beschäftigungstherapie ❏ innerhalb des Wohnbereichs ❏ extern
❏ Psychotherapie ❏ innerhalb des Wohnbereichs ❏ extern
sonstige Therapieangebote:

.... ❏ innerhalb des Wohnbereichs ❏ extern

.... ❏ innerhalb des Wohnbereichs ❏ extern

61. Verfügt der Nutzer über alle notwendigen technischen Hilfen (Haltegriffe, Lift) und Mobilitätshilfen (Rollstuhl, Fahrdienst)? ❏ Ja ❏ Nein

    61.1 Wenn Nein, welche Hilfen fehlen? ....

    ....

62. Beteiligt sich der Nutzer an den Wahlen zum Heimbeirat? ❏ Ja ❏ Nein

    62.1 Ist oder war er Mitglied des Heimbeirats? ❏ Ja ❏ Nein

63. Besteht für den Nutzer eine Betreuung nach dem Betreuungsgesetz? ❏ Ja ❏ Nein

    63.1 Wenn Ja, auf welche Bereiche bezieht sich die Betreuung?

    ....

    ....

    63.2 Gibt es einen gemeinsam mit dem Nutzer erstellten Betreungsplan? ❏ Ja ❏ Nein

Aufgabenfeld:
Organisationsentwicklung

64. Hat der Nutzer im letzten Jahr gemeinsam mit Mitarbeiterinnen an Fort- und Weiterbildungsmaßnahmen teilgenommen? ❏ Ja ❏ Nein

65. Welche Veränderungen innerhalb der Wohnung/Wohneinheit gehen im letzten Jahr unmittelbar oder mittelbar auf die Anregung/Initiative des Nutzers zurück?

    ....

    ....

Instrumentarium zur Ersteinschätzung wohnbezogener Dienste

Vorbemerkungen

Dieses Instrumentarium bietet die Möglichkeit zu einer Ersteinschätzung eines wohnbezogenen Dienstes anhand der LEWO-Leitlinien. Die Ersteinschätzung beruht auf der Überprüfung der Leitlinienorientierung in sechs sozialrehabilitativen Zielkategorien, die durch jeweils zehn aus dem LEWO-Instrument ausgewählte Indikatoren abgebildet werden. In einer siebten Kategorie sind zusätzlich Indikatoren zur Beurteilung des einrichtungsbezogenen Qualitätsmanagements aufgeführt.

Die sieben Zielkategorien sind:

1. Bedürfnisorientierung/Individualisierung

2. Selbstbestimmung

3. Leistungen des Dienstes zur Integration der Nutzer in das Gemeinwesen

4. Besondere Verletzlichkeit, Schutz und Rechte

5. Ansehen, Partnerschaftlichkeit und Respekt, Alters- und Kulturangemessenheit

6. Förderung von Kompetenz, Erweiterung des Rollenbildes, Entwicklungsorientierung

7. Qualitätssicherung

Die Indikatoren sind anhand der LEWO-Skala zu beurteilen:

	trifft zu	trifft eher zu	trifft eher nicht zu	trifft nicht zu
	❑	❑	❑	❑

Die Ersteinschätzung kann Anhaltspunkte für eine zielgerichtete Anwendung des gesamten LEWO-Instruments bieten, indem besondere Problembereiche deutlich werden, die anschließend mit dem LEWO-Instrument genauer untersucht und bearbeitet werden können.

Unabhängig davon kann auch bereits das Instrument zur Ersteinschätzung ein aufschlußreiches Qualitätsprofil ermitteln helfen.

1. Bedürfnisorientierung/Individualisierung

	trifft zu	trifft eher zu	trifft eher nicht zu	trifft nicht zu

1. Die Aufnahme einzelner Nutzer in das Wohnangebot des Dienstes sowie ein gewünschter Wechsel in eine andere Wohnform werden auf der Grundlage eines Arbeitskonzepts individuell begleitet. ❏ ❏ ❏ ❏

2. Die Mitarbeiterinnen akzeptieren und unterstützen die Nutzer bei der Ausbildung eines individuellen Lebensstils durch eine planmäßige Lebensstilförderung (z. B. Ermittlung von Wünschen und Interessen; Unterstützung der individuellen Art, Dinge zu erledigen; Unterstützung der individuellen Gestaltung des Privatraums; Unterstützung der Vorlieben, eine bestimmte Musikrichtung besser kennenzulernen; Unterstützung der Vorlieben, sich an bestimmten Orten aufzuhalten, bestimmte Personen zu treffen oder an bestimmten Veranstaltungen teilzunehmen). Es wird dafür Sorge getragen, daß die Ausbildung des individuellen Lebensstils nicht an ungenügenden Rahmenbedingungen scheitert oder durch sie behindert wird (fehlende Transportmöglichkeiten oder Begleitung, unbesetzte Telefone usw.). ❏ ❏ ❏ ❏

3. Biographisch bedeutsame Daten einzelner Nutzer (Geburtstage, Namenstage, Jubiläen usw.) werden individuell gestaltet und finden im Zusammenleben angemessene Berücksichtigung. ❏ ❏ ❏ ❏

4. Auf Fragen der Nutzer wird von den Mitarbeiterinnen ernsthaft und angemessen eingegangen, insbesondere auch auf solche Fragen, die stereotyp vorgebracht werden. ❏ ❏ ❏ ❏

5. Die Regelungen des Dienstes erlauben es grundsätzlich, daß die Aufgaben und Verrichtungen des Alltags ohne Hektik erledigt werden können. Für bestimmte Tätigkeiten kann man sich bewußt Zeit nehmen (Badezeiten können gestreckt werden; Mahlzeiten werden nicht „abgearbeitet"; Ausflüge werden nicht in Abhängigkeit vom Dienstplan zeitlich begrenzt; spontane Aktivitäten, die den Zeitplan durcheinanderbringen, kommen vor und werden akzeptiert usw.). ❏ ❏ ❏ ❏

Instrumentarium zur Ersteinschätzung

	trifft zu	trifft eher zu	trifft eher nicht zu	trifft nicht zu
6. Der wohnbezogene Dienst stellt sicher, daß der Nutzer ungestört Besuch empfangen kann. Er bemüht sich um eine Atmosphäre, in dem sich Gäste willkommen fühlen (Ermöglichung von Übernachtungen für auswärtige Gäste, Einladungen zu Festen usw.).	❏	❏	❏	❏
7. In der Regel arbeiten dieselben Mitarbeiterinnen kontinuierlich für dieselben Nutzer. Bei der Auswahl von Bezugsbetreuerinnen werden die Wünsche der einzelnen Nutzer besonders berücksichtigt.	❏	❏	❏	❏
8. Die Nutzer des wohnbezogenen Dienstes werden an der Personalauswahl in der Form beteiligt, daß ihre Erfahrungen und Meinungen während der Probezeit neuer Mitarbeiterinnen eingeholt und in die Entscheidungsfindung mit einbezogen werden.	❏	❏	❏	❏
9. Der wohnbezogene Dienst läßt allen Nutzern bei der Gestaltung ihres Alltags neben gruppengebundenen Lebenszusammenhängen auch genügend Raum für Alleinsein und individuelle Betätigungen. Die Nutzer werden kontinuierlich dabei unterstützt, ihren privaten Wohnbereich individuell einzurichten und zu gestalten.	❏	❏	❏	❏
10. Die von den Nutzern benötigten besonderen Hilfen und Sicherheitsvorkehrungen sind an die individuellen Erfordernisse und Wünsche angepaßt (z. B. Aufzüge, Toilettengriffe, Lifter, Handläufe, Spiegelhöhe, Bettengröße) und so unauffälig wie möglich eingebaut.	❏	❏	❏	❏

2. Selbstbestimmung

	trifft zu	trifft eher zu	trifft eher nicht zu	trifft nicht zu
1. Jeder Nutzer verfügt mindestens über ein eigenes Zimmer mit Duschbad und Toilette oder lebt, wenn er dies wünscht, mit einer Partnerin/einem Partner in einem Zwei-Zimmer-Appartement zusammen. Jeder Nutzer ist im Besitz eines Schlüssels für diesen Privatbereich und für die Wohnung bzw. das Haus. Die privaten Einrichtungsgegenstände wurden von den einzelnen Nutzern selbst ausgesucht und befinden sich in ihrem Besitz bzw. werden so behandelt.	❏	❏	❏	❏

	trifft zu	trifft eher zu	trifft eher nicht zu	trifft nicht zu
2. Maßgeblich für die Gruppenzusammensetzung sind die Wünsche und Bedürfnisse der Nutzer sowie das Kriterium, inwieweit sich die Gruppenmitglieder im täglichen Leben gegenseitig unterstützen und voneinander lernen können.	❏	❏	❏	❏
3. Zeitpunkt und Dauer von Alltagshandlungen werden von den Nutzern so weit wie möglich selbst bestimmt (Essenszeiten, Aufenthalt im Badezimmer, Beginn und Ende der Nachtruhe usw.).	❏	❏	❏	❏
4. Nutzer des Dienstes können prinzipiell uneingeschränkt über ihr monatliches Einkommen sowie über ihr Vermögen verfügen. Die Nutzer verfügen über eigene Bankkonten und tätigen Geldgeschäfte soweit wie möglich selbst bzw. mit Unterstützung. Die individuelle Verantwortlichkeit im Umgang mit Geld wird in die alltagspraktische Förderung einbezogen.	❏	❏	❏	❏
5. Nutzer können prinzipiell uneingeschränkt über ihren Aufenthaltsort und über die Personen, mit denen sie zusammen sind oder sein wollen, selbst entscheiden, es sei denn, daß gesetzliche Regelungen des Betreuungsgesetzes dies einschränken. Der wohnbezogene Dienst trägt dem dadurch Rechnung, daß in vereinbarten Zeitabständen geprüft wird, ob das gegenwärtig genutzte Wohnangebot noch den individuellen Bedürfnissen und Wünschen der Nutzer entspricht. Die Ergebnisse gehen erkennbar in die Angebotsplanung des wohnbezogenen Dienstes ein.	❏	❏	❏	❏
6. Bei der Auswahl von Mitarbeiterinnen, insbesondere den Bezugsbetreuerinnen, werden die Wünsche der Nutzer vorrangig berücksichtigt. Ist er oder sie nicht zu einer deutlichen Meinungsäußerung in der Lage, werden mehrere, für die jeweiligen Nutzer bedeutsame Personen gehört.	❏	❏	❏	❏
7. Dem Recht auf freie Religionsausübung wird dadurch entsprochen, daß die Nutzer Gelegenheit zum Besuch von Gottesdiensten und religiösen Feiern erhalten und bei Bedarf oder auf Wunsch begleitet werden. Die Nutzer werden jedoch nicht zu diesen Handlungen gezwungen oder dazu angehalten, bestimmte religiöse Einstellungen zu übernehmen (Zwang zum Tischgebet, Gruppenkirchgang am Sonntag usw.).	❏	❏	❏	❏

Instrumentarium zur Ersteinschätzung

	trifft zu	trifft eher zu	trifft eher nicht zu	trifft nicht zu

8. Die Wünsche der Nutzer nach partnerschaftlichem Zusammenleben und nach genitaler Sexualität werden ernstgenommen und auf der Grundlage eines qualifizierten sexualpädagogischen Konzepts durch psychosoziale Hilfen (Informationsvermittlung, Paarbegleitung, Vermittlung in Konflikten usw.) sowie durch materielle Maßnahmen (Schaffung gemeinsamer Wohnmöglichkeiten, Sicherung von Privatheit und Intimität usw.) unterstützt. Für die Einschätzung und den Umgang mit der Sexualität der Nutzer gelten grundsätzlich keine anderen Normen als für Nichtbehinderte. Das heißt, homosexuelle Partnerschaften werden ebenso akzeptiert wie heterosexuelle Partnerschaften; Formen der Autoerotik werden als gleichwertig betrachtet; sexuelle Beziehungen, die auf Abhängigkeit, Ausbeutung, Zwang und Gewalt beruhen, werden nicht toleriert. ❏ ❏ ❏ ❏

9. Die Nutzer werden darin unterstützt, sich Selbsthilfegruppen anzuschließen bzw. solche Gruppen zu initiieren, um Empowerment-Erfahrungen zu machen, d. h., sich im Rahmen der Gruppenunterstützung gemeinsam zu bestärken, sich kundig zu machen, eigene Rechte und neue Möglichkeiten zu erkennen, Geselligkeit zu erfahren und sich gemeinsam mit Gleichbetroffenen für eine Verbesserung der eigenen Situation in der Gemeinde einzusetzen. ❏ ❏ ❏ ❏

10. Die Nutzer werden von den Mitarbeiterinnen des Dienstes darin unterstützt, Meinungen, Wünsche und Kritik zu entwickeln und zu äußern. Dies beinhaltet auch die Ermutigung dazu, Fortbildungsseminare für Menschen mit Behinderung wahrzunehmen, in denen in angemessener Form Informationen und Fähigkeiten zum Thema „Selbstbestimmtes Leben für Menschen mit geistiger Behinderung" vermittelt werden. ❏ ❏ ❏ ❏

3. Leistungen des Dienstes zur Integration der Nutzer in das Gemeinwesen

1. Die Wohnung oder das Haus befindet sich in einem Wohngebiet oder einem gemischt bebauten Gebiet (Wohnhäuser und Dienstleistungsbetriebe), nicht aber in Gewerbezonen oder außerhalb von Bebauungsgebieten. ❏ ❏ ❏ ❏

	trifft zu	trifft eher zu	trifft eher nicht zu	trifft nicht zu
2. Von der Wohnung oder vom Haus sind allgemeine Dienstleistungsbetriebe und öffentliche Einrichtungen (öffentliche Verkehrsmittel, Restaurants, Cafés, verschiedene Geschäfte, Kino, Theater, Sportanlagen, Schwimmbad, Stadtbücherei, Post, Bank, Arztpraxen, Kirchen usw.) gut erreichbar.	❑	❑	❑	❑
3. Die Mitarbeiterinnen des wohnbezogenen Dienstes unterstützen die einzelnen Nutzer darin, Orte und Veranstaltungen aufzusuchen, an denen neue Kontakte geknüpft und alte gepflegt werden können (Kneipen, Cafés, Feste, Musikveranstaltungen usw.).	❑	❑	❑	❑
4. Der Dienst unterstützt die Nutzerinnen darin, nachbarschaftliche Beziehungen zu initiieren und zu pflegen. Diesbezügliche Aktivitäten sind nicht auf herausgehobene Veranstaltungen wie z. B. Sommerfeste beschränkt, sondern Bestandteil des Alltags (Einladungen aussprechen, Einladungen annehmen, Erledigen kleinerer Hilfsdienste für die Nachbarn, Ausleihen benötigter Gegenstände, Einladungen zum Kaffee usw.).	❑	❑	❑	❑
5. Der Dienst bietet regelmäßig geplante und individualisierte „Erkundungen" in der Gemeinde bzw. im Stadtteil zur Erweiterung der räumlichen und sozialen Orientierung der Nutzer an.	❑	❑	❑	❑
6. Der Dienst gibt den in der Gemeinde angebotenen Aktivitäten und Dienstleistungen (z. B. Freizeit- und Erwachsenenbildungsangebote, aber auch Beratungs- und Behandlungsangebote) grundsätzlich den Vorzug vor eigenen Angeboten. Eigene Angebote werden nur dann gemacht, wenn zuvor alle Möglichkeiten geprüft wurden, externe Angebote zu nutzen oder zu initiieren.	❑	❑	❑	❑
7. Der wohnbezogene Dienst unterstützt alle Nutzer, unabhängig vom Grad ihres Hilfebedarfs, gemeindebezogene Aktivitäten (Freizeit-, Bildungs- und Kulturangebote wie Feste, sportliche Veranstaltungen, VHS-Kurse, kulturelle Veranstaltungen) wahrzunehmen. Falls erforderlich, sichert der Dienst die notwendige Begleitung. Ferner achten die Mitarbeiterinnen darauf, daß Nutzer mit Verhaltensauffälligkeiten prinzipiell nicht von Gemeinschaftsaktivitäten ausgeschlossen bleiben.	❑	❑	❑	❑

Instrumentarium zur Ersteinschätzung

	trifft zu	trifft eher zu	trifft eher nicht zu	trifft nicht zu

8. Der wohnbezogene Dienst bemüht sich darum, wo immer möglich, substituierende durch subsidiäre Hilfen zu ersetzen. Darauf bezogene Aktivitäten sind Bestandteil der individuellen Lebensstilförderung. ❏ ❏ ❏ ❏

9. Die Leitung erhebt regelmäßig Informationen über institutionelle und organisatorische Hindernisse, die Nutzer von der Teilnahme an sozialen Angeboten oder Veranstaltungen abhalten. Befragt werden dabei die Nutzer, ihre Angehörigen bzw. Fürsprecher(innen) und Mitarbeiterinnen. Die festgestellten Hindernisse werden beseitigt. ❏ ❏ ❏ ❏

10. Die Mitarbeiterinnen pflegen Kontakte zu „Schlüsselpersonen" in der Gemeinde, die aufgrund ihrer Funktion oder ihres sozialen Engagements Kontakte zu vielen Menschen haben und Nutzern des Dienstes ihren Interessen und Wünschen entsprechend soziale Kontakte vermitteln können (engagierte Mitglieder von Vereinen, Interessengruppen oder Parteien, Pfarrer, Mitglieder von Kirchenkreisen usw.). Die Möglichkeiten der Schlüsselpersonen werden gezielt und kontinuierlich in Anspruch genommen. ❏ ❏ ❏ ❏

4. Besondere Verletzlichkeit, Schutz und Rechte

1. Der wohnbezogene Dienst bemüht sich um personale Kontinuität, indem er die Arbeitszeit der Mitarbeiterinnen dem individuellen Unterstützungsbedarf der einzelnen Nutzer anpaßt, d. h., er garantiert in der Regel verstärkte Präsenz am frühen Vormittag und nach Rückkehr der Nutzer von der Arbeit sowie an Wochenenden und Feiertagen. ❏ ❏ ❏ ❏

2. Der wohnbezogene Dienst fördert die Privatheit der Nutzer, indem er für alle Nutzer nicht nur ausreichend Privatraum, sondern auch eine Atmosphäre schafft, in der eine weitgehende Verfügungsgewalt über den Privatbereich möglich ist und individueller Rückzug, Intimität sowie Ungestörtheit gesichert werden (Mitarbeiterinnen klopfen grundsätzlich an; die Ausgabe von Zweitschlüsseln erfolgt nur mit ausdrücklicher Zustimmung der Nutzer; keine eigenmächtigen Aufräumarbei-

Instrumentarium zur Ersteinschätzung

	trifft zu	trifft eher zu	trifft eher nicht zu	trifft nicht zu

ten von Mitarbeiterinnen in den Privaträumen der Nutzer; eigenes Zimmer, Bad und Toilette können abgeschlossen werden; es besteht Gelegenheit zu ungestörten Telefonkontakten nach außen; das Briefgeheimnis wird gewahrt usw.).   ❏ ❏ ❏ ❏

3. Wertvolle und persönlich bedeutsame Gegenstände sind den Nutzern jederzeit verfügbar und vor dem Zugriff anderer Personen gesichert.   ❏ ❏ ❏ ❏

4. Für den Umgang mit Krisen einzelner Nutzer existiert ein einheitliches Konzept. Maßnahmen, die Zwang und Gewalt einschließen, sind auf notwehrähnliche Situationen beschränkt. Verlegungen in eine andere Gruppe scheiden als Zwangsmaßnahme aus. Für die Bedingungen, unter denen bestimmte Zwangsmaßnahmen (Festhalten, Fixierung, Bedarfsmedikation zur „Ruhigstellung", Isolierung) angewandt werden, bestehen schriftliche Vereinbarungen. In diesen Vereinbarungen ist festgehalten, daß angewandte Zwangsmaßnahmen schriftlich dokumentiert werden und in jedem Fall eine Nachbesprechung stattfindet, um Ursachen und Ablauf krisenhafter Situationen aufzuarbeiten und Zwangsmaßnahmen möglichst zu vermeiden.   ❏ ❏ ❏ ❏

5. Im Dienst besteht ein klares Verbot körperlicher Strafen, entwürdigender und herabsetzender verbaler Sanktionen, gezielter Nichtbeachtung und Vernachlässigung. Entsprechendes Fehlverhalten von Mitarbeiterinnen wird sanktioniert.   ❏ ❏ ❏ ❏

6. Die Mitarbeiterinnen des wohnbezogenen Dienstes bahnen Beziehungen zwischen Nutzern und Menschen an, die für sie als Fürsprecher(innen) tätig werden (ehemalige Mitarbeiterinnen, Mitglieder kirchlicher Gruppen, Mitglieder örtlicher [Lebenshilfe-]Vereine usw.), solange keine anderen Gruppen oder Organisationen diese Vermittlungsaufgabe übernehmen. Der Dienst bemüht sich insbesondere um Fürsprecher(innen) für solche Nutzer, die sehr behindert oder benachteiligt sind und/oder nur über geringe Angehörigenunterstützung verfügen.   ❏ ❏ ❏ ❏

7. Nutzer, Angehörige und Fürsprecher werden regelmäßig und frühzeitig über Veränderungen hinsichtlich konzeptioneller Ziele, Arbeitsweisen, geplanter Maßnahmen,

Instrumentarium zur Ersteinschätzung

	trifft zu	trifft eher zu	trifft eher nicht zu	trifft nicht zu
Absprachen mit Behörden und anderen sozialen Diensten, Neueinstellungen von Mitarbeiterinnen, strukturelle Veränderungen des Dienstes und wichtige sozialrechtliche Entwicklungen informiert.	❏	❏	❏	❏
8. Im Rahmen eines Heimvertrages sind die Rahmenbedingungen der Dienstleistung festgehalten. Dazu gehören die gegenseitigen Rechte und Pflichten, Festlegungen zu den zu erbringenden Leistungen, die Sicherstellung des Datenschutzes, Vereinbarungen zur Qualitätssicherung usw.	❏	❏	❏	❏
9. Der wohnbezogene Dienst gewährleistet die körperliche Unversehrtheit und Gesundheit der Nutzer durch geeignete Vorkehrungen und individuelle Schutzmaßnahmen. Dies beinhaltet u. a. die Unterstützung der Nutzer beim verantwortlichen Umgang mit Medikamenten, die qualifizierte Übernahme von medizinischen Notmaßahmen (z. B. bei epileptischen Anfällen), den kompetenten Umgang mit selbstverletzendem Verhalten, aber auch Hilfen zur Wahrnehmung von Vorsorgeuntersuchungen und ärztlichen Behandlungen. Darüber hinaus werden die Nutzer bei der Beantragung und Inanspruchnahme von versorgungsrechtlichen Heil- und Hilfsmaßnahmen unterstützt (Kuren und Therapien, Zahnersatz, Hilfsmittel, Befreiung von Zuzahlungen usw.).	❏	❏	❏	❏
10. Der Dienst trägt dafür Sorge, daß die Arbeit eines Betreuers von dem betreffenden Nutzer und seinen Vertrauenspersonen (Mitarbeiterinnen, Fürsprecher[innen], Angehörige) kontinuierlich begleitet wird (z. B. auf der Grundlage eines Betreuungsplans, in dem Aufgaben, Rechte und Pflichten von Betreuer[in] und Betreutem aufgeführt sind).	❏	❏	❏	❏

5. Ansehen, Partnerschaftlichkeit und Respekt, Alters- und Kulturangemessenheit

1. Die Wohnung oder das Haus befindet sich an einem Ort, mit dem in der Öffentlichkeit positive Vorstellungen verbunden werden (durchschnittliche oder gehobene Wohnlage), jedoch keinesfalls in der Nähe von Orten, die zu

	trifft zu	trifft eher zu	trifft eher nicht zu	trifft nicht zu
einem negativen Imagetransfer führen können (Friedhof, soziale Brennpunkte, Mülldeponien, Industriebrachen usw.).	❏	❏	❏	❏
2. Die Wohnung oder das Haus befindet sich nicht in unmittelbarer Nähe anderer sozialer Dienste für Menschen, die ebenfalls von Stigmatisierung oder Abwertung bedroht oder betroffen sind (Wohnheim für psychisch Kranke, Drogenberatungsstelle, Altenpflegeheim, Kindergarten usw.) oder in unmittelbarer Nähe von Einrichtungen, die falsche Vorstellungen über erwachsene Menschen mit geistiger Behinderung hervorrufen könnten (Krankenhaus, Fachklinik, Kindergarten usw.).	❏	❏	❏	❏
3. Auf eine für Wohnhäuser atypische Gestaltung von Haus und Grundstück wird verzichtet. Es finden keine Baumaterialien Verwendung, die eher für öffentliche Gebäude typisch sind (z. B. Stahlbeton, Skelettbauweise usw.). Ebensowenig finden sich Vorrichtungen, die im privaten Haus- und Wohnungsbau unüblich sind (vergitterte Fenster und Balkone, überdimensionierte Zäune, Eingangspforten und Schranken, Feuerwehrzufahrten, öffentlichen Parkanlagen entsprechende Grundstücksgestaltung usw.).	❏	❏	❏	❏
4. Auffällige Bezeichnungen des Hauses oder der Wohnung werden vermieden („Haus Sonnenschein", „Wohnheim der Lebenshilfe", „Wohnnebenstelle" usw.).	❏	❏	❏	❏
5. In der Innenausstattung der Wohnung oder des Hauses wird auf alles verzichtet, was Unterschiede gegenüber privatem Wohnen hervorhebt (auffällig breite Flure; überdimensionierte Aufenthalts- und Lagerräume; Sonderräume für Verwaltungsaufgaben und für Mitarbeiterinnenbesprechungen; Zentralküche; einheitliche Möblierung; einheitliche Fußbodenbeläge und Vorhänge; Doppelhandläufe auch da, wo sie nicht zwingend erforderlich sind; Betonung pflegeleichter Materialien; abwaschbare Innenanstriche anstelle von Tapeten; Sichtmauerwerk im Innenbereich; Notbeleuchtung; markierte Fluchtwege; Ausstattungsgegenstände, die öffentlichen Raum suggerieren wie Kicker, Billard, Getränkeautomaten, Feuerlöscher, Seifen- und Desinfektionsmittelspender, Papierhandtücher usw.).	❏	❏	❏	❏

Instrumentarium zur Ersteinschätzung

	trifft zu	trifft eher zu	trifft eher nicht zu	trifft nicht zu

6. Die Mitarbeiterinnen unterstützen die Nutzer darin, ihr äußeres Erscheinungsbild individuell zu gestalten. Dabei sind sie sich ihrer Orientierungsfunktion bewußt und vermitteln den Nutzern Kenntnisse und Fertigkeiten, die zu einem von der Umwelt positiv bewerteten Erscheinungsbild beitragen. ❏ ❏ ❏ ❏

7. Die Öffentlichkeitsarbeit des wohnbezogenen Dienstes ist frei von defizitorientierten oder auf Mitleid abzielenden Präsentationsformen. Sie zeigt die Nutzer so oft wie möglich als kompetente Erwachsene in gesellschaftlich anerkannten Rollen. Die sprachliche Darstellung der Nutzer und ihrer Handlungen durch Mitarbeiterinnen und Leitung geschieht bewußt unter Berücksichtigung der möglichen negativen Wirkungen. ❏ ❏ ❏ ❏

8. Bevorstehende Ereignisse, Termine und Entscheidungen werden prinzipiell mit den Nutzern besprochen und Absprachen mit derselben Verbindlichkeit eingehalten wie Absprachen mit nichtbehinderten Personen. ❏ ❏ ❏ ❏

9. Die Nutzer werden als erwachsene Männer bzw. Frauen behandelt (in bezug auf Anrede, Umgangsformen usw.). Die Mitarbeiterinnen respektieren bei ihren Tätigkeiten die Schamgrenzen der Nutzer (keine Pflege im Intimbereich durch Fachkräfte des anderen Geschlechts, Respektierung der Privatsphäre beim Besuch des Freundes oder der Freundin usw.). ❏ ❏ ❏ ❏

10. Verhaltensweisen, Stimmungen und Eigenschaften der Nutzer werden nicht durch deren Behinderung erklärt, sondern in Kenntnis ihrer individuellen Biographie und ihrer aktuellen Lebenssituation interpretiert. ❏ ❏ ❏ ❏

6. Förderung von Kompetenz, Erweiterung des Rollenbildes, Entwicklungsorientierung

1. Die Förderung von Kompetenzen der Nutzer durch Mitarbeiterinnen geschieht auf der Grundlage eines im Rahmen der individuellen Lebensstilplanung von Nutzern, Fürsprecher(innen) und Mitarbeiterinnen erarbeiteten Entwicklungsplans. ❏ ❏ ❏ ❏

Instrumentarium zur Ersteinschätzung

	trifft zu	trifft eher zu	trifft eher nicht zu	trifft nicht zu

2. Die Nutzer werden darin unterstützt, alle alltagspraktischen Aufgaben (Selbstversorgung, Reinigung und Pflege des privaten Wohnbereichs, Einkaufen, Vorbereitung von Mahlzeiten, Reinigung der Kleidung, Bügeln, Aufräum- und Putzarbeiten, kleine Reparaturen usw.) so weit wie möglich selbst wahrzunehmen und zu organisieren. ❏ ❏ ❏ ❏

3. Der wohnbezogene Dienst sorgt dafür, daß die Nutzer ihre privaten Einkäufe grundsätzlich selbständig oder mit Unterstützung von Mitarbeiterinnen tätigen. ❏ ❏ ❏ ❏

4. Der wohnbezogene Dienst unterstützt die Nutzer darin, sich in verschiedenen Rollen (als Gastgeber, Einkäufer für die Gruppe, Koch, Helfer für Mitbewohner usw.) tätig und verantwortlich zu erleben. ❏ ❏ ❏ ❏

5. Die Mitarbeiterinnen fördern die Kompetenzen der Nutzer, indem sie ihnen gezielt die Übernahme neuer, herausfordernder und verantwortungsvoller Aufgaben anvertrauen. ❏ ❏ ❏ ❏

6. Die Nutzer werden individuell angeleitet, öffentliche Verkehrsmittel zu nutzen und sich im Straßenverkehr sicher zu bewegen. ❏ ❏ ❏ ❏

7. Die Mitarbeiterinnen leiten die Nutzer zu einem eigenverantwortlichen Umgang mit ihrer Gesundheit an und geben ihnen dabei individuelle Unterstützung. ❏ ❏ ❏ ❏

8. Die Mitarbeiterinnen geben den Nutzern individuelle Hilfen zu einem kulturüblichen Umgang mit Distanz und Nähe in der Begegnung mit anderen Menschen und zu einem differenzierten Ausdruck von Gefühlen der Zärtlichkeit und Erotik. ❏ ❏ ❏ ❏

9. Instrumente der gemeinsamen Entscheidungsfindung (Gruppenversammlungen, regelmäßige Besprechungen zu gemeinsamen Ereignissen wie Umzüge, neue Arbeits- und Freizeitmöglichkeiten, Feste, sonstige Gruppenaktivitäten, Urlaubsreisen, Veränderungen der Personalsituation usw.) sind fest im Alltag der Nutzer verankert. Für Nutzer mit schwerer Behinderung übernehmen die Mitarbeiterinnen eine „anwaltschaftliche Funktion". ❏ ❏ ❏ ❏

A

	trifft zu	trifft eher zu	trifft eher nicht zu	trifft nicht zu
10. Nutzer werden dazu befähigt und darin unterstützt, Meinungen, Wünsche und Kritik zu entwickeln und zu äußern.	☐	☐	☐	☐

7. Qualitätssicherung

	trifft zu	trifft eher zu	trifft eher nicht zu	trifft nicht zu
1. Der wohnbezogene Dienst verfügt über ein ausformuliertes Leitbild sowie über festgelegte Qualitätsziele, die mittelfristig verwirklicht werden sollen.	☐	☐	☐	☐
2. Die Erarbeitung des Leitbildes und der Qualitätsziele erfolgte unter breiter Mitwirkung des Mitarbeiterinnenteams. Das Leitbild und die Qualitätsziele sind in regelmäßigen Abständen Thema in Mitarbeiterinnenbesprechungen und in bereichsübergreifenden Gremien.	☐	☐	☐	☐
3. Der wohnbezogene Dienst verfügt über ein Qualitätsmanagementsystem, das die Umsetzung der im Leitbild und in den Qualitätszielen formulierten Werte und Standards sichert. Die Verantwortung für das Qualitätsmanagement und die ständige Qualitätsverbesserung trägt die Leitung. Das Qualitätsmanagementsystem regelt und steuert kontinuierlich die Bedarfsanalyse und Angebotsgestaltung, die nutzerorientierten partizipativen Planungsprozesse, die qualitätsorientierte Erbringung der Dienstleistungen, die Qualitätsbeurteilung der Dienstleistungen, die Verwirklichung der Verbesserungsvorschläge und die Zusammenarbeit mit Kostenträgern.	☐	☐	☐	☐
4. Die Grundsätze für die Führung und Zusammenarbeit im wohnbezogenen Dienst sind in einem Dokument festgelegt und allen Mitarbeiterinnen bekannt. Für jede hauptamtliche Mitarbeiterin liegt eine aktuelle Stellenbeschreibung vor, in der inhaltliche Aufgaben und formale Kompetenzen (Zuständigkeiten und Entscheidungsrechte) klar beschrieben sind.	☐	☐	☐	☐

	trifft zu	trifft eher zu	trifft eher nicht zu	trifft nicht zu
5. Die Leitung des Dienstes organisiert einen regelmäßigen, auf Dokumentationsergebnisse gestützten Austausch zwischen Leitung und Mitarbeiterinnenteam über die Ziele, die erbrachte Dienstleistungsqualität und die weitere Verbesserung der Arbeit. Dies beinhaltet auch die Thematisierung von Konflikten zwischen Leitung und Mitarbeiterinnenteam.	❏	❏	❏	❏
6. Die Leitung stellt eine kontinuierliche und problemnahe fachliche Unterstützung der Mitarbeiterinnen sicher. Zur Bearbeitung neuer Aufgaben und Probleme (neue Angebote, Anwendung neuer Rechtsgrundlagen usw.) initiiert die Leitung funktions- und hierarchieübergreifende Arbeitsgruppen (Projektmanagement).	❏	❏	❏	❏
7. Die Leitung trägt Sorge für die Arbeitszufriedenheit der Mitarbeiterinnen, indem sie darauf achtet, daß die Aufgabenfelder der hauptamtlich Beschäftigten Freiräume und Anreize für Innovationen und Kreativität bieten. Sie sorgt dafür, daß allen Mitarbeiterinnen die Leitbilder und Qualitätsziele des Dienstes bekannt sind und fördert die Motivation der Mitarbeiterinnen, an der ständigen Qualitätsverbesserung engagiert mitzuwirken. Zudem sichert sie eine Vergütung, die entsprechenden Tätigkeiten in anderen Feldern der sozialen Rehabilitation entspricht.	❏	❏	❏	❏
8. Zwischen Leitung und den hauptamtlich Beschäftigten finden halbjährliche Personalentwicklungsgespräche statt, in denen die Arbeitszufriedenheit, die Arbeitsbedingungen und die Aufgabenanforderungen erörtert werden.	❏	❏	❏	❏
9. Die Einarbeitung neuer Mitarbeiterinnen erfolgt auf der Grundlage eines gemeinsam erarbeiteten schriftlichen Konzepts.	❏	❏	❏	❏
10. Der wohnbezogene Dienst beteiligt sich in regelmäßigen Abständen an Maßnahmen der externen Qualitätskontrolle.	❏	❏	❏	❏

Vergleich zwischen Angebotsprofil und Nutzerprofil – Individuelle Einschätzung

Datum: .... Zeitraum der Erhebung: .... Untersuchungseinheit: ....

Status:

❑ Mitarbeiterin im begleiteten Wohnen

❑ Leitung des Dienstes

❑ andere Fachkraft

❑ Angehöriger eines Nutzers

❑ Nutzer des Dienstes

❑ externer Moderator/Berater

anderer Status ....

Angaben zum Nutzer

....
....
....
....
....
....

Übertragen Sie hier Ihre Gesamteinschätzungen der Gegenstandsbereiche.
Es gilt: 1 für „trifft nicht zu"; 2 für „trifft eher nicht zu"; 3 für „trifft eher zu"; 4 für „trifft zu"

Bitte schraffieren Sie die Felder jeweils bis zum erreichten Punkt!	Angebotsprofil				Nutzerprofil			
Gegenstandsbereich	1	2	3	4	1	2	3	4
1.1 Wahlfreiheit und Kontinuität des Wohnortes und der Wohnform								
1.2 Standort								
1.3 Individuelle Gestaltung und Privateigentum								
1.4 Ästhetik und Komfort								
1.5 Alters- und Kulturangemessenheit								
2.1 Selbstversorgung und Alltagshandeln								
2.2 Regelmäßige Tätigkeit außerhalb des Wohnbereichs								
2.3 Freizeitaktivitäten und Erwachsenenbildung								
2.4 Zeitstrukturen								
2.5 Religiöse Praxis und Spiritualität								
3.1 Wahl der Mitbewohner und Kontinuität des Zusammenlebens								
3.2 Gruppengröße und Gruppenzusammensetzung								
3.3 Beziehungsgestaltung zwischen Mitarbeiterinnen und Nutzern								
3.4 Privatheit und Individualisierung								
3.5 Umgang mit Krisen								
4.1 Beziehungen zwischen den Nutzern								
4.2 Soziale Netzwerke, bedeutsame Beziehungen und Freundschaften								
4.3 Fürsprecher(innen) und Selbsthilfegruppen								
4.4 Geschlechtliche Identität, Sexualität und Partnerschaft								
5.1 Schutz vor Zwangsmaßnahmen und Mißhandlungen								
5.2 Bürgerliche Rechte								
5.3 Gesundheitsfürsorge								
5.4 Transparenz und Datenschutz								
5.5 Sprachliche Darstellung								
5.6 Formelle Nutzer- und Angehörigenmitwirkung								
6.1 Qualifikation, Auswahl und Einarbeitung								
6.2 Führung und Zusammenarbeit								
6.3 Arbeitszufriedenheit								
6.4 Personale Kontinuität								
7.1 Konzeptualisierung und Evaluation								
7.2 Fortbildung und Supervision								
7.3 Öffentlichkeitsarbeit								
7.4 Aktive Teilnahme an der Sozialplanung und der Sozialpolitik								

Vergleich zwischen Angebotsprofil und Nutzerprofil – Einschätzung des Evaluationsteams

Datum: .... Zeitraum der Erhebung: .... Untersuchungseinheit: ....

An der Gruppenbewertung Beteiligte	Angaben zum Nutzer

Übertragen Sie hier Ihre Gesamteinschätzungen der Gegenstandsbereiche.
Es gilt: 1 für „trifft nicht zu"; 2 für „trifft eher nicht zu"; 3 für „trifft eher zu"; 4 für „trifft zu"

Bitte schraffieren Sie die Felder jeweils bis zum erreichten Punkt!	Angebotsprofil				Nutzerprofil			
Gegenstandsbereich	1	2	3	4	1	2	3	4
1.1 Wahlfreiheit und Kontinuität des Wohnortes und der Wohnform								
1.2 Standort								
1.3 Individuelle Gestaltung und Privateigentum								
1.4 Ästhetik und Komfort								
1.5 Alters- und Kulturangemessenheit								
2.1 Selbstversorgung und Alltagshandeln								
2.2 Regelmäßige Tätigkeit außerhalb des Wohnbereichs								
2.3 Freizeitaktivitäten und Erwachsenenbildung								
2.4 Zeitstrukturen								
2.5 Religiöse Praxis und Spiritualität								
3.1 Wahl der Mitbewohner und Kontinuität des Zusammenlebens								
3.2 Gruppengröße und Gruppenzusammensetzung								
3.3 Beziehungsgestaltung zwischen Mitarbeiterinnen und Nutzern								
3.4 Privatheit und Individualisierung								
3.5 Umgang mit Krisen								
4.1 Beziehungen zwischen den Nutzern								
4.2 Soziale Netzwerke, bedeutsame Beziehungen und Freundschaften								
4.3 Fürsprecher(innen) und Selbsthilfegruppen								
4.4 Geschlechtliche Identität, Sexualität und Partnerschaft								
5.1 Schutz vor Zwangsmaßnahmen und Mißhandlungen								
5.2 Bürgerliche Rechte								
5.3 Gesundheitsfürsorge								
5.4 Transparenz und Datenschutz								
5.5 Sprachliche Darstellung								
5.6 Formelle Nutzer- und Angehörigenmitwirkung								
6.1 Qualifikation, Auswahl und Einarbeitung								
6.2 Führung und Zusammenarbeit								
6.3 Arbeitszufriedenheit								
6.4 Personale Kontinuität								
7.1 Konzeptualisierung und Evaluation								
7.2 Fortbildung und Supervision								
7.3 Öffentlichkeitsarbeit								
7.4 Aktive Teilnahme an der Sozialplanung und der Sozialpolitik								

Bestimmung des vorrangigen Unterstützungs- und Veränderungsbedarfs

Maßgebend für Ihre Entscheidung, an welchen Punkten Sie ansetzen wollen, sollten die aufgezeigten Schwachstellen und Problembereiche sowohl auf der Ebene der Angebote des wohnbezogenen Dienstes als auch auf der Nutzerebene sein.

Liegen die Gesamteinschätzungen für einen Gegenstandsbereich im Vergleich von Angebots- und Nutzerprofil mehr als einen Bewertungspunkt auseinander, signalisiert dies einen besonderen Handlungsbedarf.

Beziehen Sie bei Ihrer Bestimmung des vorrangigen Entwicklungsbedarfs aber ebenso einzelne Indikatoren ein, deren Einschätzungsergebnisse auf einen besonderen Problembereich hinweisen.

A) Bestimmung des vorrangigen individuellen Entwicklungsbedarfs

....

....

....

....

....

....

B) Bestimmung des vorrangigen Organisationsentwicklungsbedarfs

....

....

....

....

....

....

Leitfragen zur individuellen Entwicklungsplanung

Bei der Aufstellung eines individuellen Entwicklungs- und Unterstützungsplans (IEP) sollten Sie u. a. folgende Punkte berücksichtigen:

1. In welche konkreten Handlungsschritte lassen sich die angestrebten Veränderungen gliedern?
2. Welche Maßnahmen müssen kurz-, mittel- und langfristig ergriffen werden?
3. Sind die angestrebten Veränderungen von bestimmten internen oder externen Voraussetzungen abhängig?
4. Welche dieser Voraussetzungen und Bedingungen können unmittelbar beeinflußt werden?
5. Welche Schritte können sofort eingeleitet werden?
6. Wer muß innerhalb des wohnbezogenen Dienstes informiert werden? Wer sollte an der Umsetzung beteiligt werden?
7. Welche Personen oder Gruppen außerhalb des wohnbezogenen Dienstes müssen informiert werden? Wer könnte bei der Umsetzung der angestrebten Veränderungen helfen?
8. Von wem sind Widerstände zu erwarten? Wie ist damit umzugehen?
9. Wer übernimmt welche Teilaufgaben?
10. Welche Teilaufgaben sollten bis wann erledigt werden (Aufstellung eines Zeitplans)?
11. Welche konkreten Hilfen benötigt der Nutzer in den Bereichen, in denen ein besonderer Entwicklungsbedarf besteht?
12. Welche Hilfen sollten vom wohnbezogenen Dienst ausgehen, welche durch andere Personen oder Dienste gegeben werden?
13. Wie wird sichergestellt, daß der Nutzer von allen zu treffenden Maßnahmen rechtzeitig und so umfassend wie möglich informiert wird, so daß möglichst nichts gegen seinen Willen geschieht?
14. Welche Besonderheiten sollten im Prozeß der Hilfeleistung beachtet werden?
15. In welcher Form kann der Nutzer und gegebenenfalls seine Angehörigen an der Planung, Durchführung und Kontrolle von Maßnahmen des IEP beteiligt werden?
16. An welchen Stellen können nichtprofessionelle Hilfen einbezogen werden (z. B. Freunde, Betreuer[innen] nach dem BtG, WfB-Gruppenleiterinnen, externe Berater[innen])?
17. Wie lassen sich die mit den Hilfen nach dem IEP verbundenen Entwicklungsprozesse alltagsnah dokumentieren und auswerten?
18. Welche internen und externen Möglichkeiten der Rückmeldung über den Prozeß der Hilfeleistungen könnten genutzt werden?

Leitfragen zur Organisationsentwicklung

Bei der Aufstellung eines Organisationsentwicklungsplans sollten Sie u. a. folgende Punkte berücksichtigen:

1. In welche konkreten Handlungsschritte lassen sich die angestrebten Veränderungsmaßnahmen gliedern?

2. Welche Maßnahmen müssen kurz-, mittel- und langfristig ergriffen werden?

3. Sind die angestrebten Veränderungen von bestimmten internen oder externen Voraussetzungen abhängig?

4. Welche dieser Voraussetzungen und Bedingungen können unmittelbar beeinflußt werden?

5. Welche Schritte können sofort eingeleitet werden?

6. Wer innerhalb des wohnbezogenen Dienstes muß informiert? Wer sollte an der Umsetzung beteiligt werden?

7. Welche Personen oder Gruppen außerhalb des wohnbezogenen Dienstes müssen informiert werden? Wer könnte bei der Umsetzung der angestrebten Veränderungen helfen?

8. Von wem sind Widerstände zu erwarten? Wie ist damit umzugehen?

9. Wer übernimmt konkret welche Teilaufgaben?

10. Welche Teilaufgaben sollten bis wann erledigt werden (Aufstellung eines Zeitplans)?